CHEMIN DE FER

DE

PARIS A ORLÉANS

SERVICE DE L'EXPLOITATION

(MOUVEMENT).

NOUVELLE COLLECTION

DES

INSTRUCTIONS ET AVIS

TOME I.

PARIS
IMPRIMERIE CENTRALE DES CHEMINS DE FER
DE NAPOLÉON CHAIX ET Cⁱᵉ
Rue Bergère, 20, près du boulevard Montmartre.
1861

CHEMIN DE FER

DE

PARIS A ORLÉANS

~~~~~~~

NOUVELLE COLLECTION

DES

INSTRUCTIONS ET AVIS.

I.

13387

CHEMIN DE FER

DE

PARIS A ORLÉANS

SERVICE DE L'EXPLOITATION

(MOUVEMENT).

NOUVELLE COLLECTION

DES

INSTRUCTIONS ET AVIS

TOME I.

PARIS

IMPRIMERIE CENTRALE DES CHEMINS DE FER

DE NAPOLÉON CHAIX ET Cⁱᵉ,

Rue Bergère, 20, près du boulevard Montmartre.

1861

AVIS.

Les modifications nombreuses qui ont dû être apportées dans les Instructions et Avis depuis l'époque de la publication des volumes de la première collection, obligeaient les Agents à de fréquentes et difficiles recherches pour distinguer les prescriptions réglementaires encore en vigueur de celles abrogées ou modifiées par des Instructions plus récentes. Afin de faire cesser ces difficultés, toutes les Instructions et les Avis actuellement en vigueur ont été réunis en un seul volume.

En conséquence, les Avis et Instructions contenus dans les 1er, 2e et 3e volumes des Avis et Instructions publiés en 1854, 1856 et 1858, sont et demeurent abrogés, ainsi que les Avis et Instructions autographiés jusqu'au n° 2,422 inclus, sous la réserve :

1° Des Instructions accompagnant l'envoi fait aux gares des tarifs spéciaux;

2° Des Ordres spéciaux réglant le transport des matériaux sur diverses sections, qui doivent être conservés pendant toute la durée des transports qu'ils réglementent.

Aussitôt après l'envoi du volume de la nouvelle collection, les Inspecteurs Principaux devront faire retirer dans chaque gare et station et des mains des Agents sous leurs ordres les 1er, 2e, et 3e volumes des Avis et Instructions ci-dessus désignés, ainsi que les Instructions et Avis autographiés, devenus inutiles, qui seront renvoyés par leurs soins à M. le Chef de l'Exploitation (bureau du Mouvement).

Pour faciliter l'étude et l'application des Instructions reproduites dans le volume de la nouvelle collection, le sommaire placé au commencement du volume indique dans une colonne spéciale et en regard du numéro de la nouvelle collection les anciens numéros d'ordre de la même Instruction dans l'ancienne collection.

Lorsque plusieurs numéros anciens figurent en regard du numéro de classement de la nouvelle collection, c'est que les Instructions dont les numéros anciens sont indiqués ont été fondues en une seule portant le nouveau numéro.

A la suite du sommaire se trouve un état des numéros des anciens Avis dans l'ordre du classement de l'ancienne collection avec les numéros des Avis de la nouvelle collection auxquels ils se rapportent. Les Agents encore habitués aux anciens numéros des Instructions, en recherchant sur cet état le numéro qu'ils connaissent, trouveront en regard le numéro nouveau de l'Instruction qu'ils voudront consulter.

Les Instructions de l'ancienne collection dont les numéros ne sont pas reproduits sur l'état ont été supprimées.

Ces deux moyens de recherches donneront toutes facilités pour se familiariser promptement avec la nouvelle classification des Instructions, qui a été combinée de manière à grouper autant que possible toutes les Instructions concernant la même partie du Service.

Paris, le 22 juillet 1861.

Le Chef de l'Exploitation.

Signé : **E. SOLACROUP.**

CLASSEMENT DES ORDRES

DU

SERVICE DE L'EXPLOITATION.

Les Ordres généraux, Instructions, Avis et Ordres du jour relatifs au service de l'Exploitation forment deux collections.

La première comprend les Ordres généraux, sous le titre de COLLECTION DES ORDRES GÉNÉRAUX.

La seconde est formée des Instructions, Avis et Ordres spéciaux, sous le titre de COLLECTION DES INSTRUCTIONS ET AVIS.

Les *Ordres généraux* ont pour but de régler l'organisation d'une partie du service et d'assurer l'exécution des Règlements rendus en vertu des Lois et Cahiers des charges.

Les *Instructions et Avis* comprennent les dispositions de détail prescrites en exécution des Ordres généraux, qu'ils expliquent, commentent ou rappellent.

Les *Ordres spéciaux* sont destinés à réglementer l'application des dispositions des Règlements d'administration publique, et des Ordres généraux de la Compagnie à certaines parties du service.

Les Ordres généraux sont réunis en volumes et classés par numéros d'ordre à partir du n° I.

Les Instructions, Avis et Ordres spéciaux sont également réunis en volumes et classés par numéros d'ordre à partir du n° I.

Un ou plusieurs exemplaires de chacune de ces collections seront déposés dans les gares et stations, dans les bureaux de ville et dans chacun des bureaux de l'Administration centrale. Une collection sera également remise aux Employés que leurs fonctions appellent à surveiller l'exécution d'une partie du service. Les exemplaires ainsi délivrés seront distribués sur état d'émargement et portés sur inventaire pour la valeur de 20 francs à la charge de l'Employé qui les aura reçus.

Les Chefs de gare et de station devront classer et conserver avec soin les Ordres continuant la série des ORDRES GÉNÉRAUX au fur et à mesure de leur réception. Ils les distribueront, lorsqu'il y aura lieu, sur état d'émargement aux Employés qui auront à en prendre connaissance.

En ce qui concerne la COLLECTION DES INSTRUCTIONS ET AVIS, les Chefs de gare et de station devront, à dater de l'envoi du premier volume, prendre copie sur un registre à ce destiné, dit *Registres d'Ordres*, de tous les Ordres de cette nature, continuant la série des numéros de la collection, qui leur seront envoyés. Ils les communiqueront aux Employés qu'ils intéressent en leur faisant signer le Registre d'Ordres, afin qu'aucun d'eux ne puisse arguer d'ignorance.

Lorsqu'un Avis ou une Instruction envoyé aux gares modifiera ou abrogera un Ordre, un Avis ou une Instruction déjà en vigueur, la modification ou l'abrogation devra être immédiatement inscrite en marge de l'Instruction modifiée ou abrogée. Cette prescription doit être observée avec le plus grand soin ; c'est la meilleure garantie de l'exactitude des dispositions qui réglementent le service.

Les Inspecteurs principaux sont chargés de la stricte application de ces mesures, que les Inspecteurs et Contrôleurs de l'Exploitation doivent surveiller d'une manière spéciale. Ils s'assureront fréquemment du classement des Ordres généraux et de la bonne tenue des Registres d'Ordres. Ils viseront et parapheront ces Registres au moins une fois par mois, en rendant compte au rapport de leurs observations sur cette partie essentielle du service.

Les Ordres antérieurs à ces nouvelles collections sont annulés.

Paris, le 1ᵉʳ août 1861.

Proposé par le Chef de l'Exploitation.

Signé : **E. SOLACROUP.**

Approuvé par le Directeur de la Compagnie.

Signé : **C. DIDION.**

SOMMAIRE

DES

ORDRES ET AVIS.

— xix —

NUMÉROS DES ANCIENS AVIS

AVEC

LES NUMÉROS DES AVIS DE LA NOUVELLE COLLECTION

AUXQUELS ILS SE RAPPORTENT.

NUMÉROS DES INSTRUCTIONS ET AVIS.		NUMÉROS DES INSTRUCTIONS ET AVIS.		NUMÉROS DES INSTRUCTIONS ET AVIS.		NUMÉROS DES INSTRUCTIONS ET AVIS.	
ANCIENNE COLLECTION.	NOUVELLE COLLECTION.	ANCIENNE COLLECTION.	NOUVELLE COLLECTION.	ANCIENNE COLLECTION.	NOUVELLE COLLECTION.	ANCIENNE COLLECTION.	NOUVELLE COLLECTION.
100	33	112	255	130	82	143	63
101	72	113	202	131	161	144	167
102	78	115	75	132	314	145	237
103	42	117	193	133	352	146	136
104	76	118	175	134	250	147	198
105	313	121	180	135	126	148	138
106	191	123	119	137	132	149	65
107	248	124	44	138	209	150	27
108	249	125	228	139	212	151	195
109	150	126	189	140	120	152	4
110	223	127	181	141	406	153	224
111	121	129	129	142	194	154	137

— 2 —

NUMÉROS DES INSTRUCTIONS ET AVIS.		NUMÉROS DES INSTRUCTIONS ET AVIS.		NUMÉROS DES INSTRUCTIONS ET AVIS.		NUMÉROS DES INSTRUCTIONS ET AVIS.	
ANCIENNE COLLECTION.	NOUVELLE COLLECTION.	ANCIENNE COLLECTION.	NOUVELLE COLLECTION.	ANCIENNE COLLECTION.	NOUVELLE COLLECTION.	ANCIENNE COLLECTION.	NOUVELLE COLLECTION.
155	23	207	2	258	357	323	128
156	351	208	124	262	176	325	128
157	64	211	182	264	361	326	192
158	113	212	3	272	222	328	130
160	66	213	86	273	347	335	70
161	178	215	256	274	63	336	59
162	199	218	34	275	16	337	274
163	151	219	278	276	74	338	145
164	106	220	211	277	46	339	389
165	85	221	92	278	232	341	299
166	229	222	81	281	84	342	31
167	52	223	196	282	45	343	5
168	354	224	36	283	214	345	376
170	157	225	273	284	87	349	225
171	368	226	290	285	253	351	143
173	348	227	291	286	73	355	297
174	359	228	292	287	114	357	357
178	367	229	293	288	32	359	225
180	356	230	162	289	20	360	210
183	118	231	93	292	234	361	152
184	236	232	160	293	346	363	123
187	254	233	360	296	171	364	304
188	244	234	127	300	7	367	245
189	139	235	358	302	203	369	35
190	200	237	28	304	260	374	87
191	201	239	289	305	217	377	407
192	18	241	159	307	24	378	275
194	238	242	183	308	39	379	318
196	179	245	156	309	276	381	15
197	154	246	242	310	230	382	47
198	216	247	90	311	279	383	25
199	30	248	89	313	71	384	363
200	227	249	345	314	267	385	280
201	259	251	112	315	8	388	249
202	231	252	172	317	372	391	166
204	41	253	362	318	21-61	395	388
205	10	254	213	320	86	405	105

NUMÉROS DES INSTRUCTIONS ET AVIS.		NUMÉROS DES INSTRUCTIONS ET AVIS.		NUMÉROS DES INSTRUCTIONS ET AVIS.		NUMÉROS DES INSTRUCTIONS ET AVIS.	
ANCIENNE COLLECTION.	NOUVELLE COLLECTION.	ANCIENNE COLLECTION.	NOUVELLE COLLECTION.	ANCIENNE COLLECTION.	NOUVELLE COLLECTION.	ANCIENNE COLLECTION.	NOUVELLE COLLECTION.
421	222	502	226	597	111	1852bis.	26
422	45	504	91	602	295	1855	101
429	62	506	66	603	177	1860	247
432	296	507	153	605	95	1862	53-54
433	190	511	53	606	131	1870	177
434	135	513	186	609	174	1874	288
435	70	515	374	611	349	1880	305
438	56	517	215	613	13	1881	307
440	184	520	298	614	287	1882	308
442	320	521	58	1706	316	1883	309
444	140	523	83	1713	246	1887	335
450	67	524	144	1718	147	1892	341
451	204	527	319	1725	52	1897	257
452	300	531	301	1737	169	1899	315
453	37	534	303	1738	309	1900	378
454	141	536	229	1739	309	1901	394
456	208	539	251	1746	68	1902	364
458	170	544	283	1747	309	1909	115
464	240	549	43	1753	207	1911	286
466	6	550	110	1756	309	1912	221
467	57	551	80	1757	307	1925	337
468	11	559	305	1758	308	1930	402
470	366	561	307	1770	333	1948	205
473	177	563	48	1775	334	1949	392
478	1	565	165	1781	325	1952	96
480	77	570	308	1784	309	1957	371
481	94	574	321	1785	307	1961	197
482	239	575	277	1795	331	1972	343
484	97	576	122	1796	342	1975	365
487	88	577	282	1799	393	1976	313
488	376	578	324	1803	49	1978	329
489	285	579	322	1811	134	1979	327
494	158	582	286	1823	332	1984	353
495	20	586	323	1825	117	1986	241
497	218	590	401	1826	104	1987	142
498	294	595	99	1837	155	1991	177
499	284	596	206	1849	302	1995	330

NUMÉROS DES INSTRUCTIONS ET AVIS.		NUMÉROS DES INSTRUCTIONS ET AVIS.		NUMÉROS DES INSTRUCTIONS ET AVIS.		NUMÉROS DES INSTRUCTIONS ET AVIS.	
ANCIENNE COLLECTION.	NOUVELLE COLLECTION.	ANCIENNE COLLECTION.	NOUVELLE COLLECTION.	ANCIENNE COLLECTION.	NOUVELLE COLLECTION.	ANCIENNE COLLECTION.	NOUVELLE COLLECTION.
2000	310	2119	177	2238	400	2346	187
2003	281	2123	14	2249	312	2353	396
2006	384	2126	344	2250	312	2355	336
2009	243	2132	55	2252	312	2361	177
2013	168	2133	341	2255	396	2362	373
2018	40	2135	148	2261	379	2363	390
2026	69	2137	79	2262	234	2366	397
2030	116	2141	266	2263	22	2376	107
2032	402	2143	392	2266	371	2377	51
2034	343	2143	265	2268	149	2385	306
2037	384	2146	268	2271	177	2389	60
2039	50	2148	29	2272	219	2391	103
2043	188	2156	326	2275	398	2393	233
2045	380	2163	177	2277	220	2394	261
2046	235	2164	387	2282	17	2395	66
2047	146	2170	164	2291	409	2396	263
2053	310	2175	370	2293	405	2397	391
2054	340	2181	173	2294	272	2404	312
2055	403	2182	385	2303	396	2407	179
2059	258	2183	109	2309	12	2410	328
2061	38	2196	339	2317	185	2412	395
2064	382	2201	270	2319	354	2413	98
2067	343	2203	19	2320	375	2414	252
2070	369	2211	311	2326	272	2415	399
2074	287	2212	234	2327	177	2416	179
2081	243	2216	355	2331	386	2418	261
2086	271	2220	262	2332	404	2419	354
2087	269	2223	177	2333	377	2420	101
2088	212	2224	133	2334	395	2421	342
2090	258	2226	338	2335	125	2422	373
2093	9	2231	163	2338	102	Circulaire du 25 janvier 1859..	264
2097	100	2236	339	2340	219	Circulaire du 11 avril 1860....	350
2107	408	2237	317	2344	383	Circulaire du 29 mars 1860..	381
2108	108						

N° I.

NUMÉROTAGE DES GARES ET STATIONS.

Le numérotage des gares et stations est fixé d'après la nomenclature suivante :

SECTION DE PARIS A CORBEIL ET ORLÉANS.	NUMÉROS.
PARIS	1
IVRY (PARIS)	2
Choisy (bestiaux)	2 bis
Choisy-le-Roi	3
Ablon	4
Athis-Mons	5
Juvisy (bifurcation)	6
Ris-Orangis	7
Évry	8
Corbeil	9
Savigny-sur-Orge	10
Épinay	11
SAINT-MICHEL	12
Brétigny	13
Marolles	14
Bouray	15
Lardy	16
Étréchy	17
ÉTAMPES	18
Monnerville	19
Angerville	20
TOURY	21
Château-Gaillard	501
Artenay	22
Chevilly	23
Cercottes	24
Les Aubrais (bifurcation)	25 bis
ORLÉANS	25

SECTION D'ORLÉANS A VIERZON.	
Laferté-Saint-Aubin	112
LAMOTTE-BEUVRON	113
Nouan-le-Fuzelier	114
Salbris	115
Theillay	116
VIERZON	117

SECTION DE VIERZON A LIMOGES.	NUMÉROS.
VIERZON-FORGES (bifurcation)	118
Chéry	119
Reuilly	120
Saint-Lizaigne	121
ISSOUDUN	122
Neuvy-Pailloux	123
CHATEAUROUX	124
Luant	125
Lothiers	126
Chabenet	127
ARGENTON	128
Célon	129
Éguzon	130
Saint-Sébastien	131
Forgevieille	132
LA SOUTERRAINE	133
Fromental	134
Bersac	135
Laurière	136
La Jonchère	137
Ambazac	503
LIMOGES	504

SECTION DE LIMOGES A PÉRIGUEUX.	
Beynac	279
Nexon	278
Lafarge	277
Bussière-Galand	276
La Coquille	275
Thiviers	274
Négrondes	273
Agonac	272
Château-l'Évêque	271

N° 2

ENTRETIEN INTÉRIEUR DES GARES ET STATIONS.

Les bureaux, vestibules, trottoirs, doivent être constamment tenus dans un parfait état de propreté, et, par conséquent, balayés plusieurs fois par jour, en ayant soin d'arroser légèrement avant le balayage, afin que la poussière, chassée par le balai, ne s'attache pas aux murailles et aux peintures. Le lavage journalier doit être fait à l'éponge, en prenant la précaution, lorsqu'il est utile de jeter de l'eau, de ne pas éclabousser les murailles, ce qui détériore les peintures. En général, on ne doit pas, surtout l'hiver, laver à grande eau, pour éviter l'humidité. Il est aussi nécessaire que les murs soient, de temps à autre, nettoyés au moyen de la tête de loup.

Les parquets des salles d'attente doivent être encaustiqués et cirés pour être entretenus par un frottage journalier.

Chaque soir, les grilles extérieures, fenêtres, portes à deux ventaux, ou toutes autres, doivent être fermées, afin d'empêcher la menuiserie de se déjeter, et les gonds et les serrures de s'abîmer par la rouille; la visite doit en être faite au moins une fois par semaine. Il suffit, pour entretenir les ferrures en bon état, de les huiler de temps à autre.

Les Chefs de gare et de station sont rendus responsables de l'exécution de ces dispositions.

25 mars 1852.

N° 3

DÉFENSE DE CUEILLIR DES FLEURS DANS DES JARDINS ENTRETENUS PAR LA COMPAGNIE.

Le Chef de l'exploitation rappelle aux Chefs de gare et de station qu'il est formellement défendu aux Voyageurs comme aux Employés, de cueillir des fleurs dans les jardins entretenus aux abords de la voie par les soins de la Compagnie, et leur recommande de veiller avec vigilance à l'exécution de cette mesure.

29 juin 1847.

N° 4

DÉTÉRIORATION DANS LES BATIMENTS DE LA COMPAGNIE.

Les Employés logés dans les bâtiments de la Compagnie ont, dans certaines stations, l'habitude de jeter dans les plombs établis pour l'écoulement des eaux de cuisine, les matières solides qui obstruent les tuyaux de conduite et empêchent de couler l'eau des toits. On est alors obligé de démonter ces tuyaux pour les déboucher. Il en résulte l'engorgement plus ou moins prolongé des tuyaux, qui détermine une infection malsaine. Il importe de remédier à cet inconvénient, et il est interdit d'une manière formelle aux Employés qui occupent des logements dans les gares et stations, de verser dans les plombs des matières qui soient de nature à les obstruer. Les réparations nécessitées par un manque de précautions à cet égard seront mises à la charge des Employés locataires.

Toutes détériorations dans l'intérieur des gares et stations ou dans les logements, telles que carreaux cassés, jalousies, persiennes, fenêtres ou portes dégradées et autres avaries de cette nature, seront laissées à la charge des Employés qui les auront causées, si elles ne sont signalées et dûment justifiées au rapport, ces sortes de détériorations résultant, le plus souvent, de négligences ou d'absence de précautions. En conséquence, les Chefs de gare et de station, comme les Employés logés dans les bâtiments de la Compagnie, doivent prendre tous les soins nécessaires pour éviter ces détériorations en assurant les réparations par des avis donnés en temps utile.

15 mars 1853.

N° 5

DÉFENSE DE POSER DU LINGE OU DES VÊTEMENTS SUR LES HAIES ET TREILLAGES.

Des Employés des gares et stations ou du service de la voie et des travaux ont l'habitude d'étendre du linge sur les haies et treillages du Chemin de fer. Il est important de faire cesser cet usage, contraire à la bonne tenue et nuisible à la conservation et à l'entretien des clôtures.

En conséquence, il est fait défense absolue à tout Employé de poser aucun linge ni vêtements sur les haies et treillages servant de clôtures.

Les Inspecteurs principaux et les Chefs de section de la voie sont chargés d'assurer l'exécution de ces dispositions.

5 novembre 1854.

N° 6

ILLUMINATION DES GARES ET STATIONS DANS LES FÊTES ET SOLENNITÉS PUBLIQUES.

Les gares et stations sont des monuments publics, et, à ce titre, chaque fois qu'à l'occasion des fêtes ou solennités, les édifices publics sont illuminés, elles doivent l'être également par les soins des Chefs de gare et de station, sans qu'ils aient besoin d'en demander l'autorisation à l'administration centrale.

3 avril 1856.

N° 7

DÉFENSE DE FUMER DANS LES GARES ET STATIONS

Interprétation de l'article 63, § 5, *du* RÈGLEMENT D'ADMINISTRATION PUBLIQUE.

Le Directeur porte à la connaissance des Employés de tous les services la décision suivante de M. le Ministre de l'Agriculture, du Commerce et des Travaux publics, avec ordre de s'y conformer :

« En conséquence de rapports qui me sont faits touchant l'exécution de l'art. 63 de
» l'Ordonnance réglementaire du 15 novembre 1846, sur le Chemin de fer d'Orléans, je
» crois devoir vous rappeler que l'interdiction de fumer est applicable **à tous les**
» **Agents de votre Compagnie.**

» Voici, d'ailleurs, le sens dans lequel doit s'entendre cette interdiction : *La défense de*
» *fumer dans les gares ne s'étend qu'aux pièces, vestibules, corridors, salles d'attente,*
» *buffets, etc., destinés aux voyageurs; elle ne s'applique ni aux cours ni aux trottoirs.* »

Les Inspecteurs principaux de l'Exploitation, les Inspecteurs et Contrôleurs de l'Exploitation, les Chefs de gare et de station et les Chefs de train, sont chargés d'assurer, dans ces conditions, la stricte exécution de l'art. 63 du RÈGLEMENT DU 15 NOVEMBRE 1846, portant défense de fumer dans les gares et dans les trains.

Août 1854.

N° 8

DÉFENSE AUX EMPLOYÉS DES GARES ET STATIONS DE FUMER PENDANT LE STATIONNEMENT DES TRAINS, ET DANS LES VESTIBULES ET SALLES DE BAGAGES.

Par suite de l'exception ministérielle au RÈGLEMENT D'ADMINISTRATION PUBLIQUE, qui autorise à fumer sur les trottoirs (AVIS n° 7), des Employés usent de cette tolérance pendant les moments où leur service les met en rapport avec le public, et même pendant le stationnement des trains.

Ce laisser-aller est contraire à l'ordre et à la bonne tenue : il importe donc d'y mettre un terme, et le Chef de l'Exploitation défend, dans ce but, de la manière la plus formelle, aux Employés des gares et stations, de fumer sur les trottoirs pendant le stationnement des trains, et, à aucun moment, dans les vestibules et salles de bagages où leurs fonctions peuvent les mettre en rapport avec le public.

Les Inspecteurs principaux sont chargés d'assurer la stricte observation du présent Avis, qui devra être affiché en permanence dans les bureaux des Sous-Chefs de gare et dans les vestibules et salles de bagages des gares et stations.

27 septembre 1854.

N° 9

DÉFENSE DE FUMER DANS LES SALLES D'ATTENTE ET DANS LES VOITURES.

Certaines gares, négligeant de faire exécuter les prescriptions de l'art. 63 de l'ordonnance du 15 novembre 1846, qui interdisent de fumer dans les gares et dans les voitures, ont permis à des voyageurs de fumer dans les salles d'attente.

Un tel abus ne saurait être toléré ; les Chefs de gare et de station doivent assurer la stricte exécution de l'art. 63 du Règlement d'administration publique, en tenant compte des dispositions des instructions 7 et 8 qui sont maintenues.

MM. les Inspecteurs principaux sont chargés de veiller à l'exécution du présent ordre.

24 février 1860.

N° 10

ADMISSION, A L'INTÉRIEUR DES GARES ET STATIONS, DES FONCTIONNAIRES DE L'ORDRE JUDICIAIRE OU ADMINISTRATIF, PRÉPOSÉS A LA SURVEILLANCE DES CHEMINS DE FER.

Le Directeur porte à la connaissance des employés de tous les services l'extrait suivant d'une circulaire de M. le Ministre des Travaux publics, relative à l'admission, dans les gares et stations, des fonctionnaires de l'ordre administratif ou judiciaire dans l'exercice de leurs fonctions, et les invite à se pénétrer des devoirs que la loi leur impose dans leurs rapports avec ces fonctionnaires.

« Un fait grave, attentatoire à la dignité et aux droits de l'autorité judiciaire, s'est passé
» récemment sur l'une des lignes de chemins de fer en exploitation. Un Substitut de Pro-
» cureur impérial, sommé par des Employés de la Compagnie de sortir de la gare, où il
» se trouvait A RAISON DE SES FONCTIONS, sur son refus, en a été violemment expulsé par
» le Chef de gare et l'un des surveillants sous ses ordres ; et le premier de ses Agents n'a
» pas craint, en outre, de se porter à des voies de fait envers un officier de police judi-
» ciaire. Les auteurs de ces violences ont été mis en état d'arrestation, et ils auront à
» répondre de leurs actes devant la justice. . . . .
» . . . .
» Je viens vous inviter à adresser aux Agents de votre entreprise les recommandations
» les plus expresses, pour qu'ils apportent constamment dans leurs rapports avec les fonc-
» tionnaires de l'ordre judiciaire ou administratif, préposés, à un degré quelconque, à la
» surveillance des chemins de fer, les égards et la déférence dus au caractère dont ils sont
» revêtus.
» . . . .
» L'art. 23 de la loi du 15 juillet 1845 sur la police des chemins de fer portant que les
» contraventions au Règlement de l'Exploitation peuvent être constatées concurremment par
» les officiers de police judiciaire, les ingénieurs des ponts et chaussées et des mines, etc.,

» la faculté de faire ces constatations entraîne nécessairement avec elle le droit de
» circuler dans la gare. MM. les Procureurs impériaux et leurs Substituts doivent donc
» toujours être admis dans l'enceinte du chemin de fer en leur qualité d'officiers de police
» judiciaire. »

Octobre 1850.

N° 11

ADMISSION DES INSPECTEURS DES FINANCES DANS LES GARES ET STATIONS.

MM. les Inspecteurs des Finances, sur la présentation de leur commission, doivent être
admis dans toutes les gares et stations du Réseau lorsqu'ils se présentent pour inspecter,
soit les Bureaux ambulants des postes à leur passage, soit le service des Agents de l'Administration des postes résidant dans les gares.

Les Chefs de gare devront faciliter autant que possible le service de MM. les Inspecteurs
des Finances.

Les Inspecteurs principaux de l'Exploitation sont chargés d'assurer l'exécution des présentes dispositions.

8 avril 1856.

N° 12

AUTORISATION DE LAISSER CIRCULER SUR LA VOIE LES EMPLOYÉS DU NIVELLEMENT GÉNÉRAL DE LA FRANCE.

Les Employés du nivellement général de la France ayant souvent à parcourir à pied la
voie de fer pour leurs opérations, le Directeur de la Compagnie a décidé qu'il y avait lieu
de les laisser circuler librement sur le vu de la commission qui leur est délivrée par
M. Bourdaloue, Directeur du nivellement général de France.

En conséquence, MM. les Chefs des gares et en général tous les Agents de l'Exploitation
et de la surveillance de la voie devront laisser pénétrer dans l'enceinte du Chemin de fer,
sous la seule condition de se conformer aux règlements de la Compagnie, les Employés
des brigades du nivellement qui exhiberont leur commission.

9 janvier 1861.

N° 13

EXPULSION DE LA VOIE DE TOUTE PERSONNE QUI SE SERAIT INTRODUITE DANS L'ENCEINTE DU CHEMIN DE FER.

Son Excellence M. le Ministre des Travaux publics nous rappelle, par sa lettre du 10
de ce mois, qu'aux termes de l'article 68 de l'Ordonnance du 15 novembre 1846, les

Cantonniers, Gardes-barrières et autres Agents du Chemin de fer, sont tenus de faire sortir immédiatement toute personne qui se serait introduite dans l'enceinte du Chemin de fer, ou dans quelque portion que ce soit de ses dépendances où elle n'aurait pas le droit d'entrer.

Le Directeur rappelle aux Agents ci-dessus dénommés qu'en ne se conformant pas à la prescription qui précède, ils commettent une contravention formelle qui peut les rendre passibles de poursuites et de condamnations devant le Tribunal de Police correctionnelle.

17 mars 1858.

N° 14

DÉFENSE DE LAISSER CIRCULER SUR LES TROTTOIRS, SUR LES QUAIS OU SUR LES VOIES, LES ENFANTS DES EMPLOYÉS OU LES PERSONNES DE LEUR FAMILLE ÉTRANGÈRES AU SERVICE DU CHEMIN DE FER.

Le Directeur de la Compagnie rappelle aux Chefs de gare et de station, aux Chefs de dépôt, Gardes-barrières, et à tous les autres agents demeurant dans l'enceinte du Chemin de fer, qu'il leur est expressément défendu de laisser circuler sur les trottoirs, sur les quais ou sur les voies, leurs enfants ou les autres membres de leur famille, étrangers au service du Chemin de fer.

L'oubli de cette prescription ayant déjà donné lieu aux plus déplorables accidents, le Directeur invite les Inspecteurs principaux, les Inspecteurs et les Contrôleurs de l'exploitation, à signaler toute infraction à cet ordre en désignant les agents responsables, qui seront sévèrement punis.

26 avril 1860.

N° 15

AFFICHAGE PERMANENT DANS LES GARES ET STATIONS DU TABLEAU DES HEURES DE PRÉSENCE DES EMPLOYÉS.

Le Tableau des heures de présence des Employés, placé dans un cadre et sous verre, doit être affiché en permanence dans chacun des bureaux des gares et dans les stations.

Les Inspecteurs principaux de l'Exploitation doivent tenir la main à la stricte exécution de cette disposition.

16 mai 1855.

N° 16

FOURNITURES DE BUREAU DES GARES ET STATIONS.— SUPPRESSION DES FRAIS GÉNÉRAUX. — FRAIS FIXES.

Les abonnements en usage jusqu'à ce jour, pour l'approvisionnement de certaines fournitures, sont supprimés; toutes les consommations matières, sauf les fournitures de bureau, seront fournies désormais par la Compagnie, sur des bons de demande (modèle n° 63).

Les Chefs de gare et de station, les Receveurs, Employés aux marchandises, Facteurs-Enregistrants, Employés du télégraphe, et tous Agents chargés d'un travail d'écritures, sont tenus dè se fournir des objets nécessaires à ce travail, tels que papier, plumes, encre, sable, pains à cacheter, épingles, canifs, règles, etc., etc., moyennant une allocation annuelle fixe de 2 0/0 du traitement attribué à chaque Employé. Cette allocation sera payée par quart, tous les trimestres, par les soins des inspecteurs principaux.

Les Chefs des principales gares étant, par les nécessités du service, amenés à pourvoir personnellement, et sur leur allocation propre, aux fournitures de plusieurs bureaux dont les Employés touchent eux-mêmes l'indemnité spéciale allouée pour cet objet, le Chef de l'Exploitation a décidé que les allocations de 2 0/0 du traitement accordées pour frais de bureau aux Employés aux écritures, Facteurs et Comptables des gares principales, seraient payées au Chef de gare directement, sur états trimestriels justificatifs, dressés comme d'usage, à la charge à eux de pourvoir aux fournitures de tous les bureaux de leur gare.

Afin d'assurer un caractère d'uniformité convenable à la correspondance des gares et stations, avec le commerce et le public, le papier à lettres à tête imprimée doit être fourni par l'Économat.

Cette fourniture sera faite à prix coûtant, et le montant des factures sera retenu sur la subvention de 2 0/0 accordée pour les frais généraux des gares.

Les demandes de papier à lettres seront l'objet de bons distincts adressés directement à l'Économat.

L'envoi de papier par l'Économat sera toujours accompagné d'une facture indiquant la quantité et le prix du papier expédié.

Il est formellement interdit de faire usage d'un autre papier à lettres que celui fourni par l'Économat, pour la correspondance commerciale, ou toute autre relative au service de la Compagnie, notamment des feuilles imprimées, *Avis d'articles en moins ou en trop* (modèle n° 317).

Les Inspecteurs principaux et le Chef du service de l'Économat sont chargés d'assurer l'exécution du présent ordre.

15 juillet 1854.

N° 17

RÉPARTITION DES SOMMES PROVENANT DES ÉCONOMIES FAITES SUR LES FRAIS DE BUREAU.

Les allocations de 2 0/0 sur le traitement des Employés, payées directement aux Chefs des gares principales pour fournitures de bureau, conformément aux dispositions de l'Avis n° 16, peuvent produire des économies dont la distribution a embarrassé quelques-uns d'entre eux.

Les Chefs des gares principales, des Bureaux de ville, et tous les Agents touchant les frais de bureau alloués sur le traitement des employés sous leurs ordres, doivent tenir un état détaillé des recettes et des dépenses faites de ce chef.

Cet état est arrêté à la fin de chaque année. S'il présente un excédant de recette, la somme restant disponible sera répartie entre tous les participants au prorata du chiffre des traitements. De même, si cet état présentait un excédant de dépense, cet excédant serait supporté par tous les participants dans la même proportion.

3 décembre 1860.

N° 18

PIÈCES DE DÉPENSES DES GARES ET STATIONS.

Le Chef de l'Exploitation rappelle aux Chefs de gare et de station que toutes les dépenses nécessitées par les cas d'urgence, ou régulièrement autorisées, doivent être exactement réglées, et les quittances ou factures envoyées aux Inspecteurs principaux, à la fin du mois dans lequel ces dépenses ont été faites.

Les retards inexplicables apportés par certaines gares dans l'envoi de ces pièces rendant impossible la régularisation des écritures de la comptabilité, les mesures les plus sévères seront adoptées contre toute contravention au présent ordre, dont les Inspecteurs principaux sont chargés de surveiller l'exécution rigoureuse.

28 février 1854.

N° 19

DÉFENSE AUX AGENTS DE LA COMPAGNIE DE S'OCCUPER D'AFFAIRES AUTRES QUE CELLES DE LA COMPAGNIE.

Des maisons de commerce ont adressé des lettres circulaires aux Chefs de gares et de stations et autres Agents de la Compagnie pour leur proposer de les représenter dans leur localité et de faire du courtage auprès des voyageurs, moyennant un droit de commission.

Le Chef de l'Exploitation connaît assez le bon esprit des Agents de la Compagnie pour être persuadé que de semblables propositions ont été nettement rejetées, car aucun d'eux n'ignore que ses fonctions au chemin de fer sont incompatibles avec une branche de commerce quelconque.

26 août 1860.

N° 20

NETTOYAGE ET ENTRETIEN DES LIEUX D'AISANCES.

Par suite d'un traité passé avec la Compagnie, **MM.** Henri Valin et C°, de Tours, sont chargés de l'entretien, du nettoyage et de la désinfection des lieux d'aisances et urinoirs de toutes les gares et stations situées entre Orléans et Poitiers, à l'exception des gares d'Orléans et de Tours, et de toutes les gares et stations de Poitiers à Bordeaux.

Les Chefs de gare et de station doivent, en conséquence, concourir à l'exécution de ce traité en se conformant à l'instruction spéciale de MM. Valin et C° ci-annexée, pour les soins nécessaires à ce service.

Aux termes de l'art. 1er, les employés de la Compagnie sont chargés de ces soins, d'après les avis de MM. Valin et C°. Les Chefs de gare et de station prendront les mesures nécessaires pour que tous les Hommes d'équipe fassent le service à tour de rôle, sous la direction des Chefs et Sous-Chefs d'équipe.

Le renouvellement des ustensiles ou fournitures détaillés à l'art. 4 se fera par bon de demande adressé à l'Économat, suivant la forme ordinaire.

Les demandes d'approvisionnement de réactif et liquide désinfectant seront adressées à MM. H. Valin et C°, à Tours, qui, suivant l'art. 4 de leur traité, devront en faire l'envoi aux gares et stations.

Les Chefs de gare et de station auront à prévoir les besoins de ce service, et devront ne pas attendre l'épuisement complet des approvisionnements pour faire leurs demandes.

Les barils et touries contenant les désinfectants et le réactif seront renfermés et confiés aux soins du Chef d'équipe. L'emploi de ces matières devra être surveillé attentivement, suivant les indications de l'instruction, afin d'éviter la déperdition et le gaspillage.

Les expéditions et réceptions des barils, pleins ou vides, seront faites suivant le mode adopté pour les envois de service.

EXTRAIT DU TRAITÉ PASSÉ AVEC MM. HENRI VALIN ET C°, DE TOURS.

Art. 1er. — MM. Valin et C° s'obligent à organiser, par les Facteurs ou autres Agents de la Compagnie, le service d'entretien, de nettoyage et de désinfection permanente, dans toutes les stations d'Orléans à Bordeaux, y compris cette dernière, mais non compris les gares d'Orléans et de Tours.

Art. 2. — Ils fourniront, dans chacune desdites stations, un baril d'un hectolitre de

3

désinfectant liquide, et une tourie de réactif pour lavage, qui seront employés par les hommes du service de la Compagnie, sous la direction de M. Valin et Cᵉ, conformément aux instructions écrites et approuvées par la Compagnie, et sous la surveillance des Chefs de station.

Art. 3. — Ces réactifs seront payés à MM. Valin et Cᵉ, sur la représentation des récépissés du Chef de gare des marchandises de Tours. Le Chef de la station à laquelle seront destinés les envois de barils et touries sera avisé par MM. Valin et Cᵉ, la veille de chaque expédition.

Toutes les fois que ces fûts seront vides, ils seront envoyés *franco* à MM. Valin et Cᵉ pour les remplir, et les réactifs réexpédiés leur seront également payés sur la représentation du récépissé du Chef de gare des marchandises de Tours.

Art. 4. — La Compagnie pourvoira chaque station de barils, touries, seaux, brosses, éponges, sur les modèles qui seront une première fois fournis par MM. Valin et Cᵉ.

Art. 5. — Préalablement à l'organisation du service de nettoyage et de désinfection dans chaque station, MM. Valin et Cᵉ feront opérer la vidange des fosses. Une fois cette opération faite, les vidanges ultérieures devront être opérées gratuitement par l'entrepreneur, la Compagnie n'étant assujettie qu'au transport gratuit des ouvriers et du matériel plein ou vide de MM. Valin et Cᵉ.

Art. 6. — Les latrines et urinoirs des bâtiments affectés au service de la Traction entre Orléans et Bordeaux ne sont pas compris au présent traité.

Art. 7. — Le présent traité est fait pour une année, qui commencera au 1ᵉʳ février 1854.

Art. 8. — A l'expiration du présent traité, MM. Valin et Cᵉ devront rendre toutes les fosses dans un état parfait de propreté et vides de toutes matières.

INSTRUCTION POUR L'ENTRETIEN, LE NETTOYAGE ET LA DÉSINFECTION DES LATRINES ET URINOIRS.

Nettoyage des latrines (chaque matin).

Si les latrines sont salies hors des trous ou siéges, pousser dedans les matières avec un balai.

Avec la plus petite quantité d'eau possible, laver les traces de matières, soit au balai, soit à l'éponge, soit au passe-partout, selon le besoin et le degré de malpropreté.

Après ce premier nettoyage, verser dans la grande sébile, selon la dimension de l'espace à couvrir, de 1/5 à 1 litre de liquide désinfectant pris au baril; laver au passe-partout, avec ce réactif, les places des latrines qui auraient été salies par les matières ou mouillées par les urines, en dirigeant l'eau de ce lavage vers les trous de chute.

Si la fréquentation réitérée des latrines les salissait ou reproduisait l'odeur, ces lavages seraient renouvelés une ou deux fois dans le jour, selon le besoin.

Nettoyage des urinoirs et zincs (chaque matin).

erser de la tourie dans la petite sébile, la quantité seulement d'eau de lavage nécessaire pour mouiller les zincs et les frotter fortement avec la brosse ovale ; passer, après ce
frottage, l'éponge imbibée d'eau pure pour laver les zincs.

Si les urinoirs donnent de l'odeur, après ce lavage et ce frottage, passer sur les zincs le
passe-partout imbibé du réactif du tonneau.

La même opération de frottage, lavage et désinfection, doit être faite, chaque jour, aux
seaux ou vases servant de récipient aux urines dans les urinoirs mobiles.

Quand les zincs, après plusieurs frottages à l'eau de la tourie, seront clairs et dégagés
de la couche ammoniacale qui les couvre, on réduira successivement la quantité de prise
de cette eau de 2, 3, 4 et 5 fois le volume primitivement pris, qu'on remplacera par les
mêmes quantités d'eau pure.

On se servira de ce liquide ainsi étendu et réduit à une force suffisante pour entretenir
la propreté des zincs, dans la même proportion que s'il était pur, afin de l'épargner et
d'en limiter l'emploi au strict nécessaire.

On continuera à employer le désinfectant sans l'étendre d'eau, mais seulement dans la
proportion nécessaire à l'entretien de la désinfection.

Matériel à fournir pour l'entretien et nettoyage.

1 Brosse ovale.
1 Brosse passe-partout.
1 Éponge.
1 Sébile petite à anse ; — 1 sébile grande à anse.
1 Tourie d'eau de lavage des zincs.
1 Baril réactif désinfectant avec robinet en bois et bonde.
1 X pour placer le baril.

8 août 1854.

N° 21

RECOMMANDATION POUR L'ENTRETIEN DES LIEUX D'AISANCES.

Des plaintes ont été adressées à la Compagnie sur la malpropreté des lieux d'aisances.

Le Chef de l'exploitation appelle toute l'attention des Employés sur ces irrégularités, qui
mécontentent le public. Ces détails du service sont, en effet, beaucoup trop négligés, et,
dans le but de faire cesser cet état de choses, les mesures suivantes sont formellement
prescrites :

Les lieux d'aisances doivent être lavés et nettoyés plusieurs fois par jour et tenus constamment dans un parfait état de propreté : un employé doit être désigné pour ce travail
et en être rendu responsable. (INSTRUCTION N° 20.)

8 août 1854.

N° 22

REMISE A LA TRACTION, POUR LA CONSERVATION DES PRISES D'EAU, DES FUMIERS QUE LES GARES PEUVENT AVOIR A LEUR DISPOSITION.

A l'approche de l'hiver, le service de la traction fait entourer de paille l'extérieur des appareils de prise d'eau placés dans les gares et stations pour l'alimentation des machines, et entretient au pied de ces appareils une couche de fumier pour les préserver de la gelée.

, Les gares et stations où il est établi des prises d'eau devront remettre aux agents de la traction qui en feront la demande, le fumier provenant du nettoyage des wagons et des gares qu'elles peuvent avoir à leur disposition, pour être employé à l'usage ci-dessus indiqué.

A la fin de l'hiver, le fumier sera remis, par les soins du service de la traction, aux Agents de la voie.

13 novembre 1860.

N° 23

RENSEIGNEMENTS A MENTIONNER AU RAPPORT JOURNALIER ET PIÈCES A Y ANNEXER.

Le Chef de l'exploitation appelle l'attention des Chefs de gare et de station sur l'importance qu'il y a à remplir le rapport journalier avec la plus minutieuse exactitude, suivant les indications de la formule imprimée. Il est indispensable que toutes les irrégularités, retards, colis en trop, en moins, en souffrance, objets trouvés, avariés, manquants, différences de poids, etc., y soient indiqués avec soin pour redresser les fausses destinations, répondre aux réclamations et prendre promptement toutes les mesures nécessaires pour couvrir les intérêts de la Compagnie. Les Chefs de gare et de station doivent bien se pénétrer qu'aucun détail, concernant les irrégularités constatées, ne saurait être indifférent. Un numéro de train ou d'expédition omis ou mal relevé, une date fausse, un nom de Conducteur oublié, une marque de colis inexactement indiquée, suffisent souvent pour entraver la régularisation d'une affaire et engager d'une manière fâcheuse la responsabilité de la Compagnie.

Toutes les pièces que les gares et stations ont à adresser à l'Inspecteur principal doivent être annexées au rapport journalier, sur lequel il faut les mentionner d'une manière spéciale et détaillée.

Cette prescription s'applique à toutes les pièces quelconques, souches et coupons de permis, procès-verbal des dépêches et d'exercices télégraphiques, bons de demandes et accusés de réception, feuilles de marche et de mouvement du matériel, bordereaux des feuilles, bulletins d'avarie, réquisitions, avis de colis en moins ou en trop, ou toutes autres pièces dont l'envoi est habituellement fait à l'Inspection principale.

Des ordres formels sont donnés aux Inspecteurs principaux, pour que les rapports soient contrôlés chaque jour, pour la stricte exécution de tous les détails de la rédaction. Les irrégularités dans cette partie du service donneront lieu à des punitions sévères.

10 novembre 1852.

N° 24

RECOMMANDATIONS EXPRESSES D'INDIQUER L'ÉTAT DU TEMPS SUR LES FEUILLES DE MARCHE ET LES RAPPORTS JOURNALIERS.

Le Chef de l'exploitation rappelle aux Chefs de train qu'ils ne doivent jamais omettre d'indiquer sur les feuilles de marche s'il y a du verglas, de la neige, du brouillard, de la pluie, du vent. La présence de la neige et du verglas est une circonstance de force majeure qui décharge le service de la traction, dans certains cas, de la responsabilité des retards ; il importe donc qu'il en soit fait particulièrement mention pour chaque partie du parcours où ces obstacles se manifestent, et cette mention doit être certifiée contradictoirement, comme toutes les autres causes de retard, par les Agents des deux services.

Les rapports journaliers des gares et stations doivent aussi indiquer l'état du temps d'une manière régulière et très-exacte, dans la case à ce destinée.

Toute omission de ce détail essentiel sur les Feuilles de marche ou les Rapports, donnera lieu à des amendes.

Les Inspecteurs principaux sont chargés d'assurer la stricte exécution de ces dispositions.

27 décembre 1851.

N° 25

LE RAPPORT JOURNALIER DES GARES ET STATIONS DOIT ÊTRE DATÉ PAR JOURNÉE DE VINGT-QUATRE HEURES, DE MINUIT A MINUIT.

Le Rapport journalier des gares et stations devra, dorénavant, rendre compte du service exécuté dans une période de vingt-quatre heures, de minuit à minuit. En conséquence, au lieu de porter les dates des deux journées dont les fractions se trouvent comprises dans la période de vingt-quatre heure, de midi à midi, les rapports seront datés par journée ; tous les faits qui se seront produits dans le service de cette journée, devront y être inscrits.

Les Inspecteurs principaux de l'Exploitation sont chargés d'assurer l'exécution de cette disposition, dont le Chef du bureau du Mouvement devra surveiller la stricte application.

4 mai 1855.

N° 26

INDICATION DES WAGONS VIDES ET CHARGÉS A PORTER AU RAPPORT JOURNALIER.

La partie des rapports journaliers des gares et stations destinée à donner des renseignements sur le nombre des wagons expédiés laisse beaucoup à désirer, et n'est pas rédigée avec l'attention qu'elle mérite.

Le Chef de l'Exploitation rappelle aux gares et stations qu'elles doivent exactement porter au rapport, dans la place réservée à cet effet, le nombre des wagons expédiés chaque jour, en mentionnant dans ce nombre ceux expédiés chargés et ceux expédiés à vide ; elles ne doivent indiquer comme *wagons chargés* que ceux chargés des marchandises qu'elles expédient, et distinguer avec soin les wagons *différés* et *réexpédiés*.

Cette mention doit être indiquée comme suit :

| NOMBRE DE WAGONS | AJOUTÉS ..... | Train N° 350. — 4 chargés ; — 2 vides ; — 3 différés ; — 2 réexpédiés. Id. N° |
| | RETIRÉS ..... | Train N° 271. — 1 chargé ; — 4 vides |

Paris, le 14 janvier 1859.

N° 27

AFFICHAGE DANS LES GARES ET STATIONS.

Il est interdit aux Chefs de gare et station d'apposer, à l'intérieur comme à l'extérieur des bâtiments de la Compagnie, aucune affiche, tableau ou écrit quelconque, de leur propre autorité. L'affichage des publications de la Compagnie doit être exclusivement fait dans les cadres destinés à cet usage.

Les Inspecteurs et Contrôleurs de l'Exploitation sont chargés d'assurer la rigoureuse exécution de ces dispositions, en ayant soin de faire enlever ou couvrir les affiches au fur et à mesure qu'elles deviennent inutiles.

30 octobre 1851.

N° 28

CONSTATATION DE L'APPOSITION DES AFFICHES PAR L'AUTORITÉ.

Il est essentiel que l'apposition des affiches de la Compagnie, annonçant au public des modifications dans les Tarifs ou la marche des trains, soit toujours constatée par l'autorité. Dans le but de rendre cette constatation régulière et uniforme, les dispositions suivantes sont adoptées :

Les affiches doivent être apposées dans toutes les gares et stations auxquelles s'appliquent les modifications annoncées et dans les localités voisines.

Lorsque ces modifications sont générales, il suffit de constater l'apposition des affiches dans les gares principales.

Lorsque ces modifications sont spéciales à certaines stations, l'apposition des affiches doit être constatée dans toutes les stations intéressées.

Cette constatation a lieu de la manière suivante :

Les bureaux de l'Administration centrale ou des Inspecteurs principaux envoient aux Chefs de gare et de station qui ont à faire constater l'apposition des affiches, en plus des placards destinés à être apposés dans les établissements du chemin de fer et dans les localités, deux de ces placards portant la mention ci-dessous :

Des exemplaires de la présente affiche ont été apposés

à_____le_____

Certifié par moi.

Dès que les affiches leur sont parvenues, les Chefs de gare et de station doivent les faire apposer sans retard, et en même temps faire dater et signer par le Commissaire de surveillance, ou, à son défaut, par le Commissaire de police, le Maire ou l'un des Adjoints de la commune, les deux affiches qu'ils ont reçues revêtues à l'avance de la formule de constatation. Ces affiches, ainsi signées et régularisées, doivent être adressées dans les vingt-quatre heures aux Inspecteurs principaux pour être envoyées immédiatement au Chef de l'Exploitation.

Octobre 1850.

N° 29

AFFICHAGE D'ANNONCES DANS LES GARES ET STATIONS.

La Compagnie a traité avec M. Houelbecq, Directeur-gérant de la Compagnie de publicité diurne et nocturne, pour l'affichage des annonces industrielles dans les gares et stations du réseau d'Orléans.

L'affichage, exclusivement réservé à M. Houelbecq, se fera dans les cadres en chêne poli ayant servi autrefois à M. Lévêque, et qui, par suite de conventions, sont devenus la propriété de la Compagnie de publicité diurne et nocturne.

Le transport des cadres à placer dans les gares et des boîtes d'annonces qui seront envoyés par le fermier dans les diverses gares et stations, sera fait gratuitement. Les gares et stations devront se reporter, pour l'exécution de cette disposition, aux prescriptions relatées dans le règlement de la comptabilité et de l'exploitation et concernant les transports gratuits. — Les cadres appartenant à la Compagnie de publicité devront porter d'une manière apparente la mention suivante : *Compagnie de publicité diurne et nocturne*, 161, rue Montmartre.

Les divers agents du service de l'exploitation devront faciliter aux agents de cette entreprise l'accès dans les gares et leur donner tout le concours conciliable avec les exigences du service.

31 mai 1860.

N° 30

ENTRETIEN ET RÉPARATION DES HORLOGES ET RÉGULATEURS.

Par traité passé avec la Compagnie, M. Henri Lepaute, horloger à Paris, est chargé de l'entreprise du service de l'entretien et du remontage des horloges et régulateurs de la Compagnie.

L'entretien des horloges et régulateurs comprend le remontage et la mise à l'heure, la visite des appareils autant de fois que cela est utile pour les maintenir en bon état, la vérification et la réparation des pièces altérées par l'usure ou par toute autre cause ; le nettoyage et le renouvellement des fils de fer des sonneries, des machines, des engrenages et tiges de transmission ; la fourniture des cordes, huiles et toutes matières et agrès nécessaires à la bonne marche des appareils.

Tous les frais de surveillance et d'entretien généralement quelconques sont exclusivement à la charge et aux soins de M. Lepaute.

L'entretien et le remontage des horloges électriques existantes ou qui pourront être établies sur le réseau d'Orléans ne sont pas compris dans le traité.

Le traité comprend :

1° L'entretien et le remontage de l'horloge ou régulateur de chaque établissement dépendant du chemin de fer, sur une section quelconque ouverte ou à ouvrir à la circulation ;

2° L'entretien pour les réparations seulement et non le remontage des pendules appartenant à la Compagnie et placées dans l'intérieur des dépôts et bureaux à marchandises des gares et stations intermédiaires. Lorsque ces appareils nécessitent une réparation, ils doivent être remis à l'horloger à son passage pour qu'il les emporte et les répare à son atelier ;

3° L'entretien et le remontage des horloges et pendules des maisons de l'Administration, boulevard de l'Hôpital, n° 7, et rue de Clichy, n° 19 ; des bureaux de ville, rue Saint-

Honoré, rue Notre-Dame-des-Victoires, rue Coq-Héron, rue du Bac, rue du Temple, rue Drouot, boulevard de Sébastopol, place Saint-Sulpice, rue de Chabrol, et de tous autres qui pourraient être ultérieurement établis par la Compagnie ;

4° L'entretien et le remontage des horloges et pendules des bureaux de ville existants aujourd'hui sur les différents points du réseau et de tous ceux qui pourraient être ultérieurement établis par la Compagnie.

Les horloges ou régulateurs des deux lignes seront réglés sur l'heure du temps moyen de Paris ; les cadrans intérieurs marcheront avec un retard constant de cinq minutes.

M. Henri Lepaute s'engage à assurer la marche et le remontage régulier de tous les appareils ci-dessus désignés et consent à subir, pour toute irrégularité constatée contradictoirement par ses agents et ceux de la Compagnie dans la marche des horloges de la ligne, des retenues opérées d'après les conditions suivantes :

1° Pour tout arrêt, faute d'être remonté, d'une horloge ou d'un régulateur, une retenue de 5 francs. Cette retenue s'augmentera de pareille somme pour chaque journée de retard au delà de vingt-quatre heures ; mais il n'y aura lieu à aucune retenue lorsque l'arrêt de l'appareil résultera de dérangements accidentels qui nécessiteront le démontage ;

2° Pour toute variation d'une horloge ou d'un régulateur en avance ou en retard de deux minutes sur la marche de l'horloge de Paris, une retenue de 2 francs ; cette retenue s'augmentera de même somme pour chaque minute de variation en sus de deux minutes et aussi pour chaque journée de retard dans le règlement de l'appareil, au delà d'un délai de quarante-huit heures, après l'avis donné à M. Lepaute.

Pour assurer la bonne surveillance et le bon entretien des appareils, M. Lepaute s'engage à les faire faire soit par des ouvriers de ses ateliers, expédiés de Paris, soit par un horloger d'une des localités desservies par le chemin de fer et avec lequel M. Lepaute traiterait directement et sous sa responsabilité.

Quel que soit le mode adopté par M. Lepaute, les ouvriers chargés de régler les appareils les visiteront au moins une fois par semaine. Ces visites seront constatées par le visa des Chefs de gare et de station, sur des feuilles remises à l'ouvrier horloger à son point de départ, et qu'il devra adresser, aussitôt après sa tournée, à l'Inspecteur principal sous les ordres duquel sont placées les stations qu'il aura visitées.

Pour ne pas retarder l'horloger dans ses tournées, les Chefs de gare et de station devront avoir soin qu'au moment de son passage les abords des appareils soient dégagés et que les portes des pièces où sont placés les horloges et régulateurs soient tenues ouvertes, de manière que l'horloger ait le temps de remonter et régler l'appareil pendant le stationnement du train.

Pendant toute la durée de leur présence sur la ligne, les ouvriers de M. Lepaute seront disciplinairement soumis aux Employés supérieurs de la Compagnie ; ils devront exécuter les ordres qu'ils leur transmettront et se rendre immédiatement au point qui leur sera indiqué comme réclamant leur présence, sauf à faire leurs réserves et à en rendre compte à M. Lepaute pour suite à donner s'il y a lieu.

Le libre parcours est accordé à M. Lepaute ou à M. Lefebvre, son associé, et aux ouvriers, pour tout déplacement nécessité par le service ; mais ils doivent toujours être porteurs des cartes ou permis réguliers leur conférant ce droit.

1er avril 1854.   4

N° 31

USAGE DES APPAREILS DESTINÉS AU CONTROLE DE LA SURVEILLANCE DE NUIT DITS

COMPTEURS DE NUIT.

Art. 1er. — Les compteurs de nuit sont installés dans les gares et stations où la surveillance doit être continuelle.

Art. 2. — Ces appareils, en forme de pendule, sont disposés de manière qu'en poussant ou tirant le bouton de cuivre placé dans le compartiment inférieur de la boîte, on fait mouvoir une aiguille intérieure qui pique un cadran de papier placé au fond de l'appareil et indique l'heure à laquelle le Surveillant est venu constater sa présence.

Art. 3. — Les compteurs de nuit doivent être remontés tous les quinze jours comme des pendules ordinaires; chaque jour, le cadran en papier doit être changé.

Art. 4. — Les appareils compteurs doivent être installés à l'abri de la pluie, de l'humidité et du froid, sur une base très-solide, de manière à ne pas être ébranlés par la fermeture d'une porte ou le choc d'un colis lourd.

Art. 5. — Pour régler l'appareil, il suffit, quand la pendule retarde, de remonter la lentille du balancier, en tournant à droite l'écrou qui la supporte; quand la pendule avance, il faut tourner l'écrou à gauche et faire descendre la lentille. Pour faire cette opération, il est indispensable de décrocher le balancier, sans quoi on s'exposerait à casser la lame d'acier à laquelle il est suspendu.

Art. 6. — Pour replacer le balancier, il faut l'accrocher à la pièce en cuivre placée en haut du mouvement, laquelle est traversée par une lame en acier disposée pour le recevoir, en ayant soin de passer la tige du balancier dans la fourchette (pièce en cuivre qui descend jusqu'au milieu du mouvement et qui présente deux becs entre lesquels on passe la tige du balancier pour le mettre en communication avec le mouvement).

Art. 7. — Pour remonter la pendule, on ouvre le châssis vitré qui est devant, et au moyen de la clef du mouvement qu'on place dans le trou du cadran, on tourne à droite quinze ou seize demi-tours pour la remonter complétement, ou seulement quelques demi-tours si cela suffit, ce dont on est prévenu par un arrêt qu'éprouve la clef et qu'il ne faut pas forcer.

Art. 8. — Pour faire marcher la pendule quand elle est remontée, il suffit de donner avec la main une impulsion au balancier, de manière à le faire osciller parallèlement au cadran.

Art. 9. — Les appareils compteurs doivent être visités et remis en état, lorsqu'il y a lieu, par les horlogers de la Compagnie, au même titre que les horloges et régulateurs des gares et stations et des bureaux.

Art. 10. — Pour poser le cadran de papier sur lequel doit se reproduire le pointage de l'aiguille qui sert à constater la présence du Surveillant de nuit, il faut tirer en dehors de la boîte, par la porte de côté, la planchette sur laquelle est fixé un cercle en cuivre disposé pour recevoir ce cadran; l'anneau en fer qui sert à tirer cette planchette sert aussi pour ouvrir et fermer le cercle en cuivre : c'est-à-dire qu'en tournant à droite un tour entier, non-seulement on décroche la partie du cercle qui doit s'ouvrir, mais encore on la sépare de la partie fixe, ce qui dispense de faire aucun effort. A la partie fixe du cercle, il existe des pointes qu'il faut faire correspondre avec le cadran de papier aux chiffres 12 ou 6, suivant les dispositions de l'appareil, de manière à ce que les heures du cadran de papier se rapportent exactement avec celles du cadran extérieur de la pendule. S'il arrivait que le cadran de papier ainsi placé ne fût pas pointé à l'heure indiquée par le cadran extérieur, après qu'on a poussé ou tiré le bouton pointeur, il faudrait pousser la petite aiguille du cadran extérieur sur l'heure qui aurait été piquée sur le cadran de papier, sauf à la remettre ensuite à l'heure réelle pour la bonne marche de la pendule.

Chaque cadran de papier, pour être placé, doit être découpé sur le plus grand tracé qui l'entoure, et un peu échancré à l'endroit de la charnière du cercle en cuivre qui doit le contenir.

Art. 11. — Toutes les opérations ayant rapport à la modification du balancier et à la pose du cadran de papier se font suivant les dispositions de l'appareil, soit par la porte de côté, soit par une porte placée au-dessus de la boîte.

Art. 12. — L'Employé chargé de la surveillance de nuit doit, pour constater sa présence, venir toutes les demi-heures pousser ou tirer le bouton de cuivre placé dans le compartiment inférieur de la boîte. (Art. 2.)

Art. 13. — Le cadran retiré, chaque matin, doit porter la date de la nuit dans laquelle il a été pointé, indiquer le numéro de l'appareil et être envoyé à l'Inspecteur principal, annexé au Rapport.

Art. 14. — Les Chefs de gares et stations dans lesquelles ces appareils sont placés sont responsables de l'exécution des prescriptions ci-dessus.

27 décembre 1854.

N° 32

SOINS A PRENDRE DANS LA MANŒUVRE DES APPAREILS DE PESAGE.

Des détériorations se produisent fréquemment aux grues et bascules, par suite de la négligence apportée dans leur manœuvre par les Hommes d'équipe ou Facteurs au pesage.

Le chef de l'Exploitation recommande la plus grande attention dans l'usage de ces appareils, qui exigent, pour être tenus en bon état, beaucoup de précautions ; les Chefs de gare et de station doivent en surveiller la manœuvre, afin d'éviter les avaries provenant d'un défaut de soin, ou d'une mauvaise exécution des règles prescrites dans ce détail du service.

Il est essentiel que les grues soient toujours manœuvrées lentement, à la remonte comme à la descente : trop de rapidité, en enlevant ou en descendant la charge, occasionne des chocs brusques, et par suite la rupture des chaînes ou des engrenages.

On ne doit pas non plus laisser des charges suspendues aux chaînes des grues, ainsi que cela a lieu souvent. Les colis ne doivent y être placés qu'au moment même de leur chargement, et en être retirés aussitôt après leur déchargement.

De temps à autre, les engrenages et les pivots doivent être graissés, afin qu'ils puissent fonctionner avec facilité. Il est interdit de la manière la plus formelle de lâcher les manivelles à la descente, quel que soit le poids de la charge; il faut au contraire les maintenir pour éviter les secousses.

Lorsqu'il y aura lieu d'admettre, pour la manœuvre des grues, le concours des voituriers ou chargeurs étrangers au service de la Compagnie, la manœuvre ne devra jamais être faite qu'en présence et sous la responsabilité d'un homme de la gare.

En ce qui concerne les bascules, les avaries ou les dérangements qui s'y produisent proviennent le plus souvent de la faute des Employés au pesage, soit qu'ils jettent les colis sur les plateaux avec violence au lieu de les poser doucement, soit qu'ils pèsent des charges supérieures à la force des appareils, soit enfin qu'ils manœuvrent le levier avec brutalité.

Il est formellement prescrit de ne jamais faire de pesage dans ces mauvaises conditions.

Les Inspecteurs principaux sont chargés de surveiller la stricte exécution des dispositions ci-dessus, et de réprimer sévèrement les infractions qui y seraient faites.

21 février 1853.

N° 33

COULEURS ATTRIBUÉES AUX DIVERSES SECTIONS DU RÉSEAU.

La distinction par couleur entre les diverses sections, s'applique aux lignes ou parties de ligne comprises entre chaque bifurcation. Les étiquettes de bagages et de messagerie, celles des marchandises de détail à petite vitesse, les feuilles de route de bagages et de marchandises de toute nature, à grande ou petite vitesse, les bordereaux de chargement par wagon, les feuilles de marche et de mouvement du matériel, les bordereaux du mouvement des feuilles et plis, les tableaux de la marche des trains et ceux de marche-type pour trains spéciaux, sont distingués par couleurs, suivant les destinations.

La division des couleurs est ainsi établie :

Gares et stations entre Paris et Orléans . . . . papier blanc.
— entre Paris et Corbeil . . . . — rose.
— entre Orléans et Tours . . . . — jaune clair.
— entre Tours et Saint Nazaire . . . . . — bistre.
— entre Tours et Poitiers . . . . — vert.
— entre Poitiers, la Rochelle et Rochefort. — vert.
— entre Poitiers et Bordeaux. . . . . . . — saumon.
— entre Orléans et Vierzon . . . . — lilas.
— entre Vierzon et le Guétin . . . . . . — chamois.
— entre Vierzon et Limoges . . . . — bleu.
— entre Tours et le Mans . . . . — azur.
— entre Coutras et Brives . . . . — gris.
— entre Montauban, Rodez et Decazeville. — vert d'eau.
— entre Moulins, Montluçon et Bezenet. . — gris.
— entre Limoges et Périgueux . . . . . — bleu.

Les feuilles de route des expéditions de finances et celles des expéditions de denrées font seules exception à la règle ci-dessus ; elles sont, pour toutes les destinations, les premières, de couleur rouge, et les secondes de couleur jaune foncé, chacune d'un modèle particulier, de manière à ne pouvoir, en aucun cas, être confondues entre elles et avec les autres pièces remises aux Chefs de train au départ ou remises par eux à l'arrivée.

Janvier 1861.

N° 34

PERMISSIONS ET CONGÉS AUX EMPLOYÉS DES GARES ET STATIONS ET DES TRAINS.

Toute irrégularité dans les demandes de permissions des Employés des gares et stations donne lieu à des remplacements prolongés qui dérangent le service et deviennent onéreux pour la Compagnie. Il convient, pour ce motif, de déterminer d'une manière précise les limites des permissions qui peuvent être accordées aux employés.

Les dispositions ci-après sont en conséquence prescrites pour la réglementation de cette partie du service :

1° Les Employés des gares et stations sont autorisés à demander chaque mois un jour de permission, qui, sauf le cas d'empêchement de service, leur sera accordé sans retenue de solde.

2° En principe, il n'est pas donné de permissions les dimanches et jours de fête.

3° Les permissions ne peuvent, en aucun cas, cumuler d'un mois sur l'autre.

4° Toute permission de plus d'un jour donne lieu à la retenue de la solde, sauf autorisation spéciale du Chef de l'Exploitation.

5° Les Conducteurs de train ayant, par suite de leur roulement de service, un repos plus que suffisant, n'ont pas droit à la permission d'un jour par mois accordée aux Employés des gares et stations. Les demandes qu'ils peuvent faire à cet égard doivent être portées au rapport, avec les motifs à l'appui, pour y être statué par l'Inspecteur principal. En conséquence, il est formellement interdit aux Chefs de gare d'accorder directement aucune permission aux Chefs de train et Gardes-freins, et d'autoriser leur remplacement sans l'approbation de l'Inspecteur principal.

6° En dehors des dispositions ci-dessus, les permissions sont considérées comme congés exceptionnels et restent soumises à l'appréciation du Chef de l'Exploitation pour autorisation avec ou sans solde.

31 mai 1854.

N° 35

REPOS DU DIMANCHE.

EXTRAIT DU REGISTRE DES DÉLIBÉRATIONS DU CONSEIL D'ADMINISTRATION.

Séance du 16 mars 1855.

Le Conseil, voulant accorder un repos plus complet au personnel de la Compagnie les jours de dimanches et fêtes légales, de manière à ce que les Employés puissent remplir avec plus de liberté leurs devoirs de religion et de famille,

Voulant, à cet égard, concilier les intérêts religieux, moraux et le bien-être des Employés, Agents et Ouvriers, dans la plus large mesure, avec les nécessités impérieuses du service, l'état de la législation et les exigences des habitudes commerciales et privées,

Et dans le but de confirmer et de généraliser les mesures déjà dues à l'initiative de la Direction et des Chefs de service, et après avoir entendu leurs propositions,

Arrête ce qui suit :

TRAVAUX NEUFS. — ENTRETIEN DE LA VOIE ET DU MATÉRIEL. — RÉPARATIONS.

Art. 1ᵉʳ. — Les dimanches et jours de fête,

Tous les travaux de construction sont suspendus.

Tous les travaux d'entretien et de réparation qui ne sont pas indispensables à la sûreté de la circulation sont également suspendus.

Les Ateliers et Magasins dépendants de ces services seront fermés.

La clause d'interdiction des travaux sera comprise dans tous les nouveaux marchés, et les entrepreneurs qui exécutent les anciens marchés où cette clause n'existerait pas, seront invités à y consentir.

SERVICES SÉDENTAIRES.

Art. 2. — Tous les Bureaux de l'Administration (sauf les services permanents ou de garde) continueront à être fermés.

Art. 3. — Les cas d'urgence et de travaux extraordinaires sont exceptés de l'application des articles qui précèdent. Les exceptions doivent être autorisées et les ordres donnés par écrit, soit dans les divers services, soit dans l'exécution des marchés, par les Chefs de service seulement. Toutefois, quand l'urgence exige une exécution immédiate, les divers Agents doivent y pourvoir de suite, sauf à en rendre compte aux Chefs de service dans les vingt-quatre heures.

SURVEILLANCE.

Art. 4. — Le service de la surveillance ne comportant aucune interruption, il est seulement recommandé aux Chefs de service d'autoriser, par exception, et là où ils le jugeront sans inconvénient, les Agents de l'entretien ou ceux de la surveillance de nuit, à suppléer les Agents de la surveillance de jour, et d'accorder à ceux-ci leurs congés, de préférence, les jours de dimanches et fêtes.

EXPLOITATION.

Art. 5. — Aucun changement n'est introduit dans le service de l'Exploitation.

Toutefois, dans les gares ou stations où il y a plus de deux Employés, une heure de repos de plus, et là où ce sera possible, deux heures, seront accordées dans la matinée des dimanches et fêtes, autant que possible aux heures des offices, et sans préjudice des heures fixées pour les repas.

Le Chef de l'Exploitation déterminera ces heures de permission sur le tableau de présence, selon les nécessités du service, dans chaque gare ou station.

Il pourra aussi, dans les stations où il y a un service de nuit, faire commencer plus tard le service de jour, selon les conditions du mouvement des trains.

Enfin, il est autorisé à diminuer, quand cela sera possible, soit les heures de présence, soit même le service de la réception et de la livraison des marchandises, celui de factage et du camionnage, etc., à Ivry et dans les gares principales, le Bureau central, les Bureaux de ville et d'omnibus, les mêmes jours de dimanches et fêtes.

TRACTION.

Art. 6. — L'Ingénieur en chef du matériel et de la traction est invité à augmenter, par un roulement analogue à celui de l'Exploitation, les heures de repos des Agents de son personnel dont le service est lié au service de l'Exploitation ou de ceux dont la présence au dépôt et à l'entretien, ou à la garde des Ateliers et Magasins, etc., est nécessaire.

Toutes les autres parties du service de la traction qui ne sont pas liées à celui de l'Exploitation, demeureront interrompues, sauf les cas d'urgence constatés par l'Ingénieur en chef du matériel et de la traction, comme il est dit à l'art. 3.

DISPOSITIONS GÉNÉRALES.

Art. 7. — La Direction, chargée d'exécuter les décisions qui précèdent, est invitée à y ajouter toutes les dispositions propres à les compléter et à atteindre le but que se propose le Conseil.

Elle les fera connaître au Personnel, et rendra compte aux diverses Commissions de l'exécution des mesures prises et des résultats obtenus.

20 mars 1855.

N° 36

ÉGARDS DES EMPLOYÉS DE LA COMPAGNIE ENVERS LE PUBLIC.

Des plaintes trop fréquentes obligent le Chef de l'Exploitation à rappeler les prescriptions formelles des ordres de la Compagnie en ce qui concerne les égards que les Employés doivent au public.

Les Agents d'un chemin de fer ont sans doute une mission d'ordre qu'ils doivent remplir avec fermeté dans les cas assez rares où les Voyageurs violent sciemment les règlements ; mais la fermeté, en pareille circonstance, n'exclut pas le calme et la convenance dont il n'est permis de se départir sous aucun prétexte.

Le premier devoir des Employés est de donner au public la plus entière satisfaction. Il faut que tous comprennent qu'ils ne sont pas des fonctionnaires chargés de régenter les Voyageurs, mais qu'en leur qualité d'Agents d'une entreprise industrielle, ils doivent aux personnes qui ont des rapports avec cette entreprise non-seulement la plus parfaite politesse, mais encore la prévenance, l'obligeance, tous les bons procédés qui intéressent à la fois la prospérité de la Compagnie et la considération de son administration, sans compromettre la bonne exécution du service.

Les Inspecteurs principaux sont chargés de renouveler, à ce sujet, à tous les Employés sous leurs ordres, les recommandations les plus précises, et de faire connaître toutes les infractions constatées par une surveillance minutieuse.

Toute faute contre la politesse est une faute très-grave, si grave aux yeux du Conseil d'administration, qu'elle entraînera toujours une punition exemplaire, et qu'elle pourrait devenir un cas de révocation pour l'Agent qui s'en serait rendu coupable.

Le présent avis sera porté à la connaissance de tous les Employés de la Compagnie, sans exception, et restera affiché dans les bureaux intérieurs des gares et stations, ainsi que dans ceux de tous les Agents qui ont des rapports avec le public.

4 décembre 1853.

N° 37

ÉGARDS DES EMPLOYÉS ENVERS LES FONCTIONNAIRES DE L'ADMINISTRATION PUBLIQUE.

Le Directeur rappelle au personnel de la Compagnie que les Fonctionnaires de l'Administration publique, dans les gares, et notamment les Commissaires, ont droit aux égards de tous les Employés.

En conséquence, les Agents de la Compagnie leur doivent le salut.

Les Inspecteurs principaux de l'Exploitation et les chefs de gare sont chargés d'assurer l'exécution des présentes dispositions.

6 février 1856.

N° 38

DÉFENSE AUX AGENTS D'EMPORTER EN SERVICE DES ARMES A FEU ET DE CHASSER DANS L'ENCEINTE DU CHEMIN DE FER.

Suivant les instructions contenues dans la dépêche du 26 décembre 1859 de Son Excellence M. le Ministre des Travaux publics, les Agents de la Compagnie doivent s'abstenir complétement et en toute circonstance, d'une part, d'emporter des armes à feu avec eux pendant leur service, d'autre part, de se livrer à l'exercice de la chasse dans l'enceinte du chemin de fer.

Les agents qui contreviendraient aux dispositions qui précèdent, seraient passibles des peines qui pourraient être prononcées contre eux par les tribunaux compétents, et s'exposeraient, en outre, aux mesures sévères que la Compagnie ne manquerait pas de prendre à leur égard.

7 janvier 1860.

N° 39

VISA PAR LE CHEF DE L'EXPLOITATION DES CERTIFICATS DÉLIVRÉS AUX EMPLOYÉS QUITTANT LA COMPAGNIE.

Le Chef de l'Exploitation informe les Fonctionnaires et Employés de son service qu'ils ne doivent jamais délivrer de certificat aux Agents placés sous leurs ordres et venant à quitter la Compagnie, sans l'avoir préalablement soumis à son visa.

1ᵉʳ juin 1853.

N° 40

MESURE A PRENDRE EN CE QUI CONCERNE LES COPIES DE COMMISSIONS DÉLIVRÉES AUX AGENTS ASSERMENTÉS DE LA COMPAGNIE.

En cas de décès, démission ou révocation d'un Agent assermenté, la copie de sa commission dûment certifiée par le Secrétaire général de la Compagnie, qui aura été délivrée à cet Agent, sera retirée et remise au Chef de service, puis retournée au Secrétaire général.

Il en sera de même dans le cas où un Agent serait nommé à de nouvelles fonctions, par suite desquelles son assermentation deviendrait sans objet.

18 octobre 1859. 5

N° 41

INTERDICTION DE LA CIRCULATION GRATUITE DANS LES OMNIBUS DE LA COMPAGNIE.

La circulation gratuite, dans les omnibus de la Compagnie, est formellement interdite aux Employés de l'Administration centrale et de tous autres. En conséquence, il est défendu aux cochers, sous peine d'amende, d'admettre gratuitement dans les omnibus du chemin de fer aucun Employé qui ne serait pas porteur d'une autorisation spéciale.

L'Inspecteur chargé de la surveillance du service des omnibus, le Chef de la gare de Paris, les Chefs du Bureau Central et des Bureaux Succursales, sont chargés d'assurer l'exécution du présent ordre et de signaler les infractions.

20 mars 1854.

N° 42

PLAINTES CONSIGNÉES AUX REGISTRES DES RÉCLAMATIONS.

Les employés des gares et stations et des trains doivent, en assurant le service, faire leurs efforts pour éviter aux voyageurs et aux clients de la Compagnie tout sujet de plainte et de réclamation.

Lorsqu'une plainte ou une réclamation leur est adressée, ils doivent, quel qu'en soit le motif, la recevoir *avec la plus grande politesse*, et, si elle est fondée, s'empresser d'y faire droit.

Lorsqu'une plainte est consignée sur le registre des réclamations, lequel doit toujours être mis à la disposition des voyageurs sur leur première réquisition, le Chef de gare ou de station qui l'a reçue doit en transmettre immédiatement la copie au Chef de l'Exploitation, en y joignant tous les détails relatifs aux faits qui en font l'objet, et la transcrire, le jour même, à son rapport.

4 décembre 1853.

N° 43

INTERDICTION DE FAIRE DES LOTERIES SANS L'AUTORISATION DU DIRECTEUR.

Il m'est revenu que, dans plusieurs Services de la Compagnie, des Employés avaient pris sur eux d'organiser des loteries sous un prétexte ou sous un autre, et d'en placer les billets dans le Personnel des bureaux et des gares.

Je dois à cette occasion faire savoir aux Employés que toute loterie ou souscription est rigoureusement interdite, si elle n'a été préalablement autorisée par le Directeur de la Compagnie.

En conséquence, je n'hésiterai pas à demander au Conseil la révocation de tout Employé qui organiserait une souscription ou une loterie, soit pour le compte d'un tiers, soit pour son compte personnel, ou qui s'occuperait de placer dans l'intérieur des bureaux et des gares les billets d'une loterie non autorisée par le Gouvernement ou par le Directeur de la Compagnie.

12 mai 1857.

N° 44

PRIMES ET AMENDES AUX HOMMES D'ÉQUIPE POUR LEUR TENUE.

Beaucoup d'hommes d'équipe, portant des vêtements extrêmement sales, le Chef de l'Exploitation invite les Chefs de gare à faire observer rigoureusement les prescriptions du § 13 de l'Ordre général réglant la tenue uniforme N° 27. Ils ont à exiger que les hommes changent de linge *le jeudi et le dimanche*; qu'ils fassent blanchir, au moins une fois par semaine, leur bourgeron et leur pantalon, qui doivent être toujours en bon état, sans déchirures ni rapiéçages apparents; qu'ils portent des souliers suffisamment propres et ne circulent jamais en pantoufles.

Le jeudi et le dimanche, les Chefs de gare passeront l'inspection des hommes et consigneront au rapport (*Tenue des Employés*) le résultat de cette visite.

Tout homme d'équipe signalé comme ayant eu la meilleure tenue pendant le mois recevra une prime de 1 franc, et des amendes d'égale somme seront infligées pour mauvaise tenue.

16 juillet 1850.

N° 45

BOISSON DES HOMMES D'ÉQUIPE DURANT LES CHALEURS.

Dans le but de prévenir les indispositions qui résultent souvent de l'abus de l'eau que les Hommes d'équipe boivent durant les chaleurs, les Chefs de gare et de station sont autorisés à faire préparer, pour cet usage, de la boisson mitigée, en prenant pour base les quantités ci-dessus :

Eau.	50 litres.
Eau-de-vie.	1 litre.
Infusion de café.	1 litre 1/2.
Cassonade.	1 kilogramme.

Ces quantités doivent être réduites dans d'égales proportions, d'après le nombre des hommes, en ayant soin de n'en préparer à la fois que pour la consommation de quelques jours seulement.

Les Chefs de gare et de station surveilleront l'emploi de cette boisson pour qu'il n'en soit pas fait abus, et ils enverront, chaque mois, les notes de ces fournitures à l'Inspecteur principal de l'Exploitation avec leurs autres pièces de dépenses.

La consommation de la boisson ci-dessus prescrite est fixée à un litre par homme et par jour. Un avis aux gares fixe, chaque année, la date à laquelle doit commencer la distribution.

1er septembre 1855.

N° 46

AUTORISATION AUX CONDUCTEURS ET HOMMES D'ÉQUIPE DE COUVRIR LE FOND DE LEUR CASQUETTE D'UNIFORME D'UNE COIFFE MOBILE EN TOILE, PENDANT LES CHALEURS.

Pendant les chaleurs, et pour remédier aux inconvénients résultant de l'ardeur du soleil sur le cuir verni noir, les Conducteurs de train et les Hommes d'équipe sont autorisés à couvrir le fond de leur casquette d'uniforme d'une coiffe mobile en toile blanche, s'adaptant sur la casquette au moyen d'une coulisse.

L'Inspecteur de l'habillement est particulièrement chargé de l'exécution de cette disposition.

6 août 1854.

N° 47

TENUE DES GARDES-LIGNE APPELÉS A PRENDRE PART AU SERVICE DES STATIONS.

L'exécution de l'article 7 de l'ORDRE GÉNÉRAL N° 14, prescrivant de faire revêtir la veste d'uniforme aux Gardes-ligne appelés à concourir au service des stations, est suspendue jusqu'à nouvel ordre.

En conséquence de cette disposition, les Gardes-ligne appelés à prendre part au service des stations sont autorisés à conserver, dans ces fonctions, la tenue prescrite par le service de la voie (ORDRE GÉNÉRAL, N° 40).

16 mai 1855.

N° 48

SURVEILLANCE PAR LES INSPECTEURS ET CONTROLEURS DE L'EXPLOITATION DE LA TENUE DES EMPLOYÉS.

Les Inspecteurs et Contrôleurs de l'Exploitation sont directement chargés de la tenue des Employés de leur section; ils doivent la surveiller activement et donner eux-mêmes l'exemple de la régularité de l'uniforme, signaler les infractions et s'assurer que les fournisseurs se conforment rigoureusement à l'uniformité des types.

Les Inspecteurs principaux sont chargés de l'exécution de ces dispositions.

21 juillet 1857.

N° 49

MODIFICATION AUX DISPOSITIONS DE L'ORDRE GÉNÉRAL N° 27, EN CE QUI CONCERNE LA FORME DE LA CASQUETTE DES CONDUCTEURS.

Par dérogation spéciale aux §§ 14 et 15 de l'ORDRE GÉNÉRAL N° 27, réglant la tenue uniforme des Employés des gares et stations et des trains, les Chefs de train et les gardes-freins des trains de voyageurs et de marchandises sont autorisés à remplacer la casquette à fond plat garni de nervures rigides par une casquette à fond mou soutenu sur le devant seulement.

La forme des insignes et les dispositions accessoires de la casquette autres que celles qui sont modifiées ci-dessus, restent réglées par les prescriptions de l'ORDRE GÉNÉRAL N° 27.

Les Inspecteurs de l'Exploitation et l'Inspecteur de l'habillement sont chargés de l'exécution du présent.

9 octobre 1858.

N° 50

MODIFICATION AUX DISPOSITIONS DE L'ORDRE GÉNÉRAL N° 27, EN CE QUI CONCERNE LE CABAN D'UNIFORME.

Le caban d'uniforme prescrit pour la tenue d'hiver de certains agents est remplacé par le paletot-pardessus, dont la forme a été reconnue plus commode.

Le paletot-pardessus sera en drap bleu de roi doublé de noir, sans poches sur le côté, à deux rangs de boutons. Les insignes et broderies varieront avec le grade de chaque agent et demeurent ceux fixés par l'ORDRE GÉNÉRAL.

Les Surveillants et Gardiens portiers devront seuls conserver le caban tel qu'il est indiqué au § 8 de l'ORDRE GÉNÉRAL N° 27.

Les Employés de tous grades autorisés désormais à porter le paletot-pardessus devront le substituer au caban lorsqu'il y aura lieu pour eux de remplacer ce dernier vêtement.

16 novembre 1859.

N° 51

MODIFICATION AUX DISPOSITIONS DE L'ORDRE GÉNÉRAL N° 27 EN CE QUI CONCERNE LA TENUE DES EMPLOYÉS AUX MARCHANDISES (GRANDE VITESSE).

A dater de ce jour, les Agents désignés sous la dénomination de Facteur-Chef et Facteur-Enregistrant à la Messagerie, prendront le titre d'Employé principal et d'Employé aux Marchandises à la grande vitesse.

La tenue uniforme des Employés aux marchandises de la grande vitesse est fixée comme suit :

Redingote bleu foncé, avec boutons noirs unis ;

Pantalon bleu foncé ou noir ;

Gilet bleu foncé ou noir ;

Cravate noire ;

Casquette en drap bleu, garnie, sur le tour de la tête, d'un seul liséré or.

Sont abrogées, en ce qui concerne les Facteurs-Chefs et les Facteurs-Enregistrant à la Messagerie, les prescriptions des §§ 6 et 7 de l'ORDRE GÉNÉRAL N° 27.

Il n'est apporté aucun changement dans l'appellation ni dans la tenue uniforme des Facteurs-Enregistrant aux bagages.

20 avril 1861.

N° 52

DEMANDES D'APPROVISIONNEMENT.

Les bons de demande d'approvisionnement que les gares et stations sont autorisées à faire conformément à l'ORDRE GÉNÉRAL N° 30, doivent être adressés aux inspecteurs principaux par quinzaine, c'est-à-dire le 1er et le 15 de chaque mois, pour être transmis collectivement, par leurs soins, et revêtus de leur visa, au Chef du service de l'Economat. Les expéditions de l'Economat ont lieu également par quinzaine, c'est-à-dire le 1er et le 15 de chaque mois. Les gares et stations qui ne recevront les objets demandés que quinze jours après en avoir fait la demande, doivent donc s'approvisionner au moins pour quinze jours, de manière à n'avoir à faire, dans l'intervalle, que des demandes d'urgence. Elles mentionnent quelquefois sur les bons de demande, qu'elles manquent ou vont manquer des objets dont elles réclament l'envoi. Cette manière de procéder peut, dans certains cas, apporter des entraves au service, par l'impossibilité de fournir de suite les objets demandés. Il faut qu'elles prévoient toujours leurs besoins, surtout en billets et en imprimés, assez à l'avance pour ne pas en manquer et ne jamais attendre l'épuisement complet de leur approvisionnement.

Les demandes de billets et d'imprimés doivent être faites sur les bons de demande, modèle n° 63, en usage pour les autres fournitures, mais séparément, afin de ne pas être confondus avec les demandes d'objets mobiliers ou de consommation.

Il est expressément recommandé aux gares et stations, lorsqu'elles rappellent sur leur rapport une demande qui n'a pas encore été satisfaite, d'indiquer avec exactitude le numéro et la date du bon adressé précédemment. Ce renseignement est nécessaire pour faciliter les recherches et permettre de faire faire les envois en retard.

Les demandes doivent toujours être accompagnées des renseignements les plus complets sur l'usage et les dimensions de l'objet demandé, particulièrement pour les poulains, brouettes, tables, mèches, rideaux, etc., etc.

Il arrive souvent que les gares et stations négligent de retourner à Paris les caisses, paniers, baquets, etc., ayant servi au transport des objets qu'elles ont demandés. Les caisses spéciales destinées à ces envois doivent être portées sur feuille à l'aller et au retour ; les gares et stations sont responsables de la bonne exécution de cette mesure.

Tout envoi fait aux gares et stations doit être accompagné d'un bulletin d'expédition. Les gares et stations, après réception des objets, doivent signer le reçu et l'adresser immédiatement à l'Inspecteur principal, avec le rapport journalier ; le renvoi des reçus est indispensable pour reconnaître si les demandes ont été satisfaites.

14 septembre 1853 et 10 juin 1858.

N° 53

FOURNITURE DES PANIERS A FINANCES AUX CONDUCTEURS DE TRAINS.

Dans le but de donner une garantie de plus au transport des valeurs et finances, dont les Conducteurs sont responsables, il a été décidé que des paniers fermant à clef seraient fournis aux Chefs de train, aux conditions suivantes :

Les paniers sont remis aux Chefs de train au même titre que les plaques, c'est-à-dire qu'ils doivent en payer la valeur au moment où ils en reçoivent livraison.

Lorsque les Conducteurs viennent à cesser leurs fonctions pour une cause quelconque, la somme représentant la valeur du panier leur est remboursée sur la remise du panier en bon état et muni de tous ses accessoires.

Les Conducteurs sont responsables de la conservation et du bon entretien des paniers ; les réparations rendues nécessaires par suite de l'usure, de négligence ou manque de soin et de surveillance, seront faites à leurs frais.

Les avaries ou détériorations provenant de cas de force majeure resteront à la charge de la Compagnie.

La somme représentant la valeur des paniers sera payée par les Conducteurs, soit comptant, soit par une retenue sur leurs appointements, d'après la liste envoyée à cet effet aux Inspecteurs principaux par le Chef du service de l'Economat, chargé spécialement de tout ce qui concerne la fourniture des paniers à finances.

La demande des paniers sera adressée par MM. les Inspecteurs principaux au Chef du service de l'Economat ; cette demande devra indiquer le nom du Conducteur auquel le panier est destiné.

Lorsqu'un Chef de train cessera ses fonctions, l'Inspecteur principal réclamera au Chef du service de l'Economat le remboursement de la valeur du panier, en mentionnant l'état du panier qui devra être constaté par le Chef de gare de la résidence du Conducteur, et le lieu où ce panier aura été déposé.

Si ce panier doit être remis au Conducteur remplaçant celui qui a cessé ses fonctions, le nom du Conducteur qui prend charge sera envoyé au service de l'Economat chargé d'en faire rentrer le paiement ; si le Conducteur ne doit pas être remplacé, le panier et ses accessoires seront retournés au service de l'Economat, à Paris.

Dans le cas où les paniers devront être remplacés aux frais de la Compagnie, la demande devra en être faite par les inspecteurs principaux et approuvée par le Chef de l'Exploitation.

15 septembre 1856 et 3 février 1859.

N° 54

FOURNITURE DES PLAQUES ET BOUTONS D'UNIFORME ET DES INDICATEURS.

La fourniture des plaques et boutons d'uniforme qui avait été faite jusqu'à ce jour par les soins du Bureau du mouvement, sera assurée désormais par le service de l'Economat, auquel les demandes devront être adressées.

La valeur des objets fournis par l'Economat sera versée, par les Agents, entre les mains du Chef de gare de leur résidence, qui en fera l'envoi à l'Administration centrale, conformément aux prescriptions du règlement de comptabilité, chapitre II, § 9, page 89.

Les demandes d'approvisionnement d'*Indicateurs* doivent être adressées au Bureau du mouvement.

Le produit de la vente des *Indicateurs*, qui était adressé au Bureau du mouvement, sera versé par les Agents vendeurs entre les mains des Chefs de gare de leur résidence, qui en opéreront le versement à l'Administration centrale, comme il est dit ci-dessus. Les Chefs de gare auront à prévenir les Agents préposés à la vente des *Indicateurs*, de cette nouvelle manière d'opérer.

. MM. les Inspecteurs principaux sont chargés d'assurer l'exécution du présent Ordre.

3 février 1859.

N° 55

APPROVISIONNEMENT DES FACTURES DE TRANSPORT SPÉCIALES AUX TRANSPORTS GÉNÉRAUX DE LA GUERRE.

Les gares et stations sont informées que, contrairement aux dispositions de l'Instruction, annexe n° 1 du règlement de comptabilité, elles devront dorénavant se procurer l'approvisionnement des factures de transport spéciales aux transports généraux de la Guerre auprès de l'Economat de la Compagnie et non plus auprès de l'Agent général de ce service, qui n'est plus chargé de fournir ces imprimés.

11 mai 1860.

N° 56

APPROVISIONNEMENT AU MAGASIN DES DENRÉES, A IVRY.

Il est établi aux ateliers d'Ivry, dans l'intérêt général des Agents de tous grades de la Compagnie, un Magasin de denrées alimentaires ou autres, qui sont distribuées en détail aux prix de revient.

Les prix de vente des denrées sont établis sur la base ci-dessus par la Comptabilité générale de la Traction, et sont affichés dans le Magasin. Ces prix sont modifiés chaque fois qu'il y a lieu.

Tout Agent de la Compagnie qui veut participer aux avantages offerts par le Magasin doit être porteur d'un livret spécial, qui est délivré par le Secrétariat de la Traction, sur la demande du Chef du bureau ou du Chef de gare de qui relève l'Employé. Les demandes de livret sont faites à la Traction, soit séparément, soit collectivement, sur les imprimés spéciaux préparés à cet effet.

Le Secrétariat de la Traction tient un registre sur lequel il inscrit, par numéro d'ordre, les livrets, au fur et à mesure de leur délivrance.

Chaque livret porte un numéro d'ordre ; il énonce les nom et prénoms de l'Agent auquel il est remis, le service auquel il appartient, sa qualité, sa demeure, et le nombre des membres de sa famille, conformément aux indications données sur la demande faite par les Chefs de Bureau ou les Chefs de gare.

Lorsque l'Agent reçoit un traitement mensuel, le livret indique le chiffre de ce traitement.

Pour faire usage du livret, le titulaire doit :

S'il reçoit un traitement mensuel, faire viser son livret au commencement de chaque mois, par le Chef du Bureau ou de la gare de qui il relève ;

S'il est payé à la journée, le faire viser de même par son Chef de bureau ou de gare, qui doit, dans ce cas, énoncer en toutes lettres la somme jusqu'à concurrence de laquelle la délivrance des denrées peut avoir lieu dans le courant du mois. Cette somme ne doit pas dépasser celle qui est représentée par le nombre de journées de travail acquises au moment du visa.

En raison de ces dispositions, les Employés à la journée peuvent demander deux visas, du 8 au 25 du mois. Passé le 25, aucun visa ne peut être accordé aux Employés à la journée.

Du 1er au 8 inclus de chaque mois, tout porteur d'un livret peut prendre au Magasin, sans visa nouveau, jusqu'à concurrence d'une valeur de 15 francs.

Le montant des denrées prises avant le 8 du mois vient en déduction de la somme portée au 1er pour crédit, au premier visa suivant.

Les jours et heures de distribution sont affichés à la porte du Magasin.

Le Magasin est fermé les cinq derniers jours de chaque mois.

6

Ces journées sont employées à faire l'inventaire mensuel des denrées en Magasin et à établir le compte de chaque partie prenante.

Le Magasin est également fermé les dimanches et jours de fêtes légales.

Le paiement des denrées n'a jamais lieu en espèces ; il s'opère au moyen d'une retenue égale au montant des denrées prises dans le courant du mois, sur la solde dudit mois.

La délivrance des denrées a lieu, sous la surveillance du Garde-Magasin, de la manière suivante :

La partie prenante doit remettre à l'Employé aux écritures le livret dont elle est porteur. Cet Employé inscrit sous sa dictée les objets demandés et la quantité de chacun d'eux ; il porte en regard leur prix et leur valeur, et totalise. S'il reconnaît que le total dépasse le crédit ouvert à la partie prenante, il lui en fait l'observation, et celle-ci doit réduire sa demande en conséquence.

Toute rature est parafée par l'Employé.

Cette opération terminée, il passe le livret au Garde-Magasin, qui vérifie les calculs, porte sur la feuille de sortie (modèle n° 73) le numéro du livret, le nom de la partie prenante, sa qualité, le service auquel elle appartient, et transcrit en regard les articles énoncés au livret.

Le Garde-Magasin, après avoir terminé la transcription, parafe le livret à côté du total et le remet au distributeur, lequel est chargé de la délivrance des denrées. Chaque partie prenante est servie à son tour d'arrivée.

Lorsqu'un Agent doit quitter la Compagnie, soit par ordre, soit volontairement, son livret lui est retiré immédiatement.

Le Magasin des denrées étant établi dans le seul intérêt des Agents de la Compagnie, les titulaires des livrets ne peuvent demander de fournitures que pour leur usage personnel ou pour l'usage des membres de leur famille habitant avec eux.

Tout contrevenant à cette disposition sera privé du droit de prendre au Magasin, et son livret lui sera immédiatement retiré.

Les Employés dont le traitement est frappé d'opposition ne peuvent participer aux avantages du crédit ouvert au Magasin des denrées. Il ne peut, en conséquence, leur être donné de livret.

Les Employés qui habitent dans l'intérieur des barrières sont prévenus qu'ils ne doivent introduire aucune des denrées fournies par le Magasin sans les déclarer aux préposés de l'Octroi, pour acquitter les droits d'entrée. Toute tentative d'entrée en fraude entraînerait les mesures de répression les plus sévères.

4 novembre 1855.

N° 57

APPROVISIONNEMENT AUX MAGASINS DE DENRÉES ÉTABLIS A ORLÉANS, TOURS ET BORDEAUX. — DISPOSITIONS COMPLÉMENTAIRES A *L'INSTRUCTION N° 56.*

Art. 1er. — Des Magasins de denrées, semblables à celui d'Ivry, sont établis dans les gares d'Orléans, Tours et Bordeaux.

Art. 2. — Les demandes d'approvisionnement pourront être adressées à ces divers Magasins par les Employés de tout le réseau d'Orléans, conformément aux dispositions suivantes :

1° Les Employés de la ligne de Corbeil et de celle de Paris à Orléans exclusivement, seront approvisionnés par le Magasin d'Ivry;

2° Les Employés des lignes d'Orléans au Guétin et Limoges inclusivement, seront approvisionnés par le Magasin d'Orléans;

3° Les Employés de la ligne de Saint-Nazaire à Orléans exclusivement, de la ligne de Tours au Mans, de la ligne de Tours à Poitiers inclusivement, et de la ligne de Poitiers à la Rochelle et Rochefort, seront approvisionnés par le Magasin de Tours;

4° Les Employés de la ligne de Bordeaux à Poitiers exclusivement, et de la ligne de Coutras à Brives, seront approvisionnés par le Magasin de Bordeaux.

Art. 3. — Les demandes d'approvisionnement sont soumises, pour le visa des livrets, l'ouverture des crédits et les retenues de solde, aux prescriptions de l'INSTRUCTION N° 54.

Art. 4. — Les Employés de la Voie sont, pour le service d'approvisionnement des denrées, réunis aux gares ou stations où est fixée leur résidence. Les Inspecteurs principaux de l'Exploitation devront s'entendre avec les Ingénieurs pour dresser par station un état du personnel de l'Exploitation et de la Voie qui pourra s'approvisionner aux Magasins ci-dessus désignés. Cet état sera remis aux Chefs des Magasins d'Ivry, Orléans, Tours ou Bordeaux, qui connaîtront ainsi le nombre et la qualité des Agents qu'ils auront à servir.

Art. 5. — Les livrets visés par le Chef de chaque service, conformément aux dispositions de l'INSTRUCTION N° 56, doivent être remis par les Titulaires au Chef de la gare ou de la station de laquelle ils dépendent, les 5, 15 et 25 de chaque mois, avec une note indiquant l'espèce et la quantité de denrées demandées par chaque Employé.

Les notes de demande doivent indiquer le nom de l'Employé demandeur et le numéro de son livret, et être signées par le Titulaire.

Les livrets seront réunis, par le Chef de chaque gare ou station, dans le panier servant au transport des denrées, et envoyés par ses soins, ainsi que ce panier, aux dates ci-dessus indiquées, au Garde-Magasin des denrées à Ivry, Orléans, Tours et Bordeaux.

Art. 6. — Le Magasin expédie les denrées demandées au Chef de la gare ou de la station de distribution les 1er, 10 et 20 de chaque mois. Ces expéditions pourront être faites par tous les trains, soit de voyageurs, soit de marchandises.

Les objets destinés à chaque demandeur doivent être réunis à son adresse dans un sac portant le numéro du livret. Ces sacs, du prix de 1 fr. 50 c. environ, sont fournis par le Magasin et payés par les employés.

Les sacs sont réunis eux-mêmes dans des paniers portant le nom de la station de distribution.

Art. 7. — La remise des envois est faite à chaque partie prenante par les soins du Chef de la gare ou de la station de distribution. Les paniers et les sacs sont ensuite renvoyés vides au Magasin avec les livrets et les demandes, comme il est dit à l'art. 5 ci-dessus.

Art. 8. — Tout envoi, soit du Magasin, soit des gares, doit être constaté [pour ordre par un enregistrement sur feuille dans la forme ordinaire.

Art. 9. — Le Chef de l'Exploitation et l'Ingénieur en chef du Matériel et de la Traction sont, chacun en ce qui le concerne, chargés d'assurer l'exécution de ces dispositions.

4 avril 1856.

N° 58

DISTRIBUTION DES DENRÉES.

L'extension que les expéditions de [denrées demandées par les Employés au magasin d'Orléans ont prise sur la ligne]du Centre, a nécessité la division de la distribution qui se faisait le 10 de chaque mois.

A l'avenir, les stations situées entre Orléans et Limoges seront seules desservies dans la journée du 10, par les trains désignés à cet effet, et les stations situées entre Vierzon et le Guétin seront desservies dans la journée du 12.

Il n'est, du reste, rien changé aux distributions faites le 1er et le 20 de chaque mois, non plus qu'aux autres dispositions de l'INSTRUCTION N° 57.

8 décembre 1856.

N° 59

ÉTAT DES GARES ET STATIONS POURVUES DE POMPES A INCENDIE.

Les gares et stations désignées dans l'état ci-dessous sont pourvues d'une ou plusieurs pompes à incendie; les stations non dénommées au présent état doivent le consulter, en cas d'incendie, pour le secours à demander, conformément à l'art. 6 de l'ORDRE GÉNÉRAL N° 33.

ÉTAT des Gares et Stations pourvues de pompes à incendie.

GARES ET STATIONS.	NOMBRE DE POMPES.		LONGUEUR DES TUYAUX.		NOMBRE DE SEAUX.	
	A LA GARE.	AU DÉPÔT.	A LA GARE.	AU DÉPÔT.	A LA GARE.	AU DÉPÔT.
			mètres.	mètres.		
Paris.	4	»	264	»	115	»
Ivry. Dépôt.	3	3	96	96	90	254
Corbeil.	1	»	24	»	100	»
Saint-Michel. Dépôt.	»	1	»	16	»	25
Etampes. Dépôt.	»	1	»	16	»	50
Toury. Dépôt.	»	1	»	16	»	25
Orléans. Dépôt.	1	3	32	48	64	150
Lamotte-Beuvron. Dépôt.	»	1	»	16	»	25
Vierzon. Dépôt.	1	1	25	16	30	50
Bourges. Dépôt.	1	1	36	16	28	25
Le Guétin. Dépôt.	1	1	24	16	31	50
Moulins-sur-Allier. Dépôt.	»	1	»	16	»	25
La Presle. Dépôt.	»	1	»	16	»	25
Montluçon. Dépôt.	1	1	13	16	30	50
Issoudun.	1	»	16	»	10	»
Châteauroux. Dépôt.	2	1	27	14	28	25
Argenton. Dépôt.	1	1	22	16	30	25
La Souterraine. Dépôt.	1	1	24	16	28	25
Limoges. Dépôt.	1	1	23	16	25	50
Beaugency.	1	»	14	»	12	»
Blois. Dépôt.	1	1	21	16	29	25
Ambroise.	1	»	16	»	40	»
Tours. Dépôt.	2	2	25	32	50	150
Château-du-Loir. Dépôt.	1	1	25	16	32	25
Le Mans. Dépôt.	»	1	»	16	»	25
Saumur. Dépôt.	1	1	16	16	40	25
Angers. Dépôt.	1	1	25	16	29	50
Ancenis. Dépôt.	1	1	39	16	30	25
Nantes. Dépôt.	2	1	48	16	55	50
Savenay. Dépôt.	1	1	16	16	30	25
Saint-Nazaire. Dépôt.	2	1	48	16	77	50
Les Ormes. Dépôt.	»	1	»	16	»	25
Châtellerault.	1	»	24	»	21	»
Poitiers. Dépôt.	1	1	40	16	48	50
Lusignan. Dépôt.	»	1	»	16	»	25
Niort. Dépôt.	1	1	24	16	45	25
Aigrefeuille. Dépôt.	1	1	25	24	26	50
La Rochelle.	1	»	24	»	23	»
Rochefort.	1	»	23	»	28	»
Civray.	1	»	12	»	9	»
Ruffec. Dépôt.	»	1	»	16	»	25
Angoulême. Dépôt.	1	1	60	16	42	50
Chalais. Dépôt.	1	1	24	16	29	25
Coutras. Dépôt.	1	1	24	16	36	25
Libourne.	1	»	32	»	36	»
Bordeaux. Dépôt.	2	1	80	16	145	100
Mussidan.	1	»	24	»	30	»
Périgueux. Dépôt.	1	1	24	16	30	50
Brives. Dépôt.	1	1	24	16	30	25
Montauban. Dépôt.	»	1	»	16	»	50
Saint-Antonin. Dépôt.	»	1	»	16	»	25
Villefranche. Dépôt.	1	1	33	16	30	25
Capdenac.	1	»	21	»	30	»
Viviez. Dépôt.	»	1	»	16	»	100
Rodez. Dépôt.	»	»	21	»	30	»

Janvier 1861.

N° 60

MANŒUVRE DES POMPES A INCENDIE DES DÉPOTS INTERMÉDIAIRES DE MACHINES.

Les pompes à incendie placées dans les dépôts dont le personnel est peu nombreux, ne sont pas manœuvrées périodiquement, ainsi que le prescrit l'article 2 de l'Ordre général n° 33.

A l'avenir, dans toutes les gares où se trouvent des dépôts dont le personnel est insuffisant pour ce service, les pompes à incendie seront manœuvrées une fois par mois par des Agents appartenant au service de l'Exploitation.

Les Chefs de gare désigneront ces Agents, qui recevront l'indemnité de 10 centimes par jour, fixée par l'article 3 de l'Ordre général n° 33, et qui manœuvreront les pompes sous la direction et la responsabilité du Chef de dépôt.

14 mai 1851.

N° 61

CHAUFFAGE ET ÉCLAIRAGE DES GARES ET STATIONS.

Des plaintes ont été adressées à la Compagnie sur le défaut d'éclairage et de chauffage de certaines gares et stations.

Le Chef de l'Exploitation appelle toute l'attention des Employés sur ces irrégularités, qui mécontentent le public. Ces détails du service sont, en effet, beaucoup trop négligés, et, dans le but de faire cesser cet état de choses, les mesures suivantes sont formellement prescrites :

Il est indispensable, dans la saison d'hiver, d'entretenir du feu dans les salles d'attente, de manière qu'elles soient bien chauffées, surtout la nuit.

Les abords des gares, les cours, vestibules, trottoirs, salles d'attente, doivent être toujours, pendant la durée du service de nuit, éclairés convenablement et pourvus d'appareils en bon état et en nombre suffisant. Au passage des trains, les stations doivent être éclairées par 5 manchons au moins, 1 restant constamment allumé du côté de la cour, 2 appliqués au bâtiment sur la voie et 2 aux deux extrémités du trottoir extérieur.

Partout où sont établies des Correspondances dont les voitures, arrivant ou partant de nuit, obligent les Voyageurs à un séjour plus ou moins prolongé dans les établissements de la Compagnie, il est de toute nécessité que le chauffage et l'éclairage ne laissent rien à désirer, et le Chef de l'Exploitation recommande que les Voyageurs soient reçus le mieux possible.

8 août 1854.

N° 62

DÉFENSE AUX EMPLOYÉS DE SE SERVIR POUR LEUR USAGE PRIVÉ, DE L'HUILE ET DU COMBUSTIBLE FOURNIS PAR LA COMPAGNIE POUR L'ÉCLAIRAGE ET LE CHAUFFAGE DES GARES, DES STATIONS ET DES TRAINS.

L'huile et le combustible fournis par la Compagnie doivent être exclusivement affectés à l'éclairage des gares et stations et des trains, et au chauffage des Établissements de la Compagnie.

Des abus s'étant produits par suite de la croyance où certains Employés étaient que la Compagnie tolérait le chauffage et l'éclairage des ménages logés dans les gares et stations sur les matières envoyées en approvisionnement, le Chef de l'Exploitation, pour ne laisser subsister aucun doute à cet égard, fait défense formelle à tous les Employés des gares et stations et des trains de se servir, pour leur usage privé, des matières qui leur sont confiées en approvisionnement pour les besoins du service.

Toute infraction à cet ordre sera considérée comme un abus de confiance et entraînera la révocation des Agents qui s'en rendront coupables.

25 septembre 1855.

N° 63

DISTRIBUTION DE L'HUILE AUX CONDUCTEURS.

L'huile nécessaire à l'alimentation des lanternes des Conducteurs est fournie par les gares. La distribution en est faite par les Lampistes, de la manière suivante :

Une feuille imprimée, intitulée : *État de distribution d'huile aux Conducteurs*, modèle n° 493, est remise, chaque mois, aux Lampistes, par les Chefs des gares où les Conducteurs sont en résidence. Les noms des Conducteurs prenant part à la distribution sont inscrits dans la colonne à ce destinée. Les Lampistes doivent, en regard de chaque nom, porter, au moment même de la délivrance, dans la colonne se rapportant à la date du jour, le nombre de grammes donné à chaque Conducteur, en ayant soin de les faire émarger par l'empreinte de leurs poinçons au-dessous du chiffre de la quantité fournie.

Les Chefs de gare doivent adresser, du 1er au 5 de chaque mois, les états de distribution d'huile totalisés et certifiés, aux Inspecteurs principaux, qui ont à se rendre compte du bon emploi de l'huile distribuée aux Conducteurs, en établissant pour chacun d'eux une moyenne de consommation basée sur la durée du service de nuit qu'ils ont fait pendant le mois. Ces états sont ensuite transmis au Chef de l'Exploitation.

Il est expressément défendu aux Conducteurs de prendre eux-mêmes de l'huile en l'absence des Lampistes. Toute infraction à cette règle devra être signalée au rapport, et sera sévèrement punie.

L'approvisionnement de l'huile dont les Conducteurs ont besoin doit se faire exclusivement au lieu de leur résidence. L'exécution de cette mesure est essentielle pour établir les comptes de consommation de fin de mois.

Toutefois, par exception à cette disposition, les Conducteurs qui partent de nuit pour un long parcours, et ne rentrent que la nuit suivante, peuvent renouveler leur approvisionnement à une gare où ils n'ont pas leur résidence, mais à la condition expresse qu'ils justifieront un trajet de nuit de plus de 15 heures, cette durée étant celle que peut fournir la capacité des lampes et des lanternes des Conducteurs.

Dans tous les cas, il ne doit être donné d'huile aux Conducteurs de grands parcours que dans les gares extrêmes, et jamais dans les gares intermédiaires où ils séjournent momentanément, et la distribution doit toujours en être faite suivant les formes indiquées ci-dessus.

23 juin 1853.

N° 64

ENTRETIEN ET ALLUMAGE DES LAMPES D'INTÉRIEUR DES VOITURES ET DES SIGNAUX D'ARRIÈRE-TRAIN.

Les soins à prendre pour l'allumage des lampes d'intérieur et des signaux influent directement sur la bonne combustion et le bon éclairage pendant la route, ainsi que sur la conservation des appareils. Ces soins ont donc une grande importance dans le service.

Les Lampistes dans les gares, les Garde-freins durant le trajet, sont sous les ordres et la surveillance des Chefs de gare, Chefs de station et Chefs de train, personnellement responsables de la bonne exécution de ce détail.

Les voitures de toutes classes doivent être constamment, la nuit comme le jour, munies de leurs lampes d'intérieur parfaitement nettoyées, garnies d'huile, de mèches et de porte-mèches.

Au départ de chaque train, les Chefs de gare doivent s'assurer, avant de mettre aucune voiture en circulation, que tous les compartiments sont pourvus d'appareils garnis et en bon état.

Les lampes des voitures doivent être allumées sur place, en ayant soin de ne pas agiter la bougie sur les mèches, ce qui produit une combustion inégale.

L'emploi de l'essence pour l'allumage a pour effet de ternir les verres, de noircir les mèches et d'amener presque infailliblement l'extinction en route; cette matière attaque, en outre, très-promptement la plaque du réflecteur. Il est formellement interdit d'en faire usage, soit pour l'allumage des lampes d'intérieur des voitures, soit pour les signaux d'arrière-train.

Tout Lampiste, Garde-freins ou Facteur qui emploiera l'essence, sera sévèrement puni. On se servira, pour l'allumage, de petite bougie-rouleau, dite *rat-de-cave*, ou d'esprit-de-vin.

Les mèches doivent être toujours préparées à l'avance sur les porte-mèches de rechange. Elles doivent être renouvelées à chaque voyage lorsqu'elles ont servi.

Il est expressément recommandé aux Lampistes de couper très-régulièrement les mèches, dont la longueur doit excéder les oreillettes des porte-mèches d'un millimètre au plus.

Les porte-mèches doivent également être remplacés à chaque voyage par des porte-mèches nettoyés à fond.

Il est essentiel pour les lampes-couronne des voitures (à mèche plate et courte) qu'elles soient toujours remplies complétement d'huile. S'il en est autrement, l'air restant dans la partie supérieure de la lampe se dilate à la chaleur et presse sur l'huile, qui déborde par l'orifice de la mèche et tombe dans la coupe de verre.

Lorsque l'huile se dépose dans la coupe, on peut donc toujours dire avec certitude que la lampe a été mal garnie par le Lampiste au départ.

Les lampes doivent être placées dans les lanternes de telle manière que les branches du conduit de l'huile soient en travers, perpendiculairement à l'axe longitudinal de la voiture.

14 octobre 1848.

N° 65

PRÉCAUTIONS A PRENDRE POUR ÉVITER LE BRIS DES COUPES DES LAMPES D'INTÉRIEUR DES VOITURES.

Le grand nombre de coupes cassées aux lampes d'intérieur des voitures dénote beaucoup de négligence de la part des Lampistes.

Ces avaries ne proviennent que d'un manque d'attention ; il suffit, pour les éviter, de placer la lampe bien au milieu de la coupe, les branches du porte-mèche en travers, en s'assurant qu'elle ne porte pas à faux, et d'abaisser sans secousse le chapiteau de la lanterne, dont la fermeture doit être déterminée par une pression légère faite avec la main, et *non avec le pied*, ainsi que les Lampistes en ont l'habitude.

Si la lampe n'est pas posée convenablement, et que l'on ferme brusquement le chapiteau, il en résulte nécessairement le bris de la coupe. Le Chef de l'Exploitation invite les Chefs de gare à faire, à ce sujet, les recommandations les plus formelles aux Lampistes. Tout bris de coupe reconnu à l'arrivée sera mis à la charge de la gare de départ, si elle ne l'a pas constaté au rapport.

27 juin 1851.

N° 66

RÉPARATION DES APPAREILS D'ÉCLAIRAGE.

Les réparations des appareils d'éclairage des gares et stations, et des trains, sont faites dans des ateliers spéciaux établis dans les gares de Paris, Vierzon, Montluçon, Tours et Poitiers.

7

L'atelier de Paris est chargé de la réparation des appareils des gares et stations comprises entre Paris et Orléans exclusivement.

L'atelier de Vierzon est chargé de la réparation des appareils des gares et stations comprises entre Orléans inclus, le Guétin inclus et Périgueux exclus.

L'atelier de Montluçon fait les réparations des appareils de la ligne de Moulins à Montluçon.

L'atelier de Tours fait les réparations des appareils des gares et stations des lignes d'Orléans exclus à Saint-Nazaire, de Tours au Mans, et de Tours à Poitiers exclus.

L'atelier de Poitiers fait les réparations des appareils des lignes de Poitiers à la Rochelle et Rochefort, de Poitiers à Bordeaux, et de Coutras à Brives.

En conséquence, les gares et stations devront adresser à l'atelier désigné pour faire les réparations, tous leurs appareils d'éclairage en mauvais état. Ces envois seront l'objet d'expéditions régulières adressées aux Chefs de la gare dans laquelle est établi l'atelier de réparation. Une étiquette indiquant la station expéditrice, la date de l'envoi et la nature de la réparation, doit être attachée sur chaque appareil.

Les Chefs de gare auxquels les appareils sont adressés en prennent charge en les inscrivant sur un registre spécial, indiquant la date de l'envoi, la station expéditrice, la désignation de l'appareil, la nature de l'avarie, et enfin la date du renvoi ou du remplacement de l'appareil.

Les appareils à réparer sont ensuite remis au Chef d'atelier pour en faire la réparation.

Lorsque l'absence d'un appareil envoyé en réparation devra être une cause de gêne pour le service, la gare, en envoyant l'appareil, demandera à l'atelier de lui retourner immédiatement en échange un appareil en bon état. Cette demande sera consignée sur l'étiquette collée sur l'appareil.

Lorsque l'atelier expédiera des appareils réparés ou en remplacement, la sortie des appareils sera constatée sur le livre dans la colonne réservée à cet effet. La réexpédition aux gares et stations aura lieu dans les formes ordinaires, c'est-à-dire avec enregistrement sur Feuille de route.

14 mai 1861.

N° 67

DÉFENSE DE BRULER DU BOIS DANS LES APPAREILS A COKE.

L'usage du bois est interdit pour le chauffage des bureaux où il a été établi des calorifères ou appareils destinés à brûler du coke.

L'Inspecteur chargé du chauffage et le Chef du service de l'Économat sont chargés, chacun en ce qui les concerne, de surveiller l'exécution du présent Ordre.

14 mai 1861.

N° 68

MODE DE CHAUFFAGE DANS LES GARES ET STATIONS.

Désormais les cheminées ou poêles des pièces de service dans les gares seront seules chauffées au coke ou au charbon.

Toutes les autres cheminées ou appareils destinés au chauffage des logements des Employés habitant dans les bâtiments de la Compagnie seront disposés pour être chauffées au bois, et ce mode de chauffage devra seul être employé, à l'exclusion de tout autre.

Ces dispositions n'admettent aucune exception.

23 juillet 1858.

N° 69

DEMANDE DU COMBUSTIBLE NÉCESSAIRE AU CHAUFFAGE DES GARES ET STATIONS.

L'envoi aux gares et stations du combustible nécessaire au chauffage étant fait par les soins de l'Économat, c'est à ce service que les Agents doivent s'adresser pour obtenir le combustible dont ils pourront avoir besoin.

Ces demandes seront faites en la forme ordinaire, par bon joint au rapport journalier.

31 octobre 1859.

N° 70

CHAUFFAGE DES VOITURES DE PREMIÈRE CLASSE.

Les voitures de 1re classe des trains de Voyageurs doivent être chauffées pendant toute la durée de la saison d'hiver.

Afin d'assurer l'exactitude de ce service, les Chefs de gare ont à se conformer strictement aux dispositions suivantes :

Toutes les voitures de 1re classe expédiées en service doivent être constamment munies de boules-chaufferettes (deux dans chaque compartiment).

Suivant l'état de la température, les boules placées dans les voitures seront remplies d'eau chaude ou laissées à vide.

Les voitures expédiées haut le pied doivent également être munies de leurs boules, mais ne pas être chauffées.

Toute voiture de 1re classe arrivant dans une gare sans être garnie de ses boules ou avec un nombre incomplet de ses appareils doit être signalée au Rapport, avec mention de la gare expéditrice, du numéro de la voiture et du nombre de boules manquant. Ces renseignements doivent être répétés sur le restant en gare à la colonne des Observations.

Cette mesure devant déterminer la responsabilité des négligences commises dans cette partie du service, les gares doivent apporter la plus grande exactitude dans son exécution.

Les boules à eau chaude qui auront besoin de réparations devront être adressées, par les gares, au Répartiteur du matériel, chargé de les faire passer à l'Économat et de les remplacer.

Les boules à eau chaude disponibles doivent figurer, chaque jour, sur l'imprimé de restant en gare et sur l'État résumé modèle n° 114 *bis,* comme tous les autres objets de matériel mobile.

L'approvisionnement en est fait de la même manière que pour ce matériel (ORDRE GÉNÉRAL N° 11, art. 7 et 15).

Les Inspecteurs principaux sont chargés d'assurer et de faire surveiller l'exécution de ces dispositions.

23 octobre 1855.

N° 71

STATISTIQUE DE L'ÉCLAIRAGE ET DU CHAUFFAGE (*MODÈLE N° 224*).

Les états mensuels de statistique de l'éclairage et du chauffage (modèle n° 224) ne sont pas exactement envoyés par les gares et stations aux Inspecteurs principaux, qui ne peuvent alors les faire parvenir en temps utile à l'Administration centrale, et ces états sont généralement rédigés sans que l'on tienne compte des indications des diverses colonnes, dont les renseignements sont cependant indispensables pour justifier les dépenses des gares et stations.

Elles doivent, en conséquence, se conformer aux instructions suivantes pour la rédaction et l'envoi de cet imprimé.

L'*état statistique de l'éclairage et du chauffage* est divisé en trois parties :

La première partie a pour but de faire connaître les appareils servant à l'éclairage et au chauffage. Deux colonnes contiennent l'énumération des appareils ; on doit indiquer avec soin, dans les colonnes à ce destinées, en regard de leur désignation, le nombre des divers appareils existants, ainsi que la durée des allumages. Si une gare possède, à son usage, des appareils de chauffage ou d'éclairage non dénommés, ces appareils doivent être inscrits avec les renseignements particuliers les concernant.

La deuxième partie comprend le détail des approvisionnements, des réceptions et de la consommation des matières servant à l'éclairage et au chauffage.

Le restant en approvisionnement se compose de ce qui reste en magasin, à la fin de chaque mois, après que les comptes ont été arrêtés.

On doit mentionner avec la plus grande exactitude la date des réceptions de tous les articles d'approvisionnement reçus dans le courant du mois, soit en huile pour l'éclairage, soit en charbon de terre, coke, anthracite, etc., pour le chauffage, en indiquant les quantités dans les colonnes réservées à chaque nature de combustible.

Dans le règlement de compte de fin de mois, les réceptions du mois courant ajoutées au restant en approvisionnement donnent le total des quantités effectives, desquelles on doit soustraire la consommation pendant le mois pour obtenir les quantités à faire figurer comme restant en magasin pour le mois suivant.

La troisième partie du rapport concerne les relations avec le service de l'Économat.

Lorsqu'une gare a demandé régulièrement, c'est-à-dire par bon de demande adressé à l'Inspecteur principal, des approvisionnements ou des fournitures, et que les objets demandés ne sont pas expédiés par l'Économat dans les délais conformes aux dispositions réglementaires, si des objets envoyés en réparation ne sont pas retournés exactement et aussi promptement qu'on suppose devoir l'exiger, la gare qui croit avoir à se plaindre de ces irrégularités mentionne dans les colonnes désignées à cet effet :

1° La date du bon de demande ou d'envoi en réparation ;

2° Le détail des objets demandés ou envoyés en réparation ;

3° Les observations devant faire apprécier la plainte formulée.

Les états de statistique de l'éclairage et du chauffage, clos et arrêtés au dernier jour de chaque mois, doivent être adressés, par les gares et stations, aux Inspecteurs principaux, du 1er au 5 du mois suivant. Celles qui ne les feraient pas parvenir en temps utile seront punies. Le 10 de chaque mois, les Inspecteurs principaux doivent envoyer au Chef de l'Exploitation les états statistiques du mois précédent de toutes les gares et stations de leur Inspection.

Les irrégularités ou inexactitudes dans les renseignements et les négligences apportées dans la rédaction de ces états seront punies.

Les Inspecteurs principaux sont chargés d'assurer l'exécution de ces dispositions.

Avril 1853.

N° 72

TRANSPORT DES LETTRES PAR LE CHEMIN DE FER.

Il est interdit à tous les Employés, de la manière la plus absolue, de se servir du chemin de fer pour l'expédition de leur correspondance personnelle ou d'aucune lettre étrangère au service. Le transport des lettres étant exclusivement réservé par la loi à l'Administration des postes, toute contravention constitue une fraude qui est punie d'une amende de 150 à 300 fr.

En conséquence, et pour éviter cet abus, il est formellement défendu :

1° A tous les Employés indistinctement, de remettre, de la main à la main, aucune lettre cachetée aux Conducteurs de trains ;

2° Aux conducteurs, de recevoir aucune lettre ou pli cacheté.

Les lettres et papiers relatifs au service de la Compagnie doivent être expédiés *sous bandes*, de manière que les agents des postes puissent s'assurer qu'ils concernent exclusivement le service. Les bandes peuvent être remplacées par des enveloppes non fermées avec les aug'es coupés. Chaque pli doit être contre-signé par l'Agent expéditeur.

Le présent avis sera porté à la connaissance de tous les Employés. Les infractions qui y seraient faites doivent être signalées au Chef de l'Exploitation.

15 septembre 1843.

N° 73

EXPÉDITION DES LETTRES ET PLIS DES FONCTIONNAIRES DU CONTROLE DE L'ÉTAT.

Par suite d'une décision de l'Administration publique, les Chefs de gare et de station doivent, à la *réquisition écrite* des Ingénieur en chef et ordinaires du contrôle de l'État, des Inspecteurs principaux et particuliers de l'Exploitation commerciale, et des Commissaires et Sous-Commissaires de surveillance administrative, expédier, par le premier train partant, les lettres et plis contre-signés par ces Fonctionnaires.

Les Chefs de gare et de station sont invités à assurer la bonne exécution de cette disposition.

10 avril 1853.

N° 74

AFFRANCHISSEMENT DES LETTRES.

La loi postale du 20 mai 1854 frappant les lettres non affranchies d'un droit plus élevé que celles adressées en port payé, la Compagnie a décidé qu'elle affranchirait désormais toutes ses lettres.

Les Chefs de gare et de station s'approvisionneront, en conséquence, de timbres-poste pour les besoins de leur service.

Ils seront remboursés de leur importance de la manière suivante :

1° Du montant des timbres employés à l'affranchissement des lettres d'avis d'arrivée en gare, en l'ajoutant au décompte des lettres de voiture ou factures de transport payables par les Destinataires.

Ces lettres seront accompagnées d'un avis annonçant au Commerce que le prix d'affranchissement sera ajouté au montant de la lettre de voiture ou facture de transport.

2° Du montant des timbres employés à l'affranchissement des lettres autres que celles précitées, par l'Inspecteur principal de leur inspection, qui en fera l'ordonnancement mensuellement, sur la présentation des états détaillés.

Ces lettres seront accompagnées d'avis invitant les correspondants à user de réciprocité à l'endroit de l'affranchissement des lettres.

Ces avis seront ainsi conçus :

1° Pour les lettres d'avis d'arrivée en gare :

La nouvelle loi postale frappant d'un droit plus élevé les lettres non affranchies, la Compagnie d'Orléans affranchira désormais les lettres d'avis d'arrivée en gare.

Le prix de l'affranchissement sera ajouté au montant de la lettre de voiture ou facture de transport.

2° Pour les lettres ordinaires :

La nouvelle loi postale frappant d'un droit plus élevé les lettres non affranchies, la Compagnie d'Orléans affranchira désormais toutes ses lettres.

Vous êtes prié d'user de réciprocité avec elle à l'endroit de cet affranchissement.

5 août 1854.

N° 75

BORDEREAU DES FEUILLES DE ROUTE, SACS A PORTEFEUILLE ET BOITES A RECETTES.

Le bordereau des feuilles de routes, de valeurs et finances de messagerie et articles divers, sacs à portefeuille et boîtes à recettes, a pour objet de régler la responsabilité de la remise de ces pièces entre les gares et les Chefs de train ; il est remis au Chef de train par la gare de départ.

La constatation sur le bordereau du nombre des feuilles de route reçues ou remises par le Chef de train à chaque gare ou station se fait de la manière suivante :

1° Pour les feuilles confiées au Chef de train, le Chef de gare appose son poinçon au-dessous de l'indication : *Pris à,* vis-à-vis le nom de la gare et sur le chiffre correspondant au nombre de pièces expédiées ;

2° Pour les feuilles remises par le Chef de train, le Chef de gare appose son poinçon au-dessous de l'indication : *Remis à,* vis-à-vis le nom de la gare et sur le chiffre correspondant au nombre de pièces remises.

Si le nombre des pièces prises ou remises dépasse six pour les feuilles de messagerie et quatre pour les feuilles de valeurs ou finances, ce nombre doit être inscrit à la main dans la colonne laissée en blanc et recouvert du poinçon de la gare.

L'expédition et la remise à destination des sacs à portefeuille et boîtes à recettes sont constatées de la même manière par le poinçon dans les colonnes à ce destinées.

Avant son départ de chaque gare ou station, le Chef du train doit s'assurer que le poinçonnage est conforme au nombre des pièces remises et reçues. S'il constate une erreur, il devra la faire reconnaître par le Chef de gare ou de station, qui poinçonnera de nouveau la feuille sur le chiffre réel ; ce second poinçonnage annulera le premier et devra, pour ne laisser aucune incertitude, présenter deux empreintes du poinçon entrelacées.

La feuille-bordereau, signée par le Chef de train, est remise au Chef de la gare d'arrivée ; celui-ci transcrit, dans les colonnes intitulées *Total,* et en regard de chacun d'eux, les chiffres poinçonnés ; il additionne ces chiffres par colonne et s'assure par les totaux ainsi obtenus que le nombre de feuilles reçues par le Chef de train est égal au nombre de feuilles remises par lui aux gares et stations. Il fait la même vérification pour les sacs à portefeuille et les boîtes à recettes.

Les feuilles-bordereaux sont adressées chaque jour, avec les feuilles de marche et de mouvement du matériel, aux Inspecteurs principaux, qui les transmettent au Chef de l'Exploitation avec leurs observations.

Juillet 1860.

N° 76

CORRESPONDANCE ADMINISTRATIVE.

Dans le but de faciliter les recherches et d'accélérer la régularisation des affaires, les Chefs de gare et de station sont invités à indiquer très-exactement, en marge de leurs réponses aux lettres qu'ils reçoivent de l'Administration centrale :

1° La désignation du bureau d'où émane la demande de renseignements ;

2° La date de la lettre à laquelle ils répondent ;

3° La reproduction des renseignements particuliers et des numéros à la main que chaque lettre porte en marge.

19 mars 1849.

N° 77

TRANSPORT GRATUIT DES PIÈCES DE CORRESPONDANCE ET DE COMPTABILITÉ DE L'AGENCE GÉNÉRALE DES COMPAGNIES DE CHEMINS DE FER POUR LES TRANSPORTS DE LA GUERRE.

Le Chef de l'Exploitation informe les gares et stations que désormais les pièces de correspondance et de comptabilité de l'Agence générale des Compagnies de Chemins de fer pour les transports de la Guerre devront être considérées comme papiers de service personnels aux Compagnies, et qu'à ce titre elles seront transportées gratuitement.

En conséquence, les gares et stations n'auront pas à exiger le prix de transport des pièces adressées à l'Agent général ou au Préposé des transports de la Guerre, et devront les recevoir et les expédier comme les pièces administratives de la Compagnie.

MM. les Inspecteurs principaux sont chargés d'assurer l'exécution des présentes dispositions.

10 mai 1856.

N° 78

ASSIGNATIONS OU ACTES D'HUISSIER QUELCONQUES, CONCERNANT LA COMPAGNIE OU DES EMPLOYÉS.

Le Chef de l'Exploitation appelle l'attention des Employés des gares et stations et des trains sur la marche à suivre dans le cas où des assignations sont données à la Compagnie ou à des employés. Ils doivent se conformer strictement aux dispositions suivantes :

1° Toutes les fois qu'une assignation, ou acte d'huissier quel qu'il soit, concernant la Compagnie, en matière civile, commerciale, correctionnelle ou de simple police, est donné à un employé, cet acte doit être transmis immédiatement au Chef de l'Exploitation, aussi bien quand il est délivré au nom d'un Chef de service, d'un Chef de gare ou de station, comme de tout autre agent, que lorsqu'il l'est au nom du Directeur ou des Administrateurs de la Compagnie.

2° Toutes les fois qu'il est remis à un employé une assignation ou acte d'huissier quel qu'il soit, concernant un agent de la Compagnie, cité devant le tribunal de police correctionnelle ou de simple police, devant le juge d'instruction ou le juge de paix, comme prévenu ou comme témoin d'un délit ou d'une contravention de quelque nature que ce puisse être, cet acte doit être transmis de la même manière, si les délais de la citation permettent qu'il puisse être renvoyé à temps à l'employé cité, c'est-à-dire si, entre le jour de la réception de l'acte et le jour de la comparution, il y a un intervalle de deux jours francs pour la section de Paris à Orléans, de trois jours pour les sections d'Orléans au Guétin et à Tours, de quatre jours pour celles de Tours à Poitiers, à Saint-Nazaire et au Mans, et de Vierzon à Limoges, de cinq jours pour la section de Poitiers à la Rochelle et Rochefort, de Poitiers à Bordeaux, de Coutras à Brives ; sinon, le fait doit être mentionné au rapport journalier avec indication :

Du nom de l'employé cité ;
Du juge de paix ou du tribunal devant lequel il est appelé ;
Du jour de la comparution ;
Du fait pour lequel la citation est donnée ;
Du motif qui empêche d'envoyer l'acte lui-même.

3° Lorsqu'une assignation ou un acte d'huissier est délivré à un employé pour des affaires civiles ou commerciales qui lui sont personnelles, il n'y a lieu ni à la transmission de cet acte ni à la mention au rapport, sauf toutefois les cas exceptionnels où il s'agit de faits de nature à diminuer la considération et la confiance dont la Compagnie veut que ses agents sachent s'environner.

4° Toutes les fois qu'il intervient, soit un jugement du Tribunal civil, commercial, correctionnelle ou de police, pouvant intéresser la Compagnie directement ou indirectement ou pouvant porter atteinte à la considération d'un de ses employés, soit un acte de l'autorité administrative ou municipale se rattachant aux intérêts de la Compagnie, comme autorisation de tarifs, ouvertures de stations, enquêtes de toute nature, annoncées par des affiches, ces faits doivent être mentionnés au rapport aussitôt qu'on en a connaissance.

8

En résumé, il est expressément recommandé de donner immédiatement, par la voie du rapport, ou par avis spécial, lorsque l'affaire présente un caractère d'urgence, communication de tous les actes d'huissier, jugements et actes administratifs intéressant la Compagnie, soit directement et par elle-même, soit indirectement par ses agents. Les affaires personnelles et purement civiles sont exceptées de cette règle générale.

15 septembre 1843.

N° 79

FORMULE A EMPLOYER POUR LA RÉDACTION DES ACTES EXTRAJUDICIAIRES SIGNIFIÉS PAR MINISTÈRE D'HUISSIER, SUR LA DEMANDE DIRECTE DES CHEFS DE GARE ET DE STATION.

Il arrive souvent, lorsque les Chefs de gare et de station, soit en vertu de leur initiative, soit par ordre de l'administration centrale, font faire, par acte extrajudiciaire, une signification, mise en demeure ou constatation quelconque, que l'exploit est signifié, tantôt à la requête du Chef de gare, tantôt à la requête de M. Didion, Directeur de la Compagnie, poursuite et diligence de M..... Chef de gare à.....

Cette rédaction est contraire aux statuts de la Compagnie ; et comme d'ailleurs la Compagnie soutient toujours devant les Tribunaux que les Chefs de gare ne peuvent être assignés personnellement, il est très-essentiel qu'ils ne figurent jamais nominativement ni en titre comme requérants dans les actes dont il est question.

En conséquence, les Chefs de gare et de station sont prévenus que tous les actes extrajudiciaires qu'ils auront à faire signifier à l'avenir à la requête de la Compagnie devront commencer par la formule ci-après :

« L'an..... le..... à la requête de la Compagnie du chemin de fer de Paris à Orléans,
» dont le siége est à Paris, boulevard de l'Hôpital n° 7, agissant poursuite et diligence de
» M. Didion, Directeur, lequel fait élection de domicile au siége de ladite Société... etc... »

Cet avis devra être communiqué, pour leur gouverne, aux huissiers dont le ministère sera réclamé.

16 mai 1860.

N° 80

ATTRIBUTIONS RESPECTIVES DES COMMISSAIRES SPÉCIAUX, INSPECTEURS DE POLICE, COMMISSAIRES ET SOUS-COMMISSAIRES DE SURVEILLANCE ADMINISTRATIVE.

Le Directeur de la Compagnie porte à la connaissance du Personnel la lettre de M. le Ministre de l'Agriculture, du Commerce et des Travaux publics, déterminant les attributions respectives des Commissaires spéciaux, Inspecteurs de police, Commissaires et Sous-Commissaires de surveillance administrative.

« Paris, le 1er juin 1855.

» Messieurs,

» Un décret impérial du 22 février dernier a créé, pour la surveillance des Chemins de fer et de leurs dépendances, des Commissaires spéciaux et des Inspecteurs de police placés sous l'autorité du Ministre de l'Intérieur. Pour empêcher toute cause de conflit entre ces Fonctionnaires et les Commissaires et Sous-Commissaires de surveillance administrative, attachés au contrôle des Chemins de fer, il est nécessaire de déterminer aussi exactement que possible les attributions respectives de chaque service. Tel est l'objet des présentes instructions, arrêtées de concert avec M. le Ministre de l'Intérieur.

» La nature et le but de la nouvelle institution se trouvent clairement expliqués dans le rapport qui précède le décret du 22 février dernier. Pour donner au Ministre de l'Intérieur l'action qui lui appartient, au point de vue de la police générale et de la sûreté de l'État, dans la surveillance des Chemins de fer, il a paru utile d'attacher à cette surveillance des Commissaires de police spéciaux investis des pouvoirs et des attributions conférés par les lois actuelles aux Commissaires de police locaux. La police générale à exercer sur les Chemins de fer a d'ailleurs une importance suffisante pour que les Agents qui en seront chargés s'y consacrent entièrement, et il y a lieu de laisser intactes les attributions confiées au Ministre des Travaux publics par la loi du 27 février 1850.

» Le service de surveillance administrative conserve donc les attributions spéciales qui lui ont été conférées par les lois et règlements actuellement en vigueur et qui se trouvent résumés d'une manière complète dans l'Instruction du 15 avril 1850. Ce sont les Commissaires et Sous-Commissaires administratifs qui recueillent les plaintes et les réclamations du Public, ayant pour objet des faits d'exploitation ; qui prennent les mesures nécessaires pour assurer le maintien du bon ordre dans les gares et à leurs abords, dans les salles d'attente et sur les quais d'embarquement ; qui surveillent l'exécution des mesures relatives à la composition, au départ et à l'arrivée des convois, et qui constatent les irrégularités de l'exploitation. En cas d'accident ayant causé la mort ou des blessures, ils se transportent immédiatement sur les lieux, dressent procès-verbal des circonstances et des résultats de l'accident, et s'assurent que les Autorités locales et l'Autorité judiciaire ont été prévenues ; ils sont enfin chargés de la constatation des crimes et délits spéciaux à l'exploitation des Chemins de fer, ainsi que des contraventions qui ne sont pas spécialement de la compétence des Conducteurs des Ponts et Chaussées et des Gardes-Mines.

» Les Commissaires spéciaux de police ont dans leurs attributions tout ce qui regarde les mesures de sûreté et de police générale, et les mesures de police ordinaire qui ne se rattachent pas au service de l'exploitation des Chemins de fer ; il y a lieu d'y ajouter la constatation et la poursuite des délits communs.

» Ce partage d'attributions ne paraît pas offrir jusqu'ici de difficultés sérieuses d'application. Tous les faits relatifs à l'exploitation des Chemins de fer sont du domaine des Commissaires et Sous-Commissaires de surveillance administrative ; tout ce qui se trouve en dehors de l'exploitation appartient aux Commissaires de police. On n'aperçoit aucune cause de conflit pour les affaires qui rentrent nettement dans l'une ou dans l'autre catégorie ; les dissentiments ne peuvent arriver que pour les affaires qui, par leur nature mixte, se rattacheraient également aux deux services. Mais il semble difficile de résoudre à l'avance les questions qui pourront surgir à ce sujet et d'en déduire des règles générales. Ces règles s'établiront peu à peu au moyen des solutions données à un certain nombre d'espèces particulières ; c'est une œuvre à laquelle chacun devra concourir, en apportant, dans l'examen des questions amenées par les circonstances diverses, de la bonne volonté et un sage esprit de conciliation.

» Bien que, dans un intérêt d'ordre et de partage équitable des attributions, il ait paru convenable de réserver particulièrement aux Commissaires de police la constatation des crimes et délits communs, et aux Commissaires et Sous-Commissaires administratifs celle des crimes et délits spéciaux à l'exploitation, on ne saurait enlever ni aux uns ni aux autres le droit que leur donne leur qualité d'Officiers de police judiciaire, de concourir à la répression des crimes et délits de toute nature commis dans l'enceinte des Chemins de fer. Ils pourront donc, pour cette partie de leurs fonctions, se prêter un mutuel secours et se suppléer en cas d'absence ou d'empêchement. Il ne vous échappera pas toutefois, Monsieur, que, si cette immixtion réciproque de chaque service dans les attributions spéciales de l'autre a l'avantage de rendre plus sûre et plus prompte la répression des crimes et délits, elle pourrait avoir, d'un autre côté, surtout si elle devenait trop fréquente, l'inconvénient de jeter de l'incertitude dans la distinction des attributions, et d'augmenter ainsi les causes de conflit. Vous devrez donc, en ce qui vous concerne, prendre les dispositions nécessaires pour rendre aussi assidue que possible la présence des Commissaires et Sous-Commissaires de surveillance administrative dans les gares dont le service leur est confié. Vous leur recommanderez, d'un autre côté, de ne procéder aux constatations réservées aux Commissaires de police qu'après s'être bien assurés que ceux-ci se trouvent absents ou empêchés, et il me paraît convenable qu'ils en fassent mention dans leurs procès-verbaux. Ils devront, en outre, donner immédiatement avis à leurs collègues et les mettre ainsi à même de continuer, s'il y a lieu, l'instruction commencée. La réserve qui leur est recommandée à cet égard ne saurait d'ailleurs devenir pour eux un motif d'abstention préjudiciable à l'ordre public ; ils ne doivent perdre de vue aucune des obligations qu'ils peuvent avoir accessoirement à remplir en leur qualité d'Officiers de police judiciaire, et dans le cas même où la présence des Commissaires de police les dispense d'intervenir officiellement, leur surveillance peut encore avoir un résultat utile, en leur permettant de signaler à leurs Collègues, à charge de réciprocité, des faits répréhensibles dont ceux-ci n'auraient pas eu connaissance. Les Commissaires Administratifs et les Commissaires de police n'oublieront jamais que, s'ils appartiennent à deux administrations distinctes, ils sont tous également les serviteurs de l'État et remplissent une même mission d'ordre public et de protection pour les intérêts privés. C'est le sentiment bien compris de cette communauté de devoirs qui doit surtout aplanir les difficultés résultant de la nouvelle organisation.

» Recevez, Monsieur, l'assurance de ma considération très-distinguée.

» *Le Ministre de l'Agriculture, du Commerce*
» *et des Travaux publics,*

» E. ROUHER. »

Le Directeur invite tous les Agents de la Compagnie à se conformer aux dispositions de la lettre ci-dessus dans toutes les circonstances où ils auront à réclamer l'intervention de ces Fonctionnaires.

16 juin 1857.

N° 81

INSIGNES DES COMMISSAIRES ET SOUS-COMMISSAIRES DE SURVEILLANCE ADMINISTRATIVE.

Par décision du Ministre des Travaux public, les Commissaires et Sous-Commissaires de surveillance administrative sont autorisés à porter, comme signe distinctif de la qualité d'officiers de police judiciaire qui leur est conférée par la loi du 27 février 1850, une écharpe aux couleurs nationales, avec une frange aux mêmes couleurs. Ces Agents sont d'ailleurs dispensés de porter constamment l'écharpe d'une manière ostensible ; ils peuvent ne la ceindre que dans les moments où ces insignes leur paraissent nécessaires pour faire connaître leur caractère public. Les Chefs de gare et de station sont invités à prendre note de cette disposition.

22 novembre 1850.

N° 82

SERVICE DES ENTREPOTS DE DÉPÊCHES ÉTABLIS DANS LES GARES ET STATIONS.

Le Chef de l'Exploitation porte à la connaissance des Chefs de gare et de station, Entreposeurs de dépêches, les instructions suivantes de l'Administration des postes, réglant le service dont ils sont chargés, en les invitant à s'y conformer strictement.

« L'Entreposeur est chargé d'échanger avec les Courriers de l'Administration transpor-
» tés par les convois du chemin de fer, les dépêches de et pour les bureaux de poste des-
» servis par la station. Cet échange doit s'effectuer au compartiment de wagon occupé
» par les Courriers, et sans déplacement de la part de ceux-ci. L'Entreposeur expédie et
» reçoit, en outre, les Courriers d'entreprise chargés du transport des dépêches entre la

» station et les bureaux qui y sont reliés. Il remplit les *parts* (feuilles de route) de ces
» courriers et y constate exactement les heures de départ et d'arrivée desdits Courriers.
» L'entreposeur est approvisionné de *parts* en blanc par les Directeurs des bureaux de
» poste où aboutissent les courriers partant de la station ; il renvoie, chaque jour, par le
» premier ordinaire, à chacun de ces Directeurs, les *parts* ayant servi la veille. Les dé-
» pêches doivent être déposées, pendant l'intervalle de leur réexpédition, dans un coffre
» spécial fermant à clef, établi dans les bureaux de la station, et placé sous la surveil-
» lance immédiate de l'Entreposeur. »

16 décembre 1850.

N° 83

SERVICE DES BOITES AUX LETTRES MOBILES ÉTABLIES PAR L'ADMINISTRATION DES POSTES DANS LES GARES DE LA COMPAGNIE.

Le Chef de l'Exploitation porte à la connaissance des Chefs de gare et de station les instructions suivantes, émanées de l'Administration des Postes, en les invitant à s'y conformer strictement en ce qui concerne la Compagnie.

« Les boîtes aux lettres, dites *boîtes mobiles*, sont établies dans les principales gares de
» Chemins de fer où s'arrêtent les trains par lesquels sont transportés les Bureaux am-
» bulants.

» Ces boîtes, fournies par l'Administration, et installées à ses frais, sont fixées à l'un
» des bâtiments de la gare et placées de telle sorte que le Public de l'extérieur de la gare,
» comme aussi les Voyageurs de passage et les Agents des Chemins de fer, y aient un
» accès facile.

» Les boîtes dont il s'agit se composent de deux parties : la boîte extérieure, qui n'est qu'une
» sorte d'enveloppe destinée à contenir et à protéger la boîte mobile, et la boîte mobile
» proprement dite. Le couloir destiné à l'introduction des lettres, adapté à la boîte mobile,
» correspond à une ouverture pratiquée dans la boîte extérieure.

» Les Bureaux ambulants sont exclusivement chargés d'opérer la levée des lettres dépo-
» sées dans les boîtes établies dans les gares.

» La boîte mobile est à cet effet portée de l'endroit qui lui est assigné dans la gare, au
» wagon-poste, par le Préposé des Postes attaché à la gare ou par l'Agent chargé du ser-
» vice de l'entrepôt des dépêches, au passage de chaque Bureau ambulant s'arrêtant à la
» station, soit en service montant, soit en service descendant, quelle que soit l'heure du
» passage du train, et quand bien même il y aurait lieu de supposer que la boîte est vide.

» La boîte mobile ne doit être retirée de la boîte-enveloppe qu'au moment de l'annonce
» du train, de manière à laisser au Public la plus grande latitude pour le dépôt de ses
» lettres.

» L'Agent qui transporte la boîte mobile doit la remettre entre les mains des Agents du
» Bureau ambulant, en même temps que les dépêches, c'est-à-dire à la portière même
» du wagon-poste, et attendre que la levée, qui en a eu lieu immédiatement, soit faite, puis
» remporter la boîte et la replacer sans aucun délai.

» La boîte extérieure est garnie d'une serrure dont la clef est entre les mains de l'Agent
» chargé du transport de la boîte intérieure. Cette dernière boîte est également garnie
» d'une serrure dont les Agents des Bureaux ambulants ont la clef, et, en outre, d'une
» sorte de couvercle en fer, à charnières, qui devra être rabattu sur l'orifice du couloir
» en retirant la boîte mobile de son enveloppe et renversé sur le dessus de la boîte en
» la remettant en place.

» La porte de la boîte extérieure ne doit rester ouverte que le temps nécessaire à l'ex-
» traction ou au remplacement de la boîte mobile.

» Enfin, le Préposé ou l'Agent chargé du service de l'entrepôt des dépêches, avant de
» remettre la boîte mobile en place, s'assurera avec soin qu'aucune lettre ne se trouve
» dans la boîte extérieure, où elle aurait pu être déposée pendant le transport de la boîte
» mobile au Bureau ambulant. Dans le cas où une lettre serait ainsi trouvée, elle devrait
» être insérée immédiatement dans la boîte intérieure. »

25 novembre 1856.

N° 84

CIRCULATION DES EMPLOYÉS DE L'ADMINISTRATION DES POSTES.

Par suite de conventions spéciales avec l'Administration des Postes, les mesures suivantes
sont adoptées afin d'assurer la libre circulation des Employés des Postes, admis à voyager
pour leur service, tout en donnant à la Compagnie les moyens de faire contrôler le nombre
et l'identité des Agents dûment autorisés.

1° Tous les Employés des Postes voyageant dans les bureaux ambulants, seront porteurs
d'une carte de circulation spéciale signée du Directeur général des Postes et par le porteur
titulaire.

Cette carte, qui est personnelle, devra être représentée à toute réquisition des Employés
de la Compagnie chargés par leurs fonctions de contrôler les billets des voyageurs. Si une
carte était trouvée entre les mains d'une personne autre que le titulaire, elle serait immédiatement retirée et adressée au Chef de l'Exploitation avec un rapport spécial.

2° Chaque Bureau ambulant, circulant sur le Chemin de fer, sera accompagné d'une
feuille de service indiquant à chaque voyage, comprenant l'aller et le retour, le nombre,
les noms et les signatures des Agents devant concourir, pour tout ou partie du parcours,
aux travaux intérieurs du Bureau.

Le Chef du Bureau ambulant devra, à toute réquisition des Employés du Chemin de fer,
présenter la feuille de service. La production de cette feuille permettra aux Employés de
la Compagnie de s'assurer du nombre des Agents dont la présence est autorisée; et en cas
de doute sur l'identité d'un ou plusieurs de ces Agents, il sera facile de rapprocher les
signatures apposées sur la feuille de service et sur la carte de circulation de celles des
Agents requis de signer.

3° Il ne sera pas délivré de cartes de circulation aux Chefs de ligne et Inspecteurs des
Postes.

Les Chefs de ligne, Inspecteurs et tous Agents étrangers au personnel des Bureaux ambulants, appelés extraordinairement à monter dans les Bureaux, seront porteurs d'un Ordre de service relatant l'objet et la durée de la mission qu'ils auraient à remplir.

4° Les Agents des Postes, porteurs d'Ordres de service spéciaux, seront admis à monter dans les Bureaux ou à en descendre à toutes les gares, le service de ces agents ne devant jamais être entravé.

Le contrôle à exercer sur la circulation des Employés des Postes est une mesure d'ordre convenue entre l'Administration publique et la Compagnie du Chemin de fer ; il doit être fait avec discernement, de manière à sauvegarder les intérêts de la Compagnie, sans apporter d'entraves au service des Postes et sans compromettre la bonne harmonie qui doit exister entre les employés de l'État et de la Compagnie.

7 Juillet 1854.

N° 85

INSPECTEURS DES FINANCES.

MM. les Inspecteurs des finances doivent être admis, en justifiant de leur qualité, et après avoir acquitté le prix de leur place, dans toutes les voitures dont l'Administration des Postes dispose sur le chemin de fer d'Orléans, pour le service des dépêches. Les Employés des gares et stations et des trains doivent donc les laisser monter dans ces voitures, lorsqu'ils se présentent dans ces conditions.

16 août 1853

N° 86

RAPPORTS DES GARES ET STATIONS AVEC LES BUREAUX DE VILLE, POUR L'EXPÉDITION DES MARCHANDISES ET LES RÉCLAMATIONS.

Les Bureaux de ville de la Compagnie, dans Paris ou en province, sont exclusivement destinés à l'expédition de la marchandise et ne peuvent, dans aucun cas, être Bureaux destinataires. On ne doit donc jamais leur adresser des colis pour livrer *à destination* ou *Bureau restant*.

Les expéditions doivent toujours être adressées aux gares mêmes et jamais aux Bureaux de ville.

Cette prescription est absolue et n'admet pas d'exception.

Lorsque, par suite de difficultés à la livraison d'un colis expédié par un Bureau de ville, il y a lieu de retourner ce colis au point de départ, on doit de même l'adresser à la gare, qui reste alors chargée de la suite de la souffrance, et non au Bureau, qui ne peut jamais être réceptionnaire. On doit seulement en aviser le Bureau expéditeur.

Ces mesures ne s'appliquent qu'aux opérations de réception proprement dite, et non aux demandes de renseignements sur les expéditions faites par les Bureaux de ville, c'est-à-dire que lorsqu'il s'agit de réclamations pour fausses adresses, erreurs d'expédition, colis manquants, avaries, etc., etc., provenant d'un Bureau de ville, les demandes de renseignements pour la suite de ces affaires doivent être adressées directement aux Bureaux expéditeurs et non aux gares, afin d'éviter toute lenteur dans l'envoi de ces renseignements. Il est spécialement recommandé pour les expéditions provenant du Bureau central, rue Saint-Honoré, 130, à Paris, d'adresser les réclamations au Chef de ce Bureau et de toujours indiquer, indépendamment du numéro d'expédition, celui qui est incrit en tête de la griffe de taxe du Bureau central.

25 juillet 1854.

N° 87

POUR-BOIRE QUE LE BUREAU CENTRAL A PARIS ET LES BUREAUX SUCCURSALES, SONT AUTORISÉS A PAYER AUX GARÇONS DE MAGASIN EXPÉDITEURS.

Des abus se produisent fréquemment dans le paiement des pour-boire que les Bureaux expéditeurs de Paris ont été autorisés à donner, dans des limites et dans des cas déterminés, aux porteurs des articles de messagerie à expédier.

Le paiement de ces pour-boire, accordés dans le seul but d'intéresser les garçons de magasin des maisons de commerce à faire des remises directes au Chemin de fer, à l'exclusion des factoreries, s'est généralisé ; il est fait souvent, indistinctement, à tout porteur d'articles, aux facteurs des entreprises de factorerie et même aux Facteurs des Chemins de fer réexpéditeurs.

Limités d'abord à 10 centimes, les pour-boire, par l'insistance des porteurs d'articles et le laisser-aller ou le zèle mal entendu des Bureaux expéditeurs, se sont élevés successivement à 15, 20 et même 25 centimes. Ces sommes, qui ne peuvent plus être justifiées, sont portées en débours et chargent le port des articles de taxes irrégulières qui autorisent les Destinataires à refuser de prendre livraison, ou motivent, dans tous les cas, de justes réclamations.

Ces abus sont de nature à nuire d'une manière sérieuse aux intérêts de la Compagnie ; ils doivent, en conséquence, être sévèrement interdits.

L'autorisation de donner des pour-boire est exclusivement accordée pour les articles remis en grande vitesse par les garçons de magasin des maisons de commerce, et *est limitée, sans aucune exception, à la somme de 10 centimes par colis.* Tout garçon de magasin à qui cette faveur est accordée devra être muni d'un livret qui sera émargé par le Chef de Bureau en regard de chaque expédition donnant droit à la remise.

Les livrets seront vérifiés et récapitulés à la fin de chaque mois par l'Inspecteur des Bureaux de ville pour les Bureaux dans Paris et par le Chef du Bureau pour les établissements de la rue Saint-Honoré et de la rue Notre-Dame-des-Victoires, qui paieront aux ayants droit les sommes justifiées par le nombre des remises ainsi constatées.

Le paiement partiel et journalier des remises de 10 centimes aux garçons de magasin est formellement interdit.

9

Il est fait défense formelle de donner aucun pour-boire aux facteurs des entreprises de factorerie et aux Agents des autres Chemins de fer.

Les articles de messagerie en provenance du réseau d'Orléans, et devant être réexpédiés par l'un des Chemins de fer aboutissant à Paris, seront remis par les Facteurs de ville à la gare du Chemin qui doit faire la réexpédition. Par contre, les remises des autres Chemins de fer aboutissant à Paris ne seront reçues qu'à la gare et jamais dans les Bureaux de ville ni au Bureau central.

Pour assurer l'exécution de cette mesure, pour tous les articles en provenance du réseau d'Orléans et destinés à la réexpédition par les autres Chemins de fer, les Facteurs de ville devront rapporter l'émargement du Facteur-Chef de la gare chargée de la réexpédition, timbré du cachet de la gare. Par réciprocité, les Facteurs de la gare de Paris, en émargeant les remises des autres Chemins de fer, apposeront à côté de leur signature le cachet de gare.

L'Inspecteur général des affaires commerciales, l'Inspecteur général du mouvement, sont, chacun en ce qui le concerne, chargés d'assurer la stricte exécution de ces dispositions.

28 mars 1855.

N° 88

DÉVOUEMENT DES CHEFS ET EMPLOYÉS DE TOUS LES SERVICES DANS LES DÉSASTRES DE L'INONDATION.

« MESSIEURS LES CHEFS DE SERVICE,

» J'ai rendu compte au Conseil d'administration de la Compagnie des travaux et des efforts du Personnel placé sous vos ordres, pendant les inondations qui ont ravagé les vallées de l'Allier, du Cher et de la Loire.

» Pendant la période de la défense, tous les ateliers, tous les groupes d'ouvriers dont nous pouvons disposer, ont été portés sur les digues qui protégeaient les propriétés et les villes ou villages. Tous les outils, tous les moyens matériels de la Compagnie ont été mis à la disposition des Autorités. Les Chefs et les Ouvriers ont lutté nuit et jour contre le fléau avec le plus grand courage et par les efforts les plus intelligents. Les Ouvriers des gares et dépôts ont quitté leurs manutentions et leurs ouvrages de forge et d'ajustage pour se réunir aux Ouvriers de la construction et de la voie, et se sont faits terrassiers actifs et intrépides. Pendant que les Ingénieurs dirigeaient les travaux avec un dévouement dont tous le pays leur sait gré, les Chefs et Employés du service de l'Exploitation n'ont pris aucun repos et n'ont cessé de pourvoir autant que cela était possible aux nécessités de la circulation. Plusieurs, entraînés par leur zèle, ont été surpris par les eaux et nous ont causé de vives inquiétudes. Enfin, avec moins de périls, Dieu merci, mais avec le même dévouement, on travaille partout aujourd'hui au rétablissement des communications, dont l'interruption est encore un grave dommage pour le pays.

» Je ne veux pas, en ce moment, citer les faits particuliers ni les noms qu'il sera de mon devoir de signaler au Conseil dans un rapport détaillé, en appelant sa justice sur les bons services, et sa bienveillance sur les souffrances auxquelles il a l'habitude de venir en aide avec un empressement que tout le monde connaît.

» Je me borne aujourd'hui à vous prier de faire savoir aux Employés et Ouvriers sous vos ordres, que le Conseil a été profondément touché du dévouement qu'ils ont mis à répondre à votre impulsion et à seconder vos efforts, et qu'il m'a chargé de leur en témoigner sa vive satisfaction. »

14 juin 1856.

N° 89

APPLICATION DES MARCHES-TYPES (*ANNEXE N° 1*), AUX TABLEAUX DE MARCHE DE TRAIN SPÉCIAL.

Les tableaux de Marches-Types aux vitesses de 20 à 70 kilomètres à l'heure ont été dressés pour donner aux gares le moyen d'établir facilement la marche des trains spéciaux. En conséquence, toutes les fois qu'il y aura lieu d'expédier un train en dehors du cadre des tableaux réglementaires, les gares devront remplir, d'après les Marches-Types, le Tableau de la marche du train spécial sur l'imprimé à ce destiné (modèle n° 22), en s'y prenant de la manière suivante :

1° Transcrire, dans la colonne *Durée du parcours*, les chiffres des Marches-Types correspondant à la vitesse que le train doit prendre, en ayant soin d'écrire ces chiffres entre chaque station, ainsi qu'ils sont placés dans les Marches-Types elles-mêmes ;

2° Remplir la colonne *Marche normale*, qui est destinée à indiquer les heures d'arrivée, de départ et de passage, ainsi que les stationnements du train à expédier. Pour obtenir ces heures, il suffit d'inscrire l'heure de départ du train en tête de la colonne, et d'ajouter successivement à cette heure les chiffres déjà inscrits dans la colonne *Durée du parcours*, en tenant compte, avant et après chaque arrêt, d'une minute en sus au départ et d'une minute en sus à l'arrivée, pour mise en marche ou perte de vitesse.

Ainsi on doit augmenter de deux minutes le chiffre fixé pour la durée du parcours entre deux stations, lorsque le train, partant d'une de ces stations après y avoir séjourné, doit s'arrêter à la station suivante.

Lorsqu'un train, après s'être arrêté à une station, devra passer devant plusieurs autres sans arrêter, on ajoutera une minute à la durée du parcours entre la station de départ et la première station devant laquelle il devra passer sans s'arrêter. Les chiffres de durée de parcours entre chaque station sans arrêt seront successivement ajoutés sans augmentation de temps, et une minute de ralentissement sera ajoutée au temps fixé entre l'avant-dernière station et celle où le train doit s'arrêter ou séjourner.

3° Lorsqu'il y a lieu de faire ralentir le train sur un point de la voie, comme aux aiguilles prises en pointe et aux bifurcations, il faut également compter une minute en plus de la durée de parcours pour chaque ralentissement.

4° Il faut, dans le calcul de la marche normale, tenir compte du temps des stationnements, dont la durée doit, naturellement, être ajoutée à celle du parcours, au fur et à mesure que les stationnements sont consignés sur le Tableau de marche.

5° La vérification du Tableau de marche d'un train spécial se fait en additionnant séparément 1° les chiffres de la colonne *Durée du parcours;* 2° les minutes accordées dans toute l'étendue du trajet pour arrêts et stationnements ; ces deux sommes réunies forment la *durée totale du trajet;* ajoutées à l'heure du départ, elles doivent donner l'heure d'arrivée à destination.

6° Pour compléter le Tableau de marche d'un train spécial, il est indispensable d'indiquer exactement la vitesse, les garages, les croisements, les trains dépassés et de ne pas omettre les dates et les signatures au départ et à l'arrivée.

7° Ce tableau doit toujours être dressé en double exemplaire par la gare de départ, qui est tenue d'en adresser un au dépôt, le plus longtemps possible avant l'expédition du train ; lorsque le temps manque, le Tableau doit être donné au Mécanicien. Le second exemplaire est remis à l'Inspecteur ou contrôleur de l'exploitation accompagnant le train spécial ou au chef de train, pour être joint à la feuille de marche à l'arrivée.

Le Chef de l'exploitation recommande aux chefs de gare d'apporter la plus sérieuse attention dans l'exécution des prescriptions ci-dessus, dont ils sont rendus responsables.

Les Inspecteurs principaux sont chargés d'y tenir la main rigoureusement.

29 juillet 1854.

N° 90

ÉTABLISSEMENT DES FEUILLES DE MARCHE DES TRAINS ET DE MOUVEMENT DU MATÉRIEL.

Les gares et stations et les Chefs de train n'apportent pas suffisamment de soin dans l'établissement des Feuilles de marche des trains et de mouvement du matériel.

Malgré les prescriptions très-formelles, les *Feuilles de marche et de mouvement du matériel* sont dressées sans attention au départ, remplies d'une manière incomplète durant le trajet et visées sans contrôle à l'arrivée.

Les *Feuilles de marche des trains* sont négligées dans leurs détails les plus essentiels : *l'état du temps et toutes les circonstances du trajet, accidents, ralentissements, arrêts imprévus,* etc., n'y sont pas portés, ou sont le plus souvent consignés d'une manière incomplète.

Cet état de choses ayant des inconvénients sérieux, le Chef de l'Exploitation invite formellement les Chefs de gare et Conducteurs de train à apporter dans ce travail la plus grande attention, et leur recommande en particulier de ne jamais omettre l'*état du temps.*

Toute infraction aux prescriptions de l'article 7 de l'ORDRE GÉNÉRAL N° 49, sera l'objet d'amendes, aussi bien contre le Conducteur qui aura signé la feuille que contre le Chef de gare qui l'aura visée.

Les *Feuilles de mouvement du matériel* présentent souvent aussi des irrégularités : l'inscription des numéros de machine ou de wagon, la désignation de l'espèce des véhicules, les marques de séries, la nature et le poids du chargement, *le nom de la Compagnie propriétaire*, sont fréquemment omis. Il est indispensable, pour le relevé du parcours kilométrique, et pour l'établissement des comptes avec les *Compagnies étrangères*, que tous ces renseignements soient consignés avec exactitude. A cet effet, les gares et stations doivent se conformer strictement aux indications contenues dans l'ÉTAT GÉNÉRAL DU MATÉRIEL ROULANT (ANNEXE Nº 2).

Les feuilles de mouvement du matériel doivent être remplies très-lisiblement, en ayant soin d'inscrire dans les colonnes à ce destinées, les wagons pleins ou vides, la nature et le poids du chargement de chaque véhicule. Il faut éviter de surcharger aucun chiffre. Lorsqu'il y a lieu de changer un numéro, on doit l'effacer complétement et le récrire au-dessus.

Le départ de chaque wagon doit être exactement indiqué par le poinçonnage du numéro de la station dans la colonne *Pris à.*

La station où le wagon est retiré doit être indiquée de la même manière dans la colonne *Retiré à.*

Il est essentiel, pour éviter toute confusion, que le poinçon soit appliqué dans le milieu de la colonne et que les chiffres soient placés droits, de manière que le numéro de la station soit lu facilement et sans erreur possible.

Il est également très-important que l'empreinte du poinçon soit *bien marquée;* si elle ne ressort pas suffisamment, il faut écrire à la main le nom de la station.

Les colonnes intitulées : *Nature du chargement* et *Poids du chargement* doivent toujours être remplies avec la plus grande exactitude.

Dans la colonne *Nature du chargement*, il suffit d'indiquer d'une manière générale si le wagon est chargé de *marchandises* ou de *bestiaux*, en spécifiant, dans ce dernier cas, l'espèce des animaux transportés.

Dans la colonne *Poids ou nombre d'unités de transport*, on doit inscrire, pour les wagons chargés de *marchandises*, le poids total du chargement, et pour les wagons chargés de *bestiaux*, le nombre d'animaux de chaque espèce.

Les indications doivent être inscrites par la gare de départ, qui établit la Feuille. Dans tous les cas, les gares d'arrivée avant d'envoyer les Feuilles aux Inspecteurs principaux, ont à s'assurer qu'elles sont régulières, et doivent, lorsqu'il y a lieu, les compléter ou les faire compléter par les Chefs de train au moyen des renseignements pris sur les Bordereaux de chargement ou les Feuilles de route.

Les gares de départ et d'arrivée sont donc rendues responsables des irrégularités et omissions qui se produiraient dans cette partie du service, soit en ce qui concerne les wagons dont elles ont opéré l'expédition et la réception, soit pour les wagons pris et laissés aux stations intermédiaires, dont le poids et la nature du chargement doivent être notés exactement par le Chef de train, sous peine d'amende.

Il est enfin très-expressément prescrit de ne jamais omettre d'indiquer par cette mention: *Service de la traction*, portée dans la colonne *Observations*, les wagons chargés de cokes ou autres matières pour la traction.

Les Feuilles de mouvement du matériel, certifiées contradictoirement avec les Agents de la traction et classées par ordre de numéro de train, doivent être journellement adressées aux Inspecteurs principaux jointes aux Feuilles de marche, et en même temps que le rapport.

Le Chef de l'Exploitation recommande aux Employés des gares et stations et des trains, la complète exécution des dispositions ci-dessus, en les prévenant que les infractions donneront lieu à des répressions sévères.

1er avril 1854.

N° 91

INDICATIONS A PORTER SUR LES FEUILLES DE MOUVEMENT POUR LES WAGONS DES COMPAGNIES ÉTRANGÈRES.

Le grand nombre de wagons appartenant aux Compagnies étrangères qui circulent sur notre réseau commandent d'indiquer avec la plus grande exactitude, sur les Feuilles de mouvement, les Compagnies auxquelles ces wagons appartiennent.

Il est essentiel d'inscrire en toutes lettres le nom des Compagnies étrangères sur les Feuilles de mouvement du matériel, en regard des numéros des wagons.

Les Inspecteurs principaux sont chargés de l'exécution du présent avis.

10 août 1856.

N° 92

VOITURES VIDES A PLACER EN TÊTE DES TRAINS PAR RAPPORT AU NOMBRE DE MACHINES.

L'article 20 du RÈGLEMENT D'ADMINISTRATION PUBLIQUE prescrit de placer en tête des trains de voyageurs autant de voitures vides qu'il y a de machines attelées.

Cette prescription ne comporte d'exception que dans le cas où il y aurait impossibilité absolue d'ajouter au train une voiture en même temps qu'une machine, comme, par exemple, lorsqu'une machine de secours vient se mettre en tête d'un train en retard, soit entre deux stations, soit à une station où il n'y a pas de dépôt de voitures, et que, toutes les voitures du train étant au complet, on ne peut faire évacuer la première voiture.

Toutes les fois que l'adjonction d'une seconde machine a lieu à une station où il existe des voitures en dépôt, et qu'il n'y a pas deux wagons à bagages ou à marchandises derrière la machine, on doit faire avancer les machines et le wagon à bagages, et effectuer les manœuvres nécessaires pour ajouter derrière le wagon une voiture ou un wagon vide.

9 décembre 1847.

N° 93

FERMETURE DES GLACES DES VOITURES NON OCCUPÉES PAR DES VOYAGEURS.

Le Chef de l'Exploitation recommande formellement de tenir fermées les glaces des voitures non occupées par des voyageurs, afin d'empêcher que des étincelles ou flammèches ne s'y introduisent et ne déterminent un incendie. Cette mesure est également nécessaire pour le maintien de la propreté des voitures. Les Chefs de gare et de station ainsi que les Conducteurs sont rendus responsables de la stricte exécution de cette disposition.

Avant le départ des points extrêmes, le Chef de gare doit visiter ou faire visiter le train, de manière à être assuré que tous les compartiments non occupés sont bien fermés. Aux stations, lorsque les Voyageurs sont descendus, les Chefs de station doivent, d'un coup d'œil, remarquer les compartiments qui ont été évacués, et exiger qu'avant de fermer les portières les Conducteurs lèvent les glaces.

Octobre 1850.

N° 94

POIDS DES MACHINES EXPÉDIÉES A FROID DANS LES TRAINS.

Le Chef de l'Exploitation porte à la connaissance des gares les dispositions suivantes, arrêtées pour régler d'une manière uniforme l'équivalent en wagons du poids des machines froides entrant dans la composition des trains.

Toute machine à voyageurs expédiée à froid sera comptée, dans la composition d'un train, pour quatre wagons à cinq tonnes chargés.

Toute machine à marchandises expédiée à froid sera comptée, dans la composition d'un train, pour cinq wagons à cinq tonnes chargés.

Lorsque le tender sera joint à la machine, il sera compté en plus deux wagons à cinq tonnes chargés.

Les Inspecteurs principaux sont chargés d'assurer l'exécution des présentes dispositions.

16 mai 1856.

N° 95

ATTELAGE DES WAGONS DANS LES TRAINS DE VOYAGEURS, MIXTES ET DE MARCHANDISES.

Certaines gares et stations ont l'habitude de serrer complétement les tendeurs des wagons composant les trains de marchandises, de telle sorte que les tampons se trouvent en contact et ne se séparent même pas au démarrage.

Ce mode d'attelage, qui est expressément recommandé pour les trains de Voyageurs et les trains mixtes, ne doit pas être employé dans les trains de marchandises, car il augmente les difficultés de démarrage et de traction des trains.

Le Chef de l'Exploitation recommande de la manière la plus formelle aux gares et stations de laisser toujours un jeu de 3 ou 4 centimètres au moins entre les tampons des wagons qui composent les trains de marchandises.

Les Inspecteurs principaux sont chargés d'assurer l'exécution des présentes dispositions.

3 février 1858.

N° 96

ATTELAGE DES WAGONS A TAMPONS SECS DANS LES TRAINS DE VOYAGEURS.

Modification du § 3 de l'article 2 de l'ORDRE GÉNÉRAL N° 8.

L'article 2 de l'ORDRE GÉNÉRAL N° 8 permet d'atteler des wagons à tampons secs dans les trains de Voyageurs dont la vitesse ne dépasse pas 40 kilomètres à l'heure, mais à la condition que deux wagons à tampons secs ne se suivront pas immédiatement, ou qu'ils seront attelés l'un à l'autre par une barre d'attelage à ressort. Cette prescription était suivie d'une phrase ainsi conçue : *Dans le cas où on n'emploie pas d'attelage à ressort, on doit se servir d'une barre à vis.*

Les termes de ce paragraphe semblaient autoriser l'attelage de deux wagons à tampons secs par une barre à vis, ce qui est contraire aux dispositions contenues dans la première partie de cet article.

En conséquence, par décision du 7 juin, Son Excellence le Ministre de l'Agriculture, du Commerce et des Travaux publics, arrête que la phrase du § 3 de l'article 2 de l'ORDRE GÉNÉRAL N° 8 ainsi conçue : *Dans le cas où l'on n'emploie pas d'attelage à ressort, on doit se servir de barre à vis*, serait supprimée, et que le § 3 serait désormais ainsi rédigé :

« Dans la composition des trains transportant des voyageurs dont la vitesse ne dépasse » pas 40 kilomètres à l'heure, on peut faire entrer des wagons à tampons secs, pourvu que » deux wagons de cette nature ne se suivent pas immédiatement ou qu'ils soient attelés » l'un à l'autre par une barre d'attelage à ressort. Les wagons entrant dans la composition » de ces trains ne peuvent jamais être attelés uniquement au moyen de chaînes. Les tam- » pons doivent toujours être en contact au moment du démarrage. »

Les Agents de l'Exploitation devront modifier dans ces conditions les exemplaires de l'ORDRE GÉNÉRAL N° 8, dont ils sont munis.

28 juin 1859.

N° 97

INTERDICTION DE PLACER DES WAGONS CHARGÉS DE RAILS DANS LES TRAINS DE VOYAGEURS ET LES TRAINS MIXTES.

Conformément à une lettre circulaire de Son Exc. M. le Ministre des Travaux publics, adressée aux Compagnies de Chemins de fer, le Chef de l'Exploitation porte à la connaissance du Personnel les dispositions ministérielles suivantes, concernant le transport des rails.

« A l'avenir, les wagons chargés de rails ne devront plus être admis dans la composition » des trains de voyageurs et des trains mixtes. Ces transports seront exclusivement réser- » vés aux convois de marchandises.

» Il n'est fait exception à cette mesure que pour les parties du réseau exploité où le trafic » ne comporte pas l'organisation de trains spéciaux de marchandises.

» Dans ce cas, le transport des rails sur ces sections pourra avoir lieu par trains mixtes, » à la condition expresse que les wagons chargés de rails seront toujours séparés des voi- » tures à voyageurs par un ou plusieurs wagons de marchandises ordinaires. »

24 mai 1856.

N° 98

TRANSPORT DES RAILS SUR LA SECTION DE MONTAUBAN A RODEZ.

Par décision en date du 31 mai, Son Exc. M. le Ministre des travaux publics a autorisé la Compagnie à atteler en tête des trains mixtes, immédiatement après le tender, les wagons chargés de rails circulant sur la ligne de Montauban à Rodez et Decazeville, qui ne comporte pas de trains réguliers de marchandises, mais sous les réserves suivantes :

1° Les rails seront toujours chargés dans des plates-formes à rebords latéraux suffisamment élevés pour s'opposer efficacement à la chute des rails ;

2° Les wagons chargés de rails seront toujours séparés des voitures à voyageurs par un ou plusieurs wagons de marchandises ordinaires.

Le Chef de l'Exploitation de la section du Lot est chargé d'assurer l'exécution de ces dispositions.

10 juin 1861.

N° 99

INTERDICTION DE PLACER LES WAGONS CHARGÉS DE LONGUES PIÈCES DE BOIS DANS LES TRAINS DE VOYAGEURS ET LES TRAINS MIXTES.

Le Chef de l'Exploitation porte à la connaissance du Personnel les dispositions suivantes, prescrites par la circulaire de M. le Ministre des Travaux publics, en date du 14 décembre 1857, concernant le transport des longues pièces de bois.

10

A l'avenir, les transports des longues pièces de bois s'effectueront uniquement par les trains de marchandises, à l'exclusion de tous les trains portant des voyageurs.

Toutefois, sur les sections du réseau où il ne circule pas de convois de marchandises, les wagons chargés de pièces de bois pourront être admis dans la composition des trains mixtes, à la condition que ces wagons seront toujours séparés des voitures à Voyageurs par un ou plusieurs wagons de marchandises ordinaires, et qu'ils seront d'ailleurs attachés à la queue des trains ou même après le dernier fourgon à frein.

Les Inspecteurs principaux sont chargés d'assurer l'exécution des présentes dispositions.

26 décembre 1857.

N° 100

ATTELAGE DES WAGONS PLATES-FORMES A HAUSSES MOBILES ET DES WAGONS DES COMPAGNIES ÉTRANGÈRES.

Des wagons plates-formes à hausses mobiles ont été plusieurs fois attelés dans des trains, sans que les côtés aient été relevés. Il s'en est suivi des avaries, tant au matériel qu'aux trottoirs de certaines gares et stations par suite du frottement des wagons contre les quais.

Afin d'obvier à ces inconvénients, il est interdit désormais d'expédier dans les trains des plates-formes à hausses mobiles sans que les côtés aient été préalablement relevés.

Il est également interdit d'atteler dans les trains transportant des voyageurs, des wagons plates-formes appartenant aux Compagnies de Lyon, Méditerranée, de l'Ouest et du Midi, dont la largeur empiète sur les trottoirs de voyageurs de certaines gares.

MM. les Inspecteurs principaux sont chargés de l'exécution du présent ordre.

2 mars 1860.

N° 101

ATTELAGE DES VOITURES DE Ire CLASSE ET DES FOURGONS DU GRAND-CENTRAL DANS LES TRAINS EXPRESS ET POSTES, ET DES WAGONS A HUIT ET DIX TONNES DANS LES TRAINS MARCHANT A UNE VITESSE DE 55 KILOMÈTRES ET AU-DESSOUS.

Les wagons à marchandises à 8 tonnes et à 10 tonnes ont reçu des modifications qui permettent leur circulation dans les trains marchant à une vitesse de 55 kilomètres.

Les voitures de 1re classe et les wagons à bagages provenant de l'ancienne Compagnie du Grand-Central, qui avaient été précédemment exclus de la composition des trains express et poste, ont été modifiés et peuvent actuellement être attelés dans ces trains ;

En conséquence et à dater de ce jour, les voitures de 1re classe et les wagons à bagages de l'ancienne Compagnie du Grand-Central peuvent être attelés dans les trains express et poste, et les wagons à marchandises à 8 et 10 tonnes peuvent être attelés dans les trains marchant à une vitesse de 55 kilomètres et au-dessous.

Les Inspecteurs principaux sont chargés de l'exécution du présent avis.

25 janvier 1859.

N° 102

WAGONS DU MIDI ENTRANT DANS LA COMPOSITION DES TRAINS.

Aux termes de l'article 8 de l'ORDRE GÉNÉRAL N° 49, les voitures ou wagons de quelque nature ou de quelque forme qu'ils soient, vides ou chargés, entrant dans la composition des trains de voyageurs, mixtes ou de marchandises à grande vitesse, sont comptés pour leur nombre effectif. Il en est de même pour les trains de marchandises, à cela près que les wagons vides ne sont comptés que pour un demi-wagon.

Il y a lieu de faire exception à cette règle pour les wagons chargés de la Compagnie du Midi, lorsqu'il entrera plus de dix wagons de cette Compagnie dans la composition d'un même train. Dans ce cas, tous les wagons de la Compagnie du Midi attelés au train, seront comptés pour un wagon un tiers.

L'Ingénieur en chef de la Traction et les Inspecteurs principaux de l'Exploitation sont chargés d'assurer l'exécution de cette disposition.

10 février 1861.

N° 103

COMPOSITION DES TRAINS MIXTES ET DES TRAINS DE VOYAGEURS ENTRE TOURS ET SAINT-NAZAIRE.

Les trains mixtes et les trains de voyageurs circulant entre Tours et Saint-Nazaire devant, à dater du service d'été, être remorqués par les anciennes machines O. B., leur composition (par dérogation temporaire aux dispositions du tableau annexé à l'ORDRE GÉNÉRAL N° 49) est fixée comme suit :

Trains marchant à 60 kilomètres, 10 voitures;

Trains marchant de 40 à 50 kilomètres, 12 voitures.

L'Inspecteur principal de la deuxième Inspection est chargé d'assurer l'exécution de ces dispositions.

13 mai 1861.

N° 104

ATTELAGE DANS LES TRAINS DES WAGONS CONTENANT DES MATIÈRES INFLAMMABLES.

Le Chef de l'Exploitation porte à la connaissance des gares et stations les dispositions suivantes prescrites par décision, en date du 8 novembre 1858, de Son Exc. M. le Ministre de l'Agriculture, du Commerce et des Travaux publics.

Le transport des matières inflammables doit être fait par les trains de marchandises ; toutefois, à l'exception du phosphore et des allumettes chimiques, dont l'expédition continuera à être soumise aux conditions posées par l'arrêté du 20 août 1857, les chargements de matières inflammables pourront être régulièrement transportés par les trains mixtes sur les lignes où l'organisation du service ne prévoit pas de trains de marchandises, mais sous les réserves suivantes :

1° Le bâchage des wagons renfermant ces matières devra être effectué avec le plus grand soin ;

2° Les wagons dont il s'agit seront toujours placés dans la seconde moitié du train et le plus loin possible de la locomotive ;

3° Les expéditions de marchandises pouvant présenter des chances d'incendie sont rigoureusement interdites dans les trains portant des voyageurs, partout où il circule des convois de marchandises.

23 novembre 1858.

N° 105

COMPOSITION DES TRAINS SPÉCIAUX DE TROUPES.

Par décision en date du 2 de ce mois, M. le Ministre des Travaux publics a décidé : que les trains spéciaux de troupes pourraient, jusqu'à nouvel ordre, être composés de trente voitures et marcher à une vitesse de plus de 30 kilomètres à l'heure. »

Il résulte de cette nouvelle décision que les trains de militaires, quoique composés de 30 voitures, pourront, lorsque cela sera reconnu nécessaire, marcher à 35, 40 et même 45 kilomètres.

27 juin 1855.

N° 106

ATTELAGE DANS LES TRAINS MIXTES DES WAGONS CHARGÉS DE MARCHANDISES.

Par décision de M. le Ministre des Travaux publics, rendue sur la proposition de la Compagnie : « Les trains mixtes ne peuvent transporter que les marchandises en provenance ou en destination des points extrêmes de leur parcours, ou des gares intermédiaires dans lesquelles les tableaux de la marche des trains indiquent des stationnements assez longs pour que les manœuvres à faire n'occasionnent pas de retards à la marche générale du train.

« L'arrêt des trains mixtes aux stations intermédiaires doit toujours avoir lieu de manière à ce que les voitures à voyageurs se trouvent en face des trottoirs.

» Il n'est fait exception à cette règle que pour le cas où les trains prenant de l'eau, la position des grues hydrauliques rendrait impossible l'exécution de cette prescription. »

Les chefs de gare et de station, les chefs de train et les mécaniciens doivent se conformer à la stricte application de ces dispositions.

6 juillet 1853.

N° 107

ATTELAGE DANS LES TRAINS MIXTES DES WAGONS CHARGÉS DE BESTIAUX.

Le Chef de l'Exploitation rappelle aux Gares et Stations les prescriptions de la décision ministérielle du 27 février 1856, concernant l'admission des wagons chargés de bestiaux dans les trains mixtes, et la position qu'ils doivent occuper dans ces trains.

« Considérant que l'expérience a suffisamment fait reconnaître que l'admission des wa-
» gons à bestiaux dans les trains mixtes est sans danger pour la sécurité ;
» Il y a lieu d'admettre les wagons à bestiaux dans les trains mixtes, sans restriction,
» quant à la composition et à la vitesse de ces trains, ni à l'espèce de bétail, sous la ré-
» serve que les wagons affectés à cette nature de transport seront de construction très-
» solide, fermés aux deux bouts, entourés sur les côtés par une cloison élevée, et *qu'ils*
» *seront placés en queue des trains.* »

Les Inspecteurs principaux sont chargés d'assurer l'exécution des présentes dispositions.

20 avril 1861.

N° 108

PLACE QUE DOIVENT OCCUPER, DANS LES TRAINS DE MARCHANDISES OU DE BESTIAUX, LE WAGON AFFECTÉ AU TRANSPORT DES TOUCHEURS.

Par décision en date du 5 mars 1860, Son Exc. M. le Ministre de l'Agriculture, du Commerce et des Travaux publics, a décidé que les voitures destinées aux conducteurs et toucheurs de bestiaux, dans les trains de marchandises ou dans les trains spéciaux affectés à ce genre de transport, devront toujours être placés dans la seconde moitié du train et suivies d'au moins quatre wagons à marchandises.

30 mars 1860.

N° 109

CHARGEMENT DES MARCHANDISES EN DESTINATION DU RÉSEAU DE L'OUEST.

Les wagons à tampons secs, ainsi que ceux à freins automoteurs, ne pouvant circuler sur la ligne de l'Ouest, les gares et stations sont invitées à ne pas charger dans des wagons de cette nature les marchandises en destination du réseau de l'Ouest. On évitera ainsi le transbordement des marchandises à la gare du Mans.

MM. les Inspecteurs principaux sont chargés d'assurer l'exécution du présent ordre.

27 juillet 1860.

N° 110

NOUVELLE DÉNOMINATION DES TRAINS SUPPLÉMENTAIRES.

A dater du 1er juin 1857, les trains désignés jusqu'à ce jour sous la dénomination de trains supplémentaires seront appelés *trains facultatifs*.

Cette dénomination sera désormais la seule employée dans le service.

26 mai 1857.

N° 111

MENTION SUR LES FEUILLES DE MARCHE DES BULLETINS DE RÉDUCTION DE CHARGE DRESSÉS PAR LES CHEFS DE DÉPOT.

Les bulletins de réduction de charge dressés par les chefs de dépôt, en conformité de l'art. 9 de l'ORDRE GÉNÉRAL N° 49 et remis aux chefs de gare, ne sont pas toujours joints au rapport journalier.

Le Chef de l'Exploitation, en priant de nouveau les Chefs de gare et de station d'envoyer régulièrement avec leurs rapports les bulletins de réduction de charge qui peuvent leur être donnés par la traction, les invite, en outre, à mentionner ces bulletins sur les feuilles de marche, dans la colonne des observations. La note inscrite sur la feuille indiquera le numéro du bulletin, les causes de la réduction et le nombre de voitures à retrancher du train.

MM. les Inspecteurs principaux sont chargés d'assurer l'exécution du présent Ordre.

7 janvier 1858.

N° 112

AVIS A DONNER POUR L'EXPÉDITION DES TRAINS SPÉCIAUX OU FACULTATIFS.

Le Chef de l'Exploitation rappelle aux Chefs de gare que lorsqu'ils ont à expédier des trains spéciaux ou facultatifs ou à demander une machine de renfort, la demande de la machine doit être remise au dépôt trois heures au moins avant l'heure fixée pour le départ, et que cette demande doit toujours mentionner la charge à donner à la machine demandée.

La nature, la composition et la destination des trains spéciaux ou facultatifs doivent invariablement être signalées à l'avance, par le télégraphe, à la gare principale la plus prochaine, qui doit transmettre le même avis aux gares principales suivantes et à la gare de destination.

Ces dispositions, qui sont trop souvent négligées, sont essentielles et doivent être l'objet de l'attention soutenue des Chefs de gare.

Dorénavant et jusqu'à nouvel ordre, l'avis de l'expédition des trains spéciaux sera donné aux Commissaires de surveillance administrative, non-seulement par les gares de départ, mais par toute gare où résidera un de ces Fonctionnaires, et dès que le Chef de gare aura connaissance de l'annonce d'un train de cette nature, soit par avis écrit, soit par dépêche télégraphique, soit par le drapeau rouge ou la lanterne verte à un train précédent.

Les Inspecteurs principaux ont à faire surveiller la stricte exécution de ces nouvelles dispositions.

25 mai 1854.

N° 113

BUREAUX AMBULANTS DE L'ADMINISTRATION DES POSTES.

Les bureaux ambulants de l'Administration des Postes sont munis d'une cloche destinée à annoncer que l'échange des dépêches est effectué.

L'Administration des Postes se plaint que, sur différents points de la ligne, on ne se préoccupe nullement du service de ses bureaux, de sorte qu'il est arrivé plusieurs fois que le train a été réexpédié avant que la remise des dépêches ait pu être faite.

Pour éviter que des erreurs semblables se renouvellent, il est recommandé de la manière la plus expresse aux Chefs de gare et de station de ne donner le signal de départ que lorsque le bureau ambulant a annoncé par un coup de cloche que son service est terminé.

15 décembre 1853.

N° 114

RESPONSABILITÉ DES GARDES-FREINS POUR LA FERMETURE DES PORTIÈRES ET DES LOQUETEAUX.

En exécution de l'art. 46 de l'ORDRE GÉNÉRAL PORTANT INSTRUCTIONS POUR LES CONDUCTEURS N° 22, les Gardes-freins sont personnellement responsables de la fermeture des portières et des loqueteaux aux voitures dont ils sont chargés d'après la position du frein qu'ils occupent.

Cette responsabilité s'applique au départ des gares principales et des stations intermédiaires aussi bien qu'aux arrêts des trains au contrôle.

5 août 1854.

N° 115

CLASSEMENT DES VOYAGEURS DANS LES VOITURES AU DÉPART DES TRAINS ET DANS LE TRAJET.

Dans le but d'éviter, autant que possible, aux voyageurs des trains express et de long parcours, le désagrément de changer de voiture en cours de route, les mesures suivantes devront être observées à l'avenir :

1° Au départ de Paris, la composition des trains express de Bordeaux et de Nantes comprendra, d'abord, le nombre de voitures nécessaires pour les voyageurs allant au delà de Tours. L'indicateur de ces voitures portera la désignation de *Nantes*, *Bordeaux* ou *Aigrefeuille*. Les autres voyageurs seront placés dans des voitures portant l'indication *Tours*.

Les trains express du Centre auront le nombre de voitures nécessaires pour les voyageurs au delà de Vierzon : ces voitures porteront l'indication de *Limoges* ou de *Saint-Étienne ;* les autres voyageurs seront reçus dans les voitures dont l'indicateur désignera *Vierzon*.

2° Au départ de Nantes ou de Bordeaux, les trains express devront contenir, d'abord, le nombre de voitures nécessaires pour les voyageurs allant au delà de Tours. Les indicateurs de ces voitures porteront la désignation de *Paris ;* les autres voyageurs seront placés dans dés voitures dont l'indicateur portera *Tours*.

3° Au départ d'Aigrefeuille, des trains en correspondance avec les trains express, une ou deux voitures, suivant le nombre des voyageurs, seront réservées pour *Paris ;* les autres voitures de 1re classe porteront l'indication de *Poitiers*.

Pendant le trajet, les stations intermédiaires et les conducteurs auront à faire monter les voyageurs suivant leurs destinations, c'est-à-dire que les voyageurs se rendant au delà de la gare de bifurcation seront placés dans les wagons portant la désignation des points extrêmes, et les autres voyageurs dans les voitures indiquant la gare de bifurcation.

Les gares de départ, les gares et stations intermédiaires et les conducteurs devront avertir les voyageurs qui monteront dans les voitures dont l'indicateur portera la désignation de la gare de bifurcation, que ces voitures ne devront pas dépasser cette gare.

Si dans le cours du trajet le nombre des voitures affectées aux points extrêmes devient insuffisant, les conducteurs feront monter les voyageurs allant au delà de la gare de bifurcation dans une des voitures désignées pour s'arrêter à cette gare et changeront l'indicateur de route, qui portera le nom de la gare extrême destinataire.

Les Conducteurs doivent pendant le trajet faire compléter les voitures, en se conformant aux instructions ci-dessus, et seront rendus responsables de leur inexécution.

Les gares de bifurcation devront, à l'arrivée des trains, retirer les voitures qui ne sons pas affectées aux points extrêmes, à moins que les besoins du service n'exigent que ces voitures continuent en totalité ou en partie ; dans ce dernier cas, les indicateurs devront porter la désignation de la nouvelle destination donnée aux voitures.

MM. les Inspecteurs principaux sont chargés d'assurer l'exécution des présentes dispositions.

25 avril 1859.

N° 116

NOMBRE DES GARDES-FREINS DEVANT ACCOMPAGNER CHAQUE TRAIN SUR LES RAMPES EXCÉDANT 0ᵐ,010 PAR MÈTRE, ET NE DÉPASSANT PAS 0ᵐ,016 PAR MÈTRE.

Par décision en date du 5 juillet 1859, sur la proposition de la Compagnie, S. Exc. M. le Ministre des Travaux publics a fixé comme il suit le nombre des Gardes-freins devant accompagner chaque train sur les rampes excédant 0ᵐ,010 par mètre et ne dépassant pas 0ᵐ,016 par mètre.

NATURE DES TRAINS.	VITESSES NORMALES.	NOMBRE des VOITURES.		NOMBRE des GARDES-FREINS.
TRAINS DE VOYAGEURS........	41 à 50 kilomètres à l'heure..............	de 1 à 5		1
		6	10	2
		11	15	3
		16	20	4
		21	24	5
TRAINS OMNIBUS-MIXTES.......	31 à 40 kilomètres à l'heure..............	de 1 à 7		1
		8	14	2
		15	21	3
		22	24	4
TRAINS MIXTES ET TRAINS DE MARCHANDISES.......... ...	30 kilomètres à l'heure et au-dessous........	de 1 à 9		1
		10	18	2
		19	26	3
		27	35	4
		36	43	5
		44	50	6

Les gares et stations des sections où il existe des rampes excédant 0ᵐ,010 par mètre et ne dépassant pas 0ᵐ,016 par mètre devront se conformer à ces prescriptions.

10 novembre 1859.

N° 117

CIRCULATION DES TRAINS ENTRE PARIS ET LYON PAR LE BOURBONNAIS.

Par suite des nécessités du service commun établi par les Compagnies d'Orléans et de Lyon, pour la circulation des trains entre Paris et Lyon (ligne du Bourbonnais), le Garde-frein de tête remplira, sur le parcours de Paris au Guétin, les fonctions de Chef de train, toutes les fois que le service des bagages et de la messagerie sera fait par un agent de la Compagnie de Lyon.

En conséquence, dans ces circonstances, le Garde-frein de tête sera porté comme chef de train sur les feuilles de marche et du mouvement du matériel, et aura l'autorité, les attributions et la responsabilité données par les règlements au Chef de train.

L'Inspecteur principal de la première inspection est chargée d'assurer l'exécution des dispositions du présent Ordre.

20 novembre 1858.

N° 118

ARRÊT DES TRAINS A TOUTES LES STATIONS OU UN STATIONNEMENT EST PRÉVU SUR LES TABLEAUX DE LA MARCHE DES TRAINS.

Il arrive souvent, sur les voies uniques, que des trains dont les croisements sont changés ne s'arrêtent pas aux stations où sont indiqués leurs croisements réglementaires. Cette manœuvre est irrégulière et peut avoir de graves inconvénients.

En conséquence, le Chef de l'Exploitation recommande de la manière la plus formelle de se conformer dans tous les cas et nonobstant les changements de croisements, aux arrêts marqués sur les Tableaux de la marche des trains. Cette disposition s'applique également aux trains circulant sur les doubles voies, qui doivent toujours s'arrêter à toutes les stations où ils ont un stationnement prévu, sauf l'exception admise pour les trains de marchandises dans des conditions prescrites par l'avis n° 120 ci-après.

Les Chefs de gare et de station et les Employés du service des trains sont chargés d'assurer, chacun en ce qui le concerne, l'exécution rigoureuse du présent ordre.

14 octobre 1853.

N° 119

STATIONNEMENT DES TRAINS AUX GARES ET STATIONS INTERMÉDIAIRES.

Le Chef de l'Exploitation appelle l'attention des Chefs de gare et de station, des Chefs de trains et Gardes-freins, sur la nécessité d'activer le service, trop souvent fait avec mollesse, pendant les stationnements des trains aux gares et stations intermédiaires : les retards insignifiants en apparence, à chaque station, ayant pour inconvénient de déterminer, en s'accumulant, de sérieuses irrégularités.

Les Chefs de train n'apportent pas assez de promptitude à la remise des feuilles de route et des bagages : ils négligent, ce qui est essentiel, de prévenir le Chef de station, au moment même de l'arrivée, de la partie du train où se trouvent les places disponibles, afin qu'on y dirige les voyageurs et qu'on évite ainsi toute hésitation dans le service.

Les Gardes-freins ne mettent pas assez d'empressement à faire descendre et monter les voyageurs, à ouvrir et fermer les portières, à crier à haute voix le nom de la station, des correspondances et la durée du stationnement.

Les Chefs de station doivent faire aussi leurs efforts pour empêcher toute cause de lenteur dans le service et s'appliquer à expédier les trains dans le temps rigoureux de stationnement, presser les Conducteurs, éviter toute conversation inutile, et faire sortir d'avance les voyageurs sur les trottoirs pour les diriger vers les voitures de chaque classe dès que le train est arrêté.

Ce résultat intéresse l'amour-propre et la responsabilité des employés. Tout retard provenant de leur faute ou de leur négligence donnera lieu à une répression sévère.

6 juillet 1850.

N° 120

EXPÉDITION DES TRAINS AUX STATIONS INTERMÉDIAIRES.

Les Chefs de gare et de station doivent abréger le plus possible la durée de stationnement des trains. En conséquence, il leur est recommandé, pour les trains de voyageurs, de presser le service et de faire monter et descendre les voyageurs avec célérité, sans toutefois s'écarter jamais des égards et de l'obligeance qu'ils doivent au public. Lorsqu'il n'y a pas affluence, et qu'il ne peut en résulter aucune confusion dans le service, ils sont autorisés à ouvrir à l'avance les salles d'attente, en faisant ranger les voyageurs sur le trottoir, de manière qu'ils puissent monter en voiture sans aucune perte de temps, aussitôt après l'arrivée du train.

Toutefois, il est expressément interdit de faire partir un train de voyageurs avant son heure réglementaire de départ. Pour les trains de marchandises, au contraire, ils peuvent être expédiés des stations *dix minutes* avant l'heure réglementaire fixée pour le départ ;

ces trains doivent donc être attendus, sur tout leur parcours, dix minutes avant l'heure réglementaire d'arrivée. Lorsque ces trains n'ont rien à laisser aux stations secondaires où ils ne prennent pas habituellement de marchandises, ils ne s'y arrêtent que sur la présentation du signal rouge. *Dans tous les cas, les Mécaniciens doivent invariablement ralentir à l'approche de ces stations.*

Cette tolérance ne s'applique en aucun cas au départ des trains de marchandises des gares extrêmes, qui ne doit jamais avoir lieu avant l'heure réglementaire portée aux tableaux de la marche des trains.

Par exception aux dispositions ci-dessus, les trains circulant sur une voie unique ne doivent jamais partir d'une station avant l'heure réglementaire, et ils doivent toujours s'arrêter aux points de stationnement fixés par les tableaux de la marche des trains.

8 avril 1850.

N° 121

ARROSOIRS A TENIR PLEINS D'EAU SUR LE TROTTOIR D'ARRIVÉE.

Pendant la belle saison, les Chefs de gare et de station doivent, pour le passage de chaque train s'arrêtant à la station, tenir des arrosoirs remplis sur le bord du trottoir d'arrivée, de manière qu'ils soient prêts et à la disposition du Graisseur, pour le refroidissement des boîtes, pendant le séjour du train. Cette mesure est de toute nécessité pour éviter les retards.

Mai 1850.

N° 122

SUPPRESSION DES BULLETINS D'ACCÉLÉRATION DE MARCHE.

A dater de ce jour, les gares et stations ne devront plus, en cas de retard des trains, délivrer aux machinistes les bulletins d'accélération de marche et les feuilles de marche dont la remise avait été prescrite par une Instruction en date du 10 août 1856.

Ces pièces sont devenues inutiles depuis que les Machinistes reçoivent une prime pour le temps regagné dans la marche.

MM. les Inspecteurs principaux et l'Ingénieur en chef du matériel et de la traction sont chargés d'assurer l'exécution du présent Ordre.

18 septembre 1857.

N° 123

RENTRÉE AU DÉPOT DES MACHINES DES TRAINS ARRIVANTS.

Le Chef de l'Exploitation porte à la connaissance des gares et stations les dispositions suivantes, arrêtées d'accord avec la traction, afin de régler la rentrée au dépôt des machines des trains arrivant.

A l'avenir, les machines des trains arrivant pourront retourner au dépôt aussitôt après l'entrée des trains en gare, sans attendre un signal ou un ordre de départ ; elles ne pourront être retenues qu'exceptionnellement et pour des manœuvres de décomposition, ou par mesure de sécurité.

En conséquence, dès que les machines auront accompli la manœuvre d'entrée en gare, les Mécaniciens pourront retourner d'eux-mêmes au dépôt, à moins que la voie de retour qu'ils doivent suivre ne soit fermée par un signal rouge, ou que le Machiniste reçoive l'ordre du Chef de gare d'exécuter des manœuvres avant sa rentrée au dépôt.

26 février 1855.

N° 124

DÉFENSE ABSOLUE DE DESCENDRE DES TRAINS PENDANT L'ARRÊT AU CONTROLE.

Pendant le séjour des trains au contrôle, à l'arrivée des gares principales, des Employés, en tournée ou en voyage, se croient autorisés à sortir des voitures avant l'entrée en gare. Ce mouvement donne lieu à des réclamations très-vives de la part des voyageurs, qui veulent aussi descendre, et il en résulte des discussions contraires au bon ordre.

Pour remédier à cet inconvénient, il est formellement interdit de laisser aucune personne, Voyageur ou Employé, descendre des trains pendant le stationnement au contrôle.

Les Employés de tous grades doivent se soumettre strictement à cette prescription.

Les Courriers, porteurs de dépêches, sont seuls autorisés, à l'arrivée à Paris, à faire exception à cette règle.

Les Contrôleurs à l'arrivée doivent signaler les Employés qui chercheraient à s'y soustraire.

Les Inspecteurs principaux sont chargés d'assurer l'exécution de ces dispositions.

Octobre 1850.

N° 125

SIGNAUX A FAIRE POUR LES MANŒUVRES DANS LES GARES.

Modification à l'article 28 de l'ORDRE GÉNÉRAL N° 49.

Les dispositions de l'article 28 de l'ORDRE GÉNÉRAL N° 49, déterminant les signaux à faire aux Mécaniciens pour les manœuvres des trains dans les Gares, prescrivent le même signal pour commander l'arrêt et la marche en arrière. Ces prescriptions ayant présenté des difficultés dans leur application, il y a lieu de les modifier. En conséquence, l'article 28 de l'ORDRE GÉNÉRAL N° 49 est abrogé et remplacé par ce qui suit :

Art. 28. — « Lorsque la machine isolée ou en tête d'un train est arrêtée, le mouve-
» ment horizontal de droite à gauche, fait avec la lanterne blanche ou le drapeau roulé,
» signifie la marche en avant.

» Le même mouvement horizontal avec la lanterne rouge ou le drapeau déployé, signifie
» la marche en arrière.

» Lorsque la machine isolée ou en tête d'un train est en marche, le signal fait avec la
» lanterne rouge ou le drapeau déployé signifie l'arrêt. »

L'ingénieur en chef du Matériel et de la Traction et les Inspecteurs principaux devront assurer l'exécution de ces nouvelles dispositions.

11 février 1861.

N° 126

SOINS A PRENDRE DANS LA MANŒUVRE DU REFOULEMENT DES TRAINS DE MARCHANDISES.

Dans la manœuvre du refoulement des trains de marchandises, les fallots des machines étant souvent cassés par le dernier wagon, lorsque le chargement excède la longueur des tampons, il est enjoint aux Conducteurs de s'assurer, avant le refoulement du train, si le chargement du dernier wagon n'est pas de nature à briser les fallots, et, dans ce cas, de prévenir le Mécanicien pour qu'ils soient enlevés.

Toute avarie de fallots provenant d'une négligence de ce genre sera laissée à la charge du Chef de train ou du Garde-freins qui n'aura pas pris les précautions nécessaires pour l'éviter.

11 août 1850.

N° 127

MESURES A PRENDRE POUR ÉVITER LES AVARIES DES VOITURES A VOYAGEURS DANS LES MANŒUVRES DES TRAINS DE MARCHANDISES.

Lorsqu'une ou plusieurs voitures à voyageurs sont attelées en queue d'un train de marchandises refoulé, on doit, dès que le train est arrêté aux aiguilles d'entrée en gare, dételer les voitures et les reculer au delà du changement de voie, de manière que la machine puisse venir se mettre en queue, en contact avec les wagons à marchandises proprement dits. Aussitôt après le mouvement de la machine opéré, les voitures à voyageurs doivent être attelées au tender, de manière à suivre la manœuvre du train remorqué par la machine, sans être exposées à aucun effort.

17 novembre 1849.

N° 128

PRÉCAUTIONS D'ENRAYAGE A PRENDRE PENDANT LA DURÉE DES MANŒUVRES NÉCESSITANT LE FRACTIONNEMENT DES TRAINS.

Toutes les fois que dans une manœuvre un train est fractionné, de manière qu'un ou plusieurs wagons sont abandonnés à eux-mêmes sur les voies, ces wagons, qu'ils forment ou non une même partie de train, doivent, avant d'être dételés, être enrayés avec le plus grand soin par le serrage de tous les freins qui s'y trouvent.

Lorsque la manœuvre se fait de nuit, par un grand vent ou sur une partie de voie en pente, on doit, outre le serrage des freins, caler fortement, par des coins ou des barres placées en travers du rail, les deux wagons extrêmes, de manière à assurer l'immobilité de la partie de convoi qui doit rester dételée.

Toute négligence dans les mesures à prendre et les manœuvres à exécuter pendant le stationnement d'un train engage directement la responsabilité du Chef de station qui dirige et surveille les mouvements exécutés dans sa station.

27 décembre 1851.

N° 129

DÉFENSE DE PASSER ENTRE LES WAGONS AVANT L'ARRÊT COMPLET, POUR ATTELER OU DÉTELER.

Il est défendu de la manière la plus expresse à tous les Employés des gares et stations et des trains, de passer entre deux wagons, avant l'arrêt complet, pour atteler ou dételer, et, dans le même but, de se mettre sur la voie lorsqu'un train recule pour prendre ou laisser des wagons.

Les Employés qui se rendraient coupables de pareilles imprudences doivent être signalés au Rapport.

Juillet 1850.

N° 130

PRÉCAUTIONS A PRENDRE, PAR LES HOMMES D'ÉQUIPE, DANS LA MANŒUVRE DE L'ATTELAGE DES WAGONS ET PAR LES GARDES-FREINS EN ROUTE.

Le Directeur appelle toute l'attention des Chefs de gare et de station sur l'imprudence de certains Employés, particulièrement des Gardes-freins et des Hommes d'équipe, qui, par suite d'habitudes fâcheuses et par une indifférence coupable, négligent de se conformer aux ordres donnés pour les précautions à prendre dans l'exécution des manœuvres de wagons.

Des Hommes d'équipe, contrairement à la plus simple prévoyance, s'obstinent, malgré les recommandations qui leur sont faites chaque jour, à pousser les wagons en appuyant l'épaule sur l'extrémité même des tampons, au lieu de prendre leur point d'appui sur la traverse; il en résulte que, si le wagon qu'ils poussent est rejoint par une autre voiture, ils sont infailliblement blessés très-grièvement.

Les Hommes d'équipe chargés de l'attelage ont encore la dangereuse habitude de passer entre les tampons des voitures, avant qu'ils ne soient en contact, afin de n'avoir pas la peine de se baisser pour se mettre à même de crocheter les chaînes d'attelage ou de serrer les tendeurs. Cette manière d'opérer les expose aux plus graves accidents.

Les Gardes-freins font enfin preuve d'une égale imprudence, soit en attendant, sans nécessité, pour monter sur leur siége, que le train ait pris une certaine vitesse, lorsque avec un peu d'activité ils pourraient se mettre à leur poste avant le démarrage, soit en se tenant debout sur la guérite du frein, au moment de l'arrivée ou du départ et même quelquefois pendant la route.

De fréquents accidents ont été déterminés par de pareilles imprévoyances.

Dans l'intérêt même des Employés, le Directeur désire que ces imprudences soient sévèrement réprimées, et elles donneront lieu à des demandes de révocation. Les Chefs de gare et de station doivent signaler au Rapport les Hommes d'équipe et les Conducteurs qui s'en rendraient coupables.

Les Inspecteurs et Contrôleurs de l'Exploitation doivent porter toute leur attention sur ces faits; leurs fonctions les rendent, dans une certaine mesure, responsables des accidents résultant des mauvaises habitudes qui se perpétuent par défaut de surveillance.

Juillet 1850.

12

N° 131

PRÉCAUTIONS A PRENDRE, PAR LES HOMMES D'ÉQUIPE, DANS LA MANŒUVRE DE L'ATTELAGE DES WAGONS.

Le Chef de l'Exploitation porte à la connaissance du Personnel des gares et stations la circulaire suivante de S. Exc. M le Ministre des Travaux publics, en date du 11 novembre 1857 :

« Un grand nombre des accidents qui atteignent particulièrement les Agents de l'Exploi-
» tation dans les gares de Chemins de fer, sont causés par l'imprudence ou par la témé-
» rité des victimes. Comme exemple d'une imprudence qui leur est si souvent funeste, je
» citerai l'habitude où sont généralement les Hommes d'équipe, dans le bnt sans doute de
» hâter l'accomplissement des manœuvres, de procéder à l'attelage ou au décrochage des
» véhicules avant l'arrêt complet de la locomotive; surpris ainsi par un mouvement de
» recul du convoi, ces Agents sont le plus souvent renversés et précipités sous les roues ou
» pris et serrés entre les tampons.

» Il importe de prendre les mesures nécessaires pour prévenir les accidents de cette na-
» ture et pour mettre un terme à l'imprudence des Agents qui compromettent ainsi grave-
» ment leur sécurité, sans que la rapidité qu'ils croient apporter dans les manœuvres par
» un empressement inutile, présente aucun avantage pour le bien du service.

» Je vous invite, en conséquence, à donner les ordres les plus formels aux Chefs de
» gare, Mécaniciens et Chefs d'équipe attachés à votre Compagnie, pour qu'ils interdisent
» d'une manière absolue, aux Employés sous leurs ordres, de s'introduire entre les wagons
» qu'ils ont à détacher ou à atteler, avant l'arrêt complet du train ou de la locomotive. »

Les gares et stations devront se conformer strictement aux dispositions de cette lettre, ainsi qu'aux prescriptions de l'INSTRUCTION N° 130.

3 février 1858.

N° 132

SOINS A PRENDRE DU MATÉRIEL DANS LES MANŒUVRES.

Les hommes d'équipe n'apportent pas généralement assez d'attention dans les manœu-vres du matériel ; ils poussent souvent les wagons avec brutalité, et se servent d'un wagon comme bélier pour en mettre un ou plusieurs en mouvement. Ce mode de tamponner les wagons est extrêmement vicieux ; les chocs qui en résultent ébranlent les châssis, faussent les ressorts de traction, gercent la peinture et activent beaucoup la détérioration du maté-riel. Lorsqu'ils tournent un wagon sur une plaque, les hommes d'équipe ont aussi l'habi-tude de l'arrêter brusquement sur la main d'arrêt, ce qui lui fait éprouver un mouvement de torsion très-préjudiciable à sa conservation.

En conséquence, pour remédier à ces inconvénients, le Chef de l'Exploitation fait défense expresse de tamponner les wagons ou voitures les uns contre les autres, de les tourner et de les manœuvrer brusquement sur les plaques. Il invite les Chefs de gare et de station à porter sur ce détail toute leur surveillance et à signaler au Rapport les hommes d'équipe qui ne se conformeraient pas à ces recommandations Les infractions qui y seraient faites seront sévèrement punies.

Le présent avis sera affiché en permanence dans toutes les gares et remises de voitures.

20 novembre 1850.

N° 133

PRÉCAUTIONS A PRENDRE DANS LES MANŒUVRES FAITES A LA PROLONGE.

Les Employés des gares et des trains qui concourent aux manœuvres qui se font au moyen de la prolonge ne doivent jamais se placer sur la voie en avant des wagons tirés par la machine pour décrocher la prolonge. Cette manière de procéder est dangereuse et est formellement interdite.

Le décrochage de la prolonge doit se faire en détachant d'abord l'extrémité fixée au tender au moment où la machine ralentit sa marche après avoir imprimé aux wagons une impulsion suffisante ; la prolonge suit le mouvement des wagons, et, pour éviter qu'elle ne soit entraînée sous les roues, elle doit être relevée sur le tampon de la première voiture et maintenue dans cette position jusqu'à l'arrêt complet des wagons manœuvrés. C'est alors seulement qu'elle doit être détachée des wagons.

Le Chef de l'Exploitation rappelle en même temps aux Employés des gares et des trains qu'il est interdit d'une manière absolue d'employer les manœuvres dites à l'anglaise, consistant à lancer un ou plusieurs wagons sur une voie au moyen d'un coup de tampon donné par la machine.

17 septembre 1860.

N° 134

DÉFENSE DE MONTER SUR LES MARCHEPIEDS DES LOCOMOTIVES PENDANT LES MANŒUVRES DANS LES GARES.

Le Directeur porte à la connaissance des Agents de la Compagnie la circulaire suivante de S. Exc. M. le Ministre des Travaux publics, en date du 21 septembre dernier :

« Je reçois journellement avis d'accidents dus à la funeste habitude qu'ont prise les » Agents des gares et stations de monter sur les marchepieds des locomotives pendant les » mouvements de gare.

» Les Aiguilleurs, ou les Hommes d'équipe chargés de les remplacer pour la manœuvre

» des changements de voie, compromettent ainsi gravement leur sécurité, sans apporter
» aux mouvements des machines une rapidité sensiblement plus grande, et ils sont sou-
» vent précipités du marchepied où ils ne réussissent pas à monter, ou sur lequel ils ne
» parviennent pas à se maintenir en équilibre.

» Cet usage imprudent ne présente donc aucun avantage pour le bien du service et
» expose journellement l'existence d'Agents dont l'empressement inutile doit être réprimé,
» même dans leur propre intérêt.

» Je vous invite en conséquence, Messieurs, à donner les ordres les plus sévères aux
» Chefs de gares, Mécaniciens et Chefs d'équipe attachés à votre Compagnie, pour qu'ils
» interdisent d'une manière absolue aux Employés sous leurs ordres de monter sur les
» marchepieds des locomotives manœuvrant dans les gares, et pour qu'ils punissent, soit
» d'une amende, soit de toute autre peine disciplinaire, chaque infraction à cette prohi-
» bition. »

Les infractions aux présentes dispositions devront être mentionnées aux Rapports journaliers et seront sévèrement punies.

Les Inspecteurs principaux sont chargés d'assurer l'exécution de ces prescriptions.

23 octobre 1858.

N° 135

MANUTENTION DES WAGONS A MARCHANDISES PAR DES PERSONNES ÉTRANGÈRES AU SERVICE.

Par sa décision du 29 septembre dernier, relative aux dispositions à prendre pour réglementer l'intervention dans les manœuvres, les chargements et les déchargements, des Camionneurs et Ouvriers des Clients de la Compagnie qui sont tenus d'assurer ces services ou
d'y concourir par des traités particuliers, M. le Ministre des Travaux publics a prescrit les
mesures suivantes, qui devront recevoir dorénavant leur stricte exécution :

*Tout en reconnaissant qu'il y a lieu d'autoriser, en principe, les Compagnies à admettre
le concours des Expéditeurs ou Destinataires et de leurs ouvriers pour opérer le chargement et le déchargement des wagons à marchandises dans les gares, M. le Ministre a soumis cette autorisation aux conditions saivantes .*

*1° Les manœuvres opérées par des personnes étrangères au chemin de fer seront surveil-
lées et dirigées par les Agents et sous la responsabilité des Compagnies.*

*2° Toute manœuvre de wagon, sur les voies affectées à la circulation des trains et sur
celles qui longent les voies de service ou y aboutissent immédiatement, est interdite aux personnes étrangères au Chemin de fer.*

*3° Aucun individu ne pourra être admis à travailler dans l'enceinte ou les dépendances
d'un Chemin de fer sans l'autorisation du Chef de gare ou de l'Agent préposé par la Compagnie.*

Les Inspecteurs principaux de l'Exploitation sont chargés d'assurer la stricte observation
de ces mesures.

16 octobre 1855.

N° 136

DÉGAGEMENT DES VOIES PRINCIPALES AUX HEURES D'ARRIVÉE DES TRAINS OU DE MISE EN TÊTE DES MACHINES, DANS LES GARES.

Les voies principales doivent, autant que possible, être complétement dégagées aux heures d'arrivée ou de passage des trains et de mise en tête des machines. Dans le cas d'obstacles, les voies doivent être régulièrement couvertes, conformément à l'article 5 de l'ORDRE GÉNÉRAL N° 7.

Lorsqu'un train arrêté à une station aura à effectuer des manœuvres devant engager l'autre voie principale sur laquelle un train est attendu, le Chef de station aura à apprécier, d'après les circonstances du service, s'il doit commencer les manœuvres avant l'arrivée ou le passage de l'autre train, ou s'il doit attendre que le train attendu soit passé ou arrivé.

Il y a lieu généralement, dans cette appréciation, de retarder les trains de marchandises pour favoriser la marche des trains de voyageurs, et parmi ceux-ci de donner le pas aux trains de long parcours sur les trains de localité.

31 mai 1861.

N° 137

REGISTRES DES RETARDS DANS LES STATIONS DE DÉPOT.

L'art. 42 du règlement d'administration publique du 15 novembre 1846 prescrit de mentionner sur les registres des retards, tenus dans les stations de dépôts, les retards excédant 10 minutes pour les parcours dont la longueur est inférieure à 50 kilomètres, et 15 minutes pour les parcours de 50 kilomètres et au delà.

En conséquence, les Chefs des gares et stations où sont établis ces registres doivent se conformer de la manière la plus stricte à ces prescriptions pour les trains de voyageurs, comme pour les trains de marchandises. Il leur est particulièrement recommandé d'indiquer toujours avec soin et exactitude les causes des retards.

11 septembre 1852.

N° 138

RÉDUCTION DES STATIONNEMENTS A L'AVANTAGE DU PARCOURS.

Lorsque les trains de voyageurs arrivent avec un léger retard au compte de la traction, ou lorsque les trains de marchandises arrivent bien à l'heure, certains employés des gares et stations et des trains se croient autorisés à ne pas faire tous leurs efforts pour accélérer le service, de manière à réduire le temps de stationnement, dont ils considèrent que la libre disposition leur est acquise.

Cette interprétation est tout à fait contraire au bien du service.

Les Employés de l'Exploitation et de la Traction sont, il est vrai, dans leurs fonctions spéciales, chacun en ce qui le concerne, responsables des retards qui peuvent leur être attribués; mais ils ont, en toute circonstance, à ne pas oublier que les deux services se doivent un mutuel concours; et de même qu'en cas de retard, et lorsque les circonstances le permettent, les Mécaniciens doivent faire tous leurs efforts pour regagner dans le parcours, en se conformant aux ordres précis qui leur sont donnés à cet effet, de même les Employés des gares et des trains doivent s'appliquer à réduire le plus possible les stationnements pour faciliter la régularité du parcours.

23 mai 1851.

N° 139

RENSEIGNEMENTS SUR LA MARCHE ET LES RETARDS DES TRAINS A DONNER AUX CHEFS DE DÉPÔT.

Pour assurer la régularité du service, il est nécessaire que les Chefs de dépôt, ou les Employés qui les remplacent ou les suppléent, soient instruits de tous les renseignements qui parviennent par le télégraphe sur la marche des trains attendus, et particulièrement sur les retards. En conséquence, les Chefs des gares et stations de dépôt sont tenus de leur fournir très-exactement ces renseignements. Ils doivent, dans ce but, donner aux Employés du télégraphe et à tous les Agents placés sous leurs ordres des instructions positives pour que les avis de nature à intéresser cette partie du service soient communiqués avec empressement aux Chefs de dépôts.

23 octobre 1853.

N° 140

RETARDS EXTRAORDINAIRES DES TRAINS DE VOYAGEURS. — AVIS A DONNER AUX COMMISSAIRES DE SURVEILLANCE.

Dans le but d'éviter les inquiétudes qui se produisent dans le public lorsque les trains de voyageurs subissent des retards prolongés, M. le Ministre des Travaux publics a pris la décision suivante :

A l'avenir, lorsque, par une cause quelconque, un train de voyageurs ne pourra arriver à destination que plus d'une heure après le moment de son arrivée réglementaire, avis de ce retard, et autant que possible de sa cause, devra être donné sur la ligne, par le télégraphe, aux Chefs de gare, qui devront communiquer immédiatement la dépêche aux Commissaires de surveillance.

Le Directeur recommande de la manière la plus expresse la stricte exécution de cette prescription, qui est absolue et n'admet aucune exception.

21 décembre 1855.

N° 141

RETARDS EXTRAORDINAIRES DES TRAINS DE VOYAGEURS. — AVIS A DONNER AU PUBLIC.

Par lettre en date du 8 décembre 1855, M. le Ministre des Travaux publics, dans le but d'éviter les inquiétudes qui se produisent dans le public lorsque les trains de Voyageurs subissent des retards, a décidé que lorsqu'un train de Voyageurs ne pourrait arriver à sa destination que plus d'une heure après son arrivée réglementaire, un avis de ce retard, et autant que possible de sa cause, transmis par le télégraphe, serait donné par les soins des Chefs de gare aux Commissaires de surveillance.

Ces dispositions, portées à la connaissance des gares par l'INSTRUCTION N° 140, viennent de recevoir les modifications suivantes :

M. le Ministre des Travaux publics, considérant que l'éloignement de certaines préfectures rendait difficiles, et surtout peu utiles pour le public, les communications faites à MM. les Préfets par les soins des Commissaires ; que, d'un autre côté, il y avait de graves inconvénients à détourner de leurs occupations les Commissaires de surveillance administrative, qui, d'ailleurs, pouvaient se trouver en tournée de service, et être par conséquent dans l'impossibilité de recevoir les avis qui leur parviendraient et d'y donner suite immédiatement, a décidé :

Que les dispositions de l'Ordre seraient maintenues en principe, mais qu'afin de faciliter leur application, les Chefs de gare seraient chargés du soin de faire placarder dans toutes les gares desservies par les trains les annonces que le public peut avoir intérêt à recevoir touchant les causes des retards des trains, et auraient la mission d'informer les Préfets.

Il reste d'ailleurs bien entendu que ces avis à MM. les Préfets ne seront utiles et ne devront être donnés qu'autant que la Préfecture sera immédiatement à proximité de la station où doit arriver le train attendu, et qu'en outre, le retard de ce train aura été ou devra être assez considérable pour exciter des alarmes dans le public et pour justifier une annonce au dehors de la gare.

Les Inspecteurs principaux de l'Exploitation sont chargés d'assurer l'exécution de ces nouvelles dispositions.

11 février 1856.

N° 142

RÉEXPÉDITION DES VOYAGEURS RETARDÉS AU DÉPART PAR LA FAUTE DES AGENTS DE LA COMPAGNIE, OU ARRIVANT PAR DES TRAINS EN RETARD AUX GARES DE BIFURCATION DU RÉSEAU ET AUX GARES DE SOUDURE DES RÉSEAUX DES DIVERSES COMPAGNIES.

Les voyageurs qui, *par la faute des Agents de la Compagnie*, auraient manqué le départ du train pour lequel ils ont pris leurs billets, et les voyageurs arrivant par des trains en retard aux gares de bifurcation et ne pouvant, par suite de ce retard, jouir des correspondances annoncées par les affiches du service, devront être dirigés à destination par le train le plus prochain partant de la station de départ ou de réexpédition et *desservant la station de destination*, quelles que soient d'ailleurs la composition de ce train et les classes des voitures qu'il contiendra.

Lorsque ce train ne contiendra que des voitures de 1re classe, les voyageurs retardés porteurs de billets de 2e et 3e classes seront placés autant que possible dans un compartiment spécial.

Les dispositions qui précèdent s'appliquent également aux stations où aboutissent les lignes des Compagnies dont les voies viennent se raccorder à notre réseau, pour les voyageurs qui par suite du retard des trains auraient manqué la correspondance sur laquelle ils devaient compter pour se rendre à destination.

Les Inspecteurs principaux sont chargés d'assurer l'exécution du présent Ordre.

5 septembre 1859.

N° 143

PRESCRIPTION POUR LA DEMANDE, PAR LE TÉLÉGRAPHE, DES MACHINES DE RÉSERVE SUR LA DOUBLE VOIE.

Aux termes de l'article 12 de l'ORDRE GÉNÉRAL RÉGLANT LA CIRCULATION SUR LA DOUBLE VOIE, n° 8 : « EN L'ABSENCE DE RENSEIGNEMENTS, *les machines de réserve sont envoyées au* » *secours des trains attendus, après un retard de* **quarante-cinq minutes** *pour les* » *trains de voyageurs et de* **une heure quinze minutes** *pour les trains de marchan-* » *dises. Lorsque la communication télégraphique est interrompue, ces délais sont réduits à* » **vingt minutes** *pour les trains de voyageurs et* **quarante minutes** *pour les trains* » *de marchandises.* »

Aux termes de l'article 3 de l'INSTRUCTION N° 273 : « *lorsqu'un train de voyageurs ou de* » *marchandises part en retard de plus de* **dix minutes** *pour les trains de voyageurs,* » *de* **quinze minutes** *pour les trains de marchandises, d'une station où il est établi un* » *poste télégraphique, il y a lieu de donner, au poste suivant, avis du retard et de ses* » *causes.* »

Dans le but de compléter ces dispositions et d'assurer l'emploi du télégraphe, pour l'envoi au secours des trains en retard, sur la double voie, les prescriptions suivantes sont adoptées :

Dès qu'il se manifeste un retard de **dix minutes** pour un train de voyageurs et de **vingt minutes** pour un train de marchandises, le poste télégraphique qui attend ce train doit interroger le poste précédent.

Si la réponse démontre que le train de voyageurs a perdu **dix minutes** ou que le train de marchandises a perdu **vingt minutes**, depuis son passage au poste interrogé, le poste qui attend le train DOIT DEMANDER IMMÉDIATEMENT LE SECOURS AU DÉPÔT VERS LEQUEL SE DIRIGE LE TRAIN EN RETARD.

Si le poste télégraphique où le retard est constaté est une station de dépôt, cette station doit, dans ces mêmes délais, expédier d'office la machine de réserve au secours du train attendu.

Lorsque le poste télégraphique où un retard est constaté interroge le poste précédent et qu'il n'obtient pas de réponse dans les délais prescrits ci-dessus, la correspondance télégraphique doit être considérée comme interrompue. La machine de réserve doit alors être demandée d'office au dépôt qui attend le train, ou expédiée, par ce dépôt, dans les conditions prévues par l'article 12 de l'ORDRE GÉNÉRAL N° 8, déjà rappelé, c'est-à-dire après un retard de **vingt minutes** pour un train de voyageurs, et de **quarante minutes** pour un train de marchandises.

Ces prescriptions, particulières au service sur la double voie, ne s'appliquent pas aux secours sur les voies uniques, qui doivent continuer d'être strictement effectués dans les conditions réglementaires de l'ORDRE GÉNÉRAL n° 45.

20 janvier 1855.

N° 144

AVIS A DONNER AUX COMMISSAIRES DE SURVEILLANCE DES DEMANDES DE SECOURS ET DE L'EXPÉDITION DES MACHINES DE RÉSERVE.

Le Chef de l'Exploitation porte à la connaissance des gares et stations, qu'en exécution d'une décision ministérielle, les Chefs de gare devront, à l'avenir, prévenir MM. les Commissaires de surveillance de toutes les demandes de secours faites par les trains en détresse, et de l'envoi des machines de réserve.

Il demeure bien entendu que cette mesure ne devra jamais entraver l'envoi de la machine de secours, qui sera toujours expédiée dans le plus bref délai possible.

10 décembre 1856.

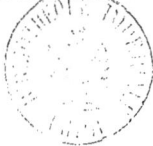

13

N° 145

LES MACHINES DE SECOURS EXPÉDIÉES PAR LES GARES PRINCIPALES DOIVENT ÊTRE ACCOMPAGNÉES DES CHEFS OU SOUS-CHEFS DE GARE.

Les machines de réserve envoyées au secours doivent, en principe, être expédiées sous la conduite des Chefs ou Sous-Chefs de dépôt. Les Chefs de gare qui les font partir peuvent néanmoins, lorsqu'ils le jugent utile, les accompagner personnellement ou les faire accompagner par un Sous-Chef de gare pour surveiller leur marche ou diriger les manœuvres à exécuter.

Dans certaines gares principales, les nécessités du service de la Traction ne permettent pas souvent d'expédier les machines de réserve sous la conduite des Chefs ou Sous-Chefs de dépôt. Aussi, tout en maintenant le principe ci-dessus, le Directeur de la Compagnie a décidé que dans les gares de Paris, Orléans, Tours, Poitiers, Aigrefeuille, Angoulême, Bordeaux, Périgueux, Brives, Angers, Nantes, Vierzon, Châteauroux, Limoges et le Guétin, les machines de réserve, envoyées au secours des trains, seraient toujours accompagnées par le Chef ou par un des Sous-Chefs de gare.

Les Inspecteurs principaux sont chargés d'assurer l'exécution de ces dispositions.

7 novembre 1854.

N° 146

DEMANDE DE SECOURS PAR LE DERNIER TRAIN DE LA JOURNÉE SUR LES SECTIONS OU LA CIRCULATION DE NUIT PROPREMENT DITE EST SUPPRIMÉE.

Les dispositions de l'article 11 de l'ORDRE GÉNÉRAL N° 8 et de l'article 12 de l'ORDRE GÉNÉRAL N° 45 qui autorisent les trains en détresse à faire la demande de secours soit à l'avant, soit à l'arrière, ne peuvent être appliquées que sous certaines réserves sur les sections de Saint-Nazaire à Nantes, de Coutras à Brives, de Niort à la Rochelle et Rochefort, de Tours au Mans, de Montauban à Rodez et de Moulins à Montluçon, où la circulation des trains est restreinte dans certaines limites d'heures déterminées.

Ces limites d'heure où la circulation des trains et machines est autorisée sur chacune de ces sections sont fixées par des Ordres spéciaux qui spécifient qu'après le passage du dernier train de la journée et jusqu'au commencement du service, le lendemain matin, les barrières des passages à niveau peuvent rester ouvertes de manière à laisser libre la circulation sur les chemins publics.

Il résulte de cette disposition que lorsque le dernier train de la journée d'une des sections dénommées ci-dessus se trouvera en détresse sur un point quelconque de son parcours, il devra faire la demande de secours à l'avant, et ne réclamer, dans aucun cas, la machine de réserve du dépôt situé en arrière, qui serait obligée, pour aller le rejoindre, de parcourir une voie privée de toute surveillance.

Il sera fait exception à cette règle pour les trains circulant :

1° Entre Aigrefeuille, la Rochelle et Rochefort, pour lesquels la demande de secours devra être toujours adressée à Aigrefeuille ;

2° Entre Bézenet et la Presle, pour lesquels la demande de secours devra être toujours adressée à la Presle ;

3° Entre Viviers et Decazeville, pour lesquels la demande de secours devra être toujours adressée à Viviers.

Les barrières des passages à niveau situés sur ces sections devront, en conséquence, rester constamment fermées sur la voie publique.

Les Ingénieurs et les Inspecteurs principaux sont chargés d'assurer l'exécution du présent Ordre, chacun en ce qui le concerne.

10 décembre 1859.

N° 147

DEMANDE DE SECOURS SUR LA SECTION DE CHATEAUROUX A LIMOGES. — INSTALLATION DES POSTES TÉLÉGRAPHIQUES, DITS POSTES DE SECOURS.

Art. 1er.—Des postes télégraphiques spécialement disposés, pour demander les machines de secours, conformément aux Ordres et Règlements, sont établis dans les stations, et au besoin, dans les maisons de garde et les guérites des cantonniers des sections de Vierzon à Châteauroux et de Châteauroux à Limoges, espacés entre eux d'environ 4 kilomètres.

Afin d'éviter toute indécision de la part du Conducteur sur la position du poste télégraphique le plus voisin auquel il conviendra de recourir pour demander le secours, chaque poteau télégraphique porte une flèche dont la pointe indique le côté où se trouve le poste le plus rapproché.

Art. 2.—Les appareils de secours sont établis dans le système dit à courant continu.

Sur la section de Vierzon à Châteauroux ils sont installés sur le fil direct et communiquent directement avec les postes de dépôt de Vierzon et Châteauroux.

Sur la section de Châteauroux à Limoges ils sont établis sur le fil omnibus, et chaque appareil communique avec les deux stations les plus rapprochées.

Art. 3.—Les boîtes qui renferment les appareils spéciaux de secours peuvent être ouvertes avec les clefs des fourgons à bagages dont chaque Conducteur doit être porteur.

Chaque boîte établissant ou rompant la communication directe du fil sur lequel elle est installée, selon qu'elle est elle-même ouverte ou fermée, il est expressément ordonné à tout Agent de la Compagnie qui aura ouvert une boîte pour une cause quelconque, de vérifier avec soin si la boîte est fermée lorsque la cause pour laquelle elle est ouverte n'existe plus.

Art. 4. — La correspondance télégraphique s'établit avec les postes de secours en ouvrant la boîte et en serrant l'extrémité de la chaînette de communication intérieure dans l'orifice de la borne extérieure de la boîte et du côté du poste que l'on attaque.

Deux étiquettes portant les noms des deux postes voisins sont placées de chaque côté de l'appareil.

La fermeture de la boîte ne doit avoir lieu qu'après avoir desserré et remis à l'intérieur de la boîte la chaînette de communication, en ayant le soin de l'isoler de tout contact avec le manipulateur, ce qui occasionnerait un dérangement.

Art. 5.—Dès qu'un train est en détresse et que la demande de secours est nécessaire, le Chef de train, après avoir pris les mesures nécessaires pour couvrir son train dans les conditions réglementaires, doit remettre la demande de secours écrite et signée par lui à un de ses Gardes-freins qui se portera au plus prochain poste télégraphique pour transmettre la dépêche dont le texte aura été écrit et la destination indiquée par le conducteur-chef; si le poste télégraphique le plus voisin est une station, le Garde-freins remettra la demande de secours au Chef de station.

Dans l'intervalle de leur service, les conducteurs et Gardes-freins devront s'exercer à la manœuvre des appareils télégraphiques. Les Chefs de gare rendront compte, à leurs rapports journaliers, de l'exécution de ces exercices.

Art. 6.—L'Inspecteur principal de la 1re inspection est chargé d'assurer l'exécution de ces dispositions.

14 mai 1858.

N° 148

DEMANDE DE SECOURS SUR LA SECTION DE MOULINS A MONTLUÇON. — INSTALLATION DES POSTES TÉLÉGRAPHIQUES, DITS POSTES DE SECOURS.

Art. 1er. Des postes télégraphiques spécialement disposés pour demander les machines de secours, conformément aux Ordres et Règlements, sont établis dans les stations, et, au besoin, dans les maisons de Garde et les guérites des Cantonniers de la section de Moulins à Montluçon, espacés entre eux d'environ 4 kilomètres.

Afin d'éviter toute indécision de la part du Conducteur sur la position du poste télégraphique le plus voisin auquel il conviendra de recourir pour demander le secours, chaque poteau télégraphique porte une flèche dont la pointe indique le côté où se trouve le poste le plus rapproché.

Art. 2.—Les appareils de secours sont installés dans le système dit à courant continu ; ils sont établis sur le fil omnibus, et chaque appareil communique avec les deux stations les plus rapprochées.

Art. 3.—Les boîtes qui renferment les appareils spéciaux de secours peuvent être ouvertes avec les clefs des fourgons à bagages dont chaque conducteur doit être porteur.

Chaque boîte établissant ou rompant la communicatio directe du fil sur lequel elle est installée, selon qu'elle est elle-même ouverte ou fermée, il est exprssément ordonné à tout Agent de la Compagnie qui aura ouvert une boîte pour une cause quelconque, de vérifier avec soin si la boîte est fermée lorsque la cause pour laquelle elle est ouverte n'existe plus.

Art. 4. — La correspondance télégraphique s'établit avec les postes de secours en ouvrant la boîte et en serrant l'extrémité de la chaînette de communication intérieure dans l'orifice de la borne extérieure de la boîte et du côté du poste que l'on attaque.

Deux étiquettes portant les noms des deux postes voisins sont placées de chaque côté de l'appareil.

La fermeture de la boîte ne doit avoir lieu qu'après avoir desserré et remis à l'intérieur de la boîte la chaînette de communication, en ayant soin de l'isoler de tout contact avec le manipulateur, ce qui occasionnerait un dérangement.

Art. 5.—Dès qu'un train est en détresse et que la demande de secours est nécessaire, le Chef de train, [après avoir pris les mesures nécessaires pour couvrir son train dans les conditions réglementaires, doit remettre la demande de secours écrite et signée par lui à un de ses Gardes-freins, qui se portera au plus prochain poste télégraphique pour transmettre la dépêche dont le texte aura été écrit et la destination indiquée par le Conducteur-Chef; si le poste télégraphique le plus voisin est une station, le Garde-freins remettra la demande de secours au Chef de station.

Dans l'intervalle de leur service, les Conducteurs et Gardes-freins devront s'exercer à la manœuvre des appareils télégraphiques. Les Chefs de gare rendront compte, à leurs rapports journaliers, de l'exécution de ces exercices.

Art. 6. — L'Inspecteur principal de la 1re inspection est chargé d'assurer l'exécution de ces dispositions.

21 mai 1860.

N° 149

DEMANDE DE SECOURS SUR LA SECTION DE COUTRAS A BRIVES. — INSTALLATION DES POSTES TÉLÉGRAPHIQUES, DITS POSTES DE SECOURS.

Art. 1er.—Des postes télégraphiques spécialement disposés pour demander les machines de secours, conformément aux Ordres et Règlements, sont établis dans les stations, et, au besoin, dans les maisons de Garde et les guérites des Cantonniers de la section de Coutras à Brives ; ils sont espacés entre eux d'environ 4 kilomètres.

Afin d'éviter toute indécision de la part du Conducteur sur la position du poste télégraphique le plus voisin auquel il conviendra de recourir pour demander le secours, chaque poteau télégraphique porte une flèche dont la pointe est tournée du côté du poste le plus rapproché.

Art. 2.—Les appareils de secours sont installés dans le système dit à courant continu, ils sont établis sur le fil omnibus, et chaque appareil communique avec les deux stations les plus rapprochées.

Art. 3. — Les boîtes qui renferment les appareils spéciaux de secours peuvent être ouvertes avec les clefs des fourgons à bagages dont chaque Conducteur doit être porteur.

Chaque boîte établissant ou rompant la communication directe du fil sur lequel elle est installée, selon qu'elle est elle-même ouverte ou fermée, il est expressément ordonné à tout Agent de la Compagnie qui aura ouvert une boîte pour une cause quelconque, de vérifier avec soin si la boîte est fermée lorsque la cause pour laquelle elle est ouverte n'existe plus.

Art. 4. — La correspondance télégraphique s'établit avec les postes de secours en ouvrant la boîte et en serrant l'extrémité de la chaînette de communication intérieure dans l'orifice de la borne extérieure de la boîte et du côté du poste que l'on attaque.

Deux étiquettes portant les noms des deux postes voisins sont placées de chaque côté de l'appareil.

La fermeture de la boîte ne doit avoir lieu qu'après avoir desserré et remis à l'intérieur de la boîte la chaînette de communication, en ayant soin de l'isoler de tout contact avec le manipulateur, ce qui occasionnerait un dérangement.

Art. 5.—Dès qu'un train est en détresse et que la demande de secours est nécessaire, le Chef de train, après avoir pris les mesures nécessaires pour couvrir son train dans les conditions réglementaires, doit remettre la demande de secours écrite et signée par lui à un de ses Gardes-freins qui se portera au plus prochain poste télégraphique pour transmettre la dépêche dont le texte aura été écrit et la destination indiquée par le Conducteur-Chef; si le poste télégraphique le plus voisin est une station, le Garde-freins remettra la demande de secours au Chef de station.

Dans l'intervalle de leur service, les Conducteurs et Gardes-frein devront s'exercer à la manœuvre des appareils télégraphiques. Les Chefs de gare rendront compte, à leurs rapports journaliers, de l'exécution de ces exercices.

Art. 6. — L'Inspecteur principal de la 3ᵐᵉ inspection est chargé d'assurer l'exécution de ces dispositions.

10 novembre 1860.

N° 150

SIGNAL DU DÉPART DES TRAINS AVEC LA CLOCHE A MAIN.

Le signal du départ des trains est quelquefois donné du geste ou de la voix, contrairement aux dispositions de l'art. 3 de l'ORDRE GÉNÉRAL RÉGLANT LES RAPPORTS DES SERVICES DE L'EXPLOITATION ET DE LA TRACTION, N° 49, qui prescrivent de le faire invariablement avec la cloche à main. Cette infraction pouvant donner lieu à des méprises de nature à déterminer des accidents, le Chef de l'Exploitation recommande aux Chefs de gare et station l'exécution rigoureuse des prescriptions de l'article précité, en les prévenant que pour éviter tout malentendu, les Mécaniciens ont l'ordre de ne partir que sur le signal de la cloche à main donné en tête du train par le travers du tender.

Décembre 1853.

N° 151

TRAINS STATIONNANT SUR LES VOIES DE GARAGE.

Il arrive souvent que des trains stationnant sur les voies de garage, aux gares et stations où ils doivent être croisés ou dépassés par un autre train, restent munis de leurs signaux rouges d'arrière. Il en résulte que des trains marchant dans le même sens sont arrêtés, parce que le Mécanicien pense qu'un train stationne sur la voie principale.

Pour éviter ces méprises, qui occasionnent des retards dans la marche des trains, il est formellement prescrit, quand un train est garé sur une voie de réserve, de retirer les signaux rouges d'arrière, pour ne les remettre qu'au moment du départ. Lorsque cette voie est soudée aux voies principales par des aiguilles prises en pointe, les Chefs de gare et de station doivent s'assurer par eux-mêmes, avant de retirer les signaux, que ces aiguilles sont dans une bonne position.

Il est en même temps recommandé aux Chef des gares extrêmes de tenir la main à ce que les signaux des trains arrivant la nuit soient immédiatement enlevés par les soins des lampistes, ce qui ne se fait pas toujours exactement.

2 Juillet 1853.

N° 152

ÉCLAIRAGE DES MACHINES CIRCULANT SUR LES VOIES DES GARES.

Le Chef de l'Exploitation porte à la connaissance des gares et stations les mesures suivantes arrêtées de concert avec la Traction pour assurer l'éclairage des machines circulant sur les voies des gares.

A l'avenir, aucune machine isolée ne devra circuler sur les voies comprises entre les dépôts et les gares, soit pour aller se mettre en tête d'un train, soit pour faire une manœuvre, soit pour rentrer au dépôt, sans être éclairée d'un falot à l'avant et d'un falot à l'arrière.

Le présent Avis ne modifie en rien les mesures réglementaires concernant le mode d'éclairage des machines circulant isolément en dehors des gares, soit pour aller au secours, soit pour tout autre motif.

Les Chefs de gare et de station devront signaler au Rapport journalier toutes les infractions aux présentes dispositions.

8 février 1855.

N° 153

MISE EN QUEUE DES TRAINS SIGNALANT DES TRAINS FACULTATIFS D'UNE PLAQUE INDIQUANT LE N° DU TRAIN SIGNALÉ.

Sur les parties de la voie où s'exécutent des travaux de renouvellement, dans le but de donner un renseignement utile aux chantiers, on a adopté, pour signaler les trains facultatifs, une mesure exceptionnelle qui consiste à placer, en queue du train qui signale, une plaque portant le numéro du train signalé.

Il doit être bien entendu que cette mesure ne porte aucune atteinte au principe sur lequel repose la sécurité de la circulation.

« Sur une partie quelconque de la voie en exploitation, un train doit toujours être at» tendu, et, par conséquent, la voie doit être libre ou défendue convenablement par les
» signaux. »

22 août 1856.

N° 154

MESURES A PRENDRE POUR LE PASSAGE DES TRAINS SUR LES AIGUILLES PRISES EN POINTE ET AUX BIFURCATIONS.

Les aiguilles prises en pointe seront constamment couvertes à 500 mètres en avant, et les croisements de bifurcation en avant et en arrière, par le signal blanc.

Conformément à l'art. 8 de l'ORDRE GÉNÉRAL POUR LES SIGNAUX DESTINÉS A ASSURER LA MARCHE DES TRAINS N° 7, un ralentissement doit être marqué par les trains au passage de chaque point ainsi désigné.

Une minute sera comptée aux Tableaux de la marche des trains pour l'exécution de ce ralentissement,

L'éclairage et l'entretien des lanternes servant à indiquer le ralentissement des trains à l'approche des aiguilles prises en pointe et des bifurcations seront faits par les Agents chargés du canton sur lequel sera placé le signal.

Ainsi, lorsque ce signal se trouvera sur un canton d'Aiguilleur appartenant au service de l'Exploitation, l'entretien et l'éclairage des lanternes auront lieu par le service de l'Exploitation ; il en sera de même pour le service de la voie, lorsque le signal se trouvera sur le canton d'un Agent appartenant à ce service.

Les Inspecteurs principaux sont chargés d'assurer l'exécution de ces dispositions.

Avril 1854.

N° 155

SIGNAL D'AVERTISSEMENT A DONNER AUX AIGUILLEURS PAR LES MACHINISTES CONDUISANT UN TRAIN OU UNE MACHINE QUI DOIT S'ENGAGER SUR UNE VOIE DE BIFURCATION OU D'ENTRÉE EN GARE DES MARCHANDISES.

Le Directeur porte à la connaissance des Agents de la Compagnie les mesures adoptées par Son Excellence M. le Ministre de l'Agriculture, du Commerce et des Travaux publics pour réglementer, d'une manière uniforme sur toutes les lignes en exploitation, les signaux d'avertissement au moyen desquels les Mécaniciens demandent aux Aiguilleurs l'accès des voies de garage ou de bifurcation vers lesquelles ils dirigent soit un train, soit une machine isolée.

Se référant aux dispositions de l'article 38, § 2, de l'ordonnance réglementaire du 15 novembre 1846, aux termes duquel « les Mécaniciens devront se servir du sifflet à vapeur comme moyen d'avertissement, toutes les fois que la voie ne leur paraîtra pas complétement libre, le Ministre a décidé qu'à l'approche des voies de garage ou de bifurcation les Mécaniciens devront faire entendre :

» Un coup de sifflet prolongé pour aller à gauche ;

» Trois coups de sifflet prolongés pour aller à droite. »

Les Machinistes devront faire ce signal à 500 mètres avant d'arriver aux aiguilles de bifurcation et d'embranchement, et donner les coups de sifflets distinctement, de manière que ces signaux ne puissent être confondus avec ceux prescrits pour faire serrer les freins.

Les Inspecteurs principaux et l'Ingénieur en chef du Matériel et de la Traction sont, chacun en ce qui le concerne, chargés d'assurer l'exécution des présentes dispositions.

14 décembre 1858.

N° 156

SIGNAUX D'ARRIÈRE-TRAIN.

Conformément à l'art. 9 de l'Ordre général n° 7 chaque train doit être couvert à l'arrière par trois signaux. Ces signaux sont de deux espèces : les uns, à grand disque, doivent être exclusivement affectés pour signal inférieur ; et les autres, de petit modèle, pour signaux supérieurs.

Les signaux à grand disque, ayant pour principal objet de couvrir les trains à grande distance, doivent toujours être au rouge. Pour l'annonce des trains spéciaux ou facultatifs, le signal vert, prescrit par l'art. 10 de l'Ordre général n° 7, doit être placé du côté de l'entre-voie.

Le jeu de signaux comprend la réunion d'un signal à grand disque et de deux signaux petit modèle.

Une réserve de plusieurs jeux de signaux est établie dans chaque gare principale suivant les besoins du service. Ces signaux portent, sur une plaque de cuivre, le nom de la gare à laquelle ils appartiennent. Lorsqu'ils sont mis en service, la gare destinataire est tenue de les retourner immédiatement à la gare de départ, dans le délai le plus court, en service ou haut le pied, avec enregistrement régulier, suivant qu'elle en a ou qu'elle n'en a pas l'emploi pour un train spécial ou facultatif en destination de la gare à laquelle ils appartiennent. Il est formellement interdit de distraire les jeux de signaux de la réserve des gares de leur emploi spécial, qui consiste à assurer le service des trains spéciaux ou facultatifs entre chaque gare principale.

Aucun train, soit de jour, soit de nuit, ne doit être expédié sans être muni de ses signaux d'arrière, propres et convenablement garnis d'huile et de mèches.

Les demandes de signaux et ceux qui sont disponibles, seront indiqués chaque jour au restant en gare (Ordre général n° 11, art. 7).

4 octobre 1859.

N° 157

RESPONSABILITÉ DES CONDUCTEURS POUR LES SIGNAUX D'ARRIÈRE DES TRAINS ET LES APPAREILS D'ÉCLAIRAGE DES VOITURES.

Le service de l'entretien des signaux d'arrière et des appareils d'éclairage des voitures,

14

confié pendant la marche des trains au soin des Gardes-freins (ORDRE GÉNÉRAL N° 22 art. 34), est entièrement négligé. Les Gardes-freins manient les lampes des voitures et les lanternes des signaux sans aucune précaution, et quelquefois avec une brutalité qui détermine des avaries. Il arrive fréquemment aussi que les lanternes des signaux mal entretenues s'éteignent, et que les trains circulent exposés à tous les inconvénients de l'absence des signaux à l'arrière.

Les Chefs de train ne doivent pas oublier qu'il est de leur devoir de surveiller le bon éclairage des trains, et qu'en négligeant de le faire ils engagent gravement leur responsabilité. Ils doivent signaler les Gardes-freins qui n'apportent pas dans ce service toute l'attention prescrite, afin que des punitions leur soient infligées.

14 octobre 1848.

N° 158

VITESSE AVEC LAQUELLE DOIVENT MARCHER LES MACHINES DANS LES GARES ET LES DÉPOTS.

Le Directeur rappelle aux Employés des gares et des dépôts que les machines exécutant les manœuvres dans les gares ne doivent jamais circuler à une vitesse plus grande que celle d'un homme marchant au pas gymnastique.

Toute infraction à ces prescriptions sera sévèrement punie.

Le Chef de l'Exploitation et l'Ingénieur en chef du Matériel et de la Traction sont chargés d'assurer l'exécution du présent Ordre.

24 juillet 1856.

N° 159

CIRCULATION SUR LES MACHINES.

Conformément à l'article 30 du *Règlement d'administration publique*, nul ne peut circuler sur les machines, sauf le Mécanicien et le Chauffeur, sans une autorisation spéciale et écrite du Directeur de la Compagnie.

Cette autorisation doit toujours être contrôlée à l'arrivée par les Chefs de station ou les Contrôleurs et au besoin par les Chefs de train et Gardes-freins, conformément à l'art. 2 de l'ORDRE GÉNÉRAL PORTANT INSTRUCTIONS POUR LES CONDUCTEURS, N° 22; les infractions à cette défense seront signalées au rapport et sévèrement réprimées.

Les Inspecteurs principaux sont chargés d'assurer l'exécution de cette disposition, qui n'admet aucune exception.

Octobre 1850.

N° 160

DÉFENSE D'ADMETTRE DANS LES TRAINS DE MARCHANDISES LES EMPLOYÉS OU VOYAGEURS NON MUNIS D'UNE AUTORISATION SPÉCIALE.

Les Chefs de gare et de station et les Chefs de train prennent quelquefois sur eux d'admettre dans les trains de marchandises des Employés, et même des Voyageurs, qu'ils placent dans les voitures de service ou dans les fourgons. Cette tolérance est essentiellement contraire aux ordres de la Compagnie, et peut engager sa responsabilité.

La circulation des Employés, des Permissionnaires et des Voyageurs *dans les trains de marchandises* est formellement interdite, sauf pour ceux qui sont porteurs d'une autorisation spéciale du Directeur.

17 février 1849.

N° 161

CIRCULATION DES INGÉNIEURS DU CONTROLE ET DES COMMISSAIRES ET SOUS-COMMISSAIRES DANS LES TRAINS DE MARCHANDISES.

Les Ingénieurs chargés du contrôle et de la surveillance administrative du Chemin de fer, ainsi que les Commissaires et Sous-Commissaires de surveillance, dans leur circonscription, ont droit à la libre circulation dans les trains de marchandises. En conséquence, aucun obstacle ne doit être apporté à leur admission dans ces trains.

31 mars 1852.

N° 162

DÉFENSE D'ADMETTRE DANS LES TRAINS DES VOYAGEURS EN ÉTAT D'IVRESSE.

L'art. 32 du *Règlement d'administration publique* et les prescriptions les plus sévères de la Compagnie défendent de délivrer des billets aux personnes en état d'ivresse.

Il arrive cependant quelquefois que des Voyageurs, en état plus ou moins apparent d'ivresse, parviennent à s'introduire dans les voitures, malgré toute la vigilance des Chefs de station et des Conducteurs. Il convient donc de redoubler de surveillance à cet égard.

Lorsque, durant le trajet, un Conducteur s'aperçoit qu'un ou plusieurs voyageurs sont ivres, il doit les faire descendre à la plus prochaine station et leur faire rendre la différence sur le prix de leur place.

En cas de résistance, procès-verbal doit être immédiatement dressé contre les délinquants.

Octobre 1850.

N° 163

ADMISSION DANS LES TRAINS DES GENDARMES PORTEURS D'ARMES A FEU CHARGÉES.

S. Exc. M. le Ministre des Travaux publics, par arrêté du 15 septembre courant, a décidé que, contrairement aux dispositions de l'art. 65 de l'Ordonnance du 15 novembre 1846, les gendarmes pourraient être admis dans les voitures sans être obligés de décharger leurs armes. Toutefois, dans le cas où les gendarmes voyageraient avec leurs armes chargées, ils devront redoubler de précaution, afin d'éviter les accidents, avoir un soin tout particulier de leur mousqueton, et ne jamais s'en séparer, soit pendant leur trajet en wagons, soit pendant leur stationnement dans les gares.

Le Chef de l'Exploitation porte cette décision ministérielle à la connaissance des Agents des gares et stations et des trains.

24 septembre 1860.

N° 164

PRIX DES PLACES A PAYER PAR MM. LES FONCTIONNAIRES DE L'ADMINISTRATION PUBLIQUE COMPOSANT LES CONSEILS DE RÉVISION.

Plusieurs gares ont demandé des instructions sur le prix des places à payer par MM. les Fonctionnaires composant ou assistant les Conseils de révision.

Le Chef de l'Exploitation rappelle aux gares et stations que, en ce qui concerne MM. les Préfets, conformément aux dispositions de l'art. 10 de l'ORDRE GÉNÉRAL N° 25, ces Fonctionnaires ont droit au transport gratuit dans l'étendue de leur département, dès qu'ils se déclarent en tournée de service sur le Chemin de fer.

Les membres du Conseil de révision qui sont militaires ont droit à la réduction de trois quarts de place, conformément aux dispositions de l'INSTRUCTION N° 269.

Les autres Fonctionnaires composant ou assistant les Conseils de révision n'ont droit à aucune réduction sur les prix de transport.

MM. les Inspecteurs principaux sont chargés d'assurer l'exécution de ces dispositions.

29 juin 1860.

N° 165

DÉFENSE AUX EMPLOYÉS DE MONTER DANS LES COUPÉS OCCUPÉS PAR DES VOYAGEURS.

Les Employés de la Compagnie, porteurs de cartes de service de circulation annuelles ou temporaires de 1re classe, et ceux porteurs de permis journaliers de 1re classe montent quelquefois dans les compartiments de coupé, alors même que ces compartiments sont déjà occupés par des Voyageurs.

Pour que cette tolérance ne puisse jamais être une gêne pour les Voyageurs, j'ai pris la décision suivante :

1° Les Agents de la Compagnie, porteurs de cartes de service ou de permis de 1re classe, ne devront jamais monter dans un compartiment de coupé qui serait déjà occupé par un ou plusieurs voyageurs.

2° Si, pendant la route, un Voyageur venait à monter dans un coupé déjà occupé par un Agent de la Compagnie, ce dernier devra immédiatement quitter cette place et monter dans un autre compartiment.

MM. les Inspecteurs principaux sont chargés d'assurer l'exécution des présentes dispositions.

6 août 1857.

N° 166

CIRCULATION DES MINISTRES ET OFFICIERS DE LA MAISON DE L'EMPEREUR. COMPARTIMENT A LEUR RÉSERVER.

Le Directeur porte à la connaissance des Employés des gares et stations et des trains, les dispositions suivantes arrêtées pour la circulation de MM. les Ministres ou Officiers de la maison de l'Empereur.

Lorsque ces Fonctionnaires se présenteront pour partir par un train, avec leur suite, sans billets de place ou sans permis, les Chefs de gare devront assurer le départ de Leurs Excellences ou des Officiers de la maison de l'Empereur et des personnes les accompagnant et leur faire réserver un compartiment.

Dans ce cas, une note écrite, constatant le nombre de personnes voyageant dans ces conditions, sera remise par le Chef de la gare expéditrice au Chef du train, qui, à l'arrivée à chaque contrôle, communiquera cette note aux Contrôleurs, afin qu'aucune réclamation ne soit faite à ces Voyageurs, et que le compartiment qu'ils occupent leur soit exclusivement réservé jusqu'à destination.

Cette note, remise au Chef de gare à l'arrivée, sera jointe au Rapport journalier.

Le Chef de l'Exploitation est chargé d'assurer l'exécution de ces dispositions.

24 mai 1855.

N° 167

RECOMMANDATIONS RELATIVES A LA CIRCULATION GRATUITE.

Des abus s'étant introduits dans les mesures prescrites pour la circulation gratuite, le Chef de l'exploitation rappelle aux Chefs de gare et de station la stricte exécution de l'ORDRE GÉNÉRAL N° 25 réglant cette partie du service, en les invitant à y tenir la main avec la plus sévère attention.

Il est interdit d'une manière formelle de laisser voyager qui que ce soit sans carte, permis ou billet; aucune recommandation ne doit être admise, *sauf les cas d'absolue nécessité;* toute tolérance à cet égard engagerait la responsabilité de l'Employé qui l'aurait favorisée. Les exceptions à cette règle, que les circonstances pourraient justifier, doivent être signalées au Rapport avec les motifs qui les ont déterminées.

Les porteurs de cartes permanentes, à temps limité ou de permis journaliers, quelle que soit la position des titulaires, n'ont droit, pour leurs bagages, qu'à la franchise de poids accordée aux voyageurs, et tout excédant doit être taxé au prix du tarif. Dans tous les cas, ils ne peuvent se soustraire à l'obligation de faire peser et numéroter leurs bagages, dont ils doivent payer l'enregistrement. Cette règle n'admet aucune exception.

10 janvier 1851.

N° 168

CONTROLE AU DÉPART DES PERMIS DE CIRCULATION JOURNALIERS

Tous les permis de circulation journaliers doivent être contrôlés au départ et revêtus, comme les billets ordinaires des Voyageurs, d'un timbre indiquant le jour de l'année et le numéro du train pour lequel ils sont valables. En conséquence, il a été fait un nouveau modèle de permis rappelant aux porteurs l'obligation de les présenter au guichet du receveur au départ. Les Employés chargés du contrôle devront donc s'assurer que cette formalité a été remplie par les titulaires des permis.

La signature du Directeur de la Compagnie qui figurait sur les anciens permis a été supprimée sur les nouveaux, qui ne porteront plus que la signature du Chef de service qui les aura délivrés. Tout permis non signé devra donc être considéré comme nul et retiré des mains du porteur.

L'obligation imposée aux porteurs de permis de les faire timbrer au départ a pour but d'arriver à un contrôle plus sérieux des permis de circulation gratuite; elle ne change rien aux dispositions de l'ORDRE GÉNÉRAL N° 23, et les Contrôleurs pourront toujours, comme par le passé, exiger des permissionnaires, quand ils le jugeront convenable, la constatation de leur identité et la justification de la possession du permis.

15 octobre 1859.

N° 169

DÉLIVRANCE DES PERMIS DE CIRCULATION AUX COMMISSAIRES DE SURVEILLANCE ADMINISTRATIVE ET AUTRES AGENTS DU CONTROLE.

Extrait de la décision ministérielle en date du 28 juillet 1846, qui règle la circulation des Agents du Contrôle.

« L'Administration a été consultée sur la question de savoir d'après quel principe et de

» quelle manière doit être appliquée la mesure qui oblige les Compagnies concessionnaires
» de Chemins de fer à transporter les Agents préposés au service de surveillance et de
» police, etc.
» Si dans des circonstances extraordinaires, un Commissaire ou un Agent est obligé de
» continuer le parcours de la ligne hors de son arrondissement, c'est au moyen d'une
» réquisition écrite adressée au Chef de gare qu'il doit obtenir son transport. La Compa-
» gnie pourra ensuite remettre ces réquisitions à l'Administration, afin qu'on puisse appré-
» cier si le déplacement était réellement motivé par un intérêt de service. »

Les Chefs de gare devront se conformer à ces dispositions, et, sur la réquisition des
Commissaires de surveillance, ils auront à délivrer à ces fonctionnaires un permis de circulation (aller seulement ou aller et retour) pour se rendre à la destination indiquée sur la
réquisition qui sera jointe au rapport journalier.

Bien entendu la réquisition d'un Agent du Contrôle ne sera admise dans les gares en
dehors de sa circonscription que sur la présentation de sa commission ou de sa carte de
libre circulation délivrée par S. Exc. M. le Ministre des Travaux publics et contre-signée
par le Directeur de la Compagnie.

Les stations qui ne sont pas pourvues de carnets de permis de circulation, délivreront
dans ces circonstances aux Agents du Contrôle, en échange de la réquisition qui leur sera
remise, une autorisation de circuler entre telle et telle gare. Cette autorisation, délivrée sur
papier libre, sera acceptée comme permis de circulation par les préposés au Contrôle des
billets, et par les gares à l'arrivée.

MM. les Inspecteurs principaux sont chargés d'assurer l'exécution du présent Ordre.

9 juillet 1858.

N° 170

CIRCULATION DE MM. LES MEMBRES DU COMITÉ CONSULTATIF DES CHEMINS DE FER.

M. le Ministre des Travaux publics a délivré à MM. les Membres du Comité consultatif
des Chemins de fer une Carte leur donnant droit à la circulation gratuite sur tous les
Chemins de fer français.

Cette Carte sera reconnue valable, sur le Réseau d'Orléans, pourvu qu'elle soit revêtue de
la signature du Président du Conseil d'administration de la Compagnie, M. F. BARTHOLONY.

Les Inspecteurs principaux de l'Exploitation sont chargés de l'exécution du présent Avis.

18 février 1856.

N° 171

PERMIS DE 3ᵉ CLASSE AUX OUVRIERS VOYAGEANT POUR LE SERVICE DE LA COMPAGNIE.

Le Directeur est informé que des Ouvriers au service de la Compagnie, s'autorisant des permis de circulation dont ils sont porteurs, montent dans les voitures de 2ᵉ classe et voyagent vêtus de leurs habits de travail, emportant avec eux dans les wagons leurs outils et ustensiles.

Dans le but de faire cesser un état de choses qui provoque des plaintes fondées de la part des Voyageurs, il ne sera plus délivré à l'avenir que des permis de 3ᵉ classe aux Ouvriers qui, par la nature de leurs travaux, sont appelés à se transporter sur les divers points de la ligne.

Si des nécessités de service justifient la délivrance d'un permis de 2ᵉ classe à un Entrepreneur, ce permis lui sera essentiellement personnel, et ne pourra, dans aucun cas, autoriser la circulation de ses Ouvriers.

Les Agents des divers services de la Compagnie, chargés de délivrer les permis de circulation aux Entrepreneurs et Ouvriers, sont invités à se conformer strictement à ces dispositions.

Les Inspecteurs principaux sont chargés d'assurer l'exécution du présent Avis.

1ᵉʳ septembre 1854.

N° 172

ENVOI A PARIS DES COUPONS RETOUR DES PERMIS D'EXPÉDITEURS OU TOUCHEURS DE BESTIAUX.

Des irrégularités nombreuses se présentant chaque jour dans l'envoi, au Bureau du Mouvement, des coupons *Retour* des Toucheurs de bestiaux, le Chef de l'Exploitation rappelle aux Chefs de gare et de station les mesures prescrites pour l'envoi de ces permis, en les invitant à s'y conformer de la manière la plus formelle.

Les souches et les coupons de Retour doivent être mis sous bandes et adressés au Chef du Bureau du Mouvement, par les trains-poste, le jour même de la délivrance des permis.

Les plis renfermant les permis doivent être exactement inscrits au livre d'expéditions avec numéro d'enregistrement et portés sur feuille de route.

Chaque pli doit porter le timbre de la station expéditrice et la mention spéciale : *Permis de Toucheurs*, précédée de l'indication du nombre de permis contenus dans le pli.

La gare de Paris doit, à l'arrivée, enregistrer ces envois comme les expéditions ordinaires, et faire émarger le livre en remettant les plis; cette formalité seule dégage sa responsabilité.

Les remboursements de places qui résulteraient de l'absence des laisser-passer de Retour seront rigoureusement laissés à la charge des stations qui ne pourront justifier de l'envoi des permis, conformément aux dispositions ci-dessus.

Les Inspecteurs principaux sont chargés de surveiller l'exécution du présent avis.

Le Chef du Bureau du Mouvement est spécialement chargé de contrôler ce service, et de signaler les irrégularités qui seraient commises.

28 juin 1853.

N° 173

CIRCULATION DES EMPLOYÉS.

Sur la proposition du Directeur de la Compagnie, le Conseil d'administration, dans un but de bienveillance et de sollicitude pour les familles des Agents de la Compagnie, a décidé que les Employés des bureaux de l'administration centrale qui habitent la banlieue entre Paris et Corbeil, seraient autorisés à circuler gratuitement dans des trains spécialement désignés.

A cet effet, une carte de circulation, dite CARTE D'EMPLOYÉ, sera remise par le bureau de la Direction à tout Employé de l'Administration centrale qui en fera la demande.

Cette carte, essentiellement personnelle, ne sera valable que pour la voiture de 2ᵉ classe, mise à la disposition des Employés dans les trains qui leur seront désignés.

Tout Employé porteur de cette carte, trouvé dans une autre voiture que celle qui lui aura été assignée ou dans un autre train que ceux désignés sur la carte, sera considéré comme un Voyageur sans billet et devra payer le prix intégral de la place qu'il occupera. De plus, la carte lui sera retirée et renvoyée à l'Administration centrale.

Ces dispositions ne s'appliquent point aux Employés des gares de Paris et d'Ivry et des bureaux de ville, lesquels, par la nature de leurs fonctions, doivent toujours être à la disposition de leurs Chefs et par conséquent habiter les environs de l'établissement auquel ils sont attachés.

26 juillet 1860.

N° 174

DÉLIVRANCE DES PERMIS DE CIRCULATIONS ET DES PERMIS A PRIX RÉDUITS, AUX EMPLOYÉS ATTACHÉS AU SERVICE DE LA DOUANE.

La Compagnie a organisé le transport des marchandises sous le régime de Douane entre les ports de Bordeaux, Nantes, Saint-Nazaire et Paris, et a réglé ce service par l'Instruction annexe n° 6 du Règlement pour la comptabilité des recettes de l'Exploitation.

15

Aux termes de cette Instruction, les Douaniers-convoyeurs sont admis gratuitement dans les voitures de 2ᵉ classe des trains de Voyageurs et dans les compartiments des Graisseurs et des Gardes-freins des trains de marchandises.

Tout Douanier venu en service de l'un des points ci-dessus désignés, a droit à un permis de 2ᵉ classe pour retourner à son lieu de résidence.

En dehors de ce service, il est accordé aux Douaniers appartenant aux ports de Bordeaux, Nantes et Saint-Nazaire, et à ceux attachés à la Douane de Paris, des billets à moitié prix, par les gares de ces localités et par les autres gares, aux Douaniers de ces résidences rentrant à leur poste, soit pour l'aller, soit pour le retour.

MM. les Inspecteurs principaux sont chargés d'assurer l'exécution des présentes dispositions.

28 février 1858.

N° 175

PIÈCES A EXIGER POUR LA DEMI-PLACE AUX INDIGENTS.

La réduction de la demi-place a été accordée, dans diverses stations, à des indigents, sur la seule présentation d'un *certificat d'indigence* délivré par une Mairie, une Sous-Préfecture ou toute autre autorité. Cette tolérance est contraire à l'ORDRE GÉNÉRAL CONCERNANT LES PERMIS DE CIRCULATION N° 25, art. 20. Le Chef de l'Exploitation rappelle que la remise sur le prix de transport n'est autorisée que pour les indigents porteurs d'un passeport gratuit ou établissant qu'ils reçoivent des secours de route. Toute demi-place donnée en dehors de ces conditions restera à la charge de l'Employé qui aura pris sur lui de la délivrer.

19 février 1849.

N° 176

CONCESSION DE LA DEMI-PLACE DE 3ᵉ CLASSE AUX COLONS RAPATRIÉS.

Sur la demande du Ministre de la Marine, la Compagnie a décidé que les Colons rapatriés (c'est-à-dire rentrant en France aux frais de l'État) jouiraient du bénéfice de la demi-place de 3ᵉ classe, accordé aux indigents.

Pour régulariser cette mesure, les gares et stations délivreront des billets d'indigents aux Colons voyageant dans ces conditions, mais seulement sur la justification des pièces autorisant leur passage dit *de rapatriement* sur les navires de l'État, ou de toute autre preuve témoignant de la vérité de leur déclaration, telles que : Passeports, Feuilles de route, etc....

16 décembre 1850.

N° 177

ÉTAT DES ÉTABLISSEMENTS RELIGIEUX ET DE BIENFAISANCE JOUISSANT DU BÉNÉFICE DE LA DEMI-PLACE.

Le Chef de l'Exploitation porte à la connaissance des gares et stations l'état des Établissements Religieux et de Bienfaisance jouissant du bénéfice de la demi-place.

CONGRÉGATIONS (HOMMES).

Frères de l'Instruction chrétienne.
   — de Saint-Gabriel.
   — de Saint-Jean-de-Dieu.
   — du Saint-Viateur, du diocèse de Rodez.
   — de Saint-François d'Assises.
Petits Frères de Marie.
Prêtres de la Miséricorde.
Prêtres et Frères du Saint-Esprit et du Sacré-Cœur de Marie.
   — de l'Association de Notre-Dame de Sainte-Croix du Mans.
   — de la Croix de Jésus.
   — de la Société de Marie.
Missionnaires Franciscains de l'Observance.
   — du Séminaire des Missions étrangères.
Trappistes de Fongombault.
Lazaristes.
Rédemptoristes de Châteauroux.
Capucins.
Religieux postulants et Orphelins de Prémontré.
   — oblats de Saint-Hilaire. (Circulation à prix réduit, limitée entre Tours, Civray, la Rochelle et Rochefort.)
   — du Saint-Sacrement à Paris.
Société de Picpus de Châtellerault.

CONGRÉGATIONS (FEMMES).

Dames du Bon-Pasteur, à Saint-Florent près Saumur.
   — de Nazareth.
Religieuses Hospitalières et Sœurs postulantes de Saint-Thomas de Villeneuve.
   — de Saint-Joseph de Cluny.

Orphelines et Religieuses de l'Immaculée conception de Saint-Étienne de Montluc.
—   de Notre-Dame de Sion.
—   de la Sainte-Famille.
—   de Notre-Dame du Calvaire.
—   de l'Immaculée-Conception.
—   Augustines de Sainte-Marie.
—   Hospitalières de la Sainte-Enfance de Versailles.
—   Chanoinesses de Saint-Augustin, dites Sœurs de Notre-Dame de Moulins.
—   de la Réunion du Sacré-Cœur de Bordeaux
—   Hospitalières de l'hospice Saint-Charles d'Angers.
—   de Saint-Aignan d'Orléans.
—   de la Providence de la Pommeraye, près Angers. (Circulation à prix réduit, limitée entre Saint-Nazaire, Vierzon, Angoulême, la Rochelle et Rochefort.)
—   Filles de Marie d'Agen. (Circulation à prix réduit, limitée entre Paris et Bordeaux, et réciproquement.)
—   Augustines du Sacré-Cœur de Marie d'Auxerre. (Circulation à prix réduit, limitée entre Paris et Orléans, et réciproquement.)
—   de la Sainte-Famille de Pézens (Aude).
—   du Verbe Incarné d'Azerables (Creuse). (Circulation à prix réduit, limitée entre Limoges, Vierzon et le Guétin.)
—   de Sainte-Marie de la Famille de Bordeaux.
—   de l'Union d'Auzits.
—   de Saint-Joseph de Vayren. (Circulation à prix réduit, limitée entre Montauban et Rodez.)

Congrégation du Bon-Sauveur.
Société de l'Adoration perpétuelle de Sainte-Maure.
Communauté de Notre-Dame-des-Anges de Puypéroux.
—   des Religieuses de Notre-Dame de Bordeaux.
Congrégation des Sacrés-Cœur (Sœurs Picpus).
—   des Religieuses Augustines du diocèse de Cambrai.
Diaconesses de l'Église réformée de Paris.
Petites Sœurs des Pauvres.
Sœurs de Sainte-Ursule.
—   du Bon-Pasteur, à Limoges.
—   Fidèles Compagnes de Jésus.
—   de Charité du tiers-ordre des services, dites Sœurs gardes-malades.
—   des prisons de l'Ordre de Marie-Joseph.
—   de Saint-Vincent-de-Paul.
—   de la Présentation de la Sainte-Vierge de Tours.
—   de l'Instruction chrétienne de Nevers.
—   de la Congrégation de l'Instruction charitable du Saint-Enfant Jésus, dite de Saint-Maur.
—   de la Congrégation de l'Espérance de Bordeaux.

Sœurs de Saint-François-d'Assises de Saint-Loup. (Circulation à prix réduit, entre le Guétin et Orléans.)

— de la Retraite, à Quimper. (Circulation à prix réduit, limitée entre Nantes et Saint-Nazaire.)

— du Sauveur et de la Sainte-Vierge de la Souterraine.

— de la Miséricorde de Seez.

— de Saint-Roch de Felletin. (Circulation à prix réduit, limitée entre la Souterraine et Limoges.)

— de Sainte-Philomène de Poitiers. (Circulation à prix réduit, limitée entre Tours et Angoulême, et entre Poitiers, la Rochelle et Rochefort, et réciproquement.)

— de Charité de Saint-Joseph de l'Apparition de Marseille. (Circulation à prix réduit, limitée entre Montauban et Rodez, et entre Bordeaux et le Mans.)

— du Sacré-Cœur d'Ernemont de Rouen.

— de Notre-Dame de Rodez. (Circulation à prix réduit, limitée entre Montauban et Rodez.)

— de l'Association de Notre-Dame de Sainte-Croix du Mans.

— Hospitalières et Institutrices de Chartres.

— de Saint-Martin de Bourgueil (Indre-et-Loire).

— de la Providence de Ruille-sur-Loire, près la Châtre.

— de Saint-André ou Filles-de-la-Croix.

— de la Providence de Porthieux.

— de la Miséricorde.

— de Saint-Paul de Chartres.

— de Saint-Joseph.

— de Saint-Sulpice.

— du Saint-Esprit et du Sacré-Cœur de Marie.

— de Marie-Thérèse de Bordeaux.

— de la Présentation de Marie.

— de l'Instruction chrétienne de Saint-Gildas.

— de Sainte-Marie de Broous.

— de Saint-Joseph de l'Apparition.

— de Saint-Joseph de Bordeaux.

— de Saint-Joseph de Lavaur.

— de Sainte-Thérèse de Tours.

— de la Doctrine chrétienne de Bordeaux.

— de l'Ange-Gardien.

— de la Croix de Limoges.

— Hospitalières de Beaune.

— de la Providence de Saint-Remy de Chartres.

— de l'Union chrétienne de Poitiers.

— Hospitalières de Sainte-Marthe.

Filles de la Croix de Paris. (Circulation à prix réduit, limitée entre Paris et Bordeaux, et réciproquement.)

Filles de la Volonté de Dieu de Saumur. (Circulation à prix réduit, limitée entre Saumur, Angers et Poitiers.

SOCIÉTÉ DE BIENFAISANCE.

Jeunes détenus de la colonie de Mettray.

Colonie agricole de Varaignes (Prêtres, Frères et Enfants).

Enfants de la Colonie de Sainte-Foy.

— de la Maison de Nazareth, à Orléans.

Jeunes filles admises au Monastère du Bon-Pasteur.

Femmes ou Filles renvoyées de Paris dans leur famille par les soins de la Société des jeunes filles sans place et des femmes délaissées.

(Le certificat, pour ces femmes ou filles, doit porter la signature de M. le curé de Saint-Roch ou celle de M. l'abbé Viella-Abbadie, secrétaire général.)

Malades et aliénés accompagnés par des Frères ou Employés de l'ordre de Saint-Jean-de-Dieu.

Aliénés de l'Asile de Blois.

Aliénés indigents de l'œuvre de la Salpêtrière et de Bicêtre.

(Les Indigents patronnés par l'œuvre de la Salpêtrière et de Bicêtre doivent être porteurs d'un certificat constatant leur inscription au bureau de Bienfaisance.)

Œuvre des Orphelines de la Persévérance, à Orléans, et M. l'abbé Tabouret, directeur de l'Œuvre.

Enfants de l'Orphelinat anglais et américain dont les maisons sont établies, l'une à Paris, et l'autre à Morsang-sur-Orge, près la station de Savigny.

Pour profiter de cette faveur, les membres de ces congrégations devront présenter aux Chefs de gare ou de station, un certificat des supérieurs de leur ordre, revêtu du cachet de la communauté.

31 Janvier 1861.

N° 178

PLACES DE COUPÉ.

Le Chef de l'Exploitation recommande aux Employés des gares et stations et des trains, l'application rigoureuse du tarif des places de coupé, qui n'est pas observée avec assez d'attention.

Aucun voyageur ne doit être admis dans les coupés sans avoir payé le supplément de taxe affecté à cette classe, et, dans ce cas, être muni d'un billet de première portant l'empreinte de la griffe *Coupé*. Lorsque la perception ne peut être faite au départ, le voyageur doit être bien prévenu qu'il aura à payer la différence de prix au contrôle, à l'arrivée, afin d'éviter les discussions qui se reproduisent journellement pour l'acquit de ce supplément.

Les gares et stations doivent, en conséquence, exiger formellement, à l'arrivée des voyageurs occupant des places de coupé avec des billets de première, le paiement du dixième en sus du prix de cette classe, conformément au tarif des places de coupé.

Pour que l'exécution des dispositions ci-dessus puisse être régulièrement suivie, il est indispensable que l'on évite de faire monter dans les coupés des voyageurs de première classe ; et les Chefs de gare et de station, ainsi que les Chefs de train, sont invités à ne jamais enfreindre cette règle que dans les cas d'absolue nécessité et lorsqu'il est matériellement impossible de faire autrement, par suite d'une insuffisance de places de 1ʳᵉ classe.

22 juin 1853

N° 179

DÉSIGNATION DES COMPARTIMENTS RÉSERVÉS DANS LES TRAINS.

Le Chef de l'Exploitation porte à la connaissance du personnel l'arrêté pris par Son Exc. M. le Ministre des Travaux publics en date du 1er mars 1861, concernant la désignation des compartiments réservés dans les trains de voyageurs :

Art. 1ᵉʳ. — Les compartiments spéciaux de toutes classes que les Compagnies de Chemins de fer réservent dans les trains de voyageurs, soit pour l'exécution des obligations qui leur sont imposées par les cahiers des charges ou par les Instructions de l'Administration, soit pour leur propre service, seront ostensiblement désignés au moyen de plaques appendues, pendant toute la durée du trajet des trains, à l'un des panneaux desdits compartiments. Ces plaques contiendront les indications suivantes :

Postes. — Dames seules. — Fumeurs, ou simplement **réservé.**

Art. 2. — Il est interdit de prendre place dans les compartiments ainsi désignés, à toutes personnes autres que celles auxquelles ils sont réservés.

Art. 3. — Les contraventions au présent arrêté seront constatées par procès-verbaux et déférées aux tribunaux.

Art. 4. — Les Ingénieurs du service du Contrôle, les Commissaires de surveillance administrative, les Commissaires spéciaux de police, les Agents assermentés des Compagnies de Chemin de fer, sont chargés d'assurer l'exécution du présent arrêté, qui sera rendu exécutoire dans tous les départements traversés par des Chemins de fer en exploitation, au moyen d'arrêtés préfectoraux soumis à notre approbation, par application de l'article 21 de la loi du 15 juillet 1845.

Paris, le 1er mars 1861.

Le Ministre de l'Agriculture, du Commerce et des Travaux publics,
E. ROUHER.

L'arrêté ci-dessus ne modifie en rien les instructions déjà données à la ligne, si ce n'est que les compartiments réservés au service des postes et ceux réservés aux dames seules dans les trains exclusivement composés de voitures de 1ʳᵉ classe, devront être munis d'écriteaux indiquant leur destination, qui resteront attachés à la portière pendant toute la durée du trajet.

Les écriteaux sont considérés comme matériel mobile, et doivent en conséquence être portés au restant en gare. Les demandes d'écriteaux devront être adressées par les gares au Répartiteur du matériel.

Le Chef de l'Exploitation fait connaître aux Chefs des Gares et Stations les solutions données par le Conseil d'Administration à certaines questions qui ont été adressées par quelques Chefs de Gare au sujet des compartiments réservés qui peuvent être mis à la disposition des voyageurs.

En principe, les Voyageurs qui demandent qu'un compartiment entier de voiture soit mis à leur disposition exclusive, doivent payer, aux conditions du tarif, le prix de toutes les places de ce compartiment, que ces places soient ou non occupées.

Les Gares principales comme les Gares secondaires doivent, toutes les fois qu'elles le peuvent, déférer à toutes les demandes des Voyageurs faites dans ces conditions.

Mais, par exception à ce principe, et par des motifs de haute convenance que tout le monde comprendra, les Gares doivent réserver des compartiments, sans réclamer le prix des places non occupées :

A MM. les Ministres ;

A M. le Directeur général des Ponts et Chaussées et des Chemins de fer ;

A M. le Président du Conseil d'Administration ;

A MM. les Administrateurs de la Compagnie en tournée de service ;

A M. le Directeur de la Compagnie,

Et à M. l'Ingénieur en Chef du Contrôle du Service du Chemin de fer.

Quant aux personnes voyageant dans des conditions exceptionnelles appréciées et signalées par MM. les Administrateurs ou les principaux fonctionnaires de la Compagnie, et pour lesquelles ceux-ci réclameraient l'attribution de compartiments entiers, sans le paiement des places non occupées, il ne peut être fait droit à ces demandes que quand les circonstances du service le permettent, et notamment quand il n'en peut résulter ni retards ni double traction pour les trains, ni pour les Voyageurs qui se présentent aux gares intermédiaires, l'impossibilité de trouver dans le train des places de la classe pour laquelle ils se seraient pourvus de billets.

Ces demandes, enfin, ne seront jamais admises pour les trains-poste circulant entre Paris et Bordeaux.

C'est seulement dans cette mesure, et sous ces mêmes réserves que des compartiments entiers, sans paiement des places non occupées, pourront être mis à la disposition :

De MM. les Administrateurs de la Compagnie voyageant pour leurs convenances personnelles ;

De MM. les Chefs de service de la Compagnie en tournée ;

De MM. les Ingénieurs du Contrôle ,

Et de M. l'Inspecteur principal de l'Exploitation commerciale.

S'il y a lieu de déroger à cette règle dans quelques cas particuliers, les Gares en seront prévenues par un avis de M. le Directeur de la Compagnie.

28 mai et 25 juin 1861.

N° 180

CIRCULATION FRAUDULEUSE DE LA PART DES VOYAGEURS.

Des fraudes nombreuses sont signalées dans l'usage des billets de place ; ce sont des voyageurs qui, prenant des billets pour une station rapprochée du point de départ, se rendent à une station plus éloignée et parviennent à se soustraire au Contrôle à l'arrivée. D'autres changent de classe de voiture dans le parcours intermédiaire, et échappent ainsi à l'obligation de payer la différence du tarif, légitimement due à la Compagnie.

Certains Voyageurs descendent aux petites stations sans remettre leur billet, qui souvent ne leur est pas demandé, et ils l'utilisent une seconde fois, par la négligence que l'on apporte à la vérification du chiffre du jour de l'année et du numéro du train, inscrits sur chaque billet de place.

D'autres voyageurs, enfin, partis de Paris avec un billet pour les points extrêmes, descendent à un point intermédiaire où on n'exerce pas, à l'arrivée, une surveillance assez active ; reprennent à ce point un billet pour leur véritable destination, et peuvent ainsi conserver leur billet primitif, qu'ils vendent ou emploient pour un second trajet.

Les moyens de contrôle actuellement établis peuvent parfaitement suffire pour déjouer ces pratiques frauduleuses ; mais il faut que ce contrôle soit exercé avec un zèle et une activité qui ne se ralentissent jamais.

Si les billets sont bien contrôlés au départ, si la vérification du chiffre du jour de l'année et du numéro du train est exactement faite à la présentation des billets, s'ils sont vérifiés avec soin au Contrôle à l'arrivée, si au départ et dans les stations intermédiaires les Chefs de gare et de station, Sous-Chefs, Facteurs, Conducteurs et autres Employés surveillent avec vigilance le classement des Voyageurs dans les voitures, si enfin le Contrôle de route a lieu selon les règles prescrites, il est certain que les fraudes ne seront pas possibles.

En conséquence, le Chef de l'Exploitation invite les Employés des gares et stations et des trains à porter sur cette partie du service une active surveillance. Ils doivent comprendre l'importance de vérifier avec une rigoureuse attention les estampilles des billets au départ et à l'arrivée, et de surveiller sans relâche le retrait des billets à la sortie. Les Contrôleurs de l'Exploitation doivent faire de fréquentes vérifications des billets de places, en route, afin de signaler les fraudes ou les négligences.

3 avril 1850.

N° 181

CONTROLE DES BILLETS DE PLACE.

Les billets doivent être vérifiés à l'entrée des salles d'attente ; cette vérification est faite par les Contrôleurs et sous leur responsabilité personnelle. *Le numéro du jour de l'année est affiché en permanence* à l'entrée des salles et au guichet du Receveur.

16

Si un billet délivré à une date antérieure ou pour un train dont l'heure est passée, est présenté au Contrôleur au départ, ce billet doit être immédiatement retiré, l'entrée des salles refusée au Voyageur qui en est porteur, et sa réclamation transmise à l'appréciation du Chef de gare.

Lorsque le Chef de gare autorise l'échange au guichet d'un billet déjà timbré pour un billet d'une classe supérieure, le billet rendu doit, lorsqu'il n'a pu être utilisé au train dont il porte le numéro, être timbré une seconde fois, au dos, de la date et du numéro du train pour lesquels il est définitivement délivré. La même mesure est prescrite pour les billets d'un train précédent qui seraient admis comme bons par le Chef de gare.

Si un billet est reconnu falsifié, procès-verbal doit en être dressé, pour le porteur du billet être immédiatement dénoncé à la justice. Le billet faux doit être joint au procès-verbal et parafé pour constatation.

Le contrôle des billets dans les voitures doit être fait en route par les Contrôleurs de l'Exploitation en tournée.

Le retrait des billets est fait à l'arrivée par les Contrôleurs à la sortie, et sous leur responsabilité personnelle. Ils doivent s'appliquer à reconnaître si les billets qu'ils retirent ne présentent aucune irrégularité, et signaler immédiatement au Chef de gare les irrégularités constatées.

Si un billet présenté à la sortie est simplement périmé, il est retiré des mains du porteur, et le paiement de la place est exigé depuis le point du départ du train.

Si le billet est faux ou altéré, procès-verbal est immédiatement dressé, pour le porteur du billet être dénoncé à la justice. Le billet faux est joint au procès-verbal et parafé pour constatation.

Le retrait, la vérification et le classement des billets retirés à l'arrivée doivent être surveillés avec soin par les Chefs de gare et de station, et sous leur responsabilité.

Tout billet irrégulier doit être signalé au Rapport, qui doit mentionner de même les billets non timbrés au départ et ceux dont le timbre n'est pas suffisamment lisible.

Toute faute ou irrégularité commise pour la distribution, le timbrage, le contrôle au départ et à l'arrivée, le retrait et le classement des billets, donnera lieu à une amende à la charge de la gare ou station qui en aura encouru la responsabilité.

17 juillet 1853.

N° 182

IMPRUDENCES DES VOYAGEURS ET EMPLOYÉS.

Des Voyageurs et Employés montent et descendent des wagons, alors que les trains sont en marche. Le Chef de l'Exploitation appelle toute l'attention des Agents des gares et des trains sur ces imprudences. Les Employés ne comprennent pas suffisamment ou exercent avec mollesse la surveillance qui leur est confiée. Leur devoir est, conformément aux Ordres de la Compagnie et aux Règlements d'administration publique, d'empêcher, par des avis, et, au besoin, par une intervention active et des déclarations de procès-verbaux, les Voyageurs ou les Employés imprudents, de s'exposer sur les voies, et dans aucun cas de monter ou de descendre des trains en marche.

Les Chefs de gare et de station et les Conducteurs ne doivent pas perdre de vue que des accidents aussi regrettables sont de nature à compromettre la Compagnie, et qu'ils engagent la responsabilité des Employés qui auraient pu les prévenir.

7 septembre 1849.

N° 183

TENTATIVES CONTRE LE CHEMIN DE FER.

Le Directeur recommande de la manière la plus expresse aux Employés des services de l'Exploitation et de la voie de porter immédiatement à la connaissance de l'autorité locale, c'est-à-dire du Maire ou du Juge de paix et du Commissaire spécial de surveillance de la circonscription, les crimes et délits et les tentatives de crimes et délits, ainsi que les accidents intéressant la sûreté de la circulation, qu'ils seront dans le cas de constater dans l'exercice de leurs fonctions.

15 décembre 1847.

N° 184

CIRCULAIRE MINISTÉRIELLE RELATIVE A LA FRÉQUENCE DES ACCIDENTS SUR LES CHEMINS DE FER.

Le Directeur de la Compagnie, en appelant l'attention de MM. les Chefs de service sur la vigilance toute particulière que le changement de saison exige de tous les Employés responsables de la marche des trains, et sur les mesures à prendre pour vérifier l'état des signaux et leur bon emploi, porte à la connaissance de tout le personnel la Circulaire suivante de M. le Ministre des Travaux publics, en date du 5 octobre 1855, adressée à MM. les membres des Conseils d'administration des Compagnies de Chemins de fer, par laquelle Son Excellence rappelle les devoirs de chacun dans l'œuvre de sûreté publique à laquelle nous sommes tous dévoués.

« La fréquence et la douloureuse gravité des accidents qui se sont produits récemment sur plusieurs » lignes de Chemins de fer ont justement ému l'opinion publique et ont fixé la sérieuse attention du » Gouvernement.

» C'est un devoir impérieux pour l'Administration, en présence de ces tristes événements, de réclamer » de vous un redoublement de vigilance pour assurer la stricte exécution des prescriptions réglemen-» taires sur lesquelles repose la sécurité publique.

» Sans doute, les Règlements, approuvés sur votre proposition, et qui sont le fruit d'une expérience » déjà prolongée, présentent les garanties d'une bonne exploitation; l'Administration s'efforce d'ailleurs » chaque jour, de concert avec vous, d'y introduire toutes les améliorations dont les faits révèlent la » nécessité. Sans doute, des dispositions spéciales règlent toutes les parties du service : surveillance de » la voie, organisation des Gardes, signaux de jour et de nuit, manœuvre des aiguilles, service des Méca-» niciens et Chauffeurs, précautions spéciales dans le cas d'arrêt ou de ralentissement accidentel des » trains, toutes les circonstances diverses que comporte l'exploitation d'un Chemin de fer ont été prévues » et sont l'objet d'instructions précises.

» Mais ces instructions, quelle qu'en soit la sagesse, seraient impuissantes à prévenir le danger, si la
» vigilance des Employés et une surveillance constante n'en assuraient l'exacte et scrupuleuse exécution.

» Les informations judiciaires qui se poursuivent en ce moment nous apprendront si le sentiment de
» vigilance et le respect des Règlements qui sont imposés à tous les Agents des Chemins de fer n'ont
» pas, dans des circonstances récentes, fait défaut à quelques-uns d'entre eux. Mais, quels que soient à
» cet égard les résultats des enquêtes approfondies auxquelles se livre la justice, je vous invite à
» rappeler de nouveau à tous les Agents du service qu'une obéissance absolue aux dispositions régle-
» mentaires est le premier de leurs devoirs, et qu'elle est en même temps la seule sauvegarde qui puisse
» garantir le Public et les garantir eux-mêmes des suites trop souvent désastreuses d'une imprudence
» ou d'un oubli.

» Ces recommandations sont surtout nécessaires à l'époque de l'année dans laquelle nous entrons. Les
» brouillards, fréquents dans cette saison, rendent plus glissante la surface des rails et ralentissent la
» marche régulière des trains, en même temps qu'ils diminuent la portée des signaux.

» Ces circonstances atmosphériques exigent une attention plus soutenue, et l'exacte application des
» mesures de précautions spéciales prévues par vos Règlements.

» Vous déplorez trop profondément les événements cruels qui viennent d'affliger les populations, pour
» ne pas vous associer au sentiment qui dicte mes paroles. Vous comprendrez que l'Administration,
» appelée dans l'intérêt de tous à remplir vis-à-vis des Compagnies chargées de l'exploitation des Che-
» mins de fer un rôle de surveillance et de contrôle, ne saurait hésiter à appeler les sévérités de la
» justice sur toutes les infractions aux Règlements, alors même que, par une circonstance providentielle,
» ces infractions n'auraient pas eu de conséquences fatales pour les Voyageurs.

» Une discipline sévère, une surveillance incessante, une ferme volonté d'exactitude dans le départ, la
» marche et l'arrivée des trains, permettront seules d'obtenir la sécurité d'exploitation qui est si vive-
» ment désirée par les Compagnies comme par le Gouvernement.

» Recevez, etc.

» Le Ministre de l'Agriculture, du Commerce et des Travaux publics,

Signé : E. ROUHER.

Tous les Agents de la surveillance devront particulièrement remarquer que, sous aucun
prétexte, ils ne doivent négliger l'observation très-rigoureuse de la prescription formulée
aux articles 5 des ORDRES GÉNÉRAUX SUR LES SIGNAUX ET SUR LE SERVICE DES GARDES,
N°ˢ 7 et 41, portant **que le signal d'arrêt doit être fait lorsqu'il s'est écoulé
moins de dix minutes depuis le passage du train précédent.**

8 novembre 1855.

N° 185

AVIS A DONNER AUX COMMISSAIRES DE SURVEILLANCE ADMINISTRATIVE
EN CAS D'ACCIDENT.

Le Chef de l'Exploitation porte à la connaissance du personnel la lettre ci-dessous de
S. Exc. le Ministre des Travaux publics, en date du 29 décembre 1860 :

« Messieurs, par deux circulaires des 25 novembre 1853 et 30 octobre 1856, l'attention
» de votre Compagnie a été appelée sur la nécessité de déclarer immédiatement aux Com-
» missaires de surveillance administrative tous les accidents qui pourraient survenir dans

» l'exploitation, ainsi que le prescrit, d'ailleurs, l'article 59 de l'ordonnance réglementaire » du 15 novembre 1846.

» Je vous ai, en outre, invités à faire prévenir les Commissaires chaque fois qu'une ma-» chine de secours est mise en marche pour se porter au-devant d'un train en détresse, » afin que ces fonctionnaires puissent, lorsqu'il y a lieu, profiter de ce moyen rapide » de communication et se rendre sur le théâtre de l'accident.

» Malgré ces recommandations précises, il arrive cependant quelquefois que des Chefs » de gare ou des Conducteurs de trains n'avisent pas les Commissaires administratifs de » certains accidents, lorsque ces accidents n'entraînent aucune conséquence fâcheuse » pour les personnes et se bornent à des avaries de matériel : des procès-verbaux de con-» travention ont même été relevés à la charge de quelques Employés des Chemins de fer à » raison de semblables omissions.

» Me référant aux termes des circulaires précitées, je vous rappellerai, Messieurs, que les » dispositions de l'article 59 du Règlement sont formelles, et que les accidents, de quelque » nature ou de quelque importance qu'ils soient, doivent être dénoncés, sans exception, » aux Commissaires de surveillance administrative. En conséquence, je vous prie de renou-» veler à tous les Agents de votre exploitation les instructions que vous avez déjà dû leur » donner à ce sujet, et leur recommander de prévenir immédiatement ces fonctionnaires » toutes les fois qu'un accident quelconque viendra à se produire, soit sur la voie, soit » dans l'intérieur des gares et stations, pour qu'ils puissent se transporter sur les lieux » avant que l'on ait fait disparaître les traces de l'accident, lors même qu'il n'aura entraîné » ni mort ni blessures.

» L'ordre de service que vous aurez à adresser dans ce but aux Employés de votre » Compagnie devra les prévenir que toute infraction aux prescriptions réglementaires » dont il s'agit sera constatée et poursuivie devant la juridiction compétente.

» Recevez, etc.

» Le Ministre de l'Agriculture, du Commerce et des Travaux publics, » *Signé :* E. ROUHER. »

Le Chef de l'Exploitation invite tous les Agents à se conformer rigoureusement à ces prescriptions.

22 janvier 1861.

N° 186

AGENTS A METTRE A LA DISPOSITION DES COMMISSAIRES DE SURVEILLANCE POUR LE TRANSPORT DES PLIS EN VILLE EN CAS D'ACCIDENT.

Sur la demande de M. le Ministre de l'Agriculture, du Commerce et des Travaux publics, les Chefs de gare sont autorisés à mettre à la disposition de MM. les Commissaires de sur-veillance, sur leur réquisition, un Agent subalterne pour le transport des plis de service en ville, *en cas d'accident seulement*, et lorsque les Commissaires appelés immédiatement sur le lieu de l'accident sont empêchés de remettre eux-mêmes aux Autorités les avis qu'ils doivent leur faire parvenir à cet égard.

MM. les Inspecteurs principaux sont chargés d'assurer l'exécution du présent Avis.

16 septembre 1856.

N° 187

AVIS A DONNER AUX CHEFS DE SECTION OU DE DISTRICT DES ACCIDENTS OU DÉRAILLEMENTS.

Le Chef de l'Exploitation rappelle aux Gares et Stations qu'aussitôt qu'elles ont connaissance d'un accident ou d'un déraillement, elles doivent en prévenir les Agents de la Voie afin que ceux-ci puissent profiter de l'envoi de la machine de secours pour se rendre sur les lieux et prendre de suite les mesures nécessaires pour visiter et réparer la voie.

22 février 1861.

N° 188

ENQUÊTES CONTRADICTOIRES A FAIRE PAR LES AGENTS DE LA VOIE ET DE LA TRACTION EN CAS DE DÉRAILLEMENT.

Le Chef de l'Exploitation rappelle aux Chefs de gare et de station qu'aussitôt qu'il se produit un déraillement qui peut être *attribué au matériel de la voie ou au matériel de la traction*, ils doivent en informer les Chefs de dépôt et les Chefs de section pour que ces Agents procèdent sans retard à une enquête contradictoire et recherchent les causes de l'accident.

Les deux rapports semblables, signés des Agents de la voie et de la traction, sont adressés aux Chefs de ces deux services pour qu'il y soit donné suite.

Indépendamment de ces deux rapports, les faits qui y auront donné lieu devront, comme par le passé, être portés par les gares et stations à leurs rapports journaliers.

Lorsque le déraillement est le résultat d'une fausse manœuvre d'aiguille, d'une rencontre de trains ou de wagons ou de toute autre cause étrangère à l'état de la voie et du matériel roulant, les Chefs de dépôt et les Chefs de section doivent être avertis, afin qu'ils fassent exécuter les réparations de la voie et la remise sur les rails des wagons ou des machines; mais il est inutile, dans ce cas, que ces Agents fassent une enquête contradictoire sur les causes de l'accident. Ils se contentent d'en rendre compte séparément par un rapport adressé à leur Chef de service.

Les Inspecteurs principaux sont chargés d'assurer l'exécution du présent Ordre.

18 novembre 1859.

N° 189

TENTATIVES CONTRE LES TRAINS EN MARCHE.

Des pierres ont été lancées plusieurs fois sur des trains en marche; le Chef de l'Exploitation prescrit formellement aux Chefs de train et Gardes-freins de ne jamais manquer, lorsque de pareilles tentatives ont lieu, de dresser des procès-verbaux, lesquels doivent relater le plus exactement possible l'endroit et les circonstances où elles se sont produites, et tous les renseignements utiles pour parvenir à la découverte de leurs auteurs, afin qu'il puisse être exercé contre eux des poursuites judiciaires.

11 août 1850.

N° 190

TENTATIVES CRIMINELLES CONTRE LA SURETÉ DE L'EXPLOITATION DU CHEMIN DE FER. — PROCÈS-VERBAUX A DRESSER.

L'INSTRUCTION N° 185 prescrit d'informer les Autorités des tentatives criminelles faites contre le Chemin de fer. Cette formalité est insuffisante pour servir de base à une instruction judiciaire.

En conséquence, comme prescription complémentaire, le Directeur de la Compagnie enjoint (ainsi que cela est ordonné pour les pierres lancées contre les trains, AVIS N° 189) à tous les Agents assermentés, de dresser dorénavant, ou faire dresser par les Commissaires de surveillance, des procès-verbaux pour la constatation des tentatives criminelles, suivant les indications de l'ORDRE GÉNÉRAL N° 24, §§ 1 et 2, et d'après les dispositions prévues par la Loi du 16 juillet, art. 16, 17 et 18 (ORDRE GÉNÉRAL N° 34).

Le Chef de l'Exploitation est chargé d'assurer l'exécution du présent Ordre.

16 octobre 1855.

N° 191

SURVEILLANCE A EXERCER SUR LA MANŒUVRE DES AIGUILLES.

Les Chefs de gare et de station sont invités à veiller avec le plus grand soin à ce que les Aiguilleurs se préparent à l'avance pour faire la manœuvre des aiguilles, et à ce qu'ils n'attendent pas l'instant où la machine est arrivée sur la pointe des aiguilles; le contre-poids doit être relevé et maintenu solidement lorsque la machine est encore à **50** mètres au moins de distance. Tout Aiguilleur qui n'observera pas cette précaution sera sévèrement puni. L'Aiguilleur doit s'assurer, dès que la machine est en vue ou avant son départ, si elle est en stationnement, que les aiguilles se manœuvrent avec facilité.

3 février 1847.

N° 192

MANŒUVRE DES AIGUILLES PAR LES HOMMES D'ÉQUIPE.

Les Chefs, Sous-Chefs ou Hommes d'équipe des gares et stations, qui sont momentanément chargés de maintenir ou de manœuvrer les aiguilles des voies de service, pour l'entrée, la sortie ou les mouvements des trains, doivent, dès que ces trains ou ces mouvements sont *annoncés*, se tenir à *poste fixe* au levier des aiguilles qu'ils surveillent.

Toute infraction ou négligence dans la stricte exécution de ces dispositions sera punie de la manière la plus sévère.

3 février 1847.

N° 193

INTERDICTION DES INDICATIONS A LA MAIN, *BIS, TER, QUATER, etc.* SUR LES ÉTIQUETTES DE BAGAGES.

Dans le but d'épuiser les numéros d'étiquettes de bagages, qui s'emploient plus rarement à mesure que les chiffres avancent dans la série des nombres, les principales gares se servent, à un même départ et pour des expéditions différentes, d'un même numéro répété plusieurs fois, en distinguant seulement chaque expédition par l'indication *bis, ter, quater,* etc., écrite à la main. Il en résulte de nombreux inconvénients pour la reconnaissance des bagages à l'arrivée et, par suite, des erreurs de livraison préjudiciables aux intérêts de la Compagnie. Le Chef de l'Exploitation prescrit, en conséquence, de n'employer jamais plus d'une fois, au même départ, un même numéro de bagages. Lorsqu'on a écoulé des numéros dont les chiffres élevés rendent l'emploi moins fréquent, on peut commencer l'enregistrement à l'un de ces numéros, mais il faut prendre le soin de suivre la série et de ne pas mettre des *bis, ter, quater,* etc., d'un même chiffre.

5 novembre 1849.

N° 194

VOYAGEURS QUI DOIVENT CHANGER DE TRAIN PENDANT LE TRAJET, POUR SE RENDRE A LEUR DESTINATION.

Les Voyageurs de 1re classe qui partent des stations intermédiaires où ne s'arrêtent pas les trains express pour se rendre au point desservi par ces trains, et réciproquement ceux qui partent d'un point desservi par les trains express pour aller à une station où ne s'arrêtent pas ces trains, peuvent, dans certains cas, abréger la durée de leur voyage en faisant une partie du trajet par les trains express.

Afin de donner cette facilité aux Voyageurs et d'assurer le prompt transbordement de leurs bagages d'un train dans l'autre, les gares et stations doivent se conformer aux dispositions suivantes :

1° VOYAGEURS ALLANT D'UNE STATION OU NE S'ARRÊTENT PAS LES TRAINS EXPRESS A UNE STATION DESSERVIE PAR CES TRAINS.

Lorsqu'un Voyageur de 1re classe partira par un train omnibus qui est rejoint et dépassé par un train express, pour se rendre à une station située au delà du point de jonction des deux trains et desservie par le train express, ce Voyageur devra descendre du train omnibus à la station la plus rapprochée où s'arrête le train express pour continuer avec celui-ci jusqu'à sa destination réelle.

La station de départ délivrera un billet pour tout le parcours et enregistrera les bagages pour le lieu extrême d'arrivée; cet enregistrement sera porté sur une feuille de route spéciale, que l'on timbrera avec une griffe donnant pour empreinte le mot *Express*. De plus, on collera sur les colis, au-dessous de l'étiquette du numéro de bagage, un bulletin portant le mot *Express*, afin que le Conducteur du train omnibus puisse les distinguer et en faire la livraison, avec la feuille de route, à la station où descend provisoirement le Voyageur.

2o VOYAGEURS ALLANT D'UNE STATION DESSERVIE PAR LES TRAINS EXPRESS A UNE STATION OU CES TRAINS NE S'ARRÊTENT PAS.

Un voyageur de 1re classe pourra prendre un train express pour se rendre à une station où ne s'arrête pas ce train, lorsque cette station sera située au delà du point où le train express rejoint le train omnibus qui le précède.

Le changement de train s'effectuera au point de jonction des deux trains.

Les dispositions à prendre pour faciliter ce transbordement sont semblables à celles qui sont prescrites ci-dessus, avec cette seule différence, que les feuilles de route des bagages et les bulletins à coller sur les colis seront timbrés d'une griffe portant le mot *Omnibus*.

Pour les deux cas ci-dessus, les Chefs de station ou les Receveurs auront le soin, au moment de la distribution des billets, de désigner aux Voyageurs la station où ils doivent descendre pour changer de train.

Septembre 1853.

N° 195

VOYAGEURS PORTEURS DE PAQUETS.

Les Chefs de gare et de station, Chefs de train et Gardes-freins, sont invités à veiller à la stricte exécution de l'article 65 du Règlement d'administration publique. Conformément aux dispositions de l'article 40 de l'ORDRE GÉNÉRAL N° 22, ils doivent formellement s'opposer à ce que les Voyageurs conservent avec eux, dans les voitures, des paquets dépassant le volume d'un sac à main de dimension ordinaire.

Les Inspecteurs et Contrôleurs de l'Exploitation sont chargés de surveiller ce détail et de signaler les abus.

21 novembre 1850.

N° 196

RESPONSABILITÉ DES AGENTS QUI, PAR LEURS FONCTIONS, ONT LE DÉPÔT OU LA GARDE DE VALEURS ET ESPÈCES APPARTENANT A LA COMPAGNIE OU DONT ELLE DOIT PRENDRE CHARGE.

Tout Agent ou Employé chargé, par ses fonctions, de la garde et du transport des deniers de la Compagnie, ou des valeurs dont elle prend charge, est responsable de la conservation de ces valeurs. Ces agents sont :

1° Les Chefs de gare et de station;

17

2° Les Receveurs;

3° Les Chefs de train;

4° Les Facteurs-chefs et les Facteurs-enregistrants;

5° Les Employés comptables des gares de marchandises;

6° Les Chefs de nuit;

7° Les Facteurs de ville et les Sous-Facteurs;

8° Les Camionneurs;

9° Les Garçons de recettes et de recouvrements.

Dans les gares et stations où il y a des Receveurs, ces Agents sont directement et personnellement responsables des espèces, valeurs ou billets qu'ils ont en caisse.

Ils doivent prendre les mesures nécessaires pour la conservation de ces valeurs. Ils sont responsables de leur recette jusqu'à la remise qu'ils en font entre les mains des Employés à qui ils doivent en faire la transmission ou le dépôt ; ils ne sont déchargés de cette responsabilité que par un émargement ou toute autre forme de récépissé, consacrée par les règles de service, dûment délivré par l'Agent qui a mission de recevoir d'eux les fonds ou valeurs.

Tous les Employés comptables, quelles que soient leurs fonctions, répondent de même, vis-à-vis de la Compagnie, des manquants, soit que ces manquants proviennent de pertes ou d'erreurs, soit qu'ils proviennent de vols ou de soustractions.

Dans les stations où il n'y a pas d'Employé exclusivement chargé de la recette, le Chef de station prend toute la responsabilité du Receveur, dont il réunit les fonctions.

Pendant la durée du service de nuit, les Chefs de nuit ou Employés faisant fonctions de Chef de station sont, dans les conditions ci-dessus définies, personnellement responsables de la conservation des caisses, boîtes à recettes ou valeurs quelconques confiées à leur garde ou déposées dans les bureaux, sous leur surveillance, pour être remises à des tiers ou expédiées par leurs soins.

Les Facteurs-enregistrants, au départ et à l'arrivée, et les Facteurs de ville, sont de même directement ou personnellement responsables, sauf justification d'un émargement de remise ou de transmission à un autre Agent ou de livraison au destinataire, des valeurs enregistrées ou remises par leurs soins.

La même responsabilité s'applique aux Chefs de train pour les valeurs qu'ils reçoivent en transport. Ils ne sont déchargés de cette responsabilité que par un émargement ou le récépissé qui leur est donné par les Agents auxquels ils font la remise des valeurs ; et pour les caisses et boîtes à recettes, par le récépissé qui doit leur être délivré par le bureau de l'arrivée.

Mai 1854.

N° 197

ENVOI DES RECETTES A L'ADMINISTRATION CENTRALE.

Par lettre en date du 16 juillet, S. Exc. M. le Ministre des Travaux publics informe la Compagnie que la refonte des pièces de 5 francs continue à s'opérer sur une grande échelle, et ajoute que cette spéculation frauduleuse s'opère avec l'aide de certains Employés de Chemins de fer, qui, moyennant une prime, échangent contre de l'or les monnaies d'argent provenant de leurs recettes quotidiennes.

Le Chef de l'Exploitation rappelle aux Receveurs et Agents comptables du Réseau qu'un semblable trafic cause un préjudice réel à la fortune publique et constitue, d'ailleurs, un délit justiciable des tribunaux.

Il invite, en conséquence, les divers Agents de la Compagnie chargés de la recette à adresser à l'Administration centrale le numéraire tel qu'il leur est versé.

23 Juillet 1859.

N° 198

CHARGEMENTS EXTRAORDINAIRES.

Les gares et stations ne doivent jamais expédier aucun chargement présentant des conditions extraordinaires et nécessitant des précautions spéciales, sans en aviser l'Inspecteur principal, afin que les mesures nécessaires soient prises pour que le transport puisse s'en effectuer avec toute sécurité.

27 juin 1851.

N° 199

EMPLOI DU MATÉRIEL DE GRANDE ET DE PETITE DIMENSION.

Il est essentiel, pour assurer le bon emploi du matériel, aussi bien que pour faciliter la manœuvre des wagons dans les stations, d'affecter spécialement les véhicules à *huit tonnes* aux expéditions de grand parcours, et de réserver aux transports intermédiaires le matériel de petite dimension.

En conséquence, le Chef de l'Exploitation recommande expressément aux gares principales de s'appliquer à faire cette distinction, en chargeant toujours, de préférence, les wagons grand modèle en destination des points extrêmes, et le matériel de petite dimension en destination des stations.

5 janvier 1854.

N° 200

CHARGE DES FOURGONS A BAGAGES ET A MESSAGERIE.

Des surcharges considérables sont fréquemment constatées dans les fourgons à bagages et à messagerie, par suite de la fâcheuse habitude où l'on est de charger ces véhicules sans tenir compte du poids des articles et en limitant le chargement à la seule capacité du wagon.

Ces négligences peuvent avoir les plus graves conséquences. Le Chef de l'Exploitation recommande formellement aux gares de les éviter, en prenant, pour limiter les chargements de bagages et de messagerie au poids maximum inscrit sur les fourgons ou indiqué par les planchettes indicatrices, les soins déjà prescrits pour le matériel à marchandises. (Art. 2 de l'ORDRE GÉNÉRAL RÉGLANT LE CHARGEMENT DES WAGONS ET LE CLASSEMENT DES MARCHANDISES DANS LES TRAINS, N° 20.)

Les Inspecteurs principaux sont chargés d'assurer la stricte exécution de cette disposition.

5 janvier 1853.

N° 201

PRÉCAUTIONS A PRENDRE POUR ÉVITER LES SURCHARGES DANS LE CHARGEMENT DES VINS.

Les expéditions de vins donnent lieu à de fréquentes surcharges de matériel. Ces irrégularités proviennent de ce que les gares acceptent les fûts pleins sans vérification du poids fixe en usage pour chaque contrée, tandis que ce poids varie souvent d'une manière notable, suivant la façon, le conditionnement et les localités.

Le Chef de l'Exploitation invite les Chefs de gare et de station à porter une attention particulière sur ces différences de poids, qui peuvent déterminer de graves avaries de matériel.

On doit, pour chaque expédition, s'assurer, par le pesage d'un certain nombre de pièces de chaque espèce, du poids moyen qu'il convient d'adopter pour l'ensemble du chargement, et ne jamais dépasser le poids total fixé par la tare maximum marquée sur chaque wagon ou indiquée par la position des planchettes, conformément à l'art. 2 de l'ORDRE GÉNÉRAL N° 20.

13 mars 1854.

N° 202

CHARGEMENT DES CHARBONS, ÉCORCES ET AUTRES MARCHANDISES SUR WAGONS DÉCOUVERTS.

Art. 1er. — Les plateaux ou cadres destinés au chargement des charbons ou écorces doivent être invariablement munis, au-dessous des brancards, de chevilles en fer destinées à assujettir le chargement sur les trucks.

Art. 2. — Tout plateau qui n'est pas muni de chevilles doit être refusé au départ.

Art. 3. — Lorsque le chargement se compose de quatre cadres, chaque cadre doit être chargé de dix-sept sacs en hiver, avec tolérance jusqu'à vingt sacs en été.

Art. 4. — Lorsque le chargement se compose de deux cadres, ils doivent contenir chacun trente-cinq sacs, avec latitude jusqu'à quarante sacs en été.

Art. 5. — La composition du chargement à deux ou à quatre cadres reste d'ailleurs soumise aux dispositions générales prescrites pour le maximum de charge des wagons. (ORDRE GÉNÉRAL RÉGLANT LE CHARGEMENT DES WAGONS, N° 20, art. 2), à savoir : que lorsque les planchettes indicateurs approchent les ressorts, le chargement doit être arrêté, quel que soit le poids.

Art. 6. — Les chargements doivent être faits de telle sorte que les sacs, solidement assujettis, ne dépassent jamais l'aplomb de l'extrémité des brancards.

Art. 7. — Les plateaux doivent être placés sur les trucks de manière que, si les secousses de la route tendent à les déranger, les chevilles fassent obstacle au glissement vers les tampons.

Art. 8. — Ils doivent, en outre, être liés les uns aux autres pour être rendus solidaires.

Art. 9. — Des amendes seront infligées aux gares et stations qui ne se conformeront pas rigoureusement à ces prescriptions.

Art. 10. — Il est formellement défendu d'ajouter, même dans le but de rendre les chargements plus avantageux, aucune pièce accessoire, fixe ou mobile, qui change les dispositions du matériel en service.

Art. 11. — Sauf les cas d'absolue nécessité, les gares ne doivent jamais atteler à la suite les uns des autres des trucks chargés chacun de quatre cadres de charbon.

Art. 12. — Ces chargements doivent être attelés à des chargements de nature différente, laissant plus d'espace au jeu des tampons.

Art. 13. — Pour éviter toute chance d'accident, les chargements doivent être visités avec soin et refaits ou retirés, s'il y a lieu, dans toutes les gares intermédiaires où s'arrêtent les trains. Les Chefs de trains et les Chefs de gares intermédiaires sont responsables de la solidité des chargements en route.

Art. 14. — Les mêmes dispositions s'appliquent à tout chargement qui par sa nature est susceptible de se déranger dans le trajet, tels que bois, fer, pommes de pin, fagots, etc.

Art. 15. — Tout chargement mal conditionné doit être ajourné au départ.

Art. 16. — Les Chefs de train et les gares de départ subiront une amende toutes les fois que des sacs de charbon ou autres parties de chargement tomberont sur la voie.

30 janvier 1849.

N° 203

SURVEILLANCE A EXERCER SUR LES CHARGEMENTS DES TRUCKS ET PLATES-FORMES.

Il arrive fréquemment que les chargements des trucks et plates-formes, particulièrement les bois et les charbons, se dérangent pendant le trajet, et que des parties de ces chargements tombent sur la voie.

Ces faits sont extrêmement graves et de nature à compromettre la sécurité de la circulation et les intérêts de la Compagnie.

En conséquence, le Chef de l'Exploitation rappelle aux Employés des gares et stations et des trains la stricte exécution de l'INSTRUCTION N° 202, en leur recommandant la plus grande attention dans ce détail important du service.

Les chargements doivent être solidement assujettis au départ et visités avec le plus grand soin dans les gares intermédiaires où les trains stationnent. Ceux qui arrivent à ces points avec quelque dérangement doivent être remis en état, et lorsque l'heure du départ du train ne permet pas de le faire d'une manière satisfaisante, les wagons mal chargés doivent, sans hésitation, être retirés, pour être ajournés, en ayant soin de suivre dans ce cas les règles prescrites pour les wagons différés.

9 décembre 1847.

N° 204

DÉFENSE DE CHARGER DANS DES WAGONS A FREIN LES MARCHANDISES EN DESTINATION DE LA GARE MARITIME DE NANTES.

Par décision en date du 30 novembre 1855, M. le Ministre des Travaux publiques a arrêté que, *pour assurer la transmission des signaux entre les Gardes-freins, chacun des wagons à guérite extérieure entrant dans la composition des trains circulant sur la voie des quais de Nantes, devra toujours être accompagné d'un Garde-frein.*

Par suite de cette mesure, qui modifie la composition des trains circulant sur cette voie, le Chef de l'Exploitation recommande aux gares et stations de ne jamais charger dans les wagons à freins les marchandises en destination de la gare maritime de Nantes. Des wagons spéciaux sont affectés au service des freins sur la voie de la Fosse.

Les Inspecteurs principaux de l'Exploitation sont chargés d'assurer la stricte exécution du présent Avis.

30 janvier 1856.

N° 205

CHARGEMENT DANS LES WAGONS AFFECTÉS AU TRANSPORT DE MARCHANDISES EN DOUANE DES MARCHANDISES EN DESTINATION DE NANTES.

Le Chef de l'Exploitation recommande aux Chefs de gare et de station de faire charger de préférence pour Nantes les wagons fermés portant l'inscription : *Transport de marchandises en douane.*

Lorsque ce matériel sera disponible, il en sera donné avis aux gares de répartition par une mention spéciale sur le bulletin (Modèle n° 114 *bis*), afin que celles-ci puissent lui donner une destination qui le rapproche de la gare de Nantes.

21 juin 1859.

N° 206

GARAGE EXTRAORDINAIRE DES TRAINS SUR LA DOUBLE VOIE.

Sur la double voie, lorsque, par suite de retard dans la marche ou pour toute autre cause, un train de voyageurs ou de marchandises est obligé de se garer extraordinairement à une station pour laisser passer un train marchant dans le même sens, le Chef de la station où le train vient se garer devra immédiatement donner avis de ce garage, par dépêche télégraphique, au dépôt vers lequel se dirige le train.

La dépêche devra être transmise, de poste en poste, par le fil omnibus.

MM. les Inspecteurs principaux sont chargés d'assurer l'exécution du présent ordre.

27 décembre 1857.

N° 207

EXPÉDITION SUR LA DOUBLE VOIE, EN DEHORS DES CONDITIONS DE LEUR MARCHE RÉGLEMENTAIRE, DES TRAINS DE MARCHANDISES DONT IL Y A INTÉRÊT A CHANGER LE GARAGE PAR SUITE DE RETARD DANS LA MARCHE DES TRAINS DE VOYAGEURS QUI DOIVENT LES DÉPASSER.

Lorsque, *sur la double voie*, un train de marchandises doit se garer réglementairement pour laisser passer un train de voyageurs, et que, par suite de retards signalés dans la marche de ce dernier, le Chef de la station où devait se faire ce garage réglementaire juge qu'il y a intérêt pour la régularité de la circulation à expédier le train de marchandises en avance, pour lui faire gagner un autre point de garage, il peut le faire en observant les mesures suivantes :

Le train de marchandises, ainsi expédié pour changement de garage, avec une avance de plus de dix minutes sur son heure de départ réglementaire, doit être considéré comme train spécial, et ne peut partir que dans les conditions et avec les mesures de sécurité prescrites pour la marche de ces sortes de trains par les articles 13, 14, 15 et 16, § 5 de l'ORDRE GÉNÉRAL N° 8, réglant la circulation sur la double voie.

Le présent avis ne modifie rien aux prescriptions relatives à la circulation *sur la voie unique*, où les trains de marchandises, comme les trains de voyageurs, ne peuvent, en aucun cas, être expédiés en avance sur l'heure réglementaire.

MM. les Inspecteurs principaux de l'Exploitation sont chargés de l'exécution de ces dispositions.

28 juillet 1858.

N° 208

CALAGE DES WAGONS SUR LES VOIES D'ÉVITEMENT. — EMPLOI DE BARRES D'ENRAYAGE.

Pour rendre plus efficace le calage des wagons sur les voies de service des gares et stations, le Chef de l'Exploitation a décidé qu'il serait effectué dorénavant au moyen de barres d'enrayage, dont l'emploi est déterminé de la manière suivante :

Lorsque des wagons stationneront sur une voie d'évitement, ils seront attelés entre eux; et le wagon le plus rapproché de la traverse-bascule devra toujours être maintenu par une barre d'enrayage passée dans les rayons des deux roues d'un même essieu, de telle sorte que les wagons ainsi arrêtés ne puissent se mettre en mouvement.

Cette précaution ne dispense pas de tenir fermées les traverses-bascules, ni de caler les wagons par des coins en bois.

Les gares et stations devront avoir grand soin d'enlever les barres d'enrayage avant d'atteler les wagons à un train ou de les manœuvrer soit à bras, soit à la machine.

Les Inspecteurs principaux de l'Exploitation sont chargés de l'exécution du présent Avis.

13 février 1856.

N° 209

CALAGE DES WAGONS GARÉS SUR LES VOIES D'ÉVITEMENT.

Il est arrivé plusieurs fois que, par des temps de grand vent, des wagons garés sur une voie d'évitement où ils étaient mal assujettis, ont été poussés sur la voie principale, qu'ils ont suivie pendant une distance considérable, en cédant à l'impulsion du vent. Il a failli en résulter de graves accidents qu'il importe de prévenir, et, dans ce but, le Chef de l'Exploitation recommande de la manière la plus absolue de ne jamais laisser de wagons sur les voies de garage sans les caler immédiatement en avant et en arrière au moyen de coins en bois placés sous les roues. Les gares et stations ont à se pourvoir des coins qui leur sont nécessaires par des bons de demande réguliers. Cette précaution n'exclut pas celle de tenir toujours fermées les barres-bascules placées à l'extrémité de chaque voie de garage.

Les Chefs de gare et de station sont responsables de la bonne exécution des dispositions ci-dessus; toute négligence dans le calage des wagons séjournant sur une voie sera sévèrement punie.

Avril 1850.

N° 210

GARAGE DES WAGONS AFFECTÉS AUX TRAVAUX DE LA VOIE. — MESURES COMPLÉMENTAIRES A *L'ORDRE GÉNÉRAL N° 36.*

Pour l'exécution de l'ORDRE GÉNÉRAL RÉGLANT LA COMPOSITION ET L'USAGE DU MATÉRIEL AFFECTÉ AUX TRAVAUX DE LA VOIE, N° 36, les mesures suivantes sont adoptées :

Le matériel des travaux de la voie sans emploi, dont il est parlé à l'art. 13 dudit ORDRE GÉNÉRAL, pourra rester garé par groupe de vingt-cinq wagons au plus, sur les points désignés ci-après, savoir :

Juvisy, Meung, Tours (voie dite du pont de Bordeaux), Ingrandes-sur-Loire, Ruffec et Châteauroux.

Il est formellement interdit aux gares et stations d'employer, pour les transports de l'Exploitation, aucun des wagons des séries S et T ; ces wagons devant, sans aucune exception, être ramenés à la gare principale la plus voisine pour être livrés au Chef de section de la voie.

Il est de même interdit formellement aux Chefs de section d'employer dorénavant, pour les transports des travaux, à moins d'exceptions réglées par Ordres spéciaux, le matériel de l'Exploitation.

7 février 1855.

N° 211

NETTOYAGE DES WAGONS.

Il est formellement prescrit aux gares et stations de ne mettre en circulation que des voitures ou wagons en état complet de propreté. Des équipes de laveurs sont établies par le service de la Traction aux gares d'Ivry, Orléans, Vierzon, Tours, Nantes, Poitiers, Angoulême et Bordeaux, et dans chaque gare d'extrémité de ligne. Ces équipes, sous la direction de Chefs du petit entretien, doivent procéder au nettoyage des wagons dès qu'ils sont déchargés.

Lorsque les Chefs de gare prévoient qu'ils auront à employer, dans un bref délai, des wagons d'une certaine catégorie, ils doivent les désigner aux Chefs du petit entretien, et ceux-ci doivent les faire nettoyer d'urgence.

Les wagons qui ne peuvent être nettoyés dans les gares principales et qui arrivent sales dans les autres gares et stations, doivent être nettoyés par les soins des Agents de l'Exploitation.

Les Chefs de gare et de station sont responsables de toutes avaries de marchandises comme de toutes réclamations qui résulteraient de chargements faits dans des wagons mal nettoyés, et de la mise en circulation des voitures à Voyageurs malpropres.

Les Inspecteurs et Contrôleurs de l'Exploitation ont à s'assurer et à rendre compte, au Rapport, de la bonne exécution de ces dispositions.

Mai 1854.

N° 212

PLIAGE ET ASSUJETTISSEMENT DES RIDEAUX DES WAGONS AU DÉPART ET EN COURS DE ROUTE.

La plus grande négligence est apportée dans le pliage des rideaux des wagons au départ des trains. Attachés seulement par les angles, ils flottent au vent, font poche et se déchirent ou restent exposés aux coups de cornes des bœufs, d'où il résulte une prompte détérioration de cette partie du matériel et, par suite, des avaries de mouille considérables.

En conséquence, et pour mettre un terme à cet état de choses onéreux pour la Compagnie, les dispositions suivantes sont rigoureusement prescrites :

1° Les Chefs de gare au départ et les Chefs de train en route, sont responsables du bon assujettissement des rideaux des wagons expédiés.

2° Les rideaux des wagons qui sont chargés de marchandises ou réexpédiés à vide, doivent être tendus et solidement bouclés par les lanières.

3° Les rideaux des wagons chargés de bestiaux seront attachés les uns aux autres sur la toiture au moyen des lanières qui s'y trouvent adaptées, ou roulés avec soin et fortement

18

serrés avec les cordons contre le rebord de la toiture, de manière à ne laisser aucune prise au vent et aux cornes des bœufs. Si ce sont des rideaux à tringles, ils doivent être rabattus sur la partie pleine à chaque extrémité du wagon et maintenus dans cette position au moyen de leurs lanières. Plusieurs fois les Agents de l'entretien ont eu à constater des avaries au matériel parce que les rideaux n'étaient pas attachés ou parce qu'ils étaient relevés sur la toiture et fixés au moyen de *clous* qui, non-seulement déchirent les rideaux, mais encore détériorent les toitures des wagons et donnent lieu à l'infiltration de l'eau.

Il est formellement interdit aux gares de fixer les rideaux des wagons à la toiture au moyen de *clous*.

4° L'état des rideaux et la manière dont ils sont attachés seront constatés, contradictoirement, à l'arrivée, par les Employés de la Compagnie et les Agents de la Traction. Cette constatation sera consignée sur les bulletins d'avarie dressés conformément à l'art. 11 de l'Ordre général réglant les rapports des services de l'Exploitation et de la Traction, n° 49.

Toute infraction à ces prescriptions pour le pliage et l'assujettissement des rideaux donnera lieu à une amende à la charge de la gare expéditrice ou du Chef de train.

Les Chefs de gare et de station et les Chefs de train sont, chacun en ce qui le concerne, responsables de l'exécution de ces dispositions, sur lesquelles les Inspecteurs et Contrôleurs de l'Exploitation doivent exercer la plus active surveillance.

Les Inspecteurs principaux sont chargés de faire surveiller particulièrement l'exécution de ces mesures.

16 février 1860.

N° 213

PLIAGE ET ASSUJETTISSEMENT DES RIDEAUX DES WAGONS STATIONNANT SUR LES VOIES D'ÉVITEMENT.

Des wagons stationnent souvent sur les voies d'évitement, exposés à l'influence du temps, sans que les rideaux soient bien fermés, ce qui, en cas de neige ou de pluie, a le grave inconvénient de mouiller les wagons à l'intérieur et de déterminer des avaries de mouille aux marchandises qu'on y charge ensuite.

En conséquence, il est formellement interdit de laisser des wagons sur les voies avec les rideaux relevés ou flottants; il faut qu'ils soient toujours tendus et bien attachés par les lanières.

26 février 1853.

N° 214

DÉFENSE ABSOLUE DE SÉJOURNER DANS LES VOITURES REMISÉES.

Contrairement aux instructions déjà données, des Employés entrent dans des voitures remisées sous les gares et s'y établissent pour prendre leur repas, ou même pour y passer la nuit.

Le Chef de l'Exploitation rappelle, à ce sujet, aux Employés des gares et stations et des trains, qu'il est formellement interdit de séjourner dans les voitures remisées.

Les Chefs de gare doivent faire exercer, à cet égard la surveillance la plus active, en faisant visiter souvent, et notamment pendant la nuit, l'intérieur des voitures, surtout celles de première classe.

Tout Employé surpris dans l'intérieur d'une voiture, quand il n'y sera pas appelé par son service, sera puni d'une amende dont le minimum est fixé à 10 francs.

Si la personne trouvée dans une voiture est étrangère à la Compagnie, elle sera remise entre les mains de la gendarmerie ou des Agents de police, et procès-verbal sera dressé pour servir à ce que de droit.

Le présent Avis sera lu pendant trois jours après l'appel, et restera affiché dans les gares et dans les corps de garde des Conducteurs et Hommes d'équipe.

Les Inspecteurs principaux sont chargés de l'exécution de ces dispositions.

15 juillet 1854.

N° 215

COUPÉS-LITS, VOITURES DE 1ʳᵉ CLASSE A (EN BOIS DE TECK), PORTANT LES Nᵒˢ 160, 161, 162, 163, 164, 165, 166, 167, 168 ET 169.

Ces voitures ont un compartiment (coupé-lit) qui peut servir, soit comme caisse à lit, soit comme coupé ordinaire.

Pour disposer le lit, il faut, avec la clef des wagons-salons, ouvrir la porte placée au milieu du coffre situé sous la banquette, en retirer un coussin (oreiller); décrocher la stalle (mobile), la mettre dans cette boîte et refermer la porte; ouvrir la portière de gauche du compartiment pour permettre l'ouverture d'une seconde petite porte du coffre placé sous la banquette; défaire une sangle qui retient la patte du coussin, la sortir en dehors et refermer le coffre.

Une poignée qui est en saillie et située à la partie supérieure du matelas de dossier sert à rabattre le lit.

Poser l'oreiller près le châssis de custode.

Pour se servir des lieux d'aisances, on fait glisser, en tirant la patte, le coussin qui recouvre le siège de la cuvette.

Le réservoir d'eau logé dans la cloison de séparation doit toujours être rempli, et on y arrive au moyen d'un tube qui vient déboucher sur l'impériale de la voiture.

Pour remettre ce compartiment dans l'état de coupé ordinaire, il faut :

Relever le matelas,

Remettre en place la stalle,

Serrer l'oreiller dans le coffre sous la banquette,

Rentrer la patte du coussin et la rattacher à la sangle,

Enfin refermer les portes des deux coffres.

A l'arrivée de ces voitures, les gares doivent avoir toujours soin de remettre les coupés-lits à l'état de coupé ordinaire.

Les cartes de circulation ne donnent pas droit aux coupés-lits.

Il en sera donné à MM. les Administrateurs seuls sur la présentation de leur médaille.

29 septembre 1856.

N° 216

CIRCULATION, SUR LE CHEMIN DE FER D'ORLÉANS, DU MATÉRIEL DES COMPAGNIES ÉTRANGÈRES.

Par suite de la mise en exploitation du Chemin de fer de Ceinture et des diverses sections qui mettent le réseau d'Orléans en communication avec les autres lignes, le matériel des Compagnies étrangères avec lesquelles la Compagnie est mise en rapport devra être porté sur les feuilles de mouvement du matériel, avec indication de la désignation de la Compagnie à laquelle il appartient.

Le séjour du matériel étranger sur le Chemin de fer d'Orléans devant, après un délai de vingt-quatre heures, imposer à la Compagnie le paiement d'indemnités considérables, il est prescrit aux gares et stations de donner tous leurs soins au prompt déchargement et à la prompte réexpédition de ce matériel sur Paris, en profitant, autant que possible, de ce retour pour réexpédier en charge, ainsi que la faculté en est laissée à la Compagnie.

Les wagons chargés de coke pour le service de la traction seront mis à la disposition des Agents de ce service, aussitôt après leur arrivée à destination. Lorsqu'ils ne seront pas rendus vides à la gare *dans les vingt-quatre heures*, tout retard au delà de ce délai devra être constaté par le Chef de gare. On devra en outre mentionner d'une manière spéciale, sur la feuille du mouvement du matériel, les numéros des wagons qui seraient réexpédiés en retard par la faute de la Traction.

Ces mesures essentielles doivent être strictement observées, et les Inspecteurs principaux sont chargés, de concert avec l'Agent répartiteur, d'en faire l'objet d'une surveillance toute particulière.

28 mars 1854.

N° 217

CHOIX DES WAGONS ET DIMENSIONS DES CHARGEMENTS EN DESTINATION DES LIGNES DE SAINT-GERMAIN, DE ROUEN, HAVRE ET DIEPPE.

Le Chef de l'Exploitation porte à la connaissance des gares et stations les instructions suivantes, en les invitant à s'y conformer de la manière la plus rigoureuse.

Par suite de dispositions particulières de certaines parties des voies du chemin de fer de Saint-Germain, l'entre-voie n'a que 1 mètre 60 centimètres de largeur ; il en résulte que tout matériel dépassant le rail extérieur au delà de 75 centimètres ne peut circuler sur la ligne de Saint-Germain, ce qui donne pour la plus grande largeur des véhicules, soit aux marchepieds, soit au plateau de charge, ou au chargement, soit aux porte-lanternes, une dimension totale de 3 mètres 6 centimètres.

En conséquence, *cette dimension ne doit jamais être dépassée.*

Les gares et stations qui ont à expédier des wagons à destination des lignes de Saint-Germain, de Rouen, Havre et Dieppe, doivent se renfermer rigoureusement dans ces limites pour le choix des wagons destinés à recevoir les chargements, et pour les dimensions des chargements eux-mêmes.

La gare d'Ivry signalera spécialement à son Rapport les gares et stations qui expédieraient pour lesdites lignes des wagons dont les chargements ne seraient pas faits conformément aux dispositions ci-dessus prescrites.

Les Inspecteurs principaux sont chargés d'assurer l'exécution du présent avis.

25 septembre 1854.

N° 218

DÉFENSE DE SÉPARER DES VÉHICULES LES AGRÈS APPARTENANT AUX WAGONS DES COMPAGNIES ÉTRANGÈRES.

Le Chef de l'Exploitation rappelle aux gares et stations qu'elles ne doivent, sous aucun prétexte, démunir les wagons des Compagnies étrangères des bâches et agrès qui leur appartiennent.

Lorsque la nature des chargements transportés par les wagons des Compagnies étrangères ne nécessitera pas l'emploi des bâches ou agrès, ils seront placés dans les wagons auxquels ils appartiennent, et ne devront jamais en être séparés.

La stricte exécution de ces dispositions peut seule assurer le renvoi de ce matériel aux Compagnies étrangères.

MM. les Inspecteurs principaux sont chargés de surveiller cette partie du service.

4 août 1856.

N° 219

ÉCHANGE ET LOCATION DU MATÉRIEL ENTRE LES DEUX COMPAGNIES D'ORLÉANS ET DU MIDI, SOIT A BORDEAUX, SOIT A MONTAUBAN.

Pour la location du matériel, les deux Compagnies d'Orléans et du Midi ont fait les conventions suivantes, qui s'appliquent tant au matériel échangé entre les deux lignes à Bordeaux qu'à celui échangé à Montauban.

Les véhicules de toute nature de chacune de ces deux Compagnies, à l'exception des voitures de coupé, des salons et voitures de luxe quelconques, sont admis à circuler sur le réseau de l'autre Compagnie.

La réparation et l'entretien normal du matériel s'effectueront par les soins et au compte de la Compagnie propriétaire du matériel. Le nettoyage, le lavage et le graissage auront lieu par les soins et à la charge de la Compagnie sur la ligne de laquelle circulera le matériel.

A Bordeaux, la transmission du matériel sera constatée uniformément à la Bastide, quelle que soit la provenance des véhicules.

Les travaux de réparation du matériel motivés par des avaries ou accidents, seront effectués par les soins de la Compagnie propriétaire du matériel.

Les bâches, cordes et prolonges mobiles de chaque Compagnie, admises à circuler sur le chemin de jonction, ne seront pas admises sur le réseau de l'autre Compagnie; les Chefs de gare de la Bastide, de Saint-Jean et de Montauban devront les faire échanger au passage des wagons.

Les cordes et prolonges fixes accompagneront les wagons; elles seront enregistrées sur le livre de location du matériel, en regard du numéro des wagons; elles devront être rendues dans l'état de conservation qu'elles avaient au moment de la transmission, ou être remboursées au prix de 10 fr. la corde.

A titre de frais d'entretien normal et de frais de location et d'usure du matériel, les Compagnies se tiendront compte, l'une à l'autre, des sommes suivantes :

Deux francs cinquante centimes (2 fr. 50 c.) par jour d'absence, le jour de départ et le jour d'arrivée non compris, pour un véhicule de petite vitesse, pendant les douze premiers jours d'absence. Passé ce délai, chaque jour d'absence en plus sera compté à raison de cinq francs (5 fr. 00).

Toutefois, ne seront pas soumis à ce dernier prix de cinq francs (5 fr. 00) les wagons chargés par l'une des deux lignes en destination d'un réseau étranger aux deux Compagnies.

Dix francs (10 fr. 00) par jour d'absence, le jour de départ non compris, mais le jour d'arrivée compris, pour une voiture à Voyageurs et pour tout autre véhicule de grande vitesse : wagons-poste, fourgons à bagages, trucks à calèche et écuries; les voitures à coupé, salons, et voitures de luxe étant exceptées.

A Bordeaux, les délais d'absence commencent ou prennent fin, pour les deux Compagnies d'Orléans et du Midi, au moment de la transmission à la Bastide des véhicules échangés entre le chemin de jonction et le chemin d'Orléans.

En raison des conditions particulières ci-dessus qui régissent la location du matériel du Midi, les gares et stations devront hâter le déchargement des wagons de cette Compagnie et les réexpédier, sous le plus bref délai, soit chargés pour Bordeaux ou la Direction, soit vides.

Ces dispositions sont formelles et n'admettent pas d'exception, même lorsqu'il y a pénurie de matériel.

Les wagons appartenant à la section de Montauban au Lot, sont soumis à la même règle; ils doivent être également réexpédiés à Bordeaux ou dans la direction de Bordeaux, ainsi que le prescrit l'Avis 247.

La convention intervenue entre les deux Compagnies le 8 avril 1858, pour la location réciproque du matériel roulant échangé à Montauban, est maintenue dans toutes les dispositions qui ne sont pas contraires à la présente instruction.

Sont maintenues les dispositions de l'Avis n° 100, interdisant, sur le réseau d'Orléans, d'atteler, dans les trains transportant des Voyageurs, des wagons plates-formes appartenant à la Compagnie du Midi, dont la largeur empiète sur les trottoirs de Voyageurs de certaines gares.

10 novembre 1860 et 11 février 1861.

N° 220

EMPLOI DE MORAILLONS POUR CONSOLIDER LES PORTES DES WAGONS SÉRIE KX ET KFX.

Les wagons série KX et KFX seront successivement munis de moraillons placés sur le champ des montants extérieurs et sur les pieds d'entrée de chacune des portes. Ces pièces sont destinées à s'opposer au déplacement des portes par suite des mouvements résultant de la marche et de l'action des chargements.

Les wagons de ces séries ne seront donc attelés aux trains qu'après avoir été fermés au moyen des quatre moraillons ci-dessus désignés, indépendamment de celui qui réunit les deux battants de chaque porte en son milieu.

De même, avant d'ouvrir les portes pour opérer le chargement ou le déchargement de ces wagons, on devra s'assurer que ces moraillons additionnels ont été ouverts.

27 novembre 1860.

N° 221

VISITE DU MATÉRIEL APRÈS DÉRAILLEMENT OU TOUT AUTRE ACCIDENT SURVENU A DES WAGONS.

Le Chef de l'Exploitation rappelle au personnel qu'après tout déraillement ou tout autre accident survenu à des voitures ou wagons, le matériel roulant qui aura déraillé ou éprouvé des avaries ne devra être attelé dans les trains qu'après avoir été visité par les Agents de l'Entretien et sur la déclaration de ces Agents que ce matériel peut circuler sans danger.

Dans les petites stations où il n'existe pas d'ateliers d'entretien, la visite des wagons avariés ou déraillés sera faite par les Machinistes.

MM. les Inspecteurs principaux sont chargés de surveiller l'exécution de ces présentes dispositions.

1er mai 1859.

N° 222

INDICATION PRÉCISE DES MARQUES, NUMÉROS ET LETTRES DE SÉRIE DES VÉHICULES SIGNALÉS AU RAPPORT.

Lorsque les gares ont à signaler à leurs rapports des faits intéressant le matériel, ou lorsque des wagons éprouvent des avaries, soit à une station, soit en route, les Chefs de gare ou de station, et les Chefs de train, se bornent à en faire mention sur leur rapport en termes généraux. Il importe cependant que, lorsque de pareils faits se produisent, les numéros et marques des véhicules soient toujours indiqués d'une manière précise, avec les lettres de la série à laquelle ils appartiennent conformément à l'*État du Matériel*, afin qu'on puisse y faire les réparations ou les changements nécessaires. Ces renseignement sont également indispensables sur les bulletins d'avarie qui, le plus souvent, sont dressés avec négligence et inexactitude.

Les Chefs de gare et de station et les Conducteurs de train sont formellement tenus de donner très-exactement ces indications essentielles. Des amendes seront infligées pour toutes omissions, fausses indications ou renseignements incomplets.

Les Inspecteurs principaux de l'Exploitation sont chargés d'assurer l'exécution du présent Avis.

29 août 1855.

N° 223

PRÉCAUTIONS A PRENDRE POUR LA MANŒUVRE DES FREINS.

Les Chefs de train et Gardes-freins ne se conforment pas exactement aux dispositions prescrites, pour la manœuvre des freins, article 44 de l'ORDRE GÉNÉRAL RÉGLANT LES FONCTIONS DES CONDUCTEURS, N° 22; il arrive souvent qu'ils les serrent à l'approche des stations, sans attendre les coups de sifflet du Mécanicien, ou qu'ils ne les desserrent pas avant de descendre de leur siége, une fois le train arrêté. Il leur est formellement recommandé d'apporter, dans la manœuvre des freins, la plus grande attention, sous peine de punitions sévères.

18 juin 1850.

N° 224

VISITE AU DÉPART DES WAGONS A FREIN.

On expédie fréquemment des wagons sans avoir la précaution de desserrer le frein ; cela arrive particulièrement pour les wagons munis de frein à levier. Cette négligence, en déterminant des frottements considérables qui sont des causes de retard dans la marche des trains, amène de promptes détériorations du matériel.

Pour obvier à ces graves inconvénients, il est formellement prescrit aux Chefs de gare et de station de ne jamais omettre de faire visiter, avant le départ, les wagons à frein sans exception, et de veiller par eux-mêmes à ce qu'ils ne partent pas sans que le frein soit complétement desserré et en parfait état.

31 décembre 1854.

N° 225

CONSTATATION DES FREINS EN MAUVAIS ÉTAT ET DES SURCHARGES DU MATÉRIEL PAR BULLETINS D'AVARIE (*MODÈLE N° 220*).

Le Chef de l'Exploitation recommande de nouveau aux Chefs de gare et de station la surveillance la plus active sur l'état des freins des voitures et wagons attelés dans les trains, et sur la manière dont les Gardes-freins en exécutent la manœuvre en route. (ORDRE GÉNÉRAL N° 22, art. 44. — AVIS N° 223.)

Au départ, les freins des voitures destinées à entrer dans la composition des trains doivent être examinés et manœuvrés avec attention sous la surveillance des Chefs ou Sous-Chefs de gare. (AVIS N° 224.)

Lorsqu'à l'arrivée des trains aux gares et stations, les roues des voitures à frein ne sont pas parfaitement enrayées, les Chefs de gare et de station doivent vérifier, par eux-mêmes, l'état du frein.

Les freins défectueux et ceux qui ne fonctionnent pas convenablement doivent être signalés au Rapport et faire l'objet de bulletins d'avarie (Modèle n° 220), dressés comme d'usage; si, après examen, il est démontré que le défaut d'enrayage doit être attribué à la négligence du Garde-frein, mention doit en être faite, en désignant nominativement le Garde-frein, le numéro de la voiture à frein sur laquelle il était de service et le numéro du train.

Les Gardes-freins doivent, aussitôt qu'ils s'en apperçoivent, signaler aux Chefs de gare et de station les freins qui se manœuvrent difficilement ou dont l'enrayage n'est pas complet. A l'arrivée du train, à la première gare principale de relais ou de destination, le Garde-frein signalera de nouveau le frein en mauvais état au Chef de gare qui fera immédiatement vérifier l'état du frein contradictoirement avec un Agent de la Traction; si le frein est reconnu en mauvais état ou difficile à manœuvrer, un bulletin d'avarie sera dressé et la voiture sera réformée pour être réparée. Dans tous les cas, la gare de relai ou de destination devra mentionner au Rapport journalier la déclaration du Garde-frein et le résultat de la vérification opérée.

Les surcharges reconnues à l'arrivée, sur les chargements du matériel, doivent aussi être constatées par bulletins d'avarie, en ayant soin d'indiquer les gares et stations expéditrices, et la nature des chargements.

Les Inspecteurs principaux sont chargés de surveiller et d'assurer l'exécution des présentes dispositions.

7 février 1855.

N° 226

MANŒUVRE DES FREINS AUTOMOTEURS.

La mise en service des freins automoteurs du système Guérin ayant été décidée, le Directeur porte à la connaissance du Personnel les précautions à prendre pour faire la manœuvre des trains avec précision.

Le frein automoteur agit lorsque le Mécanicien, pour arrêter le train, ferme le régulateur et serre le frein du tender.

Le Mécanicien se rendra compte de la promptitude de l'arrêt à la première station, afin de se guider pour les autres.

Pour refouler les trains et entrer en gare, les Mécaniciens devront détendre le train par un tour de roue, la manœuvre s'exécutera dès lors sans craindre qu'aucun des freins automoteurs s'y oppose.

. Les Mécaniciens peuvent ralentir la marche d'un train en pleine voie, en faisant agir les freins automoteurs. Dès que le frein du tender sera desserré, les freins automoteurs cesseront d'agir sans qu'il soit besoin de rendre de la vapeur.

Dans la composition des trains, les wagons munis de freins automoteurs devront être placés vers la tête du convoi, sans qu'il soit besoin pour cela de les placer les uns à la suite des autres. Le dernier frein automoteur vers l'arrière du train devra toujours être suivi de quatre wagons au moins.

Le frein servant de vigie pour le Conducteur devra toujours être placé en queue du train, pour servir au besoin, et sera une voiture à frein ordinaire.

. Les gares devront, autant que possible, s'abstenir de mettre dans un même train des freins automoteurs et des freins ordinaires, le frein de queue excepté.

Dans les trains où seront attelés les freins automoteurs, les Gardes-freins ne devront manœuvrer les freins que sur le signal du Mécanicien.

Il n'est rien changé par le présent Ordre aux dispositions de l'article 3 de l'ORDRE GÉNÉRAL n° 8, réglant le nombre des Gardes-freins qui doivent accompagner les trains.

11 août 1856.

N° 227

DESTINATION A DONNER DE PRÉFÉRENCE AUX WAGONS A FREIN.

Le Chef de l'Exploitation invite les Chefs de gare et de station à apporter la plus grande attention dans l'emploi des wagons à frein, pour le service des marchandises. Il arrive chaque jour que des wagons à frein sont chargés en destination de stations intermédiaires où ils ne peuvent être utilisés comme frein, tandis que ces voitures font défaut sur les points où leur présence est indispensable.

Il est donc expressément recommandé de ne charger les wagons à frein que pour les gares principales où ils peuvent être employés, c'est-à-dire les gares de départ et de remaniement des trains.

La même recommandation est renouvelée pour l'emploi des wagons K à 8 tonnes, qui ne doivent pas être chargés en destination des stations intermédiaires, où leur présence est presque toujours un embarras ou une difficulté.

18 mars 1854.

N° 228

CARREAUX CASSÉS AUX GUÉRITES DES FREINS.

Les guérites des Conducteurs sur les wagons à frein ont fréquemment leurs vitres brisées ; ces avaries ne peuvent être que le résultat de la négligence des Gardes-freins et la preuve qu'ils dorment en route. En conséquence, le Chef de l'Exploitation a décidé que tout carreau cassé serait l'objet d'une amende de 50 c. pour le Garde-frein occupant la guérite au moment où l'avarie est constatée, ou pour la gare qui ne l'aurait pas reconnue à l'arrivée du train.

Pour l'exécution de cette disposition, il est essentiel que la visite des guérites ait toujours lieu avec attention dans les gares d'arrivée, et que les carreaux cassés soient constatés par des bulletins d'avarie et portés au Rapport avec indication du nom des Gardes-freins responsables.

19 juillet 1850.

N° 229

OBJETS APPARTENANT AU SERVICE DE LA TRACTION TROUVÉS SUR LA VOIE.

Lorsque des objets trouvés sur la voie et appartenant au service de la Traction seront remis à une gare ou station, ils devront être immédiatement envoyés à Ivry, Orléans ou Tours, à l'adresse du Chef de Traction ; l'expédition en sera faite sur enregistrement régulier, avec feuille de route pour ordre. Ces objets pourront aussi être rendus directement à des Agents de la Traction ; mais, dans ce cas, les Chefs de gare et de station devront s'en faire donner un reçu, qu'ils joindront au Rapport journalier.

Les Inspecteurs principaux sont chargés d'assurer l'exécution du présent Avis.

24 février 1857.

N° 230

REÇUS A DÉLIVRER AUX AGENTS DE LA VOIE POUR LA REMISE DES OBJETS TROUVÉS.

Lorsque des objets trouvés sont remis à des Employés de l'Exploitation par des Agents du service de la Voie, ceux-ci sont en droit d'en exiger un reçu. En conséquence, les Chefs de gare et de station sont invités à ne jamais refuser cette pièce lorsqu'elle leur est réclamée.

28 septembre 1853.

N° 231

CONSTATATION DES AVARIES DE MARCHANDISES RÉSULTANT DU MAUVAIS ÉTAT DU MATÉRIEL.

Il arrive fréquemment que des avaries de diverses natures sont causées aux marchandises pendant leur séjour dans les wagons, par suite du mauvais état ou du défaut d'entretien et de propreté du matériel.

Le Chef de l'Exploitation rappelle aux Chefs de gare et de station, et à tous les Employés chargés de la responsabilité des transports, que, dans ces circonstances, ils doivent faire constater, à l'arrivée, par un Agent de la Traction, l'état du wagon au moment du déchargement de la marchandise avariée.

Un procès-verbal mentionnant l'avarie, ses causes et l'état du wagon, doit être dressé et signé contradictoirement par l'Employé de la Compagnie et l'Agent de la Traction, pour être joint au Rapport journalier, afin d'établir la part de responsabilité de chaque service.

Lorsqu'un wagon est en assez mauvais état pour exposer les marchandises à des avaries de mouille ou autres, et que ce mauvais état est apparent, les gares de départ doivent, de leur côté, ne pas le charger, et le signaler aux Agents de la Traction, pour qu'il soit immédiatement réformé.

Faute par elles de prendre ces précautions, soit au départ, soit à l'arrivée, les gares resteront responsables des avaries résultant du mauvais état d'entretien du matériel.

17 mars 1854.

N° 232

AUTORISATION DE METTRE DE LA PAILLE DANS LES NICHES A CHIENS SUR LA DEMANDE DES EXPÉDITEURS.

Des voyageurs se sont plaints de ce que les caisses destinées au transport des chiens étaient dépourvues de toute garniture. Pour satisfaire à ces réclamations, les Chefs de gare et de station sont autorisés à faire mettre de la paille dans les niches à chiens, lorsque la demande leur en sera faite par les propriétaires des animaux.

6 août 1854.

N° 233

VENTE DE MUSELIÈRES DANS LES GARES.

Dans le but de donner des facilités aux Voyageurs pour se conformer aux prescriptions de l'article 67 du Règlement du 15 novembre 1846, la Compagnie autorise les Facteurs de ses Gares et Stations principales à avoir en dépôt des muselières à la disposition du public.

Ces muselières seront vendues au prix de 50 centimes chacune.

Les Inspecteurs principaux, Inspecteurs et Contrôleurs de l'Exploitation, Chefs de gares et stations principales sont chargés d'assurer, chacun en ce qui le concerne, l'exécution de cette prescription.

14 mai 1861.

N° 234

RÉPARTITION DU MATÉRIEL PAR INSPECTION.

Dans le but de faciliter au Répartiteur du matériel la bonne exécution de l'ORDRE GÉNÉRAL RÉGLANT LA RÉPARTITION, N° 11, et par exception spéciale aux dispositions de l'art. 10 de ce même Ordre, les mesures suivantes sont adoptées :

Les gares de Paris, Ivry, Tours, Nantes, Poitiers, Coutras et Vierzon sont chargées, sous la surveillance et la direction du Répartiteur et sous l'autorité de l'Inspecteur principal de leur inspection, d'assurer d'office la bonne répartition du matériel, savoir :

Les gares de Paris et d'Ivry, pour les sections de Paris à Corbeil et à Orléans;

La gare de Tours, pour les sections de Tours à Chalonnes Saint-Georges inclus, de Tours à Poitiers et de Tours au Mans;

La gare de Nantes, pour la section de Chalonnes exclus à Saint-Nazaire;

La gare de Poitiers, pour les sections de Poitiers à Bordeaux et de Poitiers à la Rochelle et à Rochefort ;

La gare de Coutras, pour la section de Coutras à Brives;

La gare de Vierzon, pour les sections de Vierzon au Guétin et de Vierzon à Limoges.

En conséquence, outre le restant en gare expédié à l'Inspecteur principal et au Répartiteur, conformément aux prescriptions de l'ORDRE GÉNÉRAL n° 11, les gares et stations des sections ci-dessus désignées enverront chaque jour, à leur gare principale de répartition, par le même train qui emporte le restant en gare ordinaire, un bulletin sommaire indiquant leurs besoins et leurs ressources en matériel. (Modèle n° 114 bis.)

Les gares principales de répartition feront immédiatement le dépouillement de ces bulletins et en transmettront le résumé, aussitôt après, par le télégraphe, au Répartiteur, en lui faisant connaître la nature et la quantité du matériel manquant pour satisfaire aux demandes reçues ou restant disponible après ces demandes satisfaites.

Un résumé spécial sera, en outre, adressé par la gare de Nantes et la gare de Coutras aux Chefs des gares de Tours et de Poitiers, qui rendront compte au Répartiteur, par leur dépêche journalière, de la suite donnée à ces demandes.

Les bulletins sommaires ainsi dépouillés et résumés aux gares principales de répartition seront eux-mêmes envoyés directement au Répartiteur par le train suivant, pour la justification des mesures prises.

Les gares principales de répartition joindront aux bulletins sommaires un état du mouvement du matériel et des restants en gare de leur section (Modèle n° 311). Cet état sera contrôlé par le Répartiteur et retourné avec ses avis et observations à l'Inspecteur principal de l'Inspection qu'il concerne.

Ce renvoi tiendra lieu du Rapport journalier adressé jusqu'ici par le Répartiteur à chaque Inspecteur principal.

Le Répartiteur dressera, avec les états de mouvement de matériel qui lui parviendront de chaque Inspection, un état général qu'il enverra chaque jour avec son Rapport et ses propositions au Chef de l'Exploitation.

L'état du mouvement du matériel (Modèle n° 311) fourni par les gares de répartition et contrôlé par le Répartiteur sera visé par les Inspecteurs principaux, et envoyé par eux au Chef de l'Exploitation, avec le Rapport journalier.

Les autres prescriptions de l'ORDRE GÉNÉRAL N° 11 sont strictement maintenues.

Les Inspecteurs principaux auront à se concerter avec le Répartiteur du matériel, à Orléans, pour assurer l'exécution de ces dispositions.

16 août 1854.

N° 235

RÉPARTITION DU MATÉRIEL SUR LA SECTION DE MOULINS A MONTLUÇON.

En exécution des prescriptions de l'ORDRE GÉNÉRAL N° 11, réglant la répartition du matériel sur le Réseau, les dispositions suivantes sont adoptées pour assurer la répartition du matériel sur la section de Moulins à Montluçon.

Chaque jour, les gares et stations de la section de Moulins à Montluçon et Bezenet enverront à l'Agent spécial de la Compagnie, à Moulins, le bulletin n° 114 bis, indiquant leurs besoins et leurs ressources en matériel.

L'Agent spécial, à Moulins, est chargé de faire le dépouillement de ces bulletins et de régler la répartition du matériel disponible sur la section. Il adressera, en outre, chaque jour, une dépêche télégraphique au Chef de gare de Vierzon et au Répartiteur du matériel, à Orléans, pour leur faire connaître la nature et la quantité du matériel manquant, pour satisfaire aux demandes des gares et stations.

Le Chef de gare de Vierzon rendra compte au Répartiteur, par sa dépêche journalière, de la suite donnée par lui aux demandes de l'Agent spécial, à Moulins.

Le service des Voyageurs devant être fait par des voitures localisées sur la section de Moulins à Montluçon, le Chef de gare de Vierzon n'aura pas à se préoccuper de l'envoi de ce matériel, et le mouvement des wagons entre Moulins et le grand Réseau sera restreint aux wagons de marchandises seulement.

M. l'Inspecteur principal de la première Inspection et le Répartiteur du matériel sont chargés, chacun en ce qui le concerne, d'assurer l'exécution du présent Ordre.

6 décembre 1859.

N° 236

DÉCHARGEMENT DU MATÉRIEL DANS LES 24 HEURES.

Il arrive fréquemment que les wagons chargés de marchandises ne sont déchargés qu'au moment de la livraison aux destinataires ou lorsqu'il se trouve, sous les gares couvertes, des emplacements convenables pour recevoir les chargements. Ce mode d'opérer retient improductifs une grande quantité de véhicules et nuit gravement au service.

Pour remédier à cet état de choses, préjudiciable aux intérêts de la Compagnie, il est formellement enjoint aux Chefs de gare et de station de faire procéder au déchargement des wagons *dans les vingt-quatre heures* qui suivent leur arrivée. *Cette règle est absolue;* les avaries de la marchandise et les frais supplémentaires de manutention qui pourraient résulter de son application étant toujours moins importants pour la Compagnie que les pertes provenant de l'immobilisation du matériel.

L'Agent Répartiteur du matériel est chargé de vérifier soigneusement les dates de départ et d'arrivée du matériel dans les gares et stations, et de signaler toutes les infractions à la disposition ci-dessus, lesquelles donneront lieu à des amendes contre les Employés responsables.

11 octobre 1853.

N° 237

DÉFENSE AUX GARES ET STATIONS DE RETIRER DES TRAINS LE MATÉRIEL QUI NE LEUR EST PAS DESTINÉ.

Les gares qui expédient du matériel vide pour l'approvisionnement des points extrêmes ou intermédiaires, négligent ordinairement de régulariser ces expéditions par l'inscription, sur les feuilles et sur les wagons, de la destination qui leur est attribuée; et des gares ou stations retirent souvent des trains le matériel qui leur est nécessaire, sans se préoccuper de savoir s'il leur est destiné, ce qui est contraire à l'art. 14 de l'ORDRE GÉNÉRAL RÉGLANT LA RÉPARTITION DU MATÉRIEL, N° 11.

En conséquence, pour faire cesser ces infractions, qui entravent la régularité du service, le Chef de l'Exploitation décide que la destination précise donnée au matériel devra toujours être indiquée par l'inscription sur les Feuilles de mouvement du matériel et sur chaque wagon. L'inscription sur les Feuilles sera faite dans la colonne *Désignation des stations où le matériel a été laissé.* En conséquence, il est formellement interdit aux gares et stations de retirer d'un train aucune voiture ou wagon qui ne leur est pas destiné dans la forme ci-dessus prescrite.

Les Chefs de train devront rendre compte, à leur rapport, de toute infraction à cette mesure.

22 février 1851.

N° 238

EXÉCUTION DES *ARTICLES 7 ET 15 DE L'ORDRE GÉNÉRAL N° 11, RÉGLANT LA RÉPARTITION DU MATÉRIEL.*

Les articles 7 et 15 de l'ORDRE GÉNÉRAL RÉGLANT LA RÉPARTITION DU MATÉRIEL, n° 11, qui prescrivent d'indiquer, sur le restant en gare, la quantité de matériel mobile de chaque nature, n'étant pas régulièrement observés, le Chef de l'Exploitation en rappelle la stricte exécution aux Chefs de gare et de station, en les prévenant que pour les signaux d'arrière-train, comme pour les bâches et les tendeurs, les marques et les numéros doivent toujours être exactement indiqués.

Les demandes d'approvisionnement de toute espèce de matériel mobile dont les gares ont besoin doivent être faites sur le restant en gare, de la même manière que pour les wagons. Les gares et stations sont tenues de se conformer, pour la répartition de ce matériel comme pour le matériel roulant, aux ordres de l'Agent Répartiteur, qui doit signaler les infractions ou négligences commises dans cette partie du service.

Les Inspecteurs principaux et l'Agent Répartiteur ont à tenir la main très-rigoureusement à l'exécution de ces dispositions.

6 janvier 1854.

N° 239

RETRAIT ET REMPLACEMENT DES BACHES QUI NE SERAIENT PAS DANS UN PARFAIT ÉTAT D'ENTRETIEN.

Afin d'éviter les avaries provenant du mauvais état des bâches en service, le Chef de l'Exploitation rappelle aux gares qu'elles ne doivent jamais se servir de bâches qui ne seraient pas dans un parfait état d'entretien.

Les gares devront, en conséquence, envoyer au Répartiteur du matériel les bâches reconnues en mauvais état pour qu'elles soient réparées et remplacées par des bâches en bon état de service.

MM. les Inspecteurs principaux sont chargés de veiller à l'exécution du présent Ordre.

16 mai 1856.

N° 240

EMPLOI DE STRAPONTINS DANS LES TRANSPORTS DE CHEVAUX DE TROUPES.

Conformément à l'article 8 de l'INSTRUCTION 267 réglant le transport des troupes, deux strapontins doivent être placés dans chaque wagon chargé de chevaux de troupes, pour servir de siége aux soldats qui les accompagnent.

En conséquence, un certain nombre de strapontins sont mis en service. Ces objets sont considérés comme faisant partie du matériel mobile, défini à l'art. 7 de l'ORDRE GÉNÉRAL n° 11. A ce titre, ils sont soumis, pour leur approvisionnement ou leur expédition en service ou haut le pied, aux formalités prescrites par l'article 15 de l'ORDRE GÉNÉRAL précité, c'est-à-dire qu'ils doivent toujours être enregistrés, portés sur feuille de route ou note de distribution, et figurer sur le Restant en gare.

Les strapontins sont mis à la disposition du Répartiteur, qui les expédiera aux gares et stations lorsqu'il y aura lieu, sur la demande faite au Restant en gare, ou par dépêche télégraphique en cas d'urgence.

Les gares de destination sont tenues de retourner les strapontins dans les 24 heures au Répartiteur.

Les Inspecteurs principaux de l'Exploitation et le Répartiteur du matériel sont chargés, chacun en ce qui le concerne, d'assurer l'exécution du présent Avis.

18 avril 1856.

N° 241

LONGES ET LICOLS GARNISSANT LES WAGONS-ÉCURIES.

A dater du 1er octobre 1859, les longes et licols garnissant les wagons-écuries seront retirés de ces wagons et renvoyés au Répartiteur du matériel à Orléans.

Les gares devront désormais exiger des Expéditeurs les longes et licols nécessaires pour attacher les chevaux dans les wagons-écuries.

Les agrès ainsi retirés des wagons seront envoyés par les soins du Répartiteur au service de l'Economat, qui devra les remettre en magasin.

5 septembre 1859.

N° 242

RÉPARTITION DES CORDES ET DES TENDEURS A RESSORT.

En exécution de l'art. 15 de l'ORDRE GÉNÉRAL RÉGLANT LA RÉPARTITION DU MATÉRIEL, n° 11, les cordes servant aux chargements des marchandises et voitures sont réparties, comme les tendeurs et tout le matériel roulant, par les soins du Répartiteur du matériel.

Les gares et stations doivent, en conséquence, se conformer strictement aux dispositions suivantes :

1° Indiquer, chaque jour, sur le restant en gare, dans la colonne spécialement affectée à cette nature de matériel, le nombre de cordes et de tendeurs existant à la gare au moment de la clôture du restant en gare.

20

2° Les cordes servant aux chargements doivent être inscrites au livre d'expéditions, sur la feuille de route, et au bordereau de chargement. Il doit en être de même des tendeurs employés à l'attelage du train.

3° Les dispositions des articles 10 et 17 de l'ORDRE GÉNÉRAL précité sont applicables aux cordes et aux tendeurs, c'est-à-dire qu'ils ne peuvent être expédiés haut le pied, par les gares, sans un ordre du Répartiteur, et doivent toujours être accompagnés d'une note de distribution (Mod. n° 296), qui sera retournée au Répartiteur après avoir été émargée par la gare destinataire.

4° Les cordes arrivant dans les gares seront enregistrées au livre d'arrivée et conservées à la gare pour être indiquées disponibles au Restant en gare, si leur nombre excède les besoins prévus du service. Il en sera de même pour les tendeurs. Les demandes se feront par le Restant en gare, comme pour le matériel roulant.

5° Les gares sont responsables envers l'Entrepreneur de la fourniture des cordes qu'elles reçoivent, à raison du prix de 5 fr. 50 c. par mètre de corde.

6° Les cordes brisées ou hors de service, pour quelque motif que ce soit, seront renvoyées au Répartiteur à Orléans, par le premier train de Voyageurs, avec inscription au livre d'expéditions, numéro d'enregistrement et feuille de route spéciale. Mention particulière de cet envoi sera faite au Restant en gare du jour et au Rapport journalier. Ce renvoi régulier pourra seul dégager les gares de leur responsabilité des cordes reçues par elles.

Le Répartiteur du matériel fera vérifier souvent par les Employés de la Répartition l'exactitude de la situation accusée par les gares, et signalera à son Rapport les gares ou stations qui auraient des cordes ou des tendeurs en plus ou en moins, d'après les indications de leur Restant en gare, et le relevé de leurs livres d'arrivée et d'expéditions.

Les Inspecteurs principaux et le Répartiteur du matériel sont chargés d'assurer l'exécution du présent Ordre.

12 juin 1854.

N° 243

EMPLOI, CONSERVATION ET REMPLACEMENT DES PROLONGES DESTINÉES A FIXER LES CHARGEMENTS.

Dans le but d'assurer un bon emploi des prolonges destinées à fixer les chargements sur wagons découverts, ces agrès seront désormais attachés à demeure aux wagons.

Les wagons H, HX, R, RX, JL et LX sont munis de deux prolonges fixées à chaque extrémité du véhicule au moyen de deux crochets spéciaux sur lesquels elles sont épissées.

Les trucks à plaque tournante et les wagons U sont munis de quatre prolonges.

Le nombre des prolonges que chaque véhicule doit porter est indiqué par une inscription de chaque côté du wagon.

es prolonges ainsi fixées ne doivent, sous aucun prétexte, être enlevées des wagons. Les Chefs de gare et de station et les Chefs de train sont chargés, sous leur responsabilité, de s'opposer à ce que ces agrès ne soient jamais détachés du matériel.

La responsabilité de l'enlèvement des prolonges s'établit de la manière suivante :

1° *Au départ :* Lorsqu'un Chef de train prendra le service d'un train dans la composition duquel il entrera des plates-formes, ou s'il prend un ou plusieurs wagons de cette nature au passage, dans une gare ou une station, il devra s'assurer que ces plates-formes sont bien munies de leurs prolonges, et, dans le cas contraire, faire des réserves contre la gare; à cet effet, il fera constater le manquant par le Chef de gare ou de station, avant le départ du train, sur la feuille de mouvement du matériel et en regard du numéro du wagon. Cette mention sera ainsi conçue : « Manque au départ au wagon n°   prolonge, » et sera signée par le Chef ou Sous-Chef de gare de service. Dans ce cas, la gare de départ ou expéditrice restera responsable des prolonges disparues.

2° *A l'arrivée .* Chaque fois qu'un Chef de gare ou de station recevra d'un train une plate-forme chargée ou vide, il devra s'assurer que cette plate-forme est munie de ses prolonges, et, dans le cas contraire, faire ses réserves écrites, contre le Chef de train, sur la feuille de mouvement du matériel et en regard du numéro du wagon. Ces réserves conçues en ces termes : « Manque à l'arrivée, wagon n°   prolonge, » seront approuvées par la signature du Chef de train. Dans ce cas, le Chef de train sera responsable, s'il n'a lui-même fait ses réserves au départ.

Il est entendu que si des réserves ont été prises au départ par le Conducteur, le Chef de gare ou de station à l'arrivée n'aura pas à le mentionner de nouveau sur la feuille de mouvement du matériel.

Le Chef de gare ou de station signalera à l'arrivée, à son Rapport journalier, les manquants qu'il aura constatés en portant le numéro des véhicules et en indiquant si les réserves ont été prises au départ ou à l'arrivée.

La gare ou la station d'arrivée devra, en outre, signaler au Restant en gare, en désignant leurs numéros, les wagons arrivant sans prolonges, afin que le Répartiteur ou la gare de répartition les fasse remplacer immédiatement.

Lorsque des wagons, munis de prolonges, seront remis par les gares, soit au service de la Voie, soit aux ateliers, pour les réparations, il sera procédé à une constatation contradictoire entre les Agents de l'Exploitation et les Agents de celui des services qui recevra les wagons, pour reconnaître l'état des prolonges.

Les wagons manquant de prolonges seront mentionnés sur un état signé par les Agents des deux services, et copie de cet état sera transcrite au Rapport journalier de la gare.

La même formalité sera remplie lorsque ces wagons seront rendus, soit par le service de la Voie, soit par les ateliers qui seront rendus responsables des prolonges manquant, dont l'absence n'aura pas été constatée par le premier procès-verbal de remise.

Mesures pour la conservation des prolonges.

Dès que le déchargement d'un wagon sera opéré, les prolonges devront être attachées et relevées de manière qu'elles ne puissent, en aucun cas, s'engager dans les essieux ou tomber sous les roues. Les Chefs d'équipe, avant le départ des trains, et les Conducteurs, pendant le trajet, devront s'assurer du bon état des prolonges, et resteront responsables des avaries résultant de leur défaut de surveillance.

Les Inspecteurs principaux, dès qu'ils auront connaissance du manquant d'une ou de plusieurs prolonges, devront immédiatement faire une enquête sommaire et désigner l'Agent responsable.

Remplacement des prolonges.

Dans le but d'obtenir plus de promptitude et de régularité dans le renouvellement des prolonges fixées aux wagons découverts, il sera établi, à l'avenir, un dépôt de ces agrès dans les gares de Saint-Pierre-des-Corps, Poitiers et Vierzon.

Les prolonges mises en réserve sur ces trois points devront être exclusivement employées au remplacement des prolonges fixées aux wagons de la Compagnie, lorsque celles-ci seront perdues ou hors de service.

L'approvisionnement des dépôts sera fait sur la demande des Chefs de gare, par les soins du Répartiteur du matériel, qui fera d'office un premier envoi de cinquante prolonges à chaque dépôt.

Les Chefs de gare où il est établi des dépôts de prolonges seront responsables de leur emploi; ils devront, en conséquence, signaler au rapport journalier chaque remplacement de prolonge, en indiquant :

1° Le numéro et la provenance du wagon où la prolonge a été placée;

2° Le numéro du train qui a amené le wagon et le nom du Chef de train;

3° Le motif du remplacement, perte, usure ou rupture de la prolonge remplacée.

Les Inspecteurs principaux transmettront sans retard ces renseignements à l'Agent Répartiteur; ils devront, d'ailleurs, les compléter en désignant la gare ou le Chef de train responsable, lorsqu'il s'agira du remplacement d'une prolonge perdue.

Les prolonges usées ou coupées et retirées des wagons pour être remplacées seront envoyées au Répartiteur à Orléans. La feuille pour ordre établie pour cet envoi devra indiquer le numéro des wagons sur lesquels elles étaient fixées.

MM. les Inspecteurs principaux et l'Agent Répartiteur du matériel sont chargés d'assurer l'exécution des présentes dispositions.

11 octobre 1859 et 9 février 1860.

N° 244

EXPÉDITION ET DÉCHARGEMENT DES WAGONS DE COKE DE LA TRACTION.

Le Chef de l'Exploitation recommande aux Chefs de gare et de station la prompte expédition des wagons chargés de coke, appartenant au service de la Traction, et la remise de ces wagons aux dépôts aussitôt après leur arrivée aux gares de destination.

La gare expéditrice devra délivrer aux Agents de la Traction un reçu mentionnant le jour de la remise des wagons pour l'expédition, et la gare destinataire retirera du Chef de dépôt, ou de son représentant, un reçu constatant le jour et l'heure de la livraison des wagons, qui devront être déchargés et rendus à la disposition de la gare *vingt-quatre heures après la remise au dépôt.*

Les Chefs des gares et stations de dépôt devront signaler exactement au Rapport, ainsi qu'à M. l'Agent Répartiteur du matériel à Orléans, les numéros des wagons chargés de coke pour la traction *qui ne seraient pas déchargés dans les vingt-quatre heures.* Cette disposition est essentielle pour éviter que les wagons restent immobilisés et servent de magasin.

Les Inspecteurs principaux et l'Agent Répartiteur sont chargés, chacun en ce qui le concerne, d'assurer la stricte exécution de ces dispositions.

18 avril 1854.

N° 245

RENVOI IMMÉDIAT DU MATÉRIEL DES COMPAGNIES ÉTRANGÈRES. — CONSTATATION DE SA REMISE AUX SERVICES DE LA TRACTION ET DE LA VOIE (*MODÈLE N° 450*).

Les retards apportés dans le renvoi du matériel des Compagnies étrangères donnent lieu à des indemnités considérables qui deviennent onéreuses pour la Compagnie.

Ce matériel doit être réexpédié vers Paris ou les gares indiquées dans les 24 heures, s'il revient vide, ou dans les 48 heures, s'il est renvoyé chargé.

Pour réprimer toute négligence à cet égard, le Chef de l'Exploitation a décidé qu'une amende de 1 fr. par jour de retard et par wagon serait infligée aux gares et stations qui retiendraient ce matériel au delà de ces délais.

Lorsqu'un wagon de Compagnie étrangère arrivera avec un chargement destiné aux services de la Traction ou de la Voie, la gare qui le recevra devra, conformément aux Avis n°ˢ 216 et 244, faire constater la date et l'heure exactes de la remise à qui de droit et requérir le déchargement immédiat. A défaut de la production de cette constatation, la gare demeurera responsable.

Pour l'exécution des dispositions ci-dessus, l'imprimé Modèle 450 est mis en service, afin de constater la date et l'heure exactes de la remise, à qui de droit, des wagons des Compagnies étrangères chargés pour les services de la Traction ou de la Voie.

Cet état, dressé par journée, devra être joint au Rapport. Son but étant de servir au règlement des indemnités à payer par la Compagnie, pour le séjour sur sa ligne du matériel des Compagnies étrangères, il est important qu'il soit établi avec la plus rigoureuse exactitude, suivant les indications de la formule imprimée.

Il est expressément recommandé aux gares qui ont à en faire usage, d'en remplir avec le plus grand soin toutes les colonnes ainsi que les dates et les signatures.

Le Chef du bureau du Contrôle des frais de traction dressera chaque jour un état des retards des wagons étrangers pour servir à l'application des dispositions qui font l'objet du présent Avis.

10 mars 1855.

N° 246

RENVOI A IVRY OU AU GUÉTIN DES WAGONS APPARTENANT A LA COMPAGNIE DE LYON.

L'absence de marques spéciales ayant causé une certaine hésitation de la part des gares pour le renvoi à Ivry ou au Guétin du matériel appartenant à la Compagnie de Lyon, le Chef de l'Exploitation porte à la connaissance des gares les prescriptions suivantes, qui devront être exécutées à dater de ce jour.

Tous les wagons de la Compagnie de Lyon qui devront être retournés au Guétin, vides ou chargés, auront sur l'un des deux côtés du véhicule une étiquette portant : *A retourner au Guétin.*

Tous les wagons appartenant à la Compagnie de Lyon qui ne porteront pas cette étiquette devront être renvoyés à Ivry.

MM. les Inspecteurs principaux sont chargés d'assurer l'exécution de ces dispositions.

27 avril 1858.

N° 247

RENVOI SUR BORDEAUX DES WAGONS AFFECTÉS A LA SECTION DE MONTAUBAN.

Les wagons à marchandises, affectés à la section de Montauban, qui seront envoyés en service sur le réseau, devront y être considérés comme des wagons étrangers et être renvoyés sans retard à Bordeaux ; ils portent l'inscription : SECTION DE MONTAUBAN.

31 janvier 1859.

N° 248

DÉFENSE AUX CONDUCTEURS, MÉCANICIENS, CHAUFFEURS ET GRAISSEURS DE QUITTER LEUR POSTE PENDANT L'ARRÊT DES TRAINS.

Pendant le séjour des trains aux stations, c'est-à-dire au moment où le service réclame la plus active surveillance, les Conducteurs, les Mécaniciens, les Chauffeurs et les Graisseurs quittent quelquefois leur poste, et sortent même de l'enceinte du Chemin de fer. Le Chef de l'Exploitation invite les Chefs de gare et de station à ne jamais tolérer ces absences, qui peuvent avoir les plus graves conséquences ; ils doivent s'y opposer, et signaler au Rapport ceux de ces Agents qui, malgré leurs ordres, ne resteraient pas à leur poste durant le stationnement des trains.

5 octobre 1849.

N° 249

DÉFENSE AUX CONDUCTEURS EN SERVICE DE MONTER DANS LES VOITURES ET AUX GARDES-FREINS DE QUITTER LEUR FREIN EN ROUTE.

Les Chefs de train ou Gardes-freins quittent quelquefois, pendant le trajet, leur fourgon ou leur siége pour prendre place dans des voitures du train qu'ils sont chargés d'accompagner.

Une pareille infraction à l'art. 52 de l'ORDRE GÉNÉRAL RÉGLANT LES FONCTIONS DES CONDUCTEURS, N° 22, est extrêmement grave, et doit être sévèrement réprimée ; elle sera l'objet d'une proposition immédiate de révocation, lorsqu'elle sera constatée.

Il arrive quelquefois que les Gardes-freins quittent leur siége, dans le cours du trajet, pour prendre place dans les fourgons ; c'est là une faute grave et qui doit être sévèrement réprimée.

Le Chef de l'Exploitation renouvelle à cet égard les ordres déjà donnés, et rappelle aux Gardes-freins que toute infraction de cette nature sera punie de la révocation.

Il est expressément défendu aux Chefs de train d'autoriser ou de tolérer que les Gardes-freins placés sous leurs ordres quittent leur siége, pendant le trajet, pour un motif quelconque. Chargés de la conduite et de la surveillance des trains en marche, les Chefs de train sont responsables de l'exécution des Ordres et Règlements. Les infractions qu'ils toléreraient de la part des Gardes-freins leur seront, en conséquence, imputées comme s'ils les commettaient eux-mêmes.

Lorsque, dans les trains de ligne ou les trains de marchandises, les Chefs de train sont chargés de la manœuvre du frein de tête, il leur est formellement prescrit de ne rester dans le fourgon que le temps strictement nécessaire au service des bagages ou des marchandises, et de se tenir toujours au frein pour l'arrivée à chaque station.

Le présent Avis devra être affiché en permanence dans tous les corps de garde des Conducteurs.

Les Inspecteurs principaux de l'Exploitation sont chargés de veiller à son exécution.

21 mai 1855.

N° 250

VISITE DES PANIERS DES CONDUCTEURS A L'ARRIVÉE ET AU DÉPART.

Contrairement à l'art. 52 de l'ORDRE GÉNÉRAL POUR LES CONDUCTEURS, N° 22, ces Agents transportent des marchandises ou denrées pour leur compte. Cet abus a été l'objet de justes plaintes de la part de commerçants de différentes localités. Il constitue d'ailleurs une véritable fraude qui porte préjudice à la Compagnie ; il importe donc qu'elle soit réprimée sévèrement.

En conséquence, les fourgons, les siéges et les paniers des Conducteurs seront visités à chaque train, soit au départ, soit à l'arrivée, par les soins et sous la responsabilité des Chefs de gare; ces visites seront chaque jour consignées au Rapport avec le résultat qu'elles auront amené.

Tout Chef de train ou Garde-freins convaincu d'avoir transporté des marchandises ou denrées quelconques sera passible de la révocation.

Le présent Avis devra être affiché en permanence dans les corps de garde des Conducteurs, à toutes les gares.

13 août 1850.

N° 251

DÉFENSE AUX CONDUCTEURS DE TRANSPORTER POUR LEUR COMPTE DES OBJETS SOUMIS A LA TAXE.

Il est expressément défendu aux Conducteurs de transporter pour leur compte des objets soumis à la taxe.

Le Directeur rappelle aux Employés des gares et des trains que leur devoir est de poursuivre et de signaler les fraudes qui pourraient se commettre, en assurant la stricte exécution de l'article 52 de l'ORDRE GÉNÉRAL N° 22, portant instructions pour le Chef de train, et de l'Instruction n° 240, qui prescrit la visite des paniers des Conducteurs au départ et à l'arrivée.

Le présent Ordre du jour sera lu à l'appel dans toutes les gares et stations, et restera affiché dans les postes des Conducteurs et des Hommes d'équipe.

9 mars 1857.

N° 252

SERVICE DES GRAISSEURS DE ROUTE GARDES-FREINS.

A l'avenir, les Graisseurs de route rempliront les fonctions de Gardes-freins dans les trains express et directs de Voyageurs et dans les trains réguliers, facultatifs ou spéciaux de marchandises, lorsque la composition de ces trains comportera l'emploi de trois Gardes-freins.

Lorsque la composition d'un train, de quelque nature qu'il soit, est augmentée en cours de route de manière à exiger réglementairement la présence d'un nouveau Garde-freins, conformément aux dispositions de l'article 3 de l'ORDRE GÉNÉRAL N° 8, le Graisseur de route devra remplir les fonctions de Garde-freins, sur la demande du Chef de gare ou de son représentant, consignée sur la feuille des Graisseurs de route.

Les Graisseurs de route appelés à faire ce service occuperont la guérite du frein placé au milieu du train et seront chargés de la manœuvre de ce frein. Ils ne seront pas désignés pour se porter à l'arrière du train qu'ils accompagnent lorsqu'il sera nécessaire de le couvrir. Ce service sera toujours fait par les Gardes-freins du service de l'Exploitation.

En marche, les fonctions des Graisseurs de route Gardes-freins consisteront dans la surveillance de tout ce qui peut intéresser la marche ou la sécurité du train. Ils seront particulièrement chargés de la manœuvre des freins, suivant les circonstances et d'après les signaux du Mécanicien.

Ils devront, le jour et la nuit, apporter la plus grande attention aux signaux des Gardeslignes et des trains qui les croisent, afin de transmettre au besoin ces signaux au Conducteur placé en tête, et par son intermédiaire au Mécanicien.

Au départ, à l'arrivée, et pendant le stationnement des trains, les Graisseurs de route Gardes-freins resteront chargés de tous les détails du service des Graisseurs de route : ils devront en conséquence s'occuper exclusivement du graissage et de la visite du train et de la rédaction de leurs feuilles.

Sur les sections de Montauban à Rodez et de Moulins à Montluçon, les Graisseurs de route rempliront les fonctions de Gardes-freins dans les conditions spécifiées ci-dessus, chaque fois qu'ils en recevront l'ordre du Chef de train, et quels que soient d'ailleurs la nature du train et le nombre de freins déjà occupés.

Les Graisseurs de route Gardes-frein seront sous les ordres des Chefs de train pour tout ce qui concerne le service dont ils sont chargés pendant la marche des trains.

Ces dispositions ne changent rien aux prescriptions de l'AVIS 254 et de l'article 2 de l'ORDRE GÉNÉRAL N° 22.

7 décembre 1860.

N° 253

RÈGLEMENT DES FRAIS DE DÉPLACEMENT DES CONDUCTEUES DE TRAIN, PROPORTIONNELLEMENT A LA DURÉE DES ABSENCES DES GARES DE RÉSIDENCE.

Art. 1er. — Il est alloué aux Conducteurs de train une indemnité de déplacement proportionnelle à la durée de l'absence du lieu de résidence résultant du roulement établi à chaque changement de service.

Art. 2. — Cette indemnité est réglée sur les bases suivantes savoir :

1° Pour tout service fait par un seul Conducteur ou une seule équipe, ayant par conséquent 30 déplacements par mois, 0 fr. 40 c. par déplacement, soit par mois. 12 fr. »

2° Pour tout service nécessitant deux Conducteurs ou deux équipes marchant de deux jours l'un, ayant 15 déplacements par mois, 1 fr. 50 c. par déplacement, soit par mois . . . . 22 fr. 50 c.

3° Pour tout service nécessitant trois Conducteurs ou trois équipes à 10 déplacements par mois, 2 fr. 50 c. par déplacement, soit par mois. . . . . 25 fr. »

4° Pour tout service nécessitant quatre Conducteurs ou quatre équipes à 7 déplacements 1/2 par mois, 4 fr. par déplacement, soit par mois . . . . 30 fr. »

5° Pour tout service nécessitant cinq Conducteurs ou cinq équipes à 6 déplacements par mois, 6 fr. par déplacement, soit par mois . . . . 36 fr. »

6° Pour tout service nécessitant six Conducteurs ou six équipes à 5 déplacements par mois, 8 fr. par déplacement, soit par mois. . . . . 40 fr. »

21

Art. 3. — Les états de paiement des frais de déplacement des Conducteurs en service régulier seront établis, à la fin de chaque mois, aux bureaux des Inspections principales; chaque Conducteur y figurera pour le montant intégral de la somme qui lui est allouée d'après son roulement.

Art. 4. — Ceux de ces Conducteurs qui, par suite de congé, de maladie ou pour toute autre cause, seront remplacés dans leur service, subiront, sur leurs frais de déplacement, une retenue proportionnelle au nombre et à la catégorie des voyages pour lesquels ils auront été remplacés.

Art., 5. — Les dispositions ci-dessus s'appliquent également aux Conducteurs supplémentaires, ou à l'essai.

Art. 6. — Quant aux Employés des gares, Facteurs ou Hommes d'équipe envoyés en Gardes-freins supplémentaires, pour un service extraordinaire, il leur sera payé 1 fr. 50 c. de déplacement par voyage excédant une durée de 8 heures. Ces déplacements seront établis au moyen des Bulletins (Modèle n° 218) et payés chaque mois sur état dressé par les Inspecteurs principaux.

Art. 7. — L'allocation fixe de 150 francs par an, accordée antérieurement à chaque Conducteur de train pour indemnité de déplacement, est supprimée.

30 Juillet 1854.

N° 254

EMPLOI DES GRAISSEURS COMME GARDES-FREINS.

Lorsque, en exécution du dernier paragraphe de l'art. 7 de l'Ordre général pour les signaux destinés a assurer la marche des trains, n° 7, un Garde-frein, envoyé à l'arrière d'un train pour le couvrir avec le signal rouge ou des signaux détonants, ne peut être remplacé par un Agent de la voie et reste après le départ du train pour maintenir le signal pendant dix minutes, le Graisseur doit prendre place sur le frein qui n'est plus occupé et en assurer la manœuvre jusqu'à la première gare de relais, ainsi que cela est prescrit par l'art. 2 de l'Ordre général pour les conducteurs n° 22.

L'Ingénieur en chef du Matériel et de la Traction et les Inspecteurs principaux sont, chacun en ce qui le concerne, chargés d'assurer l'exécution de cette disposition.

Juin 1850.

N° 255

BESTIAUX EN DESTINATION DE LA GARE D'IVRY.

Il est arrivé plusieurs fois que des bestiaux, bœufs, porcs ou moutons, expédiés en destination de la gare d'Ivry, ont été déchargés à Choisy. La Compagnie a eu à payer, pour le retard qui en est résulté, des indemnités aux destinataires.

Ces erreurs provenaient soit des gares expéditrices qui n'avaient pas fait partir, avec les bestiaux, les feuilles de route et, à défaut, des feuilles *pour ordre*, ou qui avaient omis d'écrire à la craie la destination sur les wagons, soit de la négligence des Chefs de train.

En conséquence, pour éviter ces fausses destinations, les mesures suivantes sont adoptées:

Toute erreur de ce genre restera à la charge de la gare qui n'aura pas rempli exactement les formalités prescrites pour l'expédition, et, si l'expédition est régulière, à la charge du Chef de train qui n'aura pas pris le soin de faire convenablement la livraison à l'arrivée, en ne laissant débarquer à Choisy que les bestiaux destinés pour cette gare.

Les wagons chargés de bestiaux pour Ivry, dans les trains qui en ont à débarquer à Choisy, doivent invariablement être placés en tête.

Les feuilles de route doivent toujours partir avec le train où sont chargés les bestiaux. Lorsqu'il y aura impossibilité absolue de se conformer à cette disposition, qui est essentielle, il en sera rendu compte au Rapport. Dans ce cas, les bestiaux seront accompagnés d'une feuille *pour ordre*; rien ne saurait excuser l'omission de cette feuille.

28 juin 1850.

N° 256

BESTIAUX TROUVÉS SUR LA VOIE.

Il arrive quelquefois que des bœufs ou des moutons, qui sautent ou tombent des wagons sur la voie, sont trouvés et ramenés à des stations. Ces bestiaux provenant généralement d'expéditions pour les marchés de Sceaux ou de Poissy, il est essentiel qu'on apporte le moins de retard possible dans leur livraison.

En conséquence, toutes les fois qu'un bœuf ou un mouton est trouvé sur la voie, le Chef de la station à laquelle il est amené doit l'adresser sans retard au Chef de la gare des bestiaux de Choisy, avec une feuille de route et un bulletin pour ordre, en indiquant l'heure et l'endroit auxquels il a été trouvé. Mention doit en être faite au rapport journalier, et avis doit en être donné sans retard à l'Inspecteur général des affaires commerciales.

22 septembre 1850.

N° 257

NOTES DE REMISE MODÈLE 227 ET 14 ET BILLETS DE GARANTIE MODÈLE 83 EXIGÉS DES EXPÉDITEURS DE BESTIAUX.

Contrairement aux dispositions de l'INSTRUCTION, annexe n° 10 du Règlement de comptabilité, les gares et stations qui expédient des bestiaux devront désormais conserver les notes de remise, Modèles 227 et 14, ou les billets de garantie, Modèle 83, qu'elles doivent exiger, suivant les circonstances, des expéditeurs de bestiaux.

Ces pièces seront classées avec soin et tenues à la disposition de l'Administration centrale dans le cas où elles deviendraient nécessaires par suite de contestation avec les expéditeurs.

On mentionnera sur les feuilles de route, dans la colonne des *Observations*, les garanties données au départ par les expéditeurs.

MM. les Inspecteurs principaux sont chargés de l'exécution du présent Ordre.

8 avril 1859.

N° 258

DÉLIVRANCE DES LAISSEZ-PASSER AUX EXPÉDITEURS ET TOUCHEURS DE BESTIAUX.

Par une décision du 11 novembre 1859, S. Exc. M. le Ministre de l'Agriculture, du Commerce et des Travaux publics, a pris les dispositions suivantes concernant le transport des expéditeurs et toucheurs de bestiaux, ainsi que de leurs chiens :

« 1° Les laissez-passer délivrés gratuitement aux expéditeurs et toucheurs de bestiaux ne pourront jamais être valables que pour les voitures de 3ᵉ classe.

» 2° Les laissez-passer ne pourront, en aucun cas, être supplémentés, c'est-à-dire que leur valeur ne pourra jamais être déduite du prix intégral dû par le permissionnaire qui voudrait se placer ailleurs qu'en 3ᵉ classe.

» 3° Les toucheurs accompagnés de leurs chiens ne pourront être placés que dans des voitures de 3ᵉ classe, servant exclusivement à cet usage, et sur lesquelles sera écrite, en caractères très-apparents l'indication suivante : *Transport des toucheurs et de leurs chiens.*

Par suite des prescriptions qui précèdent, l'INSTRUCTION, annexe n° 11 du Règlement de comptabilité réglant la délivrance des laissez-passer aux expéditeurs et toucheurs de bestiaux est abrogée, et remplacée par les dispositions qui suivent à dater du 15 janvier 1860.

Art. 1ᵉʳ. — La circulation gratuite n'est accordée aux propriétaires et toucheurs de bestiaux qu'à titre de faveur et sous les conditions définies aux art. 2 et 3 ci-après ; en cas de refus des titulaires des permis de se soumettre aux règlements de la Compagnie, et en cas de substitution ou de fraude, le permis doit être immédiatement retiré et le nom du titulaire signalé au rapport, pour la circulation gratuite lui être définitivement refusée s'il y a lieu.

Art. 2. — Les permis sont de 3ᵉ classe exclusivement, quel que soit le permissionnaire.

Art. 3. — Les permis sont délivrés sur la présentation d'une déclaration faite suivant la formule imprimée (Modèle n° 227), qui doit être signée des expéditeurs ou de leur représentant, et énoncer le nombre des animaux, le nom des toucheurs qui les accompagnent, en spécifiant que ceux-ci gardent la responsabilité des bestiaux pendant le trajet sur le Chemin de fer, et que la Compagnie est ainsi garantie des risques de route.

Cette déclaration doit être classée avec soin par les gares et stations expéditrices, et tenue à la disposition de l'administration centrale pour le cas où elle deviendrait nécessaire par suite de contestation avec les expéditeurs.

Art. 4. — Il peut être délivré, par les gares auxquelles cette faculté est réservée et dont la désignation vient ci-après, un permis aller et retour aux toucheurs dont les expéditions atteignent ou dépassent les limites suivantes :

1° *Bœufs ou Vaches.* — 12 bœufs, 16 vaches ou 16 petits bœufs bretons au moins ;

2° *Moutons.* — 120 moutons au moins ;

3° *Porcs ou Veaux.* — 25 porcs ou 25 veaux ordinaires, ou 60 petits porcs destinés à la nourriture et ne pesant pas isolément plus de 30 kilogrammes.

Si l'expédition comporte 24 bœufs, 32 vaches ou 32 petits bœufs bretons, 200 moutons, 50 veaux ou 50 porcs ordinaires, ou encore 100 petits porcs ne pesant pas plus de 30 kilog. par tête, il pourra être délivré, en outre, au propriétaire de ces animaux un laissez-passer de 3ᵉ classe aller et retour.

Les permis délivrés ainsi qu'il vient d'être dit ne pourront, sauf les exceptions qui pourront être prévues, être supplémentés, c'est-à-dire que leur valeur ne pourra jamais être déduite du prix intégral dû par les permissionnaires qui voudraient se placer ailleurs qu'en 3ᵉ classe.

Les dispositions ci-dessus ne s'appliquent qu'aux gares et stations ci-après désignées, qui seules sont autorisées à délivrer des permis de circulation dans les cas sus-mentionnés, savoir : Nérondes, la Guerche, le Guétin, la Souterraine, Limoges, Saumur, Chalonnes, Nantes, Savenay, Châtellerault, Lusignan (1), la Mothe-Sainte-Héraye, Saint-Maixent, Niort, la Rochelle, Rochefort (Charente), Ruffec, Angoulême, Montmoreau, Libourne, Bordeaux, Montpont, Mussidan et Périgueux, pour toute espèce de bestiaux en destination des marchés de Paris ;

Orléans, Étampes et stations intermédiaires pour les veaux et porcs en destination des marchés de Paris ;

Tours, Port-Boulet, Angers et Ancenis, pour les porcs et moutons en destination des marchés de Paris ;

Stations comprises entre Tours et Châtellerault, pour les porcs et moutons en destination des marchés de Paris ;

Château-du-Loir, pour les bœufs et porcs en destination des marchés de Paris ;

Arnage, Laigné-Saint-Gervais, Ecommoy, Mayet, Aubigné et Vaas, pour les porcs en destination des marchés de Paris ;

Luxé, pour les bœufs gras en destination des marchés de Paris ;

Montmoreau, Angoulême, Luxé, Ruffec, Civray, la Mothe-Saint-Héraye et Saint-Maixent, pour les bœufs maigres allant à Chalonnes ;

Sainte-Maure, Poitiers, Vivonne, Civray et Ruffec, pour les porcs destinés à Bordeaux ;

Angoulême et stations comprises entre Angoulême et Libourne inclus, pour les bestiaux de toute espèce destinés au marché de Bordeaux.

Art. 5. — Il est indispensable que les permis soient lisiblement écrits et libellés avec soin suivant les indications laissées en blanc ; ils doivent énoncer les noms des toucheurs et propriétaires, le nombre et la nature des animaux : bœufs, vaches, moutons, porcs ou veaux, ainsi que la date et la destination. Le coupon *Aller* est seul remis au titulaire à

(1) La délivrance des laissez-passer à Lusignan n'est autorisée qu'à l'époque des cinq principaux marchés qui se tiennent annuellement dans cette ville, savoir : le 1ᵉʳ février, le premier mercredi d'avril, le 17 mai, le premier mercredi de septembre et le 22 décembre, et seulement pour les bestiaux achetés sur ces marchés.

son départ ; la souche et le coupon *Retour* doivent être adressés immédiatement et directement au Chef du bureau du Mouvement, à Paris, par les trains-poste, le jour même de la délivrance des permis, de manière à ce que les laissez-passer de retour arrivent toujours le matin ; l'expédition doit en être faite avec enregistrement régulier et porté sur feuille. Cette obligation est absolue.

Art. 6. — Les coupons *Retour* des propriétaires et toucheurs de bœufs, vaches et moutons, sont remis aux titulaires, sur les marchés, après règlement des frais de transport ; ils doivent être visés *Bon pour retour* par le percepteur de la Compagnie pour les transports de bestiaux. Ceux des propriétaires et toucheurs de porcs et de veaux sont délivrés aux ayants droit par la gare de Paris, sur justification de leurs expéditions, et, s'il y a lieu, de leur identité.

Art. 7. — Les propriétaires ou toucheurs de bestiaux auxquels il est accordé des permis n'ont droit à la franchise que de 30 kilog. de bagages, y compris les finances dont ils sont ordinairement porteurs au retour.

Lorsque le porteur demande à conserver avec lui, à ses risques et périls, tout ou partie de ses bagages et espèces, la gare expéditrice doit taxer l'excédant de poids au delà de 30 kilog. au tarif des excédants de bagages, et délivrer un bulletin spécial indiquant la somme perçue, avec cette mention que le porteur est resté nanti de ses bagages et finances à ses risques et périls, sans aucune garantie de la part de la Compagnie. La perception résultant de cette taxe doit être portée sur la feuille de route.

Si les porteurs ne conservent pas avec eux leurs bagages et finances en totalité ou en partie, la gare expéditrice doit procéder dans les formes ordinaires, c'est-à-dire taxer les bagages à leur tarif, et les finances au tarif des finances et valeurs.

Les gares destinataires doivent retirer des mains des toucheurs porteurs de leurs bagages ou espèces, taxés pour un poids de plus de 30 kilog., le bulletin constatant qu'ils ont payé au départ la taxe de l'excédant. Lorsque le toucheur ne représente pas ledit bulletin, elles doivent en dresser un, conformément à ce qui est prescrit ci-dessus pour les gares expéditrices.

Ces bulletins doivent être renvoyés à l'Administration centrale avec les autres pièces de comptabilité.

Art. 8. — L'entrée des chiens de toucheurs dans les salles d'attente des gares et stations est formellement interdite. Ces chiens doivent être muselés, et, autant que possible, placés dans les niches des fourgons destinés au transport de ces animaux.

Lorsque cette prescription ne peut être observée, les toucheurs et leurs chiens doivent être placés dans des compartiments de voitures de 3e classe, qui ne recevront pas d'autres Voyageurs, et sur lesquels sera appliqué un écriteau portant l'indication suivante : *Compartiment des toucheurs.*

Cet écriteau sera attaché par la gare de départ à la poignée de la portière du compartiment et devra y être maintenu, par les soins du Conducteur Garde-frein, jusqu'à la dernière station de destination des toucheurs.

Le transport des chiens des toucheurs porteurs de permis de circulation a lieu gratuitement, tant à l'aller qu'au retour.

5 janvier 1860.

N° 259

AVIS A TRANSMETTRE, PAR LE TÉLÉGRAPHE, DES EXPÉDITIONS DE POUDRES.

Le Chef de l'Exploitation porte à la connaissance des gares et stations que les expéditions de poudres, qui font l'objet de l'ORDRE GÉNÉRAL N° 52, doivent toujours être-annoncées par le télégraphe à toutes les gares de passage dans lesquelles le train doit séjourner, afin que ces gares soient en mesure de prendre tous les moyens de sûreté prescrits par les règlements.

Les Inspecteurs principaux sont chargés de surveiller la rigoureuse exécution de cette disposition.

18 mars 1854,

N° 260

TRANSPORT DES ALLUMETTES CHIMIQUES. — NE DOIT ÊTRE ACCEPTÉ QUE POUR LES GARES ET STATIONS DU RÉSEAU.

Les Compagnies d'assurances contre l'incendie refusant d'assurer aux Commissionnaires de roulage Correspondants du Chemin de fer les caisses d'allumettes chimiques, ces Correspondants ne consentent à accepter la réexpédition de cette nature de marchandises qu'avec garantie de la Compagnie pour le cas d'incendie.

Dans cette situation, les Chefs de gare et de station sont invités à ne recevoir les colis déclarés contenir des allumettes chimiques que pour les gares et stations du réseau, et à ne jamais les expédier directement pour les localités au delà.

30 septembre 1854.

N° 261

MATÉRIEL AFFECTÉ AU TRANSPORT DES POUDRES.

Modification à l'article 5 de l'ORDRE GÉNÉRAL N° 52.

L'article 5 de l'ORDRE GÉNÉRAL N° 52, réglant les mesures à prendre pour le transport des poudres, munitions de guerre et matières explosibles ou inflammables, interdit d'une manière absolue de faire usage, pour le transport des poudres, de wagons armés de freins.

Sur l'observation présentée par la Compagnie que ses wagons couverts et fermés à panneaux pleins et munis de ressorts de choc étaient armés de freins, S. Exc. M. le Ministre des Travaux publics, par décision en date du 4 mai 1861, a arrêté qu'à défaut de wagons fermés sans frein, les poudres pourront être chargées dans des wagons à frein, sous les réserves suivantes :

1° Il est interdit de faire usage du frein.

2° Les surfaces des ferrures des axes ou leviers de transmission de mouvement qui pourraient être apparents dans les wagons, seront soigneusement recouvertes d'étoffes ou enveloppés par des manchons en bois.

Une circulaire, dont copie ci-après, en date du 15 juin, de Son Exc. le Ministre des Travaux publics explique et complète la décision du 4 mai.

« Par une circulaire en date du 4 mai dernier, interprétative de l'article 5 du Règlement
» du 15 février 1861, je vous ai fait connaître les conditions de sécurité moyennant les-
» quelles il pourrait, dans certains cas, être fait usage de wagons à freins pour le trans-
» port des poudres et munitions de guerre.

» À cette occasion quelques Compagnies de chemins de fer m'ont fait observer que la
» circulaire dont il s'agit n'établit aucune distinction sur les wagons armés de freins à vis
» et les wagons munis de freins à main; ces derniers ne paraissant cependant pas devoir
» être l'objet d'aucunes mesures prohibitives..

» D'un autre côté, l'on a pensé que la décision du 4 mai, interprétée dans un sens absolu,
» reviendrait à interdire aux Compagnies le transport des poudres par wagons à freins,
» lorsque le matériel comprend un certain nombre de wagons couverts et fermés, à pan-
» neaux pleins, non munis de freins; dès lors il a paru qu'il y avait lieu de spécifier que
» l'emploi de ces derniers wagons ne sera obligatoire que lorsque les gares expédi-
» trices en auront à leur disposition au moment de la livraison des convois de poudres.

» La circulaire du 4 mai 1861 ne peut être autrement interprétée à cet égard ; il est
» évident que lorsque le matériel à marchandise en réserve dans une gare quelconque ne
» comprendra que des wagons armés de freins, ces wagons pourront servir au transport
» des poudres, sous les conditions de sûreté prescrites, et alors même que sur d'autres
» parties du réseau il existerait des wagons sans freins.

» En ce qui concerne la nature des freins, la décision précitée ne distingue pas entre
» eux; elle n'a donc pas prohibé les freins à main, dont les dispositions d'installation
» rendent d'ailleurs sans objet certaines prescriptions concernant les précautions à obser-
» ver. Il reste seulement entendu qu'il est interdit de faire usage des freins ; le wagon
» chargé de poudres ne devant être accessible à aucun agent du train. »

Les Inspecteurs principaux sont chargés d'assurer l'exécution des présentes dispositions.

14 mai 28 juin 1861.

N° 262

ESCORTE, PAR LA GENDARMERIE, DES CONVOIS DE POUDRES ET MUNITIONS DE GUERRE.

Par décision en date du 8 avril 1859, M. le Ministre de la Guerre a arrêté que désormais les gendarmes appelés à relever l'escorte chargée d'accompagner sur les chemins de fer les convois de poudres et de munitions de guerre seraient fournis par les villes ci-après désignées :

Paris, Etampes, Orléans, Blois, Tours, Saumur, Angers, Ancenis, Nantes, Savenay, Saint-Nazaire, Château-du-Loir, le Mans, Châtellerault, Poitiers, Niort, la Rochelle, Rochefort, Ruffec, Angoulême, Coutras, Libourne, Bordeaux, Périgueux, Brives, Vierzon, Bourges, Nérondes, Bec-d'Allier, Issoudun, Argenton, Limoges, Montauban, Saint-Antonin, Villefranche, Rodez, Moulins et Montluçon.

En conséquence, les Chefs de gare des villes ci-dessus désignées, aussitôt qu'ils recevront d'un point quelconque de la ligne avis du jour et de l'heure du passage d'un train chargé de poudres ou de munitions de guerre, devront en donner connaissance à la Gendarmerie, qui prendra les mesures nécessaires pour relever l'escorte accompagnant le train.

Les dispositions du présent avis ne modifient en rien les prescriptions de l'Ordre général n° 52.

MM. les Inspecteurs principaux sont chargés d'assurer l'exécution du présent Ordre.

9 septembre 1860.

N° 263

PLACE QUE DOIVENT OCCUPER DANS LES TRAINS LES GENDARMES D'ESCORTE ET LES DOUANIERS CONVOYEURS.

Note explicative des dispositions de l'article 9 de l'Ordre général n° 52.

Pour l'exécution de l'article 9 de l'Ordre général n° 52, réglant les mesures à prendre pour le transport des poudres, munitions de guerre, S. Exc. M. le Ministre de l'Agriculture, du Commerce et des Travaux publics, par sa dépêche du 4 mai 1861, a fait connaître à la Compagnie que les gendarmes ou douaniers d'escorte devront être reçus dans le fourgon de tête, lorsque le train en contiendra, et ce n'est qu'à défaut de ce fourgon qu'ils pourront être placés, comme les Conducteurs des trains, dans les guérites des wagons à frein.

En conséquence de ces dispositions, toutes les fois que dans un train transportant des poudres, il se trouvera un fourgon dans lequel se tiendra le Chef de train, les Agents préposés à l'escorte prendront place dans ledit fourgon. Dans les trains directs de marchandises, où il ne se trouve pas de fourgon, et où le Chef de train fait fonctions de Garde-frein de tête, les Agents de l'escorte se placeront comme ceux du train dans les guérites des wagons à frein. Les gares devront faire monter les Agents d'escorte sur les wagons à frein les plus éloignés de la machine, et dans aucun cas ces Agents ne pourront être placés sur le wagon à frein attelé immédiatement après le tender.

Les Inspecteurs principaux sont chargés d'assurer l'exécution des présentes dispositions.

16 mai 1861.

N° 264

ACQUITS A CAUTION ACCOMPAGNANT LES TABACS OU LES POUDRES DU COMMERCE.

L'administration des Contributions indirectes se plaint de ce que les gares couvrent d'inscriptions et d'estampilles relatives au service les acquits-à-caution accompagnant les

23

tabacs ou les poudres du commerce, de telle sorte qu'il devient impossible au Directeur de l'Établissement destinataire de reconnaître les chiffre de l'acquit et d'y faire entrer le décompte qu'ils sont chargés d'établir sur cette pièce.

L'Administration insiste particulièrement pour qu'il ne soit absolument rien écrit et qu'il ne soit apposé aucune estampille au *verso* de la pièce, entièrement occupée par des tableaux de décomptes qui doivent rester intacts, même dans les parties non remplies ; mais elle ne s'oppose pas à ce que les Compagnies placent les estampilles ou mentions nécessaires à leur service dans les parties restées en blanc au *recto*, en respectant toutefois les parties écrites ou imprimées.

Le Chef de l'Exploitation invite les gares à prendre note de ces observations et à en tenir compte.

25 janvier 1859.

N° 265

EXPÉDITION DES CAPSULES DE GUERRE.

Par lettre du 21 mai 1860, M. le Ministre des travaux publics informe la Compagnie qu'il a décidé que les capsules de guerre, tout en continuant à être considérées comme munitions de guerre et par suite à être exclues des trains de Voyageurs, pourront être transportées librement et *sans l'escorte réglementaire* par les trains de marchandises.

Les gares et stations sont invitées à se conformer à cette décision.

24 mai 1860.

N° 266

FIXATION DU MAXIMUM DE CHARGEMENT DES CAISSES CONTENANT DES EXPÉDITIONS DE PHOSPHORE ET D'ALLUMETTES CHIMIQUES.

Le Chef de l'Exploitation porte à la connaissance des gares et stations l'arrêté de Son Exc. M. le Ministre de l'Agriculture, du Commerce et des Travaux publics en date du 22 mars 1860, concernant le transport des allumettes chimiques sur les chemins de fer.

ARRÊTÉ.

Le Ministre Secrétaire d'État au département de l'Agriculture, du Commerce et des Travaux publics;

Vu les lois, ordonnances et décrets portant concession des chemins de fer; ensemble les cahiers des charges y annexés;

Vu les articles 24 et 66 de l'ordonnance royale du 15 novembre 1846, portant règlement d'administration publique sur la police, l'usage et l'exploitation des chemins de fer;

Vu l'arrêté du 20 août 1857, déterminant les conditions spéciales moyennant lesquelles le transport du phosphore et des allumettes chimiques peut avoir lieu par les trains de marchandises;

Considérant qu'il importe de fixer la limite du poids de chaque chargement d'allumettes chimiques que pourra contenir une caisse établie dans les conditions de l'arrêté précité, c'est-à-dire fabriquée en planches d'un centimètre d'épaisseur, afin de prévenir les flexions et, par suite, les frottements intérieurs, qui peuvent occasionner l'inflammation des allumettes;

Sur la proposition du Directeur général des ponts et chaussées et des chemins de fer;
Les Compagnies entendues,

ARRÊTE :

ARTICLE PREMIER.

Le poids *maximum* du chargement d'allumettes chimiques, renfermé dans une caisse en planches d'un centimètre d'épaisseur, est fixé à cent cinquante kilogrammes.

ARTICLE 2.

Le présent arrêté sera notifié aux Compagnies de chemins de fer.

Les Préfets, les Fonctionnaires et Agents préposés à la surveillance administrative de l'Exploitation sont chargés d'en surveiller l'exécution.

Paris, le 22 mars 1860.

Signé : E. ROUHER.

L'arrêté ministériel du 20 août 1857, visé dans le nouvel arrêté reproduit ci-dessus, fait l'objet du § 3 de l'ORDRE GÉNÉRAL N° 52.

21 mai 1860.

N° 267

TRANSPORT DES TROUPES D'INFANTERIE, DE CAVALERIE ET D'ARTILLERIE.
(PERSONNEL ET MATÉRIEL.)

Des Règlements du Ministre de la guerre, en date du 6 novembre 1855, prescrivent les mesures à prendre pour l'embarquement, le transport et le débarquement des troupes de toutes armes.

Dans le but d'assurer la bonne exécution de ces services spéciaux, le Chef de l'Exploitation porte à la connaissance des gares et stations les prescriptions essentielles de ces Règlements, en recommandant à tous les Agents de mettre leurs soins à en faciliter l'application, conformément aux interprétations suivantes.

La Compagnie conserve toute initiative comme toute responsabilité pour la direction des mouvements nécessaires à l'embarquement, au transport et au débarquement des troupes.

Les Chefs de corps doivent à cet égard suivre strictement les indications données par l'Employé de la Compagnie chargé de diriger le train.

Le Commandant de la troupe doit concerter avec le Chef de l'Exploitation, ou son représentant, les mesures nécessaires pour qu'aucun retard et qu'aucun accident ne se produisent dans les opérations d'embarquement, de transport et de débarquement.

L'art. 9 détermine l'ordre dans lequel les voitures destinées au transport doivent être rangées en convoi. Toutefois, cet ordre reste nécessairement soumis aux exceptions que peuvent exiger les circonstances, les dispositions des lieux et l'intérêt bien entendu du service.

Dans tous les cas, s'il s'agit de cavalerie ou d'artillerie, les wagons chargés de selles doivent toujours être attelés en tête de la série de chevaux correspondants.

Pour arriver plus promptement à mettre les trains en état de partir ou d'être déchargés, les militaires disponibles doivent aider à la manœuvre toutes les fois qu'il en est besoin.

Le Commandant de la troupe doit s'entendre avec les Agents de la Compagnie pour régler le nombre des militaires qui peuvent être employés utilement ; afin d'éviter tout accident, ils doivent toujours être assistés par des Employés du Chemin de fer.

Les Agents de la Compagnie sont ‚tenus de prêter leur concours à l'exécution des mesures de police et de prévoyance.

Toutes les fois que des militaires arrivent trop tard pour être embarqués, on doit prendre les noms et prénoms des retardataires, avec l'indication du corps auquel ils appartiennent, les signaler immédiatement à la gendarmerie et assurer leur départ par le plus prochain convoi.

Les dispositions de l'art. 21 sont la reproduction de l'Ordonnance du 15 novembre 1846, en ce qui concerne les règles à observer par les voyageurs. (Art. 63 du Règlement d'administration publique.)

Dans le cas où, malgré les avertissements qui leur seraient donnés, des militaires persisteraient dans leur contravention à ces règles de sécurité et de bonne tenue, les Agents de la Compagnie doivent en faire leur rapport, pour que les contraventions soient signalées au Ministre de la guerre. (Bureau des transports.)

Quant aux détails techniques et spéciaux que contiennent les Règlements sur l'embarquement des chevaux et du matériel, cette partie de la réglementation doit être étudiée d'avance avec un soin particulier, afin d'examiner attentivement le parti le plus favorable que l'on peut tirer des dispositions des gares et des quais, de manière à faciliter par tous les moyens possibles l'embarquement et le débarquement des hommes, des chevaux et du matériel.

A cet effet, la Compagnie est autorisée à faire établir, quand il y a lieu, sauf remboursement de la dépense par l'Etat, les menus ouvrages mentionnés dans les Règlements.

Les Chefs de corps stationnés près d'un Chemin de fer sont autorisés à faire des expériences d'embarquement et de débarquement, pour que la troupe puisse se familiariser avec ces opérations et sache exécuter avec ordre et promptitude les mouvements qui peuvent être prescrits. Il est donc essentiel, toutes les fois qu'un mouvement, simulé ou réel, se produit, que les Chefs de gare, au point de départ et d'arrivée, fassent assister à ces opérations le plus grand nombre possible d'Employés de l'Exploitation.

En suivant ces manœuvres dans tous leurs détails, les Employés se mettront au courant des meilleurs moyens pour les exécuter avec méthode et célérité, et ils pourront, au besoin, guider une troupe qui n'aurait pas encore acquis, par la pratique, une expérience suffisante de ces opérations.

Tous les Agents de la Compagnie doivent donner leur concours à ces exercices, et en faciliter l'exécution par tous les moyens compatibles avec les exigences du service.

Lorsqu'une demande de cette nature sera adressée à un Chef de gare ou de station par l'autorité militaire, il devra s'y prêter immédiatement, dans les limites des nécessités du service, et se conformer en même temps aux dispositions suivantes :

1° Se faire donner une réquisition, dans la forme prescrite par le Règlement de comptabilité, soit pour transporter des troupes d'un point à un autre par les trains ordinaires ou par trains spéciaux, soit pour garantir la Compagnie de tous dommages pour son matériel;

2° Mettre à la disposition du Chef de corps ou demander immédiatement le matériel nécessaire pour l'exercice à exécuter.

L'activité des transports des bestiaux comportant, le plus ordinairement, l'emploi complet du matériel disponible du samedi au mercredi, les exercices doivent, autant que possible, n'être faits que le jeudi ou le vendredi.

En cas d'avarie au matériel résultant de ces manœuvres, le Chef de gare ou de station devra dresser, par numéro de wagon, un état de constatation, signé contradictoirement par le Chef de corps, lequel état sera joint à la réquisition.

Extrait des règlements du Ministre de la guerre, en date du 6 novembre 1855, sur le transport des troupes d'infanterie, de cavalerie et d'artillerie par les chemins de fer.

RÈGLEMENT SUR LE TRANSPORT DES TROUPES D'INFANTERIE PAR LES CHEMINS DE FER

SECTION PREMIÈRE.

Prescriptions et données générales.

Article premier. — Les transports sur les Chemins de fer exigent, en raison de la masse et de la vitesse des trains, une sécurité complète et une grande célérité dans toutes les opérations qui précèdent ou suivent le mouvement. Ces conditions ne peuvent être remplies que par la régularité et l'exacte observation de toutes les règles du service d'exploitation.

En outre, les troupes voyageant par Chemins de fer sont dans une situation analogue à celle des corps embarqués sur mer, où la direction de la route et une grande part d'autorité sont concentrées dans les mains des commandants de navires.

Pendant tout le voyage, le Chef de corps ou de détachement est donc tenu de suivre strictement les indications qui lui sont données par l'employé chargé de diriger le train, auquel demeure la responsabilité du mouvement.

Art. 2. — L'administration du chemin de fer est prévenue le plus tôt possible, soit directement par le Ministre, soit par les Généraux commandant les divisions, subdivisions et brigades territoriales ou actives, soit par les soins de l'intendance militaire, en vertu des ordres du commandement, de la force et de la composition des troupes à transporter, ainsi que des bagages ou du matériel à sa suite.

Aussitôt l'ordre de mouvement reçu, le Chef de corps ou de détachement se concerte avec le Chef de service du Chemin de fer, pour reconnaître le point d'embarquement, la composition qu'il convient de donner à chaque convoi et la disposition du matériel; enfin pour savoir l'heure du départ et prendre connaissance de l'itinéraire, dont une copie lui est délivrée.

Le jour du départ du train, le Chef de détachement remet à l'agent supérieur de la Compagnie la réquisition (modèle n° 1) portant l'état numérique définitif des hommes, des chevaux, voitures et bagages à transporter.

Le Chef de service met le Commandant en rapport avec les Employés chargés de diriger les trains.

Art. 3. — Toutes les fois que la troupe à transporter exige plusieurs trains, on doit proportionner ceux-ci à la force des moteurs et les charger à plein, sans tenir compte des régiments, bataillons et compagnies.

Art. 4. — Les wagons à Voyageurs des trois classes sont ordinairement employés au transport de l'infanterie; un dixième des places de troisième classe reste vide pour permettre de ranger tous les sacs sans gêner les hommes. Néanmoins il peut y avoir obligation de faire voyager les officiers de tout grade en 2e classe, lorsqu'il n'y a pas de voitures mixtes de 1re et de 2e classe.

Quelquefois aussi il est absolument nécessaire de se servir, pour la troupe, de wagons à marchandises, couverts ou découverts, dans la limite d'un tiers au plus. Ces wagons devront toujours être pourvus de bancs suffisants pour asseoir, au moins, la moitié des hommes embarqués.

Art. 5. — Les wagons à bœufs sont les meilleurs pour transporter les chevaux; ils peuvent contenir de cinq à neuf chevaux, avec trois ou quatre hommes. On n'emploie les wagons écuries à stalles que quand il y a nécessité absolue de séparer les chevaux, ou lorsque le petit nombre des chevaux à transporter ne permet pas de compléter le chargement d'un wagon à bœufs.

Art. 8 — La troupe doit arriver au point désigné une heure avant le départ.

Art. 9. — Les voitures destinées au transport sont rangées en convoi dans l'ordre suivant :

1° Un ou deux wagons à bagages ou à bestiaux, dans lesquels on charge les bagages de la troupe, les tambours, les gros instruments de musique;

2° Les wagons de 3e classe et, s'il y a lieu, tous les autres wagons reconnus propres au transport de la troupe, en nombre correspondant à la moitié de l'effectif;

3° Un wagon de 1re ou de 2e classe pour les officiers; on le complète, au besoin, avec des sous-officiers désignés à l'avance (petit état-major);

4° Le nombre de wagons nécessaires pour la seconde moitié de la troupe;

5° Un ou plusieurs wagons pour le transport des chevaux, selon le nombre qui en est accordé par le Règlement *ou par l'ordre du ministre;*

6° Un ou plusieurs wagons plats chargés des voitures particulières appartenant à des officiers, et des voitures de cantinières dont le transport est au compte de l'État, dans la proportion indiquée par la décision ministérielle du 28 juillet 1854, savoir . un cheval ou mulet et une voiture par cantinière.

Art. 11. — Il est formé un poste composé :

d'un sergent,

d'un caporal,

d'un tambour ou clairon

et d'un nombre de soldats proportionné à l'effectif : quinze hommes pour mille à douze cents. Ce poste occupe une partie du wagon à voyageurs placé en tête du train; il est préposé au maintien de l'ordre aux stations et à l'arrivée.

Les hommes punis de la prison occupent également une partie de cette voiture.

Art. 12. — Les chevaux, les voitures dont le transport est régulièrement autorisé et les bagages sont conduits au Chemin de fer une heure et demie avant le départ et chargés sous la direction des Employés de ce chemin.

Les soldats, cantinières et domestiques qui ne voyagent pas avec les chevaux ou dans les voitures, vont reprendre leur rang.

SECTION II.

Embarquement.

Art. 14. — Tous les officiers sont responsables de la stricte et rigoureuse exécution des mouvements prescrits; ils concourent personnellement à assurer la rapidité ainsi que le bon ordre, si nécessaires à l'embarquement.

Ils ne montent eux-mêmes en voiture que cinq minutes avant le départ, après s'être assurés que la troupe est régulièrement établie.

Art. 15. — Un sous-officier ou caporal, à défaut le plus ancien soldat, est le chef de chaque subdivision; il est chargé d'y maintenir le bon ordre et de veiller à l'exécution de toutes les mesures ordonnées.

Art. 16. — En arrivant dans la gare ou à proximité, et le plus près possible du quai ou de la voie d'embarquement, le Chef de la troupe la fait former en bataille ou en colonne serrée, suivant les exigences du terrain. Immédiatement après la revue d'effectif, si elle n'a pas eu lieu antérieurement, il fait remettre la baïonnette, et fait entrer dans le rang les sous-officiers, cantinières et enfants de troupe.

Accompagné de l'adjudant-major, des commandants de compagnies et de l'adjudant, il reconnaît rapidement la disposition et la nature du matériel; il donne les indications qu'il juge nécessaires pour assurer l'embarquement avec ordre et promptitude.

Il fait numéroter à la craie, par l'adjudant, les wagons destinés à la troupe, en commençant par le plus éloigné de l'entrée de la gare, qui doit porter le n° 1. Les chiffres sont tracés sur le grand marchepied du wagon, et non sur la caisse; ils doivent être très-apparents.

Immédiatement après avoir reconnu le matériel et reçu les instructions du Commandant, les capitaines retournent à leurs compagnies.

Les tambours et les musiciens vont, sous la conduite de leurs chefs, déposer les caisses et les gros instruments dans le wagon qui leur est destiné; ils sont guidés par un ou **deux** Employés du Chemin de fer.

Le poste, les hommes punis de la prison, les sapeurs, les tambours et les musiciens occupent les premiers wagons du train, soit que la troupe s'embarque la droite ou la gauche en tête; ils montent immédiatement en voiture, en se conformant aux prescriptions de l'article 17. Le tambour-major et le chef de musique dirigent cet embarquement.

Le Commandant désigne un capitaine qui se tient à l'entrée de l'embarcadère pour indiquer successivement, dans l'ordre numérique et d'après une note préparée à l'avance, au chef de chaque fraction, le wagon qu'il doit faire occuper. Il surveille l'embarquement des sapeurs, tambours et musiciens, pour que les compartiments des wagons soient complets.

Art. 18. — Aussitôt que chaque fraction est arrêtée et formée devant son wagon, l'officier commandant donne l'ordre d'ôter les sacs, de les prendre à la main, de ramener la giberne en avant et d'embarquer.

Chaque file ou subdivision se dirige vers la portière du compartiment où elle doit monter. Les sous-officiers et caporaux guident les soldats dans l'exécution des prescriptions suivantes.

Les deux premiers hommes qui entrent dans le wagon rangent leurs sacs sous les banquettes, à l'extrémité opposée à la portière ouverte. Le second prend le sac de l'homme suivant et le range de même, au milieu; celui-ci prend à son tour le sac du quatrième, et ainsi de suite; chaque homme, excepté les deux premiers, monte en wagon après que son sac est placé. Les hommes se serrent vers le fond, et ne doivent jamais obstruer l'entrée du wagon. Les trois derniers sacs sont déposés les uns sur les autres à la dixième place, laissée vacante à cet effet. Les sacs chargés de marmites et de grandes gamelles, occupant plus de place, sont mis de préférence sous les banquettes.

S'il n'y a pas de compartiments, chaque homme range son sac après être entré dans le wagon. Les premiers embarqués occupent les places les plus éloignées des portières.

Chaque homme assis tient son fusil entre ses jambes, la crosse sur le plancher; il est interdit de déposer les armes sur les banquettes ou dans les encoignures, excepté aux haltes et stations. (Article 22.)

Il est formellement défendu aux sous-officiers, caporaux et soldats de fermer les portières avant que l'officier en donne l'ordre; celui-ci veille avec le plus grand soin à ce que les *compartiments soient exactement remplis* et à ce que les sacs soient rangés comme il est dit plus haut, de manière à ne pas gêner les jambes des soldats. Enfin il donne les instructions nécessaires pour l'exécution ponctuelle des mesures d'ordre et de police pendant la route.

L'embarquement dans les wagons à marchandises se fait d'une manière analogue; les hommes s'aident les uns les autres. S'il n'a pas été possible d'établir des bancs, ils se tiennent debout ou s'asseoient sur le plancher.

Art. 19. — Au fur et à mesure de l'embarquement, l'adjudant écrit sur le grand marchepied du wagon l'indication de la compagnie ou des compagnies qui l'occupent.

Art. 20. — L'Officier commandant, responsable de tout ce qui concerne la troupe sous ses ordres, accompagné du Chef de train, passe une revue rapide du convoi avant le signal du départ.

SECTION III.

Route.

Art. 21. — La troupe étant embarquée, il est rigoureusement interdit :
1° De sortir la tête ou les bras hors des parois des wagons pendant la marche ;
2° De passer d'une voiture dans une autre ;
3° De pousser des cris, et surtout de descendre de wagon aux stations avant le signal convenu.

Art. 22. — Aux stations où, d'après l'itinéraire du train et le temps indiqué par l'Employé qui dirige le mouvement, le Commandant juge convenable que la troupe mette pied à terre, il fait connaître la durée de la halte aux officiers; ceux-ci se portent avec rapidité, pour diriger et surveiller le mouvement, à la hauteur des wagons où sont embarquées leurs compagnies respectives.

Le poste de police descend immédiatement et fournit des sentinelles partout où il en est besoin, et toujours du côté intérieur de la voie, pour empêcher les hommes d'ouvrir les portières des wagons, de descendre et de stationner entre les rails.

Au signal donné par une sonnerie ou une batterie convenue, les hommes, après avoir placé leurs fusils sur les banquettes, descendent en ordre et *exclusivement par les portières qui s'ouvrent sur le côté extérieur de la voie*. Les sacs restent dans les voitures. Personne ne sort des gares, et, quand on fait exception à cette règle, il est rigoureusement interdit d'escalader les clôtures du chemin. Trois minutes avant le départ, une sonnerie ou une batterie donne le signal du rembarquement, qui doit s'achever avec ordre et rapidité.

Les hommes sont libres de rester en voiture et d'y remonter avant le signal.

Il est essentiel qu'une halte de quinze minutes ait lieu toutes les deux ou trois heures au plus.

Art. 24. — Pendant une halte, vers le milieu du trajet, si une partie de la troupe occupe des wagons à marchandises, le Commandant fait passer les hommes de ces wagons à marchandises dans les wagons à voyageurs, et réciproquement, afin de répartir sur un plus grand nombre d'hommes les avantages et les inconvénients de ces diverses voitures; à cet effet, il désigne les voitures de 3e classe dans lesquelles doit se faire la mutation, prévient les officiers qui surveillent et dirigent le mouvement, puis il fait débarquer avec rapidité les uns et les autres. Le rembarquement se fait aussitôt après. De nouvelles indications sont tracées sur le grand marchepied des wagons où le changement s'est fait.

SECTION IV.

Débarquement.

Art. 25. — A la station qui précède l'arrivée à destination, le Commandant prévient la troupe de se tenir prête à sortir des wagons. Chaque homme remet sa tenue en ordre et reprend son sac, qu'il tient alors sur ses genoux.

A l'arrivée du train dans la gare de destination ou sur le point désigné pour le débarquement, les officiers mettent pied à terre les premiers.

Le Commandant reconnaît le terrain, en dehors de la gare, sur lequel la troupe doit se former, et l'indique aux officiers.

Art. 26. — Les hommes sortent en ordre des wagons, remettent leurs sacs, et, guidés par les officiers, se rendent sur le point choisi pour s'y reformer.

Il est essentiel que le quai de la gare soit évacué le plus promptement possible.

Art. 27. — Les bagages et les chevaux sont déchargés et remis à qui de droit par les Employés du Chemin de fer.

23

Art. 29. — Tableau faisant connaître le poids des soldats d'infanterie armés et équipés.

	HOMME ARMÉ ET ÉQUIPÉ.
	kilogrammes.
Infanterie de ligne	88
Chasseurs à pied	84
Artillerie à pied et génie	89

Art. 30. — Les compartiments du modèle le plus en usage contiennent dix voyageurs civils; mais le soldat, avec son arme, son sac et son équipement, est un voyageur exceptionnel. Les Compagnies de Chemins de fer n'ont fait aucune difficulté de le reconnaître.

En conséquence, la capacité des wagons sera utilisée ainsi qu'il suit :

Huit places, au lieu de dix, par compartiment, pour les grenadiers et les gendarmes de la garde impériale, les sapeurs et les musiciens de tout corps;

Neuf places, au lieu de dix, par compartiment, pour tous autres corps d'infanterie.

Les places restées vides sont réservées pour le placement des sacs, des bonnets à poil et instruments qui n'auraient pu être rangés sous les banquettes.

Les soldats de tous corps, non équipés, occuperont le même nombre de places par compartiment qu'occuperaient les voyageurs civils.

RÈGLEMENT SUR LE TRANSPORT DES TROUPES DE CAVALERIE PAR LES CHEMINS DE FER.

SECTION PREMIÈRE.

Prescriptions et Données générales.

Art. 1er. — Les transports sur les Chemins de fer exigent, en raison de la masse et de la vitesse des trains, une sécurité complète et une grande célérité dans les opérations qui précèdent ou suivent le mouvement.

Ces conditions ne peuvent être remplies que par la régularité et l'exacte observation du service d'exploitation.

En outre, les troupes voyageant par Chemins de fer sont dans une situation analogue à celle des corps embarqués sur mer, où la direction de la route et une grande part d'autorité sont concentrées dans les mains des Commandants de navires.

Pendant tout le voyage, le Chef de corps ou de détachement est donc tenu de suivre strictement les indications qui lui sont données par l'Employé chargé de diriger le train, auquel demeure la responsabilité du mouvement.

Par le même motif, les officiers et la troupe doivent se conformer aux recommandations des Agents du Chemin de fer.

Art. 3. — Toutes les fois que la troupe à transporter exige plusieurs trains, on doit proportionner ceux-ci à la force des moteurs et les charger à plein, sans tenir compte des escadrons, divisions ou pelotons.

Art. 4. — Les officiers voyagent en 1ʳᵉ ou en 2ᵉ classe ; leur petit nombre, par rapport à la masse des trains, et l'obligation de compléter leur wagon avec des sous-officiers et cavaliers, s'opposent ordinairement à l'emploi de la 1ʳᵉ classe, à moins qu'il n'y ait des voitures mixtes.

Une partie de la troupe s'embarque avec les chevaux à raison de quatre hommes par wagon.

Il y a un sous-officier, ou brigadier et quatre cavaliers dans chaque wagon à selles. Le reste de l'effectif est transporté dans des wagons à voyageurs de 3ᵉ classe.

Art. 5. — Les wagons à bœufs, dans lesquels on fait exclusivement le transport des chevaux, sont des caisses rectangulaires couvertes, ayant leurs petits côtés pleins, leurs grands côtés pleins également jusqu'à un mètre du plancher, et à claire-voie au-dessus. Ils s'ouvrent par des portes à deux battants ou à coulisses, pratiquées sur le milieu des grands côtés. Les claires-voies sont fermées par les bâches ou rideaux imperméables et mobiles.

Les dimensions de ces voitures varient ainsi qu'il suit :

Longueur............................. 4ᵐ,12 à 6ᵐ,00
Largeur .... 2ᵐ,30 à 2ᵐ,50
Hauteur des portes.................. 1ᵐ,70 à 1ᵐ,92

Les wagons ayant 1ᵐ,90 de hauteur sous le linteau de la porte peuvent recevoir les plus grands chevaux sellés ; ceux de 1ᵐ,80 admettent les chevaux de cavalerie légère avec le paquetage complet ; ceux qui ont seulement le minimum de 1ᵐ,70 (ligne d'Orléans) ne peuvent admettre que des chevaux dessellés de toutes armes.

Art. 6. — Chaque wagon à bestiaux ou à marchandises doit être muni d'une barre de 10 centimètres d'équarrissage sur 2 mètres de longueur, à angles arrondis, percée et garnie, à chacun des bouts, d'une corde moyenne assez longue pour s'attacher aux anneaux extérieurs de wagons (environ 1ᵐ,20).

Cette barre se place intérieurement en travers de la porte et sert à empêcher les chevaux de reculer pendant les intervalles d'enlèvement des ponts et de fermeture des wagons.

Art. 7. — Le chargement du wagon dépend de sa longueur et de la grosseur des chevaux, qui varie suivant l'arme. Le plus petit wagon peut contenir cinq chevaux ; le plus grand en contient neuf. Il est essentiel que les chevaux soient serrés les uns contre les autres et n'aient pas assez d'espace pour se mouvoir.

Le tableau suivant donne la moyenne de cette grosseur et peut servir à déterminer le nombre de chevaux chargeant à plein chaque wagon. Le poids moyen des chevaux y est également indiqué, ainsi que la hauteur du paquetage.

Lorsque le dernier wagon n'est pas complètement rempli de chevaux, il faut maintenir serrés, en un ou deux groupes, ceux qu'on y embarque, au moyen de barres de 2ᵐ,50 de longueur, analogues à la barre de fermeture, qui s'attachent par deux cordes aux anneaux extérieurs des côtés et se posent sur les parois longitudinales. La porte du wagon doit être toujours libre.

INDICATION DES ARMES.		LARGEUR.	HAUTEUR.	POIDS.
Cavalerie de réserve	Chevaux sellés	0m,90	0m,86	600 kil.
	Chevaux dessellés	0m,70		560
Cavalerie de ligne	Chevaux sellés	0m,80	1m,80	506
	Chevaux dessellés	0m,65		473
Cavalerie légère	Chevaux sellés	0m,75	1m,76	424
	Chevaux dessellés	0m,60		394

Art. 8. — Les strapontins servant à asseoir les cavaliers embarqués dans les wagons à chevaux sont des planches de 2 centimètres et demi d'épaisseur, sur 45 centimètres de longueur et 30 centimètres de largeur, arrondies et percées aux quatre coins pour laisser passer quatre bouts de corde de 1m,30 de longueur arrêtés par des nœuds simples au-dessous de la planche. Les deux cordes sortant de chaque petit côté sont réunies par deux nœuds également simples, mais disposés de telle sorte qu'en mettant la planche à plat et tirant les cordes par ces derniers nœuds, on forme un triangle dans lequel la perpendiculaire abaissée du sommet sur la planchette tombe aux deux tiers du petit côté.

La distance du nœud au sommet du triangle à la planchette est réglée pour que le siége se trouve à 60 centimètres du plancher du wagon.

On attache cet assemblage aux barres longitudinales des wagons, par les bouts dépassant les nœuds de réunion, la corde la plus longue contre la paroi du wagon, la planchette à la hauteur ci-dessus indiquée légèrement inclinée en arrière, et les nœuds de réunion contre l'angle inférieur interne de la barre.

Chaque strapontin doit avoir son milieu à 75 centimètres du bout du wagon, afin que le cavalier assis soit entre les têtes de chevaux extrêmes et celles de leurs voisins.

Il est expressément interdit aux cavaliers de déplacer les strapontins; ils changent entre eux pour s'asseoir à tour de rôle.

Pendant l'embarquement des chevaux, les planchettes sont passées à l'extérieur du wagon, ou engagées entre la barre longitudinale et la bâche. Les cavaliers les remettent à leur place en les laissant retomber quand le wagon est fermé.

Art. 9. — Les selles sont convenablement embarquées avec leur paquetage complet dans les wagons à bagages et à freins extérieurs, qui peuvent en recevoir soixante. Ces wagons sont des caisses rectangulaires entièrement closes, fermées par des portes à deux vantaux, s'ouvrant à coulisse et garnies de serrures; leur hauteur varie de 1m,65 à 1m,80.

Art. 10. — Pour embarquer ou débarquer les chevaux, il faut :

1° Sur un quai, des plateaux attachés aux wagons et faisant partie de la porte, ou des plateaux volants, de la largeur des ouvertures, ayant un mètre de longueur, assez solides pour ne pas fléchir sous le poids des chevaux et joignant le terre-plein au plancher des wagons;

2° Sur un point quelconque de la voie, un pont, soit en madriers de sapin, à tablier de chêne, soit de toute autre construction solide, de 5 mètres de longueur sur une largeur dépassant de 20 centimètres celle des portes des wagons. La rampe se place devant l'ouverture du wagon, de manière à raser le plancher; sa partie supérieure repose sur l'essieu d'une paire de roues moyennes ou sur un chevalet de hauteur et force convenables. Elle peut encore être supportée par deux fortes pièces de fer ajustées sous les madriers et posant sur le plancher même des wagons.

On fait établir, autant que possible, des garde-corps de 60 centimètres, à droite et à gauche du pont. On peut y suppléer par des barres de 8 à 10 centimètres d'équarrissage et de 5 mètres de longueur, attachées aux portes des wagons et tenues en bas par deux hommes, à la hauteur de la ceinture.

Dans le cas où l'inclinaison est gardée au moyen d'un support, on peut faire passer les wagons successivement devant les ponts. Si, au contraire, la rampe repose sur le plancher, il faut la porter de wagon en wagon, ce qui est assez difficile, en raison du poids de ce plateau.

Un ou deux grands ponts accompagnent toujours chaque train chargé de cavalerie, pour le cas où il y aurait nécessité de débarquer en route et hors d'une gare.

Art. 13. — La troupe arrive au point désigné pour l'embarquement, *deux heures* au moins *avant le moment du départ.* Elle porte le manteau en sautoir, si la température est froide, afin de pouvoir s'en servir en voyage.

Les chevaux doivent avoir fini de manger deux heures au moins avant de commencer l'embarquement, et leur dernier repas doit se composer exclusivement de foin, à raison de $2^k,50$ par cheval de cavalerie de réserve, et 2 kilogrammes par cheval de cavalerie de ligne ou légère; on fait boire après le repas.

Les chevaux sont alors plus calmes, plus dociles et mangent mieux pendant la route.

Art. 14. — Les voitures d'un train de cavalerie sont disposées dans l'ordre suivant :

1° Un wagon plat, portant un ou deux grands ponts de débarquement;

2° Un wagon fermé contenant les bagages de la troupe;

3° La moitié des wagons chargés de selles et de chevaux;

4° Un ou deux wagons de 3ᵉ classe pour la troupe;

5° Un wagon mixte ou de 2ᵉ classe pour les officiers; on le complète avec les sous-officiers du petit état-major, et subsidiairement avec les autres; ils doivent être désignés d'avance;

6° La seconde moitié des wagons chargés de selles et de chevaux;

7° Un ou plusieurs wagons plats portant *les voitures particulières* (1) *des officiers* et des cantinières dont le transport est au compte de l'État, dans la proportion indiquée par la

---

(1) L'admission, dans les trains, des voitures particulières appartenant à des officiers, *ne préjudicie* en rien **au droit** des Compagnies de percevoir le tarif entier pour lesdites voitures.

décision ministérielle du 28 juillet 1854, savoir : un cheval ou mulet et une voiture par cantinière.

Si le quai d'embarquement est assez étendu ou si le nombre des ponts est suffisant, le train est disposé d'avance, suivant l'ordre ci-dessus indiqué, et l'embarquement peut avoir lieu dans tous les wagons à la fois; dans le cas contraire, qui est habituel, *on doit toujours charger le plus possible de chevaux en même temps.* A cet effet, les manœuvres nécessaires pour amener les wagons au point d'embarquement et mettre le train en état de marcher sont exécutées par les Employés du chemin de fer, aidés par les cavaliers disponibles.

Il en est de même pour les dispositions que peut exiger le débarquement.

Art. 16. — Il est formé un poste composé

d'un maréchal des logis,

d'un brigadier,

d'un trompette

et d'un nombre de cavaliers proportionné à l'effectif, pris, autant que possible, parmi les hommes à pied (environ huit hommes pour cent cinquante).

Ce poste occupe une partie du wagon le plus voisin de celui des officiers; il est préposé au maintien de l'ordre, aux stations et à l'arrivée.

Art. 17. — Les voitures et les bagages sont conduits au Chemin de fer trente minutes avant l'arrivée du corps, et sont chargés sous la direction des Employés de ce chemin.

Les cavaliers d'escorte, les cantinières et les domestiques qui ne voyagent pas dans les voitures qu'ils accompagnent, attendent le détachement pour s'embarquer avec lui.

SECTION II.

Embarquement.

Art. 20. — Tous les officiers assurent l'exécution des mouvements prescrits; ils sont responsables de la célérité et du bon ordre dans l'embarquement; ils montent en voiture les derniers et cinq minutes avant le départ.

Art. 21. — Chaque wagon d'hommes ou de chevaux a pour chef le plus ancien cavalier, si aucun maréchal des logis ou brigadier n'y est embarqué. Le chef de wagon est chargé de maintenir le bon ordre et de veiller à l'exécution de toutes les mesures in-diquées.

Art. 22. — A moins d'ordres particuliers et formels, *les chevaux sont toujours dessellés* pour voyager par Chemin de fer. Cette mesure est indispensable pour améliorer les conditions hygiéniques du transport, éviter les détériorations au harnachement et tirer le plus grand parti possible du matériel propre à recevoir des chevaux. Les chevaux ne sont pas débridés.

Art. 23. — Le corps ou détachement à embarquer, arrivant en colonne dans la gare ou à proximité, est formé en bataille sur un rang, le plus près possible des wagons ; chaque cavalier du second rang prend la gauche de son chef de file, ainsi qu'il est prescrit à l'article 42 du règlement du 5 mai 1832, sur le service des armées en campagne.

Les sous-officiers en serre-file se joignent au reste de la troupe et rentrent dans le rang.

Un officier est désigné pour suivre l'embarquement et faire écrire sur les deux côtés de chaque voiture, par un sous-officier ou brigadier mis à sa disposition, les numéros du peloton et de l'escadron auxquels appartiennent les hommes et les chevaux qu'elle contient.

Un sous-officier ou brigadier est également désigné pour veiller au chargement des selles dans chaque wagon à bagages, ainsi qu'au déchargement à l'arrivée; quatre cavaliers, pris parmi les hommes à pied et auxquels il devra avoir été fait une théorie détaillée, sont adjoints à chacun de ces sous-officiers ou brigadiers.

Les employés du chemin de fer indiquent immédiatement les wagons destinés pour les selles aux chefs désignés, qui se portent avec leurs hommes à ces wagons et y font déposer les bottes de paille cylindriques, savoir : six contre le grand côté qui fait face à la porte, trois à droite de la porte et deux à gauche; toutes perpendiculaires au grand côté du wagon.

Art. 26. — Les diverses fractions prêtes à embarquer, ou tout le détachement, s'il est en entier à portée des wagons à bagages, commencent à desseller en même temps; les cavaliers numéros pairs tiennent les chevaux de leurs voisins de droite numéros impairs; ceux-ci les aident à leur tour, avant ou après avoir porté leur harnachement au wagon à selles.

Les chevaux restent bridés.

Si l'ordre en est donné, on étend les couvertes pliées en quatre et on les fixe avec le surfaix sur les chevaux.

La croupière, le poitrail, la sangle et, s'il y a lieu, la couverte sont réunis sur la schabraque et maintenus par le surfaix: les étriers sont relevés et attachés.

Les selles ainsi disposées sont portées par les cavaliers numéros impairs auprès du wagon à bagages, et déposées à terre sur le point désigné par le sous-officier ou brigadier qui dirige le chargement; ces cavaliers retournent sans délai à leurs fractions, pour tenir les chevaux; les numéros pairs portent, à leur tour, leur harnachement au même wagon, et le déposent, sur l'indication du chef, auprès de celui des numéros impairs; ils retournent vivement à leurs chevaux pour les embarquer.

Art. 27. — Le sous-officier ou brigadier chef de wagon à selles fait opérer le chargement par les cavaliers sous ses ordres; ceux-ci sont disposés de la manière suivante :

Ils quittent leurs armes et les déposent en lieu de sûreté.

Les deux premiers entrent dans le wagon et se placent de chaque côté de la porte; ce sont les chargeurs.

Les deux autres leur apportent les selles, en commençant par la droite du peloton ou de la fraction de peloton qui fournit les premiers harnachements; ils restent en dehors ; ce sont les aides ou porteurs.

Le premier chargeur ayant reçu la selle apportée par le premier aide, la place au fond du wagon à bagages à droite, sur le bottillon cylindrique, le porte-manteau contre la paroi longitudinale du wagon et les fontes vers le milieu. Il range successivement les selles suivantes sur le même rang en s'avançant vers le milieu du wagon.

Le deuxième chargeur place la première selle qu'il reçoit au fond du wagon à gauche, sur le bottillon cylindrique, et range les suivantes en s'avançant vers son camarade.

Tous deux ont soin de juxtaposer les paquetages de façon à ce qu'ils soient parfaitement alignés. Dès que les chargeurs se sont joints, ils recommencent à ranger les selles sur les premières, en partant des deux bouts du wagon, et forment ainsi des piles de cinq ou six selles. Les paquetages des officiers sont mis à la partie supérieure.

Le fond d'un wagon reçoit ainsi les selles d'un peloton au moins.

Les cinq bottillons disposés du côté de la porte servent à leur tour de supports aux harnachements d'une portion de peloton. Il est très-essentiel que ces deux groupes isolés soient formés avec le plus grand soin, pour que les piles ne risquent pas de se renverser dans l'espace laissé libre devant la porte. Ces piles une fois établies, on ne doit plus toucher aux selles qu'au lieu de destination.

Par cette méthode, le chargement des selles peut se faire aussi vite et aussi facilement sur un point quelconque de la voie que sur le quai lui-même.

Le chef de wagon peut prendre, en outre, telle disposition qui aiderait à faire reconnaître à quels pelotons appartiennent les divers groupes de selles, afin de les rendre facilement à leurs cavaliers au point d'arrivée. (Voir le renvoi à l'article 37.)

Il est bien entendu que le chef de wagon est responsable du chargement complet, et non pas seulement des selles du peloton auquel il appartient.

Ce sous-officier ou brigadier et ses quatre aides montent dans leur wagon après avoir repris leurs armes.

Art. 28. — Dès que tous les cavaliers sont revenus à leurs chevaux, l'embarquement a lieu, sur l'avertissement d'un officier, dans tous les wagons disponibles à la fois.

Les cavaliers qui font appuyer leurs chevaux à droite se placent en partant du côté montoir; ceux qui font appuyer à gauche, du côté hors-montoir; les uns et les autres marchent franchement et sans regarder leurs chevaux.

Le premier cavalier de chaque fraction dirige son cheval, en lui faisant baisser la tête, sur le milieu de la porte du wagon.

Aussitôt entré, il fait appuyer son cheval sur la droite, contre la paroi latérale de ce côté, la tête opposée à l'entrée du wagon.

Le deuxième cavalier suit le premier et fait ranger son cheval à gauche, en le plaçant vers le centre de la voiture.

Le troisième cavalier fait appuyer son cheval contre celui du premier; le quatrième contre celui du second.

Le premier et le deuxième cavalier prennent les chevaux du troisième et du quatrième; ces deux derniers se placent entre leurs chevaux et les maintiennent dans leur position, en laissant la porte libre; ils saisissent l'extrémité de la longe ou des rênes des chevaux suivants et les font entrer dans le wagon.

Il est essentiel d'exécuter ces divers mouvements avec ordre et rapidité, afin de ne pas laisser aux premiers chevaux embarqués le temps de se mettre en travers du wagon. Si un cheval résiste, on fait avancer le suivant et le premier est entraîné vivement à la suite. Autant que possible, il faut faire entrer d'abord les chevaux dociles; les autres, n'ayant pas à appuyer à droite ou à gauche, opposent moins d'efforts. Lorsqu'un cheval se met en travers de la porte, son cavalier lui ramène la tête vers l'intérieur du wagon et le fait ranger dans le coin en reculant. Il convient, au reste, d'employer préférablement les moyens de douceur; d'ailleurs, les chevaux font moins de difficultés pour entrer dans le wagon, lorsque le fourrage y a été déposé à l'avance, comme il est prescrit à l'article 25.

Les cavaliers dont les numéros sont au-dessus de quatre, et parmi lesquels se trouvent les sous-officiers, restent en dehors des wagons. Dès que le dernier cheval est entré, ils mettent la barre de fermeture provisoire, relèvent ou retirent le pont et ferment les portes (1). Ils prennent ensuite la barre et la passent aux hommes restés dans le wagon, puis ils embarquent le fourrage qui est placé devant les chevaux, contre la paroi longitudinale.

Les chevaux sont attachés à la barre de tête avec la longe du licol, ce qui permet de débrider. *On ne doit point débrider avant que le train soit en marche;* alors trois ou quatre brides sont réunies, liées ensemble à la têtière par les rênes de l'une d'elles et attachées à la barre du wagon avec les mêmes rênes, vers les encoignures.

Les cavaliers ramènent les sièges des strapontins à l'intérieur et les placent inclinés en arrière, contre la paroi, pour s'asseoir. Ils ne touchent pas aux cordes de suspension.

Toutes les fois que la disposition de la gare nécessite des manœuvres de formation de train sur les plaques tournantes, ou si les quais le permettent, on dirige la tête des chevaux vers l'extérieur de la voie. On peut alors faire relever les bâches devant les chevaux.

Art. 29. — Tous les hommes montés ou non montés restés en dehors sont réunis dans un wagon de 3e classe et partagés en fractions correspondant à la capacité des compartiments des wagons; les sous-officiers complètent le wagon des officiers, s'il y a lieu.

Chacun tient ses armes entre ses jambes ou à côté de soi, la crosse ou le fourreau sur le plancher.

Il est interdit de déposer les fusils ou mousquetons dans les encoignures ou sur les banquettes, excepté pendant les haltes et stations.

Dans les wagons-écuries, on a soin de ne pas laisser les armes à portée des pieds des chevaux.

Il est formellement défendu aux hommes d'y fumer.

Art. 30. — L'officier préposé à cet effet, assisté de deux sous-officiers ou brigadiers, fait écrire avec de la craie, au fur et à mesure de l'embarquement, sur les panneaux des wagons à chevaux et à selles, l'indication des pelotons et escadrons auxquels appartiennent les uns et les autres.

Ces inscriptions servent à faire retrouver les places aux stations où les cavaliers peuvent descendre, et à faciliter le débarquement à l'arrivée, en aidant chacun à reprendre son harnachement, son cheval et sa place.

Elles doivent être faites des deux côtés de chaque wagon.

Art. 31. — Aussitôt que l'embarquement est terminé, l'Officier commandant et le Chef de train passent la revue des wagons et font rectifier immédiatement les dispositions défectueuses.

---

(1) S'il n'y a pas de barre de fermeture provisoire, ils calment les chevaux, relèvent ou retirent le pont, etc.

24

SECTION III.

ROUTE.

Art. 32. — La troupe étant embarquée, il est rigoureusement interdit :

1° De sortir la tête ou les bras hors des wagons pendant la marche;

2° De passer d'une voiture dans une autre;

3° De pousser des cris;

4° De descendre de wagon aux stations avant le signal convenu.

Les cavaliers placés près des chevaux les empêchent d'avancer la tête hors du wagon; ils leur font manger le foin à la main pendant la marche du convoi.

A tous les coups de sifflet de la locomotive, les cavaliers prennent les chevaux par la bride ou le licol, pour les soutenir dans les chocs ou les oscillations du mouvement et pour les empêcher de s'effrayer.

En cas d'accident, les cavaliers des wagons à chevaux font un signal extérieur, soit au moyen d'un fanion, soit en agitant un mouchoir.

Art. 33. — Aux stations où, d'après l'itinéraire du train et le temps indiqué par l'Employé qui dirige le voyage, le Commandant juge convenable que la troupe mette pied à terre, il fait connaître la durée de la halte aux officiers; ceux-ci se portent, pour diriger le mouvement, à la hauteur des wagons où sont embarqués leurs pelotons respectifs.

Le poste de police descend immédiatement et fournit des sentinelles partout où il en est besoin, en particulier du côté intérieur de la voie, pour empêcher les hommes d'y stationner ou d'ouvrir les portes des wagons.

Les hommes embarqués avec les chevaux descendent en passant par-dessus la paroi des wagons. Si on juge nécessaire de faire ouvrir les portes, la barre de fermeture est placée préalablement. On relève les strapontins et on les passe à l'extérieur des wagons.

Lorsque la tête des chevaux est tournée vers l'intérieur de la voie, les cavaliers descendent sur l'entre-voie, à un signal particulier convenu avec le Chef de service; mais ils se portent immédiatement sur le quai ou le terre-plein extérieur du chemin.

A la sonnerie d'un demi-appel, les cavaliers des wagons à voyageurs descendent en ordre, exclusivement par les portières qui s'ouvrent sur le côté extérieur de la voie. Personne ne sort des gares, et, quand on fait exception à cette règle, il est rigoureusement interdit d'escalader les clôtures du chemin. Cinq minutes avant le départ, une sonnerie donne le signal du rembarquement, qui doit s'achever avec ordre et rapidité.

Les cavaliers sont libres de rester en voiture et d'y remonter avant le signal, mais ils ne doivent jamais laisser leurs armes à la portée des pieds des chevaux.

Il est essentiel qu'une halte de quinze minutes ait lieu toutes les trois heures au moins.

A la station qui précède immédiatement le point d'arrivée, le chef de la troupe donne l'ordre de brider les chevaux, de ramasser le fourrage qui ne serait pas mangé et d'en former une botte par wagon.

Enfin, il est prescrit aux hommes de remettre leur tenue en ordre, pour être prêts à débarquer au premier signal.

SECTION IV.

Débarquement.

Art. 36. — A l'arrivée du train dans la gare de destination ou sur le point désigné pour le débarquement, les officiers descendent de voiture les premiers.

Le Commandant reconnaît le terrain sur lequel la troupe doit se former et l'indique aux officiers.

Art. 37. — Un demi-appel donne le signal du débarquement. Les officiers se portent, avec les hommes embarqués dans les wagons à voyageurs, aux wagons où se trouvent les chevaux de leurs pelotons respectifs.

Les sous-officiers ou brigadiers chefs des wagons à selles commencent tout de suite à faire débarquer le harnachement qui est rangé par pelotons dans l'ordre où les cavaliers l'ont déposé au départ (1).

Dès que les wagons à chevaux sont au bord du quai ou que les grands ponts sont placés, les cavaliers des wagons à voyageurs ouvrent les portes, disposent les plateaux et aident les autres à faire sortir les chevaux dans l'ordre inverse de celui où ils sont entrés.

Si la tête des chevaux est opposée au quai, on fait sortir les deux premiers en reculant, et les autres exécutent un demi-tour dans le wagon pour franchir la porte.

Les chevaux sont formés sur un ou deux rangs, à portée des wagons à selles. Trois cavaliers sur quatre vont chercher le harnachement; le quatrième tient les chevaux.

Les chefs de wagons à selles désignent les pelotons qui peuvent emporter leurs paquetages les premiers, et appellent successivement les autres.

On selle les chevaux, chaque cavalier, brigadier ou sous-officier aidant son voisin dans cette opération.

Les chevaux étant sellés, la troupe monte à cheval et se rend sur le point désigné pour s'y reformer.

Art. 38. — Les bagages et voitures sont déchargés et remis à qui de droit par les Employés du Chemin de fer.

SECTION V.

Dispositions exceptionnelles.

Art. 19. — Lorsque les wagons sont assez élevés et que, par exception, l'ordre est

---

(1) Un moyen bien simple a été employé avec succès par un escadron, pour que chacun pût reconnaître sa selle lors du débarquement : chaque selle portait le nom du cavalier sur un papier ou un petit carton passé dans une boucle du harnachement. Cet escadron a été formé et prêt à partir vingt minutes avant les autres escadrons.

donné de faire embarquer les chevaux avec leurs selles, on dispose le paquetage de la manière suivante :

Élever le surfaix ;

Déboucler les deux courroies de paquetage de devant ou relever la courroie de charge, selon le harnachement ancien ou nouveau modèle ;

Rabattre la schabraque sur le siége de la selle ; remettre le surfaix ;

Ramener le manteau en avant ou en arrière des fontes, lorsque les hommes ne le prennent pas en sautoir, de manière à ce qu'il n'augmente pas la saillie des sacoches ou des fontes.

Cet arrangement diminue la largeur du paquetage et supprime quelques chances de détérioration.

Les chevaux sont toujours sanglés ; la croupière et le poitrail restent en place.

Art. 12. — Les compartiments du modèle le plus en usage contiennent dix voyageurs civils ; mais le soldat, avec son arme et son équipement, est un voyageur exceptionnel ; les Compagnies de Chemins de fer n'ont fait aucune difficulté de le reconnaître.

En conséquence, la capacité des wagons sera utilisée ainsi qu'il suit :

Huit places, au lieu de dix, par compartiment, pour les carabiniers, cuirassiers, sapeurs et musiciens de tous corps ;

Neuf places, au lieu de dix, par compartiment, pour tous autres corps de cavalerie.

Les places vides sont réservées aux casques, bonnets à poil et instruments qui n'auraient pu être rangés sous les banquettes.

Les soldats de tous corps, non équipés, occuperont le même nombre de places par compartiment qu'occuperaient les voyageurs civils.

Par exception :

1° Les wagons du Chemin de fer du Nord qui n'ont pas de compartiments intérieurs, et qui ont une contenance de trente-huit places, recevront seulement trente-deux militaires de la première catégorie (carabiniers, etc.) et trente-six de la seconde ;

2° Les wagons de trente places sur le chemin de Paris à Rouen ne recevront que huit militaires de tous corps de cavalerie par compartiment, soit vingt-quatre hommes au lieu de trente.

RÈGLEMENT SUR LE TRANSPORT DES TROUPES D'ARTILLERIE PAR LES CHEMINS DE FER.

SECTION PREMIÈRE.

Prescriptions générales.

Art. 1er. — Les transports sur les chemins de fer exigent, en raison de la masse et de la vitesse des trains, une sécurité complète et une grande célérité dans les diverses opérations qui précèdent ou suivent le mouvement. Ces conditions ne peuvent être remplies que par la régularité et l'exacte observation de toutes les règles du service d'exploitation.

Le transport des pièces et des voitures d'artillerie nécessite d'ailleurs, plus particulièrement, de très-grandes précautions, en raison de la variété et de l'importance du matériel, ainsi que de la nature explosible d'une partie du chargement.

En outre, les troupes voyageant par Chemin de fer sont dans une situation analogue à celle des corps embarqués sur mer, où la direction de la route et une grande part d'autorité sont concentrées dans les mains des commandants de navires.

Pendant tout le voyage, le Chef de corps ou de détachement est donc tenu de suivre strictement les indications qui lui sont données par l'Employé chargé de diriger le train, auquel demeure la responsabilité du mouvement. Par le même motif, les officiers, sous-officiers et soldats doivent se conformer, durant toute la route, aux recommandations des Agents du Chemin de fer.

Art. 5. — Les officiers voyagent dans les wagons de 1re ou de 2e classe, complétés, au besoin, par des sous-officiers et des canonniers.

La troupe est transportée dans des wagons de 3e classe, à l'exception des hommes qui sont placés dans les wagons à selles et à chevaux.

Les chevaux sont transportés dans des voitures couvertes, dites wagons à bœufs, qui doivent être pourvues chacune de deux strapontins, pour asseoir les canonniers, et d'une barre de fermeture, pour empêcher les chevaux de reculer lorsque les portes sont ouvertes (1).

Les selles avec leur paquetage, les portemanteaux des conducteurs haut-le-pied et les sacs remplis d'avoine sont placés dans des wagons à bagages munis de freins extérieurs.

Le matériel est chargé sur des trucs ou plates-formes de dimensions variables et munis de rebords qui se rabattent, au moyen de charnières, sur les quatre côtés de la plate-forme, ou seulement sur un ou deux de ses côtés. On choisira de préférence les trucs qui se chargent par les petits côtés, et ceux dont les rebords ont le moins d'élévation.

Les plates-formes dites à maringottes n'ont point de rebords, mais sont pourvues de traverses saillantes dont les extrêmes, à chaque bout, laissent entre elles une surface vide; elles sont difficiles à charger, mais elles donnent aux voitures d'artillerie montées sur roues une stabilité très-avantageuse. Il faut, pour effectuer l'embarquement sur ces plates-formes, des madriers et des poutrelles destinés à racheter les saillies des traverses, ainsi que deux leviers d'abatage par embarcadère, pour diriger les roues et les flèches.

Art. 6. — Les accessoires nécessaires à l'embarquement sont des plateaux, madriers et poutrelles, destinés à joindre les quais aux plates-formes, et à former des plans inclinés, s'il n'y a pas de quai. A défaut d'autre moyen, on se servirait de rails pour faire des plans inclinés, avec l'autorisation des Agents du Chemin de fer; on les emprunterait même à la voie, en cas de force majeure, sauf à les replacer immédiatement après.

Les cordages et les cales nécessaires pour assurer la stabilité des voitures sur les plates-formes seront préparés d'avance par les soins du corps.

Art. 7. — La troupe arrive au point désigné pour l'embarquement deux heures avant le moment du départ.

---

(1) L'expérience a démontré qu'en ayant soin de maintenir les chevaux calmes, l'emploi des barres de fermeture provisoire n'est pas indispensable.

Les chevaux doivent avoir terminé leur repas deux heures avant de se rendre à la gare : ils sont alors plus dociles.

Les bagages sont conduits à la gare trente minutes avant l'arrivée de la troupe, et sont chargés sous la direction des Employés du Chemin de fer.

Les canonniers d'escorte s'embarquent avec le reste de la troupe.

Art. 9. — La demi-batterie d'artillerie (personnel et matériel) suffit, en général, au chargement d'un convoi. Les wagons sont, autant que possible, rangés dans l'ordre suivant :

Un wagon à bagages ;

Un truck portant les ponts et poutrelles de débarquement ;

Wagons à chevaux ;

Wagons à voyageurs, dont un à freins ;

Trucks chargés de matériel ;

Wagons à bagages à freins, chargés de selles.

Deux wagons à freins extérieurs doivent toujours être placés l'un en tête, l'autre à la queue du convoi.

Les manœuvres nécessaires pour amener les wagons au point d'embarquement, pour mettre le train en état de marcher et pour conduire les wagons au quai de débarquement, sont exécutées par les Employés du Chemin de fer, assistés, toutes les fois qu'il en est besoin, par les canonniers disponibles.

Art. 10. — Il est formé un poste composé :

D'un maréchal des logis,

D'un brigadier,

D'un trompette,

et d'un nombre de canonniers proportionné à l'effectif (environ 6 hommes pour 120), pris parmi les servants ou les conducteurs haut-le-pied.

Ce poste occupe une partie du wagon le plus voisin de celui des officiers ; il est préposé au maintien de l'ordre, aux stations et à l'arrivée.

Art. 11. — La demi-batterie ou fraction de batterie à embarquer étant arrivée dans la gare ou à proximité, est formée, suivant le terrain, de manière à prendre le moins de développement possible. Les dispositions suivantes sont aussitôt exécutées.

Le Commandant reconnaît le matériel du Chemin de fer mis à sa disposition, et arrête immédiatement la répartition des hommes, des chevaux et des voitures ; puis il la notifie aux officiers et aux sous-officiers.

Un officier est désigné pour diriger l'embarquement des chevaux ; il lui est adjoint un sous-officier chargé de tracer à la craie, sur les wagons, le numéro de la pièce à laquelle appartiennent les hommes et les chevaux embarqués sur chacun d'eux.

Cet officier fait garnir chaque wagon à chevaux de deux bottes de paille en litière, et s'assure que les deux strapontins sont fixés à la barre de tête. Il fait disposer le fourrage le long de la grande paroi du wagon, en face de la porte.

Un sous-officier est également désigné pour diriger le chargement des selles dans des wagons à bagages. Il lui est adjoint deux conducteurs haut-le-pied, qui se portent avec lui aux wagons qui leur sont désignés, et y disposent les bottillons de paille.

Les servants déposent le sac et le mousqueton ; ils sont formés, sous la surveillance d'un officier, en détachements proportionnés à l'importance du matériel à embarquer.

Les chevaux de devant et du milieu sont dételés et réunis, sous les ordres d'un sous-officier, avec les chevaux de selle, dans un lieu voisin du quai où ils doivent être embarqués.

Les voitures sont amenées sur le quai d'embarquement ou au pied de la rampe par les chevaux de derrière, qui sont dételés à leur tour et conduits successivement après les autres.

Les chevaux sont divisés par fractions correspondantes à la capacité des wagons, de façon que les chevaux d'une voiture se trouvent, autant que possible, placés dans le même groupe.

Les diverses fractions sont rangées devant les wagons qui doivent les recevoir.

SECTION II.

Embarquement.

Art. 12. — Tous les officiers assurent, par leur concours personnel, l'exécution des mouvements prescrits. Ils sont responsables de la célérité et de l'ordre dans l'embarquement, et montent en voiture cinq minutes avant le départ.

Art. 13. — Chaque wagon d'hommes ou de chevaux a pour chef le plus ancien cavalier, si aucun maréchal des logis ou brigadier n'y est embarqué.

Le chef de wagon est chargé de maintenir le bon ordre et de veiller à l'exécution de toutes les mesures indiquées.

Art. 14. — Les deux trains de chaque voiture sont séparés et placés tout montés sur les trucks ou plates-formes.

Les conditions essentielles du chargement sont les suivantes :

1° Répartir le poids sur toute la surface du truck, en occupant le moins de place possible ;

2° Faire en sorte que les bouts de timon et les roues de rechange ne dépassent point les tampons du truck qui les porte ;

3° Consolider, caler, brêler et amarrer avec un soin extrême les parties du chargement qui en sont susceptibles, de manière à les rendre toutes parfaitement solidaires entre elles et à en assurer la complète stabilité.

Art. 15. — Les chevaux de selle et les porteurs sont dessellés, mais non débridés. Si les circonstances atmosphériques l'exigent, les couvertures sont étendues pliées en quatre sur les chevaux et assujetties avec le surfaix.

Les harnais sont laissés aux chevaux d'attelage ; on relève sur le collier les traits, fourreaux, plates-longes et avaloires, au moyen des courroies, trousse-traits, de manière que le tout soit fixé le plus solidement possible en arrière des mamelles.

La croupière, le poitrail, la sangle et, s'il y a lieu, la couverture, sont réunis sur la schabraque et maintenus par le surfaix ; les étriers sont relevés ou attachés.

Les selles ainsi disposées sont portées par les canonniers des numéros impairs près du wagon à bagages, et déposées à terre sur le point désigné par le chef de wagon. Les canonniers impairs retournent à leurs groupes pour tenir les chevaux ; les numéros pairs portent à leur tour leurs selles de la même manière et retournent vivement à leurs chevaux. Les conducteurs haut-le-pied vont aussi porter leurs portemanteaux, qu'ils déposent près des selles.

Aussitôt que les sept chevaux du premier wagon sont réunis, l'officier désigné fait commencer l'embarquement. Un conducteur, assisté d'un conducteur haut-le-pied, introduit successivement ses deux chevaux dans le wagon en leur faisant baisser la tête, et les fait ranger contre la paroi latérale de droite, la tête opposée au côté de la porte. Le second conducteur, aidé du troisième, introduit ses deux chevaux dans le wagon et les fait ranger à gauche. Ces quatre chevaux sont tenus par les deux premiers conducteurs ; le troisième et le conducteur haut-le-pied font entrer le dernier attelage et le cheval de selle. Les trois conducteurs restent dans le wagon.

Ces mouvements doivent être exécutés avec ordre et rapidité, afin de ne pas laisser aux premiers chevaux embarqués le temps de se mettre en travers des wagons. Si un cheval résiste, on fait avancer le suivant, et le premier est entraîné vivement à sa suite. Autant que possible, on introduit d'abord les chevaux dociles, et on emploie de préférence les moyens de douceur.

Dès que le dernier cheval est entré, les canonniers restés à l'extérieur mettent la barre de fermeture provisoire, relèvent ou retirent le pont et ferment les portes (1). En levant ensuite la barre, ils la passent aux hommes du wagon.

Les chevaux sont attachés à la barre de tête avec la longe du licol, ce qui permet de débrider, si l'ordre en est donné. Dans ce cas, trois ou quatre brides sont réunies, liées ensemble à la têtière par les rênes de l'une d'elles et attachées à la barre du wagon avec les même rênes vers les encoignures.

Les bâches des wagons restent relevées, à moins que l'état de l'atmosphère n'oblige de les baisser de l'un ou de l'autre côté.

Deux des canonniers ramènent les strapontins à l'intérieur et les placent pour s'asseoir, en ayant soin de ne pas toucher aux cordes de suspension.

Les chevaux d'artillerie à cheval sont embarqués comme les chevaux de trait, et l'on place également trois canonniers par wagon.

Art. 16. — Le sous-officier ou brigadier chef du wagon à selles fait opérer le chargement par les deux canonniers sous ses ordres. L'un des canonniers monte dans le wagon, l'autre reste en dehors et apporte successivement à son camarade les selles toutes paquetées.

Le canonnier chargeur range les selles dans le wagon, la première sur la botte de paille, le portemanteau appuyé contre la paroi longitudinale, les autres selles du même attelage empilées au-dessus de la première ; les autres selles sont placées successivement comme les premières, de manière à former un groupe pour chaque voiture. Les paquetages des chevaux d'officiers sont placés au-dessus des autres.

---

(1) L'expérience a démontré qu'en maintenant les chevaux calmes, l'emploi des barres de fermeture n'est pas indispensable.

Les portemanteaux des conducteurs haut-le-pied sont rangés à la suite des selles.

Le chef du wagon monte dans le wagon avec ses deux aides ; il tient note de l'arrangement adopté.

Lorsque la troupe transportée se compose d'artillerie à cheval, le chef de chaque wagon à selles est secondé par quatre hommes.

Art. 17. — Les servants reprennent le sac et le mousqueton ; ils sont réunis aux conducteurs non embarqués dans les wagons à selles ou à chevaux, et formés, sous la surveillance d'un officier, en fractions correspondantes à la capacité des wagons.

Chaque fraction est conduite rapidement au wagon qu'elle doit occuper, par son chef, qui la forme de manière à ce qu'elle ne déborde pas la longueur du wagon, et la subdivise selon la capacité des divers compartiments.

Les servants détachent leurs sacs et les tiennent à la main ; deux d'entre eux montent dans le wagon, rangent leurs sacs sous les banquettes, la patelette en dessus, à l'extrémité opposée à la portière ouverte.

Le second prend le sac du troisième et le range ; le troisième prend à son tour le sac du quatrième, et ainsi de suite, chaque homme, les deux derniers exceptés, montant en wagon après que son sac est placé. Les hommes se serrent vers le fond et ont soin de ne pas obstruer l'entrée du wagon.

Les trois derniers sacs sont déposés les uns sur les autres, à la dixième place laissée vacante à cet effet. Les sacs chargés de marmites et de grandes gamelles, occupant plus de place, sont mis de préférence sous les banquettes (1).

Les canonniers tiennent leurs armes entre leurs jambes, la crosse ou le fourreau sur le plancher. Il est interdit de déposer les mousquetons dans les encoignures ou sur les banquettes, excepté pour descendre aux grandes haltes ou aux stations ; dans les wagons-écuries, on doit avoir soin de ne pas laisser les sabres à portée des pieds des chevaux.

Art. 18. — A mesure que l'embarquement s'effectue, l'officier qui le dirige fait écrire à la craie sur chaque wagon le numéro de la pièce à laquelle appartiennent les hommes et les chevaux qu'il contient. Les sous-officiers et les canonniers prennent connaissance du numéro de leur wagon et des inscriptions à la craie, afin de retrouver plus facilement leurs places aux stations.

Art. 19. — Pendant la formation du convoi, l'Officier commandant et le Chef du train passent la revue de chacun des wagons pour reconnaître si tout y est bien placé ; ils font rectifier immédiatement les dispositions vicieuses et les arrimages défectueux.

Après la formation du convoi et immédiatement avant le départ, l'Officier commandant et le Chef du train passent une dernière revue de tous les wagons pour s'assurer que tout y est en ordre. Pour les wagons à matériel en particulier, ils vérifient si les chaînes d'attelage sont assez serrées pour que les tampons soient en contact.

Les officiers montent alors dans le wagon qui leur est destiné.

---

(1) Comme à l'article 18, Infanterie.

SECTION III.

Route.

Art. 20. — La troupe étant embarquée, il est rigoureusement interdit :

1° De sortir la tête ou les bras hors des wagons pendant la marche ;

2° De passer d'une voiture dans une autre ;

3° De pousser des cris ;

4° De descendre de wagon aux stations avant le signal convenu.

Les canonniers ont soin d'empêcher les chevaux d'avancer la tête hors du wagon. Ils leur font manger le foin à la main pendant la marche du convoi.

A tous les coups de sifflet de la locomotive, les hommes tiennent les chevaux par la bride ou le licol, pour les soutenir dans les chocs et les oscillations, et les empêcher de s'effrayer.

En cas d'accident, les canonniers des wagons à chevaux font un signal extérieur en agitant leur mouchoir.

Art. 21. — Aux stations où, d'après l'itinéraire du train et le temps indiqué par l'Employé qui dirige le mouvement, le Commandant juge convenable que la troupe mette pied à terre, il fait connaître la durée de la halte aux officiers ; ceux-ci se portent, pour diriger et surveiller le mouvement, à la hauteur des wagons où sont embarqués les hommes sous leurs ordres. Le poste de police descend immédiatement et fournit des sentinelles partout où il en est besoin, et particulièrement du côté intérieur de la voie, pour empêcher les hommes d'y stationner ou d'ouvrir les portes des wagons.

Au signal donné par un demi-appel, les canonniers des wagons à voyageurs descendent en ordre sans mousqueton et exclusivement par le côté extérieur de la voie. Les hommes embarqués avec les chevaux descendent en passant par-dessus la paroi des wagons. Si l'on juge nécessaire de faire ouvrir les portes, la barre de fermeture est placée préalablement.

Personne ne sort des gares, et, quand on fait exception à cette règle, il est rigoureusement interdit d'escalader les clôtures du chemin.

Vers le milieu du trajet, autant que possible, on relève les factionnaires et les hommes embarqués avec les chevaux, par ceux qui sont montés dans les wagons à voyageurs.

A chaque halte qui dure plus de dix minutes, le Commandant ou un autre officier et le Chef du train passent la revue des wagons, et plus particulièrement de ceux qui portent des voitures à munitions.

Cinq minutes avant le départ, un demi-appel donne le signal du rembarquement, qui doit se faire avec ordre et rapidité.

A la station qui précède immédiatement le point d'arrivée, le chef de la troupe donne l'ordre de brider les chevaux, de ramasser le fourrage qui ne serait pas mangé et d'en former une botte par wagon.

Enfin, il est prescrit aux hommes de remettre leur tenue en ordre pour être prêts à débarquer au premier signal.

SECTION IV.

Débarquement.

Art. 23. — A l'arrivée du train dans la gare de destination ou sur le point désigné pour le débarquement, les officiers mettent pied à terre les premiers.

Le Commandant reconnaît le terrain sur lequel la troupe doit se former et l'indique aux officiers.

Un demi-appel donne le signal du débarquement. Les officiers réunissent les servants, font déposer le sac et le mousqueton et forment des détachements, d'après le nombre et la disposition des points de débarquement.

L'officier qui a présidé à l'embarquement des chevaux réunit les conducteurs et, dans l'artillerie à cheval, une partie des servants transportés dans les wagons à voyageurs, et les conduit au point de débarquement des chevaux.

Art. 24. — Les sous-officiers ou brigadiers chefs des wagons à selles font, immédiatement après l'arrivée, débarquer le harnachement, qui est rangé par fractions dans l'ordre où il avait été disposé au départ.

Le matériel est mis à terre par des moyens inverses de ceux qui ont été employés pour le charger sur les plates-formes.

Dès que les wagons à chevaux sont à quai, les hommes placés dans les wagons à voyageurs se transportent aux wagons à chevaux, disposent les ponts volants, ouvrent les portes et aident à faire sortir les animaux dans l'ordre inverse de l'embarquement.

Tous les artilleurs se rendent ensuite à portée des wagons à selles. Trois cavaliers sur quatre vont chercher le harnachement, le quatrième tient les chevaux.

Dans le cas où la croupe des chevaux serait tournée du côté du quai, on ferait sortir les deux premiers de chaque wagon en reculant, et les autres suivraient après avoir fait un demi-tour.

Aussitôt que deux chevaux de derrière sont disponibles, ils sont conduits au débarcadère du matériel et attelés à une voiture qu'ils conduisent au parc, où les attelages sont complétés. Chaque voiture se forme ensuite dans l'ordre prescrit par le Commandant.

Les bagages sont déchargés et remis à qui de droit par les Employés du Chemin de fer.

SECTION V.

Dispositions exceptionnelles.

Art. 25. — Lorsque l'ordre est donné, par exception, d'embarquer les chevaux sellés, le paquetage est disposé de la manière suivante :

Déboucler les deux courroies de paquetage de devant ; laisser la courroie de manteau bouclée ; dégager la schabraque et la rabattre sur le siége de la selle par-dessus le surfaix ;

Réunir en arrière sur le siége les bouts du sac à distribution, les musettes et les bouts du manteau ; les serrer avec une des courroies de paquetage ;

Les chevaux sont toujours sanglés ; la croupière et le poitrail restent en place.

Après avoir débarqué, les officiers examinent le paquetage avec la plus grande attention, et donnent l'ordre de le rectifier, s'il y a lieu, avant de faire atteler et monter à cheval.

Art. 27. — Les compartiments du modèle le plus en usage contiennent dix voyageurs civils ; mais le soldat, avec son arme et son équipement, est un voyageur exceptionnel. Les Compagnies de Chemins de fer n'ont fait aucune difficulté de le reconnaître.

En conséquence, la capacité des wagons sera utilisée ainsi qu'il suit :

Huit places, au lieu de dix, par compartiment, pour les sapeurs et les musiciens ;

Neuf places, au lieu de dix, pour les autres militaires de l'arme et pour ceux du train des équipages militaires.

Les places vides sont réservées aux sacs, bonnets à poil et instruments qui n'auraient pu être rangés sous les banquettes.

Les soldats non équipés occuperont le même nombre de places par compartiment qu'occuperaient les voyageurs civils.

Par exception :

1° Les wagons du Chemin de fer du Nord qui n'ont pas de compartiments intérieurs, et qui ont une contenance de 38 places, recevront seulement 32 militaires de la première catégorie (sapeurs et musiciens) et 36 de la seconde ;

2° Les wagons de 30 places sur le Chemin de fer de Paris à Rouen ne recevront que 8 militaires par compartiment, soit 24 hommes, au lieu de 30.

N° 268

RÉEXPÉDITION PAR LE CHEMIN DE FER DE CEINTURE DES TROUPES QUI DOIVENT EMPRUNTER UNE AUTRE LIGNE POUR SE RENDRE A DESTINATION.

Dans le but d'assurer la rapidité des mouvements des troupes, S. Exc. le Ministre de la Guerre a décidé que tout envoi de troupes amenées à Paris par les voies de fer, et dirigées vers un autre point, serait transporté sans transbordement par le Chemin de Ceinture jusqu'à la gare chargée de l'expédier jusqu'à destination.

Afin d'éviter les retards qui se sont produits dans l'exécution de cette mesure, M. le Ministre des Travaux publics, par lettre du 19 mai 1860, a informé la Compagnie qu'il a été décidé que chaque Compagnie chargée de l'expédition d'un train de troupes devra prévenir l'Administration du Chemin de Ceinture, par le télégraphe, de l'heure de départ du point extrême et de l'heure d'arrivée à Paris du train contenant le détachement, afin que, de son côté, cette Administration avisée, tant par la Compagnie que par l'Intendance, puisse se précautionner de manière à ce que le passage d'une ligne sur l'autre ait lieu sans transbordement et le plus rapidement possible.

En conséquence de ces dispositions, les gares qui expédieront sur Paris, pour se rendre au delà, un corps ou un détachement qui, d'après la réquisition de transport, devra emprunter le Chemin de Ceinture, devront donner avis par dépêche télégraphique à la gare de Paris de l'heure de départ du train ou des trains affectés au transport des troupes et de l'heure d'arrivée de ce train ou de ces trains à Paris.

La gare de Paris transmettra immédiatement la dépêche au Préposé du Chemin de Ceinture à Ivry, lequel prendra les mesures nécessaires pour informer le Chef du service de Ceinture qui assurera la réexpédition des troupes dans le plus bref délai possible.

Les Inspecteurs principaux sont chargés de surveiller l'exécution de ces mesures.

24 mai 1860.

N° 269

TRANSPORTS DE LA GUERRE ET DE LA MARINE A PRIX RÉDUITS.

Le Chef de l'Exploitation porte à la connaissance des gares et stations, pour être appliquées immédiatement, les dispositions de l'arrêté ci-après de S. Exc. le Ministre de l'Agriculture, du Commerce et des Travaux publics, en date du 31 décembre 1859.

ARRÊTÉ.

Le Ministre Secrétaire d'État au département de l'Agriculture, du Commerce et des Travaux publics ;

Vu les cahiers des charges qui régissent les concessions de Chemins de fer ;

Vu l'arrêté ministériel du 22 juin 1857, qui institue une commission mixte composée de délégués des départements de la Guerre, de la Marine, de l'Agriculture, du Commerce et des Travaux publics pour résoudre les diverses questions qui se rattachent aux transports de la Guerre et de la Marine effectués à prix réduit sur les chemins de fer ;

Vu les procès-verbaux et l'avis de ladite commission ;

D'accord avec les Ministres de la Guerre et de la Marine ;

Les Compagnies de Chemins de fer entendues ;

ARRÊTE.

TITRE I.

Militaires ou Marins voyageant isolément.

ARTICLE PREMIER.

Sera transporté au prix réduit fixé par les cahiers des charges, le personnel qui figure aux états A, B et C, annexés au présent arrêté.

ART. 2.

Tout militaire ou marin, pour obtenir son transport à prix réduit, sur les Chemins de fer, doit présenter une feuille de route. Cette feuille de route peut servir pour un voyage (aller et retour).

Lorsque la feuille de route a déjà servi pour un premier voyage (aller et retour), chaque visa délivré ultérieurement par l'autorité compétente (fonctionnaires de l'Intendance ou du Commissariat de la Marine, Chefs de corps ou de détachement, Commandants de place, Sous-Préfets, Maires) constitue une feuille de route nouvelle donnant droit à un nouveau voyage (également aller et retour).

La feuille de route, ainsi que les visa successifs indiquent la direction que le titulaire doit prendre.

Art. 3.

La feuille de route peut être suppléée par les sauf-conduits, congés, permissions ou ordres de service délivrés par l'autorité compétente désignée à l'article 2, et ce qui est applicable à la feuille de route est également applicable à ces différents titres.

Art. 4.

Des cartes personnelles, destinées à remplacer la feuille de route, seront délivrées par les Compagnies de Chemins de fer :

Pour le service de la Guerre :

Aux Maréchaux de France placés à la tête des commandements supérieurs, aux Officiers généraux commandant une division ou une subdivision militaire, aux Intendants, Sous-Intendants et Adjoints à l'Intendance, aux Officiers de gendarmerie ;

Pour le service de la Marine :

Aux Préfets maritimes et Chefs du service maritime dans les ports secondaires, aux Majors généraux de la Marine, aux Commissaires de l'Inscription maritime.

Ces cartes donneront à chacun des officiers ou fonctionnaires désignés au présent article la faculté de voyager au prix réduit du cahier des charges dans la circonscription où s'étendent son commandement ou ses attributions.

Art. 5.

Par exception aux dispositions des articles 2 et 3, les sous-officiers et commandants de brigade de gendarmerie voulant voyager sur les Chemins de fer pour affaires de service, seront admis au bénéfice de la réduction consentie par le cahier des charges, sur leur déclaration écrite qu'ils voyagent pour cause de service.

Les gendarmes seront transportés à prix réduit, en présentant un des titres mentionnés aux articles 2 et 3.

Art. 6.

Le bénéfice du prix réduit ne pourra être refusé par les Compagnies aux militaires ou marins porteurs d'un titre qui serait périmé, lorsque ce titre n'aura pas été utilisé pour le parcours qu'il indique.

Art. 7.

Les Compagnies sont autorisées à demander, en route, aux porteurs de billets militaires, l'exhibition de leur feuille de route, lorsque ceux-ci ne sont pas en uniforme.

Il est interdit aux Compagnies d'exiger, en route, cette exhibition, lorsque les porteurs de billets militaires sont en uniforme.

Art. 8.

Les sous-officiers des armées de terre et de mer, les officiers mariniers, soldats et agents de même rang en *uniforme*, ne seront admis à voyager à prix réduits que dans les voitures de 2e et de 3e classe, à moins que des raisons de service constatées par l'autorité compétente sur la feuille de route ou sur le titre qui la supplée ne les oblige à voyager par un train *express* qui n'aurait que des voitures de 1re classe. L'autorité compétente reste d'ailleurs seule juge des raisons de service qui justifient l'exception et n'est pas tenue de les développer.

Les officiers seuls et assimilés seront admis à voyager dans les voitures de 1re classe.

ART. 9.

Sauf l'exception prévue au paragraphe 1er de l'article 8, les Compagnies sont tenues de refuser des billets de 1re classe aux sous-officiers, officiers mariniers, soldats et agents de même rang en *uniforme*, quand bien même ceux-ci les réclameraient sous leur responsabilité personnelle ou offriraient de payer place entière; mais elles doivent satisfaire aux demandes de billets de 1re classe à prix réduit qui leur seraient adressées par des sous-officiers, officiers mariniers, soldats et agents du même rang en *habit bourgeois*.

ART. 10.

Les officiers et assimilés, soit en uniforme, soit en habit bourgeois, peuvent occuper, si bon leur semble, des places autres que celles de 1re classe.

ART. 11.

Les excédants de bagages dont le transport doit être effectué au prix réduit du cahier des charges sont limités, indépendamment des 30 kilogrammes gratuits, à :

70 kilogrammes pour les sous-officiers des armées de terre et de mer, les officiers mariniers, soldats et agents de même rang;

200 kilogrammes pour les officiers jusqu'au grade de capitaine ou de lieutenant de vaisseau, et pour les assimilés;

300 kilogrammes pour les officiers supérieurs et les officiers généraux, et pour les assimilés.

Aucune limite n'est assignée aux officiers généraux et autres du corps de la Marine allant prendre un commandement à la mer, pourvu que leur situation soit constatée sur la feuille de route ou sur le titre qui la supplée.

TITRE II.

Militaires ou Marins voyageant en corps.

ART. 12.

Sera transporté en corps, au prix réduit fixé par les cahiers des charges, le personnel inscrit sur les états mentionnés à l'article 1er.

ART. 13.

Aucune limite n'est assignée, pour les militaires ou marins voyageant en corps, aux excédants de bagages qui doivent être transportés à prix réduits.

ART. 14.

Les canons et leurs affûts, les caissons et les approvisionnements *accompagnant l'artillerie et partant par le même convoi*; les voitures, les prolonges et les approvisionnements *accompagnant le train des équipages et partant par le même convoi*, sont considérés comme *bagages* et taxés au tarif réduit, sans préjudice de la gratuité acquise jusqu'à 30 kilogrammes par homme à la partie de ce matériel qui est taxée au poids.

Les dispositions du paragraphe précédent s'appliquent, de tous points, aux voitures et au matériel à *la suite des corps*.

Art. 15.

Les voitures, les caissons et les prolonges sont taxés comme vides et par pièce, à moins qu'ils ne soient démontés, auquel cas ils sont taxés au poids.

Les canons et leurs affûts sont taxés au poids dans tous les cas.

Sont également taxés au poids les approvisionnements de l'artillerie et du train des équipages, ainsi que le matériel et le chargement des voitures à la *suite des corps*.

Art. 16.

Le transport des militaires ou marins voyageant en corps, de leurs chevaux et de leurs bagages, est taxé au quart du tarif fixé par le cahier des charges toutes les fois qu'il s'effectue dans les conditions ordinaires et sans que le Gouvernement requière la suspension de tout ou partie du service de la Compagnie chargée d'opérer ce transport.

Néanmoins, lorsqu'un train spécial est requis pour un envoi de troupes, il est accordé à la Compagnie un minimum de 5 francs (impôt compris) par kilomètre parcouru, si le nombre d'hommes transportés au quart du tarif, leurs chevaux, voitures, caissons, prolonges, et leurs excédants de bagages sont insuffisants pour faire ressortir une taxe kilométrique égale à ce chiffre.

Le minimum de 5 francs par kilomètre s'applique également au train spécial qui serait requis pour un envoi de chevaux, et lorsque les chevaux sont accompagnés d'un certain nombre d'hommes, le minimum s'établit sur le prix du transport cumulé des hommes, des chevaux et des excédants de bagages.

Tout envoi de troupes et de matériel militaire ou naval est taxé à la moitié du tarif fixé par le cahier des charges dans le cas où le Gouvernement s'emparerait de tous les moyens de transport de la Compagnie et suspendrait complétement, pour ses besoins particuliers, le service du Chemin de fer.

Art. 17.

Dans le cas où les départements de la Guerre et de la Marine feraient construire des voitures cellulaires pour le transfèrement de leurs détenus, les employés et gardiens, soit militaires, soit marins, ainsi que les détenus placés dans ces voitures, seront transportés au tarif militaire.

Le transport des voitures cellulaires sera gratuit.

Provisoirement, les administrations de la Guerre et de la Marine feront transférer leurs détenus dans un compartiment spécial de 2e classe à deux banquettes : ce compartiment sera payé au prix de 0 fr. 20 c. par kilomètre (plus l'impôt dû au Trésor).

TITRE III.

Dispositions communes

AUX MILITAIRES OU MARINS VOYAGEANT ISOLÉMENT ET AUX MILITAIRES OU MARINS VOYAGEANT EN CORPS.

ART. 18.

Tout militaire ou marin qui demanderait à occuper une place dite *de luxe* paiera le tarif réduit de la 1re classe, et, de plus, le supplément intégral exigé pour ces sortes de places.

ART. 19.

Les voitures et les chevaux des cantinières commissionnées voyageant soit isolément, soit en corps (une voiture et un cheval par cantinière), sont taxés au tarif réduit du cahier des charges.

Le chargement placé sur ces voitures est également taxé au tarif réduit, comme *bagage*, sans préjudice de la gratuité acquise jusqu'à 30 kilogrammes par voyageurs.

Les transports désignés au présent article ne profiteront de la réduction du tarif qu'autant qu'ils seront effectués en grande vitesse. Néanmoins, les chevaux pourront toujours être expédiés en petite vitesse, en payant la taxe fixée par l'article 24.

ART. 20.

Sauf l'exception prévue à l'article 19, les voitures particulières appartenant à des militaires ou marins sont taxées aux *prix ordinaires* du tarif.

ART. 21.

Dans toute voiture transportée sur les Chemins de fer, lorsque les Voyageurs excédant le nombre admis gratuitement sont militaires ou marins, ceux-ci conservent le bénéfice de leur qualité et jouissent de la réduction militaire appliquée aux places de 2e classe.

ART. 22.

Les officiers et employés de tous grades de l'armée de terre peuvent faire transporter à prix réduit le nombre de chevaux qui leur est attribué, soit sur le pied de paix, soit sur le pied de guerre, par l'état D annexé au présent arrêté.

ART. 23.

Les chevaux des militaires ainsi que les chevaux de troupe sont expédiés à prix réduit, quand bien même ils ne seraient pas accompagnés.

ART. 24.

Le transport des chevaux de militaires et des chevaux de troupe est effectué à prix réduit, soit en grande, soit en petite vitesse, et, dans ce dernier cas, le prix à payer est celui de la grande vitesse diminué de l'impôt.

26

ART. 25.

Les frais accessoires d'enregistrement, de chargement et de déchargement, de magasinage, etc., sont perçus, pour les transports de la Guerre et de la Marine, conformément aux *tarifs ordinaires* et sans réduction.

Toutefois, il ne sera rien perçu pour le chargement et le déchargement des chevaux, voitures, caissons, prolonges, canons et matériel des corps ou détachements, lorsque ces opérations seront effectuées par les militaires ou marins eux-mêmes.

ART. 26.

Pour les transports de la Guerre et de la Marine, le minimum de la perception est fixé à 10 centimes.

ART. 27.

Les dispositions applicables aux Voyageurs ordinaires sont également applicables aux militaires ou marins en tout ce qui n'est pas contraire aux prescriptions du présent arrêté.

ART. 28.

Toute décision antérieure concernant les transports à prix réduit de la Guerre et de la Marine est rapportée.

ART. 29.

Le présent arrêté sera notifié aux Compagnies.

Les Préfets, les Fonctionnaires et Agents du Contrôle des Chemins de fer sont chargés d'en assurer l'exécution.

Paris, le 31 décembre 1859.

Signé : E. ROUHER.

État A.

PERSONNEL

RESSORTISSANT DU DÉPARTEMENT DE LA GUERRE.

MAISONS MILITAIRES DE L'EMPEREUR ET DES PRINCES,
SON EXCELLENCE LE MINISTRE DE LA GUERRE ; SON ÉTAT-MAJOR.

OFFICIERS GÉNÉRAUX, OFFICIERS SUPÉRIEURS et assimilés.	OFFICIERS DEPUIS LE GRADE DE CAPITAINE et employés militaires assimilés.	ADJUDANTS, SOUS-OFFICIERS, CAPORAUX ET SOLDATS et agents assimilés.
Maréchaux de France. Généraux de division. Généraux de brigade. Colonels. Lieutenants-colonels. Chefs de bataillon. Chefs d'escadron. Majors. Intendants généraux. Intendants. Sous-intendants. Adjoints à l'Intendance.	Capitaines. Lieutenants. Sous-lieutenants. Élèves à l'École impériale d'application de l'artillerie et du génie. Élèves à l'École impériale d'état-major. Élèves à l'École impériale polytechnique. Élèves à l'École spéciale militaire de Saint-Cyr. Élèves à l'École impériale de cavalerie de Saumur.	Adjudants. Sous-officiers et portiers-consignes. Caporaux et brigadiers. Soldats et enfants de troupe. Cantinières, blanchisseuses et vivandières commissionnées.
Commissaires impériaux et Rapporteurs } près les conseils de révision et les conseils de guerre.	Substituts près les conseils de révision et les conseils de guerre. Greffiers attachés aux parquets, prisons, pénitenciers et ateliers de condamnés militaires.	Commis greffiers........ Agents principaux ...... Sergents huissiers........ } Attachés aux parquets, prisons, pénitenciers et ateliers de condamnés militaires.
Médecins et pharmaciens inspecteurs. Médecins et pharmaciens principaux. Médecins et pharmaciens-majors.	Médecins et pharmaciens aides-majors.	
Vétérinaires principaux.	Vétérinaires. Aides-vétérinaires.	Gardes, ouvriers d'état, concierges des bâtiments militaires, éclusiers militaires, artificiers, gardiens de batterie, contrôleurs des fonderies, des manufactures d'armes et des directions, commissaires et commissaires adjoints des poudres et salpêtres, ouvriers immatriculés dans les manufactures d'armes, poudreries, raffineries et fonderies de canons.
Aumôniers.	Chapelains militaires.	Employés de l'artillerie, du génie et des équipages militaires......
Officiers d'administration principaux { des hôpitaux militaires. de l'habillement et du campement. des bureaux de l'Intendance militaire. des subsistances militaires. de la justice militaire.	Officiers d'administration et Adjudants d'administration { des hôpitaux militaires. de l'habillement et du campement. des bureaux de l'Intendance militaire. des subsistances militaires. de la justice militaire.	
Interprètes principaux aux armées.	Interprètes aux armées.	
Officiers en disponibilité ou en réserve. Officiers en non-activité. (*Nota.* Les officiers en retraite ne sont pas compris.)	Officiers en non-activité. (*Nota.* Les officiers en retraite ne sont pas compris.)	Militaires en congé renouvelable, lorsqu'ils se rendent dans leurs foyers, lorsqu'ils sont rappelés ou qu'ils voyagent en vertu d'un ordre de service.

PERSONNEL RESSORTISSANT DU

SON EXCELLENCE LE MINISTRE DE

DÉSIGNATION DES CORPS.	OFFICIERS GÉNÉRAUX. OFFICIERS SUPÉRIEURS ET ASSIMILÉS.
Corps de la marine...............................	Amiral, Vice-Amiral, Contre-Amiral, Capitaine de vaisseau, Capitaine de frégate.
Génie maritime................................	Inspecteur général, Directeur des constructions navales, Ingénieur.
Ingénieurs hydrographes.......................	Ingénieur en chef, Ingénieur.
Commissariat de la marine.....................	Commissaire général, Commissaire, Commissaire adjoint.
Inspection de la marine........................	Inspecteur en chef, Inspecteur, Inspecteur adjoint.
Personnel administratif des directions et établissements situés hors des ports..........................	Agent administratif principal.
Comptables des matières.......................	Agent comptable principal.
Service de santé...............................	Inspecteur général, Directeur, Premier et second Médecin, Chirurgien ou Pharmacien en chef, Médecin, Chirurgien ou Pharmacien professeur, Chirurgien principal.
Subsistances de la marine......................	Chef de manutention principale.
Tribunaux de la marine........................	Commissaire impérial.
Ecoles d'hydrographie.........................	Examinateur, Professeur de 1re classe.
Ecole navale..................................	Examinateur, Professeur de 1re classe.
Trésorier des Invalides........................	Trésorier général.
Aumôniers de la marine........................	Aumônier en chef.
Equipages de la flotte et infirmiers permanents......	....
Troupes de la marine (gendarmerie, artillerie, infanterie)....................................	Général de division, Général de brigade, Lieutenant-colonel, Chef de bataillon ou d'escadron et Major.
Employés de l'artillerie et du génie.............	....
Agents de surveillance des chiourmes et établissements pénitentiaires............................	....
Divers..	Officiers en disponibilité ou en réserve, officiers en non-activité. (Nota. Les officiers en retraite ne sont pas compris.)

DÉPARTEMENT DE LA MARINE.

LA MARINE ET SON ÉTAT-MAJOR.

OFFICIERS DEPUIS LE GRADE DE CAPITAINE OU DE LIEUTENANT DE VAISSEAU et employés militaires assimilés.	OFFICIERS MARINIERS, SOUS-OFFICIERS, MARINS, SOLDATS OU AGENTS ASSIMILÉS.
Lieutenant de vaisseau, Enseigne de vaisseau, Aspirant. Sous-Ingénieurs, Elèves. Sous-Ingénieur, Elève. Sous-Commissaire, Aide-Commissaire, Commis, Ecrivain. Commis, Ecrivain. Agent administratif, Sous-Agent administratif, Commis, Ecrivain. Agent comptable, Sous-Agent comptable, Commis, Ecrivain. Chirurgien, Pharmacien.	Magasinier, Préposé de dépôt, Distributeur.
Chef de manutention, Sous-Chef de manutention. Rapporteur, Greffier, Commis-Greffier. Professeur de 2ᵉ, 3ᵉ ou 4ᵉ classe. Professeur de 2ᵉ, 3ᵉ ou 4ᵉ classe, Elève. Trésorier. Aumônier.	
	Volontaire, Premier Maître et Capitaine d'armes, Maître et Sergent-Major, second Maître, Sergent d'armes et Sergent-Fourrier, Quartier-Maître, Caporal d'armes et Caporal-Fourrier, Fourrier ordinaire, Matelot et Ouvrier chauffeur, Novice et Apprenti marin, Mousse, premier ou second Chef de musique, Chef de musique de bord, Musicien, Pilote côtier, Magasinier, Premier et Second Commis aux vivres, Agents inférieurs des vivres (Distributeur, Tonnelier, Boulanger, Coq), Forgeron et Chaudronnier, Infirmier en chef, Infirmier-Major, Infirmier ordinaire et non entretenu.
Capitaine, Lieutenant, Sous-Lieutenant. Garde principal, Garde, Chef ouvrier d'état, Sous-Chef ouvrier d'état, Maître artificier.	Sous-officier, Caporal ou Brigadier, Soldat, Enfant de troupe, Cantinière et Blanchisseuse commissionnées. Ouvrier d'état, Chef artificier, Chef armurier, Maître armurier, second Maître armurier, Quartier-Maître armurier, Gardien de batterie, Portier-Consigne, Conducteur principal ou ordinaire des forges de la Chaussade.
....	Adjudant, Sous-Adjudant, Sous-Officier, Surveillant, Caporal, Garde.
Officiers en non-activité. (*Nota.* Les officiers en retraite ne sont pas compris.)	Marins ou militaires en congé renouvelable, lorsqu'ils se rendent dans leurs foyers, lorsqu'ils sont rappelés ou qu'ils voyagent en vertu d'un ordre de service.

État C.

PERSONNEL

RESSORTISSANT DU DÉPARTEMENT

DE L'ALGÉRIE ET DES COLONIES.

PERSONNEL ASSIMILÉ AUX OFFICIERS supérieurs.	PERSONNEL ASSIMILÉ AUX OFFICIERS jusqu'au grade de capitaine.	PERSONNEL ASSIMILÉ AUX SOUS-OFFICIERS et soldats.
Interprètes principaux de l'armée d'Algérie.	Interprète de 1re, 2e ou 3e classe..... } de l'armée d'Algérie. Interprètes auxiliaires............. }	Cavaliers et fantassins auxiliaires indigènes (Kiélas et Askars).
Khalifats.......... Bach-Aghas....... Aghas........... } Exerçant un commandement en territoire militaire.	Kaïds............ Cheiks............. } Exerçant un commandement en territoire militaire.	

État D.

NOMBRE DE CHEVAUX

ATTRIBUÉ AUX OFFICIERS ET EMPLOYÉS DE TOUS GRADES

SOIT SUR LE PIED DE PAIX, SOIT SUR LE PIED DE GUERRE.

DÉSIGNATION DES ARMES ET DES GRADES.	NOMBRE DE CHEVAUX		OBSERVATIONS.
	sur LE PIED de PAIX.	sur LE PIED de GUERRE.	
1° États-Majors et Employés militaires.			
État-major général. — Maréchal de France.	*	28	(*) Le maréchal de France pourvu de fonctions dans l'intérieur a droit à un nombre de chevaux qui est déterminé par une décision spéciale.
État-major général. — Général de division	6	22	
État-major général. — Général de brigade	4	13	
Corps d'État-major. — Colonel.	2	11	Lorsqu'un officier passe sur le pied de guerre, il a droit aux rations de fourrages qui lui sont attribuées sur ce pied, à partir du jour où il se met en route pour rejoindre sa destination. (Art. 147 de l'ordonnance du 25 décembre 1837.)
Corps d'État-major. — Lieutenant-Colonel	2	11	
Corps d'État-major. — Chef d'escadron.	1	3	
Corps d'État-major. — Capitaine.	1	3	
Corps d'État-major. — Lieutenant.	1	3	
Intendance militaire. — Intendant général inspecteur.	4	20	Lorsqu'il rentre de l'armée, il conserve pendant un mois le droit aux rations de fourrages de pied de guerre pour les chevaux qu'il possède encore. (Art. 179 de l'ordonnance du 25 décembre 1837.)
Intendance militaire. — Intendant général d'armée.	4	20	
Intendance militaire. — Intendant militaire	3	11	
Intendance militaire. — Sous-intendant militaire.	2	7	
Intendance militaire. — Adjoint à l'intendance.	1	3	
État-major des places. — Colonel.	»	3	Les officiers de l'état-major des places employés à Lyon sont exceptionnellement montés, savoir : le Colonel commandant la place, de deux chevaux, et les capitaines adjudants de place, d'un cheval.
État-major des places. — Lieutenant-colonel.	»	3	
État-major des places. — Chef de bataillon ou major de place.	»	2	
État-major des places. — Capitaine.	»	1	
État-major particulier de l'artillerie. — Colonel.	2	9	Les chefs d'escadron et les capitaines qui remplissent les fonctions d'aides de camp ont droit à deux chevaux sur le pied de paix.
État-major particulier de l'artillerie. — Lieutenant-colonel.	2	9	
État-major particulier de l'artillerie. — Chef d'escadron.	1	3	
État-major particulier de l'artillerie. — Capitaine.	»	3	
État-major particulier de l'artillerie. — Garde principal ou ordinaire.	»	1	
État-major particulier du génie. — Colonel.	2	9	Les chefs de bataillon et les capitaines employés comme aides de camp sont montés de deux chevaux sur le pied de paix.
État-major particulier du génie. — Lieutenant-colonel.	2	9	
État-major particulier du génie. — Chef de bataillon	1	3	
État-major particulier du génie. — Capitaine.	»	3	
État-major particulier du génie. — Lieutenant.	»	2	
État-major particulier du génie. — Garde principal ou ordinaire.	»	1	
État-major des parcs de construction des équipages militaires. — Colonel.	2	7	
État-major des parcs de construction des équipages militaires. — Lieutenant-colonel.	2	7	
État-major des parcs de construction des équipages militaires. — Chef d'escadron.	1	3	
État-major des parcs de construction des équipages militaires. — Capitaine.	1	3	
État-major des parcs de construction des équipages militaires. — Lieutenant	1	2	
État-major des parcs de construction des équipages militaires. — Sous-lieutenant	1	2	
État-major des parcs de construction des équipages militaires. — Garde principal ou ordinaire.	»	1	

DÉSIGNATION DES CORPS.		NOMBRE DE CHEVAUX		OBSERVATIONS.
		sur LE PIED de PAIX.	sur LE PIED de GUERRE.	
Officiers de santé.	Inspecteur	»	6	
	Principal.	»	4	
	Major. { Troupes à pied, hôpitaux et ambulances.	»	3	
	Troupes à cheval	2	3	
	Aide-major et sous-aide. { Troupes à pied, hôpitaux et ambulances.	»	1	
	Troupes à cheval. . .	1	2	
Aumôniers.	Supérieur.	»	3	
	Ordinaire.	»	2	
Vétérinaires.	Principal.	2	4	
	Vétérinaire et aide-vétérinaire . . .	1	2	
Officiers d'administration.	Principal	»	2	
	Officier d'administration	»	1	
	Adjudant.	»	1	
Interprètes.	Principal	»	3	
	Ordinaire.	»	2	

2° Corps de Troupes.

		sur LE PIED de PAIX.	sur LE PIED de GUERRE.	
Infanterie.	Colonel.	2	7	
	Lieutenant-colonel.	2	7	
	Chef de bataillon ou major.	1	3	
	Capitaine adjudant-major.	»	1	
	Lieutenant ou sous-lieutenant, officier payeur.	»	1	
Cavalerie.	Colonel.	3	9	
	Lieutenant-colonel.	3	8	
	Chef d'escadron ou major	2	4	
	Capitaine.	2	3	
	Lieutenant ou sous-lieutenant. . . .	1	2	
Artillerie.	Colonel.	3	9	
	Lieutenant-colonel.	3	8	
	Chef d'escadron ou major	2	4	
	Capitaine.	2	3	
	Lieutenant ou sous-lieutenant. . . .	1	2	

DÉSIGNATION DES CORPS.			NOMBRE DE CHEVAUX		OBSERVATIONS.
			sur LE PIED de PAIX.	sur LE PIED de GUERRE	
Génie.	Colonel.		2	8	
	Lieutenant-colonel.		2	8	
	Chef de bataillon ou major.		1	4	
	Capitaine.		»	3	
	Lieutenant ou sous-lieutenant		»	2	
Équipages militaires.	Colonel.		3	7	
	Lieutenant-colonel.		3	7	
	Chef d'escadron.		2	4	
	Capitaine.		2	3	
	Lieutenant ou sous-lieutenant		1	2	
Gendarmerie.	Colonel.		3	9	
	Lieutenant-colonel.		3	9	
	Chef d'escadron.		2	4	
	Capitaine.	Commandant de compagnie.	2	4	
		Commandant d'arrondissement.	1	3	
	Lieutenant ou sous-lieutenant		1	2	

Nous croyons utile de donner aux gares et stations des explications pour l'application de certaines dispositions de cet arrêté.

Tout militaire ou marin qui ne pourrait justifier, par sa feuille de route ou par le titre qui la supplée, de l'une des qualités indiquées aux tableaux qui précèdent, devrait payer place entière.

L'article 2 porte que, lorsque la feuille de route a déjà servi pour un premier voyage (aller et retour), chaque visa délivré ultérieurement par l'autorité compétente constitue une feuille de route nouvelle, donnant droit à un nouveau voyage également aller et retour.—Il suit de cette disposition que le visa peut être délivré, non-seulement pour permettre au titulaire de revenir sur ses pas, mais encore pour lui faciliter le moyen de se diriger sur un point quelconque du territoire autre que celui primitivement indiqué : ainsi, un militaire porteur d'une feuille de route de Paris à Poitiers, par exemple, pourra, après avoir effectué ce trajet, aller et retour, retourner à Poitiers et revenir à Paris au moyen d'un simple visa ; il pourra aussi aller de Poitiers à la Rochelle, après avoir fait viser sa feuille de route dans cette première ville, et revenir ensuite de la Rochelle à Poitiers pour de là se diriger sur Paris, son premier point de départ.

Quant au militaire ou marin qui s'arrêterait une ou plusieurs fois en route, il lui sera loisible de reprendre le Chemin de fer sans nouveau visa, tant que le parcours indiqué sur

27

sa feuille de route n'aura pas été complétement effectué et *pourvu qu'il se trouve dans la direction qui lui est assignée.*

L'article 3 énumère les titres qui peuvent suppléer la feuille de route. Il n'est pas possible que ces titres (sauf-conduits, congés, permissions et ordres de service) soient toujours revêtus du cachet du Chef de corps. Les permissions et ordres de service étant souvent, en effet, délivrés par un chef de détachement qui peut être un simple officier, et quelquefois même un sous-officier, on ne peut exiger de ceux-ci le cachet du Colonel, qui n'est pas à leur disposition. Il faut donc seulement que le titre énonce en caractères lisibles la qualité de celui qui le délivre et de celui qui le reçoit.

L'article 4 désigne les officiers et fonctionnaires dispensés de produire leur feuille de route pour jouir de leur droit au tarif militaire.

Ces officiers et fonctionnaires sont à cet effet pourvus, par la Compagnie, de cartes nominatives qui leur tiennent lieu de feuilles de route.

Ces cartes sont *violettes* et conformes au modèle ci-après.

CHEMIN DE FER D'ORLÉANS

N° _____   Année 186

CARTE MILITAIRE

Entre les Gares de _____

M _____

sur la simple présentation de cette Carte, qui lui tient lieu de feuille de route,
jouira sur le Chemin de fer du prix réduit
prévu par le cahier des charges en faveur des Militaires et Marins.

LE TITULAIRE :   LE DIRECTEUR DE LA COMPAGNIE :

Ces cartes sont délivrées par l'Administration centrale sur la demande des ayants droit.

Chaque carte est personnelle et ne peut être ni prêtée ni cédée sous aucun prétexte. Si elle était trouvée en d'autres mains que celles du titulaire, elle serait saisie, et cette saisie serait constatée par un procès-verbal.

Cette carte ne dispense d'ailleurs le titulaire de produire sa feuille de route ou le titre qui la supplée que sur le parcours qu'elle indique expressément.

L'article 5 concède aux sous-officiers de gendarmerie et commandants de brigades de gendarmerie le droit de jouir du tarif réduit militaire sur leur propre déclaration écrite qu'ils voyagent pour cause de service. Les gares qui retireront cette déclaration la joindront à leur Rapport destiné à l'Inspecteur principal.

Les simples gendarmes sont d'ailleurs traités comme les militaires ou marins, et, quant aux officiers, ils sont pourvus par l'Administration centrale de cartes militaires qui les dispensent de toute autre formalité, en tant qu'ils voyagent dans les limites de leur circonscription.

L'article 6 stipule que les permissions sont valables sur le Chemin de fer, même lorsqu'elles sont périmées, à moins cependant que leurs titulaires n'aient perdu depuis la date de la péremption leur qualité de militaires ou marins, auquel cas ces titres sont nuls et non avenus, et les porteurs doivent payer place entière.

En vertu de l'article 7, les militaires ou marins, lorsqu'ils sont en uniforme, sont affranchis de l'obligation de produire en cours de transport leur feuille de route. Mais ils ne restent pas moins rigoureusement soumis à cette formalité pour la délivrance des billets à prix réduits au guichet de leur lieu de départ.

Les articles 8, 9 et 10 indiquent les places qui sont assignées aux militaires et marins suivant leur grade.

L'article 11 limite le poids des bagages pour lesquels les militaires ou marins, suivant leur grade, ont le droit de revendiquer la taxe réduite.

Au delà des limites fixées par cet article, les excédants de poids doivent être taxés à raison des tarifs ordinaires de la Compagnie, sans réduction.

On obtient le poids réel des bagages en ajoutant au poids des bagages chargés dans le fourgon le poids des sacs, bidons, armes, etc., que les militaires conservent avec eux en wagon.

L'article 14 considère comme bagages les canons, les caissons et les voitures d'approvisionnements qui suivent l'artillerie et le train des équipages, à la condition, toutefois, d'être transportés par le même convoi que la troupe elle-même.

Lorsque le matériel de guerre voyage avec la troupe, on doit donc, pour faire ressortir l'excédant de bagages à taxer, prélever les 30 kilogrammes par homme alloués en franchise sur le poids réuni des bagages proprement dits et du matériel de guerre.

Il est inutile de répéter d'ailleurs qu'on doit faire entrer dans le poids des bagages le poids des sacs, bidons, armes, etc., que chaque militaire garde avec lui en wagon.

Les bénéfices du prix réduit militaire sont acquis également aux voitures et chevaux à la suite des corps.

Quant au matériel de guerre transporté par un convoi différent de celui qui transporte la troupe, il doit rester taxé au plein des tarifs ordinaires de la Compagnie, sans réduction. Dans ce cas, la taxe pleine sera justifiée par la mention : *Matériel isolé de la Troupe*, ajoutée sur la réquisition, s'il en existe une, sur la facture de transport et sur la feuille de route.

L'article 15 indique que les voitures, les caissons et les prolonges doivent être taxés à la pièce, comme véhicules et non au poids, sauf cependant le cas où les voitures, caissons et prolonges seraient démontés, auquel cas ils doivent être taxés au poids comme marchandise. Quant aux canons, affûts, approvisionnements et matériel de toute espèce, qu'ils soient chargés ou non sur des voitures, ils seront taxés au poids, et on déduira de ce poids, conformément à l'article 14, 30 kilogrammes gratuits pour chaque homme voyageant par le même convoi ; le surplus sera admis au tarif réduit.

De l'article 18 il résulte que les militaires et marins qui veulent occuper des places de luxe, telles que coupés ordinaires et coupés-lits, n'ont droit à d'autre remise sur le prix ordinaire de ces places que celle qui leur serait faite individuellement s'ils voyageaient en voitures de 1re classe.

Ainsi, lorsqu'ils occupent des places de coupé, ils doivent payer comme supplément le *dixième*, non pas du prix réduit de la 1re classe, mais *du prix entier applicable aux Voyageurs ordinaires.*

L'article 19 n'admet au bénéfice du tarif réduit qu'une voiture et un cheval par cantinière commissionnée. Quant au chargement de la voiture, il est considéré comme bagage et taxé au tarif réduit des bagages après déduction de 30 kilogrammes par place occupée. Le surplus d'une voiture chargée et d'un cheval par cantinière est taxé, le cas échéant, aux conditions des tarifs ordinaires, sans réduction.

Il ne s'agit là que des transports confiés à la grande vitesse.

Quant à ceux confiés à la petite vitesse, ils sont taxés invariablement :

1° Les voitures et leur chargement, selon les tarifs ordinaires, sans réduction ;

Et 2° les chevaux, à raison du quart des tarifs ordinaires de la grande vitesse, diminués de l'impôt, c'est-à-dire à moitié des tarifs ordinaires de petite vitesse.

L'article 20 stipule que, sauf l'exception qui précède, les voitures particulières des militaires et marins sont taxées au prix du tarif ordinaire, sans réduction.

La tolérance en vertu de laquelle la Compagnie transportait au quart du tarif les voitures des Officiers généraux et des Intendants militaires *en mission*, est et demeure abrogée.

L'article 24 stipule que les chevaux des militaires et les chevaux de troupe peuvent être transportés soit en grande, soit en petite vitesse, sauf à subir, dans ce dernier cas, la même taxe que celle qui serait perçue en grande vitesse, moins l'impôt dû au Trésor, ce qui revient à dire que les chevaux transportés à petite vitesse doivent être taxés à raison de la *moitié du tarif de la petite vitesse*, ce dernier tarif ne représentant lui-même que la moitié du tarif de la grande vitesse dégrevé de l'impôt dû au Trésor.

L'article 25 dispose que les frais accessoires d'enregistrement, de chargement et de déchargement, de magasinage, etc., seront perçus intégralement pour les transports de la Guerre et de la Marine, comme pour les transports du Public. Il n'est fait d'exception que pour les droits de chargement et de déchargement, lesquels ne sont perçus qu'autant que les militaires ou marins n'usent pas de la faculté qui leur est laissée de faire eux-mêmes cette double manutention.

Il demeure entendu d'ailleurs que ces droits sont imputables, moitié au chargement et moitié au déchargement; d'où il suit que, si la Compagnie ne fait que l'une des deux manutentions, elle ne percevra que la moitié de ces droits.

Sont abrogées les dispositions : 1° du Règlement sur la comptabilité des recettes de l'Exploitation :

Chapitre 1er — paragraphe 1er — article 3,
Id. — id. 2 — titre 1er,
Id. — id. 3 — titre 1er;

2° de l'INSTRUCTION ANNEXE N° 12;

Et de tous autres Avis et Instructions relatifs à l'application de l'article 54 du cahier des charges, en ce qu'ils portent de contraire à la présente INSTRUCTION.

6 février 1860.

N° 270

ÉTABLISSEMENT DES PIÈCES-COMPTABLES RELATIVES AUX BAGAGES DES MILITAIRES ET MARINS.

L'Avis n° 269, en fixant le poids des bagages appartenant aux officiers, sous-officiers et soldats de l'armée de terre et de mer, qui peuvent être transportés à prix réduit, fait des distinctions qu'il est utile de reproduire sur les pièces de comptabilité, afin de justifier la taxe desdits transports.

En conséquence, lorsqu'il s'agira de bagages appartenant à des officiers, les gares et stations devront, indépendamment de l'application de la griffe : *Militaire*, indiquer à la main, sur les feuilles de route et bulletins de bagages et sur l'état récapitulatif journalier, la qualité de l'officier propriétaire des bagages par l'une des dénominations ci-après :

Officier ;

Officier supérieur — ou Général ;

Officier de marine commandant.

Pour les bagages des sous-officiers et soldats, l'application seule de la griffe : *Militaire* suffira comme par le passé.

Les forcements en recettes qui résulteraient, à l'avenir, de l'inexécution des présentes prescriptions seront rigoureusement maintenus.

25 août 1860.

N° 271

TRANSPORTS DE LA GUERRE ADRESSÉS HORS DU TERRITOIRE CONTINENTAL DE FRANCE ET PAYABLES PAR LES DESTINATAIRES.

L'Instruction annexe n° 1 du Règlement de Comptabilité, concernant les transports de la Guerre, porte qu'indépendamment des transports payables par l'État, il s'en produit d'autres qui, bien que de même nature dans bien des cas, restent à la charge des destinataires lorsque les lettres de voiture administratives l'indiquent expressément.

L'Agent général des transports de la Guerre éprouvant de grandes difficultés pour obtenir l'encaissement de ceux de ces transports dirigés hors du territoire continental de la France, vient de rappeler à ses Préposés les dispositions d'une Instruction ministérielle du 15 mai 1856, indiquant les mesures propres à prévenir ces difficultés.

L'une de ces dispositions est ainsi conçue :

« Ces frais (ceux des effets et bagages particuliers) sont payables à destination en France. Mais s'il s'agit d'expéditions isolées hors de France, le prix jusqu'à la frontière ou au lieu d'embarquement pourra être exigé à l'avance, avant l'enlèvement des colis, lorsqu'elles ne seront pas consignées à un transitaire chargé de payer les frais de transport en France. »

Le Ministre ajoute que les ordres de transport relatifs à ces sortes d'expéditions indiqueront toujours le point extrême de la France où elles doivent être adressées et le nom du destinataire transitaire à qui elles doivent être livrées.

Les gares et stations sont invitées à se conformer aux dispositions qui précèdent, desquelles il résulte, en ce qui les concerne, que lorsqu'elles seront requises d'exécuter un ordre de transport dans les conditions ci-dessus, elles devront, sous peine d'engager leur responsabilité pour la valeur du transport, prendre l'une des deux mesures suivantes :

Ou encaisser au départ le prix du transport de France, auquel cas l'expédition sera faite en port payé dans les formes ordinaires, et mention du paiement sera faite et signée par l'Agent de la Compagnie, non-seulement sur la facture de transport, mais encore sur l'ordre de transport et le bulletin d'expédition.

Ou exiger que l'ordre et le bulletin, indépendamment de l'indication du point de la frontière ou du littoral sur lequel le transport doit être dirigé, et du nom du destinataire transitaire chargé de l'y recevoir, expriment encore que le destinataire transitaire est chargé aussi de payer les frais de transport de France, auquel cas la livraison n'est effectuée que contre le paiement de ces frais.

Faute de l'une de ces deux conditions, la gare de départ doit refuser absolument d'exécuter le transport.

Il demeure entendu, d'ailleurs, que les transports exceptionnels dont il s'agit seront, à l'avenir, accompagnés de factures de transport spéciales, conformes au modèle ci-contre, dont l'approvisionnement sera fourni aux gares par l'Agence générale directement.

Les gares expéditrices transmettront chaque jour, lorsqu'il y aura lieu, un duplicata de ces factures de transport à l'Administration centrale (bureau des Recettes), qui, à leur aide, assurera la confection des comptes de l'Agence générale avec la Compagnie.

Cette transmission aura lieu par lettre spéciale.

Lorsque les gares ne se trouveront pas suffisamment renseignées sur le prix total à percevoir pour le transport du point de départ au point extrême de la frontière ou du littoral, elles en aviseront directement et sans retard M. Dufils, Agent général à Paris, qui s'empressera de leur fournir toutes les indications nécessaires.

10 février 1860.

MODÈLE.

TRANSPORTS GÉNÉRAUX DE LA GUERRE.

Facture de Transport des Effets particuliers.

Ordre de transport du   *colis pesant*   *kilogrammes*

d   *sur*

DÉTAIL DU TRANSPORT.	DISTANCES PARCOURUES.			PRODUIT de LA DISTANCE par LE PRIX.		OBSERVATIONS.
	PETITE VITESSE. fer à 0m,09, terre à 0m,30 par tonne et par kilomètre.	VITESSE ACCÉLÉRÉE. fer à 0m,22, terre à 0m,45 par tonne et par kilomètre.	GRANDE VITESSE. fer à 0m,33 par tonne et par kilomètre.			
	KILOMÈTRES.	KILOMÈTRES.	KILOMÈTRES.	FR.	C.	
Traction. . . . . . ⎫ FER.						
Traversée de Paris . . ⎭						
VOITURE						
Camionnage compté pour 10 kilom.						
Au départ.						
A l'arrivée. . . . . . TERRE.						
Traversée comptée pour 6 kilom.						
De Lyon.						
De Bordeaux.						
De Cette.						

Prix par tonne (1,000 kilogrammes) pour tout le parcours . . . . . .

Soit pour   kilogrammes comptant comme   à   la tonne, fr.

pour acquit de la somme de

pour solde de la facture ci-dessus.

A   le   18 .

L'Agent des transports de la guerre,

N° 272

TRANSPORTS DE LA GUERRE EFFECTUÉS POUR LE COMPTE DES DESTINATAIRES PARTICULIERS.

L'INSTRUCTION ANNEXE N° 1 du Règlement de Comptabilité concernant les transports de la Guerre, comprend notamment au nombre de ces transports les effets des Officiers, Employés et Ouvriers militaires des corps, pour ceux de leurs bagages non compris dans ceux des corps, et aussi les draps renvoyés en fabrique pour être réparés.—Ainsi qu'il est expliqué dans la même Instruction, article 6 (page 9), le transport de ces divers articles, au lieu d'être payable par l'État, reste à la charge des destinataires particuliers, lorsque les lettres de voiture administratives l'indiquent expressément.

Dans ce dernier cas, et afin de prévenir le retour d'abus qui se sont produits, les gares et stations doivent se refuser rigoureusement à accepter comme transports de la Guerre toute expédition qui serait présentée par des personnes sans droit pour obtenir un ordre de transport, ou qui serait composée d'objets étrangers aux simples bagages des Officiers, Employés militaires et Ouvriers militaires des corps.

Les personnes sans droit pour obtenir un ordre de transport sont notamment les Sous-Officiers, Soldats ou Gendarmes.

Par *Effets* ou *Bagages* des Officiers, Employés et Ouvriers militaires, il faut entendre exclusivement leurs effets d'habillement, de harnachement, leur mobilier et les effets de linge et d'habillement propres à leur ménage et à leur famille.

Les colis particuliers ne doivent donc jamais comprendre ni liquides, ni denrées alimentaires d'aucune nature; à plus forte raison, ils ne doivent pas non plus renfermer des matières d'or ou d'argent, bijoux, tableaux et autres objets précieux, non plus que des pianos et autres instruments encombrants.

Le bénéfice de la taxe des transports de la guerre ne s'étend point aux effets que les Officiers, Ouvriers et Employés se feraient adresser *en garnison, en résidence et dans leurs foyers.*

Il est, d'ailleurs, entendu que la condition d'un emballage exécuté avec soin, et suivant la nature de chaque objet, est de rigueur, c'est à dire, par exemple, que des objets fragiles, tels que glaces et meubles, ne peuvent être admis qu'emballés dans des caisses solides, et que les ballots ne peuvent être acceptés que pour la literie et les objets analogues.

Les gares et stations ne doivent pas perdre de vue que les transports de la Guerre comportent une taxe réduite, et qu'elles ne peuvent traiter comme tels les transports qui n'y ont pas droit, sans porter préjudice aux intérêts de la Compagnie.

19 décembre 1860.

N° 273

EMPLOI DE LA CORRESPONDANCE TÉLÉGRAPHIQUE COMME ACCÉLÉRATION DU SERVICE.

EMPLOI DU TÉLÉGRAPHE.

Art. 1er. — En exécution des art. 20, 21 et 22 de l'ORDRE GÉNÉRAL pour la surveillance, l'entretien et l'usage du télégraphe électrique, n° 17, l'emploi de la correspondance télégraphique est autorisé dans les cas ci-après définis :

1° Annonce de tous les faits importants de nature à intéresser le service, tels que accidents, retards, trains spéciaux, interception de la voie, incendies, arrêts extraordinaires des trains, etc.;

2° Avis de l'heure exacte d'arrivée, de départ ou de passage des trains en retard;

3° Indication des causes de retard, de la composition des trains, de l'état des convois, des wagons à prendre et à laisser, de la disposition des chargements, de la nature et de la quantité des marchandises à expédier par les stations intermédiaires;

4° Demandes de secours, de matériel, d'objets, de matières ou de pièces de rechange dont la nécessité imprévue prend un caractère d'urgence;

5° Avis *urgents* et *indispensables* concernant le service.

Art. 2. — La correspondance télégraphique peut être surtout mise à profit pour *éviter les parcours inutiles des machines de réserve;* obtenir une composition toujours *normale* des trains de marchandises ; éviter les doubles tractions et l'attelage de machines de renfort aux dépôts intermédiaires.

Art. 3. — *Lorsqu'un train de voyageurs ou de marchandises part en retard de plus de* DIX MINUTES *pour les trains de Voyageurs, de* QUINZE MINUTES *pour les trains de marchandises, d'une station où il est établi un poste télégraphique, il y a lieu de donner, au poste suivant, avis du retard et de ses causes.*

Il en est de même chaque fois :

1° Qu'un train attendu à une station à poste télégraphique n'est pas arrivé à l'heure où il devait atteindre le poste suivant;

2° Qu'une machine de réserve se déplace pour aller au-devant d'un train;

3° Qu'un train part avec une forte charge pouvant occasionner un retard dans le trajet d'un poste à l'autre;

4° Qu'un train est arrêté ou ralenti dans sa marche à un point quelconque de la ligne, et pour quelque cause que ce soit.

Art. 4. — Au départ d'un train de marchandises d'une gare principale, le Chef de gare doit *toujours* aviser les gares et stations où le train doit s'arrêter, de la composition du train et du nombre de wagons qu'il a à laisser à chaque stationnement. De cette manière, les Chefs de gare avisés peuvent prendre à l'avance des dispositions pour compléter, s'il y a lieu, la composition du train, ou éviter, par un ajournement, l'addition d'une seconde machine.

Art. 5. — Les stations intermédiaires où il est établi un poste doivent de même donner

28

exactement avis aux gares principales, deux heures au moins avant l'expédition des trains par ces mêmes gares, *du nombre de wagons, de la quantité et de la nature des marchandises qu'elles ont à expédier dans un sens ou dans l'autre*, afin que la composition des trains au départ soit convenablement réglée, soit pour la charge, soit pour le classement des wagons.

Art. 6. — Chaque fois que l'importance du mouvement des marchandises ou la nécessité des retours du matériel justifient l'expédition d'un train spécial ou supplémentaire, il doit en être donné avis à tous les postes placés sur le passage du train, et particulièrement aux gares de bifurcation, où un avis de cette nature, transmis en temps opportun, peut fréquemment éviter des frais de traction extraordinaires.

20 janvier 1855.

N° 274

TABLEAU RÉGLANT LE SERVICE TÉLÉGRAPHIQUE A CHAQUE POSTE.

Pour l'exécution des art. 47, 48 et 50 de l'Ordre général N° 17, il est dressé un tableau, affiché en permanence dans chaque poste, déterminant les conditions particulières du service télégraphique de chaque station pour la communication avec les fils, les heures d'isolement, etc. Les dispositions réglementaires prévues dans ce tableau sont obligatoires, et le Chef de l'Exploitation en recommande, de la manière la plus formelle, la stricte exécution. Toute infraction donnera lieu à des punitions sévères.

Octobre 1850.

N° 275

TRANSPORT DE L'ADMINISTRATION DES LIGNES TÉLÉGRAPHIQUES.

Les transports effectués pour le compte de l'Administration des Lignes télégraphiques doivent toujours être taxés sur feuilles de route, selon les formes ordinaires.

Mais la Compagnie ayant ouvert un compte courant à cette Administration, les livraisons seront faites à ses Agents, *franco*, et contre récépissé seulement ; les gares destinataires se couvriront de l'importance des factures de transport, au moyen d'un Bordereau de versement en compte courant, auquel elles joindront ces titres, revêtus des récépissés des destinataires.

Autant que possible, les gares expéditrices indiqueront sur les factures de transport, si le matériel est destiné à la construction ou à l'entretien des lignes télégraphiques établies sur *le Réseau d'Orléans*, ou à la construction et à l'entretien d'*autres chemins*; elles trouveront ces renseignements sur les notes de remise fournies par l'Administration des Lignes télégraphiques.

30 avril 1855.

N° 276

AVIS A DONNER AUX AUTORITÉS LOCALES DES TENTATIVES DE DESTRUCTION CONTRE LES FILS ÉLECTRIQUES OU DES ACCIDENTS AUX APPAREILS TÉLÉGRAPHIQUES.

Toutes tentatives de destruction qui seraient faites contre les fils électriques et tout accident de nature à interrompre la communication qui pourrait survenir aux appareils télégraphiques, doivent être signalés aux autorités locales, et particulièrement aux Commissaires ou Sous-Commissaires de surveillance administrative et aux Directeurs des lignes télégraphiques de l'État.

Les Chefs de gare et de station sont invités à prendre note de cette prescription et à en assurer la stricte exécution.

7 janvier 1852.

N° 277

DÉFENSE DE FAIRE USAGE DES SIGNES ABRÉVIATIFS DANS LA TRANSMISSION DES DÉPÊCHES.

Afin d'éviter toute cause d'erreur, à dater de ce jour, les signes abréviatifs ne devront plus être employés dans la transmission des dépêches télégraphiques.

MM. les Inspecteurs principaux sont chargés d'assurer l'exécution de ces dispositions.

17 septembre 1857.

N° 278

ABUS DU TÉLÉGRAPHE.

Sur certains points, l'on se sert du télégraphe électrique pour des avis insignifiants, *quelquefois même pour des plaisanteries.* C'est là une infraction grave à l'art. 22 de l'ORDRE GÉNÉRAL N° 17, sur laquelle le Chef de l'Exploitation appelle toute la surveillance des Chefs de gare et de station en les prévenant que tout abus du télégraphe sera réprimé avec la plus grande sévérité. Ils doivent signaler les irrégularités de ce genre qui pourraient être commises dans la transmission des dépêches adressées à leur poste.

14 décembre 1851.

N° 279

INDICATION DANS LES ADRESSES DES DÉPÊCHES TÉLÉGRAPHIQUES DE LA QUALITÉ DES FONCTIONNAIRES OU EMPLOYÉS QUI LES TRANSMETTENT ET A QUI ELLES SONT ADRESSÉES.

Le Chef de l'Exploitation recommande aux Chefs de gare et de station et à tous les Employés autorisés à se servir du télégraphe, de toujours indiquer, dans les adresses des dépêches, la qualité des Fonctionnaires ou Employés qui les transmettent et celle des Fonctionnaires ou Employés à qui elles sont adressées. On doit les désigner par leur titre et non pas seulement par leur nom propre.

Cette formalité est indispensable pour le classement des dépêches, qui sont considérées comme *dépêches privées*, et par conséquent taxées, chaque fois que les personnes sont désignées par des noms propres, sans qualification les faisant reconnaître comme Agents ou Correspondants de la Compagnie.

12 août 1854.

N° 280

TRANSMISSION DES DÉPÊCHES TÉLÉGRAPHIQUES ADRESSÉES, EN CAS D'ACCIDENT, AU MINISTRE DES TRAVAUX PUBLICS, PAR LES FONCTIONNAIRES DU CONTROLE DE L'ÉTAT.

Le Chef de l'Exploitation porte à la connaissance de toutes les gares et stations dans lesquelles se trouve un appareil télégraphique manœuvré par les Agents de l'État ou par les Agents de la Compagnie, que les Employés doivent recevoir et transmettre les dépêches qui pourraient être adressées, en cas d'accident, à M. le Ministre des Travaux publics, par les Fonctionnaires du Contrôle de l'État.

10 mai 1855.

N° 281

ÉCHANGE DES DÉPÊCHES TÉLÉGRAPHIQUES RELATIVES A LA CIRCULATION DES TRAINS.

Contrairement aux prescriptions de l'art. 42 de l'ORDRE GÉNÉRAL N° 17, prescrivant de signaler les nombres exprimés dans les dépêches alphabétiquement, c'est-à-dire lettre par lettre, plusieurs gares et stations ont cru pouvoir adopter pour la transmission des dépêches concernant le service de la Compagnie, les dispositions d'une instruction émanant de l'Administration des lignes télégraphiques et qui autorise spécialement pour les dépêches privées l'usage des chiffres du cadran pour exprimer les nombres.

Afin de faire cesser toute hésitation à ce sujet, les dispositions suivantes ont été adoptées:

1° Dans toutes les dépêches intéressant la marche des trains, les demandes de secours et la sécurité du service, les nombres exprimés dans les dépêches devront toujours être transmis conformément à l'art. 42 de l'ORDRE GÉNÉRAL N° 17, c'est-à-dire que les nombres devront être signalés alphabétiquement, lettre par lettre;

2 Pour les autres dépêches on pourra faire usage des chiffres du cadran pour exprimer les nombres. Dans ce cas le changement du mode de transmission par l'usage des chiffres et des lettres devra être indiqué par un signal d'avertissement spécial, savoir:

Un tour entier de l'aiguille sans autre signal, signifie qu'on va transmettre au moyen de l'alphabet ordinaire ;

Deux tours entiers de l'aiguille signifient qu'on va employer les chiffres du cadran pour exprimer des nombres.

Ces prescriptions n'apportent aucun changement aux dispositions de l'AVIS N° 277, qui interdit l'usage des chiffres du cadran employés comme signes abréviatifs, c'est-à-dire comme combinaisons de chiffres représentant des mots et des phrases.

Toutes prescriptions antérieures et contraires aux présentes dispositions sont abrogées.

MM. les Inspecteurs principaux sont chargés d'assurer l'exécution du présent Ordre.

27 septembre 1859.

N° 282

DÉPÊCHES TÉLÉGRAPHIQUES RELATIVES AU SERVICE DES POSTES.

Aux termes d'un arrêté pris par M. le Ministre de l'Intérieur, en date du 4 juin dernier, les Compagnies de Chemins de fer sont autorisées à transmettre en franchise par leurs fils et leurs appareils les dépêches télégraphiques qui leur seront présentées par les Chefs de Bureaux ambulants de l'Administration des Postes.

Les Agents de la Poste autorisés à transmettre des dépêches sont:

Les Inspecteurs, Chefs de brigade et Commis dirigeant des Bureaux ambulants en cours de voyage, et les Directeurs de ces Bureaux.

Les dépêches peuvent être adressées :

1° A l'Inspecteur des Bureaux ambulants de la circonscription en cours de voyage ;

2° Au Directeur des Bureaux ambulants de la ligne ;

3° Aux Chefs de brigade ou Commis dirigeant des Bureaux ambulants de la ligne, en cours de voyage ;

4° Aux préposés des Postes aux gares, soit de la ligne, soit des embranchements ou prolongements de cette même ligne.

Les gares et stations devront en conséquence accepter et passer toute dépêche qui leur sera remise par et en destination d'un des Agents ci-dessus désignés.

Les dépêches doivent être remises aux Chefs des stations par écrit et sur un imprimé spécial de l'Administration des Postes ; elles seront signées de l'Agent qui en requiert l'expédition.

Conformément à l'article 52 de l'ORDRE GÉNÉRAL N° 17, les gares et stations reproduiront textuellement ces dépêches sur les registres spéciaux et dans le rapport journalier qu'elles adressent à l'Administration centrale.

MM. les Inspecteurs principaux sont chargés de surveiller l'exécution des présentes dispositions.

16 septembre 1857.

N° 283

EXÉCUTION DU DÉCRET DU 25 DÉCEMBRE 1855, RELATIF A LA TRANSMISSION DES DÉPÊCHES TÉLÉGRAPHIQUES.

Le décret du 25 décembre 1855 autorise la Compagnie à passer gratuitement les dépêches télégraphiques concernant les réclamations relatives aux bagages et aux marchandises *enregistrés*.

En conséquence, les gares et les stations devront, lorsqu'elles auront à transmettre une dépêche de cette nature, avoir soin d'indiquer le numéro d'enregistrement du colis réclamé.

L'Administration des Lignes télégraphiques faisant payer à la Compagnie le prix des dépêches dans lesquelles figure un nom propre, sans indication des fonctions de l'Agent nommé dans la dépêche, les gares et stations devront avoir toujours le soin, en se conformant à l'AVIS N° 279, d'indiquer les fonctions que remplissent les personnes désignées dans le corps des dépêches.

Le prix de toute dépêche passée sans l'accomplissement des formalités ci-dessus indiquées restera à la charge de la gare ou de la station qui l'aura transmise.

9 avril 1857.

N° 284

DIFFÉRENTES CATÉGORIES DE DÉPÊCHES TÉLÉGRAPHIQUES QUE L'ADMINISTRATION DES LIGNES TÉLÉGRAPHIQUES CONSIDÈRE COMME PRIVÉES ET DONT ELLE FAIT PAYER LE PRIX A LA COMPAGNIE.

1° Dépêches concernant les colis non enregistrés oubliés par les Voyageurs ;

2° Dépêches réclamant les objets laissés par les Voyageurs dans les voitures, les salles d'attente, etc., etc. ;

3° Dépêches recommandant de conserver des colis qui seront pris plus tard au passage par des Voyageurs ;

4° Dépêches demandant si on peut retenir, pour des Voyageurs, des places à une voiture de correspondance pour un jour déterminé, ou informant qu'on peut disposer de places qui ont été retenues ;

5° Dépêches réclamant ou annonçant l'envoi de bulletins de places retenues dans une voiture de correspondance ;

6° Dépêches concernant les Voyageurs qui ont pris une fausse direction aux points de bifurcations ;

7° Dépêches réclamant des effets appartenant aux gendarmes ou les concernant, en tant que ces objets n'ont pas trait au service ou à l'ordre public ;

8° Dépêches commandant à dîner, à coucher ou des voitures pour des Fonctionnaires ou Employés de la Compagnie ;

9° Dépêches réclamant des papiers, des portefeuilles, des objets quelconques laissés par des Fonctionnaires ou Employés dans les voitures ou dans les gares, à moins que ces Fonctionnaires ou Employés ne soient en tournée de service et ne réclament des objets de service ;

10° Dépêches des Entrepreneurs de la Compagnie à leurs Agents ;

11° Dépêches demandant si on peut livrer des marchandises à un destinataire qui n'a pas d'argent et qui prie que l'on demande le paiement du transport à un correspondant qu'il désigne ;

12° Dépêches annonçant les rectifications d'adresses sur les colis provenant de l'erreur des expéditeurs ;

13° Dépêches réclamant des colis qu'un destinataire déclare avoir été remis à telle ou telle gare, à son adresse, à moins que ce destinataire ne fournisse un reçu de cette gare.

Il est rappelé aux gares et stations que toutes les fois qu'elles ont à expédier une dépêche qui est une réponse à une question qui leur a été adressée, elles doivent faire précéder la dépêche du mot *Réponse*. Tous les postes intermédiaires doivent transmettre textuellement la dépêche, en la faisant précéder du mot *Réponse*. Il est indispensable que cette formalité soit toujours exactement remplie pour que les postes intermédiaires puissent, lorsqu'ils la reçoivent, transcrire la réponse en regard de la question qu'ils ont transmise précédemment.

7 août 1856.

N° 285

LES DÉPÊCHES TÉLÉGRAPHIQUES POUR ARRÊTER OU CHANGER LA LIVRAISON OU LA DIRECTION DES COLIS ENREGISTRÉS DOIVENT ÊTRE CONSIDÉRÉES COMME DÉPÊCHES PRIVÉES ET A CE TITRE PAYÉES PAR LES EXPÉDITEURS DE LA MARCHANDISE.

L'Administration des Lignes télégraphiques considère comme dépêches privées, et fait payer à la Compagnie toutes les dépêches par lesquelles les gares et stations prescrivent d'arrêter la livraison des colis enregistrés, de les livrer à un autre destinataire que celui qui est indiqué sur la feuille, ou d'en changer la direction, à moins que les dépêches ne disent qu'il y a eu erreur de la gare expéditrice.

En conséquence, il est interdit aux gares et stations de faire usage du télégraphe pour prescrire d'arrêter ou changer la livraison ou la destination des marchandises enregistrées, si une semblable dépêche n'est pas nécessitée par une erreur de la gare expéditrice.

26 juin 1856.

N° 286

TRANSMISSION DES DÉPÊCHES TÉLÉGRAPHIQUES PRIVÉES PAR LES FILS DE LA COMPAGNIE ET PAR SES AGENTS.

§ Ier.

Acceptation et remise des dépêches privées.

Art. 1er. — Les Chefs des gares et stations où il est établi des postes télégraphiques sont autorisés à recevoir et à transmettre les dépêches privées.

Le service de la télégraphie privée doit toujours être subordonné aux exigences du service de la Compagnie.

Toute personne qui demande l'expédition d'une dépêche privée doit, lorsqu'elle n'est pas connue personnellement, établir son identité, soit par l'attestation de témoins connus, soit par la production de passeports, feuilles de route ou toutes autres pièces dont l'ensemble sera jugé suffisant.

La transmission des dépêches privées doit être réglée selon l'ordre de dépôt des dépêches.

En règle générale, tout poste à qui on remet une dépêche privée à expédier doit la transmettre à la Direction de l'État la plus voisine.

Si la dépêche privée est remise à un poste rattaché à une Direction de l'État, elle doit de même être transmise à cette Direction.

Il n'est fait exception à cette règle générale que pour les dépêches qui doivent être remises en gare ou qui sont expédiées à une localité située entre le poste expéditeur et la Direction de l'État la plus voisine.

Art. 2. — Une affiche placée à la porte des gares ou stations doit indiquer au public qu'on y reçoit les dépêches privées.

Art. 3. — Les dépêches doivent être écrites par l'expéditeur lisiblement, en langage ordinaire et intelligible, sans aucune abréviation, datées et signées. Le Chef de gare ou de station vérifie si les désignations et l'adresse sont suffisantes pour assurer la remise de la dépêche à destination, et s'il n'y a rien qui puisse porter atteinte à l'ordre public ou aux bonnes mœurs.

Quand le Chef de gare ou de station juge qu'il y a lieu de refuser la transmission d'une dépêche, il énonce sur l'original présenté par l'expéditeur le motif de son refus et signe (*art. 6 du décret du 17 juin 1852*). Dans ce cas, il signale le fait sur le procès-verbal des dépêches télégraphiques, et il doit y transcrire la dépêche refusée par lui.

Art. 4. — Si à l'arrivée à destination, le Chef de gare ou de station estime que la communication d'une dépêche peut compromettre la tranquillité publique, il en réfère à l'Autorité administrative locale, qui a le droit de retarder ou d'interdire la remise de la dépêche. Dans ce cas, il signale le fait sur le procès-verbal des dépêches télégraphiques, à la suite de la dépêche.

Art. 5. — La remise à domicile d'une dépêche par exprès ou par estafette peut être refusée par le Chef de gare ou de station, lorsque, soit à raison de la grande distance, soit à raison de l'état des communications, le poste destinataire n'est pas en état de faire le service demandé. Dans ce cas, la dépêche est mise à la poste sous enveloppe, affranchie et chargée suivant les prescriptions de l'Administration des Postes pour les lettres *chargées et recommandées*. Avis en est donné au poste expéditeur, qui doit immédiatement en informer l'expéditeur de la dépêche.

Le Chef de gare ou de station doit réclamer à la poste un reçu du prix de l'*affranchissement* et du *chargement*, détaché d'un livre à souche déposé dans ses bureaux. Ce reçu remplace, en pareil cas, le reçu Modèle n° 327, dont il est parlé à l'article 17 ci-après, et doit être envoyé avec la copie E prescrite par l'article 15.

Si la dépêche est portée dans une localité autre que celle dont la gare ou station porte le nom, le nombre de kilomètres ou fraction de kilomètre parcourue par l'exprès doit être indiqué sur le procès-verbal des dépêches télégraphiques, à la suite du texte de la dépêche, et aussi sur la copie E de la dépêche dont il sera parlé à l'art. 15.

Si une dépêche privée porte la mention : *Bureau restant,* elle ne doit pas être portée à domicile, mais bien conservée par le poste réceptionnaire, où le destinataire doit venir la chercher.

Art. 6. — Dans toute expédition de dépêche privée, la transmission doit être précédée du mot *privée*.

Art. 7. — En aucun cas, les dépêches privées ne peuvent être transportées par le chemin de fer ou par une entreprise quelconque de voiture publique ou de messagerie.

§ II.

Usage des imprimés et tenue de la comptabilité des dépêches privées.

Art. 8. — Le tarif des dépêches privées sera déposé dans le poste télégraphique de chaque gare et station de la Compagnie.

Art. 9. — Toute dépêche privée est mentionnée sur le livre à souche envoyé à cet effet à chaque gare ou station.

La dépêche y est indiquée par deux numéros : l'un de la série spéciale, aux dépêches privées transmises du 1ᵉʳ janvier au 31 décembre de chaque année; l'autre, de la série d'ordre de toutes les transmissions de la gare.

Le numéro de la série des dépêches privées est reproduit sur l'original de la dépêche remise par l'expéditeur.

Art. 10. — Le talon du livre à souche doit porter la signature de l'expéditeur, l'heure du dépôt, le nombre de mots, calculé d'après les indications de l'Instruction ministérielle intitulée : *Application du tarif français* envoyé à chaque gare ou station, et la somme perçue *en toutes lettres*. Ces indications doivent également figurer sur le reçu détaché du livre à souche qui doit être délivré à l'expéditeur par le Chef de gare ou de station, ou par l'Employé de l'État.

Dans *l'application du tarif français*, les Chefs de gare ou de station trouveront toutes

29

les indications nécessaires pour la manière de compter les mots, les nombres en toutes lettres ou en chiffres, etc., etc.; enfin, tous les détails accessoires du service de la télégraphie privée.

Le *tarif français* sera envoyé à chaque gare et station; on l'appliquera de la manière suivante :

Les Chefs de gare et de station devront toujours faire payer, en même temps que le prix de la dépêche, les frais d'exprès indiqués dans la dernière colonne à droite de l'Instruction ministérielle intitulée : *Tarif télégraphique à l'usage de la station de.....* Ainsi, toute dépêche privée adressée à la station de Sainte-Maure doit, outre la taxe, être grevée de la somme de 3 francs pour exprès indiquée dans cette colonne. Les sommes perçues pour la taxe de chaque dépêche et pour l'exprès, doivent être indiquées, *séparément* et en *toutes lettres,* à la suite du texte de la dépêche, sur le procès-verbal des dépêches télégraphiques.

Art. 11. — Les sommes perçues reproduites en marge du livre à souche sont totalisées par jour, avec déduction au total, quand il y a lieu, des remboursements effectués dans la journée dont il est parlé ci-après.

Tout remboursement doit être certifié (*la somme en toutes lettres*) par l'expéditeur, sur le reçu à lui délivré, conformément à l'article précédent, qu'il doit rendre et qui reste fixé au talon du livre à souche.

Art. 12. — Toutes les demandes en remboursement de taxes doivent être adressées à M. le Ministre de l'Intérieur. Ces demandes seront remises aux Chefs de gare et de station qui devront les transmettre immédiatement au Chef de l'Exploitation (*Bureau du Mouvement),* par l'intermédiaire duquel toutes les communications entre l'Administration des lignes télégraphiques et les Agents de la Compagnie doivent avoir lieu *sans exception.*

Aucun remboursement ne peut avoir lieu sans l'autorisation de M. le Ministre de l'Intérieur, donnée à la Compagnie et transmise par elle à ses Agents. Cette autorisation est donnée par un bulletin spécial, dit *bulletin de remboursement.*

Toutefois, les Chefs de gare et de station pourront effectuer *sans autorisation préalable* le remboursement des sommes qu'ils auront perçues pour des réponses payées d'avance ou des *accusés de réception* qui n'auront pas été reçus dans les cinq jours, à condition que les expéditeurs leur demanderont ce remboursement dans les vingt jours qui suivront l'expédition de la dépêche. Dans ce cas, ils devront en donner avis par lettre à M. le Ministre de l'Intérieur, en se conformant, pour cette communication, aux indications qui précèdent.

Art. 13. — Les gares et stations se débiteront sur leur liquidation, *aux Recettes à différents titres,* du montant des dépêches encaissées dans la journée, et elles auront soin de joindre à l'appui un bordereau (Modèle n° 108).

La Compagnie devant faire les avances de courses et d'exprès dans les conditions de *l'application du tarif français* (20), les gares et stations se couvriront, en fin de journée, des sommes ainsi payées, au moyen d'un état détaillé qu'elles dresseront, et dont elles prendront crédit à leur liquidation, sous la rubrique : *Port des dépêches privées,* en ayant soin d'envoyer cet état appuyé des récépissés des porteurs de dépêches.

Quant aux remboursements faits conformément à l'art. 12, les gares et stations se créditeront chaque mois du montant de ces avances, sous la rubrique : *Remboursement des dé-*

pêches privées, au moyen d'un autre état accompagné des bulletins de remboursement régulièrement remplis.

Art. 14. — Toute dépêche transmise doit être copiée *in extenso* sur une feuille (Modèle C); on devra mentionner, en tête et *en totalité*, le préambule réglementaire dont il est donné un exemple dans l'art. 26 ci-après : 1° le numéro de la dépêche porté sur le livre à souche; 2° la date; 3° l'heure du dépôt du commencement et de la fin de la transmission; 4° le nombre de mots; 5° le détail de la taxe; 6° les frais d'exprès perçus, s'il y a lieu.

Cette copie est visée par le Chef de gare ou de station, et doit être transcrite exactement sur le procès-verbal des dépêches télégraphiques de la journée.

Art. 15. — Toute dépêche reçue doit être transcrite *in extenso* sur une feuille (Modèle E); on devra indiquer, en tête et *en totalité*, le préambule réglementaire dont il est donné un exemple dans l'art. 26 ci-après : 1° le numéro du livre à souche du bureau de départ; 2° le nombre de mots *réel* et *taxé*; 3° la date, l'heure du commencement et de la fin de la réception; 4° la somme allouée pour l'exprès; 5° la distance en kilomètres du domicile du destinataire.

Cette copie est également signée par le Chef de gare ou de station, et doit aussi être transcrite exactement sur le procès-verbal des dépêches télégraphiques de la journée.

On doit inscrire à gauche, en marge des copies C et E, le nom du poste auquel on transmet *directement* ou qui vous transmet *directement* la dépêche. Cette mesure est de *rigueur* pour pouvoir suivre la marche de la dépêche.

Les copies (Modèles C et E) doivent *toujours être visées* par le Chef du poste télégraphique. On entend par *Chef de poste télégraphique*, le Chef de gare dans les stations où le service est fait par des Agents de la Compagnie, et dans les stations où le service télégraphique est fait exclusivement par des Employés de l'État, le Stationnaire désigné par l'Administration des lignes télégraphiques comme faisant fonctions de Chef de poste.

Art. 16. — L'expédition des dépêches au destinataire est consignée sur la feuille (Modèle 326), certifiée conforme par le Chef de gare ou de station et revêtue du timbre de la gare ou de la station.

Sur cette feuille figure le numéro de la série d'Ordre général de toutes les dépêches transmises ou reçues par la gare ou la station.

Art. 17. — Aucune dépêche ne doit être remise sans qu'un reçu (Modèle 327), portant le numéro d'expédition, ne soit signé par le destinataire, ou, en cas d'absence, par un membre de sa famille ou une personne attachée à son service. Les Chefs de gare ou de station doivent avoir soin d'indiquer sur ce reçu si la dépêche a été *expédiée à domicile* **le soir** ou **le matin.** Cela est indispensable pour pouvoir contrôler utilement les dépenses faites à ce sujet.

Sur le reçu Modèle n° 327, il faut mettre, après le mot *expédiée*, l'heure à laquelle part de la station la personne qui va porter la dépêche à domicile, et, après le mot *reçue*, le destinataire doit mettre l'heure à laquelle la dépêche lui est remise.

Si une dépêche est adressée à une gare ou station pour une localité voisine, par exemple, *à Sainte-Maure*, avec la mention de *poste Sainte-Maure*, il faut opérer de la même manière qu'il est dit à l'article 5 ci-dessus.

Quand l'adresse d'une dépêche, adressée à une localité voisine, ne porte pas la mention *exprès* ou *poste*, le Chef de gare ou de station doit prévenir le poste expéditeur que le destinataire demeure à..... kilomètres, et lui dire que, jusqu'à nouvelle instruction, la dépêche reste en dépôt. Les dépêches de service, échangées pour demander et donner *la distance*, doivent être transcrites sur l'état Modèle 262.

Art. 18. — Toutes les copies de dépêches (Modèles C et E) sont envoyées au Chef de l'Exploitation (*Bureau du Mouvement*), le lendemain du jour du dépôt où de l'arrivée de ces dépêches à la gare ou à la station.

Dans cet envoi, les reçus des destinataires doivent être joints aux pièces qu'ils concernent.

Les dépêches de *départ* et d'*arrivée* devront être placées ensemble, dans une grande enveloppe portant pour adresse imprimée : *M. le Ministre de l'Intérieur, Paris*, que fournit l'Économat.

Art. 19. — Les Chefs de gare et de station conserveront les originaux des dépêches, classés par ordre de numéros et par mois.

Ces originaux seront adressés au Chef de l'Exploitation (*Bureau du Mouvement*), du 1ᵉʳ au 5 janvier de chaque année.

Avant de classer les originaux des dépêches privées ou officielles, les Chefs de gare ou de station devront avoir soin d'écrire le nom de leur station, le numéro du livre à souche, le nombre des mots réels et taxés, la taxe, l'heure du dépôt, l'heure du commencement et de la fin de la transmission, le quantième, le nom du mois et l'année. Sans cette précaution, il est impossible de reconnaître la provenance de ces dépêches, lorsqu'elles sont adressées sous enveloppe et sans lettre d'envoi au Chef de l'Exploitation.

Art. 20. — Les livres à souche terminés devront être adressés au Chef de l'Exploitation (*Bureau du Mouvement*) un mois après qu'ils auront été épuisés.

Art. 21. — L'article 4 de la loi du 21 juillet 1856, qui précède le tarif français, dit positivement que le port des dépêches à domicile est gratuit. En conséquence les Chefs de gare ou de station ne devront jamais rien faire payer aux expéditeurs de dépêches privées pour le port à domicile; ils ne devront faire payer que les frais d'exprès indiqués en regard du nom du poste destinataire, dans le *tarif télégraphique à l'usage de la station de...* Lorsqu'aucune somme n'y sera indiquée, ils ne devront rien faire payer.

Art. 22. — Les Chefs de gare ou de station devront toujours, en transcrivant les dépêches privées *transmises* sur l'état modèle n° 262, indiquer la somme perçue pour la taxe, ainsi que celle perçue pour les frais d'exprès. Cette indication est de *rigueur* pour faciliter le contrôle.

Ils ne devront indiquer en marge, à gauche sur les copies modèle E, en regard des mots *port simple* ou *frais d'exprès*, que les sommes qu'ils auront payées pour le *port à domicile* de la dépêche.

Art. 23. — Lorsque la Direction de l'État à laquelle est relié le poste d'une gare transmet une dépêche privée à ce poste, en destination d'une station intermédiaire, l'Employé de service devra inscrire sur l'état Modèle 262, en regard du texte de la dépêche, les mots : *Transmise par la Direction*. Si l'Employé a à transmettre à la Direction une dépêche venant d'une station intermédiaire, il devra inscrire en regard : *Transmise à la Direction*.

Art. 24. — Lorsque la Direction demande la communication directe avec une station intermédiaire, mention de l'heure où cette demande aura été faite devra figurer sur l'état Modèle n° 262.

Art. 25. — Les dépêches privées *transmises* ou *reçues* devront toujours être *soulignées* sur l'état Modèle n° 262, pour attirer l'attention et faciliter le contrôle.

Art. 26. — La transmission de toute dépêche, *officielle* ou *privée*, doit être précédée de l'heure du dépôt de cette dépêche au poste expéditeur. Cette formalité est de *rigueur* pour pouvoir vérifier la marche de la dépêche. Ainsi une dépêche privée déposée à Étampes le 5, à 10 h. 15 m. du matin, pour Paris, et composée de 19 mots taxés, doit être précédée du préambule suivant :

Privée. — Paris d'Étampes. — N° — 19 mots. — Le 5. — 10 h. 15' matin.

Art. 27. — A l'avenir, et par exception pour les dépêches officielles seulement, les Chefs de gare ou de station n'enverront que les copies Modèle E, des dépêches officielles *reçues;* ils conserveront les reçus Modèle n° 327 de ces dépêches. Ces reçus devront être classés par ordre de date, comme les originaux des dépêches privées ou officielles, et seront adressés au Chef de l'Exploitation en même temps que les originaux, conformément à l'article 19 ci-dessus.

Art. 28. — Les Chefs de gare ou de station devront toujours écrire sur l'enveloppe contenant les copies Modèles C et E, ainsi que les reçus Modèle n° 327 adressés au Chef de l'Exploitation, ces mots : *Séance du.....* et à la suite *le quantième, le mois* et *l'année* auxquels ces pièces se rapportent.

Art. 29. — Le Ministère de l'Intérieur envoie en approvisionnement à la Compagnie tous les imprimés et enveloppes nécessaires pour le service de la télégraphie privée.

En conséquence, toute demande d'imprimés devra être faite par un bon à l'Économat, visé par le Chef de gare ou de station, comme cela a lieu pour tous les imprimés en usage dans les différents services de la Compagnie.

Art. 30. — La présente Instruction est applicable aussi bien aux gares où le service du télégraphe est fait par les Employés de l'État qu'aux gares et stations où il est fait par les Agents de la Compagnie.

Art. 31. — Les prescriptions des art. 51, 52 et 53 de l'ORDRE GÉNÉRAL N° 17, et des Instructions qui n'ont rien de contraire à la présente Instruction, demeurent en vigueur.

Observations. — Les dispositions ci-dessus, pour la transmission des dépêches privées par les appareils de la Compagnie, donnant lieu à des interprétations contradictoires dans son application aux postes télégraphiques des gares desservis par les Employés de l'État, cette application sera faite dorénavant dans les conditions suivantes ;

Savoir :

La Compagnie admettant la transmission des dépêches privées par ses appareils, tant que cette transmission pourra se concilier avec les exigences de son propre service, les Chefs de gare où sont détachés les Employés de l'État doivent, jusqu'à instructions contraires, s'abstenir de toute intervention dans cette partie du service des postes.

En conséquence, les Employés de l'État détachés dans les postes télégraphiques des gares, doivent recevoir directement du public les dépêches privées, les taxer et en faire la transmission et la remise à domicile, sous leur responsabilité.

Les prescriptions ci-dessus ne sont donc applicables aux postes télégraphiques des gares desservies par les Employés de l'État, qu'en ce qu'elles ont de relatif à l'encaissement du prix des dépêches et à l'envoi des états et pièces de comptabilité qui justifient cet encaissement.

Les dépêches privées devant, aux termes des règlements de l'Administration des lignes télégraphiques ci-dessus rappelés, être transmises à la Direction de l'État la plus voisine, les gares dont les postes télégraphiques sont reliés à une Direction ne sont pas chargées de la remise à domicile des dépêches reçues par ces postes. Toutefois, lorsqu'une dépêche sera reçue dans les conditions des dépêches de nuit (*circulaire ministérielle du 29 septembre 1857*), ou pendant que la Direction de l'État est fermée la gare devra la faire porter à domicile, en se conformant aux articles 13 et 17 de la présente Instruction.

Tarif international.

N. B. — Lorsqu'un Chef de gare ou de station doit expédier une dépêche privée à destination d'un bureau situé en pays étranger, il se fait donner des arrhes et la transmet à la Direction de l'État la plus voisine.

Cette Direction, chargée dès lors de la réexpédier, lui fait connaître le plus tôt possible la taxe à percevoir.

MM. les Inspecteurs principaux sont chargés, en ce qui les concerne, d'assurer l'exécution de la présente Instruction, qui sera mise en vigueur à partir du 1er novembre prochain.

2 octobre 1857.

N° 287

TRANSMISSION DES DÉPÊCHES PRIVÉES. - INSTRUCTION COMPLÉMENTAIRE DE L'AVIS 286.

§ 1er.

Dépêches officielles.

Art. 1er. — Les Chefs de gare et de station ne devront admettre comme *officielles* que les dépêches émanant des Fonctionnaires publics, ou *visées* par l'un d'eux, dont ci-après la liste :

Maison de l'Empereur
- Le Grand Maréchal du Palais ;
- Le Grand Chambellan ;
- Le Grand Maître des Cérémonies ;
- Le Chef du Cabinet de l'Empereur ;
- L'Aide de camp de service ;
- Le Chambellan de service ;

Les Ministres;

Les Préfets;

Les Sous-Préfets (dans les villes où il n'y a pas de Préfet);

Le Maire de Calais;

Les Généraux commandant les divisions militaires;

Les Généraux commandant les subdivisions militaires (même en résidence au chef-lieu de la division);

Les Maréchaux et les Généraux commandant un corps d'armée;

Les Commandants militaires;

Les Intendants militaires;

Les Sous-Intendants militaires (dans les villes où il n'y a pas d'Intendant);

Les Préfets maritimes;

Les Commissaires maritimes, Chefs de service, etc. (dans les villes où il n'y a pas de Préfet maritime);

Les Commandants d'escadre;

Les Procureurs généraux;

Les Procureurs Impériaux (dans les villes où il n'y a pas de Procureur général);

Le Directeur général des postes;

Les Agents diplomatiques à l'étranger;

L'Agent des Affaires étrangères à Marseille;

Les premiers Présidents des Cours impériales (avec les Ministres seulement);

Les Receveurs généraux des Finances (avec les Ministres seulement);

Les Archevêques et Évêques (avec les Ministres seulement);

Les Recteurs (avec les Ministres seulement);

Le Syndic des gens de mer à Saint-Nazaire (avec le Commissaire de la Marine à Nantes);

Le Directeur de la Santé à Marseille (avec le Ministre du Commerce);

Les Commissaires spéciaux de police sur les Chemins de fer avec :

1° Le Ministre de l'Intérieur;

2° Avec leurs collègues résidant sur une même ligne de Chemin de fer;

3° Avec les Inspecteurs de police placés sous leurs ordres;

Les Ingénieurs, Commissaires, Sous-Commissaires et autres Agents préposés à la surveillance administrative près les Compagnies de Chemins de fer (avec le Ministre des Travaux publics, pour leurs dépêches relatives aux accidents sur les voies ferrées); et avec les Préfets, Procureurs impériaux et Ingénieurs en chef en cas d'accidents graves ayant occasionné mort ou blessures;

Les Chefs des Bureaux ambulants des Postes.

Art. 2. — Dans le cas d'urgence absolue et en l'absence de tout Fonctionnaire autorisé à donner le visa, les Chefs de gare ou de station ne devront transmettre en franchise que les dépêches adressées à la ville la plus voisine où réside l'un des Fonctionnaires ci-dessus désignés, qui reste chargé du soin de la réexpédier.

Ils ne devront, dans aucun cas, accepter des circulaires signées par des Brigadiers de gendarmerie et adressés à tous les postes télégraphiques de France.

§ II.

Dépêches émanant d'une localité voisine d'un poste télégraphique.

Art. 3. — Les dépêches privées émanant d'une localité voisine portant un nom autre que celui de la gare ou station où elles sont présentées, devront toujours être rédigées et transmises suivant l'exemple ci-dessous :

Soit une dépêche privée émanant de Chinon, adressée à Paris le 4 mars, et présentée à la gare de Port-Boulet; elle devra être rédigée et transmise dans la forme suivante :

Paris, de Port-Boulet, le 4.

Chinon, le (ici la date de Chinon).

Adresse.   *Texte.*   *Signature.*

La première date est transmise d'office, et les mots qui la composent ne doivent pas être comptés pour être taxés.

La deuxième date entre dans le nombre des mots taxés.

§ III.

Collationnement des Dépêches.

Art. 4. — Les Chefs de gare ou de station devront toujours *collationner* après chaque transmission, c'est-à-dire faire répéter par le poste avec lequel ils correspondent directement, tous les mots dont l'altération pourrait changer le sens de la dépêche, et particulièrement *les noms propres, les noms géographiques, les nombres et les mots étrangers,* ainsi que quelques expressions qui se reproduisent journellement dans les dépêches relatives aux opérations de Bourse, telles que : *acheter, vendre, ferme, comptant, à terme, liquidation, prime,* etc. etc.

§ IV.

Taxe de chargement des Dépêches adressées *poste restante.*

Art. 5. — Lorsqu'une dépêche privée est adressée *poste restante* dans la localité où est situé le poste télégraphique destinataire, l'affranchissement est obligatoire, et il doit être perçu au départ *trente centimes,* savoir :

Port dans le même arrondissement postal . . . . . .   10 c.

Taxe supplémentaire pour le chargement   20

Total . . . . . .   30 c.

Le poste télégraphique destinataire opère pour l'envoi par la poste de cette sorte de dépêches comme il est dit à l'article 5 de l'INSTRUCTION No 286.

Octobre 1857.

N° 288

OBSERVATION DU SECRET DE LA CORRESPONDANCE PRIVÉE PAR LE TÉLÉGRAPHE ÉLECTRIQUE.

Le Chef de l'Exploitation rappelle aux Chefs de gare et de station que l'observation du secret de la correspondance privée, par le télégraphe électrique, est un devoir étroit pour eux.

La violation de ce secret, dans certains cas déterminés, est d'ailleurs prévue et punie par la loi.

Les Agents de l'Etat, chargés du Contrôle et de la surveillance du Chemin de fer, et les Fonctionnaires ou Employés de la Compagnie désignés dans l'article 23 de l'ORDRE GÉNÉRAL N° 17, ont seuls le droit de demander communication du Registre Modèle n° 261, sur lequel sont transcrites, *in extenso*, les dépêches télégraphiques de toute nature.

MM. les Inspecteurs principaux sont chargés, en ce qui les concerne, d'assurer l'exécution du présent Avis.

5 mars 1859.

N° 289

EGISTRES ET FEUILLES DES ÉTATS DES DÉPÊCHES TRANSMISES OU REÇUES.

(*MODÈLE N° 262.*)

Les postes télégraphiques doivent se conformer aux dispositions suivantes pour l'établissement des registres et feuilles des *Etats des dépêches transmises ou reçues* (Modèle n° 262) :

1° Avant la transcription de toute dépêche, on doit remplir avec exactitude les cinq premières colonnes suivant l'indication de chaque entête.

2° Toutes les fois qu'on transmet ou qu'on reçoit une dépêche qui a pour but de poser une question, on doit la transcrire dans la page de gauche intitulée : *Questions.*

3° Quand on reçoit ou quand on transmet la réponse à cette même dépêche, on doit la transcrire en regard dans la page de droite intitulée : *Réponses.*

4° Lorsqu'on reçoit ou qu'on transmet une réponse après la clôture de l'état des dépêches, on doit *répéter et souligner* sur celui de la journée du lendemain, la dépêche qui posait la question et transcrire la réponse en regard dans la page de droite. Pour l'exécution de cette disposition, les états des dépêches doivent être établis par journée de vingt-quatre heures, de minuit à minuit.

5° Lorsqu'on reçoit ou qu'on transmet une dépêche qui ne motive pas une réponse, on la transcrit dans la page de gauche, en laissant en blanc la place en regard dans la page de droite.

6° Conformément à l'art. 53 de l'ORDRE GÉNÉRAL N° 17, le texte même des dépêches doit

30

toujours être écrit *en toutes lettres* dans la colonne *Transcription textuelle de la dépêche sans abréviations*; on doit indiquer exactement aussi les heures d'expédition et de réception, les noms des gares et stations, les adresses, les désignations de train et de matériel ou toute autre espèce de phrases ou de mots prévus dans les tableaux chiffrés. Il est interdit d'une manière formelle de faire usage d'aucun signe abréviatif sur les registres des procès-verbaux et sur les feuilles détachées, *Etats des dépêches transmises ou reçues*, que tous les postes télégraphiques doivent joindre régulièrement au rapport journalier. Quand un poste n'a échangé aucune correspondance, l'état n'en doit pas moins être envoyé; il doit porter dans ce cas le mot *Néant*.

Il est essentiel que toutes les dispositions prescrites ci-dessus soient strictement observées pour faciliter les recherches et le contrôle des dépêches.

Les Inspecteurs principaux sont chargés d'assurer la bonne tenue des registres des procès-verbaux et des feuilles qui en sont la copie, lesquelles doivent être adressées chaque jour au Chef de l'Exploitation pour être vérifiées au Bureau du Mouvement.

23 juillet 1854.

N° 290

SOINS A PRENDRE DES APPAREILS TÉLÉGRAPHIQUES.

Les Employés et Stationnaires de certains postes télégraphiques apportent dans l'entretien des appareils une grande négligence. En conséquence, et pour éviter que les appareils se détériorent par un manque de soins ou de précautions, les mesures d'ordre suivantes sont formellement prescrites en exécution du § 3 de l'ORDRE GÉNÉRAL N° 17.

Chaque jour, après le balayage du poste, les fils et les différents appareils doivent être époussetés, et toutes les parties métalliques extérieures, telles que le cadran du manipulateur, les boutons, les timbres des sonneries, etc., passées à la peau. Les ustensiles nécessaires pour tenir les appareils en parfait état de propreté sont fournis à tous les postes.

Il est interdit, d'une manière absolue, de poser sur les tablettes du télégraphe aucun objet pouvant casser ou détendre les fils, de placer aucun papier ou tableau derrière les fils, et de mettre sur la pile des objets quelconques.

Au fur et à mesure de la transmission des dépêches, les bulletins doivent être classés dans le tiroir du casier pour être adressés, à la fin du mois, sous bande et en ordre, aux Inspecteurs principaux.

Les Contrôleurs du télégraphe sont spécialement chargés de surveiller la stricte exécution du présent avis; ils devront signaler avec sévérité les postes qui ne se conformeraient pas à ces dispositions de bon entretien. Des amendes seront infligées aux Stationnaires des postes principaux, et aux Employés de la Compagnie des postes intermédiaires, pour toute négligence dans ce détail du service.

27 novembre 1850.

N° 291

EMPLOI DE LA POMPE-SERINGUE POUR L'ENTRETIEN DES PILES TÉLÉGRAPHIQUES.

Conformément à l'art. 13 de l'ORDRE GÉNÉRAL N° 17, le bon entretien des piles exige souvent qu'une partie de l'eau des vases de verre soit enlevée pour être ajoutée, s'il y a lieu, dans les vases poreux.

Pour faciliter ces soins d'entretien et éviter les inconvénients signalés, tels que la malpropreté et l'humidité dans le fond intérieur de la boîte de pile, l'emploi d'une *pompe-seringue* est adopté.

Au moyen de cette pompe il est facile de maintenir le niveau de l'eau dans chacun des vases à la hauteur prescrite, savoir : à 1 centimètre environ du bord supérieur dans les vases poreux, et à 4 ou 5 centimètres du fond du vase dans les vases de verre. (ORDRE GÉNÉRAL N° 17, art. 13.)

Les Chefs de gare ou de poste sont responsables du bon état de conservation de la pompe, qui doit être lavée chaque fois qu'on s'en sert pour retirer l'eau des vases poreux, afin d'éviter les cristallisations dans l'intérieur du cylindre et autour du piston. Le piston doit être graissé souvent avec du *suif* et jamais avec de l'huile ; on peut ajouter, si besoin est, de la laine grasse sous le cuir de piston pour le rendre plus juste.

Les Contrôleurs du télégraphe sont chargés d'assurer la stricte exécution des dispositions ci-dessus.

14 septembre 1851.

N° 292

ISOLEMENT DES POSTES INTERMÉDIAIRES POUR LA COMMUNICATION DIRECTE.

Malgré de nombreuses recommandations, les postes télégraphiques intermédiaires, lorsqu'ils reçoivent l'ordre d'isolement pour établir la communication directe des deux postes entre lesquels ils sont placés, ne se conforment pas aux dispositions très-précises prescrites, en pareil cas, par l'art. 49 de l'ORDRE GÉNÉRAL N° 17, savoir : « Le poste qui reçoit les signaux d'avertissement et les signaux indicatifs d'une dépêche en direction doit, avant d'isoler son appareil, donner l'accusé de réception de l'avis qu'il reçoit et transmettre cet avis avec les signaux d'avertissement et les signaux indicatifs qu'il a reçus au poste qui le suit immédiatement. »

Les postes qui demandent la communication enfreignent souvent aussi l'art. 48 de l'ORDRE GÉNÉRAL précité, en indiquant la durée de l'isolement par un nombre de minutes déterminé, au lieu de préciser l'heure à laquelle l'isolement doit cesser, ce qui fait que la durée de l'isolement n'est pas la même pour tous les postes intermédiaires, d'où résultent des lenteurs et des confusions dans le service.

Le Chef de l'Exploitation rappelle que ces prescriptions sont indispensables ; toute omission dans leur *stricte* exécution sera considérée comme une grave négligence et donnera lieu à des répressions sévères.

Octobre 1850.

N° 293

RECOMMANDATIONS RELATIVES AU SERVICE DU TÉLÉGRAPHE.

La communication de la ligne télégraphique a été plusieurs fois interrompue par la négligence ou le mauvais vouloir évident de quelques postes intermédiaires qui ont refusé de répondre ou ont négligé de s'assurer que leurs commutateurs étaient bien séparés de tout contact avec le bois. Ces interruptions, qui se sont prolongées pendant plusieurs heures, ont quelquefois empêché la transmission de dépêches urgentes ou rendu impossible la vérification de faits importants.

Le Chef de l'Exploitation donne à ce sujet un avertissement sévère aux Chefs de station qui ont à surveiller un appareil télégraphique, et les prévient que toute faute de cette nature qui sera constatée sera réprimée comme la plus grave infraction. Les Chefs de station doivent bien se pénétrer de cette idée, que le service du télégraphe, la surveillance qu'il exige, les soins et l'assiduité qu'il réclame, sont des parties essentielles du service, et que toute négligence qui aurait pour résultat d'interrompre ou de ralentir la communication sur un point quelconque de la ligne sera appréciée avec la plus grande rigueur.

27 août 1851.

N° 294

CIRCULATION DES PIÉTONS ENTRE LA GARE DE PARIS ET LES ÉTABLISSEMENTS D'IVRY.

Art. 1er. — La circulation des piétons, entre la gare de Paris et les établissements d'Ivry, est interdite à toute personne qui n'est pas pourvue d'une autorisation régulière signée du Directeur de la Compagnie.

Les permis sont personnels et n'autorisent pas, sauf mention spéciale, la circulation de la famille du titulaire.

Art. 2. — Les personnes autorisées à circuler entre la gare de Paris et les établissements d'Ivry doivent suivre exclusivement le trottoir du Contrôle et le sentier établi en prolongement de ce trottoir jusqu'au pont du chemin de ronde.

Art. 3. — La présentation des permis doit être faite à toute réquisition des Agents préposés à la garde des issues de la gare et des Aiguilleurs chargés de la surveillance de la voie. Ces Agents doivent refuser le passage à toute personne qui n'est pas munie d'un permis en règle.

Art. 4. — La sortie de la gare des porteurs de permis venant d'Ivry s'opérera invariablement à Paris, par le côté de l'arrivée.

Art. 5. — Sont exceptés de l'obligation imposée par l'art. 1er ci-dessus : les Commissaires de surveillance et de police spéciaux attachés à la gare de Paris, les Officiers de gendarmerie, Gendarmes et autres Agents de la force publique, les Préposés aux Contributions indirectes et Octrois dans l'exercice de leurs fonctions et revêtus de leurs uniformes ou de leurs insignes.

Sont également exceptés de ladite obligation : les Fonctionnaires et Employés, porteurs de cartes de circulation de 1re classe. Ces Agents, sur la présentation de leur carte, sont autorisés à circuler librement, dans la gare et sur les voies.

Art. 6. — Le présent Ordre sera affiché en permanence dans les gares de Paris et d'Ivry, dans les Ateliers et dans les guérites des Aiguilleurs.

L'Inspecteur principal de la première Inspection est chargé d'en assurer l'exécution.

30 Juillet 1856.

N° 295

CIRCULATION DES WAGONS SUR L'EMBRANCHEMENT DE LA GUERCHE.

Art. 1er. — La circulation sur l'embranchement de la Guerche sera réglée dorénavant par les dispositions suivantes :

Art. 2. — La traction des wagons partant du canal pour le Fourneau ou la station de la Guerche se fera jusqu'à nouvel ordre avec des chevaux.

Dans le sens contraire, les wagons descendront sur la pente en obéissant à l'action de la gravité ; ils devront toujours être attelés à un nombre de freins suffisant pour que leur vitesse ne dépasse pas celle d'un homme marchant au pas gymnastique.

Art. 3. — Ces mouvements seront couverts au moyen des deux Mâts C et D, manœuvrés à distance par le Garde du passage à niveau de la route de Sancoins, près le canal. Conformément aux indications du plan, le Mât C sera établi sur la voie principale d'embranchement, à 50 mètres au-dessous de la bifurcation de la voie de service du Fourneau (voie d'en haut), et le Mât D sera établi, sur la voie du Fourneau (voie d'en bas), à 50 mètres des aiguilles donnant accès sur cette voie.

Les Mâts C et D seront en principe maintenus au rouge et ne devront jamais être ouverts tous les deux à la fois.

Art. 4. — Lorsque des wagons devront être conduits, soit de la station au canal, soit du Fourneau (voie d'en haut) au Fourneau (voie d'en bas), soit enfin du Fourneau (voie d'en haut) au canal, l'Agent chargé de leur conduite demandera l'ouverture du Mât C par un appel, au moyen du cornet d'appel, dont il devra toujours être porteur, et ne laissera les wagons s'engager sur la voie de l'embranchement que lorsque ce Mât aura été ouvert.

Le Garde, avant d'ouvrir le Mât C, s'assurera qu'il ne part pas de wagons du canal et que le Mât D est bien fermé.

Art. 5. — Lorsque des wagons devront être conduits, soit du canal à la station, soit du canal au Fourneau (voie d'en haut), soit enfin du canal au Fourneau (voie d'en bas), le Garde ne laissera ces wagons s'engager sur la voie de l'embranchement qu'après s'être assuré que les Mâts C et D sont bien fermés.

Art. 6. — Lorsque des wagons devront être conduits du Fourneau (voie d'en bas), soit au canal, soit au Fourneau (voie d'en haut), soit à la station, l'Agent de l'usine chargé de la conduite de ces wagons demandera l'ouverture du Mât D par deux appels, au moyen du cornet d'appel, dont il devra toujours être porteur, et ne laissera ces wagons s'engager sur la voie de l'embranchement que lorsque ce Mât aura été ouvert.

Le Garde, avant d'ouvrir le Mât D, s'assurera qu'il ne part pas de wagons du canal et que le Mât C est bien fermé.

Art. 7. — Les wagons devant être conduits de la station au Fourneau (voie d'en haut), ou de ce Fourneau à la station, seront pris à leur point de départ par les Agents de l'usine, sous la surveillance du Chef de station qui devra, avant de laisser commencer la manœuvre, faire placer un drapeau rouge sur la voie principale d'embranchement au delà des aiguilles de la voie de service du Fourneau (voie d'en haut).

Art. 8. — Les barrières du passage à niveau de la route départementale de Sancoins devront en principe être fermées sur la voie pour laisser entièrement libre la circulation de la route; elles ne seront ouvertes sur la voie que pendant le temps nécessaire aux manœuvres qui exigeront cette mesure et lorsque l'un des Mâts D et C sera ouvert.

Art. 9. — En aucun cas, l'Entrepreneur chargé de la traction des wagons ne devra sortir avec ses chevaux en dehors des clôtures de l'embranchement pour s'engager sur les voies principales.

Art. 10. — M. l'Ingénieur de l'arrondissement de l'Est et M. l'Inspecteur principal de la première Inspection, sont chargés, chacun en ce qui le concerne, de l'exécution des dispositions du présent Ordre.

23 janvier 1858.

N° 296

CIRCULATION DES TRAINS ET DES MACHINES A LA DESCENTE DE LA RAMPE D'ÉTAMPES.

L'appareil télégraphique spécial établi à Étampes et à Guillerval pour régler la descente des trains et des machines dans la rampe d'Étampes est supprimé, et remplacé par deux postes télégraphiques ordinaires placés à *Guillerval* et à la gare d'*Étampes*.

Dès qu'un train ou une machine quitte, soit de jour, soit de nuit, les aiguilles de Guillerval pour descendre la rampe, l'Aiguilleur de Guillerval doit annoncer à Étampes, par une dépêche télégraphique, le départ de ce train ou de cette machine, et fermer la voie.

Dès que le train ou la machine, annoncé par cette dépêche, arrive en gare à Étampes, l'Aiguilleur de la gare doit donner avis de son arrivée par une dépêche à l'Aiguilleur de Guillerval, qui ouvrira la voie.

Les trains ou les machines qui se présentent pour descendre la rampe avant la réception de la dépêche ci-dessus, doivent être arrêtés par l'Aiguilleur. Les machines et les trains arrêtés dans ces conditions, aux aiguilles de Guillerval, doivent être couverts pendant le temps de leur stationnement, conformément à l'art. 7 de l'ORDRE GÉNÉRAL N° 7.

En cas d'interruption dans la communication électrique, ou en l'absence d'avis, l'Aiguilleur de Guillerval peut laisser descendre la rampe au train ou à la machine qui se présente, après un intervalle de **vingt minutes**, lorsque le train qui précède est un train de Voyageurs, et après un intervalle de **trente-cinq minutes**, lorsque le train qui précède est un train de marchandises.

Les trains ou les machines qui ont à descendre la rampe dans ces dernières conditions, sont arrêtés aux aiguilles de Guillerval pour être avertis ; les Mécaniciens doivent marcher avec précaution, en se tenant en mesure d'arrêter au premier signal.

L'Inspecteur principal de l'Exploitation de la première inspection, le Chef de la gare d'Étampes, les Chefs de train et les Machinistes ont, chacun en ce qui le concerne, à assurer la stricte exécution de ces dispositions.

27 septembre 1855.

N° 297

CIRCULATION DES TRAINS SPÉCIAUX ET DES MACHINES ENTRE LA GARE D'ANGERS ET LA PAPERIE.

Les trains spéciaux et les machines circulant entre la gare d'Angers et la gare de chargement de la Paperie doivent toujours être accompagnés par le Chef ou le Sous-Chef de gare d'Angers, ou par un Employé spécialement désigné pour ce service par l'Inspecteur principal de l'Exploitation. Eu égard à cette précaution, il n'est pas dressé pour les trains spéciaux de tableau de marche normale, ainsi que cela est prescrit par l'art. 15 de l'ORDRE GÉNÉRAL N° 8; mais il doit toujours être établi une feuille de mouvement du matériel, et, pour les machines isolées, des bulletins de parcours (Modèle n° 251).

Les trains doivent, sans exception, être expédiés machine en tête.

L'Employé accompagnant les trains spéciaux ou les machines doit s'assurer, dans les manœuvres à la Paperie, que toutes les voies obstruées sont bien couvertes à distance par les mâts de signaux. Il est d'ailleurs responsable de toutes les mesures réglementaires et particulièrement de celles qui font l'objet du présent Ordre.

2 février 1855.

N° 298

CIRCULATION ENTRE LA GARE DE POITIERS ET LA BIFURCATION DE SAINT-BENOIT. INTERVALLE QUI DOIT SÉPARER DEUX TRAINS CIRCULANT DANS LE MÊME SENS ENTRE POITIERS ET SAINT-BENOIT.

Par décision, en date du 14 octobre 1856, M. le Ministre des Travaux publics a approuvé les propositions qui lui ont été faites par la Compagnie, pour réduire de 10 à 5 minutes l'intervalle qui doit séparer deux trains consécutifs circulant dans le même sens, entre la gare de Poitiers et la bifurcation de Saint-Benoît.

L'Inspecteur principal de l'Exploitation de la troisième inspection est spécialement chargé de l'exécution du présent Ordre.

16 octobre 1856.

N° 299

CIRCULATION DES TRAINS SPÉCIAUX ET DES MACHINES ENTRE LA GARE DE VIERZON ET LA BIFURCATION (*VIERZON-FORGES*.)

Les trains spéciaux et les machines circulant entre la gare de Vierzon et la bifurcation (Vierzon-Forges) doivent toujours être accompagnés par le Chef ou le Sous-Chef de gare de Vierzon, ou par un Employé spécialement désigné pour ce service par l'Inspecteur principal de l'Exploitation. Eu égard à cette précaution, il n'est pas dressé, pour les trains spéciaux, de tableau de marche normale, ainsi que cela est prescrit par l'art. 15 de l'ORDRE GÉNÉRAL N° 8; mais il doit toujours être établi une feuille de mouvement du matériel, et, pour les machines isolées, des bulletins de parcours (Modèle 251).

Les trains doivent, sans exception, être expédiés machine en tête.

L'avis préalable de l'heure de départ des trains spéciaux ou des machines doit être donné, à moins d'interruption dans la communication électrique, par la gare expéditrice à la gare destinataire.

L'Employé accompagnant les trains spéciaux ou les machines doit s'assurer, dans les manœuvres à la bifurcation, que toutes les voies obstruées sont bien couvertes à distance par les Mâts de signaux. Il est d'ailleurs responsable de l'exécution de toutes les mesures réglementaires, et particulièrement de celles qui font l'objet du présent Ordre.

26 décembre 1854.

N° 300

CIRCULATION ENTRE LA GARE DE VIERZON ET LA BIFURCATION (*VIERZON-FORGES*) INTERVALLE QUI DOIT SÉPARER DEUX TRAINS A DESTINATION DIFFÉRENTE, CIRCULANT DANS LE MÊME SENS, ENTRE VIERZON ET LA BIFURCATION.

Par décision en date du 16 courant, M. le Ministre des travaux publics a approuvé les propositions qui lui ont été faites par la Compagnie, pour réduire, en cas de retard, de 10 à 5 minutes l'intervalle qui doit séparer deux trains à destination différente, circulant dans le même sens, entre la gare de Vierzon et la bifurcation (Vierzon-Forges).

L'Inspecteur principal de l'Exploitation de la première Inspection est spécialement chargé d'assurer l'exécution du présent Ordre.

30 janvier 1856.

N° 301

RENTRÉE DES MACHINES DE RAMPE A LEUR DÉPOT, SUR LA SECTION D'ARGENTON A LIMOGES.

Lorsqu'un train, au départ d'Argenton ou de Limoges, aura pris une machine de renfort pour monter la rampe d'Éguzon ou celle d'Ambazac, les Chefs de ces deux stations ne devront pas laisser cette machine s'engager sur la voie unique pour rentrer à son dépôt avant d'avoir pris les mesures de précaution suivantes :

Avant de donner l'ordre de départ à la machine, le Chef de station devra demander au poste vers lequel elle va se diriger, si la voie est libre pour la machine de renfort, en lui indiquant le numéro du dernier train arrivé; si la réponse est négative, il gardera la machine de renfort; si la réponse est affirmative, il enverra cette machine après avoir passé la dépêche suivante : *La machine de renfort s'engage sur la voie.*

Toute machine de renfort rentrant d'Éguzon au dépôt d'Argenton devra s'arrêter à la station de Célon et ne se remettre en marche que lorsque le Chef de station aura donné l'ordre au Machiniste de partir, après avoir échangé avec le dépôt d'Argenton les dépêches ci-dessus indiquées et s'être assuré que la voie est libre.

En cas d'interruption dans la communication télégraphique, les machines de rampe ne doivent rentrer qu'avec le premier train qui se dirige vers le dépôt auquel elles appartiennent.

29 janvier 1857.

N° 302

RENTRÉE DES MACHINES DE RAMPE A LEUR DÉPOT SUR LA SECTION DE MONTAUBAN A RODEZ.

Lorsqu'un train, au départ de Villefranche ou de Viviers, aura pris une machine de renfort pour monter la rampe jusqu'à Villeneuve, le Chef de station de Villeneuve ne devra laisser cette machine s'engager sur la voie unique pour rentrer à son dépôt qu'après avoir pris les mesures de précaution suivantes :

Avant de donner l'ordre de départ à la machine, le Chef de station de Villeneuve devra demander au poste vers lequel elle va se diriger si la voie est libre pour la machine de renfort, en lui indiquant le numéro du dernier train arrivé. — Si la réponse est négative, il gardera la machine de renfort. — Si la réponse est affirmative, il enverra cette machine après avoir passé la dépêche suivante : *Machine de renfort s'engage sur la voie.*

Toute machine de renfort partant de Villeneuve pour rentrer au dépôt de Viviers devra s'arrêter à chaque station et ne se remettra en marche que lorsque le Chef de station aura donné l'ordre au Machiniste de partir, après avoir échangé avec la station suivante les dépêches ci-dessus indiquées et s'être assuré ainsi que la voie est libre.

31

En cas d'interruption dans la communication télégraphique, les machines de rampe ne devront rentrer qu'avec le premier train se dirigeant vers le dépôt auquel elles appartiennent.

Les présentes dispositions sont applicables à la circulation de la machine du service de l'usine d'Aubin rentrant au dépôt de Viviers.

81 décembre 1858.

N° 303

MESURES A PRENDRE PAR LES CHEFS DE STATION ET LES CHEFS DE TRAIN EN CAS DE CIRCULATION MOMENTANÉE SUR UNE SEULE VOIE.

Le Directeur de la Compagnie :

Vu l'art. 9 de l'ORDRE GÉNÉRAL N° 8 et l'art. 24 de l'ORDRE GÉNÉRAL N° 22, ainsi conçus :

ORDRE GÉNÉRAL N° 8, RÉGLANT LA CIRCULATION SUR LA DOUBLE VOIE.

Art. 9. — Les trains doivent toujours circuler sur la voie gauche, en regardant le point vers lequel ils se dirigent, sans qu'il puisse, dans aucun cas et sous aucun prétexte, être dérogé à cette règle, à moins que l'une des voies ne se trouve interceptée. Si dans cette circonstance un certain parcours doit être effectué dans le sens contraire à celui indiqué, un signal d'arrêt sera placé à 500 *mètres* au delà du point jusqu'où le train devra ainsi poursuivre sa marche.

Si, par une cause quelconque, la circulation s'effectue momentanément sur une seule voie, il doit être placé un Garde auprès des aiguilles de chaque changement de voie. Les Gardes ne laisseront s'engager un train sur la voie unique qu'après s'être assurés qu'il ne peut être rencontré par un train venant en sens opposé. Lorsque ce mode de circulation doit se prolonger un certain temps, il est réglé par un Ordre spécial approuvé par le Directeur ; cet Ordre doit être porté à la connaissance du Commissaire de surveillance.

ORDRE GÉNÉRAL N° 22, PORTANT INSTRUCTION POUR LES CONDUCTEURS DE TRAINS.

Art. 24. — Lorsque, par suite d'accident, de réparation ou toute autre cause, la circulation s'effectue momentanément sur une seule voie, le Chef de train doit placer un Garde auprès des aiguilles de chaque changement de voie et n'engager le train sur la voie unique qu'après s'être assuré qu'il ne peut être rencontré par un train venant dans le sens opposé.

Attendu qu'il convient de régler les mesures de détail que les Chefs de gare et les Chefs de train peuvent prendre sous leur responsabilité, pour l'application des articles ci-dessus rappelés ;

ARRÊTE :

En cas d'interruption momentanée dans la circulation sur une des voies principales, les dispositions suivantes peuvent, en l'absence d'un Agent supérieur, être provisoirement mises à exécution, à la diligence d'un Chef de gare ou d'un Chef de train qui 'se trouve sur les lieux.

Un Employé pilote sera désigné pour accompagner les trains et les machines sur la voie unique.

Des Gardes seront placés aux deux extrémités de cette voie.

Ces Gardes recevront l'ordre écrit de ne laisser engager sur la voie unique aucun train, aucune machine, sans la présence de l'Employé pilote.

Tous les trains et toutes les machines, quelle que soit leur direction, devront être arrêtés à leur entrée sur la voie unique.

Le premier train qui passera sur la voie unique en sens contraire de la circulation normale sur cette voie ne pourra, dans aucun cas, s'y engager avant que l'Employé pilote ait reçu l'assurance que la voie est libre, qu'un Garde est placé à l'autre extrémité de la voie unique et que ce Garde a reçu l'ordre écrit de ne laisser engager aucun train, aucune machine sans sa présence à l'aiguille.

Lorsque plusieurs trains devront être successivement expédiés dans le même sens, avant le passage d'un train venant en sens contraire, le dernier de ces trains sera seul accompagné par l'Employé pilote.

Le Garde de tête de la voie unique sera, dans ce cas, autorisé par l'Employé pilote, présent lui-même à l'aiguille, à laisser pénétrer les trains non accompagnés.

La correspondance pourra être échangée par le télégraphe électrique, à la condition que les dépêches seront passées en toutes lettres, sans abréviations, et que l'accusé de réception sera toujours donné par la répétition, mot pour mot, de la dépêche même.

Février 1857.

N° 304

RÉVOCATION DE TOUT CHEF DE GARE OU DE STATION ET CHEF DE TRAIN QUI COMMET INFRACTION A L'*ARTICLE 9* DE *L'ORDRE GÉNÉRAL RÉGLANT LA CIRCULATION SUR LES VOIES UNIQUES*, N° 45.

Le Directeur porte à la connaissance des Employés des gares et stations et des trains, la décision suivante du Conseil d'administration de la Compagnie :

Tout Chef de station qui expédiera, sur la voie unique, un train dont les croisements ou les garages seront changés, sans remettre au Chef de train un bulletin réglant ce changement de croisement ou de garage, sera révoqué de ses fonctions.

Tout Chef de train qui, en cas de changement dans les croisements ou dans les garages de son train ou des trains qu'il doit croiser ou dépasser dans son trajet sur la voie unique, partira d'une station où doit s'opérer un de ces croisements ou un de ces garages sans être muni d'un bulletin de changement de croisement ou de garage prescrit par l'article 9 de L'ORDRE GÉNÉRAL N° 45, sera immédiatement révoqué de ses fonctions.

Le Chef de l'Exploitation est chargé de l'exécution de ces dispositions.

7 mars 1855.

N° 305

APPLICATION DE L'ORDRE GÉNÉRAL N° 45 SUR LA SECTION DE CHATEAUROUX A LIMOGES.

Art. 1er. — Le Chef de la gare de Châteauroux est désigné comme Agent spécial du Mouvement sur la voie unique entre Châteauroux et Limoges.

Art. 2. — En exécution de l'article 3 de l'ORDRE GÉNÉRAL N° 45, aucun train spécial ou facultatif ne devra être expédié entre Châteauroux et Limoges sans l'autorisation du Chef de gare de Châteauroux qui ne doit la donner qu'après avoir avisé toutes les gares et stations, soit par dépêche télégraphique, soit par écrit, et avoir reçu l'accusé de réception de son avis.

L'avis donné aux gares et stations, pour l'expédition d'un train spécial, devra indiquer sa nature, ses heures et ses points de départ et d'arrivée, les trains qui devront être croisés par le train spécial, ainsi que les points de croisement. Il sera formulé comme il suit :

« Un train spécial de   , croisant le train n°   à   et le train n°   à   ,
partira de   à   heure   et arrivera à   à   heure. »

Pour les trains facultatifs prévus aux tableaux de service, ils seront désignés par leurs numéros.

Si l'avis est transmis par dépêche télégraphique, la dépêche sera passée de poste en poste par le fil omnibus jusqu'aux gares extrêmes d'arrivée et de départ du train, lesquelles accuseront réception en adressant la dépêche suivante au Chef de gare de Châteauroux :

« Reçu par le fil omnibus la dépêche suivante :

« Un train spécial de   , croisant le train n°   à   et le train n°   à
partira de   à   heure et arrivera à   à   heure. »

Si l'avis est donné par écrit, une lettre spéciale sera adressée à chaque station, qui en accusera réception sur une feuille d'émargement remise au Conducteur. Dans ce cas, l'accusé de réception sera donné au Chef de gare de Châteauroux par les gares extrêmes d'arrivée et de départ du train, qui enverront la dépêche suivante :

« Reçu du Chef du train n°   feuille d'émargement pour un train spécial de
partant de   à   heure   minutes, croisant les trains n°   à   et à
et arrivant à   à   heure   minutes. »

Dans le cas d'interruption de la communication télégraphique l'accusé de réception sera donné par écrit et par le premier train.

(Il doit être bien entendu que, dans ces dépêches, les garages de trains doivent être indiqués comme les croisements parce qu'un garage n'est qu'un croisement de deux trains marchant dans le même sens.)

Art. 3. — Lorsqu'une gare veut faire un train spécial ou facultatif, elle adresse au Chef de gare de Châteauroux la dépêche suivante :

« Autorisez-vous le train facultatif n°   ou un train spécial de   partant de
à   heure   minutes pour   ? »

Art. 4. — Le Chef de gare qui expédie un train spécial consigne sa vitesse, ses stationnements et ses croisements sur un tableau de marche conforme au Modèle n° 22, dressé en double expédition et remis au Mécanicien et au Chef de train.

Les gares qui font et expédient les trains devant croiser un train spécial ou facultatif, remettront aux Chefs de ces trains et aux Mécaniciens des bulletins Modèle n° 290, indiquant les points de croisement.

Art. 5. — Contrairement aux prescriptions de l'article 13 de l'ORDRE GÉNÉRAL N° 8, les trains réguliers expédiés entre Châteauroux et Limoges sur la voie unique, d'un point quelconque de la ligne, en retard sur leur heure de départ réglementaire, quelle que soit d'ailleurs l'importance de ce retard, ne seront dans aucun cas considérés comme trains spéciaux, et devront être expédiés comme trains réguliers en retard.

De même les trains spéciaux ou facultatifs qui auront été annoncés sur la ligne en exécution de l'article 3 de l'ORDRE GÉNÉRAL N° 45, devront être attendus, quel que soit leur retard.

En conséquence, les stations de la ligne devront toujours attendre les trains réguliers et les trains facultatifs ou spéciaux en retard jusqu'au moment de leur passage ou jusqu'à ce qu'elles aient reçu avis de leur suppression.

Art. 6. — Après le passage du dernier train qui les dessert, les stations de Luant, Lothiers, Chabenet, Célon, Eguzon, Saint-Sébastien, Forgevieille, Fromental, Bersac, Laurière, la Jonchère et Ambazac, pourront isoler leurs appareils télégraphiques en donnant la communication directe, et en se conformant aux instructions de l'ORDRE GÉNÉRAL N° 17, article 49. Les Chefs de station devront s'assurer par eux-mêmes que les commutateurs sont bien placés, de manière à ne pouvoir entraver la communication télégraphique entre les autres postes.

Les gares de Châteauroux, Argenton, la Souterraine et Limoges maintiendront leurs appareils télégraphiques en communication permanente, et ne devront jamais les isoler, sous quelque prétexte que ce soit.

Art. 7. — Les trains ne s'arrêtant pas aux stations et n'y croisant pas d'autres trains circuleront sur la voie principale. Tout train s'arrêtant ou croisant un autre train à une station devra toujours stationner ou passer sur la voie gauche, en regardant le point vers lequel il se dirige.

Art. 8. — Des machines de secours seront maintenues en feu dans les gares de Châteauroux, Argenton, la Souterraine et Limoges.

Art. 9. — L'Inspecteur principal de la première inspection est chargé d'assurer l'exécution de ces dispositions.

7 juillet 1857.

N° 306

DÉROGATION TEMPORAIRE AUX DISPOSITIONS DE L'ORDRE SPÉCIAL N° 305.

Art. 1er. — Les aiguilles placées sur la voie principale dans les stations de Luant, Lothiers, Célon, Éguzon, Saint-Sébastien, Forgevieille, Fromental, Bersac, Laurière, la Jonchère et Ambazac, seront cadenassées en permanence de 9 heures du soir à 5 heures du matin.

Art. 2. — Par exception aux prescriptions de l'article 7 de l'ordre spécial 305, le train 11 stationnera sur la voie droite aux stations de Célon, Éguzon, Saint-Sébastien et Forgevieille, et le train 13 stationnera également sur la voie droite aux stations de Fromental, Bersac, Laurière, la Jonchère et Ambazac.

Art. 3. — Lorsque, par suite de l'expédition d'un train spécial ou facultatif, ou pour tout autre motif, deux trains devront exceptionnellement la nuit se croiser à une des stations dénommées à l'article 1er, le Chef de la station devra prendre les mesures nécessaires pour assurer le passage des deux trains sur leur voie réglementaire.

Art. 4. — Les stations de Luant, Lothiers, Célon, Eguzon, Saint-Sébastien, Forgevieille, Fromental, Bersac, Laurière, la Jonchère et Ambazac, autorisées par l'ORDRE SPÉCIAL N° 305 (article 6), à isoler leurs appareils télégraphiques après le passage du dernier train, devront se mettre sur la communication télégraphique une demi-heure avant le passage du train 11, et pourront isoler leurs appareils une demi-heure après le passage de ce train.

7 mai 1861.

N° 307

APPLICATION DE L'ORDRE GÉNÉRAL N° 45 SUR LA SECTION DE NANTES A SAINT-NAZAIRE.

Art. 1er. — Le Chef de la gare de Nantes est désigné comme Agent spécial du Mouvement sur la voie unique entre Nantes et Saint-Nazaire.

Art. 2. — En exécution de l'article 3 de l'ORDRE GÉNÉRAL N° 45, aucun train spécial ou facultatif ne devra être expédié entre Nantes et Saint-Nazaire sans l'autorisation du Chef de gare de Nantes, qui ne doit la donner qu'après avoir avisé toutes les gares et stations, soit par dépêche télégraphique, soit par écrit, et avoir reçu l'accusé de réception de son avis.

L'avis donné aux gares et stations, pour l'expédition d'un train spécial, devra indiquer sa nature, ses heures et ses points de départ et d'arrivée, les trains qui devront être croisés par le train spécial, ainsi que les points de croisement.

Il sera formulé comme il suit :

« Un train spécial de   , croisant le train nº   à   et le train nº à   , partira de   à   heures et arrivera à   à   heures. »

Pour les trains facultatifs prévus aux tableaux de service, ils seront désignés par leurs numéros.

Si l'avis est transmis par dépêche télégraphique, la dépêche sera passée de poste en poste par le fil omnibus jusqu'aux gares extrèmes d'arrivée et de départ du train, lesquelles accuseront réception en adressant la dépêche suivante au Chef de gare de Nantes.

« Reçu par le fil omnibus la dépêche suivante :

« Un train spécial de   , croisant le train nº   à   et le train nº   à partira de   à   heure   et arrivera à   à   heure. »

Si l'avis est donné par écrit, une lettre spéciale sera adressée à chaque station, qui en accusera réception sur une feuille d'émargement remise au Conducteur. Dans ce cas, l'accusé de réception sera donné au Chef de gare de Nantes par les gares extrèmes d'arrivée et de départ du train, qui enverront la dépêche suivante : ·

« Reçu du Chef du train nº   feuille d'émargement pour un train spécial de partant de   à   heure   minutes, croisant les trains nºˢ à   et à   et arrivant à   à   heure   minutes. »

Dans le cas d'interruption de la communication télégraphique, l'accusé de réception sera donné par écrit et par le premier train.

(Il doit être bien entendu que, dans ces dépêches, les garages de trains doivent être indiqués comme les croisements, parce qu'un garage n'est qu'un croisement de deux trains marchant dans le même sens.)

Art. 3. — Lorsqu'une gare veut faire un train spécial ou facultatif, elle adresse au Chef de gare de Nantes la dépêche suivante :

« Autorisez-vous le train facultatif nº   ou un train spécial de   partant de   le   à   heure   minutes pour   ? »

Art. 4. — Le Chef de gare qui expédie un train spécial consigne sa vitesse, ses stationnements et ses croisements sur un tableau de marche conforme au Modèle nº 22, dressé en double expédition et remis au Mécanicien et au Chef de train.

Les gares qui font et expédient les trains devant croiser un train spécial ou facultatif, remettront aux Chefs de ces trains et aux mécaniciens des bulletins Modèle nº 290, indiquant les points de croisement.

Art. 5. — Contrairement aux prescriptions de l'article 13 de l'Ordre général nº 8, les trains réguliers expédiés entre Nantes et Saint-Nazaire sur la voie unique, d'un point quelconque de la ligne, en retard sur leur heure de départ réglementaire, quelle que soit d'ailleurs l'importance de ce retard, ne seront dans aucun cas considérés comme trains spéciaux, et devront être expédiés comme trains réguliers en retard.

De même les trains spéciaux ou facultatifs qui auront été annoncés sur la ligne en exécution de l'article 3 de l'Ordre général nº 45, devront être attendus, quel que soit leur retard.

En conséquence, les stations de la ligne devront toujours attendre les trains réguliers et les trains facultatifs ou spéciaux en retard jusqu'au moment de leur passage ou jusqu à ce qu'elles aient reçu avis de leur suppression.

Art. 6. — Il n'y aura pas de circulation de nuit proprement dite sur la section de Nantes à Saint-Nazaire.

Entre Nantes et Saint-Nazaire les trains réguliers de voyageurs ou de marchandises indiqués au tableau de marche, comme devant partir les premiers de la journée de Nantes et Saint-Nazaire, commenceront le service, qui sera fermé après le passage du dernier train régulier de Voyageurs ou de marchandises de la journée indiqué au tableau de la marche des trains.

Si les trains réguliers et facultatifs prévus étaient insuffisants pour les besoins du service, on y suppléerait en se conformant aux prescriptions réglementaires par des trains spéciaux qui pourraient partir après 6 heures du matin et devraient arriver réglementairement à leur destination avant 8 heures du soir, heures précises pour limites de service des Agents de la voie.

Le service des Gardes et Surveillants de jour commencera à 6 heures du matin pour finir à 8 heures du soir.

Il n'y aura pas de Surveillants de nuit; seulement un homme par chaque équipe de poseurs assurera la surveillance de la voie depuis 8 heures du soir jusqu'après le passage du dernier train.

Après 8 heures du soir et jusqu'à 6 heures du matin, les barrières des passages à niveau pourront rester ouvertes, de manière à laisser libre la circulation sur les chemins publics; toutefois, les barrières ne devront être ouvertes qu'après le passage du dernier train régulier de la journée. La surveillance des voies entre la gare de Mauves et le port maritime de Nantes sera faite d'ailleurs conformément à l'arrêté du 15 septembre 1860, après le passage du dernier train.

Art. 7. — Après le passage du dernier train qui les dessert, les stations de la Bourse, les Salorges, Chantenay, Basse-Indre, Couëron, Saint-Etienne-de-Montluc, Cordemais, Savenay, Donges, Montoir, pourront isoler leurs appareils télégraphiques en donnant la communication directe, et en se conformant aux instructions de l'ORDRE GÉNÉRAL N° 17, article 49. Les Chefs de station devront s'assurer par eux-mêmes que les commutateurs sont bien placés, de manière à ne pouvoir entraver la communication télégraphique entre les autres postes.

Les gares de Nantes et Saint-Nazaire maintiendront leurs appareils télégraphiques en communication permanente, et ne devront jamais les isoler, sous quelque prétexte que ce soit.

Art. 8. — Les trains ne s'arrêtant pas aux stations et n'y croisant pas d'autres trains circuleront sur la voie principale. Tout train s'arrêtant ou croisant un autre train à une station devra toujours stationner ou passer sur la voie gauche en regardant le point vers lequel il se dirige.

Art. 9. — Des machines de secours seront maintenues en feu dans les gares de Nantes, Savenay et Saint-Nazaire.

Art. 10. — Entre Nantes et Saint-Nazaire, la composition des trains de voyageurs et de marchandises sera réglée par le tableau annexé à l'ORDRE GÉNÉRAL N° 49 (Paris à Nantes).

Art. 11. — L'Inspecteur principal de la deuxième inspection est chargé d'assurer l'exécution de ces dispositions.

16 juillet 1857.

N° 308

APPLICATION DE L'ORDRE GÉNÉRAL N° 45 SUR LA SECTION DE SAINT-BENOIT A LA ROCHELLE ET ROCHEFORT.

Art. 1ᵉʳ. — Le Chef de la gare de Poitiers est désigné comme Agent spécial du Mouvement sur la voie unique entre Saint-Benoît et Aigrefeuille.

Le Chef de gare d'Aigrefeuille est désigné comme Agent spécial du Mouvement sur la voie unique entre la Rochelle et Rochefort.

Art. 2. — En exécution de l'article 3 de l'ORDRE GÉNÉRAL N° 45, aucun train spécial ou facultatif ne devra être expédié entre Saint-Benoît et Aigrefeuille sans l'autorisation du Chef de gare de Poitiers, et, entre la Rochelle et Rochefort, sans l'autorisation du Chef de gare d'Aigrefeuille. Ces deux Agents ne devront accorder cette autorisation qu'après avoir avisé toutes les gares et stations, soit par dépêche télégraphique, soit par écrit et après avoir reçu l'accusé de réception de leur avis.

L'avis donné aux gares et stations pour l'expédition d'un train spécial devra indiquer sa nature, ses heures et ses points de départ et d'arrivée, les trains qui devront être croisés par le train spécial, ainsi que les points de croisement.

Il sera formulé comme il suit :

« Un train spécial de   , croisant le train n°   à   ,et le train n°   à   partira de   à   heure et arrivera à   à   heure. »

Pour les trains facultatifs prévus aux tableaux de service, ils seront désignés par leurs numéros.

Si l'avis est transmis par dépêche télégraphique, la dépêche sera passée de poste en poste par le fil omnibus jusqu'aux gares extrêmes d'arrivée et de départ du train, lesquelles accuseront réception en adressant la dépêche suivante, soit au Chef de gare de Poitiers pour la section de Saint-Benoît à Aigrefeuille, soit au Chef de gare d'Aigrefeuille pour la section de la Rochelle à Rochefort :

« Reçu par le fil omnibus la dépêche suivante :

« Un train spécial de   , croisant le train n°   à   et le train n°   à   , partira de   à   heure et arrivera à   à   heure. »

Si l'avis est donné par écrit, une lettre spéciale sera adressée à chaque station, qui en accusera réception sur une feuille d'émargement remise au Conducteur. Dans ce cas, l'accusé de réception sera donné au Chef de gare de Poitiers ou au Chef de gare d'Aigrefeuille suivant les stations par les gares extrêmes d'arrivée et de départ du train, qui enverront la dépêche suivante :

« Reçu du Chef du train n°   feuille d'émargement pour un train spécial de   partant de   à   heure   minutes, croisant les trains nᵒˢ   à   et à   arrivant à   à   heure   minutes. »

32

Dans le cas d'interruption de la communication télégraphique, l'accusé de réception sera donné par écrit et par le premier train.

(Il doit être bien entendu que, dans ces dépêches, les garages de trains doivent être indiqués comme les croisements, parce qu'un garage n'est qu'un croisement de deux trains marchant dans le même sens.)

Art. 3. — Lorsqu'une gare veut faire un train spécial ou facultatif, elle adresse au Chef de gare de Poitiers ou d'Aigrefeuille, suivant la section sur laquelle elle est située, la dépêche suivante :

« Autorisez-vous le train facultatif n°   ou un train spécial de
partant de   le   à   heure   minutes pour   ? »

Art. 4. — Le Chef de gare qui expédie un train spécial consigne sa vitesse, ses stationnements et ses croisements sur un tableau de marche conforme au Modèle n° 22, dressé en double expédition et remis au Mécanicien et au Chef de train.

Les gares qui font et expédient les trains devant croiser un train spécial ou facultatif, remettront aux Chefs de ces trains et aux Mécaniciens des bulletins Modèle n° 290, indiquant les points de croisement.

Art. 5. — Contrairement aux prescriptions de l'article 13 de l'ORDRE GÉNÉRAL N° 8, les trains réguliers expédiés entre Saint-Benoît et Aigrefeuille et entre la Rochelle et Rochefort sur la voie unique, d'un point quelconque de la ligne, en retard sur leur heure de départ réglementaire, quelle que soit d'ailleurs l'importance de ce retard, ne seront dans aucun cas considérés comme trains spéciaux, et devront être expédiés comme trains réguliers en retard.

De même, les trains spéciaux ou facultatifs qui auront été annoncés sur la ligne, en exécution de l'article 3 de l'ORDRE GÉNÉRAL N° 45, devront être attendus, quel que soit leur retard. En conséquence, les stations de la ligne devront toujours attendre les trains réguliers et les trains facultatifs ou spéciaux en retard jusqu'au moment de leur passage ou jusqu'à ce qu'elles aient reçu avis de leur suppression.

Art. 6. — Il n'y aura pas de circulation de nuit proprement dite sur la section de Saint-Benoît à Aigrefeuille, et de la Rochelle à Rochefort.

Entre Saint-Benoît, la Rochelle et Rochefort, les trains réguliers de Voyageurs et de marchandises, indiqués aux tableaux de marche comme devant partir les premiers de la journée de Saint-Benoît, Niort, Aigrefeuille, la Rochelle et Rochefort, commenceront le service, qui sera fermé, sur chacune de ces sections, après le passage du dernier train régulier de Voyageurs ou de marchandises de la journée Indiqué au tableau de marche des trains.

Entre Niort et Aigrefeuille, si les trains réguliers et facultatifs prévus étaient insuffisants pour les besoins du service, on y suppléerait, en se conformant aux prescriptions réglementaires, par des trains spéciaux qui pourraient partir après 6 heures du matin et devraient arriver réglementairement à leur destination avant 8 heures du soir, heures prises pour limites de service des Agents de la voie.

Le service des Gardes et Surveillants de jour commencera à 7 heures du matin et finira après le passage du dernier train.

Entre Niort et Aigrefeuille, après 8 heures du soir et jusqu'à 6 heures du matin, les barrières des passages à niveau pourront rester ouvertes de manière à laisser libre la circulation sur les chemins publics. Toutefois, les barrières ne devront être ouvertes qu'après le passage du dernier train régulier de la journée.

Entre la Rochelle et Rochefort, les barrières des passages à niveau resteront fermées sur la voie publique, conformément aux dispositions de l'Ordre spécial n° 146.

Entre Niort et Aigrefeuille, si le dernier train de la journée se trouve en détresse, il devra faire la demande de secours **à l'avant**, suivant les prescriptions de l'Ordre spécial n° 146.

Entre Saint-Benoît et Niort et entre la Rochelle et Rochefort, le secours pourra toujours être demandé soit **à l'avant** soit **à l'arrière**.

Art. 7. — Après le passage du dernier train qui les dessert, les stations de Coulombiers, Rouillé, Pamproux, la Villedieu, Saint-Maixent, la Crèche, Fontenay, Epannes, Mauzé, Surgères, Chambon sur la section de Saint-Benoît à Aigrefeuille ; les stations de Ciré et la Jarrie sur la section de la Rochelle à Rochefort, pourront isoler leurs appareils télégraphiques en donnant la communication directe, et en se conformant aux instructions de l'Ordre général n° 17, article 49. Les Chefs de station devront s'assurer par eux-mêmes que les commutateurs sont bien placés, de manière à ne pouvoir entraver la communication télégraphique entre les autres postes.

Les gares de Saint-Benoît, Lusignan, Niort, Aigrefeuille, la Rochelle et Rochefort maintiendront leurs appareils télégraphiques en communication permanente, et ne devront jamais les isoler, sous quelque prétexte que ce soit.

Art. 8. — Les trains ne s'arrêtant pas aux stations et n'y croisant pas d'autres trains circuleront sur la voie principale. Tout train s'arrêtant ou croisant un autre train à une station, devra toujours stationner ou passer sur la voie gauche, en regardant le point vers lequel il se dirige.

Art. 9. — Des machines de secours seront maintenues en feu dans les gares de Lusignan, Niort et Aigrefeuille.

Art. 10. — La composition des trains de Voyageurs et marchandises sur la section de Saint-Benoît à Aigrefeuille et sur la section de la Rochelle à Rochefort est réglée par le tableau annexé à l'Ordre général n° 49 (Tours, Bordeaux et Centre).

Art. 11. — L'Inspecteur principal de la troisième inspection est chargé d'assurer l'exécution de ces dispositions.

27 août 1857.

N° 309

APPLICATION DE L'ORDRE GÉNÉRAL N° 45 SUR LA SECTION DE TOURS AU MANS.

Art. 1er. — Le Chef de la gare de Tours est désigné comme Agent spécial du Mouvement sur la voie unique entre Tours et le Mans.

Art. 2. — En exécution de l'art. 3 de l'Ordre général n° 45, aucun train spécial ou facultatif ne devra être expédié entre Tours et le Mans, sans l'autorisation du Chef de gare de Tours, qui ne doit la donner qu'après avoir avisé toutes les gares et stations, soit par dépêche télégraphique, soit par écrit, et avoir reçu l'accusé de réception de son avis.

L'avis donné aux gares et stations pour l'expédition d'un train spécial devra indiquer sa nature, ses heures et ses points de départ et d'arrivée, les trains qui devront être croisés par le train spécial, ainsi que les points de croisement.

Il sera formulé comme il suit :

« Un train spécial de   , croisant le train n°   à   et le train n°   à   , partira de   à   heures et arrivera à   à   heures. »

Pour les trains facultatifs prévus aux tableaux de service, ils seront désignés par leurs numéros.

Si l'avis est transmis par dépêche télégraphique, la dépêche sera passée de poste en poste par le fil omnibus jusqu'aux gares extrêmes d'arrivée et de départ du train, lesquelles accuseront réception en adressant la dépêche suivante au Chef de gare de Tours :

« Reçu par le fil omnibus la dépêche suivante :

» Un train spécial de   , croisant le train n°   à   et le train n°   à   , partira de   à   heures et arrivera à   à   heures. »

Si l'avis est donné par écrit, une lettre spéciale sera adressée à chaque station, qui en accusera réception sur une feuille d'émargement remise au Conducteur. Dans ce cas, l'accusé de réception sera donné au Chef de gare de Tours par les gares extrêmes d'arrivée et de départ du train, qui enverront la dépêche suivante :

« Reçu du Chef du train n°   feuille d'émargement pour un train spécial de   partant de   à   heures   minutes, croisant les trains n°ˢ   à   et à   et arrivant à   à   heures   minutes. »

Dans le cas d'interruption de la communication télégraphique, l'accusé de réception sera donné par écrit et par le premier train.

(Il doit être bien entendu que, dans ces dépêches, les garages de trains doivent être indiqués comme les croisements, parce qu'un garage n'est qu'un croisement de deux trains marchant dans le même sens.)

Art. 3. — Lorsqu'une gare veut faire un train spécial ou facultatif, elle adresse au Chef de gare de Tours la dépêche suivante :

« Autorisez-vous le train facultatif n°   ou un train spécial de   partant de   le   à   heures   minutes pour   ? »

Art. 4. — Le Chef de gare qui expédie un train spécial consigne sa vitesse, ses stationnements et ses croisements sur un tableau de marche conforme au Modèle n° 22 dressé en double expédition et remis au Mécanicien et au Chef de train.

Les gares qui font et expédient les trains devant croiser un train spécial ou facultatif, remettront aux Chefs de ces trains et aux Mécaniciens des bulletins Modèle n° 290 indiquant les points de croisement.

Art. 5. — Contrairement aux prescriptions de l'article 13 de l'ORDRE GÉNÉRAL N° 8, les trains réguliers expédiés entre Tours et le Mans sur la voie unique, d'un point quelconque de la ligne, en retard sur leur heure de départ réglementaire, quelle que soit d'ailleurs l'importance de ce retard, ne seront dans aucun cas considérés comme trains spéciaux, et devront être expédiés comme trains réguliers en retard.

De même les trains spéciaux ou facultatifs qui auront été annoncés sur la ligne en exécution de l'article 3 de l'ORDRE GÉNÉRAL N° 45, devront être attendus, quel que soit leur retard.

En conséquence, les stations de la ligne devront toujours attendre les trains réguliers et les trains facultatifs ou spéciaux en retard jusqu'au moment de leur passage ou jusqu'à ce qu'elles aient reçu avis de leur suppression.

Art. 6. — Il n'y aura pas de circulation de nuit proprement dite sur la section de Tours au Mans.

Entre Tours et le Mans, les trains réguliers de Voyageurs ou de marchandises indiqués au tableau de marche, comme devant partir les premiers de la journée de Tours et du Mans, commenceront le service, qui sera fermé sur chacune de ces sections après le passage du dernier train régulier de Voyageurs ou de marchandises de la journée indiqué au tableau de la marche des trains.

Si les trains réguliers et facultatifs prévus étaient insuffisants pour les besoins du service, on y suppléerait en se conformant aux prescriptions réglementaires par des trains spéciaux qui pourraient partir après 6 heures du matin et devraient arriver réglementairement à leur destination avant 8 heures du soir, heures prises pour limites de service des Agents de la voie.

Le service des Gardes et Surveillants de jour commencera à 6 heures du matin et finira à 8 heures du soir.

Il n'y aura pas de Surveillants de nuit, seulement un homme de chaque équipe de Poseurs assurera la surveillance de la voie depuis 8 heures du soir jusqu'après le passage du dernier train.

Après 8 heures du soir et jusqu'à 6 heures du matin, les barrières des passages à niveau pourront rester ouvertes, de manière à laisser libre la circulation sur les chemins publics; toutefois, les barrières ne devront être ouvertes qu'après le passage du dernier train régulier de la journée.

Art. 7. — Après le passage du dernier train qui les dessert, les stations de Mettray, Saint-Antoine, Neuillé, Saint-Paterne, Dissay-sous-Courcillon, Château-du-Loir, Vaas, Aubigné, Mayet, Ecommois, Laigné et Saint-Gervais, Arnage, pourront isoler leurs appareils télégraphiques en donnant la communication directe, et en se conformant aux instructions de l'Ordre général nº 17, article 49. Les Chefs de station devront s'assurer par eux-mêmes que les commutateurs sont bien placés, de manière à ne pouvoir entraver la communication télégraphique entre les autres postes.

Les gares de Tours et du Mans maintiendront leurs appareils télégraphiques en communication permanente, et ne devront jamais les isoler, sous quelque prétexte que ce soit.

Art. 8. — Les trains ne s'arrêtant pas aux stations et n'y croisant pas d'autres trains circuleront sur la voie principale. Tout train s'arrêtant ou croisant un autre train à une station devra toujours stationner ou passer sur la voie gauche, en regardant le point vers lequel il se dirige.

Art. 9. — Des machines de secours seront maintenues en feu dans les gares de Tours, Château-du-Loir et du Mans.

Art. 10. — Entre Tours et le Mans, la composition des trains de Voyageurs et de marchandises sera réglée par le tableau annexé à l'Ordre général nº 49 (Tours, Bordeaux et Centre.)

Art. 11. — L'Inspecteur principal de la deuxième Inspection est chargé d'assurer l'exécution de ces dispositions.

8 juillet 1858.

N° 310

APPLICATION DE L'ORDRE GÉNÉRAL N° 45 SUR LES SECTIONS DE MOULINS A LA PRESLE ET DE LA PRESLE A BÉZENET.

Art. 1er. — Le Chef de la gare de la Presle est désigné comme Agent spécial du Mouvement sur la voie unique entre Moulins et la Presle et la Presle et Bézenet.

Art. 2. — En exécution de l'article 3 de l'ORDRE GÉNÉRAL N° 45, aucun train spécial ou facultatif ne devra être expédié entre Moulins et la Presle ou la Presle et Bézenet, sans l'autorisation du Chef de gare de la Presle qui ne doit la donner qu'après avoir avisé toutes les gares et stations, soit par dépêche télégraphique, soit par écrit, et avoir reçu l'accusé de réception de son avis.

L'avis donné aux gares et stations pour l'expédition d'un train spécial devra indiquer sa nature, ses heures et ses points de départ et d'arrivée, les trains qui devront être croisés par le train spécial, ainsi que les points de croisement.

Il sera formulé comme il suit :

« Un train spécial de   croisant le train n°   à   et le train n°   à
partira de   à   heures et arrivera à   à   heures. »

Pour les trains facultatifs prévus aux tableaux de service ils seront désignés par leurs numéros.

Si l'avis est transmis par dépêche télégraphique, la dépêche sera passée de poste en poste par le fil omnibus jusqu'aux gares extrêmes d'arrivée et de départ du train, lesquelles accuseront réception en adressant la dépêche suivante au Chef de gare de la Presle :

« Reçu par le fil omnibus la dépêche suivante :
» Un train spécial de   croisant le train n°   à   et le train n°   à
partira de   à   heures   et arrivera à   à   heures. »

Si l'avis est donné par écrit, une lettre spéciale sera adressée à chaque station qui en accusera réception sur une feuille d'émargement remise au Conducteur ; dans ce cas l'accusé de réception sera donné au Chef de gare de la Presle par les gares extrêmes d'arrivée et de départ du train, qui enverront la dépêche suivante :

« Reçu du Chef du train n°   feuille d'émargement pour un train spécial de
partant de   à   heures   minutes, croisant les trains n°   à   et
à   et arrivant   à   à   heures   minutes. »

Dans le cas d'interruption de la communication télégraphique, l'accusé de réception sera donné par écrit et par le premier train.

(Il doit être bien entendu que dans ces dépêches, les garages de trains doivent être indiqués comme les croisements, parce qu'un garage n'est qu'un croisement de deux trains marchant dans le même sens).

Art. 3. — Lorsqu'une gare veut faire un train spécial ou facultatif, elle adresse au Chef de gare de la Presle la dépêche suivante :

« Autorisez-vous le train facultatif n°   ou un train spécial de   partant de   ,
le   à   heures   minutes   pour   ? »

Art. 4. — Le Chef de gare qui expédie un train spécial consigne sa vitesse, ses stationnements et ses croisements sur un tableau de marche conforme au Modèle n° 22 dressé en double expédition et remis au Mécanicien et au Chef de train.

Les gares qui font et expédient les trains devant croiser un train spécial ou facultatif remettront aux Chefs de ces trains et aux Mécaniciens des bulletins Modèle n° 290, indiquant les points de croisement.

Art. 5. — Contrairement aux prescriptions de l'article n° 13 de l'Ordre général n° 8, les trains réguliers expédiés entre Moulins et la Presle, d'une part, et la Presle et Bézenet, d'autre part, sur la voie unique d'un point quelconque de la ligne, en retard sur leur heure de départ réglementaire, quelle que soit d'ailleurs l'importance de ce retard, ne seront dans aucun cas considérés comme trains spéciaux et devront être expédiés comme trains réguliers en retard.

De même les trains spéciaux ou facultatifs qui auront été annoncés sur la ligne en exécution de l'article 3 de l'Ordre général n° 45, devront être attendus, quel que soit leur retard.

En conséquence les stations de la ligne devront toujours attendre les trains réguliers et les trains facultatifs ou spéciaux en retard jusqu'au moment de leur passage ou jusqu'à ce qu'elles aient reçu avis de leur suppression.

Art. 6. — Il n'y aura pas de circulation de nuit proprement dite sur la section de Moulins à Montluçon et de la Presle à Bézenet.

Entre Moulins et Montluçon, la Presle et Bézenet, les trains réguliers de Voyageurs ou de marchandises indiqués au tableau de marche comme devant partir les premiers de la journée de Moulins, Montluçon, la Presle ou Bézenet, commenceront le service qui sera fermé, sur chacune de ces sections, après le passage du dernier train régulier de voyageurs ou de marchandises de la journée indiqué au tableau de la marche des trains.

Si les trains réguliers et facultatifs prévus étaient insuffisants pour les besoins du service, on y suppléerait, en se conformant aux prescriptions réglementaires, par des trains spéciaux qui pourraient partir après 6 heures du matin, et devraient arriver réglementairement à leur destination avant 8 heures du soir, heures prises pour limites de service des Agents de la voie.

Sur la section de Moulins à Montluçon, après 8 heures du soir et jusques à 6 heures du matin, les barrières des passages à niveau pourront rester ouvertes, de manière à laisser libre la circulation sur les chemins publics; toutefois les barrières ne devront être ouvertes qu'après le passage du dernier train régulier de la journée.

Sur la section de la Presle à Bézenet les barrières resteront constamment fermées conformément aux dispositions de l'Ordre spécial n° 146.

Art. 7. — Après le passage du dernier train qui les dessert, les stations de Souvigny, Noyant, Tronget, Chavenon, Villefranche, Commentry et Bézenet pourront isoler leurs appareils, en donnant la communication directe et en se conformant aux instructions de l'Ordre général n° 17, article 49. Les Chefs de stations devront s'assurer par eux-mêmes que les commutateurs sont bien placés, de manière à ne pouvoir entraver la communication télégraphique entre les autres postes.

Les gares de Moulins, la Presle et Montluçon maintiendront leurs appareils télégraphiques en communication permanente, et ne devront jamais les isoler sous quelque prétexte que ce soit.

Art. 8. — Entre Moulins, la Presle et Bézenet, les trains ne s'arrêtant pas aux stations et n'y croisant pas d'autre train circuleront sur la voie principale.

Tout train s'arrêtant ou croisant un autre train à une station devra toujours stationner ou passer sur la voie gauche, en regardant le point vers lequel il se dirige.

Art. 9. — Entre Moulins, Montluçon et Bézenet, la composition des trains de Voyageurs et mixtes est fixée à quatorze voitures; la composition des trains de marchandises est fixée à vingt voitures.

Art. 10. — Des machines de secours seront maintenues en feu dans les gares de Moulins, la Presle et Montluçon.

Art. 11. — L'Inspecteur principal de la première Inspection est chargé de l'exécution des dispositions du présent ordre.

27 septembre 1859.

N° 311

APPLICATION DE L'ORDRE GÉNÉRAL N° 45 SUR LA SECTION DE COUTRAS A BRIVES.

Art. 1er. — Le Chef de la gare de Périgueux est désigné comme Agent spécial du Mouvement sur la voie unique entre Coutras et Brives.

Art. 2. — En exécution de l'article 3 de l'Ordre général n° 45, aucun train spécial ou facultatif ne devra être expédié entre Coutras et Brives, sans l'autorisation du Chef de gare de Périgueux, qui ne doit la donner qu'après avoir avisé toutes les gares et stations, soit par dépêche télégraphique, soit par écrit, et avoir reçu l'accusé de réception de son avis.

L'avis donné aux gares et stations pour l'expédition d'un train spécial, devra indiquer sa nature, ses heures et ses points de départ et d'arrivée, les trains qui devront être croisés par le train spécial, ainsi que les points de croisement.

Il sera formulé comme il suit :

« Un train spécial de   , croisant le train n°   à   et le train n°   à   , partira de   à   heures et arrivera à   à   heures. »

Pour les trains facultatifs prévus aux tableaux de service, ils seront désignés par leurs numéros

Si l'avis est transmis par dépêche télégraphique, la dépêche sera passée de poste en poste par le fil omnibus jusqu'aux gares extrêmes d'arrivée et de départ du train, lesquelles accuseront réception en adressant la dépêche suivante au Chef de gare de Périgueux :

« Reçu par le fil omnibus la dépêche suivante :

» Un train spécial de   , croisant le train n°   à   et le train n°   à   , partira de   à   heures et arrivera à   à   heures. »

Si l'avis est donné par écrit, une lettre spéciale sera adressée à chaque station, qui en accusera réception sur une feuille d'émargement remise au Conducteur. Dans ce cas, l'accusé de réception sera donné au Chef de gare de Périgueux par les gares extrêmes d'arrivée et de départ du train, qui enverront la dépêche suivante :

« Reçu du Chef du train n°   feuille d'émargement pour un train spécial de   ,
partant de   à   heures   minutes, croisant les trains n°   à   et à
et arrivant à   à   heures   minutes. »

Dans le cas d'interruption de la communication télégraphique, l'accusé de réception sera donné par écrit et par le premier train.

(Il doit être bien entendu que, dans ces dépêches, les garages de trains doivent être indiqués comme les croisements, parce qu'un garage n'est qu'un croisement de deux trains marchant dans le même sens.)

Art. 3. — Lorsqu'une gare veut faire un train spécial ou facultatif, elle adresse au Chef de gare de Périgueux la dépêche suivante :

« Autorisez-vous le train facultatif n°   ou un train spécial de   partant de
le   à   heure   minutes pour   ? »

Art. 4. — Le Chef de gare qui expédie un train spécial consigne sa vitesse, ses stationnements et ses croisements sur un tableau de marche conforme au Modèle n° 22, dressé en double expédition et remis au Mécanicien et au Chef de train.

Les gares qui font et expédient les trains devant croiser un train spécial ou facultatif, remettront aux Chefs de ces trains et aux Mécaniciens des bulletins Modèle n° 290 indiquant les points de croisement.

Art. 5. — Contrairement aux prescriptions de l'article 13 de l'Ordre général n° 8, les trains réguliers expédiés entre Coutras et Brives sur la voie unique, d'un point quelconque de la ligne, en retard sur leur heure de départ réglementaire, quelle que soit d'ailleurs l'importance de ce retard, ne seront dans aucun cas considérés comme trains spéciaux, et devront être expédiés comme trains réguliers en retard.

De même les trains spéciaux ou facultatifs qui auront été annoncés sur la ligne en exécution de l'article 3 de l'Ordre général n° 45, devront être attendus, quel que soit leur retard.

En conséquence, les stations de la ligne devront toujours attendre les trains réguliers et les trains facultatifs ou spéciaux en retard jusqu'au moment de leur passage ou jusqu'à ce qu'elles aient reçu avis de leur suppression.

Art. 6. — Il n'y aura pas de circulation de nuit proprement dite sur la section de Coutras à Brives.

Entre Coutras, Périgueux et Brives, les trains réguliers de Voyageurs ou de marchandises indiqués au tableau de marche comme devant partir les premiers de la journée de Coutras, Périgueux et Brives, commenceront le service, qui sera fermé sur chacune de ces sections après le passage du dernier train régulier de Voyageurs ou de marchandises de la journée indiqué au tableau de la marche des trains.

Si les trains réguliers et facultatifs prévus étaient insuffisants pour les besoins du service, on y suppléerait en se conformant aux prescriptions réglementaires par des trains spéciaux qui pourraient partir après 6 heures du matin et devraient arriver réglementairement à leur destination avant 8 heures du soir, heures prises pour limites de service des Agents de la voie.

Après 8 heures du soir et jusqu'à 6 heures du matin, les barrières des passages à niveau pourront rester ouvertes, de manière à laisser libre la circulation sur les chemins publics;

toutefois, les barrjères ne devront être ouvertes qu'après le passage du dernier train régulier de la journée.

Art. 7. — Après le passage du dernier train qui les dessert, les stations de Saint-Médard, Monpont, Bénévent, Mussidan, Neuvic, Saint-Astier, Razac, Niversac, Saint-Pierre-de-Chignac, Milhac, Thénon, la Bachellerie, Condat, Terrasson, la Rivière-de-Mansac, Larche, pourront isoler leurs appareils télégraphiques en donnant la communication directe, et en se conformant aux instructions de l'Ordre général n° 17, article 49. Les Chefs de station devront s'assurer par eux-mêmes que les commutateurs sont bien placés, de manière à ne pouvoir entraver la communication télégraphique entre les autres postes.

Les gares de Coutras, Périgueux et Brives maintiendront leurs appareils télégraphiques en communication permanente, et ne devront jamais les isoler, sous quelque prétexte que ce soit.

Art. 8. — Les trains ne s'arrêtant pas aux stations et n'y croisant pas d'autres trains circuleront sur la voie principale. Tout train s'arrêtant ou croisant un autre train à une station devra toujours stationner ou passer sur la voie gauche, en regardant le point vers lequel il se dirige.

Art. 9. — Des machines de secours seront maintenues en feu dans les gares de Coutras, Périgueux et Brives.

Art 10. — Entre Coutras et Périgueux, la composition des trains de voyageurs et de marchandises sera réglée par le tableau annexé à l'Ordre général n° 49 (Tours, Bordeaux et Centre).

Entre Périgueux et Brives, la composition des trains de Voyageurs et de marchandises sera réglée par le tableau annexé à l'Ordre général n° 49 (rampes de 8 et 10 millimètres).

Art. 11. — L'Inspecteur principal de la troisième Inspection est chargé d'assurer l'exécution de ces dispositions.

4 septembre 1860.

N° 312

APPLICATION DE L'ORDRE GÉNÉRAL N° 45 SUR LA SECTION DE MONTAUBAN A RODEZ ET A DECAZEVILLE.

Art. 1er. — Le Chef de la gare de Villefranche est désigné comme Agent spécial du Mouvement sur la voie unique entre Montauban et Rodez.

Le Chef de gare de Viviers est désigné comme Agent spécial du Mouvement sur la voie unique entre Viviers et Decazeville.

Art. 2. — En exécution de l'article 3 de l'Ordre général n° 45, aucun train spécial ou facultatif ne devra être expédié entre Montauban et Rodez sans l'autorisation du Chef de gare de Villefranche, et, entre Viviers et Decazeville, sans l'autorisation du Chef de gare de Viviers. Ces deux Agents ne devront accorder cette autorisation qu'après avoir avisé toutes les gares et stations, soit par dépêche télégraphique, soit par écrit et après avoir reçu l'accusé de réception de leur avis.

L'avis donné aux gares et stations pour l'expédition d'un train spécial devra indiquer sa nature, ses heures et ses points de départ et d'arrivée, les trains qui devront être croisés par le train spécial, ainsi que les points de croisement.

Il sera formulé comme il suit :

« Un train spécial de   , croisant le train n°   à   , et le train n°   à   , partira de   , à   heures et arrivera à   , à   heures. »

Pour les trains facultatifs prévus aux tableaux de service, ils seront désignés par leurs numéros.

Si l'avis est transmis par dépêche télégraphique, la dépêche sera passée de poste en poste par le fil omnibus jusqu'aux gares extrêmes d'arrivée et de départ du train, lesquelles accuseront réception en adressant la dépêche suivante, soit au Chef de gare de Villefranche, pour la section de Montauban à Rodez, soit au Chef de gare de Viviers pour la section de Viviers à Decazeville :

« Reçu par le fil omnibus la dépêche suivante :

» Un train spécial de   , croisant le train n°   à   et le train n°   à   , partira de   , à   heures   minutes, et arrivera à   , à   heures   minutes. »

Si l'avis est donné par écrit, une lettre spéciale sera adressée à chaque station, qui en accusera réception sur une feuille d'émargement remise au Conducteur. Dans ce cas, l'accusé de réception sera donné au Chef de gare de Villefranche ou au Chef de gare de Viviers, suivant les stations, par les gares extrêmes d'arrivée et de départ du train, qui enverront la dépêche suivante :

« Reçu du Chef du train n°   , feuille d'émargement, pour un train spécial de   , partant de   , à   heures   minutes, croisant les trains n°°   à   et à   , arrivant à   , à   heures   minutes. »

Dans le cas d'interruption de la communication télégraphique, l'accusé de réception sera donné par écrit et par le premier train.

(Il doit être bien entendu que, dans ces dépêches, les garages de trains doivent être indiqués comme les croisements, parce qu'un garage n'est qu'un croisement de deux trains marchant dans le même sens.)

Art. 3. — Lorsqu'une gare veut faire un train spécial ou facultatif, elle adresse au Chef de gare de Villefranche ou de Viviers, suivant la section sur laquelle elle est située, la dépêche suivante :

« Autorisez-vous le train facultatif n°   ou un train spécial de   , partant de   , le   , à   heures   minutes, pour   ? »

Art. 4. — Le Chef de gare qui expédie un train spécial consigne sa vitesse, ses stationnements et ses croisements sur un tableau de marche conforme au modèle n° 22, dressé en double expédition, et remis au Mécanicien et au Chef de train.

Les gares qui font et expédient les trains devant croiser un train spécial ou facultatif remettront aux Chefs de ces trains et aux Mécaniciens des bulletins modèle n° 290 indiquant les points de croisement.

Art. 5. — Contrairement aux prescriptions de l'article 13 de l'ORDRE GÉNÉRAL N° 8, les trains réguliers expédiés entre Montauban et Rodez et entre Viviers et Decazeville, sur la voie unique, d'un point quelconque de la ligne, en retard sur leur heure de départ réglementaire, quelle que soit d'ailleurs l'importance de ce retard, ne seront, dans aucun cas, considérés comme trains spéciaux et devront être expédiés comme trains réguliers en retard.

De même, les trains spéciaux ou facultatifs qui auront été annoncés sur la ligne en exécution de l'article 3 de l'ORDRE GÉNÉRAL N° 45, devront être attendus, quel que soit leur retard. En conséquence, les stations de la ligne devront toujours attendre les trains réguliers et les trains facultatifs ou spéciaux en retard jusqu'au moment de leur passage ou jusqu'à ce qu'elles aient reçu avis de leur suppression.

Art. 6. — Il n'y aura pas de circulation de nuit proprement dite sur la section de Montauban à Rodez et de Viviers à Decazeville.

Entre Montauban, Rodez et Decazeville, les trains réguliers de Voyageurs et de marchandises, indiqués aux tableaux de marche comme devant partir les premiers de la journée de Montauban, Villefranche, Rodez, Viviers et Decazeville, commenceront le service, qui sera fermé, sur chacune de ces sections, après le passage du dernier train régulier de Voyageurs ou de marchandises de la journée indiqué aux tableaux de marche des trains.

Si les trains réguliers et facultatifs prévus étaient insuffisants pour les besoins du service, on y suppléerait, en se conformant aux prescriptions réglementaires, par des trains spéciaux qui pourraient partir après 5 heures du matin et devraient arriver réglementairement à leur destination avant 8 heures du soir, heures prises pour limites de service des Agents de la voie.

Entre Montauban et Capdenac, le service des Gardes et Surveillants de jour commence à 5 heures du matin et finit à 8 heures du soir.

Il n'y aura pas de surveillance de nuit sur cette partie de la ligne ; toutefois, entre Montauban et Saint-Étienne, et entre Najac et Capdenac, un homme par chaque équipe de poseurs assurera la surveillance de la voie, depuis 8 heures du soir jusqu'après le passage du dernier train.

Entre Capdenac et Rodez, le service des Gardes et Surveillants de jour commencera à 5 heures du matin et finira à 8 heures du soir ; les Gardes et Surveillants de nuit prendront le service à 8 heures du soir, et le finiront à 5 heures du matin.

Entre Montauban et Capdenac, après 8 heures du soir et jusqu'à 5 heures du matin, les barrières des passages à niveau pourront rester ouvertes de manière à laisser libre la circulation sur les chemins publics. Toutefois, les barrières ne devront être ouvertes qu'après le passage du dernier train régulier de la journée.

Entre Capdenac, Decazeville et Rodez, les barrières des passages à niveau resteront fermées la nuit, et ne seront ouvertes que sur réquisition. Exceptionnellement pour les passages à niveau très-fréquentés de Capdenac, Bouillac, Viviers, Decazeville, Aubin, Salles-la-Source et Rodez, les barrières sont ouvertes par les soins des stations de manière à laisser libre la circulation sur la voie publique après le passage du dernier train de la journée, et elles resteront dans cette position jusqu'au commencement du service, le lendemain matin.

Entre Montauban et Rodez, si le dernier train de la journée se trouve en détresse, il devra faire la demande de secours **à l'avant,** suivant les prescriptions de l'ORDRE SPÉCIAL Nº 146.

Art. 7. — Après le passage du dernier train qui les dessert, les stations de Saint-Étienne, Négrepelisse, Montricoux, Bruniquel, Penne, Lexos, Laguépie, Najac, Monteils, Villeneuve, Salles-Courbatiers, Naussac, Capdenac, Saint-Martin-de-Bouillac, Panchot, Aubin, Cransac, Saint-Christophe, Marcillac, Salles-la-Source, pourront isoler leurs appareils télégraphiques en donnant la communication directe et en se conformant aux instructions de l'ORDRE GÉNÉRAL Nº 17, article 49. Les Chefs de station devront s'assurer par eux-mêmes que les commutateurs sont bien placés, de manière à ne pouvoir entraver la communication télégraphique entre les autres postes.

Les gares de Montauban, Saint-Antonin, Villefranche, Viviers, Rodez et Decazeville maintiendront leurs appareils télégraphiques en communication permanente, et ne devront jamais les isoler, sous quelque prétexte que ce soit.

Art. 8. — Les trains ne s'arrêtant pas aux stations et n'y croisant pas d'autres trains, circuleront sur la voie principale. Tout train s'arrêtant ou croisant un autre train à une station devra toujours stationner ou passer sur la voie gauche, en regardant le point vers lequel il se dirige.

Art. 9. — Entre Montauban, Rodez et Decazeville, la composition des trains est réglée par l'INSTRUCTION Nº

Art. 10. — Des machines de secours seront maintenues en feu dans les gares de Montauban, Saint-Antonin, Villefranche, Viviers et Rodez.

Art. 11. — Le Chef de l'Exploitation de la section de Montauban à Rodez est chargé de l'exécution des dispositions du présent ordre.

26 octobre 1860.

Nº 313

MANŒUVRE ET ENTRETIEN DES MATS DE SIGNAUX.

Art. 1er. — En exécution de l'article 4 de l'ORDRE GÉNÉRAL POUR LES SIGNAUX DESTINÉS A ASSURER LA MARCHE DES TRAINS, Nº 7, et de l'ORDRE GÉNÉRAL RÉGLANT LE CONCOURS DES GARDES AU SERVICE DES PETITES STATIONS, Nº 14, des Mâts de signaux sont placés aux abords des stations pour faire connaître l'état de la voie aux trains qui les abordent.

Art. 2. — Ces Mâts sont établis à une distance du centre de la station, qui varie, suivant les nécessités locales, entre 300 et 1,000 mètres. Ils sont disposés de manière à être manœuvrés de la station même, au moyen d'un bras de levier dont le mouvement se transmet, par des fils de fer, au Disque destiné à signaler la voie ouverte ou fermée.

Art. 3. — Les Mâts de signaux sont entretenus et allumés sous la surveillance et la responsabilité des Chefs de gare et de station.

Art. 4. — Les Aiguilleurs sont chargés de l'allumage et de l'entretien des lanternes des Mâts de signaux placés dans un rayon de 100 mètres des aiguilles qu'ils sont chargés de manœuvrer.

Les lanternes des Mâts de signaux placés en dehors des limites des postes des Aiguilleurs ainsi définis, sont allumées et entretenues par les Agents de la voie.

Art. 5. — Les lanternes des Mâts de signaux doivent être soigneusement entretenues en bon état, être constamment garnies d'huile et de mèche et prêtes à allumer; les réflecteurs, les verres et les cheminées doivent être nettoyés chaque jour.

Art. 6. — Les lanternes des Mâts de signaux doivent être allumées au coucher du soleil et rester en feu jusqu'au jour, à toutes les gares de bifurcation et d'extrémité de ligne, et à toutes les gares où il existe des dépôts ou des prises d'eau.

L'allumage et la manœuvre des Mâts de signaux sont également obligatoires, la nuit, à toutes les stations intermédiaires, sans distinction, où il existe un service de nuit, et aussi à toutes celles où il est établi un passage à niveau gardé par un veilleur de nuit. (ORDRE GÉNÉRAL Nos 7-37.)

Aux stations intermédiaires où il n'existe ni bifurcation, ni dépôt, ni prise d'eau, et où il n'y a ni service ni veilleur de nuit, les Mâts de signaux peuvent être éteints dix minutes après le passage du dernier train s'arrêtant à la station.

Art. 7. — Les Mâts de signaux doivent, en outre, dans les temps de brouillard épais où cela pourrait devenir utile, être allumés pendant le jour à toutes gares et stations.

Art. 8. — Les Mâts de signaux sont manœuvrés sous la responsabilité directe des Chefs de gare et de station, conformément aux dispositions des articles 4 et 5 de l'ORDRE GÉNÉRAL POUR LES SIGNAUX, Nº 7, c'est-à-dire que les Mâts [doivent être tournés au rouge TOUTES LES FOIS QUE LA VOIE N'EST PAS LIBRE, ou qu'il ne s'est pas écoulé au moins 10 minutes depuis le départ ou le passage d'un train, quelle que soit d'ailleurs la nature de ce train.

Art. 9. — Cette manœuvre est obligatoire, le jour et la nuit, au passage de tous les trains s'arrêtant ou ne s'arrêtant pas à la station; la nuit, elle est obligatoire seulement, ainsi que l'allumage, jusqu'après le passage du dernier train s'arrêtant à la station, pour les gares et stations dispensées du service de nuit dans les conditions définies à l'article 6 ci-dessus.

25 août 1859.

N° 314

MESURES A PRENDRE DANS LA MANŒUVRE DES MATS DE SIGNAUX.

On néglige quelquefois de mettre au rouge les Mâts de signaux pendant et après le stationnement des trains, ou durant les manœuvres sur les voies principales. Le Chef de l'Exploitation rappelle aux Chefs de gare et de station que c'est là une infraction grave à l'ORDRE GÉNÉRAL POUR LES SIGNAUX DESTINÉS A ASSURER LA MARCHE DES TRAINS, N° 7, article 4, qui engage au plus haut degré leur responsabilité. Il les prévient que toute irrégularité de cette nature qui serait constatée entraînerait irrévocablement la révocation.

Il est essentiel, pour la sécurité des trains en marche, qu'ils surveillent et assurent avec la plus grande attention la stricte exécution des mesures suivantes, déjà prescrites par l'INSTRUCTION N° 313 :

1º Lorsqu'un train ou une machine passe à une station, qu'il s'arrête ou non, le Mât qui se trouve à l'arrière doit présenter le signal rouge. Le levier ne doit être tourné que lorsque le train a dépassé le mât et qu'il arrive en station.

2º Pendant les dix minutes qui suivent le passage ou le départ du train, le signal rouge doit être maintenu.

3º Toutes les fois qu'une manœuvre est faite dans une gare ou station sur les voies principales, les mâts de signaux doivent être mis au rouge des deux côtés et y rester durant tout le temps de la manœuvre.

4º Les Mâts doivent également être mis au rouge lorsque les voies principales se trouvent interceptées par une cause quelconque.

5º Quand un obstacle, quel qu'il soit, empêchant la libre circulation, existe sur une de ces voies, on doit la couvrir en mettant le Mât au rouge et en laissant ce signal jusqu'à ce que l'obstacle soit entièrement disparu.

Ces prescriptions sont absolues et n'admettent aucune exception.

7 octobre 1848.

N° 315

MANŒUVRE DES DISQUES ÉTABLIS AUX ABORDS DE CERTAINES GARES POUR COUVRIR LES TRAINS ARRÊTÉS EN AVANT DU MAT DE SIGNAUX D'ENTRÉE EN GARE.

Dans le but de couvrir plus promptement les trains arrêtés aux Mâts de signaux protégeant l'entrée des gares, il a été été établi sur certains points des Disques spécialement destinés à cet usage. Ces Disques, dont le levier est placé au pied même des Mâts protégeant l'entrée des gares, tiennent lieu, par conséquent, du signal à la main prescrit par l'article 49 de l'ORDRE GÉNÉRAL N° 22.

La manœuvre doit en être assurée par les Chefs de train de la manière suivante :

Dès que le train est arrêté en avant du Mât, le Disque doit être tourné au rouge et y rester pendant toute la durée du stationnement ; il ne doit être effacé que lorsque le train sera couvert par le Mât destiné à fermer la gare. Le Garde-frein de queue doit être chargé de cette manœuvre ; il sera remplacé pour le service du frein par le Graisseur.

MM. les Inspecteurs principaux sont chargés de l'exécution du présent ordre.

9 avril 1859.

N° 316

POSITION ET MANŒUVRE DES SIGNAUX DESTINÉS A COUVRIR L'ENTRÉE ET LA SORTIE DES TRAINS DES GARES DE PARIS ET D'IVRY, ET LE MOUVEMENT DES MACHINES ENTRE LE DÉPÔT ET CES GARES.

§ Ier.

Position et objet des Mâts ou Disques.

Art. 1er. — L'entrée et la sortie des trains des gares de Paris et d'Ivry, le stationnement des trains au contrôle et le mouvement des machines entre le dépôt et les gares sont couverts par les Mâts de signaux ou disques établis dans les positions et pour les objets ci-après définis. Savoir :

1° VOIES D'ARRIVÉE.

DISQUE n° 5. — Mât placé près la route d'Ivry. Ce Mât est manœuvré par l'Aiguilleur central des croisements de la petite voyette.

Il a pour objet de couvrir sur la voie d'arrivée : 1° les trains de marchandises pendant leur arrêt à ces aiguilles ; 2° les trains de voyageurs pendant leur parcours de ce Mât aux fortifications ; 3° le mouvement des machines venant se mettre en tête à Ivry ou retournant de la gare d'Ivry au dépôt.

DISQUE n° 3 bis. — Mât placé près des fortifications. Ce Mât est manœuvré par l'Aiguilleur placé près le viaduc de la rue Picard.

Il a pour objet de couvrir le mouvement des machines venant d'Ivry pour rentrer au dépôt ou partant du dépôt ou allant se mettre en tête à la gare de Paris, [et le parcours des trains arrivant des fortifications au pont du boulevard de Ronde.

DISQUE n° 3. — Mât placé au delà du viaduc de la rue Picard. Ce mât est manœuvré par le Chef d'équipe de service à la gare d'Ivry.

Il a pour objet de couvrir le passage des wagons sur la voie transversale allant de la gare des marchandises aux ateliers.

DISQUE n° 2. — Ce Mât placé immédiatement au delà du pont du boulevard de Ronde est manœuvré à distance par le deuxième Aiguilleur du trottoir de contrôle.

Il a pour objet de couvrir la voie d'arrivée et les manœuvres de gare ; il couvre en outre les trains et les machines pour le parcours du pont du boulevard à la gare.

En conséquence, lorsque le Disque du Mât n° 2 est au rouge il commande l'arrêt, non-seulement aux trains arrivants, mais encore aux machines se rendant du dépôt à la gare.

DISQUE A. — Placé sur le pignon de la gare, il indique si la voie d'entrée sous gare est libre ou fermée. Les trains doivent être retenus au contrôle tant que ce Disque est maintenu au rouge.

DISQUE n° 6. — Mât placé près les aiguilles de la petite voyette sur la voie d'arrivée de la gare des marchandises. Ce Mât est manœuvré par l'Aiguilleur placé à l'origine du chemin de Ceinture ; il règle l'entrée des trains et des machines à Ivry et doit être tourné au rouge au moment du départ des trains et des machines de la gare d'Ivry ; il couvre toute manœuvre faite sur la voie d'arrivée.

Un jeu de sonnettes fixées aux Mâts n°s 6 et 4 bis met en correspondance l'Aiguilleur de la Croix-Jarry et l'Aiguilleur central de la petite voyette pour annoncer le départ et l'arrivée des trains ou des machines et demander l'ouverture des Mâts n° 4 bis et n° 6.

DISQUE X. — Mât placé sur le chemin de Ceinture près le pont de la Seine. Ce Mât est manœuvré par l'Aiguilleur des croisements des voies d'Ivry et du chemin de Ceinture ; il couvre pour les trains de ce chemin l'entrée de la gare d'Ivry ; il doit être en principe tourné au rouge et n'être ouvert que lorsqu'un train du chemin de Ceinture se présente et que les voies sont libres ; il doit être remis au rouge aussitôt après l'entrée des trains.

2° VOIES DE DÉPART.

DISQUE n° 1. — Mât placé en deçà du pont du boulevard de ronde. Ce Mât est manœuvré par le Chef d'équipe de service à la gare d'Ivry ; il a pour objet de couvrir le passage des wagons sur la voie transversale communiquant des voies de gare aux ateliers.

DISQUE N° 4. — Mât placé au droit des nouvelles rotondes. Ce Mât est manœuvré par l'Aiguilleur central des croisements de la petite voyette ; il couvre sur la voie de départ : 1° le départ des trains de marchandises ; 2° leur entrée en gare pendant leur passage sur la voie de départ ; 3° le mouvement des machines venant se mettre en tête à Ivry ou quittant cette gare pour rentrer au dépôt; 4° les trains de Voyageurs au départ pendant 10 minutes après leur passage au pont de la Croix-Jarry.

DISQUE N° 4 bis. — Mât placé près la voie de départ des marchandises d'Ivry. Ce Mât est manœuvré par l'Aiguilleur central des croisements de la petite voyette ; il règle la sortie des machines et des trains de la gare d'Ivry ; il doit en principe être tourné au rouge et ne peut être ouvert que si le Mât n° 4 placé au chemin de la Croix-Jarry est lui-même préalablement fermé pour arrêter tout train ou toute machine qui se présenterait sur la voie de départ.

3° VOIES DES DÉPOTS.

DISQUE C. — Petit Mât placé sur les voies des chantiers de coke, entre les rotondes neuves et le viaduc de la rue Picard. Ce Mât est manœuvré par un Agent du service de la traction ; il a pour objet d'arrêter les machines rentrant aux nouvelles rotondes dans le cas où les voies de dépôt ne seraient pas libres ou que la grande plaque tournante ne serait pas en bonne position.

DISQUE E. — Petit Mât placé sur la voie de sortie du dépôt, en face de la guérite de l'Aiguilleur du changement de la petite voyette. Ce Mât a pour objet d'arrêter, lorsqu'il y a lieu, en avant du changement de voie 78, les machines sortant du dépôt pour aller se mettre en tête à Paris ou à Ivry.

Le Disque E est manœuvré par l'Aiguilleur central des croisements de la petite voyette. Il doit en principe être tourné au rouge pour couvrir l'aiguille communiquant de la voie du dépôt à la voie principale d'arrivée ; il ne doit être ouvert que pour livrer passage aux machines qui viennent se mettre en tête et seulement après que les Mâts n° 5, n° 4 et n° 4 bis ont été préalablement fermés.

DISQUE B. — Mâtereau de renvoi du Mât n° 2. Ce mâtereau est situé près de la guérite du second Aiguilleur du contrôle ; il est manœuvré par la manette même du Mât n° 2, de telle sorte que lorsque ce dernier Mât laisse libre la voie d'arrivée, le mâtereau disque B présente le signal rouge du côté de la gare et ferme la voie de retour au dépôt, et réciproquement, lorsque le Disque n° 2 est au rouge et couvre la voie d'arrivée le Disque B est ouvert et laisse libre l'accès de la voie de dépôt.

§ II.

Trains arrivant à Paris.

Art. 2. — Dès qu'un train de voyageurs se dirigeant sur Paris a dépassé le Disque placé près la route d'Ivry, Mât n° 5, ce disque est tourné au rouge et doit y être maintenu jusqu'à ce que le train ait dépassé le Mât placé aux fortifications, n° 3 *bis,* et que ce Mât soit lui-même tourné au rouge.

Dès qu'un train arrivant a dépassé le Mât placé aux fortifications n° 3 *bis,* ce Mât est de même tourné au rouge et doit y être maintenu jusqu'à ce que ce train ait dépassé le boulevard de Ronde et soit couvert par le Mât n° 2.

Dès qu'un train arrivant a dépassé le Mât du boulevard de ronde, n° 2, ce Mât doit être tourné au rouge jusqu'à ce que le train soit entré en gare et la machine rentrée sur la voie de retour au dépôt ou garée, sauf l'exception réglée par l'article 10 ci-dessous.

Art. 3. — Lorsque le Mât n° 2 a été mis au rouge pour couvrir une manœuvre qui, sans obstruer la voie d'arrivée au contrôle, intercepte les croisements de mise en tête, si un train arrivant se présente, l'Aiguilleur peut ouvrir le Mât pour laisser entrer le train et doit aussitôt après remettre le disque au rouge.

§ III.

Trains arrivant à Ivry.

Art. 4. — Lorsqu'un train de marchandises en destination de la gare d'Ivry a dépassé le Mât placé près de la route d'Ivry n° 5, ce Mât doit être tourné au rouge et y être maintenu jusqu'après l'entrée du train sur les voies spéciales des marchandises.

Art. 5. — Tout train de marchandises arrivant pour entrer en gare d'Ivry doit s'arrêter avant les aiguilles de la petite voyette communiquant de la voie principale d'arrivée à la voie principale de départ et aux voies spéciales de marchandises. Avant de lui donner l'aiguille, l'Aiguilleur central doit annoncer à la gare d'Ivry par un coup de sonnette l'arrivée de ce train et mettre au rouge : 1° le Mât placé du côté de Paris au droit des nouvelles rotondes, Mât n° 4, pour couvrir la voie de départ ; 2° le Mât n° 4 *bis* pour empêcher tout train ou toute machine de sortir à ce même moment de la gare d'Ivry ; 3° le mât E pour empêcher toute machine sortant des nouvelles rotondes de s'engager sur la voie principale d'arrivée ; 4° s'assurer que le Mât n° 6 est ouvert.

§ IV.

Trains partant de Paris.

Art. 6. — Lorsqu'un train de Voyageurs part, il doit être couvert dans son parcours de la Croix-Jarry aux fortifications par le Mât n° 4.

§ V.

Trains partant d'Ivry.

Art. 7. — Lorsqu'un train de marchandises veut partir d'Ivry, l'Aiguilleur de la Croix-

Jarry doit tourner au rouge le Mât n° 6 et par un coup de sonnette demander l'ouverture de la voie de départ. L'Aiguilleur central des aiguilles de la petite voyette tourne alors au rouge :

1° Le Mât placé au droit des rotondes neuves, n° 4 ;

2° Le Disque E qui interdit aux machines sortant du dépôt l'accès sur les changements de voie communiquant aux voies principales et aux voies spéciales de marchandises.

Lorsque ces précautions sont prises, l'Aiguilleur central ouvre le Disque du Mât n° 4 *bis*, pour laisser libre la voie de départ d'Ivry.

§ VI.

Mouvement des machines entre le dépôt et la gare de Paris.

Art. 8. — Le mouvement des machines entre le dépôt et la gare de Paris s'opère par le changement de voie 78 et la voie d'arrivée pour les machines venant se mettre en tête des trains, et par la voie spéciale de retour au dépôt pour les machines rentrant de la gare au dépôt.

Art. 9. — Toute machine allant du dépôt à la gare de Paris doit entrer sur la voie d'arrivée par l'aiguille 78 située à la petite voyette. Le Machiniste doit en conséquence s'arrêter au pied du Mât E et siffler pour demander la voie à l'Aiguilleur central. L'Aiguilleur central avant d'ouvrir le disque E mettra au rouge le Mât n° 5 ; c'est seulement lorsque le Mât n° 5 est au rouge que l'Aiguilleur spécial de la voie de dépôt peut aiguiller la machine sur la voie principale d'arrivée. Le Mât n° 5 doit rester au rouge jusqu'à ce que la machine ait dépassé le Mât n° 3 *bis*, qui est manœuvré par l'Aiguilleur du viaduc de la rue Picard. Le Mât n° 3 *bis* doit être laissé au rouge jusqu'à ce que la machine ait dépassé le Mât du boulevard de Ronde, n° 2, et que celui-ci soit lui-même tourné au rouge. L'Aiguilleur du contrôle doit maintenir le Mât n° 2 au rouge jusqu'à ce que la machine soit rendue sur la voie de départ.

Art. 10. — Lorsque le Mât du pont du boulevard de Ronde, Mât n° 2, est tenu au rouge pour couvrir le stationnement d'un train au contrôle ou l'exécution d'une manœuvre qui, tout en obstruant la voie d'arrivée, n'engage pas les croisements communiquant à la voie de départ, si une machine allant se mettre en tête se présente, l'Aiguilleur du contrôle peut ouvrir le Mât n° 2 pour laisser passer la machine et lui donner l'aiguille de la voie de départ. Dès que la machine a franchi le pont du boulevard de Ronde, il doit remettre le Mât au rouge.

Art. 11. — Lorsqu'une machine quitte la gare de Paris pour rentrer au dépôt, le Mât du boulevard de ronde n° 2 doit être mis au rouge. Le Disque du mâtereau des aiguilles du contrôle, Disque B, se trouve par conséquent ouvert et laisse libres les croisements communiquant à la voie de retour au dépôt.

Dès que la machine a franchi ces croisements, le Mât n° 2 doit être ouvert et le Disque du mâtereau B replacé au rouge.

§ VII.

Mouvement des machines entre le dépôt et la gare d'Ivry.

Art. 12. — Le mouvement des machines entre le dépôt et la gare d'Ivry s'opère par les changements de la petite voyette pour les machines allant se mettre en tête, et par la voie principale d'arrivée et le changement de voie n° 34 communiquant de la voie d'arrivée à la voie de retour au dépôt, près le viaduc de la rue Picard, pour les machines se rendant de la gare au dépôt.

Art. 13. — Lorsqu'une machine sort du dépôt pour se rendre à Ivry le Machiniste doit s'arrêter au Mât E et siffler pour demander à l'Aiguilleur central de donner la voie. Avant d'ouvrir le Disque E, l'Aiguilleur central doit par deux coups de sonnette annoncer l'expédition de cette machine et demander l'ouverture de la voie d'arrivée d'Ivry ; il doit mettre au rouge : 1° le Mât de la route d'Ivry, n° 5 ; 2° le Mât placé au droit des rotondes neuves, n° 4, et le Mât n° 4 bis, qui sont destinés à couvrir ces mouvements, le premier sur la voie d'arrivée, le second sur la voie de départ de Paris, le troisième sur la voie de départ d'Ivry.

L'Aiguilleur central, après ces précautions et le Mât n° 6 ouvert, ouvre le Disque E. C'est seulement lorsque ce Disque est ouvert que l'Aiguilleur spécial de la voie de dépôt peut aiguiller la machine sur la voie principale d'arrivée. Dès que la machine est engagée sur les voies spéciales de marchandises, l'Aiguilleur central doit remettre au rouge le Disque du Mât E et ouvrir les Disques n° 5 et n° 4.

Art. 14. — Lorsqu'une machine quitte la gare d'Ivry pour entrer au dépôt, l'Aiguilleur de la Croix-Jarry tourne le Mât 6 au rouge, et par deux coups de sonnette demande l'ouverture de la voie de départ.

L'Aiguilleur central, avant d'ouvrir le Disque qui commande les croisements donnant accès sur les voies principales, Mât n° 4 bis, met au rouge:

1° Le Mât placé au droit des rotondes neuves, n° 4, qui couvre la voie de départ ;

2° Le Mât de la route d'Ivry, n° 5, qui couvre la voie d'arrivée.

L'Aiguilleur ouvre alors le Disque n° 4 bis pour laisser passer la machine et remet ce Mât au rouge dès que la machine l'a dépassé. Lorsque la machine a franchi les croisements de la voie de départ, le Mât n° 4 doit être immédiatement ouvert. La machine aiguillée sur la voie principale d'arrivée suit cette voie jusqu'au croisement n° 34 établi près le viaduc de la rue Picard qu'elle doit prendre pour passer sur la voie de dépôt. Dès que la machine a dépassé le Mât n° 3 bis, ce Mât doit être mis au rouge par l'Aiguilleur du viaduc de la rue Picard, et y être maintenu par lui jusqu'à ce que la machine ait complétement quitté la voie d'arrivée. Lorsque ce mouvement est opéré, les Disques n°ˢ 3 bis et 5 sont remis dans leur position normale.

§ VIII.

Manœuvre sur les voies principales ou sur les traversées communiquant des voies de la gare d'Ivry aux voies des ateliers.

Art. 15. — Toute manœuvre faite sur les voies principales, entre les fortifications et la gare de Paris, doit être protégée par les Mâts placés de manière à couvrir les points où la manœuvre s'effectue.

Lorsque, pour la composition ou la décomposition des trains ou pour toute autre cause, la gare de Paris exécute une manœuvre qui peut obstruer la voie d'arrivée au contrôle ou une des voies croisées par les changements de voie mettant en communication les voies de départ et d'arrivée, cette manœuvre ne doit être commencée qu'après que l'Aiguilleur en a reçu avis de la gare et que le Mât n° 2, dit du boulevard de Ronde, a été mis au rouge. Le Mât doit être maintenu fermé pendant toute la durée de la manœuvre sauf l'exception réglée à l'article 3 ci-dessus.

Art. 16. — Les barres à bascule commandant soit du côté de la gare, soit du côté des ateliers, l'accès des traversées qui mettent en communication les voies de ces établissements, doivent être fermées en permanence et cadenassées. Les clefs de ces bascules sont gardées par le service de la gare des marchandises d'Ivry sous la responsabilité du Chef de gare ou d'un Employé spécialement désigné par lui.

Lorsque le service de la Régie a à faire passer des wagons, soit des ateliers à la gare soit de la gare aux ateliers, la demande doit en être faite à la gare, qui prend les dispositions nécessaires pour que les barres à bascule soient ouvertes et que le mouvement des wagons soit exécuté dans l'intervalle du passage des trains, de manière à ne jamais gêner la circulation sur les voies principales. Pendant ce mouvement, la traversée par laquelle il s'opère doit être constamment couverte sur la voie de départ, par le Mât du boulevard de Ronde, n° 1, et sur la voie d'arrivée par le Mât du viaduc de la rue Picard, n° 3.

§ IX.

Exécution.

Art. 17. — Les aiguilles 78 et 34 doivent être exclusivement manœuvrées par les Aiguilleurs de l'Exploitation. Il est formellement interdit aux Machinistes et aux Chauffeurs de les manœuvrer eux-mêmes.

Art. 18. — Si, par suite d'avarie ou pour toute autre cause, un ou plusieurs des Mâts désignés au présent ordre venaient à se déranger et cessaient de fonctionner régulièrement, les signaux devront être immédiatement assurés par des hommes établis en permanence par les soins des Chefs de gare de Paris ou d'Ivry.

Art. 19. — L'Inspecteur principal de la première Inspection et l'Ingénieur en chef du Matériel et de la Traction sont, chacun en ce qui le concerne, chargés d'assurer l'exécution du présent ordre. Les Chefs des gares de Paris et d'Ivry et les Aiguilleurs sont personnellement responsables de la stricte observation des dispositions qui en font l'objet.

11 avril 1858.

N° 317

POSITION ET MANŒUVRE DES MATS DESTINÉS A COUVRIR L'ENTRÉE ET LA SORTIE DES TRAINS A LA GARE D'ÉTAMPES ET LE MOUVEMENT DES MACHINES ENTRE LA GARE ET LE DÉPOT.

§ 1er.

Position et objet des Mâts de signaux ou Disques.

Art. 1er. — L'entrée et la sortie des trains à la gare d'Étampes, leurs manœuvres, leurs stationnements dans la gare et la circulation des machines entre le dépôt et la gare sont couverts par huit Mâts de signaux établis dans les positions et pour les objets ci-après :

1° VOIE D'ARRIVÉE (côté de Paris).

DISQUES NOS 1 ET 2, SOLIDAIRES. — Manœuvrés par l'Aiguilleur placé près du pont de Dourdan ; ils ont pour objet de couvrir les trains pendant leur stationnement en gare et de protéger les manœuvres de wagons ou de machines qui obstrueraient la voie d'arrivée ; ils doivent en principe être tournés au rouge.

2° VOIE DE DÉPART (côté de Paris).

DISQUE N° 5. — Manœuvré par l'Aiguilleur placé près du pont de Dourdan ; il a pour objet de fermer la voie de départ.

3° VOIE D'ARRIVÉE (côté d'Orléans).

DISQUES NOS 7 ET 8, SOLIDAIRES. — Manœuvrés par l'Aiguilleur chargé de l'aiguille n° 177 ; ils ont pour objet d'arrêter les trains venant du côté d'Orléans lorsque la voie d'arrivée n'est pas libre ; ils doivent répéter tous les signaux rouges du Mât n° 6 et être en principe tournés au rouge.

DISQUE N° 6, A SONNETTE. — Manœuvré par l'Aiguilleur du poste télégraphique ; il a pour objet de protéger les trains pendant leur stationnement en gare et les manœuvres de wagons ou de machines qui obstrueraient la voie d'arrivée ; il doit en principe être tourné au rouge.

4° VOIES DE DÉPÔT ET DE LA GARE DES MARCHANDISES.

DISQUE N° 3. — Manœuvré par l'Aiguilleur du pont de Dourdan; il a pour objet d'interdire, à toute machine marchant isolément ou remorquant des wagons, la sortie des voies du dépôt ou de la gare des marchandises par l'aiguille n° 158; il doit en principe être tourné au rouge.

DISQUE N° 4. — Manœuvré par l'Aiguilleur du pont de Dourdan; il a pour objet de fermer la sortie du dépôt par l'aiguille n° 167; il doit en principe être tourné au rouge.

§ II.

Manœuvres des Mâts pour couvrir l'entrée, le stationnement et la sortie des trains.

Art. 2. — TRAINS ARRIVANT DU COTÉ DE PARIS.

Dix minutes avant l'heure réglementaire d'arrivée d'un train de voyageurs ou de marchandises, les disques n°s 1 et 2 solidaires doivent être ouverts, si la voie d'arrivée est libre; ils doivent être remis au rouge dès que le train a dépassé le disque n° 2.

Art. 3. — TRAINS D'ÉTAMPES SE DIRIGEANT SUR PARIS.

Lorsque l'heure de départ d'un train de voyageurs ou de marchandises approche, l'Aiguilleur du pont de Dourdan s'assure que le Mât n° 5 est ouvert et que les Mâts n°s 3 et 4 sont tournés au rouge.

Art. 4. — TRAINS ARRIVANT DU COTÉ D'ORLÉANS.

Dix minutes avant l'heure réglementaire d'arrivée d'un train de voyageurs ou de marchandises, les disques n°s 7 et 8 solidaires et le disque n° 6 doivent être ouverts, si la voie d'arrivée est libre; ils doivent être remis au rouge dès que le train les a dépassés.

§ III.

Mouvement des machines entre le dépôt ou la gare des marchandises et la gare des voyageurs.

Art. 5. — Lorsqu'une machine marchant isolément ou remorquant des wagons doit sortir du dépôt ou de la gare des marchandises par l'aiguille n° 158 pour aller se mettre en tête d'un train ou pour toute autre cause, le Machiniste demande l'ouverture de la voie par un coup de sifflet prolongé. Avant d'ouvrir le disque n° 3, l'Aiguilleur ferme le disque n° 5 et s'assure que les voies à parcourir sont libres et convenablement couvertes.

Si la machine doit sortir du dépôt par l'aiguille n° 167, l'Aiguilleur ouvre le disque n° 4, après avoir pris les mêmes précautions.

Lorsqu'une machine doit rentrer de la gare des Voyageurs, au dépôt ou à la gare des marchandises, l'Aiguilleur, avant d'autoriser le mouvement, s'assure que les Disques n°° 3 et 4 sont fermés et vérifie si les voies à parcourir sont libres et convenablement couvertes.

§ IV.

Dispositions générales.

Art. 6. — En règle générale, les Mâts doivent être manœuvrés de manière à couvrir les voies obstruées par le stationnement des trains ou des machines ou par leurs manœuvres.

Art. 7. — Si, par suite d'avarie ou de toute autre cause, un ou plusieurs Mâts de signaux désignés au présent Ordre venaient à se déranger ou cessaient de fonctionner régulièrement, les signaux devront être immédiatement assurés par des hommes établis en permanence par les soins du Chef de gare d'Étampes.

Art. 8. — L'Inspecteur principal de la première Inspection et l'Ingénieur en chef du Matériel et de la Traction sont, chacun en ce qui le concerne, chargés d'assurer l'exécution de cette partie du service.

3 octobre 1860.

N° 318

APPLICATION AUX BIFURCATIONS DES AUBRAIS, DU PONT-BANNIER, DU PONT DE LA CAMPAGNE ET DE L'ENTRÉE EN GARE D'ORLÉANS, DE *L'ORDRE GÉNÉRAL RÉGLANT LA MANŒUVRE DES MATS DE SIGNAUX DESTINÉS A COUVRIR LES BIFURCATIONS, N° 55.*

§ Ier.

TRAINS VENANT DE PARIS EN DESTINATION DE LA COURBE NORD (RACCORDEMENT DE TOURS).

Dès qu'un train arrivant de Paris en destination de la courbe de raccordement de Tours est annoncé, l'Aiguilleur des Aubrais doit sonner l'Aiguilleur du pont Bannier, pour le prévenir de se tenir prêt à assurer le passage de ce train.

A ce signal, l'Aiguilleur du pont Bannier met au rouge le Mât placé du côté de Tours, visible pour lui, et tourne également au rouge le Mât placé du côté d'Orléans, qu'il n'aperçoit pas, mais dont la bonne position doit lui être signalée par un coup de sonnette du Garde spécialement préposé à la surveillance de ce Mât.

Ces signaux étant exécutés, l'Aiguilleur du pont Bannier ouvre le Mât placé du côté des Aubrais, afin de laisser avancer le train annoncé; ce Mât doit, après le passage du train, être remis au rouge et y rester en permanence.

Lorsque le train a franchi le croisement de la voie d'arrivée de Tours, le Mât qui couvre cette voie doit être immédiatement ouvert. Le Mât placé du côté d'Orléans doit être maintenu au rouge pendant dix minutes.

§ II.

TRAINS VENANT DE TOURS EN DESTINATION DES AUBRAIS.

Lorsqu'un train venant de Tours en destination des Aubrais est annoncé, l'Aiguilleur du pont Bannier doit sonner l'Aiguilleur des Aubrais.

A ce signal, l'Aiguilleur des Aubrais tourne au rouge le Mât placé du côté d'Orléans et ouvre le Mât placé du côté de Tours, pour laisser la voie libre au train annoncé. Il remet ce dernier Mât au rouge après le passage du train et l'y laisse en permanence.

Lorsque le train est entré en gare des Aubrais et que l'Aiguilleur est à son poste pour recevoir le train d'Orléans, le Mât placé de ce côté doit être ouvert, afin de laisser arriver le train. Après l'arrivée du train, ce Mât est remis au rouge et doit y rester jusqu'à ce qu'il se soit écoulé dix minutes après le départ du train sur Paris.

§ III.

TRAINS VENANT DE PARIS EN DESTINATION DE LA COURBE DE RACCORDEMENT DU CENTRE.

Lorsqu'un train arrivant de Paris en destination de la courbe de raccordement du Centre est annoncé, l'Aiguilleur des Aubrais doit sonner l'Aiguilleur du pont de la Campagne, pour le prévenir de se tenir prêt à assurer le passage de ce train.

A ce signal, l'Aiguilleur du pont de la Campagne met au rouge le Mât situé du côté d'Orléans et l'y maintient jusqu'à dix minutes après le passage du train annoncé. Ce Mât n'étant pas visible pour lui, il est prévenu de sa bonne position par une sonnette manœuvrée par l'Aiguilleur d'Orléans.

L'Aiguilleur du pont de la Campagne ouvre ensuite le Mât placé du côté des Aubrais, pour livrer passage au train qui lui est annoncé, et aussitôt après le passage de ce train, il remet ce Mât au rouge et l'y maintient en permanence.

§ IV.

TRAINS VENANT DE VIERZON EN DESTINATION DES AUBRAIS.

Lorsqu'un train arrivant de Vierzon en destination des Aubrais est annoncé, l'Aiguilleur du pont de la Campagne met au rouge le Mât placé du côté d'Orléans et l'y maintient jusqu'à ce que le train ait franchi les croisements. Ce Mât n'étant pas visible pour lui, il est prévenu de sa bonne position par une sonnette manœuvrée par l'Aiguilleur d'Orléans.

L'Aiguilleur du pont de la Campagne sonne ensuite l'Aiguilleur des Aubrais pour le prévenir de se tenir prêt à recevoir le train annoncé.

A ce signal, l'Aiguilleur des Aubrais met au rouge le Mât situé du côté de Paris et celui situé du côté d'Orléans. Il ouvre ensuite le Mât placé du côté de Vierzon, pour laisser passer le train attendu.

35

Dès que le train attendu a dépassé le Mât situé du côté de Vierzon, ce Mât doit être remis au rouge et y être maintenu en permanence.

Lorsque le train attendu est entré en gare aux Aubrais, la voie d'arrivée de Paris doit être ouverte.

Lorsque l'Aiguilleur est à son poste pour recevoir le train de correspondance, le Mât placé du côté d'Orléans doit être également ouvert pour laisser arriver ce train. Il est ensuite remis au rouge pour y être maintenu jusqu'à dix minutes après le départ du train sur Paris.

§ V.

ENTRÉE ET SORTIE DES GARES D'ORLÉANS.

La bifurcation formée en avant des gares d'Orléans par les lignes de Paris, de Tours et du Centre, est couverte, dans ces trois directions, et dans la direction de la gare elle-même, par quatre Mâts de signaux manœuvrés à distance par l'Aiguilleur central.

Conformément à l'article 2 de l'ORDRE GÉNÉRAL N° 35, ces quatre Mâts doivent être constamment tenus au rouge, à l'exception de celui placé dans la direction d'où le plus prochain train est attendu.

Les autres dispositions de l'ORDRE GÉNÉRAL N° 35 sont de même strictement applicables à la circulation des trains, à l'entrée et à la sortie des gares d'Orléans.

1ᵉʳ mai 1855.

N° 319

POSITION ET MANŒUVRE DES MATS DESTINÉS A COUVRIR L'ENTRÉE ET LA SORTIE DES TRAINS DE LA GARE DE VIERZON, ET LE MOUVEMENT DES MACHINES ENTRE LA GARE ET LE DÉPOT.

§ Iᵉʳ.

Position et objet des Mâts de signaux ou Disques.

Art. 1ᵉʳ. — L'entrée et la sortie des trains de la gare de Vierzon, leur stationnement au contrôle, et la circulation des machines entre le dépôt et la gare, sont couverts par six Mâts de signaux établis dans les positions et pour les objets ci-après définis.

VOIES D'ARRIVÉE ET DE DÉPART (côté d'Orléans).

DISQUE n° 79. — Mât placé près du passage à niveau des Grellets. Ce Mât est manœuvré par l'Aiguilleur placé près de l'aiguille n° 48.

Il a pour objet : 1° de couvrir l'entrée de la gare pour tous les trains arrivant du côté d'Orléans ; 2° de protéger les trains stationnant au contrôle ; 3° de couvrir le passage sur les voies principales des machines sortant des voies de dépôt, pour venir se mettre en tête des trains en destination d'Orléans et des machines venant de Bourges et de Châteauroux et rentrant au dépôt après leur service ; 4° de répéter à une distance convenable toutes les indications du Mât n° 80.

Disque n° 80. — Mât placé entre la gare et le Mât 79 au delà du contrôle des billets, vers Orléans. Ce Mât est manœuvré par la gare.

Il a pour objet de couvrir l'entrée de la gare du côté d'Orléans, pendant toute manœuvre ou stationnement engageant les voies principales.

Disque A. — Mât placé sur la voie de sortie du dépôt.

Il est manœuvré par l'Aiguilleur placé près de l'aiguille n° 48, chargé de la manœuvre du Mât n° 79.

Il a pour objet d'arrêter toute machine sortant du dépôt pour venir s'engager sur les voies principales.

VOIES D'ARRIVÉE ET DE DÉPART (côté de Bourges).

Disque n° 82. — Mât placé à l'entrée du tunnel, côté de Vierzon ; il est manœuvré par l'Aiguilleur placé près de l'aiguille n° 122.

Il a pour objet : 1° de couvrir l'entrée de la gare pour tous les trains venant du côté de la bifurcation ; 2° de protéger les trains stationnant au contrôle ; 3° de couvrir les manœuvres des machines sortant du dépôt pour venir se mettre en tête des trains en destination de la bifurcation et des machines venant d'Orléans et rentrant au dépôt après leur service ; 4° de répéter à une distance convenable toutes les indications du Disque n° 81.

Disque n° 81. — Mât placé entre la gare et le Mât n° 82 au delà du contrôle des billets, côté de Bourges. Il est manœuvré par la gare.

Il a pour objet de couvrir l'entrée de la gare pendant toute manœuvre ou stationnement engageant les voies principales.

Disque B. — Mât placé sur la voie de sortie du dépôt. Il est manœuvré par l'Aiguilleur placé près de l'aiguille n° 122, et chargé de la manœuvre du Mât n° 82.

Il a pour objet d'arrêter toute machine sortant du dépôt qui viendrait s'engager sur la voie principale de départ.

§ II.

Trains arrivant d'Orléans et partant pour la bifurcation.

Art. 2. — Dès qu'un train arrivant d'Orléans a dépassé le Mât n° 79, ce Mât doit être tourné au rouge, et être maintenu dans cette position pendant toute la durée du stationnement du train sur la voie principale, ou jusqu'à ce que le Mât n° 80 soit lui-même ouvert par la gare pour signaler que la voie est libre.

Lorsqu'un train arrivant d'Orléans a dépassé le Mât n° 80, ce Mât doit être également tourné au rouge, et être maintenu dans cette situation comme le Mât n° 79, pendant toute la durée du stationnement du train en gare, et jusqu'à ce que la voie principale soit complétement dégagée.

§ III.

Trains arrivant de la bifurcation et partant pour Orléans.

Art. 3. — Dès qu'un train arrivant de la bifurcation a dépassé le Mât n° 82, ce Mât doit être tourné au rouge et être maintenu dans cette position pendant toute la durée du stationnement du train sur la voie principale ou jusqu'à ce que le Mât n° 81 soit lui-même ouvert par la gare pour signaler que la voie est libre.

Lorsqu'un train arrivant de la bifurcation a dépassé le Mât n° 81, ce Mât doit être également tourné au rouge et être maintenu dans cette position comme le Mât n° 82, pendant toute la durée du stationnement du train en gare, et jusqu'à ce que la voie principale soit complétement dégagée.

§ IV.

Mouvement des machines pour la sortie et l'entrée du dépôt.

Art. 4. — Les Mâts A et B qui couvrent la sortie du dépôt, le premier du côté d'Orléans, le second du côté de la bifurcation, doivent, en principe, être constamment tournés au rouge et n'être ouverts que lorsque les machines se présentent et sifflent pour demander à sortir.

Art. 5. — Avant d'ouvrir les Mâts A et B pour laisser sortir une machine des voies du dépôt, les Aiguilleurs chargés de leur manœuvre doivent mettre au rouge le Mât n° 79, s'il s'agit du Mât A, et le Mât n° 81, s'il s'agit du Mât B, et les maintenir dans cette position jusqu'à ce que la machine qui circule ait opéré son mouvement.

L'Aiguilleur qui donne la voie à une machine sortant du dépôt doit en outre, avant d'ouvrir les Mâts A ou B, s'assurer qu'aucun train et aucune machine ne doivent être expédiés par la gare vers Orléans s'il s'agit du Mât A, et vers la bifurcation s'il s'agit du Mât B.

Il doit s'assurer aussi qu'aucun wagon ou obstacle quelconque ne se trouve sur les voies que la machine doit parcourir.

Art. 6. — Lorsqu'une machine manœuvre pour rentrer au dépôt, si elle opère son mouvement entre la gare et les croisements de voie situés du côté d'Orléans, la gare doit, avant qu'elle se mette en marche, tourner au rouge le mât n° 80 et l'Aiguilleur le Mât n° 79, et ces deux Mâts doivent être maintenus dans cette position jusqu'à ce que la machine soit engagée sur la voie de dépôt.

Si la machine opère son mouvement par les changements de voie situés du côté de la bifurcation, la gare doit mettre au rouge le Mât n° 81, et l'Aiguilleur le Mât n° 82, et ces deux Mâts doivent être maintenus dans cette position jusqu'à ce que la machine ait complétement dégagé les voies principales.

§ V.

Manœuvres sur les voies principales et les traversées de voie.

Art. 7. — Toutes les fois que la gare a à exécuter une manœuvre de train de marchandises ou de voyageurs, ou un mouvement de machine ou de voitures isolées, qui peut engager soit les voies principales, soit les changements et croisements y communiquant, soit enfin les voies transversales qui les coupent, elle doit, avant de commencer ces mouvements, mettre au rouge le Mât n° 80 ou le Mât n° 81, suivant le cas, et tous les deux à la fois si cela est nécessaire.

Lorsque ces Mâts sont tournés au rouge, ils doivent être maintenus dans cette position pendant toute la durée des manœuvres qu'ils ont pour objet de couvrir.

Le signal rouge des Mâts n° 80 et n° 81 doit toujours être répété par les Mâts n° 79 et n° 82.

§ VI.

Exécution.

Art. 8. — Si, par suite d'avarie ou pour toute autre cause, un ou plusieurs des Mâts désignés au présent ordre venaient à se déranger et cessaient de fonctionner régulièrement, les signaux qu'ils ont pour objet d'exécuter seront assurés à la main par des hommes établis en permanence dans une position convenable, par les soins du Chef de gare et sous sa responsabilité.

Art. 9. — L'inspecteur principal de l'Exploitation de la première inspection et l'Ingénieur en chef du matériel et de la traction sont, chacun en ce qui le concerne, chargés d'assurer l'exécution du présent Ordre.

Le Chef de gare de Vierzon est particulièrement responsable de la stricte observation des dispositions qui en font l'objet.

19 décembre 1856.

N° 320

MANŒUVRE DES MATS DE SIGNAUX DESTINÉS A COUVRIR LE PASSAGE A NIVEAU DE SAINT-PRIVÉ, PRÈS BOURGES.

Art. 1er. — Deux Mâts de signaux de forme spéciale sont établis au passage à niveau de Saint-Privé, près Bourges, pour assurer la circulation de ce passage pendant le jour. Ces Mâts s'abattent lorsque le passage est fermé sur la voie publique, de manière à laisser la voie de fer libre pour la circulation des trains. Ils se relèvent et présentent le signal rouge, lorsque les barrières sont ouvertes.

Art. 2. — Le Mât destiné à couvrir la voie gauche ou voie montante est placé près du pont de l'Hôpital, à 300 mètres du passage à niveau ; il est visible pour la gare et pour les trains à 378 mètres de distance.

Le Mât qui couvre la voie droite, ou voie descendante, est placé à 380 mètres du passage à niveau, en vue de la barrière, et peut être aperçu par les trains à 700 mètres de distance.

Art. 3. —Les Mâts de signaux du passage de Saint-Privé sont manœuvrés par l'Agent préposé à ce passage et sous sa responsabilité. Ce service est réglé de la manière suivante :

Les barrières doivent être maintenues ouvertes sur la voie publique dans les intervalles des trains. Avant de les ouvrir, l'Agent préposé à la garde du passage doit lever les Mâts pour couvrir les deux voies. Il ne doit abaisser les Mâts pour laisser libre la circulation des trains, qu'après avoir fermé les barrières sur la voie publique.

Art. 4. —Le passage à niveau doit être fermé, sur la voie publique, *dix minutes* avant l'heure réglementaire d'arrivée des trains attendus. A partir de ce moment et jusqu'après le passage du train, l'Agent chargé de manœuvrer les barrières doit rester en permanence pour livrer passage, autant que la prudence le permettrait, aux voitures qui se présenteraient.

Art. 5. — La surveillance de nuit du passage à niveau de Saint-Privé reste réglée dans les conditions ordinaires prescrites par les règlements de la Compagnie.

2ᵏ novembre 1855.

N° 321

POSITION ET MANŒUVRE DES MATS DESTINÉS A COUVRIR L'ENTRÉE ET LA SORTIE DES TRAINS DE LA GARE DU GUÉTIN ET LE MOUVEMENT DES MACHINES ENTRE LA GARE ET LE DÉPOT.

§ Iᵉʳ.

Position ou objet des Mâts de signaux ou Disques.

Art. 1ᵉʳ. — L'entrée et la sortie des trains de la gare du Guétin, leurs manœuvres dans la gare et la circulation des machines entre le dépôt et la gare sont couvertes par neuf Mâts de signaux établis dans les positions et pour les objets ci-après définis :

CÔTÉ DE BOURGES.

Disque n° 107 *bis*. — Mât placé à 320 mètres en avant du passage à niveau de l'Accense-Margot. Ce Mât est manœuvré par l'Aiguilleur préposé à la garde des aiguilles nᵒˢ 131 et 134.

Il a pour objet : 1° de défendre l'entrée de la gare à un train arrivant du côté de Bourges ; 2° de couvrir le passage des voies principales des machines sortant des voies du dépôt pour venir se mettre en tête des trains en destination de Bourges, et des machines venant de Nevers et de Moulins et rentrant au dépôt après leur service ; 3° de répéter à une distance convenable toutes les indications du Mât n° 108.

Disque n° 107. — Mât placé près du passage à niveau de l'Accense-Margot.

Il a pour objet d'indiquer à l'Aiguilleur chargé de la surveillance des aiguilles 131 et 134 la position du Mât 107 *bis*, dont il suit les mouvements, étant manœuvré par lui.

DISQUE n° 108. — Mât placé entre la gare et le Mât 107 auprès de l'aiguille 134, vers Bourges ; ce Mât est manœuvré par la gare.

Il a pour objet de défendre l'entrée de la gare du côté de Bourges pendant toute manœuvre ou stationnement engageant les voies principales.

DISQUE Y. — Mât placé sur la voie de dépôt ; il est manœuvré par l'Aiguilleur chargé des aiguilles 131 et 134 et de la manœuvre du Mât 107.

Il a pour objet d'arrêter toute machine sortant du dépôt pour venir s'engager sur les voies principales.

CÔTÉ DE MOULINS ET DE NEVERS.

Voie de départ sur Moulins et Nevers.

DISQUE n° 109. — Mât placé près du pont par-dessus le canal, voie de départ, pour défendre la bifurcation ; il est manœuvré par l'Aiguilleur de la bifurcation.

Voies de Moulins.

DISQUE n° 110. — Mât placé à droite de la maisonnette de l'Aiguilleur de la bifurcation (voies de Moulins) ; il est manœuvré par l'Aiguilleur de la gare chargé des aiguilles 141 et 142.

Il a pour objet 1° de défendre l'entrée de la gare à tous les trains venant de Moulins ; 2° de protéger l'entrée en gare des trains venant de Nevers ; 3° de couvrir les manœuvres des machines sortant du dépôt pour venir se mettre en tête des trains en destination de la bifurcation et des machines arrivant de Bourges et rentrant au dépôt après leur service.

Voies de Nevers.

DISQUE n° 110 bis. — Mât placé à gauche de la maisonnette de l'Aiguilleur central de la bifurcation (voies de Nevers) ; il est manœuvré par l'Aiguilleur de la gare chargé des aiguilles 141 et 142.

Il a pour objet : 1° de défendre l'entrée de la gare à tous les trains venant de Nevers ; 2° de protéger le passage, sur les croisements de la bifurcation, des trains partant du Guétin pour Nevers et Moulins ; 3° de couvrir la manœuvre des machines sortant du dépôt pour venir se mettre en tête des trains en destination de la bifurcation, et des machines venant de Bourges et rentrant au dépôt après leur service.

DISQUE Z et Z bis. — Mâts placés sur la voie de sortie des dépôts ; ils sont manœuvrés par l'Aiguilleur de la gare.

Ils ont pour objet : le premier disque Z, d'arrêter au besoin toute machine sortant du dépôt d'Orléans qui viendrait s'engager sur les voies principales ; le second disque Z bis, d'arrêter également toute machine sortant du dépôt de Lyon pour venir s'engager sur les voies principales.

§ II.

Trains arrivant de Bourges et partant pour la bifurcation.

Art. 2. — Dès qu'un train arrivant de Bourges a dépassé les Mâts 107 et 107 *bis,* ces Mâts doivent être tournés au rouge, et être maintenus dans cette position pendant toute la durée du stationnement du train sur la voie principale ou jusqu'à ce que le Mât 108 soit lui-même ouvert par la gare pour signaler que la voie est libre.

Lorsqu'un train, arrivant de Bourges, a dépassé le Mât 108, ce Mât doit être également tourné au rouge et être maintenu dans cette situation, comme le Mât 107, pendant toute la durée du stationnement du train en gare, et jusqu'à ce que la voie principale soit complétement dégagée.

§ III.

Trains arrivant de Nevers.

Art. 3. — Contrairement à ce qui a été fait jusqu'à ce jour, les trains arrivant de Nevers suivront la voie d'arrivée de Moulins entre la bifurcation et la gare du Guétin.

Dès qu'un train de Nevers est signalé et que le Mât 110 *bis* est [ouvert par la gare, l'Aiguilleur de la bifurcation, avant de lui donner passage, doit s'assurer que le Mât 109 et celui qui le couvre du côté de Moulins sont au rouge, afin d'arrêter tout train et toute machine qui se dirigeraient vers la bifurcation ; il maintiendra ces Mâts fermés tant que le train arrivant de Nevers n'aura pas dépassé la bifurcation.

§ IV.

Trains arrivant de la bifurcation et partant pour Bourges.

Art. 4. — Dès qu'un train arrivant de la bifurcation a dépassé les Mâts 110, venant de Moulins, et 110 *bis,* venant de Nevers, ces Mâts doivent être tournés au rouge et maintenus dans cette position pendant toute la durée du stationnement du train sur la voie que ces Mâts défendent.

§ V.

Trains partant du Guétin pour la ligne de Moulins.

Art. 5. — Cinq minutes avant le départ de la gare du Guétin d'un train en destination de Moulins, le Mât 110 *bis* devra être tourné au rouge et maintenu dans cette position jusqu'à ce que le train ait franchi la bifurcation.

§ VI.

Mouvement des machines pour la sortie et l'entrée du dépôt.

Art. 6. — Les Mâts *Y, Z* et *Z bis* qui couvrent la sortie des dépôts, le premier du côté de Bourges, les deux autres du côté de la bifurcation, doivent, en principe, être constamment tournés au rouge, et n'être ouverts que lorsque les machines se présentent et sifflent pour demander à sortir.

Art. 7. — Avant d'ouvrir les Mâts Y, Z et Z *bis*, pour laisser sortir une machine des voies du dépôt, les Aiguilleurs chargés de leurs manœuvres doivent mettre au rouge les Mâts 107 et 107 *bis*, s'il s'agit du Mât Y, et les Mâts 110 et 110 *bis* s'il s'agit des Mâts Z et Z *bis*, et les maintenir dans cette position jusqu'à ce que la machine qui circule ait opéré son mouvement; en aucun cas, l'Aiguilleur ne devra laisser ces deux derniers Mâts ouverts en même temps.

L'Aiguilleur qui donne la voie à une machine qui sort du dépôt doit, en outre, avant d'ouvrir les Mâts Y, Z et Z *bis*, s'assurer qu'aucun train et aucune machine ne doivent être expédiés par la gare vers Bourges, s'il s'agit du Mât Y, et vers la bifurcation s'il s'a-git des Mâts Z et Z *bis*; il doit s'assurer aussi qu'aucun wagon ou obstacle quelconque ne se trouve sur les voies que la machine doit parcourir.

Afin que l'Aiguilleur chargé de la manœuvre des Mâts Z et Z *bis* puisse distinguer à quel dépôt appartient la machine qui demande à sortir, les Machinistes du dépôt d'Orléans de-vront donner deux coups de sifflet distincts et prolongés, et les Machinistes de Lyon, trois coups de sifflet.

Art. 8. — Lorsqu'une machine manœuvre pour rentrer au dépôt, si elle opère son mouvement entre la gare et les croisements de voie situés du côté de Bourges, la gare doit, avant qu'elle se mette en marche, tourner au rouge le Mât 108, et l'Aiguilleur, les Mâts 107 et 107 *bis*, et ces deux Mâts doivent être maintenus dans cette position jus-qu'à ce que la machine soit engagée sur la voie de dépôt. Si la machine opère son mou-vement par les changements de voie situés du côté de la bifurcation, l'Aiguilleur de la gare doit mettre au rouge les Mâts 110 et 110 *bis*; ces deux Mâts doivent être maintenus dans cette position jusqu'à ce que la machine ait complétement dégagé les voies princi-pales.

§ VII.

Manœuvres sur les voies principales et les traversées de voie.

Art. 9. — Toutes les fois que la gare a à exécuter une manœuvre de train de mar-chandises ou de voyageurs, ou un mouvement de machine ou de voitures isolées qui peu-vent engager soit les voies principales, soit les changements et croisements y communi-quant, soit enfin les voies transversales qui les coupent, elle doit, avant de commencer ces mouvements, mettre au rouge le Mât 108 ou les Mâts 110 et 110 *bis*, suivant le cas, et tous les trois à la fois si cela est nécessaire.

Lorsque ces Mâts sont tournés au rouge, ils doivent être maintenus dans cette position pendant toute la durée des manœuvres qu'ils ont pour objet de couvrir. Le signal rouge du Mât 108 doit toujours être répété par les Mâts 107 et 107 *bis*.

36

§ VIII.

Prescriptions complémentaires.

Art. 10. — L'Aiguilleur de la bifurcation devra se guider sur la position des Mâts 110 et 110 *bis* pour la manœuvre des Mâts qui lui sont confiés.

La manœuvre des Mâts de la bifurcation continuera à être faite conformément aux prescriptions des Ordres généraux nᵒˢ 35 et 42.

Art. 11. — Si, par suite d'avarie ou pour toute autre cause, un ou plusieurs des Mâts désignés au présent Ordre venaient à se déranger ou cessaient de fonctionner régulièrement, les signaux qu'ils ont pour objet d'exécuter seront assurés à la main par des hommes établis en permanence dans une position convenable par les soins du Chef de gare et sous sa responsabilité.

Art. 12. — L'Inspecteur principal de la première Inspection et l'Ingénieur en chef du matériel et de la traction sont, chacun en ce qui le concerne, chargés d'assurer l'exécution du présent Ordre.

Le Chef de gare du Guétin est particulièrement responsable de la stricte observation des dispositions qui en font l'objet.

18 septembre 1857.

Nᵒ 322

POSITION ET MANŒUVRE DES MATS DE SIGNAUX DESTINÉS A COUVRIR L'ENTRÉE ET LA SORTIE DES TRAINS DE LA GARE DE CHATEAUROUX ET LE MOUVEMENT DES MACHINES ENTRE LA GARE ET LE DÉPOT.

§ 1.

Position et objet des Mâts de signaux ou Disques.

L'entrée et la sortie des trains de la gare de Châteauroux, leurs manœuvres, leur stationnement et la circulation des machines entre le dépôt et la gare, sont couverts par six Mâts de signaux établis dans les positions et pour les objets ci-après indiqués :

Disque nᵒ 2. — Mât placé dans la tranchée de Bitrée. — Ce Disque est manœuvré par l'Aiguilleur placé près de l'aiguille nᵒ 26.

Disque nᵒ 1. — Mât placé à l'entrée de la gare, à la portée de la guérite de l'Aiguilleur (aiguille nᵒ 26). — Ce Mât est manœuvré par le Personnel de la gare.

Disque nᵒ 4. — Mât placé dans la tranchée de Châteauroux. — Ce Mât est manœuvré par l'Aiguilleur placé près de l'aiguille nᵒ 36.

Disque nᵒ 3. — Mât placé près du pont à l'entrée de la tranchée de Châteauroux. — Ce Mât est manœuvré par le Personnel de la gare.

Disque A. — Mât placé sur les voies du dépôt (côté de Vierzon). — Ce Mât est manœuvré par l'Aiguilleur placé près de l'aiguille nᵒ 26.

DISQUE *B*. — Mât placé sur les voies du dépôt (côté d'Argenton). — Ce Mât est manœuvré par l'Aiguilleur placé près de l'aiguille n° 36.

Le Mât n° 2 a pour objet de répéter à une distance convenable toutes les indications du Mât n° 1.

Le Mât n° 1 a pour objet : 1° de défendre l'entrée de la gare à tous les trains venant du côté de Vierzon ; 2° de protéger les trains pendant leur stationnement à la gare ; 3° de couvrir le passage, sur les voies principales, des machines sortant du dépôt pour venir se mettre en tête des trains.

Le Mât n° 4 a pour objet de répéter à une distance convenable toutes les indications du Mât n° 3.

Le Mât n° 3 a pour objet : 1° de 'défendre l'entrée de la gare à tous les trains venant du côté d'Argenton ; 2° de protéger les trains pendant leur stationnement à la gare ; 3° de couvrir le passage, sur les voies principales, des machines sortant du dépôt pour venir se mettre en tête des trains.

Les Disques *A* et *B* sont destinés à arrêter toute machine sortant du dépôt pour venir s'engager sur les voies principales.

§ II.

Trains arrivant de Vierzon.

Quand un train arrivant de Vierzon a dépassé les Mâts n°ˢ 2 et 1, ces Mâts doivent être successivement tournés au rouge, et être maintenus dans cette position pendant toute la durée du stationnement du train sur la voie principale.

§ III.

Trains arrivant d'Argenton.

Quand un train arrivant d'Argenton a dépassé les Mâts n°ˢ 4 et 3, ces Mâts doivent être successivement tournés au rouge, et être maintenus dans cette position pendant toute la durée du stationnement du train sur la voie principale.

§ IV.

Mouvement des machines pour l'entrée et la sortie du dépôt.

Les Mâts *A* et *B* doivent en principe être constamment tournés au rouge et n'être ouverts que lorsque les machines se présentent et sifflent pour demander à sortir.

L'Aiguilleur qui donne la voie à une machine sortant du dépôt doit, avant d'ouvrir les Mâts *A* ou *B*, s'assurer que les voies principales sont complétement libres, et qu'il ne se trouve aucun obstacle dans le parcours que doit effectuer cette machine.

Avant d'ouvrir les Mâts *A* ou *B* pour laisser une machine sortir des voies du dépôt, l'Aiguilleur qui donne passage à cette machine doit mettre au rouge le Mât n° 2 s'il s'agit du Mât *A*, et le Mât n° 4 s'il s'agit du Mât *B*.

§ V.

Manœuvres sur les voies principales et les traversées de voie.

Toutes les fois que la gare a à exécuter une manœuvre de train de marchandises ou de voyageurs, ou un mouvement de machine ou de voitures isolées qui peuvent engager soit les voies principales, soit les changements et croisements y communiquant, soit enfin les voies transversales qui les coupent, elle doit, avant de commencer ses mouvements, mettre au rouge le Mât n° 1 ou le Mât n° 3 suivant la voie interceptée, et tous les deux au besoin. Ces Mâts doivent rester au rouge pendant toute la durée des manœuvres qu'ils ont pour objet de protéger.

§ VI.

Exécution.

Si, par suite d'avarie ou pour toute autre cause, un ou plusieurs des Mâts désignés au présent Ordre venaient à se déranger et cessaient de fonctionner régulièrement, les signaux qu'ils ont pour objet d'exécuter seront assurés à la main par des hommes établis en permanence, dans une position convenable, par les soins du Chef de gare et sous sa responsabilité,

21 septembre 1857.

N° 323

POSITION ET MANOEUVRE DES MATS DESTINÉS A COUVRIR L'ENTRÉE ET LA SORTIE DES TRAINS DE LA GARE D'ARGENTON, ET LE MOUVEMENT DES MACHINES ENTRE LA GARE ET LE DÉPOT.

§ I.

Position et objet des Mâts de signaux ou Disques.

L'entrée et la sortie des trains de la gare d'Argenton, leur stationnement et la circulation des machines, entre le dépôt et la gare, sont couverts par six Mâts de signaux établis dans les positions et pour les objets ci-après définis :

VOIES D'ARRIVÉE ET DE DÉPART.

Disque n° 2. — Mât placé dans la tranchée Saint-Marcel. — Ce Mât est manœuvré par l'Aiguilleur placé près de l'aiguille n° 33.

Disque n° 1. — Mât placé près du pont du Moulinet. — Ce Mât est manœuvré par la gare.

Disque n° 3. — Mât placé près du chantier Grenouille. — Ce Mât est manœuvré par la gare.

DISQUE *A*. — Mât placé sur la voie de sortie du dépôt (côté d'Argenton). — Ce Mât est manœuvré par l'Aiguilleur placé près de l'aiguille n° 33.

DISQUE *B*. — Mât placé sur la voie de sortie du dépôt (côté de Châteauroux). — Ce Mât est manœuvré par l'Aiguilleur placé près de l'aiguille n° 33.

DISQUE *C*. — Mât placé près du pont Saint-Marcel. — Ce Mât est manœuvré par l'Aiguilleur placé près de l'aiguille n° 33.

Le Mât n° 2 a pour objet de répéter à une distance convenable toutes les indications du Mât n° 1.

Le Mât n° 1 a pour objet : 1° de couvrir l'entrée de la gare pour tous les trains venant du côté de Châteauroux ; 2° de protéger les trains pendant leur stationnement à la gare ; 3° de couvrir le passage, sur les voies principales, des machines sortant des voies du dépôt pour venir se mettre en tête des trains, et rentrant au dépôt après leur service.

Le Mât n° 3 a pour objet : 1° de couvrir l'entrée de la gare pour tous les trains arrivant du côté de la Souterraine ; 2° de protéger les trains pendant leur stationnement en gare.

Les Disques *A* et *B* sont destinés à arrêter toute machine sortant du dépôt pour venir s'engager sur les voies principales.

Le Disque *C* est destiné à couvrir l'entrée de la gare pour les trains de ballast venant de la sablière de Saint-Marin.

§ II.

Trains arrivant de Châteauroux.

Quand un train arrivant de Châteauroux a dépassé les Mâts n° 1 et 2, ces Mâts doivent être successivement tournés au rouge et être maintenus dans cette position pendant toute la durée du stationnement du train sur la voie principale.

§ III.

Trains arrivant de la Souterraine.

Quand un train arrivant de la Souterraine a dépassé le Mât n° 3, ce Mât doit être tourné au rouge et maintenu dans cette position pendant toute la durée du stationnement sur la voie principale.

§ IV.

Mouvement des machines pour la sortie et l'entrée du dépôt.

Le Mât *A* doit, en principe, être constamment tourné au rouge et n'être ouvert que lorsque les machines se présentent et sifflent pour demander à sortir.

Les machines sortant du dépôt pour se rendre à la gare doivent toujours effectuer ce trajet sur la voie principale d'arrivée de Châteauroux.

L'Aiguilleur qui donne la voie à une machine sortant du dépôt doit, avant d'ouvrir le Mât, s'assurer que les voies principales sont complétement libres et qu'il ne se trouve aucun obstacle dans le parcours que doit effectuer cette machine.

Le Mât *B* (1) doit toujours être tourné au rouge et n'être ouvert que sur un ordre spécial du Chef de gare.

_____

(1) Le Mât *B* se trouvant très-éloigné de la gare, l'article 4 du § IV a pour but d'éviter toute manœuvre à ce point du dépôt sur les voies principales, en dehors de l'action directe de la gare.

Avant d'ouvrir les Mâts *A* ou *B* pour laisser une machine, sortir des voies du dépôt, l'Aiguilleur chargé de cette manœuvre doit mettre au rouge le Mât n° 2 et le Mât *C*, et les maintenir dans cette position jusqu'à ce que la machine qui circule ait opéré son mouvement.

Le Mât *C* doit en principe être constamment tourné au rouge et n'être ouvert que lorsque des trains ou des machines venant de la sablière de Saint-Marin se présentent pour s'engager sur les voies principales ou pour rentrer au dépôt.

Avant d'ouvrir le Mât *C* pour donner passage à un train ou à une machine des sables, l'Aiguilleur chargé de cette manœuvre doit mettre au rouge le Mât n° 2, ainsi que les Mâts *A* et *B*. Il doit, en outre, avant d'ouvrir le Mât *C*, s'assurer que la voie sur laquelle doit circuler le train ou cette machine est complétement libre.

§ V.

Manœuvre sur les voies principales et les traversées de voies.

Toutes les fois que la gare a à exécuter une manœuvre de train de marchandises ou de voyageurs, ou un mouvement de machine ou de voitures isolées qui peuvent engager, soit les voies principales, soit les changements et croisements y communiquant, soit enfin les voies transversales qui les coupent, elle doit, avant de commencer ces mouvements, mettre au rouge les Mâts n°ˢ 1 et 3.

Ces Mâts doivent rester au rouge pendant toute la durée des manœuvres qu'ils ont pour objet de couvrir.

§ VI.

Exécution.

Si, par suite d'avarie ou de toute autre cause, un ou plusieurs des Mâts désignés au présent Ordre venaient à se déranger et cessaient de fonctionner régulièrement, les signaux qu'ils ont pour objet d'exécuter seront assurés à la main par des hommes établis en permanence, dans une position convenable, par les soins du Chef de gare et sous sa responsabilité.

19 octobre 1857.

N° 324

POSITION ET MANŒUVRE DES MATS DE SIGNAUX DESTINÉS A COUVRIR L'ENTRÉE ET LA SORTIE DES TRAINS DE LA GARE DE LA SOUTERRAINE, ET LE MOUVEMENT DES MACHINES ENTRE LA GARE ET LE DÉPOT.

§ I.

Position et objet des Mâts de signaux ou Disques.

L'entrée et la sortie des trains de la gare de la Souterraine, leurs manœuvres, leur stationnement et la circulation des machines, entre le dépôt et la gare, sont couverts par six Mâts de signaux établis dans les positions et pour les objets ci-après indiqués :

DISQUE n° 2. — Mât placé au lieu dit l'*Age Bouvier*. Ce Mât est manœuvré par l'Aiguilleur placé près de l'aiguille n° 78.

DISQUE n° 1. — Mât placé sur le remblai Malherbaud. Ce Mât est manœuvré par le personnel de la gare.

DISQUE n° 4. — Mât placé sur le remblai de la Jéraphine. Ce Mât est manœuvré par l'Aiguilleur placé près du pont de la route de Guéret.

DISQUE n° 3. — Mât placé près du pont de la route de Guéret. Ce Mât est manœuvré par le personnel de la gare.

DISQUE *A*. — Mât placé sur les voies du dépôt (côté d'Argenton). Ce Mât est manœuvré par l'Aiguilleur placé près de l'aiguille n° 78.

DISQUE *B*. — Mât placé sur les voies du dépôt (côté de Limoges). Ce Mât est manœuvré par l'Aiguilleur placé près du pont de la route de Guéret.

Le Mât n° 2 a pour objet de répéter à une distance convenable toutes les indications du Mât n° 1.

Le Mât n° 1 a pour objet : 1° de défendre l'entrée de la gare à tous les trains venant du côté d'Argenton ; 2° de protéger les trains pendant leur stationnement à la gare et les manœuvres à faire à l'entrée et à la sortie des voies des marchandises ; 3° de protéger le passage, sur les voies principales, des machines sortant du dépôt pour venir se mettre en tête des trains.

Le Mât n° 4 a pour objet de répéter à une distance convenable toutes les indications du Mât n° 3.

Le Mât n° 3 a pour objet : 1° de défendre l'entrée de la gare à tous les trains venant du côté de Limoges ; 2° de protéger les trains pendant leur stationnement à la gare et les manœuvres à faire à l'entrée et à la sortie des voies des marchandises ; 3° de couvrir le passage sur les voies principales des machines sortant du dépôt pour venir se mettre en tête des trains.

Les Disques *A* et *B* sont destinés à arrêter toute machine sortant du dépôt pour venir s'engager sur les voies principales.

§ II.

Trains arrivant d'Argenton.

Quand un train arrivant d'Argenton a dépassé les Mâts n°s 2 et 1, ces Mâts doivent être successivement tournés au rouge et être maintenus dans cette position pendant toute la durée du stationnement du train sur la voie principale.

§ III.

Trains arrivant de Limoges.

Quand un train arrivant de Limoges a dépassé les Mâts n°s 4 et 3, ces Mâts doivent être successivement tournés au rouge et être maintenus dans cette position pendant toute la durée du stationnement du train sur la voie principale.

§ IV.

Mouvement des machines pour la sortie et l'entrée du dépôt.

Les Mâts A et B doivent en principe être constamment tournés au rouge et n'être ouverts que lorsque les machines se présentent et sifflent pour demander à sortir.

L'Aiguilleur qui donne la voie à une machine sortant du dépôt doit, avant d'ouvrir les Mâts A ou B, s'assurer que les voies principales sont complétement libres et qu'il ne se trouve aucun obstacle dans le parcours que doit effectuer cette machine.

Avant d'ouvrir les Mâts A ou B pour laisser une machine sortir des voies du dépôt, l'Aiguilleur qui donne passage à cette machine doit mettre au rouge le Mât n° 2 s'il s'agit du Mât A, et le Mât n° 4 s'il s'agit du Mât B.

§ V.

Manœuvres sur les voies principales et les traversées de voie.

Toutes les fois que la gare a à exécuter une manœuvre de train de marchandises ou de voyageurs, ou un mouvement de machine ou de voitures isolées qui peuvent engager soit les voies principales, soit les changements et croisements y communiquant, soit enfin les voies transversales qui les coupent, elle doit, avant de commencer ces mouvements, mettre au rouge le Mât n° 1 ou le Mât n° 2, suivant la voie interceptée, et tous les deux au besoin.

Ces Mâts doivent rester au rouge pendant toute la durée des manœuvres qu'ils ont pour objet de protéger.

§ VI.

Exécution.

Si, par suite d'avarie ou pour toute autre cause, un ou plusieurs des Mâts désignés au présent Ordre venaient à se déranger et cessaient de fonctionner régulièrement, les signaux qu'ils ont pour objet d'exécuter seront assurés à la main par des hommes établis en permanence dans une position convenable, par les soins du Chef de Gare et sous sa responsabilité.

21 septembre 1857.

N° 325

POSITION ET MANŒUVRE DES SIGNAUX DESTINÉS A COUVRIR L'ENTRÉE ET LA SORTIE DES TRAINS A LA GARE DE LIMOGES, ET LE MOUVEMENT DES MACHINES ENTRE LA GARE ET LE DÉPOT.

§ I.

Position et objets des Mâts et Disques.

Art. 1er. — L'entrée et la sortie des trains à la gare de Limoges, leur stationnement au contrôle et la circulation des machines entre le dépôt et la gare, sont couverts par six mâts de signaux établis dans les positions et pour les objets ci-après définis :

DISQUE N° 1. — Placé à l'extrémité de la tranchée de Faure-Piquet (poteau kilométrique 574). Ce Mât, manœuvré par l'Aiguilleur de l'entrée en gare des marchandises (aiguille 114), a pour objet de défendre l'entrée de la gare aux trains venant de la Souterraine, de couvrir les trains stationnant au contrôle et les manœuvres qui obstrueraient les voies d'arrivée. Le Mât n° 1 doit répéter les signaux rouges du n° 2.

DISQUE N° 3. — Placé en tête du trottoir de la gare des voyageurs. Ce Mât, manœuvré par l'Aiguilleur de l'entrée en gare des marchandises (aiguille 114), a pour objet d'interdire la sortie des trains et machines de la gare des voyageurs.

DISQUE N° 4. — Placé sur les voies de la gare des marchandises. Ce Mât, manœuvré par l'Aiguilleur de l'entrée en gare (aiguille 114), a pour objet d'interdire la sortie des trains et machines de la gare des marchandises.

DISQUE B. — Manœuvré par l'Aiguilleur de l'entrée en gare (aiguille 114); il a pour objet de fermer la voie de sortie du dépôt du côté de la Souterraine.

DISQUE N° 2. — Placé en vue de l'Aiguilleur de l'entrée en gare des marchandises (aiguille 114). Ce mât, manœuvré par l'Aiguilleur placé en tête de la gare des voyageurs, a pour objet d'interdire l'entrée de la gare des voyageurs aux trains et aux machines venant du côté de la Souterraine.

DISQUE A. — Manœuvré par l'Aiguilleur placé en tête de la gare des voyageurs ; il a pour objet de fermer la voie de sortie du dépôt du côté de la gare des voyageurs.

§ II.

Manœuvres des Mâts et Disques.

Art. 2. — Les Mâts n°° 1, 3, 4 et le Mât B doivent être manœuvrés par l'Aiguilleur de l'entrée en gare (aiguille n° 114) dans les conditions de l'ORDRE GÉNÉRAL N° 35 réglant la manœuvre des Mâts de signaux destinés à couvrir les bifurcations. Sur ces quatre Mâts, il doit toujours y en avoir au moins trois fermés.

Les Mâts A et B doivent en principe être tournés au rouge. Avant de les ouvrir, les Aiguilleurs chargés de leurs manœuvres s'assurent que les voies que doivent parcourir les machines sont libres.

§ III.

Exécution.

Art. 3. — Si, par suite d'avarie ou pour toute autre cause, un ou plusieurs des Mâts et Disques désignés au présent Ordre venaient à se déranger et cessaient de fonctionner régulièrement, les signaux qu'ils ont pour objet d'exécuter seront assurés à la main par des hommes établis en permanence dans une position convenable par les soins du Chef de gare et sous sa responsabilité.

9 septembre 1858.

N° 326

POSITION ET MANŒUVRE DES MATS DESTINÉS A COUVRIR L'ENTRÉE ET LA SORTIE DES TRAINS A LA GARE DE MONTLUÇON, ET LE MOUVEMENT DES MACHINES ENTRE LA GARE ET LE DÉPOT.

§ I.

Position et objet des Mâts de signaux ou Disques.

Art. 1er. — L'entrée et la sortie des trains à la gare de Montluçon, leurs manœuvres, leur stationnement dans la gare et la circulation des machines entre le dépôt et la gare sont couverts par quatre Mâts de signaux établis dans les positions et pour les objets ci-après définis :

Voie d'arrivée.

DISQUE N° 1. — Manœuvré par l'aiguilleur chargé de l'aiguille n° 3 *bis*; il a pour objet d'arrêter les trains venant du côté de Moulins lorsque la voie d'arrivée n'est pas libre. C Mât doit répéter tous les signaux rouges du Mât n° 2 et être en principe tourné au rouge.

DISQUE N° 2. — Manœuvré par l'Aiguilleur central chargé des aiguilles n°s 20 et 21; il a pour objet de protéger les trains pendant leur stationnement en gare sur la voie d'arrivée et les manœuvres de gare qui obstrueraient cette voie.

Voie de la gare d'eau.

DISQUE N° 4. — Manœuvré par l'Aiguilleur central; il a pour objet d'arrêter tout train ou toute machine venant de la gare d'eau. Il doit en principe être tourné au rouge.

Voie du dépôt.

DISQUE N° 3. — Manœuvré par l'Aiguilleur central; il a pour objet d'interdire à toute machine de sortir des voies du dépôt. Il doit en principe être tourné au rouge.

§ II.

Manœuvre des Mâts pour couvrir l'entrée, le stationnement et la sortie des trains.

Art. 2. — TRAINS ARRIVANT DE MONTLUÇON.

Art. 2. — Dix minutes avant l'heure réglementaire d'arrivée d'un train de voyageurs ou de marchandises, le Disque n° 1 doit être ouvert, si la voie d'arrivée est libre; il doit être remis au rouge dès que le train l'a dépassé.

Le train arrivant sera couvert à son entrée en gare par le Disque n° 2, qui devra être maintenu au rouge tant que la voie d'arrivée ne sera pas rendue libre.

Art. 3. — TRAINS PARTANT DE MONTLUÇON.

Art. 3. — Lorsque l'heure de départ d'un train de voyageurs ou de marchandises approche, l'Aiguilleur central ferme le Disque n° 2, et l'Aiguilleur chargé de l'aiguille n° 3 *bis* s'assure que le Disque n° 1 est fermé. Le Chef de gare ne doit donner l'ordre du départ qu'après avoir constaté que le Disque n° 2 est tourné au rouge.

§ III.

Mouvement des trains ou des machines entre la gare et la gare d'eau.

Art. 4. — Lorsqu'un train ou une machine doit partir de la gare pour aller à la gare d'eau, l'Aiguilleur central s'assure que les Mâts n⁰ˢ 3 et 4 sont fermés.

Lorsqu'un train ou une machine doit partir de la gare d'eau pour rentrer à la gare, le Machiniste l'annonce par un coup de sifflet prolongé; alors l'Aiguilleur central vérifie si les voies à parcourir sont libres, ferme le Mât n° 2 et s'assure que le Mât n° 3 est tourné au rouge. Ces précautions prises, il ouvre le Mât n° 4.

§ IV.

Mouvement des machines entre le dépôt et la gare.

Art. 5. — Lorsqu'une machine doit sortir du dépôt pour se mettre en tête d'un train ou pour toute autre cause, le Machiniste demande l'ouverture de la voie par un coup de sifflet prolongé. Avant d'ouvrir le Disque n° 3, l'Aiguilleur central vérifie si les voies à parcourir sont libres, ferme le Disque n° 2 et s'assure que le Disque n° 4 est tourné au rouge.

Lorsqu'une machine doit rentrer de la gare au dépôt, l'Aiguilleur central, avant d'autoriser le mouvement, s'assure que les voies à parcourir sont libres et convenablement couvertes et que le Mât n° 3 est fermé.

§ V.

Dispositions générales.

Art. 6. — En règle générale, les Mâts doivent être manœuvrés de manière à couvrir les voies obstruées par le stationnement des trains ou des machines ou par leurs manœuvres.

Art. 7. — Si, par suite d'avarie ou pour toute autre cause, un ou plusieurs Mâts de signaux désignés au présent Ordre venaient à se déranger ou cessaient de fonctionner régulièrement, les signaux devront être immédiatement assurés par des hommes établis en permanence par les soins du Chef de gare de Montluçon.

Art. 8. — L'Inspecteur principal de la première Inspection et l'Ingénieur en chef du Matériel et de la Traction sont, chacun en ce qui le concerne, chargés de l'exécution du présent ordre.

9 juin 1860.

N° 327

POSITION ET MANŒUVRE DES MATS DESTINÉS A COUVRIR L'ENTRÉE ET LA SORTIE DES TRAINS DE LA GARE DE BLOIS, ET LE MOUVEMENT DES MACHINES ENTRE LA GARE ET LE DÉPOT.

§ I.

Position et objet des Mâts de signaux ou Disques.

Art. 1er. — L'entrée et la sortie des trains de la gare de Blois, leurs manœuvres, leur stationnement dans la gare et la circulation des machines entre le dépôt et la gare sont couverts par douze Mâts de signaux établis dans les positions et pour les objets ci-après définis :

1° *Voie d'arrivée* (côté de Paris).

DISQUE N° 1. — Manœuvré par le Conducteur Chef d'un train arrêté par le Disque n° 2 ; il a pour objet de couvrir un train arrêté par le disque n° 2.

DISQUES Nᵒˢ 2 ET 3 SOLIDAIRES. — Manœuvrés par l'Aiguilleur placé près des aiguilles de sortie du dépôt ; ils ont pour objet, 1° de protéger les manœuvres de trains ou de machines qui se font par les aiguilles 1 et 5, pour passer de la voie principale de départ à la voie de garage située du côté de la gare des marchandises, et réciproquement ; 2° de couvrir les trains arrêtés à la gare et les manœuvres de gare qui obstrueraient la voie d'arrivée, en répétant à une distance convenable les signaux rouges du Mât n° 4. Ces deux disques doivent être en principe tournés au rouge.

DISQUE N° 4 A SONNETTE. — Manœuvré par les soins et sous la responsabilité du Chef ou Sous-Chef de gare de service ; il a pour objet de protéger les trains pendant leur stationnement à la gare, et les manœuvres de wagons ou de machines qui obstrueraient la voie d'arrivée.

2° *Voie de départ* (côté de Paris).

DISQUE N° 6. — Manœuvré par l'Aiguilleur placé près des aiguilles de sortie du dépôt ; il a pour objet de fermer la voie de départ.

DISQUE N° 11 — Manœuvré par l'Aiguilleur placé près des aiguilles de sortie du dépôt ; il a pour objet d'empêcher tout train ou toute machine, placé sur la voie de garage du côté du dépôt, de sortir de cette voie par l'aiguille n° 3 pour s'engager sur la voie principale. Il doit être en principe tourné au rouge.

3° *Voie d'arrivée* (côté de Tours).

DISQUE N° 9. — Manœuvré par le Garde placé au pied du Mât n° 8 ; il a pour objet de couvrir un train arrêté par le disque n° 8. Ce Garde signale aussi l'arrivée des trains de Tours au Garde du passage à niveau des allées au moyen d'une sonnette placée près du poste de ce dernier.

DISQUES N° 8 A SONNETTES ET 7 SOLIDAIRES. — Manœuvrés par le Garde du passage à niveau des allées ; ils ont pour objet de couvrir le passage à niveau, les trains arrêtés à la gare et les manœuvres de wagons ou de machines qui obstrueraient la voie d'arrivée. Ils doivent en principe être tournés au rouge.

4° *Voie de départ* (côté de Tours).

DISQUES N° 10 et 10 *bis* SOLIDAIRES. — Manœuvrés par l'Aiguilleur placé près des aiguilles de sortie du dépôt ; ils ont pour objet d'interdire à tout train ou à toute machine la sortie de la gare des marchandises. Ils doivent en principe être tournés au rouge.

5º *Voie du dépôt.*

Disque nº 5 — Manœuvré par l'aiguilleur placé près des aiguilles de sortie du dépôt; il a pour objet de fermer la voie de sortie du dépôt. Il doit en principe être tourné **au rouge.**

§ II.

Manœuvres des Mâts pour couvrir l'entrée, le stationnement et la sortie des trains de la gare.

Art. 2. — TRAINS ARRIVANT DU COTÉ DE PARIS.

Dix minutes avant l'heure réglementaire d'arrivée d'un train de voyageurs ou de marchandises, le Disque nº 2 doit être ouvert si la voie d'arrivée est libre; il doit être remis au rouge dès que le train a dépassé le Disque nº 3, solidaire du Disque nº 2. Avant d'ouvrir le Disque nº 2, l'Aiguilleur s'assure que le Disque nº 4 est ouvert et que les Disques nᵒˢ 10 et 10 *bis* sont fermés.

Le train arrivant sera couvert, pendant son stationnement à la gare, par le Disque nº 4, qui sera maintenu au rouge tant que la voie d'arrivée ne sera pas rendue libre.

Lorsqu'un train est arrêté par le Disque nº 2, le Chef de train doit le couvrir immédiatement en tournant au rouge le Disque nº 1, suivant les prescriptions de l'Instruction nº 315.

Art. 3. — TRAINS PARTANT DE BLOIS ET SE DIRIGEANT SUR ORLÉANS.

1º Lorsque l'heure de départ d'un train de Voyageurs ou de marchandises de passage, stationnant sur la voie principale de départ, approche, l'Aiguilleur placé près des aiguilles de sortie du dépôt s'assure que le Mât nº 6 est ouvert, et que les Mâts nᵒˢ 5 et 11 sont fermés.

2º S'il s'agit d'un train de marchandises partant de la gare des marchandises pour Orléans, l'Aiguilleur, avant d'ouvrir le Disque nº 10, ferme le Disque nº 6, s'assure que les Mâts nᵒˢ 5 et 11 sont fermés et que les Disques solidaires nᵒˢ 2 et 3 sont tournés au rouge.

3º Lorsqu'un train placé sur la voie de garage du côté du dépôt doit partir pour Orléans, l'Aiguilleur, avant d'ouvrir le Disque nº 11, ferme le Disque nº 6.

4º Lorsqu'un train placé sur la voie de garage du côté de la gare des marchandises devra partir pour Orléans, l'Aiguilleur, après avoir fermé le Mât nº 6, et s'être assuré que les Mâts nᵒˢ 5 et 11 sont fermés, et que les Disques solidaires nᵒˢ 2 et 3 sont tournés au rouge, doit se porter à l'aiguille nº 5 pour la lever et la maintenir pendant le passage du train.

Art. 4. — TRAINS ARRIVANT DU COTÉ DE TOURS.

Aussitôt que le Garde placé au pied du Mât nº 8 aperçoit un train arrivant de Tours, il prévient au moyen de la sonnette le Garde du passage à niveau des allées. Celui-ci, après s'être assuré que la voie d'arrivée est libre et que les barrières sont fermées, ouvre le Mât n° 8 ; il le remet au rouge dès que le train a dépassé le Disque n° 7, solidaire du Disque n° 8.

Lorsqu'un train est arrêté par le Disque n° 8, le Garde placé au pied de ce mât doit le couvrir immédiatement en tournant au rouge le Disque n° 9. Ce Disque doit être ouvert lorsque le train s'étant remis en marche est couvert par [le Mât qui l'avait arrêté.

Lorsqu'un train arrivant de Tours doit se garer sur la voie de garage du côté du dépôt, l'Aiguilleur, placé près du dépôt, n'autorise son introduction sur cette voie qu'après s'être assuré que le Disque n° 5 est fermé.

Art. 5. — TRAINS PARTANT DE BLOIS ET SE DIRIGEANT SUR TOURS.

Lorsqu'un train placé sur la voie de garage, du côté de la gare des marchandises, doit partir pour Tours, le Disque n° 4 est fermé par les soins de la gare. De son côté, l'Aiguilleur, placé près du dépôt, n'ouvre le Disque n° 10 *bis* qu'après s'être assuré que les Disques solidaires n°ˢ 2 et 3 sont tournés au rouge.

§ III.

Mouvement des machines entre le dépôt et la gare.

Art. 6. — Lorsqu'une machine doit sortir du dépôt pour aller se mettre en tête d'un train ou pour toute autre cause, le Machiniste demande l'ouverture de la voie par un coup de sifflet prolongé. Avant d'ouvrir le Disque n° 5, l'Aiguilleur central ferme le Disque n° 6 et s'assure que les voies à parcourir sont libres et convenablement couvertes.

Lorsqu'une machine doit rentrer de la gare au dépôt, l'Aiguilleur central, avant d'autoriser ce mouvement, s'assure que le Disque n° 5 est fermé et que les voies à parcourir sont libres et convenablement couvertes.

§ IV.

Dispositions générales.

Art. 7. — En règle générale, les Mâts doivent être manœuvrés de manière à couvrir les voies obstruées par le stationnement des trains ou des machines, ou par leurs manœuvres.

Art. 8. — Si, par suite d'avarie ou par toute autre cause, un ou plusieurs des Mâts de signaux désignés au présent ordre venaient à se déranger ou cessaient de fonctionner régulièrement, les signaux devront être immédiatement assurés par des hommes établis en permanence par les soins du Chef de gare de Blois.

Art. 9. — L'aiguille n° 5 de sortie de la voie de garage du côté de la gare des marchandises doit être, dans sa position normale, ouverte sur la voie de garage. Le contre-poids de cette aiguille devra être rivé au levier, de manière à maintenir l'aiguille dans cette position.

Art. 10. — L'Inspecteur principal de la deuxième inspection et l'Ingénieur en chef du Matériel et de la Traction sont, chacun en ce qui le concerne, chargés d'assurer l'exécution du présent Ordre.

10 mars 1860.

N° 328

POSITION ET MANŒUVRE DES MATS DE SIGNAUX DESTINÉS A COUVRIR LES BIFURCATIONS DES VOIES DE RACCORDEMENT DE TOURS ET A PROTÉGER L'ENTRÉE ET LA SORTIE DES TRAINS DANS LES GARES DE TOURS ET DE SAINT-PIERRE-DES-CORPS, AINSI QUE LE MOUVEMENT DES MACHINES ENTRE LES DÉPOTS ET CES DEUX GARES.

§ Ier.

Position des postes d'Aiguilleurs. — Objet et disposition des Mâts.

Art. 1er. — Il est établi, pour la manœuvre des Mâts de signaux destinés à couvrir les bifurcations des voies de raccordement de Tours et les gares de Tours et de Saint-Pierre-des-Corps, neuf postes principaux :

1° Aux aiguilles de l'entrée en gare des marchandises de Saint-Pierre-des-Corps, du côté d'Orléans ;

2° A la gare de Saint-Pierre-des-Corps ;

3° Aux aiguilles de bifurcation, côté d'Orléans ;

4° Aux aiguilles de bifurcation, côté de Poitiers ;

5° Aux aiguilles de bifurcation, côté de Nantes ;

6° Aux aiguilles de bifurcation, côté de Tours ;

7° A la gare des marchandises de Tours ;

8° Au contrôle de la gare des voyageurs de Tours ;

9° A la gare des voyageurs de Tours.

Art. 2. — Les Mâts manœuvrés de ces différents points répondent à deux objets distincts :

1° Les Mâts de signaux à Disque rouge sont destinés à arrêter les trains lorsque la voie n'est pas libre, et à protéger ces trains après leur passage et pendant leurs arrêts.

2° Les Mâts à Disque ovale de couleur jaune servent à indiquer la provenance ou la destination des trains ou des machines se dirigeant sur une bifurcation, et à ouvrir ou fermer les voies dont ils portent la désignation.

Art. 3. — Les Mâts à Disque rouge sont établis dans les positions et pour les objets ci-après, savoir :

Le Disque n° 33 couvre le croisement de l'entrée en gare des marchandises de Saint-Pierre-des-Corps ; il a aussi pour objet de protéger les trains arrêtés au contrôle ou sous la gare des Voyageurs de Saint-Pierre-des-Corps, en répétant à une distance convenable, lorsqu'il y a lieu, les signaux rouges du Mât n° 34.

Les Disques n°° 37 et 17 ont pour objet d'interdire à tout train ou à toute machine la sortie de la gare des marchandises de Saint-Pierre-des-Corps, le premier du côté d'Orléans, le second du côté de Tours.

Les Disques n°° 33 et 6 ferment les voies de départ de la gare des voyageurs de Saint-Pierre-des-Corps, le premier du côté d'Orléans, le second du côté de Tours.

Le Disque n° 30 couvre la bifurcation, côté de Poitiers.

Le Disque n° 28 couvre la bifurcation, côté de Nantes.

Le Disque n° 41 a pour objet d'interdire à tout train ou à toute machine la sortie de la gare des marchandises de Tours.

Le Disque n° 12 ferme la voie de départ de la gare des voyageurs de Tours.

Le Disque n° 45 ferme la voie de sortie du dépôt dit Dépôt de Bordeaux.

Le Disque n° 46 ferme la voie de sortie du dépôt dit Dépôt de Nantes.

Tous les Disques désignés ci-dessus doivent en principe être tournés au rouge.

Les Mâts de signaux à Disque rouge n°° 35 bis, 31 et 31 bis solidaires, et 29, sont destinés à couvrir les trains arrêtés par les Mâts n°° 35, 30 et 28 ; ils sont manœuvrés par les Chefs des trains en stationnement conformément aux prescriptions de l'Instruction n° 315.

Les Disques n°° 34 et 32 couvrent la gare des voyageurs de Saint-Pierre-des-Corps, le premier du côté d'Orléans, le second du côté de Tours ; ces deux Disques doivent être mis au rouge pendant le stationnement des trains au contrôle ou sous la gare et lorsque la voie est embarrassée par une cause quelconque.

Le Disque n° 32 bis couvre le croisement de voie 27-28 ; il a aussi pour objet de protéger les trains arrêtés au contrôle ou sous la gare des Voyageurs, en répétant à une distance convenable, lorsqu'il y a lieu, les signaux rouges du Mât n° 32.

Le Disque n° 42 couvre le contrôle de la gare de Tours et est mis au rouge pendant que les trains y stationnent ; il doit être ouvert dès que le train est entré en gare.

Le Disque n° 43, placé à l'entrée de la gare des voyageurs de Tours, couvre la voie d'arrivée sous gare.

Le Disque n° 14 est rouge sur ses deux faces ; il couvre le point d'intersection de la voie directe de Tours à Poitiers avec la voie directe d'Orléans à Nantes ; il doit en principe fermer cette dernière voie.

Art. 4. — Les Mâts à Disque ovale de couleur jaune sont établis aux bifurcations et manœuvrés des divers postes en correspondance avec chacune d'elles ; ils portent une inscription indiquant la provenance ou la destination des trains ou des machines ; ils peuvent prendre deux positions.

Le Disque maintenu parallèlement à la voie signifie que la circulation est interdite.

Le Disque maintenu perpendiculairement aux rails indique que le train ou la machine peut s'engager sur la voie dont le Mât présente la désignation.

Les Mâts à Disque ovale jaune doivent en principe être maintenus parallèlement à la voie, et, par conséquent, interdire la circulation.

La demande d'ouverture de la voie pour un train se fait par un signal d'appel en ouvrant et refermant le Mât qui correspond à la destination du train annoncé.

L'Aiguilleur qui a autorisé le passage d'un train ramène le Mât à sa position normale aussitôt que le train a dépassé le poste qu'il occupe.

§ II.

Manœuvre des Mâts de signaux pour couvrir l'entrée, le stationnement et la sortie des trains dans les gares de Tours et de Saint-Pierre-des-Corps.

Art. 5. — TRAINS VENANT D'ORLÉANS EN DESTINATION DE SAINT-PIERRE-DES-CORPS.

Avant l'arrivée du train l'Aiguilleur chargé des aiguilles de l'entrée en gare des marchandises doit, si rien ne s'y oppose, ouvrir le Disque n° 35 ; il le referme sitôt que le train l'a dépassé.

Lorsque le train arrivant est un train de Voyageurs, l'Aiguilleur ne doit ouvrir le Disque n° 35 qu'après s'être assuré que le Disque n° 37 est fermé et que le Disque n° 34 est ouvert ; ce dernier Mât doit être tourné au rouge dès qu'il a été dépassé par le train.

Lorsque le train arrivant est un train de marchandises, l'Aiguilleur prévient la gare de Saint-Pierre-des-Corps en ouvrant et refermant le Mât n° 37 ; celle-ci autorise l'entrée du train en ouvrant le Disque n° 36 Marchandises ; alors l'Aiguilleur ouvre le Disque n° 35, après s'être assuré que le Disque n° 37 est fermé.

Art. 6. — TRAINS DE VOYAGEURS VENANT D'ORLÉANS EN DESTINATION DE TOURS ET NE S'ARRÊTANT PAS A SAINT-PIERRE-DES-CORPS.

Avant l'arrivée du train, l'Aiguilleur de l'entrée en gare des marchandises ouvre le Disque n° 35, après s'être assuré que le Disque n° 37 est fermé et que le Disque n° 34 est ouvert.

L'Aiguilleur de la bifurcation, côté d'Orléans, demande à l'Aiguilleur de la bifurcation, côté de Tours, au moyen du Mât jaune n° 7 (Orléans), si le train peut passer ; sur la réponse affirmative faite par le Disque n° 23 (Tours), l'Aiguilleur d'Orléans ouvre le Disque n° 6, après s'être assuré, par l'inspection des leviers, que les voies de Nantes et de Bordeaux sont fermées, que le Disque n° 17 est tourné au rouge, et que la circulation est interdite à tout train ou machine venant de Tours en destination de la gare des marchandises de Saint-Pierre-des-Corps. Avant d'ouvrir le Disque n° 23, l'Aiguilleur de la bifurcation, côté de Tours, s'assure que la position des Mâts interdit l'arrivée des trains de Bordeaux et de Nantes et le départ des trains de la gare de Tours pour ces deux destinations, ainsi que la rentrée et la sortie des machines du dépôt de Nantes.

Art. 7. — TRAINS PARTANT DE LA GARE SAINT-PIERRE-DES-CORPS ET SE DIRIGEANT SUR TOURS, NANTES OU BORDEAUX.

Avant l'expédition d'un train, la gare de Saint-Pierre-des-Corps annonce à l'Aiguilleur de la bifurcation, côté d'Orléans, le départ de ce train au moyen de l'un des Disques jaunes n°s 21 (Tours), 9 (Nantes), 1 (Bordeaux), suivant la direction à prendre. S'il s'agit de l'expédition d'un train de marchandises, la gare tourne en outre le Mât n° 8 (marchandises); l'Aiguilleur d'Orléans prend alors les dispositions suivantes :

38

1° *Trains se dirigeant sur Tours.*

L'Aiguilleur d'Orléans transmet la demande à l'Aiguilleur de la bifurcation, côté de Tours, au moyen du Mât n° 7 (Orléans) si c'est un train de Voyageurs, et des Mâts n⁰ˢ 7 (Orléans) et 39 (marchandises) si c'est un train de marchandises. Dans le premier cas, l'Aiguilleur de Tours, avant de répondre, s'assure que la position des Mâts interdit l'arrivée des trains de Bordeaux et de Nantes et le départ des trains de la gare de Tours, pour ces deux destinations, ainsi que la rentrée et la sortie des machines du dépôt de Nantes. Ces précautions prises, il ouvre la voie par le Mât n° 23 (Tours).

Si le train annoncé est un train de marchandises, l'Aiguilleur de la bifurcation, côté de Tours, interdit l'arrivée des trains de Bordeaux et le départ des trains pour Bordeaux ou Orléans, ainsi que la rentrée et la sortie des machines du dépôt de Bordeaux, et ouvre la voie au moyen des Mâts n⁰ˢ 23 (Tours) et 38 (marchandises, bifurcation). La voie étant ouverte, l'Aiguilleur d'Orléans autorise le départ des trains de Voyageurs en ouvrant le Disque n° 6, et celui des trains de marchandises en ouvrant le Disque n° 17, après s'être assuré que l'arrivée de tout train sur les voies de Bordeaux et de Nantes est interdite, ainsi que l'expédition de tout train ou machine de Tours pour la gare des marchandises de Saint-Pierre-des-Corps.

2° *Trains se dirigeant sur Nantes.*

L'Aiguilleur de la bifurcation d'Orléans transmet simultanément la demande à l'Aiguilleur de la bifurcation de Nantes et à celui de la bifurcation de Tours au moyen des Mâts n⁰ˢ 11 (Orléans) et 10 (Nantes-Orléans), et attend que ces deux Aiguilleurs lui aient donné l'autorisation : celui de Nantes en manœuvrant le Mât n° 18 (Nantes), celui de Tours en manœuvrant le Mât n° 15 (Orléans-Nantes).

L'Aiguilleur de Nantes, après s'être assuré que la position des Mâts interdit la circulation de tous les trains partant de Tours pour Nantes, ouvre la voie demandée en manœuvrant le Mât n° 18 (Nantes); il manœuvre ensuite le Mât n° 19 (Orléans-Nantes) pour prévenir l'Aiguilleur de Tours qu'il a autorisé, en ce qui le concerne, le départ du train annoncé.

L'Aiguilleur de Tours, de son côté, avant de permettre l'expédition du train, s'assure que le Mât n° 13 (Tours) interdit la circulation des trains venant de Bordeaux, et ferme, au moyen du Disque à double face n° 14, la voie directe de Tours à Bordeaux.

Après avoir reçu la réponse affirmative des postes de Tours et de Nantes, l'Aiguilleur d'Orléans autorise le départ des trains de Voyageurs en ouvrant le Disque n° 6, et celui des trains de marchandises en ouvrant le Disque n° 17, après s'être assuré que la position des Mâts interdit la circulation de tous les trains venant de Bordeaux et de tout train ou machine venant de Tours ou de Nantes en destination de la gare des marchandises de Saint-Pierre-des-Corps. Dès que ces mesures sont prises, il fait connaître la direction du train à l'Aiguilleur placé au point de jonction des lignes directes de Bordeaux et Nantes à Orléans, au moyen du Mât n° 26 (Nantes).

3° *Trains se dirigeant sur Bordeaux.*

L'Aiguilleur de la bifurcation d'Orléans transmet la demande à l'Aiguilleur de la bifurcation de Bordeaux au moyen du Mât n· 3 (Orléans), lequel, avant de répondre, s'assure que la position des Mâts interdit la circulation de tous les trains partant de Tours pour Bordeaux ; sur la réponse affirmative faite au moyen du Mât n° 5 (Bordeaux), l'Aiguilleur d'Orléans autorise le départ des trains de Voyageurs en ouvrant le Disque n° 6 et celui des trains de marchandises en ouvrant le Disque n° 17, après s'être assuré que la position des Mâts interdit la circulation de tout train ou machine venant de Tours, Nantes ou Bordeaux en destination de la gare des marchandises de Saint-Pierre-des-Corps ; il indique ensuite la direction du train à l'Aiguilleur du point de jonction des lignes directes de Bordeaux et Nantes à Orléans au moyen du Mât n° 2 (Bordeaux).

Art. 8. — TRAINS PARTANT DE TOURS.

L'expédition des trains par la gare de Tours est annoncée à l'Aiguilleur de la bifurcation de Tours au moyen des Disques n°ˢ 24 (Orléans), 25 (Bordeaux) et 27 (Nantes), suivant la direction que doit prendre le train.

S'il s'agit de l'expédition d'un train de marchandises, son départ est annoncé au moyen du Mât n° 40 (marchandises), en donnant, en outre, à l'Aiguilleur l'avis verbal de la destination du train.

L'Aiguilleur de la bifurcation de Tours autorise le départ, pour les trains de Voyageurs, en ouvrant le Disque n° 12 ; pour les trains de marchandises, en ouvrant le Disque n° 41, lorsque les mesures suivantes ont été prises :

1° *Trains se dirigeant sur Saint-Pierre-des-Corps.*

L'Aiguilleur de Tours transmet la demande à l'Aiguilleur de la bifurcation d'Orléans au moyen du Mât n° 23 (Tours) ; il tourne en outre le Mât n° 38 (marchandises-bifurcation), s'il s'agit d'un train ou d'une machine en destination de la gare des marchandises. Lorsque le train annoncé est un train de Voyageurs, l'Aiguilleur d'Orléans prévient la gare de Saint-Pierre-des-Corps et l'Aiguilleur chargé des aiguilles n°ˢ 27 et 28 en ouvrant et refermant les Mâts n°ˢ 6 et 6 *bis* solidaires. Il s'assure en outre que les voies d'arrivée de Bordeaux et de Nantes sont fermées et que le Mât n° 32 *bis* est ouvert. Ces précautions prises, il ouvre la voie par le Mât n° 7 (Orléans).

S'il s'agit d'un train de marchandises, l'Aiguilleur prévient la gare de Saint-Pierre-des-Corps et l'Aiguilleur chargé des aiguilles n°ˢ 27 et 28 en ouvrant et refermant les Mâts n°ˢ 17 et 17 *bis* solidaires. La gare donne son autorisation par l'ouverture du Mât n° 8 (marchandises). Alors l'Aiguilleur d'Orléans, après s'être assuré que les voies d'arrivée de Bordeaux et de Nantes sont fermées, que les Mâts n°ˢ 6 et 17 sont tournés au rouge et que le Mât n° 32 *bis* est ouvert, ouvre la voie au moyen des Mâts n° 7 (Orléans) et n° 39 (marchandises).

De son côté, l'Aiguilleur chargé des aiguilles n°s 27 et 28, averti de l'expédition du train par la manœuvre des Mâts n°s 6 bis, 8 bis ou 17 bis, ouvre le Mât n° 32 bis ou s'assure qu'il est ouvert après avoir pris les précautions suivantes :

Si le train annoncé est un train de Voyageurs en destination d'Orléans, il s'assure que le Mât n° 32 est ouvert.

Si le train annoncé est un train de Voyageurs pour Saint-Pierre-des-Corps correspondant à un train express et qui doit être dirigé sur la troisième voie de cette gare, l'Aiguilleur s'assure, par l'inspection des Mâts n°s 6 bis et 17 bis, que les Mâts solidaires 6 et 17 sont tournés au rouge; enfin, si le train annoncé est un train de marchandises, il vérifie, comme il vient d'être dit, si les Mâts 6 et 17 sont tournés au rouge, et s'assure, par la position du Mât n° 8 bis, que la gare de Saint-Pierre-des-Corps a autorisé l'expédition du train.

L'Aiguilleur de Tours, ayant reçu de l'Aiguilleur d'Orléans une réponse affirmative, autorise le départ du train après s'être assuré, par l'inspection des leviers, que la position des Mâts interdit la circulation de tout train de marchandises venant d'Orléans, de Bordeaux ou de Nantes en destination de Tours et la sortie des machines des deux dépôts.

2° Trains se dirigeant sur Orléans sans s'arrêter à Saint-Pierre-des-Corps.

La demande de la voie étant transmise, comme il est dit ci-dessus, au moyen du Mât n° 23 (Tours), par l'Aiguilleur de Tours à l'Aiguilleur d'Orléans, celui-ci annonce le train à la gare de Saint-Pierre-des-Corps et à l'Aiguilleur chargé des aiguilles n°s 27 et 28 par la manœuvre des Mâts n°s 6 et 6 bis solidaires, et s'assure que les Mâts interdisent l'arrivée des trains de Bordeaux et de Nantes, et que le Mât 32 bis est ouvert ; il ouvre alors la voie avec le Disque n° 7 (Orléans), et l'Aiguilleur de Tours autorise le départ après s'être assuré, par l'inspection des leviers, que la position des Mâts interdit la circulation des trains de marchandises venant d'Orléans, Bordeaux ou Nantes, et la sortie des machines des deux dépôts.

3° Trains se dirigeant sur Bordeaux.

L'Aiguilleur de Tours transmet la demande à l'Aiguilleur de la bifurcation de Bordeaux, au moyen du Mât n° 13 (Tours). L'Aiguilleur de la bifurcation de Bordeaux, avant d'ouvrir la voie, s'assure, par l'inspection des leviers, que les Mâts interdisent la circulation de tous les trains passant par la ligne directe d'Orléans à Bordeaux.

La voie étant ouverte, l'Aiguilleur de Tours n'autorise le départ qu'après s'être assuré, par l'inspection des leviers, que la circulation de tous les trains de Saint-Pierre-des-Corps à Tours, de Saint-Pierre-des-Corps à Nantes et de Nantes à Saint-Pierre-des-Corps est interdite, ainsi que la circulation des trains de marchandises venant de Bordeaux et de Nantes ou de Saint-Pierre-des-Corps à Tours, et la sortie des machines du dépôt de Nantes et des machines du dépôt de Bordeaux se dirigeant sur la gare de Tours. Le Disque à double face n° 14 doit d'ailleurs être tourné de manière à fermer la voie directe d'Orléans à Nantes.

4° Trains se dirigeant sur Nantes.

L'Aiguilleur de Tours transmet la demande à l'Aiguilleur de la bifurcation de Nantes, lequel, avant de répondre, s'assure, par l'inspection des leviers, que la circulation de tous les trains d'Orléans à Nantes et de Nantes à Orléans est interdite.

Sur la réponse affirmative, l'Aiguilleur de Tours autorise le départ, après s'être assuré que la position des Mâts interdit la circulation des trains venant d'Orléans et de Poitiers et des trains de marchandises venant de Nantes et la sortie des machines du dépôt de Nantes.

Art. 9. — TRAINS ARRIVANT DE NANTES ET SE DIRIGEANT :

1° Sur Tours.

Avant l'arrivée d'un train de Voyageurs, l'Aiguilleur de la bifurcation de Nantes demande, au moyen du Mât n° 16 (Nantes), le passage à l'Aiguilleur de Tours ; celui-ci, avant de répondre, s'assure que les Mâts interdisent la circulation de tous les trains de Voyageurs d'Orléans à Tours et de Bordeaux à Tours et la sortie du dépôt de Nantes.

Sur la réponse affirmative, l'Aiguilleur de Nantes ouvre le Mât n° 28. Si le train arrivant est un train de marchandises, l'Aiguilleur de la bifurcation, côté de Tours, doit, en outre, interdire l'arrivée des trains de marchandises venant d'Orléans et de Bordeaux, le départ de la gare de Tours des trains de Voyageurs et de marchandises et la sortie du dépôt de Bordeaux pour les machines en destination de la gare de Tours.

2° Sur la gare de Saint-Pierre-des-Corps.

Avant l'arrivée du train, l'Aiguilleur de Nantes demande le passage aux Aiguilleurs d'Orléans et de Tours, au moyen des Disques n° 18 (Nantes) et 19 (Orléans-Nantes).

L'Aiguilleur d'Orléans, avant de répondre, s'assure que les Mâts interdisent la circulation des trains venant de Tours et de Bordeaux en destination de Saint-Pierre-des-Corps et de Saint-Pierre-des-Corps en destination de Tours. Il s'assure que le Mât n° 32 *bis* est ouvert. Il ouvre alors les Mâts n°s 11 (Orléans) et 10 (Nantes-Orléans). Si le train arrivant est un train de marchandises, l'Aiguilleur d'Orléans prévient, en outre, au moyen des Mâts n°s 17 et 17 *bis* solidaires, la gare de Saint-Pierre-des-Corps et l'Aiguilleur chargé des aiguilles n° 27 et 28, et attend l'ouverture du Mât n° 8 (marchandises).

L'Aiguilleur de Tours, avant de répondre au moyen du Mât n° 20 (Nantes-Orléans), attend que le Mât n° 10 (Nantes-Orléans) ait été manœuvré par l'Aiguilleur d'Orléans, et interdit le départ de tout train ou machine de Tours ; il s'assure aussi, par la position des leviers, que la circulation de tous les trains venant de Poitiers est interdite, et il ferme la voie directe de Bordeaux à Tours par le Disque à double face n° 14.

Sur la réponse affirmative des deux Aiguilleurs, l'Aiguilleur de Nantes ouvre le Disque n° 28.

Art. 10. — TRAINS ARRIVANT DE BORDEAUX EN DESTINATION :

1° De Tours.

Avant l'arrivée du train, l'Aiguilleur de Bordeaux annonce le train à l'Aiguilleur de Tours par le Disque n° 4 (Bordeaux); celui-ci, avant de répondre, interdit la circulation des trains venant d'Orléans et de Nantes et l'expédition de Tours des trains de Voyageurs ou de marchandises se dirigeant sur Nantes, ainsi que la sortie des machines du dépôt de Nantes. Il doit également s'assurer que la circulation sur la ligne directe de Nantes à Orléans est interdite, et tourner le Disque à double face n° 14 de manière à fermer cette voie.

Sur la réponse affirmative, l'Aiguilleur de Bordeaux ouvre le Disque n° 30.

2° De la gare de Saint-Pierre-des-Corps.

Avant l'arrivée du train, l'Aiguilleur de Bordeaux annonce le passage à l'Aiguilleur d'Orléans ; celui-ci, avant de répondre, interdit la circulation aux trains venant de Nantes et de Tours en destination de Saint-Pierre-des-Corps et de Saint-Pierre-des-Corps en destination de Tours et de Nantes ; il s'assure que le Mât n° 32 *bis* est ouvert. Si le train arrivant est un train de marchandises, l'Aiguilleur d'Orléans opère comme il vient d'être dit à l'article 9 pour les trains venant de Nantes.

Sur la réponse affirmative, l'Aiguilleur de Bordeaux, après s'être assuré que la position des Mâts interdit la circulation de tout train partant de Tours pour Bordeaux, ouvre le Mât n° 30.

Art. 11. — TRAINS PARTANT DE LA GARE DE SAINT-PIERRE-DES-CORPS POUR ORLÉANS.

1° Trains de voyageurs.

Avant le départ d'un train, l'Aiguilleur de l'entrée en gare des marchandises ouvre le Mât n° 33, après s'être assuré que le Mât n° 37 est fermé.

2° Trains de marchandises.

Avant le départ d'un train, la gare des marchandises demande l'autorisation d'expédier le train, au moyen du Disque n° 36. L'Aiguilleur de l'entrée en gare autorise le départ en ouvrant le Mât n° 37, après s'être assuré que les Mâts n° 33 et 35 sont fermés.

§ III.

Mouvement des machines entre les dépôts et les Gares de Tours et de Saint-Pierre-des-Corps.

Art. 12. — MOUVEMENT DES MACHINES ENTRE LE DÉPÔT DES MACHINES A VOYAGEURS ET LA GARE DES VOYAGEURS DE TOURS.

Le dépôt dit dépôt de Nantes est spécialement affecté au service des Voyageurs.

Lorsqu'une machine doit sortir du dépôt pour se rendre à la gare des Voyageurs, le

Machiniste s'annonce par un coup de sifflet prolongé ; alors l'Aiguilleur de la bifurcation de Tours s'assure, par l'inspection des leviers, que les voies d'arrivée d'Orléans, de Bordeaux et de Nantes sont fermées; il interdit le départ des trains de marchandises de Tours pour Nantes et s'assure que le Mât nº 12 est tourné au rouge; ces mesures prises, et après avoir vérifié si les voies à parcourir sont libres, l'Aiguilleur ouvre le Disque nº 46.

La machine effectue son mouvement en venant prendre l'aiguille nº 50 pour s'engager sur la voie de départ qu'elle suit jusqu'à la gare.

Lorsqu'une machine veut quitter la gare des Voyageurs pour rentrer au dépôt, le Machiniste doit prendre les ordres du Chef ou Sous-Chef de gare de service ; ce dernier demande l'autorisation d'expédier la machine à l'Aiguilleur de la bifurcation de Tours au moyen du Mât jaune nº 44 (dépôt). L'Aiguilleur s'assure, par l'inspection des leviers, que les voies d'arrivée d'Orléans, de Bordeaux et de Nantes sont fermées, et interdit le départ de tout train de marchandises de Tours pour Nantes. Ces précautions prises, et après avoir vérifié si les voies à parcourir sont libres, il donne l'autorisation de faire partir la machine en ouvrant le Mât nº 12.

Le mouvement de la machine s'effectue de la manière suivante : si elle se trouve placée sur la voie d'arrivée, elle prend la voie des machines, longeant le Contrôle, pour aller joindre par l'aiguille nº 33 la voie principale de départ qu'elle suit jusqu'à l'aiguille nº 48, et rentre au dépôt par l'aiguille nº 52.

Si la machine se trouve sur la voie de départ, elle suit cette voie jusqu'à l'aiguille nº 48 et rentre au dépôt par l'aiguille nº 52.

Art. 13. — MOUVEMENT DES MACHINES ENTRE LE DÉPÔT DES MACHINES A MARCHANDISES ET LA GARE DES MARCHANDISES DE TOURS.

Le dépôt dit dépôt de Bordeaux est spécialement affecté au service des marchandises.

Lorsqu'une machine doit sortir du dépôt dit de Bordeaux pour se rendre à la gare des marchandises, le Machiniste s'annonce par un coup de sifflet prolongé, il donne en outre à l'Aiguilleur de la bifurcation de Tours l'avis verbal de la destination de la machine ; alors cet Aiguilleur vérifie si les voies à parcourir sont libres, interdit l'arrivée des trains de marchandises venant de Saint-Pierre-des-Corps, de Poitiers et de Nantes, et s'assure que les Mâts nºs 12 et 41 sont fermés. Ces précautions prises, il ouvre le Disque nº 45. La machine effectue son mouvement en venant prendre l'aiguille nº 1 pour s'engager sur la voie principale de départ qu'elle suit jusqu'à la gare.

Lorsqu'une machine veut quitter la gare des marchandises par l'aiguille de sortie nº 13 pour rentrer au dépôt dit de Bordeaux, l'autorisation de l'expédier est demandée, au moyen du Disque jaune nº 40 (marchandises), à l'Aiguilleur de la bifurcation de Tours, qui a dû être préalablement informé, par avis verbal, de la destination de la machine. Alors cet Aiguilleur vérifie si les voies à parcourir sont libres, interdit l'arrivée des trains de marchandises venant de Saint-Pierre-des-Corps, de Poitiers et de Nantes, et s'assure que les Disques nºs 12 et 45 sont fermés. Ces précautions prises, il ouvre le Disque nº 41. La machine fait son mouvement sur la voie principale de départ, qu'elle suit jusqu'à l'aiguille nº 1 de rentrée au dépôt.

Si la machine doit quitter la gare des marchandises par l'aiguille de sortie n° 35 pour rentrer au dépôt dit de Bordeaux, le Machiniste doit prendre les ordres du chef ou sous-chef de gare de service à la gare des voyageurs ; celui-ci demande l'autorisation d'expédier la machine à l'Aiguilleur de la bifurcation de Tours au moyen des Mâts n° 44 (dépôt) et n° 25 (Bordeaux). Alors cet Aiguilleur vérifie si les voies à parcourir sont libres, interdit l'arrivée des trains de marchandises venant de Saint-Pierre-des-Corps, de Poitiers et de Nantes, et s'assure que les Mâts n° 41, 45 et 46 sont fermés. Ces précautions prises, il donne l'autorisation de faire partir la machine en ouvrant le Disque n° 12.

La machine fait son mouvement sur la voie principale de départ, qu'elle suit jusqu'à l'aiguille n° 1 de rentrée au dépôt.

Art. 14. — MOUVEMENT DES MACHINES MARCHANT ISOLÉMENT OU REMORQUANT DES WAGONS ENTRE LA GARE DES VOYAGEURS ET LE DÉPÔT DES MACHINES A MARCHANDISES OU LA GARE DES MARCHANDISES DE TOURS.

Lorsqu'une machine doit quitter la gare des voyageurs pour se rendre au dépôt dit de Bordeaux ou à la gare des marchandises, le Machiniste doit prendre les ordres du Chef ou Sous-Chef de gare de service ; celui-ci demande l'autorisation d'expédier la machine à l'aiguilleur de la bifurcation de Tours au moyen des Mâts n° 44 (dépôt) et n° 25 (Bordeaux). Alors cet aiguilleur vérifie si les voies à parcourir sont libres, interdit l'arrivée des trains de marchandises venant de Saint-Pierre-des-Corps, de Poitiers et de Nantes, et s'assure que les Disques n° 41, 45 et 46 sont tournés au rouge. Ces précautions prises, il donne l'autorisation demandée en ouvrant le Disque n° 12. Le mouvement de la machine s'effectue de la manière suivante :

1° Si elle est placée sur la voie d'arrivée, elle prend, à l'aiguille n° 39, la voie des machines longeant le contrôle, pour aller joindre, par l'aiguille n° 33, la voie principale de départ ; elle suit cette voie jusqu'à l'aiguille n° 1, lorsqu'elle doit aller gagner le dépôt, et jusqu'à l'aiguille n° 13 lorsqu'elle se rend à la gare des marchandises.

2° Si elle se trouve sur la voie de départ, elle suit cette voie jusqu'à l'aiguille n° 1 ou jusqu'à l'aiguille n° 13, suivant sa destination.

Lorsqu'une machine doit sortir du dépôt dit de Bordeaux ou de la gare des marchandises pour se rendre à la gare des voyageurs, les mesures suivantes doivent être prises :

1° Si la machine doit sortir du dépôt, le Mécanicien s'annonce par un coup de sifflet prolongé et donne en outre à l'Aiguilleur de la bifurcation de Tours l'avis verbal de la destination de la machine. Alors cet Aiguilleur vérifie si les voies à parcourir sont libres, interdit l'arrivée des trains de marchandises venant de Saint-Pierre-des-Corps, de Poitiers et de Nantes, et s'assure que les Disques n° 12, 41 et 46 sont tournés au rouge. Ces précautions prises, il ouvre le Disque n° 45. La machine fait son mouvement en venant prendre, par l'aiguille n° 1, la voie principale de départ qu'elle suit jusqu'à la gare des voyageurs.

2° Si la machine doit quitter la gare des marchandises, l'autorisation de l'expédier est demandée au moyen du Disque n° 40 (marchandises) à l'Aiguilleur de la bifurcation de Tours, qui a dû être préalablement informé, par avis verbal, de la destination de la machine. Alors cet Aiguilleur vérifie si les voies à parcourir sont libres, interdit l'arrivée des trains de marchandises venant de Saint-Pierre-des-Corps, de Poitiers et de Nantes, et s'assure que les Disques nᵒˢ 12, 45 et 46 sont tournés au rouge. Ces précautions prises, il ouvre le Disque nᵒ 41. La machine fait son mouvement en venant prendre, par l'aiguille nᵒ 13, la voie principale de départ, qu'elle suit jusqu'à la gare des Voyageurs.

Art 15.— MOUVEMENT DES MACHINES MARCHANT ISOLÉMENT OU REMORQUANT DES WAGONS ENTRE LE DÉPOT DES MACHINES A VOYAGEURS ET LE DÉPOT DES MACHINES A MARCHANDISES OU LA GARE DES MARCHANDISE DE TOURS.

Lorsqu'une machine doit sortir du dépôt dit de Nantes pour se rendre au dépôt dit de Bordeaux ou à la gare des marchandises, le Machiniste s'annonce par un coup de sifflet prolongé et donne, en outre, à l'Aiguilleur de la bifurcation de Tours l'avis verbal de la destination de la machine. Alors cet Aiguilleur vérifie si les voies à parcourir sont libres et s'assure, par l'inspection des leviers, que les voies d'arrivée d'Orléans, de Bordeaux et de Nantes sont fermées, et que les Disques nᵒˢ 12, 41 et 45 sont tournés au rouge. Ces précautions prises, il ouvre le Disque nᵒ 46. La machine fait son mouvement en venant prendre, par l'aiguille nᵒ 50, la voie principale de départ pour Nantes, qu'elle emprunte jusqu'à la bifurcation avec la voie de départ pour Orléans, sur laquelle elle s'engage par l'aiguille nᵒ 24 ; elle suit cette voie jusqu'à l'aiguille nᵒ 1 ou seulement jusqu'à l'aiguille nᵒ 13, suivant que sa destination est le dépôt ou la gare des marchandises.

Lorsqu'une machine doit sortir du dépôt dit de Bordeaux ou de la gare des marchandises pour se rendre au dépôt dit de Nantes, les mesures suivantes doivent être prises :

1ᵉ Si la machine doit sortir du dépôt, le Machiniste s'annonce par un coup de sifflet prolongé et donne, en outre, à l'Aiguilleur de la bifurcation de Tours l'avis verbal de la destination de la machine. Alors cet Aiguilleur vérifie si les voies à parcourir sont libres et s'assure, par l'inspection des leviers, que les voies d'arrivée d'Orléans, de Bordeaux et de Nantes sont fermées, et que les Disques nᵒˢ 12, 41 et 46 sont tournés au rouge. Ces précautions prises, il ouvre le Disque nᵒ 45. La machine fait son mouvement en venant prendre par l'aiguille nᵒ 1 la voie de départ pour Orléans ; elle la suit jusqu'à l'aiguille nᵒ 24, au moyen de laquelle elle s'engage sur la voie de départ pour Nantes, qu'elle quitte à l'aiguille nᵒ 48 pour entrer au dépôt.

2ᵒ Si la machine doit quitter la gare des marchandises, l'autorisation de l'expédier est demandée au moyen du Disque nᵒ 40 (marchandises) à l'Aiguilleur de la bifurcation de Tours, qui a dû être préalablement informé, par avis verbal, de la destination de la machine. Alors cet Aiguilleur vérifie si les voies à parcourir sont libres et s'assure, par l'inspection des leviers, que les voies d'arrivée d'Orléans, de Bordeaux et de Nantes sont fermées et que les Disques nᵒˢ 12, 45 et 46 sont tournés au rouge. Ces précautions prises, il ouvre le Disque nᵒ 41. La machine fait son mouvement en venant prendre, par l'aiguille nᵒ 13, la voie de départ pour Orléans ; elle la suit jusqu'à l'aiguille nᵒ 24, s'engage sur la voie de départ pour Nantes, qu'elle quitte à l'aiguille nᵒ 48 pour se rendre au dépôt.

39

Art. 16. -- MOUVEMENT DES MACHINES ENTRE LE DÉPOT DES MARCHANDISÉS A VOYAGEURS ET LA GARE DES VOYAGEURS DE SAINT-PIERRE-DES-CORPS.

Lorsqu'une machine doit sortir du dépôt dit de Nantes pour se rendre à la gare des Voyageurs de Saint-Pierre-des-Corps, le Machiniste s'annonce par un coup de sifflet prolongé; il donne en outre à l'Aiguilleur de la bifurcation de Tours l'avis verbal de la destination de la machine; alors cet Aiguilleur vérifie si les voies à parcourir sont libres, s'assure par l'inspection des leviers que les voies d'arrivée d'Orléans, de Bordeaux et de Nantes sont fermées et que les Mâts nᵒˢ 12, 41 et 45 sont tournés au rouge. Lorsque ces mesures ont été prises, il demande le passage à l'Aiguilleur de la bifurcation d'Orléans au moyen du Mât nᵒ 23 (Tours). Celui-ci, après avoir pris toutes les mesures qui lui sont prescrites par l'article 8 du présent Ordre pour l'expédition des trains de Voyageurs de Tours pour Saint-Pierre-des-Corps, donne l'autorisation au moyen du Mât nᵒ 23 (Tours). Sur la réponse affirmative, l'Aiguilleur de Tours ouvre le Disque nᵒ 46. La machine fait son mouvement en venant prendre, par l'aiguille nᵒ 50, la voie de départ pour Nantes qu'elle emprunte jusqu'à sa bifurcation avec la voie de départ pour Orléans, sur laquelle elle s'engage par l'aiguille nᵒ 24, et la suit jusqu'à la gare de Saint-Pierre-des-Corps.

Lorsqu'une machine doit quitter la gare des Voyageurs de Saint-Pierre-des-Corps pour rentrer au dépôt dit de Nantes, le Machiniste doit prendre les ordres du Chef ou du Sous-Chef de gare de service, qui demande l'autorisation d'expédier la machine à l'Aiguilleur de la bifurcation d'Orléans au moyen du Disque jaune nᵒ 21 (Tours). Celui-ci transmet la demande au moyen du Mât nᵒ 7 (Orléans) à l'Aiguilleur de Tours, lequel donne une réponse affirmative, après s'être assuré que la position des Mâts interdit l'arrivée des trains de Bordeaux et de Nantes, et que les Mâts nᵒˢ 12, 41 et 46 sont tournés au rouge. L'Aiguilleur d'Orléans autorise alors l'expédition de la machine, après avoir interdit l'arrivée de tout train de Bordeaux ou de Nantes, ainsi que l'expédition de tout train ou machine de Tours pour la gare des marchandises de Saint-Pierre-des-Corps. La machine suit la voie de départ de Saint-Pierre-des-Corps à Tours jusqu'à sa bifurcation avec la voie d'arrivée de Nantes, sur laquelle elle s'engage par l'aiguille nᵒ 23ʹ, pour rentrer au dépôt par l'aiguille nᵒ 52.

Art. 17. — MOUVEMENT DES MACHINES ENTRE LE DÉPOT DES MACHINES A MARCHANDISES DE TOURS ET LA GARE DES MARCHANDISES DE SAINT-PIERRE-DES-CORPS.

Lorsqu'une machine doit sortir du dépôt dit de Bordeaux pour se rendre à la gare des marchandises de Saint-Pierre-des-Corps, le Machiniste s'annonce par un coup de sifflet prolongé; il donne en outre à l'Aiguilleur de la bifurcation de Tours l'avis verbal de la destination de la machine. Alors cet Aiguilleur vérifie si les voies à parcourir sont libres, s'assure, par l'inspection des leviers, que les Mâts nᵒˢ 12 et 41 sont tournés au rouge. Ces précautions prises, il demande le passage à l'Aiguilleur de la bifurcation d'Orléans au moyen du Mât nᵒ 23 (Tours) et du Mât nᵒ 38 (marchandises, bifurcation). Celui-ci, après avoir pris toutes les mesures qui lui sont prescrites par l'art. 8 du présent Ordre pour l'expédition des trains de marchandises de Tours pour Saint-Pierre-des-Corps, autorise le passage au moyen des Disques n° 7 (Orléans) et n° 39 (marchandises). Sur la réponse affirmative, l'Aiguilleur de Tours ouvre le Disque n° 45. La machine fait son mouvement en venant prendre la voie de départ pour Orléans à l'aiguille n° 1 et suit cette voie jusqu'à l'aiguille n° 38, qu'elle prend pour entrer à la gare des marchandises.

Lorsqu'une machine doit quitter la gare des marchandises de Saint-Pierre-des-Corps pour rentrer au dépôt de Tours, le Machiniste doit prendre les ordres du Chef ou Sous-Chef de gare de service, qui demande l'autorisation d'expédier la machine à l'Aiguilleur de la bifurcation d'Orléans, au moyen des Disques jaunes n° 21 (Tours) et n° 8 (marchandises). Celui-ci transmet la demande au moyen des Mâts n° 7 (Orléans) et n° 39 (marchandises) à l'Aiguilleur de Tours, lequel donne une réponse affirmative après s'être assuré que la position des Mâts interdit l'arrivée des trains de Bordeaux, et que les Disques n°s 12, 41 et 45 sont tournés au rouge.

L'Aiguilleur d'Orléans autorise alors l'expédition de la machine, après avoir interdit l'arrivée de tout train de Bordeaux ou de Nantes, ainsi que l'expédition de Tours de tout train ou machine pour la gare des marchandises de Saint-Pierre-des-Corps. La machine suit la voie de départ de Saint-Pierre-des-Corps pour Tours jusqu'à l'aiguille n° 3, où elle doit s'arrêter pour prendre les ordres de l'Aiguilleur chargé des aiguilles du dépôt. Celui-ci, après avoir été autorisé par l'Aiguilleur de la bifurcation de Tours, ouvre successivement les aiguilles n°s 3 et 1 pour faire rentrer la machine au dépôt.

Art. 18.— DÉLAIS D'EXPÉDITION DES MACHINES ENTRE TOURS ET SAINT-PIERRE DES-CORPS.

Les machines partant du dépôt de Tours pour aller se mettre en tête des trains à la gare de Saint-Pierre-des-Corps, et celles qui partiront de cette gare pour rentrer au dépôt, devront être expédiées, autant que possible, quinze minutes avant l'heure du départ des trains de Voyageurs partant des gares de Tours ou de Saint-Pierre-des-Corps, et quinze minutes avant l'heure d'arrivée des trains de marchandises venant de Poitiers et de Nantes.

Les trains expédiés de la gare des marchandises de Tours à la gare de Saint-Pierre-des-Corps, et réciproquement, devront partir, autant que possible, vingt minutes avant l'heure de départ des trains de Voyageurs partant des gares de Tours ou de Saint-Pierre-des-Corps, et vingt minutes avant l'heure d'arrivée des trains de marchandises venant de Poitiers ou de Nantes.

Art. 19. — EXÉCUTION.

En cas d'interruption dans la transmission des signaux destinés à mettre les postes d'Aiguilleurs en communication les uns avec les autres, le service sera immédiatement centralisé à la gare de Tours.

La circulation des trains ou machines sur les courbes de raccordement direct d'Orléans à Bordeaux et d'Orléans à Nantes sera interdite.

En conséquence, tous les trains de Voyageurs et de marchandises seront reçus et réexpédiés par la gare de Tours. Dans cette circonstance, l'Aiguilleur de la bifurcation de

Tours remplira les fonctions d'Aiguilleur central, conformément à l'ORDRE GÉNÉRAL N° 35. Les Mâts à disque rouge n°s 47 et 48 seront mis en service pour couvrir la bifurcation de Tours, l'un du côté d'Orléans et l'autre du côté de Nantes. Le côté de Bordeaux sera couvert par le Disque n° 14, en remplaçant par la couleur blanche la face rouge qui regarde la gare de Tours.

La gare de Tours devra d'ailleurs prévenir, dans le plus bref délai, les gares d'Orléans, de Poitiers et d'Angers, afin que les Conducteurs et Mécaniciens reçoivent l'ordre d'entrer en gare ; elle devra également leur donner avis du rétablissement du service.

31 mai 1861.

N° 329

POSITION ET MANŒUVRE DES MATS DESTINÉS A COUVRIR L'ENTRÉE ET LA SORTIE DES TRAINS DE LA GARE D'ANGERS ET LE MOUVEMENT DES MACHINES ENTRE LA GARE ET LE DÉPOT.

§ I.

Position et objet des Mâts de signaux ou Disques.

Art. 1er. — L'entrée et la sortie des trains de la gare d'Angers, leurs manœuvres, leur stationnement dans la gare et la circulation des machines entre le dépôt et la gare sont couverts par quatorze Mâts de signaux établis dans les positions et pour les objets ci-après définis :

1° *Voie d'arrivée* (côté de Paris).

DISQUES N°s 1 et 2 SOLIDAIRES.— Manœuvrés par le Conducteur chef d'un train arrêté par le Disque n° 3 ; il a pour objet de couvrir un train arrêté par le Disque n° 3.

DISQUE N° 3. — Manœuvré par l'Aiguilleur chargé des aiguilles n°s 3 et 4 ; il a pour objet de couvrir les trains arrêtés au Contrôle et les manœuvres de gare qui obstrueraient la voie d'arrivée ; il doit, en principe, être tourné au rouge.

DISQUE N° 4 A SONNETTES. — Manœuvré par l'Aiguilleur central, placé près du Contrôle (côté de Nantes) ; il a pour objet d'empêcher les trains de marchandises venant de Tours de s'engager sur la voie de départ par l'aiguille n° 3 pour entrer à la gare des marchandises.

2° *Voie de départ* (côté de Paris).

DISQUE N° 7. — Manœuvré par l'Aiguilleur central ; il a pour objet d'interdire à tout train ou à toute machine la sortie de la gare des marchandises du côté de Paris ; il doit, en principe, être tourné au rouge.

3° *Voie d'arrivée* (côté de Nantes).

DISQUE N° 14. — Manœuvré par le Chef d'un train arrêté par le Disque n° 13 ; il a pour objet de couvrir un train arrêté par le Disque n° 13.

Disque n° 13. — Manœuvré par l'Aiguilleur chargé des aiguilles d'entrée en gare des marchandises ; il a pour objet de fermer la voie d'arrivée pour protéger le départ des trains de marchandises et les manœuvres des machines entre le dépôt et la gare des marchandises ; il est aussi destiné à répéter, à une distance convenable, les signaux rouges du Mât n° 12 ; il doit, en principe, être tourné au rouge.

Disque n° 12 à sonnette. — Manœuvré par l'Aiguilleur central ; il a pour objet de protéger les trains arrêtés au Contrôle ou sous la gare, et les trains de marchandises arrivant de Tours ou partant pour cette destination, ainsi que toute manœuvre de wagons ou de machines obstruant la voie d'arrivée.

4° Voie de départ (côté de Nantes).

Disque n° 6. — Manœuvré par l'Aiguilleur central ; il a pour objet de fermer la voie de départ des Voyageurs ; il doit, en principe, être tourné au rouge.

Disque n° 10. — Manœuvré par l'Aiguilleur d'entrée en gare des marchandises ; il a pour objet d'interdire à tout train ou à toute machine la sortie de la gare des marchandises du côté de Nantes ; il doit, en principe, être tourné au rouge.

Disque n° 8 A sonnette. — Manœuvré par l'Aiguilleur d'entrée en gare des marchandises ; il a pour objet de fermer la voie de départ pour protéger les trains de marchandises partant pour Nantes et les manœuvres de machines entre le dépôt et la gare des marchandises.

5° Voie du dépôt.

Disque n° 5. — Manœuvré par l'Aiguilleur chargé des aiguilles n°s 3 et 4 ; il a pour objet d'empêcher tout train ou toute machine de sortir des voies du dépôt par l'aiguille n° 4.

Disque n° 9. — Manœuvré par l'Aiguilleur central ; il a pour objet de fermer la sortie du dépôt par l'aiguille n° 11.

Disque n° 11. — Manœuvré par l'Aiguilleur d'entrée en gare des marchandises ; il a pour objet de fermer la sortie du dépôt par l'aiguille n° 21.

§ II.

Manœuvres des Mâts pour l'expédition et la réception des trains.

Art. 2. — TRAINS ARRIVANT DU CÔTÉ DE PARIS.

Dix minutes avant l'heure réglementaire d'arrivée d'un train de Voyageurs ou de marchandises, le Disque n° 3 doit être ouvert si la voie d'arrivée est libre ; il doit être remis au rouge dès que le train a dépassé ce Mât. Avant d'ouvrir le Disque n° 3, l'Aiguilleur s'assure que le Disque n° 5 est fermé.

Si le train arrivant est un train de marchandises, l'Aiguilleur ne doit changer la position de l'aiguille n° 3, pour diriger le train sur la voie de départ, qu'après s'être assuré que cette voie est libre et que le Disque n° 4 est ouvert.

Aussitôt qu'un train de marchandises, arrivant du côté de Paris, est annoncé, l'Aiguilleur central doit, si la voie de départ est libre, fermer le Disque n° 12 et s'assurer que le Disque n° 4 est ouvert.

Lorsqu'un train est arrêté par le Disque n° 3, le Chef de train doit le couvrir immédiatement en tournant au rouge les Disques solidaires n°s 1 et 2, suivant les prescriptions de l'INSTRUCTION N° 315.

Art. 3. — TRAINS PARTANT D'ANGERS ET SE DIRIGEANT VERS PARIS.

Lorsqu'un train de marchandises doit partir, l'Aiguilleur central, après avoir fermé les Disques n°s 4 et 12 et s'être assuré que la voie de départ est libre, ouvre le Disque n° 7.

Art. 4. — TRAINS ARRIVANT DU COTÉ DE NANTES.

Dix minutes avant l'heure réglementaire d'arrivée d'un train de Voyageurs ou de marchandises, le Disque n° 13 doit être ouvert si la voie d'arrivée est libre; il doit être remis au rouge dès que le train a dépassé ce Mât.

Si le train arrivant est un train de Voyageurs, les mesures suivantes doivent être prises :

1° L'Aiguilleur de l'entrée en gare des marchandises, avant d'ouvrir le Mât n° 13, s'assure que le Disque n° 10 est fermé et que le Disque n° 12 est ouvert.

2° L'Aiguilleur central doit fermer le Disque n° 4 et s'assurer que le Disque n° 7 est fermé, et que le Disque n° 12 est ouvert. Ce dernier Disque doit être tourné au rouge aussitôt que le train l'a dépassé.

Les deux Mâts n°s 4 et 12 resteront fermés pendant le stationnement des trains au Contrôle et sous la gare.

Si le train arrivant est un train de marchandises, l'Aiguilleur de l'entrée en gare des marchandises n'ouvrira le Mât n° 13 qu'après s'être assuré que le Mât n° 10 est fermé.

Lorsqu'un train est arrêté par le Disque n° 13, le Chef de train doit le couvrir immédiatement en tournant au rouge le Disque n° 14, suivant les prescriptions de l'INSTRUCTION N° 315.

Art. 5. — TRAINS PARTANT D'ANGERS SE DIRIGEANT VERS NANTES.

1° Trains de Voyageurs.

Lorsque l'heure de départ d'un train de Voyageurs approche, l'Aiguilleur central ouvre le Mât n° 6, après s'être assuré que la voie de départ est libre, que le Mât n° 8 est ouvert et que le Mât n° 9 est fermé.

2° Trains de Marchandises.

Lorsqu'un train de marchandises doit partir, l'Aiguilleur de l'entrée en gare des marchandises vérifie si la voie de départ est libre, ferme le Disque n° 8, et s'assure que les Disques n°s 11 et 13 sont fermés. Ces précautions prises, il ouvre le Disque n° 10.

§ III.

Mouvement des machines entre le dépôt et la gare des Voyageurs.

Art. 6. — Lorsqu'une machine doit sortir du dépôt pour se rendre à la gare des Voyageurs, le Machiniste demande l'ouverture de la voie par un coup de sifflet prolongé, alors :

1° Si la machine se présente à l'aiguille de sortie n° 11 pour se rendre sur la voie de départ (côté de Nantes), l'Aiguilleur central, avant d'ouvrir le Disque n° 9, s'assure que les voies à parcourir sont libres et que le Disque n° 6 est fermé. Lorsque la machine doit aller sur la voie de départ (côté de Paris), l'Aiguilleur central vérifie si les voies à parcourir sont libres et n'ouvre le Disque n° 9 qu'après avoir fermé les Disques n°s 4 et 12 et s'être assuré que les Disques n°s 6 et 7 sont tournés au rouge;

2° Si la machine se présente à l'aiguille de sortie n° 4, l'Aiguilleur chargé des aiguilles n°s 3 et 4 ouvre le Disque n° 5, après s'être assuré que le Disque n° 3 est fermé et que les voies à parcourir sont libres.

Lorsqu'une machine veut quitter la gare des Voyageurs pour rentrer au dépôt, le machiniste doit s'annoncer par un coup de sifflet prolongé, alors :

1° Si la machine doit aller prendre l'aiguille n° 11, l'Aiguilleur central n'autorise le mouvement qu'après s'être assuré que les voies à parcourir sont libres et convenablement couvertes et que le Disque n° 9 est fermé;

2° Si la machine doit rentrer au dépôt en prenant l'aiguille n° 4, l'Aiguilleur chargé des aiguilles n°s 3 et 4 n'autorise le mouvement qu'après s'être assuré que les voies à parcourir sont libres et que les Disques n°s 3 et 5 sont fermés.

§ IV.

Mouvement des machines entre le dépôt et la gare des marchandises.

Art. 7. — Lorsqu'une machine doit sortir du dépôt pour se rendre à la gare des marchandises, le Machiniste doit s'annoncer par un coup de sifflet prolongé, alors :

1° Si la machine se présente à l'aiguille de sortie n° 11, l'Aiguilleur central, avant d'ouvrir le Disque n° 9, vérifie si les voies à parcourir sont libres, ferme les Disques n°s 4 et 12 et s'assure que les Disques n°s 6 et 7 sont tournés au rouge;

2° Si la machine se présente à l'aiguille de sortie n° 21, l'Aiguilleur de l'entrée en gare des marchandises vérifie si les voies à parcourir sont libres, ferme le Disque n° 8 et s'assure que les Disques n°s 10 et 13 sont fermés. Ces précautions prises, il ouvre le Disque n° 11.

Lorsqu'une machine veut quitter la gare des marchandises pour rentrer au dépôt, le Machiniste demande l'ouverture de la voie par un coup de sifflet prolongé, alors :

1° Si la machine doit aller prendre l'aiguille n° 11, l'Aiguilleur central, avant d'ouvrir le Disque n° 7, vérifie si les voies à parcourir sont libres, ferme les Disques n°s 4 et 12 et s'assure que les Disques n°s 6 et 9 sont tournés au rouge;

2° Si la machine doit rentrer au dépôt par l'aiguille n° 21, l'Aiguilleur de l'entrée en gare des marchandises vérifie si les voies à parcourir sont libres, ferme le Disque n° 8 et s'assure que les Disques nᵒˢ 11 et 13 sont tournés au rouge. Ces précautions prises, il ouvre le Disque nᵒ 10.

§ V.

Dispositions générales.

Art. 8. — L'aiguille nᵒ 23 du croisement de voie placé près de l'aiguille de sortie de la gare des marchandises, du côté de Nantes, devra, dans sa position normale, être fermée sur la voie principale pour donner accès sur la voie de départ, vers Nantes, aux machines et aux wagons sortant de la gare des marchandises. Le contre-poids de cette aiguille devra être rivé au levier de manière à maintenir l'aiguille dans la position indiquée ci-dessus. A l'arrivée des trains de Voyageurs de Nantes, l'aiguille nᵒ 23 devra être levée et maintenue par l'Aiguilleur.

Art. 9. — En règle générale, les Mâts doivent être manœuvrés de manière à couvrir les voies obstruées par les manœuvres ou le stationnement des trains, des machines ou des wagons.

Art. 10. — Si, par suite d'avarie ou pour toute autre cause, un ou plusieurs Mâts de signaux désignés au présent Ordre venaient à se déranger ou cessaient de fonctionner régulièrement, les signaux devront être immédiatement assurés par des hommes établis en permanence par les soins du Chef de gare d'Angers.

Art. 11. — L'Inspecteur principal de la deuxième Inspection et l'Ingénieur en chef du Matériel et de la Traction sont, chacun en ce qui le concerne, chargés d'assurer l'exécution du présent Ordre.

17 octobre 1859.

Nᵒ 330

POSITION ET MANŒUVRE DES MATS DESTINÉS A COUVRIR L'ENTRÉE ET LA SORTIE DES TRAINS DE LA GARE DE NANTES ET LE MOUVEMENT DES MACHINES ENTRE LA GARE ET LE DÉPOT.

§ I.

Position et objet des Mâts de signaux ou Disques.

Art. 1ᵉʳ. — L'entrée et la sortie des trains de la gare de Nantes, leurs manœuvres, leur stationnement dans la gare et la circulation des machines entre le dépôt et la gare, sont couverts par treize Mâts de signaux établis dans les positions et pour les objets ci-après définis :

1ᵒ *Voie d'arrivée* (côté de Paris).

DISQUES nᵒˢ 1 et 2 *solidaires.* — Manœuvrés par le Conducteur chef d'un train arrêté par le Disque nᵒ 3; ils ont pour objet de couvrir un train arrêté par le Disque nᵒ 3.

DISQUE nᵒ 3. — Manœuvré par l'Aiguilleur placé près des aiguilles d'entrée en gare des marchandises; il a pour objet de fermer la voie d'arrivée pour protéger le mouvement des machines qui se fait par l'aiguille n° 4, entre le dépôt et la gare des marchandises, et pour couvrir les trains de Voyageurs arrêtés au contrôle en répétant à une distance convenable les signaux rouges du Mât n° 4; il doit en principe être tourné au rouge.

Disque N° 4 a sonnette.— Manœuvré par l'Aiguilleur central placé près du dépôt; il a pour objet de fermer la voie d'arrivée pour protéger les trains arrêtés au Contrôle et le mouvement des machines qui se fait par l'Aiguille n° 9, entre le dépôt et la gare des Voyageurs et des marchandises.

2° Voie de départ (côté de Paris).

Disque n° 9. — Manœuvré par l'Aiguilleur central; il a pour objet de fermer la voie de départ des Voyageurs et doit en principe être tourné au rouge.

Disque n° 5. — Manœuvré par l'Aiguilleur d'entrée en gare des marchandises; il a pour objet d'empêcher tout train ou toute machine de sortir de la gare des marchandises, du côté de Paris; il doit en principe être tourné au rouge.

Disque n° 8 a sonnette.—Manœuvré par l'Aiguilleur d'entrée en gare des marchandises; il a pour objet de fermer la voie de départ pour protéger l'entrée en gare des trains de marchandises venant du côté d'Angers, et les manœuvres de machines entre le dépôt et la gare des marchandises.

3° Voie d'arrivée (côté de Saint-Nazaire).

Disque n° 13. — Manœuvré par l'Aiguilleur placé près de l'Aiguille d'entrée en gare des marchandises; il a pour objet d'arrêter tout train ou toute machine arrivant du côté de Saint-Nazaire, et de répéter à une distance convenable les signaux rouges du Mât n° 12; il doit en principe être tourné au rouge.

Disque n° 12 a sonnette. — Manœuvré par l'Aiguilleur chargé du service du passage à niveau du quai de la gare; il a pour objet de protéger les trains pendant leur stationnement sous la gare et les manœuvres qui engageraient la voie d'arrivée pour les trains venant de Saint-Nazaire.

4° Voie de départ (côté de Saint-Nazaire).

Disque n° 10. — Manœuvré par l'Aiguilleur d'entrée en gare des marchandises; il a pour objet de fermer la voie de départ des Voyageurs; il doit en principe être tourné au rouge.

Disque n° 11. — Manœuvré par l'Aiguilleur d'entrée en gare des marchandises; il a pour objet d'interdire à tout train ou à toute machine la sortie de la gare des marchandises du côté de Saint-Nazaire; il doit en principe être tourné au rouge.

5° Voie du dépôt.

Disque n° 7. — Manœuvré par l'Aiguilleur central; il a pour objet d'interdire aux machines la sortie du dépôt par l'Aiguille n° 9; il doit en principe être tourné au rouge.

40

DISQUE N° 6. — Manœuvré par l'Aiguilleur d'entrée en gare des marchandises (côté de Paris); il a pour objet d'interdire aux machines la sortie du dépôt par l'Aiguille n° 4; il doit en principe être tourné au rouge.

§ II.

Manœuvre des Mâts pour couvrir l'entrée, le stationnement et la sortie des trains de la gare.

Art. 2. — TRAINS ARRIVANT DU COTÉ DE PARIS.

Dix minutes avant l'heure réglementaire d'arrivée d'un train de Voyageurs ou de marchandises, le Disque n° 3 doit être ouvert si la voie d'arrivée est libre; il doit être remis au rouge dès que le train l'a dépassé.

Si le train arrivant est un train de Voyageurs, les mesures suivantes doivent être prises :

1° L'Aiguilleur de l'entrée en gare des marchandises, avant d'ouvrir le Disque n° 3, s'assure que le Disque n° 6 est fermé et que le Disque n° 4 est ouvert;

2° L'Aiguilleur central doit s'assurer que le Disque n° 7 est fermé et que le Disque n° 4 est ouvert. Ce dernier Disque doit être tourné au rouge aussitôt que le train l'a dépassé et conserver cette position pendant le stationnement du train au Contrôle.

Si le train arrivant est un train de marchandises, l'Aiguilleur de l'entrée en gare des marchandises n'ouvre le Disque n° 3 qu'après avoir fermé le Disque n° 8 et s'être assuré que les Disques n°s 5 et 6 sont fermés.

Lorsqu'un train est arrêté par le Disque n° 3, le Chef de train doit le couvrir immédiatement en tournant au rouge les Mâts solidaires n°s 1 et 2, suivant les prescriptions de l'INSTRUCTION n° 315.

Art. 3. — TRAINS PARTANT DE NANTES ET SE DIRIGEANT VERS PARIS.

1° Trains de Voyageurs.

Lorsque l'heure de départ d'un train de Voyageurs approche, l'Aiguilleur central ouvre le Mât n° 9 après s'être assuré que la voie de départ est libre, que le Disque n° 8 est ouvert.

3° Trains de Marchandises.

Lorsqu'un train de marchandises doit partir, l'Aiguilleur de l'entrée en gare des marchandises vérifie si la voie de départ est libre, ferme le Disque n° 8 et s'assure que le Disque n° 6 est fermé; ces précautions prises, il ouvre le Disque n° 5.

Art. 4. — TRAINS ARRIVANT DU COTÉ DE SAINT-NAZAIRE.

Dix minutes avant l'heure réglementaire d'arrivée d'un train de Voyageurs ou de marchandises, le Disque n° 13 doit être ouvert si la voie d'arrivée est libre; il doit être remis au rouge dès que le train l'a dépassé.

Si le train arrivant est un train de Voyageurs, l'Aiguilleur de l'entrée en gare des marchandises, avant d'ouvrir le Disque n° 13, s'assure que le Disque n° 12 est ouvert et que les Disques n°s 10 et 11 sont fermés.

Si le train arrivant est un train de marchandises, l'Aiguilleur n'ouvre le Disque n° 13 qu'après s'être assuré que les Disques n°s 10 et 11 sont fermés.

Art. 5. — TRAINS PARTANT DE NANTES ET SE DIRIGEANT VERS SAINT-NAZAIRE.

1° *Trains de Voyageurs.*

Lorsque l'heure de départ d'un train de Voyageurs approche, l'Aiguilleur de l'entrée en gare des marchandises ouvre le Mât n° 10 après s'être assuré que la voie de départ est libre et que les Disques n°s 11 et 13 sont fermés.

2° *Trains de Marchandises.*

Lorsqu'un train de marchandises doit partir, l'Aiguilleur de l'entrée en gare des marchandises ouvre le Disque n° 11 après s'être assuré que la voie de départ est libre et que les disques n°s 10 et 13 sont fermés.

§ III.

Mouvement des machines entre le dépôt et la gare des Voyageurs.

Art. 6. — Le mouvement des machines entre le dépôt et la gare des Voyageurs se fait par l'aiguille de sortie du dépôt n° 9.

Lorsqu'une machine doit sortir du dépôt pour se rendre à la gare des Voyageurs, le Machiniste demande l'ouverture de la voie par un coup de sifflet prolongé. Avant d'ouvrir le Disque n° 7, l'Aiguilleur central vérifie si les voies à parcourir sont libres, ferme le Disque n° 4 et s'assure que le Disque n° 9 est fermé.

Si la machine doit aller se mettre en tête d'un train partant pour Saint-Nazaire, elle doit, avant de s'engager sous la gare, prendre les ordres du Chef ou Sous-Chef de gare de service.

Lorsqu'une machine veut quitter la gare des Voyageurs pour se rendre au dépôt, le Machiniste doit s'annoncer par un coup de sifflet prolongé. L'Aiguilleur central, avant d'autoriser le mouvement, vérifie si les voies à parcourir sont libres, ferme le Disque n° 4 et s'assure que le Disque n° 7 est fermé.

§ IV.

Mouvement des Machines entre le dépôt et la gare des marchandises.

Art. 7. — Le mouvement des machines entre le dépôt et la gare des marchandises se fait par les aiguilles de sortie du dépôt n°s 4 ou 9.

Lorsqu'une machine doit sortir du dépôt par l'aiguille n° 4 pour se rendre à la gare des marchandises, le Machiniste demande l'ouverture de la voie par un coup de sifflet prolongé. L'aiguilleur de l'entrée en gare des marchandises, avant d'ouvrir le Disque n° 6, vérifie si les voies à parcourir sont libres, ferme le Disque n° 8 et s'assure que les Disques n°s 3 et 5 sont fermés.

Lorsqu'une machine doit sortir du dépôt par l'aiguille n° 9 pour se rendre à la gare des marchandises, le Machiniste demande l'ouverture de la voie par un coup de sifflet prolongé. Avant d'ouvrir le Disque n° 7, l'Aiguilleur central vérifie si les voies à parcourir sont libres, ferme le Disque n° 4 et s'assure que le Disque n° 9 est fermé.

Lorsqu'une machine veut quitter la gare des marchandises pour se rendre au dépôt par l'aiguille n° 4, le Machiniste doit s'annoncer par un coup de sifflet prolongé. L'Aiguilleur de l'entrée en gare des marchandises vérifie si les voies à parcourir sont libres, ferme le Disque n° 8 et s'assure que les Disques n°s 3 et 6 sont tournés au rouge; ces précautions prises, il ouvre le Disque n° 5.

Lorsqu'une machine veut quitter la gare des marchandises pour se rendre au dépôt par l'aiguille n° 9, le Machiniste demande l'ouverture de la voie par un coup de sifflet prolongé. L'Aiguilleur central, après avoir fermé le Disque n° 4 et s'être assuré que les Disques n°s 9 et 7 sont tournés au rouge, doit se porter à l'aiguille n° 17 pour la lever et la maintenir pendant le passage de la machine.

§ V.

Dispositions générales.

Art. 8. — En règle générale, les Mâts doivent être manœuvrés de manière à couvrir les voies obstruées par le stationnement des trains ou des machines, ou par leurs manœuvres.

Art. 9. — L'aiguille n° 17 placée près de l'aiguille de sortie de la gare des marchandises, du côté du bâtiment des Voyageurs, doit, dans sa position normale, être fermée sur la voie diagonale qui relie les voies des marchandises aux voies principales. Le contre-poids de cette aiguille sera rivé au levier de manière à maintenir l'aiguille dans cette position normale.

Par suite de cette disposition, aucune machine ne pourra sortir par ce côté de la gare des marchandises pour aller sur les voies principales, sans que l'aiguille n° 17 soit levée et maintenue pendant son passage. L'aiguille n° 17 devra, dans cette circonstance, être toujours manœuvrée par l'Aiguilleur central.

Art. 10. — Si par suite d'avarie ou par toute autre cause, un ou plusieurs des Mâts de signaux désignés au présent Ordre venaient à se déranger ou cessaient de fonctionner régulièrement, les signaux devront être immédiatement assurés par des hommes établis en permanence par les soins du Chef de gare de Nantes.

Art. 11. — L'Inspecteur principal de la deuxième Inspection et l'Ingénieur en chef du Matériel et de la Traction sont, chacun en ce qui le concerne, chargés d'assurer l'exécution du présent ordre.

10 mars 1860.

N° 331

POSITION ET MANŒUVRE DES MATS DE SIGNAUX DESTINÉS A PROTÉGER L'ENTRÉE ET LA SORTIE DES TRAINS DE LA GARE DE POITIERS ET LES MOUVEMENTS DES MACHINES ENTRANT ET SORTANT DU DÉPÔT.

§ I.

Position et objet des Mâts ou Disques.

Art. 1er. — L'entrée et la sortie des trains à la gare de Poitiers, leurs manœuvres, leurs stationnements et la circulation des machines entre le dépôt et les gares des Voyageurs et des marchandises, sont protégés par seize Mâts ou Disques établis dans les positions et pour les objets ci-après définis :

DISQUE N° 1. — Manœuvré conformément à l'INSTRUCTION N° 315, par les soins et sous la responsabilité des Conducteurs-chefs des trains arrêtés par le Disque n° 2 ; il a pour objet de couvrir ces derniers pendant leurs stationnements.

DISQUE N° 2. — Manœuvré par l'Aiguilleur chargé des aiguilles d'entrée de la gare des marchandises ; il a pour objet de protéger les mouvements des trains de marchandises qui passent de la gare sur la voie de départ pour Tours, et *vice versâ* ; de protéger le passage des machines allant du dépôt à la gare des marchandises, et *vice versâ*, et de répéter à une distance convenable les signaux rouges du Mât n° 5.

DISQUE N° 2 *bis*. — Solidaire du Disque n° 2, dont il ne fait que répéter les indications d'une manière visible pour l'Aiguilleur de l'entrée en gare des marchandises, et pour le personnel de la gare.

DISQUE N° 3. — Manœuvré par l'Aiguilleur d'entrée en gare des marchandises ; il a pour objet de protéger les mouvements des trains de marchandises qui passent de la gare sur la voie de départ pour Tours et *vice versâ*, et le mouvement des machines entre le dépôt et la gare des marchandises.

DISQUE N° 4. — Manœuvré par l'Aiguilleur d'entrée en gare des marchandises ; il a pour objet d'empêcher tout train ou toute machine de sortir de la gare des marchandises du côté de Tours ; il doit être en principe tourné au rouge.

DISQUE A. — Manœuvré par l'Aiguilleur d'entrée en gare des marchandises ; il a pour objet d'arrêter les machines qui voudraient sortir du dépôt pour s'engager sur la voie principale, en suivant la voie de ceinture ; il est en principe tourné au rouge.

DISQUE N° 5. — Manœuvré par l'Aiguilleur central chargé des aiguilles d'entrée et de sortie du dépôt, près du Contrôle, côté de Tours ; il a pour objet de protéger les trains arrêtés au Contrôle ou sous la gare et le départ des trains de marchandises partant pour Saint-Benoît.

DISQUE N° 6. — Manœuvré par l'Aiguilleur central ; il a pour objet d'empêcher tout train ou toute machine de sortir de la gare des Voyageurs du côté de Tours.

DISQUES *B* et *C*. — Manœuvrés par l'Aiguilleur central ; ils ont pour objet d'arrêter toute machine sortant du dépôt, aux aiguilles nos 22 et 28, pour venir s'engager sur la voie principale ; en principe ils sont tournés au rouge.

DISQUE N° 7. — Manœuvré par l'Aiguilleur central ; il a pour objet d'empêcher la sortie de tout train ou de toute machine des voies de marchandises du côté de Saint-Benoît ; il est en principe tourné au rouge.

DISQUE N° 8. — Manœuvré par l'Aiguilleur placé près du Contrôle, côté de Bordeaux ; il a pour objet d'interdire la sortie vers Saint-Benoît, de la gare des Voyageurs, de tout train ou de toute machine.

DISQUE N° 9. — Manœuvré par l'Aiguilleur placé près du Contrôle, côté de Bordeaux ; il a pour objet de couvrir les trains arrêtés au Contrôle et les manœuvres qui pourraient engager la voie d'arrivée pour les trains venant de Saint-Benoît.

DISQUE N° 10. — Manœuvré par un Garde-ligne placé à l'entrée du tunnel. Ce Mât doit toujours répéter les signaux rouges du Mât n° 9.

DISQUE N° 11. — Manœuvré conformément à l'INSTRUCTION N° 315, par les soins et sous la responsabilité des Conducteurs-chefs des trains arrêtés par le Disque n° 10.

DISQUE *D*. — Manœuvré par l'Aiguilleur placé près du Contrôle, côté de Bordeaux ; il a pour objet de défendre la sortie du dépôt, côté de Saint-Benoît, par la voie de ceinture. En principe, il est tourné au rouge.

§ II.

Manœuvres des Mâts pour l'expédition et la réception des trains.

Art. 2. — TRAINS ARRIVANT DU CÔTÉ DE TOURS.

Si le train arrivant est un train de marchandises, avant d'ouvrir le Mât n° 2, l'Aiguilleur chargé de sa manœuvre doit s'assurer que le Disque n° 4 est fermé ; le Disque n° 2 doit être remis au rouge aussitôt que la machine du train l'a dépassé, et rester dans cette position jusqu'à ce que le train ait complétement dégagé la voie principale.

Si le train arrivant est un train de Voyageurs, l'Aiguilleur n'ouvre le Mât n° 2 qu'après s'être assuré que le Mât n° 4 est fermé et que le Mât n° 5 ouvert. Ce train sera couvert pendant son stationnement au Contrôle et sous la gare par le Disque n° 5, qui sera maintenu au rouge tant que la voie d'arrivée ne sera pas rendue libre.

Si le train qui se présente est arrêté par le Disque n° 2, le Chef de train doit le couvrir immédiatement en tournant au rouge le Mât n° 1, conformément à l'INSTRUCTION N° 315.

Art. 3. — TRAINS PARTANT DE POITIERS POUR TOURS.

1° *Trains de Voyageurs.*

Lorsque l'heure de départ d'un train de Voyageurs approche, l'Aiguilleur central s'assure que le Disque n° 3 est ouvert et que les Disques *B* et *C* sont fermés ; cette précaution prise, il ouvre le Mât n° 6.

2° *Trains de marchandises.*

Lorsque l'heure de départ d'un train de marchandises approche, l'Aiguilleur d'entrée en gare des marchandises ferme les Disques n° 2 et 3, et s'assure que le Disque A est bien tourné au rouge ; ces précautions prises, il ouvre le Disque n° 4 et donne au train l'aiguille n° 2.

Art. 4. — TRAINS ARRIVANT DU CÔTÉ DE BORDEAUX.

Si le train arrivant est un train de Voyageurs, l'Aiguilleur n'ouvre le Disque n° 9 qu'après s'être assuré que la voie d'arrivée sous la gare est libre et que le Disque D est fermé. Le Garde-ligne ouvre le Mât n° 10 dès que le Mât n° 9 est ouvert.

Les Disques n°ˢ 10 et 9 doivent être mis au rouge dès que le train arrivant les a dépassés, et rester dans cette situation tant que la voie d'arrivée ne sera pas rendue libre.

Si le train arrivant est un train de marchandises, ce train entre en gare à rebroussement par les aiguilles d'entrée du côté de Tours ; l'Aiguilleur du Contrôle, côté de Bordeaux, prend à son égard les mêmes mesures que pour un train de Voyageurs arrivant ; l'Aiguilleur central lui ouvre le Mât n° 6, après s'être assuré que le Mât n° 3 est lui-même ouvert et les Mâts B et C fermés ; l'Aiguilleur d'entrée en gare des marchandises lui donne l'aiguille n° 1, après s'être assuré que les Mâts n°ˢ 2 et 4 sont fermés. Tant que le train occupe la voie d'arrivée de Bordeaux, il est successivement protégé par les Mâts n°ˢ 10, 9, 6 et 3.

Si un train arrivant est arrêté par le Mât n° 10, le Chef de train doit le faire couvrir immédiatement, conformément à l'Instruction n° 313, en fermant le Mât n° 11.

Art. 5. — TRAINS PARTANT DE POITIERS POUR BORDEAUX.

Lorsque l'heure de départ d'un train de voyageurs approche, l'Aiguilleur du Contrôle, après s'être assuré que les aiguilles 50 et 52 sont bien placées, ouvre le Disque n° 8.

Si le train partant est un train de marchandises, l'Aiguilleur central, après avoir reconnu que la voie de départ est libre, que le Mât n° 8 est ouvert, et après avoir fermé le Mât n° 5, ouvre le Mât n° 7. Après le départ du train, le Mât n° 7 est remis au rouge de suite, le Mât n° 5 n'est rouvert que lorsque la voie d'arrivée de Tours, sous la gare des Voyageurs, est dégagée.

§ III.

Art. 6. — MOUVEMENT DES MACHINES ENTRE LE DÉPÔT ET LA GARE DES VOYAGEURS.

Lorsqu'une machine doit sortir du dépôt pour se rendre à la gare des Voyageurs, le Machiniste demande l'ouverture de la voie par un coup de sifflet prolongé, alors :

1° Si là machine se présente à l'une des deux aiguilles de sortie, côté de Tours, n⁰ˢ 22 et 28, l'Aiguilleur central vérifie si le Disque n° 6 est fermé. Cette précaution prise, et après s'être assuré que les voies à parcourir par la machine sont libres, il ouvre le Disque *B* ou *C*, suivant la voie de sortie que prend la machine ;

2° Si la machine se présente à l'aiguille de sortie de la voie de ceinture, côté de Bordeaux, l'Aiguilleur du Contrôle ouvre le Disque *D* après avoir vérifié que les Disques 8 et 9 sont fermés et que les voies à parcourir par la machine sont libres.

Lorsqu'une machine veut quitter la gare des Voyageurs pour rentrer au dépôt, le Machiniste doit s'annoncer par un coup de sifflet prolongé, alors :

1° Si la machine doit aller prendre une des aiguilles n⁰ˢ 22 et 28 de rentrée au dépôt du côté de Tours, l'Aiguilleur central, après avoir vérifié que les Mâts *B* et *C* sont fermés et que les voies à parcourir par la machine sont libres, ouvre le Disque n° 6 qu'il referme après son passage ;

2° Si la machine doit rentrer au dépôt en prenant l'aiguille de la voie de ceinture, côté de Bordeaux, l'Aiguilleur du contrôle n'ouvre le Disque n° 8 qu'après s'être assuré que les Disques n° 9 et *D* sont fermés.

§ IV.

Mouvement des machines entre le dépôt et la gare des marchandises.

Art. 7. — Lorsqu'une machine voudra sortir du dépôt pour se rendre à la gare des marchandises et se mettre en tête d'un train se dirigeant vers Tours, elle devra s'annoncer par un coup de sifflet prolongé à l'une des deux aiguilles n⁰ˢ 22 ou 28 ; l'Aiguilleur central, avant d'ouvrir le Disque *B* ou *C*, fermera le Disque n° 6. La machine, si elle trouve le Mât n° 3 ouvert, suivra la voie principale de départ vers Tours jusques à l'aiguille n° 1, que l'Aiguilleur de l'entrée en gare des marchandises ne lui donnera qu'après avoir fermé le Mât n° 2 et s'être assuré que le Mât n° 4 est fermé aussi.

Lorsqu'une machine d'un train venant de Bordeaux devra rentrer au dépôt, elle demandera par un coup de sifflet prolongé l'ouverture du Mât n° 4. L'Aiguilleur de l'entrée en gare des marchandises n'ouvrira le Mât n° 4 qu'après avoir fermé les Mâts n⁰ˢ 2 et 3 et s'être assuré que le Mât *A* est bien fermé, et il donnera successivement à la machine les aiguilles n⁰ˢ 1 et 3 pour l'envoyer au dépôt par la voie de ceinture.

Lorsqu'une machine voudra sortir du dépôt pour aller se mettre en tête d'un train de marchandises partant pour Saint-Benoît, elle s'annoncera par un coup de sifflet prolongé à l'une des deux aiguilles n⁰ˢ 22 ou 28. L'Aiguilleur central, après avoir fermé les Mâts n⁰ˢ 5 et 6 et vérifié que les voies à parcourir par cette Machine sont libres, lui ouvrira le Mât *B* ou *C* et lui donnera successivement l'aiguille n° 14 et l'aiguille d'entrée en gare sur la voie occupée par le train.

Lorsqu'une machine d'un train de marchandises arrivant du côté de Tours voudra rentrer à son dépôt, l'Aiguilleur central ne lui ouvrira le Mât n° 7 qu'après avoir fermé le Mât n° 5 et s'être assuré que le Mât n° 8 est ouvert. L'Aiguilleur du Contrôle, côté de

Bordeaux, fermera le Mât nº 9 et s'assurera que le Mât *D* est bien fermé, ensuite il donnera successivement à la machine les aiguilles nᵒˢ 50 et 47.

Art. 8. — EXÉCUTION.

Si, par suite d'avarie ou pour toute autre cause, un ou plusieurs des Mâts ou Disques désignés au présent Ordre venaient à se déranger et cessaient de fonctionner régulièrement, les signaux qu'ils ont pour objet d'exécuter seraient assurés à la main par des hommes établis en permanence et dans une position convenable par les soins du Chef de gare et sous sa responsabilité.

1ᵉʳ octobre 1858.

Nº 332

POSITION ET MANŒUVRE DES MATS ET DISQUES DESTINÉS A COUVRIR LE MOUVEMENT ET LE STATIONNEMENT DES TRAINS ET DES MACHINES A LA GARE D'AIGREFEUILLE.

L'entrée, le stationnement et la sortie des trains à la gare d'Aigrefeuille, leurs manœuvres dans la gare, et la rentrée ou la sortie des machines du dépôt sont protégés par onze Mâts de signaux, établis dans les positions et pour les objets ci-après déterminés :

§ 1.

Côté de Niort et Rochefort.

DISQUE Nº 1. — Placé sur la voie principale du côté de Niort. Ce Mât est manœuvré par l'Aiguilleur de la bifurcation Niort et Rochefort; il a pour objet de couvrir la bifurcation et de défendre l'entrée de la gare aux trains et machines venant de Niort.

DISQUE Nº 2. — Placé sur la voie principale du côté de Rochefort. Ce Mât est manœuvré par l'Aiguilleur de la bifurcation Niort et Rochefort; il a pour objet de couvrir la bifurcation et de défendre l'entrée de la gare aux trains et machines venant de Rochefort.

DISQUE Nº 3. — Placé sur les voies des marchandises. Ce Mât est manœuvré par l'Aiguilleur de la bifurcation Niort et Rochefort; il a pour objet d'interdire, quand il y a lieu, la sortie de tout train ou de toute machine de la gare des marchandises.

DISQUE Nº 4. — Placé à l'extrémité des trottoirs de la gare des Voyageurs. Ce Mât, manœuvré par l'Aiguilleur de la bifurcation Niort et Rochefort, a pour objet d'interdire, quand il y a lieu, la sortie vers Niort et Rochefort de tout train ou de toute machine de la gare des Voyageurs.

DISQUES *C* et *M*. — Placés sur les voies de sortie du dépôt. Ces Mâts sont manœuvrés par l'Aiguilleur de la bifurcation Niort et Rochefort; ils ont pour objet d'empêcher, quand il y a lieu, la sortie des machines du dépôt.

DISQUE Nº 5. — Placé près des aiguilles de la bifurcation Niort et Rochefort. Ce Mât manœuvré par les soins et sous la responsabilité du Chef ou Sous-Chef de gare de service à la gare des Voyageurs, a pour objet de défendre l'entrée de cette gare du côté de Niort et de Rochefort, pendant toute manœuvre pouvant engager les voies d'arrivée.

41

§ II.

Côté de la Rochelle.

DISQUE N° 6. — Placé dans la tranchée de Chiron. Ce Mât est manœuvré par l'Aiguilleur de l'entrée en gare des marchandises, côté de la Rochelle ; il a pour objet de défendre l'entrée de la gare aux trains et aux machines arrivant de la Rochelle.

DISQUE N° 7. — Placé sur les voies de la gare des marchandises. Ce Mât, manœuvré par l'Aiguilleur de l'entrée en gare des marchandises, côté de la Rochelle, a pour objet d'empêcher, quand il y a lieu, la sortie de tout train ou de toute machine de la gare des marchandises.

DISQUE N° 8. — Placé à l'extrémité des trottoirs de la gare des Voyageurs, côté de la Rochelle. Ce Mât, manœuvré par l'Aiguilleur de l'entrée en gare des marchandises, côté de la Rochelle, a pour objet d'empêcher, quand il y a lieu, la sortie vers la Rochelle de tout train ou de toute machine de la gare des Voyageurs.

DISQUE N° 9. — Placé près de l'Aiguilleur de l'entrée en gare des marchandises, côté de la Rochelle. Ce Mât manœuvré par les soins et sous la responsabilité du Chef ou Sous-Chef de gare de service, à la gare des Voyageurs, a pour objet de défendre l'entrée de cette gare, du côté de la Rochelle, pendant toute manœuvre pouvant engager les voies d'arrivée.

§ III.

Manœuvre des Mâts.

Les Mâts nos 1, 2, 3, 4 et M, couvrant la bifurcation Niort-Rochefort, sont manœuvrés suivant les prescriptions de l'ORDRE GÉNÉRAL N° 35 ; sur les cinq, il doit y en avoir toujours au moins quatre fermés.

Les Mâts nos 6, 7 et 8 couvrant l'entrée en gare des marchandises du côté de la Rochelle, sont manœuvrés suivant les prescriptions de l'ORDRE GÉNÉRAL N° 35. Sur les trois, il doit y en avoir toujours au moins deux fermés.

Les Mâts M et C sont en principe tournés au rouge, vers le dépôt, et défendent la sortie des machines. Avant d'ouvrir l'un d'eux, l'Aiguilleur doit s'assurer que les voies à parcourir par la machine qui demande à sortir sont libres.

En cas de dérangement dans les fonctions d'un ou de plusieurs des Mâts désignés ci-dessus, les signaux seront assurés à la main par des hommes établis en permanence, dans une position convenable, à la diligence du Chef de gare et sous sa responsabilité.

L'Inspecteur principal de la troisième Inspection et l'Ingénieur en chef du Matériel et de la Traction sont, chacun en ce qui le concerne, chargés de l'exécution de ces dispositions.

13 novembre 1858.

N° 333

POSITION ET MANŒUVRE DES SIGNAUX DESTINÉS A COUVRIR L'ENTRÉE ET LA SORTIE DES TRAINS A LA GARE DE LA ROCHELLE, ET LE MOUVEMENT DES MACHINES ENTRE LA GARE ET LE DÉPOT.

Art. 1er. — POSITIONS ET OBJETS DES MATS ET DISQUES.

L'entrée et la sortie des trains à la gare de la Rochelle, leur stationnement au Contrôle et la circulation des machines entre le dépôt et la gare sont couverts par six Mâts de signaux établis dans les positions et pour les objets ci-après définis :

DISQUE N° 1. — Placé près de la route impériale n° 139.

Ce Mât, manœuvré par l'Aiguilleur de l'entrée en gare des marchandises, a pour objet de défendre l'entrée de la gare aux trains venant d'Aigrefeuille, de couvrir les trains stationnant au Contrôle et les manœuvres qui obstrueraient les voies d'arrivée. Le Mât n° 1 doit répéter les signaux rouges du Mât n° 2.

DISQUE N° 1 bis. — Solidaire avec le Mât n° 1, le Mât n° 1 bis en répète toutes les indications qui deviennent ainsi visibles de l'Aiguilleur de l'entrée en gare des marchandises et même du personnel de la gare.

DISQUE N° 2. — Placé en vue de l'Aiguilleur d'entrée en gare des marchandises. Ce Mât, manœuvré par les soins du Chef ou Sous-Chef de gare de service à la gare des Voyageurs et sous sa responsabilité, a pour objet d'interdire l'entrée de la gare des Voyageurs aux trains et aux machines venant du côté d'Aigrefeuille.

DISQUE N° 3. — Placé sur les voies de la gare des marchandises. Ce Mât, manœuvré par l'Aiguilleur de l'entrée en gare des marchandises, a pour objet d'interdire la sortie des trains et machines de la gare des marchandises.

DISQUE N° 4. — Placé en tête du trottoir de la gare des voyageurs. Ce Mât, manœuvré par l'Aiguilleur de l'entrée en gare des marchandises, a pour objet d'interdire la sortie des trains et des machines de la gare des Voyageurs.

DISQUE D. — Ce Mât, manœuvré par l'Aiguilleur de l'entrée en gare des marchandises, a pour objet de fermer la sortie du dépôt des machines.

Art. 2. — MANŒUVRES DES MATS ET DISQUES.

Les Mâts nos 1, 3, 4 et D doivent être manœuvrés par l'Aiguilleur de l'entrée en gare des marchandises dans les conditions de l'ORDRE GÉNÉRAL N° 35 réglant la manœuvre des Mâts de signaux destinés à couvrir les bifurcations. Sur ces quatre Mâts, il doit toujours y en avoir au moins trois fermés.

Le Mât D est en principe tourné au rouge. Avant de l'ouvrir, l'Aiguilleur s'assurera que les voies que doivent parcourir les machines sortant du dépôt sont libres.

Si, par suite d'avarie ou pour toute autre cause, un ou plusieurs Mâts désignés au présent Ordre venaient à se déranger ou cessaient de fonctionner régulièrement, les signaux qu'ils ont pour objet d'exécuter seraient assurés à la main par des hommes établis dans une situation convenable par les soins du Chef de gare et sous sa responsabilité.

16 août 1858.

N° 334

POSITION ET MANŒUVRE DES SIGNAUX DESTINÉS A COUVRIR L'ENTRÉE ET LA SORTIE DES TRAINS DE LA GARE DE ROCHEFORT ET LE MOUVEMENT DES MACHINES ENTRE LA GARE ET LE DÉPOT.

Art. 1er. — POSITION ET OBJETS DES MATS DE SIGNAUX.

L'entrée et la sortie des trains à la gare de Rochefort, leur stationnement au Contrôle et la circulation des machines entre le dépôt et la gare sont couverts par cinq Mâts de signaux établis dans les positions et pour les objets ci-après définis :

DISQUE N° 1. — Placé sur la voie principale, côté d'Aigrefeuille. Ce Mât, manœuvré par l'Aiguilleur de l'entrée en gare des marchandises, a pour objet de défendre l'entrée de la gare aux trains venant d'Aigrefeuille, de couvrir les trains stationnant au Contrôle et les manœuvres qui obstrueraient les voies d'arrivée. Le Mât n° 1 doit répéter les signaux rouges du Mât n° 2.

DISQUE N° 2. — Placé en vue de l'Aiguilleur de l'entrée en gare des marchandises. Ce Mât est manœuvré par les soins du Chef ou Sous-Chef de gare de service à la gare des Voyageurs, et sous sa responsabilité; il a pour objet d'interdire l'entrée de la gare des Voyageurs aux trains et aux machines venant du côté d'Aigrefeuille.

DISQUE N° 3. — Placé sur les voies de la gare des marchandises. Ce Mât, manœuvré par l'Aiguilleur de l'entrée en gare des marchandises, a pour objet d'interdire la sortie des trains et machines de la gare des marchandises.

DISQUE N° 4. — Placé en tête du trottoir de la gare des Voyageurs. Ce Mât, manœuvré par l'Aiguilleur de l'entrée en gare des marchandises, a pour objet d'interdire la sortie des trains et des machines de la gare des Voyageurs.

DISQUE D. — Ce Mât, manœuvré par l'Aiguilleur de l'entrée en gare des marchandises, a pour objet de fermer la sortie du dépôt des machines.

Art. 2. — MANŒUVRES DES MATS ET DISQUES.

Les Mâts n° 1, 3, 4 et D doivent être manœuvrés par l'Aiguilleur de l'entrée en gare des marchandises dans les conditions de l'Ordre général n° 35 réglant la manœuvre des Mâts de signaux destinés à couvrir les bifurcations. Sur ces quatre Mâts, il doit toujours y en avoir au moins trois fermés.

Le Mât D est en principe tourné au rouge. Avant de l'ouvrir, l'Aiguilleur s'assurera que les voies que doivent parcourir les machines sortant du dépôt sont libres.

Art. 3. — EXÉCUTION.

Si, par suite d'avarie ou pour toute autre cause, un ou plusieurs Mâts désignés au présent Ordre venaient à se déranger ou cessaient de fonctionner régulièrement, les signaux qu'ils ont pour objet d'exécuter seraient assurés à la main par des hommes établis dans une situation convenable par les soins du Chef de gare et sous sa responsabilité.

4 décembre 1858.

N° 335

POSITION ET MANŒUVRE DES MATS DESTINÉS A COUVRIR L'ENTRÉE ET LA SORTIE DES TRAINS DE LA GARE DE COUTRAS ET LE MOUVEMENT DES MACHINES ENTRE LA GARE ET LE DÉPOT.

§ I.

Position et objet des Mâts de signaux ou Disques.

Art. 1er. — L'entrée et la sortie des trains de la gare de Coutras, leurs manœuvres, leur stationnement dans la gare et la circulation des machines entre le dépôt et la gare, sont couverts par neuf Mâts de signaux établis dans les positions et pour les objets ci-après définis.

1° Côté d'Angoulême.

Disque n° 2. — Manœuvré par l'Aiguilleur central placé près de la gare des Voyageurs; il a pour objet d'interdire l'entrée de la gare à tout train et à toute machine arrivant du côté d'Angoulême.

Disque n° 1. — Manœuvré conformément à l'Instruction n° 315, par les soins et sous la responsabilité des Conducteurs Chefs de trains arrêtés par le Disque n° 2; il a pour objet de couvrir ces derniers pendant leurs stationnements.

2° Côté de Bordeaux.

Disque n° 6. — Manœuvré par l'Aiguilleur central; il a pour objet d'interdire l'entrée de la gare à tout train ou à toute machine arrivant du côté de Bordeaux.

DISQUE N° 7. — Manœuvré par l'Aiguilleur de la gare des marchandises; il a pour objet : 1° de répéter à distance les signaux rouges du Mât n° 6 ; 2° de couvrir les manœuvres effectuées sur la voie diagonale 15-16.

DISQUE N° 5. — Manœuvré par l'Aiguilleur de la gare des marchandises ; il a pour objet d'interdire la sortie de la gare des Voyageurs à tout train ou à toute machine se dirigeant vers Bordeaux.

3° Côté de Périgueux.

DISQUE N° 4. — Manœuvré par l'Aiguilleur central ; il a pour objet d'interdire l'entrée de la gare à tout train ou à toute machine arrivant du côté de Périgueux.

DISQUE N° 3. — Manœuvré par l'Aiguilleur central ; il a pour objet d'interdire aux machines la sortie du dépôt.

§ II.

Manœuvre des Mâts pour couvrir l'entrée, le stationnement et la sortie des trains de la gare.

Art. 2. — TRAINS ARRIVANT D'ANGOULÊME A COUTRAS.

Lorsqu'un train arrive du côté d'Angoulême, l'Aiguilleur central ne doit lui ouvrir le Mât n° 2 qu'après s'être assuré que le Disque n° 5 est ouvert et que la voie sur laquelle le train doit passer ou stationner est libre. Dès que le train attendu a dépassé le Disque n° 2, l'Aiguilleur central doit le tourner au rouge et le laisser dans cette position jusqu'à ce que la voie d'arrivée soit complétement dégagée.

Art. 3. — TRAINS ARRIVANT DE BORDEAUX A COUTRAS.

Lorsqu'un train arrive du côté de Bordeaux, l'Aiguilleur central lui ouvre le mât n° 6, après s'être assuré que la voie sur laquelle le train doit passer ou stationner est libre. Dès que le train attendu aura successivement dépassé les Disques n°s 6 et 7, ces Mâts devront être tournés au rouge pour n'être ouverts de nouveau que lorsque la voie d'arrivée sera complétement dégagée.

Art. 4. — TRAINS PARTANT DE COUTRAS POUR PÉRIGUEUX.

Avant le départ d'un train de Coutras pour Périgueux, l'Aiguilleur central devra s'assurer que les Disques n°s 3 et 4 sont fermés.

Art. 5. — TRAINS ARRIVANT DE PÉRIGUEUX A COUTRAS.

Avant d'ouvrir le Disque n° 4 à un train arrivant du côté de Périgueux, l'Aiguilleur central s'assure que le Disque n° 3 est fermé et que la voie destinée à recevoir le train est libre.

Dès que le train attendu aura dépassé le Disque n° 4, ce dernier sera tourné au rouge pour rester dans cette position jusqu'à ce que la voie d'arrivée de Périgueux soit complétement dégagée.

§'III.

Mouvement des machines entre la gare et le dépôt.

Art. 6. — Lorsqu'une machine veut sortir du dépôt pour se mettre en tête d'un train, elle demande, par un coup de sifflet prolongé, l'ouverture du Disque n° 3. L'Aiguilleur central prend alors les mesures suivantes :

1° Si c'est un train partant pour Périgueux, |il n'ouvre le Disque n° 3 qu'après s'être assuré que le Disque n° 4 est fermé. Le mouvement de la machine s'opère par les aiguilles n°s 3 et 6;

2° Si c'est un train se dirigeant sur Bordeaux, il n'ouvre le Mât n° 3 qu'après s'être assuré que les Mâts n°s 4 et 2 sont fermés. Le mouvement de la machine se fait par les aiguilles n°s 6, 13 et 12;

3° Si c'est un train se dirigeant sur Angoulême, il n'ouvre le Mât n° 3 qu'après s'être assuré que les Mâts n°s 4, 2 et 6 sont fermés. Le mouvement se fait par les aiguilles n°s 5, 4, 2 et 1.

Lorsqu'une machine quitte son train pour rentrer au dépôt, l'Aiguilleur central prend les mesures suivantes :

1° Si c'est un train arrivant de Périgueux, il n'autorise la rentrée au dépôt qu'après s'être assuré que les Mâts n°s 3 et 4 sont fermés. La rentrée de la machine se fait par les aiguilles n°s 12, 13, 5 et 3;

2° Si c'est un train arrivant de Bordeaux, il n'autorise la rentrée au dépôt qu'après s'être assuré que les Mâts n°s 2, 3 et 4 sont fermés. La rentrée se fait par les aiguilles n°s 1, 2, 4, 5 et 3;

3° Si le train arrive d'Angoulême, il n'autorise la rentrée au dépôt qu'après s'être assuré que les Mâts n°s 3 et 4 sont fermés. La rentrée de la machine se fait par les aiguilles 8, 11, 12, 13, 5 et 3.

§ IV.

Dispositions générales.

Art. 7. — L'aiguille A d'entrée du dépôt vers Périgueux est en principe cadenassée de manière à laisser libre la circulation sur la voie principale. Une traverse bascule X fermée aussi à cadenas empêche les machines du dépôt d'aborder l'aiguille A. Les clefs de ces cadenas sont entre les mains de l'Aiguilleur central qui les ouvre sous sa responsabilité. On ne se servira de l'entrée du dépôt vers Périgueux que dans le cas où un déraillement ou tout autre accident intercepterait l'issue du dépôt par l'aiguille n° 3.

Art. 8. — Des traverses bascules fermées à cadenas sont placées à l'extrémité des voies de garage vers Bordeaux en Y et Z. Les clefs de ces cadenas sont entre les mains de l'Aiguilleur de la gare des marchandises qui les ouvre sous sa responsabilité.

Art. 9. — En règle générale les Mâts doivent être manœuvrés de manière à couvrir les voies obstruées par le stationnement des trains ou des machines, ou par leurs manœuvres.

Si par suite d'avarie ou pour toute autre cause, un ou plusieurs des Mâts de signaux désignés au présent Ordre venaient à se déranger ou cessaient de fonctionner régulièrement, les signaux devront être immédiatement assurés par des hommes établis en permanence par les soins du Chef de gare de Coutras.

Art. 10. — L'Inspecteur principal de la troisième Inspection et l'Ingénieur en chef du Matériel et de la Traction sont chargés, chacun en ce qui le concerne, de l'exécution du présent ordre.

22 mars 1859.

N° 336

POSITION ET MANŒUVRE DES MATS DE SIGNAUX DESTINÉS A COUVRIR L'ENTRÉE ET LA SORTIE DES TRAINS A LA GARE DE PÉRIGUEUX ET LE MOUVEMENT DES MACHINES ENTRE LA GARE ET LE DÉPOT.

§ I.

Position et objet des Mâts de signaux ou Disques.

Art. 1er. — L'entrée et la sortie des trains à la gare de Périgueux, leurs manœuvres, leurs stationnements dans la gare et la circulation des machines entre le dépôt et la gare, sont couverts par neuf mâts de signaux établis dans les positions et pour les objets ci-après :

1° Côté de Coutras.

DISQUES Nos 1 et 1 *bis* SOLIDAIRES. — Manœuvrés par l'Aiguilleur placé à l'entrée en gare du côté de Coutras ; ils ont pour objet de protéger le mouvement des machines entre le dépôt et la gare qui se fait par l'aiguille n° 1, et de couvrir, à une distance convenable, les trains arrêtés au Contrôle et à la gare, en répétant tous les signaux rouges du Disque n° 2. Ils doivent en principe être tournés au rouge.

DISQUE N° 2 A SONNETTE. — Manœuvré par les soins et sous la responsabilité du Chef ou Sous-Chef de gare de service ; il a pour objet de couvrir les trains pendant leur stationnement au Contrôle et à la gare et les manœuvres de wagons ou de machines qui obstrueraient la voie principale d'arrivée de Coutras. Il est aussi destiné à protéger le départ des trains se dirigeant vers Coutras.

DISQUE N° 4. — Manœuvré par l'Aiguilleur de l'entrée en gare du côté de Coutras ; il a pour objet d'interdire la sortie de la gare à tout train ou à toute machine. Il doit en principe être tourné au rouge.

DISQUE N° 3. — Manœuvré par l'Aiguilleur de l'entrée en gare du côté de Coutras. Il a pour objet d'interdire à toute machine la sortie du dépôt par l'aiguille n° 1. Il doit en principe être tourné au rouge.

2° Côté de Brives.

DISQUE n° 8. — Manœuvré par l'Aiguilleur placé à l'entrée en gare du côté de Brives; il a pour objet de couvrir les trains arrêtés au Contrôle et de protéger le mouvement des machines entre le dépôt et la gare qui se fait par l'aiguille n° 18. Il doit en outre répéter tous les signaux rouges du Disque n° 7 pour couvrir à une distance convenable les trains arrêtés à la gare. Ce Mât doit en principe être tourné au rouge.

DISQUE N° 7 A SONNETTE. — Manœuvré par les soins et sous la responsabilité du Chef ou Sous-Chef de gare de service; il a pour objet de couvrir les trains pendant leur stationnement à la gare et les manœuvres de wagons ou de machines qui obstrueraient la voie principale d'arrivée de Brives. Il est aussi destiné à protéger le départ des trains se dirigeant vers Brives.

DISQUE N° 6. — Manœuvré par l'Aiguilleur d'entrée en gare du côté de Brives. Il a pour objet d'interdire la sortie de la gare du côté de Brives à tout train ou à toute machine. Il doit en principe être tourné au rouge.

DISQUE N° 5. — Manœuvré par l'Aiguilleur d'entrée en gare du côté de Brives. Il a pour objet d'interdire à toute machine la sortie du dépôt par l'aiguille n° 18. Il doit en principe être tourné au rouge.

§ II.

Manœuvre des Mâts pour couvrir l'entrée, le stationnement et la sortie des trains.

Art. 2. — TRAINS ARRIVANT DU COTÉ DE COUTRAS.

Dix minutes avant l'heure réglementaire d'arrivée d'un train de Voyageurs ou de marchandises, les Disques solidaires n°s 1 et 1 bis doivent être ouverts si la voie d'arrivée est libre. Ils doivent être remis au rouge dès que le train a dépassé le Disque n° 1 bis.

Avant d'ouvrir les Disques solidaires n°s 1 et 1 bis l'Aiguilleur doit s'assurer que le Disque n° 2 est ouvert et que les Disques n°s 3 et 4 sont fermés. Le train arrivant sera couvert pendant son stationnement au contrôle et à la gare par le Disque n° 2 qui sera maintenu au rouge tant que la voie d'arrivée ne sera pas rendue libre.

Art. 3. — TRAINS PARTANT DE PÉRIGUEUX ET SE DIRIGEANT SUR COUTRAS.

Lorsque l'heure de départ d'un train de Voyageurs ou de marchandises approche, le Disque n° 2 doit être fermé par les soins de la gare. Alors l'Aiguilleur de l'entrée en gare du côté de Coutras ouvre le Disque n° 4 après s'être assuré que les Disques solidaires n°s 1 et 1 bis et le Disque n° 3 sont tournés au rouge.

Art. 4. — TRAINS ARRIVANT DU COTÉ DE BRIVES.

Dix minutes avant l'heure réglementaire d'arrivée d'un train de Voyageurs ou de mar-

42

chandises, le Disque n° 8 doit être ouvert si la voie d'arrivée est libre. Il doit être remis au rouge dès que le train l'a dépassé.

Avant d'ouvrir le Disque n° 8, l'Aiguilleur s'assure que le Disque n° 7 est ouvert et que les Disques n°s 5 et 6 sont tournés au rouge.

Le train arrivant sera couvert, pendant son stationnement à la gare, par le Disque n° 7 qui sera maintenu au rouge tant que la voie d'arrivée ne sera pas rendue libre.

Art. 5. — TRAINS PARTANT DE PÉRIGUEUX ET SE DIRIGEANT SUR BRIVES.

Lorsque l'heure de départ d'un train de Voyageurs ou de marchandises approche, le Disque n° 7 doit être fermé par les soins de la gare. Alors, l'Aiguilleur du côté de Brives ouvre le Disque n° 6 après s'être assuré que les Disques n°s 5 et 8 sont tournés au rouge.

§ III.

Mouvement des machines entre le dépôt et la gare.

Art. 6. — Lorsqu'une machine doit sortir du dépôt pour aller se mettre en tête d'un train, ou pour toute autre cause, le Machiniste doit s'annoncer par un coup de sifflet prolongé, alors :

1° Si la machine se présente à l'aiguille de sortie n° 1, l'Aiguilleur, avant d'ouvrir le Disque n° 3, vérifie si les voies à parcourir sont libres et s'assure que le Disque n° 2 est ouvert et que les Disques solidaires n°s 1 et 1 *bis* et le Disque n° 4 sont tournés au rouge;

2° Si la machine se présente à l'aiguille de sortie n° 18, l'Aiguilleur n'ouvre le Disque n° 5 qu'après avoir vérifié si les voies à parcourir sont libres et s'être assuré que le Disque n° 7 est ouvert et que les Disques n°s 6 et 8 sont tournés au rouge.

Lorsqu'une machine veut quitter la gare pour rentrer au dépôt, le Machiniste s'annonce par un coup de sifflet prolongé, alors :

1° Si la machine doit aller prendre l'aiguille n° 1, l'Aiguilleur du côté de Coutras, avant d'ouvrir le Disque n° 4, vérifie, si les voies à parcourir sont libres et s'assure que les Mâts solidaires n°s 1 et 1 *bis* et le Mât n° 3 sont tournés au rouge ;

2° Si la machine doit aller prendre l'aiguille n° 18, l'Aiguilleur du côté de Brives n'ouvre le Disque n° 6 qu'après avoir vérifié si les voies à parcourir sont libres et s'être assuré que les Disques n°s 5 et 8 sont tournés au rouge.

§ IV.

Dispositions générales.

Art. 7. — En règle générale, les Mâts doivent être manœuvrés de manière à couvrir les voies obstruées par le stationnement des trains ou des machines ou par leurs manœuvres.

Art. 8. — Si, par suite d'avarie ou pour toute autre cause, un ou plusieurs Mâts de signaux désignés au présent Ordre venaient à se déranger ou cessaient de fonctionner régulièrement, les signaux devront être immédiatement assurés par des hommes établis en permanence par les soins du Chef de gare de Périgueux.

Art. 9. — L'Inspecteur principal de la troisième Inspection et l'Ingénieur en chef du Matériel et de la Traction sont, chacun en ce qui le concerne, chargés d'assurer l'exécution du présent ordre.

13 mars 1861.

N° 337

ARRÊTÉ DE S. EXC. M· LE MINISTRE DES TRAVAUX PUBLICS RÉGLANT LES DÉLAIS D'EXPÉDITION, DE TRANSPORT ET DE LIVRAISON DES MARCHANDISES ¡DE GRANDE ET DE PETITE VITESSE.

Le Chef de l'Exploitation porte à la connaissance du personnel des gares et stations le nouvel arrêté ci-après, pris à la date du 15 avril 1859 par S. Exc. M. le Ministre de l'Agriculture, du Commerce et des Travaux publics, pour régler les délais de transport et de livraison des marchandises voyageant à grande et à petite vitesse sur les chemins de fer, savoir :

ARRÊTÉ.

Le Ministre Secrétaire d'État au département de l'Agriculture, du Commerce et des Travaux publics,

Vu les arrêtés ministériels des 25 mai et 1ᵉʳ septembre 1856 et 15 février 1857, portant fixation des délais dans lesquels les marchandises reçues dans les gares de départ, pour être transportées à grande et à petite vitesse sur les Chemins de fer, doivent être mises à la disposition des destinataires dans les gares d'arrivée ;

Vu les cahiers des charges qui régissent les concessions de Chemin de fer ;

Vu l'article 50 de l'ordonnance réglementaire du 15 novembre 1846 ;

Considérant qu'il importe de rendre les dispositions des arrêtés susvisés conformes auxdits cahiers des charges ;

Les Compagnies entendues,

Arrête :

Art. 1ᵉʳ. —Les animaux, denrées, marchandises et objets quelconques remis aux divers Chemins de fer seront expédiés, transportés et livrés, de gare en gare, dans les délais résultant des conditions ci-après exprimées :

GRANDE VITESSE.

Art. 2.—Les animaux, denrées, marchandises et objets quelconques, à grande vitesse, seront expédiés par le premier train de Voyageurs comprenant des voitures de toutes classes et correspondant avec leur destination, pourvu qu'ils aient été présentés à l'enregistrement trois heures au moins avant l'heure réglementaire du départ de ce train ; faute de quoi ils seront remis au départ suivant.

Art. 3. — Pour les animaux, denrées, marchandises et objets quelconques passant d'une ligne sur une autre sans solution de continuité, le délai de transmission sera de trois heures à compter de l'arrivée du train qui les aura apportés au point de jonction, et l'expédition, à partir de ce point, aura lieu par le premier train de Voyageurs comprenant des voitures de toutes classes dont le départ suivra l'expiration de ce délai.

Le délai de transmission entre les lignes qui, aboutissant dans une même localité, n'ont pas encore de gare commune, sera porté à huit heures, non compris le temps pendant lequel les gares sont fermées, conformément aux deuxième et troisième paragraphes de l'article 5 ci-dessous, et il sera de la même durée entre les diverses gares de Paris, jusqu'à ce que le service de la grande vitesse ait été organisé sur le Chemin de fer de Ceinture, le surplus des conditions énoncées au paragraphe 1er du présent article restant applicable dans ces deux derniers cas.

Art. 4. — Les expéditions seront mises à la disposition des destinataires, à la gare, deux heures après l'arrivée du train mentionné aux articles 2 et 3.

Art. 5. — Les expéditions arrivant de nuit ne seront mises à la disposition des destinataires que deux heures après l'ouverture de la gare.

Du 1er avril au 30 septembre, les gares seront ouvertes, pour la réception et la livraison des marchandises à grande vitesse, à 6 heures du matin, au plus tard, et fermées, au plus tôt, à 8 heures du soir.

Du 1er octobre au 31 mars, elles seront ouvertes à 7 heures du matin, au plus tard, et fermées, au plus tôt, à 8 heures du soir.

Les dispositions des trois paragraphes qui précèdent ne sont pas applicables au lait, aux fruits, à la volaille, à la marée et autres denrées destinées à l'approvisionnement des marchés de la ville de Paris et des autres villes qui seraient ultérieurement désignées par l'Administration supérieure, les Compagnies entendues.

Ces marchandises seront mises à la disposition des destinataires, de nuit comme de jour, dans le délai fixé à l'article 4.

PETITE VITESSE.

Art. 6. — Les animaux, denrées, marchandises et objets quelconques, à petite vitesse, seront expédiés dans le jour qui suivra celui de la remise.

Art. 7. — La durée du trajet, pour les transports à petite vitesse, sera calculée à raison de vingt-quatre heures par fraction indivisible de 125 kilomètres.

Ne seront pas comptés les excédants de distances jusques et y compris 95 kilomètres. Ainsi 150 kilomètres compteront comme 125, 275 comme 250, etc.

Art. 8. — Pour les animaux, denrées, marchandises et objets quelconques passant d'une ligne sur une autre sans solution de continuité, le délai d'expédition fixé à l'article 6 ne sera compté qu'à la gare originaire et une seule fois ; mais il est accordé aux Compagnies un jour de délai pour la transmission d'une ligne à l'autre, la durée du trajet, pour chaque Compagnie, restant fixée comme il est dit à l'article 7.

Toutefois, à Paris, pour la transmission d'une gare à l'autre par le Chemin de fer de Ceinture, le délai sera de deux jours ; mais il comprendra la durée du trajet sur ledit Chemin.

Le délai de transmission entre les lignes qui, aboutissant dans une même localité, n'ont pas encore de gare commune, sera porté à trois jours, le surplus des conditions énoncées au paragraphe 1er du présent article restant applicable dans ce dernier cas.

Art. 9. — Les expéditions seront mises à la disposition des destinataires dans le jour qui suivra celui de leur arrivée effective en gare.

Art 10. — Le délai total résultant des articles 6, 7, 8 et 9 sera seul obligatoire pour les Compagnies.

Art. 11. — Les délais plus longs que ceux déterminés ci-dessus pour l'expédition, le transport et la livraison des marchandises à petite vitesse, sont maintenus dans les tarifs spéciaux où ils ont été introduits, avec l'approbation de l'Administration supérieure, comme compensation d'une réduction de prix.

Art. 12. — Du 1er avril au 30 septembre, les gares seront ouvertes, pour la réception et la livraison des marchandises à petite vitesse, à 6 heures du matin, au plus tard, et fermées, au plus tôt, à 6 heures du soir.

Du 1er octobre au 31 mars, elles seront ouvertes à 7 heures du matin, au plus tard, et fermées, au plus tôt, à 5 heures du soir.

Par exception, les dimanches et jours fériés, les gares de marchandises à petite vitesse seront fermées à midi, et les livraisons restant à faire avant la fin de la journée seront remises à la première moitié du jour suivant.

Dans ce dernier cas, le délai fixé pour la perception du droit de magasinage, soit par les tarifs généraux, soit par les tarifs spéciaux homologués par l'Administration supérieure, sera augmenté de tout le temps compris entre l'heure de midi et l'heure réglée aux paragraphes 1 et 2 du présent article pour la fermeture des gares.

DISPOSITIONS GÉNÉRALES.

Art. 13. — Aux délais fixés ci-dessus, tant pour la grande que pour la petite vitesse, seront ajoutés les délais nécessaires pour l'accomplissement des formalités de douane.

Art. 14. — Toute expédition de marchandises sera constatée, si l'expéditeur le demande, par une lettre de voiture dont un exemplaire restera aux mains de la Compagnie et l'autre aux mains de l'expéditeur. Dans le cas où l'expéditeur ne demanderait pas de lettre de voiture, la Compagnie sera tenue de lui délivrer un récépissé qui énoncera la nature et le poids des colis, le prix total du transport et le délai dans lequel ce transport devra être effectué.

Art. 15. — Des exemplaires du présent arrêté seront affichés, d'une manière permanente et à la diligence des Compagnies, dans l'intérieur et aux abords des gares de Voyageurs et de marchandises, et notamment près des bureaux d'enregistrement des marchandises tant à grande qu'à petite vitesse.

Art. 16. — Les arrêtés susvisés des 25 mai et 1er septembre 1856 et 5 février 1857, sont rapportés.

Art. 17. — Le présent arrêté sera notifié aux diverses Compagnies de Chemins de fer.

Les Préfets, les Fonctionnaires et Agents du Contrôle sont chargés d'en surveiller l'exécution.

15 avril 1859.

Signé : E. ROUHER,

L'arrêté susmentionné sera appliqué à dater du 15 mai courant.

11 mai 1859.

N° 338

RETENUE, POUR CAUSE DE RETARD, A STIPULER DANS LES LETTRES DE VOITURE.

Jusqu'à présent la Compagnie a accepté par tolérance les lettres de voiture portant, comme clause de pénalité, la retenue du tiers, en cas de retard, dans la livraison aux destinataires des marchandises dites de roulage.

L'art. 102 du Code de commerce dit bien que la lettre de voiture doit énoncer l'indemnité due pour cause de retard ; mais d'une part cet article ne fixe pas le *quantum* de cette indemnité, et d'autre part la fixation préalable de cette indemnité, qui est très-logique lorsque le transport des marchandises est effectué par des entrepreneurs de roulage traitant de gré à gré avec l'expéditeur, discutant leurs prix et pouvant même refuser d'effectuer le transport lorsque cela leur convient, n'a plus de raison d'être lorsque le transport doit être effectué par les Chemins de fer, qui sont soumis à des règlements fixant les délais dans lesquels la marchandise doit être transportée, dont les tarifs sont homologués par l'Administration supérieure, et doivent être appliqués uniformément, et enfin qui ne peuvent point traiter de gré à gré avec l'expéditeur, ni former par conséquent avec celui-ci le contrat que représente la lettre de voiture, aux termes de l'art. 101 du Code de commerce.

La Compagnie pense donc qu'en droit rigoureux, le destinataire d'un transport effectué par Chemins de fer ne peut prétendre, en cas de retard, qu'à une indemnité représentative du dommage éprouvé, à charge par lui de le justifier.

Il faut remarquer d'ailleurs que la fixation de la retenue pour retard au tiers du prix de transport, usitée pour les marchandises de roulage, ne s'appliquait jamais au transport des marchandises lourdes et encombrantes, comme les houilles, les plâtres, les bois et autres matériaux. La batellerie qui faisait à peu près exclusivement ces transports n'acceptait point de délais, et elle échappait ainsi à toute pénalité pour cause de retard. Si les Chemins de fer qui opèrent aujourd'hui ces mêmes transports à des prix très-réduits, étaient obligés de subir une retenue du tiers de leur taxe pour un retard quel qu'il soit, ils devraient relever leurs prix, pour compenser les risques de retenue.

Dans ces circonstances et dans un esprit de conciliation que le commerce saura apprécier, les Compagnies ont proposé à M. le Ministre des Travaux publics d'arrêter les dispositions suivantes :

« Les retards de remise à destination des expéditions à petite vitesse dans les délais

» déterminés par l'arrêté ministériel du 15 avril 1859, entraîneront des retenues sur les
» prix de transport, qui sont fixées ainsi qu'il suit :
» De 1 à 10 jours de retard, le dixième du prix ;
» De 11 à 15   d°   le cinquième d° ;
» De 16 à 30   d°   le tiers   d° ;
» Au delà de 30 jours, les deux tiers du prix de transport. »

Les gares et stations sont invitées dès à présent à ne plus accepter de lettres de voiture
qui stipuleraient en cas de retard une pénalité supérieure à celle fixée par l'échelle ci-
dessus.

Il doit être bien entendu que ce refus d'acceptation ne doit s'appliquer qu'à la lettre de
voiture, et jamais à la marchandise qu'on doit toujours offrir d'expédier aux prix des tarifs
homologués et dans les délais prescrits par les règlements.

De même, dans le règlement des indemnités qui pourraient être dues aux destinataires,
en cas de retard de livraison, les gares et stations n'accorderont jamais d'indemnité supérieure à celles fixées par l'échelle ci-dessus sans exiger des destinataires la justification
régulière des dommages que leur aurait fait éprouver le retard de livraison.

17 septembre 1860.

N° 339

ARRÊTÉ MINISTÉRIEL FIXANT LES FRAIS ACCESSOIRES D'ENREGISTREMENT, DE MANU-
TENTION, DE PESAGE ET DE MAGASINAGE DES TRANSPORTS DE GRANDE ET DE PETITE
VITESSE.

Le Chef de l'Exploitation porte à la connaissance du personnel des gares et stations
l'arrêté ci-après, pris à la date du 24 juillet 1860 par Son Exc. M. le Ministre de l'Agriculture, du Commerce et des Travaux publics pour régler les frais accessoires d'enregistrement, de manutention, de pesage et de magasinage des transports de grande et de petite vitesse sur les Chemins de fer.

ARRÊTÉ.

Le Ministre Secrétaire d'État au département de l'Agriculture du Commerce et des
Travaux publics ;

Vu les cahiers des charges qui régissent les concessions de Chemins de fer ;

Vu l'article 47 de l'ordonnance réglementaire du 15 novembre 1846 ;

Vu la circulaire adressée, le 26 octobre 1859, aux Compagnies de Chemins de fer pour
leur demander leurs propositions sur la fixation des frais accessoires ;

Vu les propositions des Compagnies ;

Vu les avis des fonctionnaires du Contrôle ;

Vu les avis de la section permanente du Comité consultatif des Chemins de fer, en
date des 11 avril et 12 mai derniers ;

Sur le rapport du Directeur général des Ponts et Chaussées et des Chemins de fer ;

ARRÊTE :

Art. 1er. — Les frais accessoires d'enregistrement, de manutention, de pesage et de magasinage, tant pour la grande que pour la petite vitesse, sont fixés ainsi qu'il suit :

TITRE PREMIER.

GRANDE VITESSE.

CHAPITRE PREMIER.

Bagages, articles de messagerie, marchandises, denrées, lait, finances, valeurs, objets d'art, chiens.

§ 1. — *Enregistrement.*

Il sera perçu, pour l'enregistrement des bagages, articles de messagerie, marchandises, denrées, lait, finances, valeurs, objets d'art et chiens:

Un droit fixe de 10 centimes par expédition.

Lorsque les marchandises emprunteront plusieurs lignes concédées à des Compagnies différentes, ce droit sera perçu seulement à la gare expéditrice.'

§ 2. — *Manutention.*

Il sera perçu pour la manutention (chargement et déchargement) des bagages, articles de messagerie, marchandises, denrées et lait :

Un droit de 1 fr. 60 c. par tonne.

La perception aura lieu par fraction indivisible de 10 kilogrammes.

Sont exempts de tous droits de manutention :

1° Les expéditions pesant de 0 à 40 kilogrammes ;

2° Les articles taxés à la valeur ;

3° Les chiens.

§ 3. — *Pesage.*

Il sera perçu, pour toute marchandise qui, sur la demande de l'expéditeur ou du destinataire, serait soumise à un pesage extraordinaire en dehors de celui que les Compagnies doivent faire à leurs frais, au départ, pour établir la taxe :

Un droit de 10 centimes par fraction indivisible de 100 kilogrammes et par chaque pesage supplémentaire.

Toutefois, ce droit ne sera pas perçu si le pesage supplémentaire constate une erreur commise au préjudice de l'expéditeur ou du destinataire.

§ 4. — *Magasinage.*

Il sera perçu, pour le magasinage des articles de messagerie, marchandises, denrées et lait adressés en gare, et qui ne seront pas enlevés, pour quelque cause que ce soit, dans les quarante-huit heures de la mise à la poste de la lettre d'avis adressée par les Compagnies au destinataire :

Un droit de 5 centimes par fraction indivisible de 100 kilogrammes et par jour.

Le même droit de magasinage sera perçu, par fraction indivisible de 1,000 francs et par jour, pour les articles à la valeur placés dans les mêmes conditions.

Dans les deux cas ci-dessus, le minimum de la perception est fixé à 10 centimes.

Les droits ci-dessus fixés sont également applicables aux articles de messagerie, marchandises, denrées, lait et articles à la valeur adressés à domicile, et dont le destinataire serait absent ou inconnu, ou refuserait de prendre livraison, à la condition toutefois :

1° Qu'avis de ces circonstances sera adressé immédiatement par les Compagnies à l'expéditeur ;

2° Que les frais de magasinage ne seront exigibles que quarante-huit heures après la mise à la poste de cet avis ;

Les chiens dont il n'est pas pris livraison à l'arrivée sont mis en fourrière aux risques et périls de qui de droit.

Les frais de fourrière sont acquittés sur justification de dépenses.

§ 5. — *Dépôt des bagages.*

Il sera perçu, pour la garde des bagages déposés dans les gares, sous la responsabilité des Compagnies, soit avant le départ, soit après l'arrivée des trains :

Un droit de 5 centimes par article et par jour.

Le minimum de la perception est fixé à 10 centimes.

Le dépôt sera constaté, avant le départ, par la délivrance d'un bulletin; après l'arrivée, par la conservation, entre les mains du Voyageur, du bulletin délivré au départ.

Les Compagnies pourront être autorisées, sur leur demande, à étendre la taxe et les dispositions ci-dessus à leurs bureaux d'omnibus placés dans l'intérieur des villes. Les autorisations précédemment accordées sont maintenues.

Sont exempts de tout droit de garde ou de dépôt les bagages des Voyageurs forcés de s'arrêter dans les gares de bifurcation pour attendre le départ du premier train qui doit les conduire à destination.

CHAPITRE II.

Voitures, Cercueils, Animaux.

§ 1er. — *Enregistrement.*

Il sera perçu pour l'enregistrement des voitures, des cercueils et des animaux :
Un droit fixe de 10 centimes par expédition.

43

Lorsque les voitures, cercueils et animaux emprunteront plusieurs lignes concédées à des Compagnies différentes, ce droit sera perçu seulement à la gare expéditrice.

§ 2. — *Manutention.*

Il sera perçu pour la manutention (chargement et déchargement) des voitures, des cercueils et des animaux, les droits ci-après :

Voitures..	2 fr. » c.	par pièce.
Cercueils..	2 fr. » c.	
Bœufs, Vaches, Taureaux, Chevaux, Mulets, Anes, Poulains, Bêtes de trait....................	1 fr. » c.	
Veaux et Porcs................................	» fr. 40 c.	par tête.
Moutons, Brebis, Agneaux et Chèvres.........	» fr. 20 c.	

§ 3. — *Magasinage.*

Il sera perçu, pour le stationnement des voitures qui ne seront pas enlevées, pour quelque cause que se soit, dans les quarante-huit heures de la mise à la poste de la lettre d'avis adressée par les Compagnies au destinaire :

Un droit de 1 franc par voiture et par jour.

En cas de non-enlèvement des cercueils, il sera perçu, à partir de l'arrivée :

Un droit de 5 francs par cercueil et par jour.

Les animaux dont il n'est pas pris livraison à l'arrivée sont mis en fourrière aux frais, risques et périls de qui de droit.

Les frais de fourrière sont acquittés sur justification de dépenses.

CHAPITRE III.

Disposition commune à tous les transports à grande vitesse.

Tous les droits ci-dessus fixés comprennent l'impôt dû au Trésor.

TITRE II.

PETITE VITESSE.

CHAPITRE PREMIER.

Marchandises.

§ 1er. — *Enregistrement.*

Il sera perçu pour l'enregistrement des marchandises :
Un droit fixe de 10 centimes par expédition.

Lorsque les marchandises emprunteront plusieurs lignes concédées à des Compagnies différentes, ce doit sera perçu seulement à la gare expéditrice.

§ 2. — *Manutention.*

Il sera perçu pour la manutention des marchandises de toute nature, les droits suivants :

1 fr. 50 c. par tonne pour les marchandises expédiées sans condition de tonnage ;

1 franc par tonne pour les marchandises désignées, soit dans les tarifs généraux, soit dans les tarifs spéciaux comme expédiées par wagon complet de 4,000 kilogrammes au minimum ou par partie d'un poids équivalent.

La perception aura lieu par fraction indivisible de 10 kilogrammes.

Ces droits se décomposent ainsi :

Pour les marchandises expédiées sans condition de tonnage.

1° Frais de chargement au départ...... » fr. 40 c.		Prix par tonne applicable par fraction indivisible de 10 kilogrammes.
2° Frais de déchargement à l'arrivée... » fr. 40 c.		
3° Frais de gare au départ............ » fr. 35 c.		
4° Frais de gare à l'arrivée............ » fr. 35 c.		

Pour les marchandises expédiées par wagon complet de 4,000 kilogrammes au minimum ou par partie d'un poids équivalent :

1° Frais de chargement au départ..... » fr. 30 c.		Prix par tonne applicable par fraction indivisible de 10 kilogrammes.
2° Frais de déchargement à l'arrivée.... » fr. 30 c.		
3° Frais de gare au départ............ » fr. 20 c.		
4° Frais de gare à l'arrivée............ » fr. 20 c.		

Les droits de manutention ci-dessus fixés seront appliqués, quel que soit le mode employé pour le chargement et le déchargement (main d'homme, grue, couloir, plateau, bascule, etc).

Pour les marchandises désignées, soit dans les tarifs généraux, soit dans les tarifs spéciaux, comme expédiées par wagon complet de 4,000 kilogrammes au minimun ou par partie d'un poids équivalent, et lorsque le chargement et le déchargement de ces marchandises seront laissés par lesdits tarifs aux soins des expéditeurs et des destinataires, il sera déduit :

30 centimes par tonne pour chaque opération de chargement ou de déchargement.

Les droits de gare sont dus dans tous les cas.

Ces droits seront perçus, pour les marchandises en provenance ou à destination des embranchements particuliers, savoir :

0 fr. 20 c. à la première gare de départ située sur la ligne principale..	ou *vice versâ.*
0 fr. 20 c. à la gare destinataire.................................	

Il sera perçu, en outre, aux gares de jonction d'un Chemin de fer avec un autre Chemin de fer concédé à une Compagnie différente, un droit de 40 centimes par tonne applicable par fraction indivisible de 10 kilogrammes et à partager par moitié entre les deux Compagnies, pour les marchandises transitant d'une ligne sur une autre, et, moyennant la perception de ce droit, les frais de manutention ci-dessus fixés (chargement, déchargement et gare) ne seront perçus qu'une seule fois, à l'expédition primitive et à la destination définitive, étant bien entendu d'ailleurs que les frais de chargement et de déchargement ne seront pas perçus pour les marchandises expédiées par wagon complet de 4,000 kilogrammes au minimum ou par partie d'un poids équivalent, lorsque ces opérations seront faites par les expéditeurs ou les destinataires.

Ce dernier droit ne sera pas dû aux points de jonction des embranchements particuliers.

Sont exempts de tout droit de chargement, de déchargement et de gare les expéditions pesant de 0 à 40 kilogrammes.

§ 3. — *Pesage.*

Il sera perçu, pour toute marchandise qui, sur la demande de l'expéditeur ou du destinataire, serait soumise à un pesage extraordinaire en dehors de celui que les Compagnies doivent faire à leurs frais, au départ, pour établir la taxe :

Un droit de 10 centimes par fraction indivisible de 100 kilogrammes et par chaque pesage supplémentaire.

Lorsque le pesage aura lieu par camion ou par wagon complet passé à la bascule, ce droit sera de :

30 centimes par tonne indivisible, avec un minimum de 1 fr. 50 c. par camion ou par wagon.

Toutefois les droits ci-dessus ne seront pas perçus si le pesage supplémentaire constate une erreur commise au préjudice de l'expéditeur ou du destinataire.

§ 4. — *Magasinage.*

Il sera perçu, pour le magasinage des marchandises adressées en gare et qui ne seront pas enlevées pour quelque cause que ce soit, dans les quarante-huit heures de la mise à la poste de la lettre d'avis adressée par les Compagnies au destinataire, les droits suivants :

2 centimes par fraction indivisible de 100 kilogrammes et par jour, pour les quinze premiers jours ;

5 centimes par fraction indivisible de 100 kilogrammes et par jour pour chaque jour en sus.

Le minimum de la perception est fixé à 10 centimes.

Les droits ci-dessus fixés sont également applicables aux marchandises adressées *à domicile,* et dont le destinataire serait absent ou inconnu, ou refuserait de prendre livraison, à la condition toutefois :

1° Qu'avis de ces circonstances sera adressé immédiatement par les Compagnies à l'expéditeur ;

2° Que les frais de magasinage ne seront exigibles que quarante-huit heures après la mise à la poste de cet avis.

Les mêmes droits seront perçus, au départ, sur la partie de marchandises livrées, toutes les fois que le chiffre total d'une expédition annoncée n'aura pas été complété dans les vingt-quatre heures qui suivront l'arrivée en gare de la première partie de l'expédition.

§ 5. — *Stationnement des wagons.*

Pour les marchandises qui, soit d'après les tarifs généraux, soit d'après les tarifs spéciaux, sont expédiées par wagon complet, avec faculté pour les expéditeurs et les destinataires de faire eux-mêmes le chargement et le déchargement, les droits de stationnement sont fixés ainsi qu'il suit :

AU DÉPART.

Les wagons devront être complétement chargés dans les vingt-quatre heures qui suivront leur mise à la disposition des expéditeurs; passé ce délai, il sera perçu un droit de stationnement de 5 francs par wagon entamé ou non entamé et par jour de retard, quelle que soit la contenance du wagon.

A L'ARRIVÉE.

Les wagons devront être complétement déchargés dans les vingt-quatre heures qui suivront la mise à la poste de la lettre d'avis adressée par les Compagnies au destinataire ; passé ce délai, les Compagnies pourront à leur choix, ou faire le déchargement et percevoir pour cette opération 30 centimes par tonne, sans préjudice des droits ordinaires de magasinage pour les marchandises déchargées à compter de l'expiration des vingt-quatre heures ci-dessus fixées, ou laisser les marchandises sur les wagons en percevant un droit de stationnement de 5 francs par wagon et par jour de retard, quelle que soit la contenance du wagon.

CHAPITRE II.

Voitures, Animaux.

§ 1er. — *Enregistrement.*

Il sera perçu, pour l'enregistrement des voitures et des animaux :
Un droit fixe de 10 centimes par expédition.
Lorsque les voitures et les animaux emprunteront plusieurs lignes concédées à des Compagnies différentes, ce droit sera perçu seulement à la gare expéditrice.

§ 2. — *Manutention.*

Il sera perçu, pour la manutention (chargement et déchargement) des voitures et des animaux, les droits ci-après :

Voitures....................................	2 fr. » c.	par pièce.
Bœufs, Vaches, Taureaux, Chevaux, Mulets, Anes,		
Poulains, Bêtes de trait....................	1 fr. » c.	
Veaux et Porcs.............................	» fr. 40 c.	par tête.
Moutons, Brebis, Agneaux et Chèvres..........	» fr. 20 c.	

Le chargement et le déchargement des animaux dangereux, pour lesquels des règlements de police prescriraient des précautions spéciales, seront effectués par les soins et aux frais des expéditeurs et des destinataires, et il ne sera rien perçu pour cette double opération.

Les voitures et animaux ne sont soumis à aucun droit de gare.

§ 3. — *Magasinage.*

Il sera perçu, pour le stationnement des voitures qui ne seront pas enlevées, pour quelque cause que ce soit, dans les quarante-huit heures de la mise à la poste de la lettre d'avis adressée par les Compagnies au destinataire :

Un droit de 1 fr. par voiture et par jour.

Les animaux dont il n'est pas pris livraison à l'arrivée sont mis en fourrière aux frais, risques et périls de qui de droit.

Les frais de fourrière sont acquittés sur justification de dépenses.

CHAPITRE III.

Matériel roulant.

§ 1er. — *Enregistrement.*

Il sera perçu, pour l'enregistrement du matériel roulant :

Un droit fixe de 10 centimes par expédition.

Lorsque le matériel roulant empruntera plusieurs lignes concédées à des Compagnies différentes, ce droit sera perçu seulement à la gare expéditrice.

§ 2. — *Manutention.*

Le matériel roulant sera déchargé des trucks qui l'auront apporté aux gares de Chemins de fer et chargé sur les trucks qui devront l'emporter, aux frais, risques et périls des expéditeurs et des destinataires, et il ne sera rien perçu pour cette double opération ni pour les opérations de gare.

§ 3. — *Pesage.*

Il sera perçu, pour le matériel roulant qui, sur la demande de l'expéditeur ou du destinataire, serait soumis à un pesage extraordinaire en dehors de celui que les Compagnies doivent faire à leurs frais, au départ, pour établir la taxe, les droits ci-après par véhicule et par chaque pesage supplémentaire :

Pour les wagons ou chariots............................ 1 fr. 50 c.
Pour les locomotives ou tenders......................... 3 fr. »

Toutefois, ces droits ne seront pas perçus si le pesage supplémentaire constate une erreur commise au préjudice de l'expéditeur ou du destinaire.

§ 4. — *Magasinage.*

Il sera perçu, pour le stationnement des wagons, chariots, locomotives et tenders qui ne seront pas enlevés, pour quelque cause que ce soit, dans les quarante-huit heures de la mise à la poste de la lettre d'avis adressée par les Compagnies au destinataire :

Un droit de 5 fr. par véhicule et par jour.

TITRE III.

Disposition commune au magasinage de toutes les expéditions à petite vitesse.

Conformément au § 3, article 12, de l'arrêté ministériel du 15 avril 1859, les délais fixés pour la perception des frais de magasinage, de stationnement et de fourrière seront augmentés de tout le temps compris entre l'heure de midi et l'heure réglée pour la fermeture des gares, lorsque dans ces délais se trouvera compris un dimanche ou un jour férié.

Art. 2. — Les frais accessoires inscrits dans les tarifs spéciaux et qui seraient, sous le double rapport des prix et des conditions, plus avantageux pour le public que les frais ci-dessus fixés, sont maintenus.

Art. 3. — Le présent arrêté sera notifié aux Compagnies de Chemins de fer.

Il sera publié et affiché.

Les Préfets, les Fonctionnaires et Agents du Contrôle sont chargés d'en surveiller l'exécution.

24 juillet 1860.

E. ROUHER.

Pour ampliation :

Le Conseiller d'État, Directeur général des Ponts et Chaussées et des Chemins de fer,

E. FRANQUEVILLE.

L'arrêté susmentionné devra être appliqué à dater du 20 août courant.

Sont annulées les conditions de nos tarifs généraux et spéciaux qui sont contraires aux dispositions de l'arrêté susmentionné.

16 août 1860.

N° 340

RECOMMANDATION D'INDIQUER NETTEMENT SUR LES LETTRES DE VOITURE SI LES EXPÉDITIONS SONT LIVRABLES EN GARE OU A DOMICILE.

Il arrive fréquemment que les lettres de voiture qui accompagnent la marchandise n'énoncent pas clairement si l'expédition est faite à domicile ou en gare seulement, et portent simplement une indication de ce genre : *destinataire, M. X, à Bordeaux*. Il en résulte que des destinataires, interprétant à leur gré cette énonciation vague, prétendent prendre livraison à la gare même de toutes les marchandises à leur adresse dont la lettre de voiture ne porte pas explicitement la mention à domicile.

Pour mettre fin aux difficultés auxquelles cette prétention donne lieu, et afin de bien établir, le cas échéant, le droit de la Compagnie de faire livrer la marchandise au domicile des destinataires, je recommande expressément aux gares et stations de faire toujours mentionner par les expéditeurs sur leurs notes de remise, ou sur leurs lettres de voiture, quand ils les créeront eux-mêmes, si la marchandise doit être livrée en gare ou à domicile.

Je rappelle à cette occasion que les factures de transports de la Compagnie, Modèle n° 26, portent en tête, à droite, la mention : *à livrer*, au-dessous de laquelle est réservé l'espace nécessaire pour y apposer le timbre en gare ou à domicile. Désormais l'omission de cette formalité donnera lieu à une amende contre la gare qui négligera de la remplir.

20 décembre 1859.

N° 341

TARIFS EXCEPTIONNELS A APPLIQUER A CERTAINS TRANSPORTS PRÉVUS PAR L'ARTICLE 47 DU CAHIER DES CHARGES DE LA COMPAGNIE.

Le Chef de l'Exploitation porte à la connaissance des gares et stations l'arrêté ci-après de S. Exc. M. le Ministre des Travaux publics, fixant les Tarifs à appliquer aux transports mentionnés à l'article 47 du cahier des charges de la Compagnie :

Le Ministre Secrétaire d'État au département de l'Agriculture, du Commerce et des Travaux publics;

Vu le cahier des charges (art. 47) des Chemins de fer du Nord, d'Orléans, du Midi, de Paris à Lyon et à la Méditerranée, de Lyon à Genève et des Ardennes;

Vu les propositions des Compagnies concessionnaires desdits Chemins;

ARRÊTE :

Art. 1er. — Le Tarif des transports dénommés à l'article 47 du cahier des charges susvisés est fixé, ainsi qu'il suit, sur les lignes du Nord, d'Orléans, du Midi, de Paris à Lyon et à la Méditerranée, de Lyon à Genève et des Ardennes :

GRANDE VITESSE.

§ I. Denrées et objets qui ne sont pas nommément énoncés dans le Tarif du cahier des charges, et qui ne pèseraient pas 200 kilogrammes sous le volume de 1 mètre cube.

Moitié en sus du prix fixé par le Tarif général de la grande vitesse.

§ II. Matières inflammables ou explosibles, animaux et objets dangereux pour lesquels des règlements de police proscriraient des précautions spéciales.

Ces matières, animaux et objets, seront exclues des trains portant des Voyageurs; en conséquence, le Tarif de la grande vitesse ne leur est pas applicable.

§ III. Animaux dont la valeur déclarée excéderait 5,000 francs.

Moitié en sus du prix fixé par le Tarif général de la grande vitesse pour les animaux de la même espèce.

Ad valorem. 0f00225 par fraction indivisible de 1,000 francs et par kilomètre, plus l'impôt dû au Trésor, avec un *minimum* de perception de 0f25c par 1,000 francs quelle que soit la distance parcourue.

§ IV. Or et argent, soit en lingots, soit monnayés ou travaillés, plaqué d'or ou d'argent, mercure, platine, bijoux, dentelles, pierres précieuses, objet d'art et autres valeurs.

La taxe des divers articles compris dans le § IV ne sera, dans aucun cas, inférieure à la plus forte des deux taxes qui pourrait être appliquée, soit d'après la valeur déclarée et en conformité du Tarif ci-dessus, soit d'après le poids constaté et en conformité du Tarif général des marchandises transportées à grande vitesse.

§ V. Paquets, colis ou excédants de bagages pesant isolément 40 kilogrammes et au-dessous.

0f0005 (impôt compris) par kilogramme et par kilomètre, sans que la taxe pour une expédition de 40 kilogrammes et au-dessous puisse, en aucun cas, être supérieure à la taxe d'une expédition de même nature pesant plus de 40 kilogrammes.

PETITE VITESSE.

§ I. Denrées et objets qui ne sont pas nommément énoncés dans le Tarif du cahier des charges, et qui ne pèseraient pas 200 kilogrammes sous le volume de 1 mètre cube.

Moitié en sus du prix fixé par le Tarif général de la petite vitesse, selon la classe ou la série dudit Tarif à laquelle ces objets appartiennent.

44

§ II. Matières inflammables ou explosibles, animaux et objets dangereux pour lesquels des règlements de police prescriraient des précautions spéciales :

1° Matières inflammables ou explosibles, telles que poudre à feu, fulminante, capsules, artifices, allumettes chimiques, phosphore, éther, et objets dangereux pour lesquels des règlements de police prescriraient des précautions spéciales.

Moitié en sus du prix fixé par le Tarif général de la petite vitesse pour les marchandises de la 1re classe ou de la 1re série.

2° Animaux dangereux pour lesquels des règlements de police prescriraient des précautions spéciales.

0f25 par wagon spécial contenant un animal, et par kilomètre. Néanmoins, les expéditeurs pourront, à leurs risques et périls, placer plusieurs animaux en cages solides et séparées dans un même wagon, en payant, pour chaque animal, une taxe moitié en sus de celle fixée au Tarif général de la petite vitesse pour les animaux de haute taille.

§ III. Animaux dont la valeur excéderait 5,000 francs.

Moitié en sus du prix fixé par le Tarif général de la petite vitesse pour les animaux de la même espèce.

§ IV. Or et argent, soit en lingots, soit monnayés ou travaillés, plaqué d'or ou d'argent, mercure, platine, bijoux, dentelles, pierres précieuses, objets d'art et autres valeurs :

1° Or et argent, soit en lingots, soit monnayés ou travaillés, platine, bijoux, pierres précieuses et autres valeurs.

Ne sont transportés qu'à grande vitesse. En conséquence, le Tarif de la petite vitesse ne leur est pas applicable.

2° Plaqué d'or ou d'argent, mercure, dentelles, objets d'art (statues, tableaux, bronzes d'art).

Moitié en sus du prix fixé par le Tarif général de la petite vitesse pour les marchandises de la 1re classe ou de la 1re série.

§ V. Paquets et colis pesant isolément 40 kilogrammmes et au-dessous.

0f00025 par kilogramme et par kilomètre, quelle que soit la classe ou la série à laquelle les objets appartiennent, et sans que la taxe, pour une expédition de 40 kilogrammes et au-dessus, puisse, en aucun cas, être supérieure à la taxe d'une expédition de même nature pesant plus de 40 kilogrammes.

Frais accessoires.

Art. 2. — Les prix seront réglés conformément aux Tarifs généraux, tant pour la grande que pour la petite vitesse.

Le chargement et le déchargement des animaux dangereux seront opérés par les soins des expéditeurs et des destinataires, sous la surveillance des Agents de la Compagnie.

Art. 3. — Les dispositions qui précèdent pourront être appliquées aux Chemins de fer qui ne sont pas encore régis par le nouveau cahier des charges, à la condition que la catégorie des marchandises *hors classe* sera supprimée dans leurs Tarifs.

Art. 4. — Le présent arrêté sera notifié aux Compagnies des Chemins de fer du Nord, d'Orléans, du Midi, de Paris à Lyon et à la Méditerranée, de Lyon à Genève et des Ardennes.

Il sera publié et affiché.

Les Fonctionnaires et Agents du Contrôle sont chargés d'en surveiller l'exécution.

Signé : E. ROUHER.

Paris, le 26 octobre 1858.

Les dispositions de l'arrêté ci-dessus devront être appliquées à dater du 1er avril prochain.

Ces dispositions ne changent, d'ailleurs, rien à nos Tarifs actuels de *grande vitesse* pour le transport des colis qui ne pèsent pas 200 kilogrammes, sous le volume de 1 mètre cube (§ Ier de l'arrêté); des finances, dentelles, objets d'art et autres valeurs (§ IV); des excédants de bagages et articles de messagerie (§ V), non plus qu'à nos Tarifs de *petite vitesse* pour le transport des colis qui ne pèsent pas 200 kilogrammes sous le volume de 1 mètre cube (§ Ier de l'arrêté, petite vitesse); des paquets et colis pesant isolément 40 kilogrammes et *au-dessous* (§ V).

L'arrêté ministériel exclut des trains de Voyageurs le transport des matières inflammables ou explosibles; les animaux et objets dangereux pour lesquels des règlements de police prescriraient des précautions spéciales (*grande vitesse*, § II).

Il fixe la taxe à appliquer au transport en *grande vitesse* des animaux dont la valeur déclarée excéderait 5,000 francs, à la moitié en sus du prix fixé par le Tarif général de grande vitesse pour les animaux de la même espèce (§ III). En conséquence est abrogée la clause de nos Tarifs généraux de grande vitesse (conditions d'application, animaux) qui fixe le transport des animaux d'une valeur déclarée supérieure à 5,000 francs à 1 franc par tête et par kilomètre.

En ce qui concerne la *petite vitesse*, l'arrêté ministériel fixe des conditions qui n'existent pas aujourd'hui dans nos Tarifs pour le transport par les trains de marchandises :

1° Des matières inflammables ou explosibles et des animaux et objets dangereux (§ II, articles 1 et 2);

2° Des animaux dont la valeur déclarée excéderait 5,000 francs (§ III);

3° Des finances, bijoux, dentelles et autres valeurs (§ IV, article 1er) et des objets d'art, statues, tableaux, bronzes (§ IV, article 2).

26 mars 1859.

N° 342

APPLICATION DES TARIFS GÉNÉRAUX.

Les conditions d'application des Tarifs généraux de petite vitesse (marchandises) portent que « les prix du Tarif sont augmentés de moitié pour « les marchandises non dénommées » au Tarif du cahier des charges qui, sous le volume d'un mètre cube, pèsent moins de » 200 kilogrammes »

Les marchandises dénommées au cahier des charges ne sont pas soumises à cette disposition, et elles doivent en conséquence n'être taxées qu'au Tarif simple, c'est-à-dire sans augmentation, alors même qu'elles ne pèseraient pas 200 kilogrammes sous le volume d'un mètre cube.

Pour pouvoir faire cette distinction dans la classification générale des marchandises annexée aux Tarifs généraux de petite vitesse, les gares et stations trouveront ci-dessous la nomenclature des marchandises dénommées au cahier des charges de la Compagnie.

Plusieurs gares ont mal interprété la disposition sus-indiquée, en ce sens qu'elles l'ont considérée comme n'étant applicable qu'aux colis qui cubaient un mètre ou plus; tous les colis d'un volume moindre que un mètre échappent, suivant elles, à la surtaxe. Cette interprétation est évidemment erronée : tous les colis qui ne pèsent pas dans la proportion de 200 kilogrammes au mètre cube doivent être taxés moitié en sus, quel que soit d'ailleurs leur volume absolu. Ainsi un colis qui, sous le volume de 0m,50, ne pèse pas 100 kilogrammes, doit être assujetti à la surtaxe, aussi bien que le colis qui, sous le volume de 1m,50, ne pèserait pas 300 kilogr.

Pour la vérification et la justification des taxes, les gares expéditrices devront mentionner dans la colonne *Observations* de la feuille de route, ainsi que sur la lettre de voiture, le cubage des colis auxquels la taxe de moitié tarif en sus aura été appliquée.

De leur côté, les gares d'arrivée, en cas de désaccord avec les destinataires pour le paiement de ces taxes, devront faire constater par MM. les Commissaires de surveillance administrative, ou à défaut, par des témoins, le cubage des colis dont il s'agit, afin que les destinataires ne puissent pas prétendre plus tard que leurs colis pesaient 200 kilog. au mètre cube. On comprendra, en effet, qu'une fois la livraison faite, la preuve du volume des colis ne pourrait plus être donnée par la Compagnie devant un Tribunal, si ce volume n'avait été préalablement constaté régulièrement.

5 juillet 1861.

Tarif du cahier des charges de la Compagnie.

CLASSIFICATION.

1re *Classe.*

Spiritueux. — Huile. — Bois de menuiserie, de teinture et autres bois exotiques. — Produits chimiques non dénommés. — OEufs. — Viande fraîche. — Gibier. — Sucre. Café. — Drogues. — Épicerie. — Tissus. — Denrées coloniales. — Objets manufacturés. — Armes.

2me *Classe.*

Blés. — Grains. — Farines. — Légumes farineux. — Riz, Maïs, Châtaignes et autres denrées alimentaires non dénommées. — Chaux et Plâtre. — Charbon de bois. — Bois à brûler dit de corde. — Perches. — Chevrons. — Planches. — Madriers. — Bois de charpente. — Marbre en bloc. — Albâtre. — Bitumes. — Cotons. — Laines. — Vins. — Vinaigres. — Boissons. — Bières. — Levûre sèche. — Coke. — Fers. — Cuivres. — Plomb et autres métaux ouvrés ou non. — Fontes moulées.

3me *Classe.*

Houille. — Marne. — Cendres. — Fumier et engrais. — Pierres à chaux et à plâtre. — Pavés et matériaux pour la construction et la réparation des routes. — Pierres de taille et produits de carrières. — Minerais de fer et autres. — Fontes brutes. — Sels. — Moellons. — Meulières. — Cailloux. — Sable. — Argiles. — Briques. — Ardoises.

N° 343

TAXE A APPLIQUER AU TRANSPORT EN GRANDE VITESSE DES PETITS ANIMAUX DE LAIT, EN CAISSES OU EN CAGES.

Les Tarifs généraux et spéciaux règlent les conditions de transport des animaux de grande taille, de moyenne taille et de petite taille ; mais ces conditions ne sont pas applicables aux jeunes animaux tels que cochons de lait, agneaux et chevreaux expédiés en caisses ou en cages.

Les gares et stations doivent accepter en grande vitesse les jeunes animaux expédiés comme il est dit ci-dessus, au Tarif des articles de messagerie augmenté de moitié à cause de l'encombrement.

Les jeunes animaux non renfermés en caisses ou en cages sont taxés, sans exception, aux Tarifs généraux; par exception, les cochons de lait non en caisses ou en cages seront taxés aux Tarifs généraux comme animaux de PETITE TAILLE et non comme animaux *de moyenne taille*.

Ces prescriptions n'innovent point à la clause d'application de nos Tarifs généraux relative aux colis encombrants.

Par conséquent si, dans quelques cas probablement rares, les paniers, cages ou caisses renferment un nombre de jeunes animaux tel que leur poids excède 200 kilog. au mètre cube, il ne doit être appliqué à leur transport que la taxe simple des articles de messagerie ou des denrées, suivant le poids des expéditions.

20 janvier 1860.

N° 344

TAXES A APPLIQUER AUX CHARRETTES A BŒUFS ET AUTRES CHARRETTES AGRICOLES AINSI QU'AUX VOITURES DE ROULAGE.

Dans nos Tarifs généraux de grande et de petite vitesse concernant le transport des voitures, il n'est pas parlé des charrettes dites bouvières ni des autres sortes de voitures agricoles, non plus que des voitures de roulage.

. Cette lacune pouvant occasionner des difficultés dans le cas où des véhicules de la nature de ceux ci-dessus seraient présentés à la Compagnie pour être transportés, les gares et stations sont informées que ces véhicules devront être assimilés aux voitures à deux fonds et à deux banquettes dans l'intérieur, omnibus, diligences etc.

En conséquence, les taxes à appliquer à ces transports seront :

Pour la grande vitesse, celles indiquées à la colonne n° 17 des Tarifs généraux de grande vitesse ;

Pour la petite vitesse, le prix de 0 fr. 32 c. par véhicule et par kilomètre.

Les frais accessoires seront naturellement les mêmes que ceux afférents aux autres voitures.

3 mai 1860.

N° 345

DIMENSION DES CROCHETS POUR LA MANUTENTION DES MARCHANDISES.

. Il ne doit être fait usage, dans les gares et stations, pour la manutention des marchandises, que de CROCHETS A DEUX BRANCHES DE DEUX CENTIMÈTRES DE LONGUEUR AU PLUS.

La surveillance la plus active doit être exercée sur les chargements, déchargements, réceptions et livraisons des marchandises; tout crochet non conforme aux règles établies ci-dessus trouvé entre les mains d'un Employé de la Compagnie ou des entreprises de camionnage doit être saisi, confisqué, et son détenteur signalé au rapport et puni sévèrement.

Si des crochets dangereux pour la marchandise sont employés par les Agents des expéditeurs ou destinataires, des réserves motivées doivent être prises immédiatement, soit au départ, soit à l'arrivée ou à la livraison.

Les Inspecteurs principaux sont chargés de faire surveiller activement, dans chaque gare, l'exécution rigoureuse de ces dispositions, et de signaler, en les punissant, tous les Employés qui ne s'y conformeraient pas.

Le présent avis sera lu à l'appel, et restera affiché dans les gares de marchandises et dans les magasins du Bureau central de la rue Saint-Honoré, à Paris.

6 mai 1854.

N° 346

PRÉCAUTIONS A PRENDRE POUR LE TRANSPORT DES LIQUIDES EN FUTS.

·Les liquides en fûts, pendant les chaleurs surtout, demandent des soins particuliers qu'il est important de ne pas négliger.

¦Ils doivent être placés, autant que possible, sous des bâtiments couverts; si momentanément on est obligé de les laisser au grand air, il ne faut pas oublier de les couvrir de bâches.

Si le transport a lieu en matériel découvert, il faut bâcher, autant que possible, le chargement, pour diminuer la déperdition de route, qui, pour les esprits, peut être considérable.

Les Chefs de gare doivent se pourvoir d'un nombre suffisant d'ouvriers tonneliers pour faire examiner les fûts un à un, au départ, avant le chargement, et à l'arrivée, avant la manutention pour la livraison ou la réexpédition.

Les cerceaux brisés ou manquants doivent être remplacés; ceux conservés doivent être rebattus; en un mot, il faut faire les réparations nécessaires à la conservation des fûts pour le trajet qu'ils ont à opérer, sauf à faire suivre, à la charge de la marchandise, la dépense, si elle a quelque importance.

18 août 1854.

N° 347

TRANSPORT DES ABEILLES.

Par décision du Conseil, le transport des abeilles est interdit d'une manière absolue par les trains de Voyageurs. En conséquence, ces expéditions doivent n'être faites que par les trains de marchandises exclusivement. Elles ne peuvent être acceptées, en outre, qu'avec une décharge en règle, donnée par l'expéditeur, stipulant la non-garantie de la Compagnie.

Juin 1853.

N° 348

TRANSPORT DES HUILES ET DES ESPRITS.

Le transport des huiles et des esprits donne souvent lieu à des retenues à la charge de la Compagnie, les précautions suffisantes n'étant pas prises au départ.

Voici de quelle manière il faut procéder pour les expéditions d'huiles :

A la remise des fûts, les gares expéditrices doivent les examiner avec soin, et si leur conditionnement fait craindre qu'ils n'arrivent pas à destination sans déperdition extraordinaire, elles doivent se refuser absolument à en prendre charge avant que le cédant les ait mis en bon état. Si les fûts, sans être tels qu'on doive les refuser, présentent cependant des cercles lâches ou mauvais, il est nécessaire de les rebattre ou de les remplacer, en fixant ceux des extrémités avec des pointes, pour les empêcher de glisser, sauf à porter la dépense en débours avec pièce à l'appui. Tous les fûts doivent être pesés devant le cédant; réserve doit être faite par la gare et acceptée par l'expéditeur, pour le poids manquant, d'après la lettre de voiture. Ce manquant doit être mentionné sur la lettre de voiture ou la facture de transport et sur la feuille de route pour éclairer la gare qui opère la livraison. Des réserves pour le coulage ordinaire de route sont inutiles; elles sont de droit.

A la livraison, si le destinataire prétend exercer une retenue pour manquant, il faut se reporter au poids constaté au départ. S'il a été donné garantie ou fait des réserves, il faut aviser l'expéditeur du manquant et de la somme réclamée avant d'accepter la retenue; mais si les manquants se sont accrus, il faut en déduire le coulage ordinaire de route, qui, suivant la température et le trajet, peut être de 2 à 4 0/0, et n'admettre de retenue que pour l'excédant.

Pour les huiles essentielles, la déperdition naturelle de route peut être double de celle des huiles ordinaires. Il est donc d'autant plus utile de peser au départ, pour fixer le point où commence la responsabilité de la Compagnie.

Quant aux expéditions d'esprits, eaux-de-vie ou 3/6, les mesures à prendre pour sauvegarder les intérêts de la Compagnie sont les suivantes :

Examiner l'état des plaques en fer-blanc clouées sur les bondes, et lorsqu'elles ne sont pas parfaitement intactes, qu'elles sont faussées ou détériorées, n'accepter les fûts qu'en exigeant un bulletin de garantie énonçant le fait. S'assurer que les fûts n'ont pas été percés, et lorsqu'ils présentent des faussets, prendre des garanties pour la vidange. Toutefois, il faut toujours peser les fûts et en constater le poids. Si les fûts reçus en bon état, sans piqûres, avec les plaques intactes, sont livrés dans les mêmes conditions, la Compagnie ne peut être responsable des différences de degrés ou de vidange reconnues à la vérification de la Régie.

13 septembre 1852.

N° 349

TRANSPORT DU GIBIER.

Une ordonnance de M. le Préfet de Police, en date du 17 février 1858, bien qu'autorisant la destruction des lapins et animaux malfaisants pendant le temps où la chasse est fermée, interdit cependant dans le département de la Seine le transport et la mise en vente des lapins et autres animaux ayant le caractère de gibier.

En conséquence, les gares et stations devront, à l'avenir, refuser les lapins et tout gibier qui leur serait présenté pour être expédié en destination de Paris.

MM. les Inspecteurs principaux sont chargés d'assurer l'exécution du présent Ordre.

5 mars 1858.

N° 350

TRANSPORTS DE L'ADMINISTRATION DES BEAUX-ARTS.

L'Administration des Beaux-Arts à Paris nous informe qu'elle remettra dorénavant au Bureau central tous ses transports en destination de notre réseau.

Ces transports seront payables, les uns par les destinataires, et les autres par le Ministère d'État, auquel à cet effet il est ouvert un compte courant.

Les transports livrables en compte courant se distingueront des autres en ce qu'ils seront accompagnés d'une note d'expédition émanée de l'Administration des Beaux-Arts, stipulant formellement que les frais de transport sont à la charge du Ministère d'État.

Ces transports seront livrés aux destinataires contre récépissé seulement au dos des factures de transport timbrées, lesquelles seront versées en compte courant appuyées des notes d'expédition précitées.

A défaut de ces notes d'expédition, les versements en compte courant ne pourraient être admis.

Les transports dont il s'agit, lorsqu'ils auront pour destination une localité située au delà, seront traités vis-à-vis du correspondant réexpéditeur dans les mêmes formes que celles adoptées pour les lettres de voiture *AR*.

Le correspondant devra, en conséquence, payer à la gare au moment de la livraison le montant de son découvert, dont la gare lui fera la restitution, après addition de son propre transport, lorsqu'il rapportera le titre revêtu du récépissé du destinataire, et appuyé de la formule précitée, dont la gare fera le versement en compte courant comme il est dit ci-dessus.

11 avril 1860.

N° 351

TRANSPORT DES HUITRES.

Les paniers d'huîtres remis au Chemin de fer arrivent souvent avariés à destination, par suite de la négligence qu'on apporte à leur chargement, qui exige beaucoup d'attention.

Dans le but d'éviter ces avaries, les dispositions suivantes sont formellement prescrites :

1° Les paniers d'huîtres seront toujours placés avec soin sous les colis bagages, de manière qu'il existe une certaine pression empêchant les huîtres de s'ouvrir et de répandre leur eau. Cette précaution est essentielle pour la conservation des huîtres ; elle a en même temps l'avantage de retenir l'eau du coquillage, qui, en se répandant dans les fourgons, mouille et détériore les autres colis.

2° Il est interdit de jeter avec violence les paniers dans les fourgons ou sur les quais, les chocs qui en résultent déterminant la perte des huîtres en brisant les coquilles.

Les Chefs de gare et de station sont chargés d'assurer la stricte exécution de ces dispositions, et en demeurent responsables.

1er décembre 1852.

N° 352

ENREGISTREMENT DES VOLAILLES, PAR ESPÈCE.

Les droits d'entrée dans Paris, sur les volailles, étant perçus d'après leur espèce, les Employés de l'Octroi sont obligés d'ouvrir tous les paniers, à l'arrivée des trains, pour s'assurer de leur contenu.

45

Cette reconnaissance entraîne des longueurs et expose la Compagnie à des retenues, lorsque ces marchandises arrivent après l'ouverture du marché de la Vallée.

Pour activer la visite de l'Octroi, il est prescrit de mentionner avec soin, sur les feuilles de route, l'espèce de volailles renfermées dans chaque panier : poulets, dindes, pigeons, etc., en indiquant séparément le poids de chaque nature de volailles contenues dans le même panier.

10 septembre 1850.

N° 353

EXPÉDITIONS DE RAISINS EN DESTINATION DE PARIS.

Pour faciliter à l'Administration de l'Octroi la perception des droits d'entrée dans Paris des expéditions de raisins, et pour éviter ainsi les retards dans la livraison aux marchés et quelquefois même des procès-verbaux pour non-déclaration de marchandise soumise aux droits, les gares et stations devront faire mentionner aux expéditeurs sur leurs déclarations et porter elles-mêmes sur la feuille de route le poids brut et le poids net de chaque envoi.

Il est très-essentiel aussi que les expéditions de raisins soient faites isolément, c'est-à-dire sans être mélangées avec d'autres fruits, autrement les droits pour les raisins pourraient être perçus sur le poids total du colis, de même qu'ils seraient perçus sur le poids brut si le poids net n'était pas mentionné.

31 août 1859.

N° 354

SOINS A PRENDRE POUR L'EXPÉDITION DES DENRÉES DESTINÉES AUX HALLES ET MARCHÉS.

Dans le but de faciliter à la gare de Paris la reconnaissance et la livraison des expéditions de denrées destinées aux Halles et Marchés, les gares et stations expéditrices devront, à l'avenir, apposer une étiquette d'un modèle spécial sur tous les colis adressés aux *Facteurs des Halles* et aux *Commissionnaires en denrées* à Paris.

Cette étiquette indiquera le nom de la station de départ mis avec le timbre de la station et le nom de la station d'arrivée ; elle portera en outre un numéro d'ordre comme les étiquettes de bagages, et le mot *Denrées*, imprimé de chaque côté de ce numéro.

Comme pour les bagages, tous les colis d'une même expédition porteront le même numéro, lequel sera transmis sur la feuille de route (Modèle 417 rectifié) dans la seconde colonne intitulée : *Numéro d'ordre*. Les gares et stations qui ont un approvisionnement de l'imprimé Modèle n° 17 actuel, continueront à l'employer, en inscrivant le numéro d'ordre dans la colonne intitulée : *Numéro du wagon*.

Le numéro d'ordre des étiquettes devra également être porté sur la déclaration de l'expéditeur qui accompagne les transports de denrées, conformément au paragraphe VI du Règlement de la Comptabilité de l'Exploitation.

A toutes les expéditions de denrées doit être joint un bulletin de déclaration d'expédition fourni par les Facteurs aux Halles et Marchés. Ces bulletins remplis avec soin par les expéditeurs doivent être attachés aux feuilles de route et non placés dans les paniers, afin qu'à l'arrivée les Employés de la gare de Paris puissent dresser immédiatement et fournir à l'Octroi le relevé des expéditions.

2° L'enregistrement de toutes les marchandises destinées aux Halles et Marchés sera fait sur des feuilles de route spéciales, de couleur jaune, Modèle n° 17.

Les colis de nature différente, tels que beurre, œufs, viande, volailles, légumes, etc., seront distingués avec soin, suivant les colonnes de l'imprimé. Le nombre des colis et leur poids devront toujours être exactement indiqués.

10 septembre 1853 et 8 juillet 1861.

N° 355

VENTE DES DENRÉES, COMESTIBLES ET AUTRES OBJETS REFUSÉS OU NON RÉCLAMÉS A DESTINATION ET SUSCEPTIBLES DE SE CORROMPRE.

Le Règlement pour la Comptabilité des recettes de l'Exploitation fait connaître (page 65) les formalités à remplir pour la vente des marchandises refusées ou non réclamées à destination et susceptibles de se corrompre, telles que fruits, légumes, viandes et comestibles de toute espèce.

J'invite les Chefs des gares et stations à se conformer exactement aux dispositions prescrites à ce sujet, et à faire faire ces ventes aux enchères toutes les fois que les circonstances le permettront.

Il est formellement interdit aux Agents de la Compagnie de se porter acquéreurs des objets à vendre.

Toute infraction au présent Avis sera sévèrement réprimée.

5 septembre 1860.

N° 356

RÉCEPTION DES MARCHANDISES.

Lorsqu'à l'arrivée des marchandises il se présente des difficultés pour la livraison, soit par suite de manquants, soit par suite d'avaries, la gare destinataire se trouve le plus souvent dépourvue des renseignements qui lui sont nécessaires, faute par la gare expéditrice de lui avoir indiqué dans quelles conditions ont été acceptés les colis.

Pour éviter les longueurs qu'entraînent les demandes de renseignements ultérieurs, les gares doivent *rigoureusement* se conformer aux prescriptions suivantes :

A la réception de la marchandise, les colis doivent être examinés avec soin, un à un, pour constater l'état extérieur de leur conditionnement et voir, si ce sont des objets fragiles, s'ils ne sonnent pas la casse.

Les poids doivent en être vérifiés.

Si ce sont des liquides, les vidanges pour les vins et boissons, les poids pour les huiles et esprits doivent être constatés.

Les manquants, les avaries, les vidanges, les emballages défectueux ou insuffisants doivent donner lieu à des *réserves* qui sont consignées sur les mandats de débours, sur les bordereaux ou livrets de cédants, dans le cas où il n'est pas possible d'obtenir un *billet de garantie* de l'expéditeur.

Les gares expéditrices doivent *toujours* mentionner sur les feuilles de route les réserves prises au départ, les garanties données et toutes les irrégularités constatées lors de la remise de la marchandise.

Les Chefs de gare et de station sont personnellement responsables de l'inobservation de ces prescriptions.

15 novembre 1853.

N° 357

EMBALLAGES VIDES.

Il est formellement recommandé aux gares et stations expéditrices d'apporter la plus rigoureuse exactitude dans l'enregistrement des marques, numéros et adresses propres à bien faire distinguer les emballages faisant partie d'une même expédition, et de même aux gares et stations destinataires de faire avec la plus grande attention la reconnaissance des emballages, à l'arrivée. Les erreurs commises dans les livraisons des envois de cette nature seront laissées à la charge des gares ou stations qui y auront donné lieu.

Il est à remarquer que presque toutes ces erreurs doivent être attribuées à l'absence des adresses.

Les adresses sont généralement inscrites sur un morceau de papier plié en cornière et attaché à une des cordelles destinées à lier la gueule des sacs. Ce papier, se détachant facilement, est souvent déchiré, dans le chargement ou pendant le trajet, par le frottement avec les autres colis.

Le Chef de l'exploitation recommande expressément aux gares et stations de n'accepter les transports d'emballages ou de sacs vides qu'à la condition que chaque paquet portera une adresse lisiblement écrite, soit sur un carton, lequel sera cousu sur l'un des sacs formant l'enveloppe du colis, soit sur une planchette solidement attachée au paquet.

Les colis de sacs ou emballages vides présentés à l'expédition et qui ne seraient pas dans les conditions ci-dessus prescrites, devront être rigoureusement refusés.

2 février 1855.

N° 358

SAISIES OPÉRÉES PAR LES AGENTS DE L'AUTORITÉ SUR DES MARCHANDISES CONFIÉES A LA COMPAGNIE PAR DES TIERS.

Lorsque des Agents de l'autorité se présentent pour opérer une saisie sur des marchandises confiées par des tiers à la Compagnie, les Chefs de gare et de station ont à se conformer aux dispositions suivantes :

1° Lorsque la qualité de l'Agent de l'autorité est connue, ou que la réquisition émane des Commissaires ou Sous-Commissaires de surveillance administrative attachés au Chemin de fer, les Employés doivent se prêter à la saisie. Mais avant de faire la remise des objets saisis, ils doivent exiger, pour la décharge de la Compagnie, et pour leur propre décharge, qu'il leur soit donné une réquisition écrite et signée par le saisissant, ou une copie du procès-verbal de saisie, ce qui ne peut en aucun cas être refusé.

2° Lorsque celui qui se présente comme Agent de l'autorité ne leur est pas suffisamment connu en cette qualité, ils doivent refuser de lui remettre les objets confiés à leur garde jusqu'à justification de sa qualité, ou intervention du Commissaire de surveillance de leur circonscription.

3° Si les objets saisis sont grevés envers la Compagnie de débours, frais de transport ou autres frais accessoires, ils ne doivent être remis que contre le paiement des sommes dues, à moins qu'il ne s'agisse d'objets dont le transport même serait prohibé, comme le gibier en temps défendu, etc.

4° Tout employé entre les mains de qui une saisie est faite doit immédiatement en donner avis à l'Inspecteur principal, en lui transmettant les pièces, réquisitions, procès-verbaux ou actes d'huissier justifiant la saisie.

2 janvier 1844.

N° 359

COLIS AVARIÉS.

Les rapports des gares et stations signalent un nombre considérable de colis avariés pendant leur trajet sur le Chemin de fer.

Les avaries sont dues exclusivement au peu de soin que les gares expéditrices et les gares principales de bifurcation, appelées par leur position à remanier les chargements des wagons, mettent dans la manutention des marchandises. Il est donc équitable de leur en laisser toute la responsabilité.

Les gares expéditrices doivent toujours mentionner sur les feuilles de route les avaries existant à la remise des colis.

Les gares destinataires doivent signaler au rapport les colis qu'elles reçoivent en mauvais état, en indiquant, pour chacun d'eux, si les formalités spécifiées ci-dessus ont été bien remplies au départ.

Ces règles sont applicables aux manquants et mauvais conditionnement, au départ comme à l'arrivée.

Les gares de bifurcation sont tenues de donner les mêmes indications, non-seulement pour les marchandises qui leur sont adressées, mais encore pour celles contenues dans les wagons dont elles modifient les chargements.

Faute par les gares et stations de se conformer aux prescriptions du présent Avis, elles assumeraient sur elles la responsabilité des avaries constatées à l'arrivée.

2 janvier 1854.

N° 360

SOUSTRACTIONS FAITES DANS LES COLIS EXPÉDIÉS PAR LE CHEMIN DE FER.

Des réclamations fréquentes sont adressées à la Compagnie au sujet de soustractions de fruits, comestibles et autres objets faites dans les expéditions confiées au Chemin de fer pour être transportées à grande ou à petite vitesse. Des plaintes graves ont surtout été portées pour des vols commis dans des ballots d'étoffe.

Ces soustractions peuvent être faites de quatre manières :

Ou elles ont lieu avant la remise, au Chemin de fer, des objets expédiés ;

Ou elles se font pendant le séjour dans les gares ;

Ou elles doivent être attribuées aux Agents qui en prennent charge pendant le trajet ;

Ou elles sont du fait des Facteurs ou Camionneurs chargés de la remise à domicile.

Il importe à *l'honneur* des Employés de la Compagnie de bien établir qu'ils sont étrangers à ces vols. Il est donc du devoir de tous d'exercer la surveillance la plus active pour découvrir les coupables et les livrer aux tribunaux.

7 février 1852.

N° 361

ENVOI AU MAGASIN CENTRAL A ORLÉANS, DES COLIS EN TROP.

Les Chefs de gare et de station doivent adresser au Magasin central établi à Orléans tous les articles et colis qui leur arrivent sans feuille de route et dont ils ne peuvent connaître la destination par les informations qu'ils doivent prendre à cet effet.

Toutefois cet envoi au Magasin central ne doit avoir lieu que le dixième jour après l'arrivée des colis à la gare en la possession de laquelle ils se trouvent.

Tout colis adressé au Magasin central doit être enregistré, porté sur feuille de route, taxé et faire l'objet d'une lettre à l'Inspecteur principal, à Orléans, énonçant les circonstances dans lesquelles ce colis est arrivé.

Cette centralisation ayant pour but principal de simplifier et de rendre plus efficace la recherche des colis égarés, les Chefs de gare et de station sont invités à se conformer exactement aux prescriptions du présent Avis.

30 mars 1854.

N° 362

RAPPORTS DIRECTS ENTRE LES GARES ET STATIONS POUR LA PROMPTE RÉGULARISATION DES ERREURS DANS LA RÉCEPTION DES EXPÉDITIONS.

Dans le but d'activer et de simplifier la régularisation des erreurs dans la réception des expéditions, bagages, messageries ou marchandises à petite vitesse, les gares et stations, sans distinction de sections, auront à correspondre dorénavant entre elles et à se signaler toutes erreurs de ce genre, au moyen du bulletin imprimé Modèle n° 317 à ce destiné et intitulé : *Échange de renseignements entre les stations*, en se conformant aux dispositions suivantes :

1° Pour les colis en moins, on avisera immédiatement la gare expéditrice, ainsi que les gares où on supposerait que les colis ont pu être retenus.

2° Pour les colis en trop, lorsque la station destinataire sera suffisamment connue par un numéro de bagage, une étiquette ou une adresse, ils devront être aussitôt réexpédiés à cette station avec enregistrement régulier et feuille de route mentionnant le motif du renvoi ; la feuille sera accompagnée du bulletin énoncé ci-dessus, qui devra être visé *pour réception* et retourné par la station destinataire à la station qui le lui aura envoyé.

Dans le cas où l'indication de la station destinataire est douteuse, les mesures les plus convenables doivent être prises pour la découvrir, et l'avis des colis en trop doit être adressé à toutes les gares auxquelles on peut supposer que lesdits colis sont destinés.

Pour les irrégularités, telles que fausse adresse, mauvais enregistrement, etc., des explications seront demandées à la gare expéditrice de la même manière que pour les colis en moins.

Ces prescriptions n'excluent pas la faculté de se servir du télégraphe pour les réclamations urgentes.

En invitant les Chefs de gare et de station à bien se pénétrer des prescriptions ci-dessus, le Chef de l'exploitation croit devoir leur recommander la plus grande attention dans ce détail important du service. Il leur suffira de suivre strictement ces instructions pour éviter que des colis s'égarent sur la ligne. Ils sont, en conséquence, rendus responsables des pertes résultant d'une négligence de leur part.

Les présentes dispositions ne dispensent en aucune façon de rendre compte au rapport journalier des *irrégularités quelles qu'elles soient*, ni de mentionner très-exactement la suite ou la solution qu'elles ont reçue.

11 septembre 1852.

N° 363

DÉFENSE D'EXPÉDIER DES CHEVAUX REMIS EN PETITE VITESSE PAR DES TRAINS DE GRANDE VITESSE.

Le Chef de l'exploitation interdit d'une manière absolue aux Chefs de gare et de station d'expédier, par des trains mixtes ou des trains de Voyageurs, des chevaux remis en petite vitesse.

Les animaux qui sont confiés dans ces conditions doivent être expédiés exclusivement par les trains de marchandises.

Il n'est fait exception à cette règle que pour les sections sur lesquelles il n'y a pas de train de marchandises régulier.

Les Inspecteurs principaux de l'Exploitation sont chargés d'assurer l'exécution du présent Avis.

4 mai 1855.

N° 364

EXEMPTION DE LA PRODUCTION DE CERTIFICATS D'ORIGINE POUR CERTAINES MARCHANDISES EXPORTÉES DE FRANCE VERS LA BELGIQUE OU L'ALLEMAGNE.

Les gares et stations sont informées qu'exceptionnellement les marchandises ci-dessous indiquées sont dispensées, à la sortie de France, de la production du certificat d'origine, pour jouir, à l'entrée en Belgique, des droits réduits, en vertu du traité international du 27 février 1854 et des conventions précédentes du 22 août 1852, savoir :

Ardoises pour toitures ;

Caractères d'imprimerie neufs ou clichés ;

Cartes géographiques ou marines ;

Carton en feuilles ;

Encre d'imprimerie ;

Habillements et vêtements supportés;

Papier de toutes espèces, à l'exception du papier colorié ou maroquiné.

Pierres;

Plâtre préparé ;

Vins de Bordeaux, de Bourgogne, de Champagne, de Tours et de Bayonne, en cercles.

15 avril 1859.

N° 365

CERTIFICATS D'ORIGINE QUI DOIVENT ACCOMPAGNER LES EXPÉDITIONS DE VINS, ESPRITS ET EAUX-DE-VIE DEVANT EMPRUNTER LE CHEMIN DE FER SARDE VICTOR-EMMANUEL.

Par suite de traités intervenus entre le gouvernement français et le gouvernement sarde, les expéditions de vins, esprits et eaux-de-vie en provenance de la France et empruntant le Chemin de fer Victor-Emmanuel, jouissent d'une diminution de droits d'entrée à la frontière sarde, lorsqu'elles sont accompagnées d'un certificat d'origine.

L'absence de cette pièce pouvant entraîner des retards dans le transport et avoir en outre pour résultat de priver le destinataire de la diminution de droits d'entrée dont il vient d'être parlé, MM. les Chefs de gares et de stations sont invités à demander toujours, pour les expéditions de la nature et ayant la destination sus-indiquée, le certificat d'origine sus-mentionné, lequel doit stipuler expressément que le produit déclaré est bien du crû du sol français et être légalisé par le maire de la commune de l'expéditeur.

23 août 1859.

N° 366

RÈGLE A SUIVRE EN CAS DE NON-LIVRAISON DE COLIS EN DESTINATION DES AU DELA DU CHEMIN DE FER.

Toutes les fois qu'une gare avise une autre gare de la non-livraison de colis expédiés en destination de localités situés au delà du réseau de la Compagnie, elle doit, autant que possible, faire connaître la maison de roulage dans laquelle les colis sont déposés, afin que la gare expéditrice puisse donner ce renseignement à l'expéditeur ou à son cédant, et que celui-ci puisse de son côté écrire à cette maison pour terminer directement le litige.

Les Chefs de gare et de station sont invités à se conformer à cette disposition.

23 avril 1856.

N° 367

ARTICLES DE MESSAGERIE EN DESTINATION DES AU DELA DU CHEMIN DE FER.

Dans le but de faciliter la reconnaissance, à l'arrivée des trains, des articles de messagerie en destination des localités situées au delà du Chemin de fer, et d'en activer la réexpédition, les Chefs de gare et de station doivent établir exactement, *pour chaque service de correspondance*, des feuilles de route spéciales sur lesquelles sont enregistrés tous les articles destinés à suivre par ce service.

Une étiquette portant le mot *Correspondance* doit en outre être collée sur chaque article, pour le distinguer de ceux restant à la station destinataire.

10 janvier 1854.

N° 368

TARIFS DE RÉEXPÉDITIONS.

Les prix et délais des Tarifs de réexpéditions, grande et petite vitesse, résultant de conventions expresses arrêtées entre la Compagnie et ses correspondants, ces Tarifs ne peuvent subir de modifications qu'autant qu'elles ont été reconnues nécessaires et adoptées d'un commun accord.

En conséquence, les gares et stations sont formellement invitées à considérer comme

46

nuls et non avenus tous avis de modifications de prix et de délais qui leur seraient donnés directement par les réexpéditeurs, et à ne tenir compte, à cet égard, que des instructions émanées de l'Administration centrale.

10 décembre 1853.

N° 369

ENVOIS DE FINANCES ET VALEURS DEVANT SUIVRE AU DELA DU CHEMIN DE FER PAR LES ENTREPRISES CORRESPONDANTES.

Plusieurs correspondants de la Compagnie refusant de prendre la responsabilité du transport des expéditions de finances et valeurs d'une valeur déclarée supérieure à 20,000 francs, les gares et stations sont prévenues qu'elles ne devront pas à l'avenir accepter pour une destination desservie par correspondance, d'un même expéditeur pour un même destinataire, des envois de finances et valeurs qui dépasseraient le chiffre ci-dessus de 20,000 francs par expédition.

Il est entendu d'ailleurs qu'elles ne devront pas accepter le même jour, d'un même expéditeur pour un même destinataire, [plusieurs expéditions qui dépasseraient ensemble le chiffre maximum de 20,000 francs.

26 janvier 1860.

N° 370

TARIF DE FACTAGE POUR LA LIVRAISON A DESTINATION PAR LES CORRESPONDANTS DE LA COMPAGNIE DES ARTICLES DE MESSAGERIE, FINANCES ET VALEUR.

Le Tarif uniforme ci-après a été accepté par tous les correspondants de la Compagnie pour le factage à destination des articles de messagerie, finances et valeurs dont la réexpédition leur est confiée, savoir :

Articles de messagerie.

De 0 à 5 kilog. inclus .... 0 fr. 10 c.
Au-dessus de 5 kilog. jusqu'à 10 kilog. inclus................. 0   15
Au-dessus de 10 kilog. jusqu'à 20 kilog. inclus 0   20
Au-dessus de 20 kilog. jusqu'à 30 kilog. inclus............... 0   25
Au-dessus de 30 kilog. jusqu'à 40 kilog. inclus 0   30
Au-dessus de 40 kilog. et par fraction indivisible de 10 kilog ... 0   05

Finances et objets de valeur.

Par fraction indivisible de 1,000 francs...................... 0 fr. 15 c.

Ce Tarif est applicable à partir de ce jour. Il annule et remplace sans aucune exception les divers prix de factage qui figurent sur les Tarifs de réexpédition de grande vitesse de chaque correspondant.

10 juillet 1860.

N° 371

BILLETS A ORDRE, LETTRES DE CHANGE OU MANDATS A ENCAISSER A DESTINATION DE LOCALITÉS DESSERVIES PAR LES COMPAGNIES DU MIDI ET DE L'OUEST.

Le Règlement pour la Comptabilité des recettes de l'Exploitation contient, à la page 54 et suivantes, les dispositions relatives à l'encaissement des billets à ordre, lettres de change ou mandats remis à la Compagnie pour les localités directement desservies par elle ou ses correspondances.

Les gares et stations sont informées qu'elles devront, par exception à ces dispositions, refuser, à partir de ce jour, les effets à encaisser sur une localité desservie par les Compagnies du Midi et de l'Ouest, ces Compagnies ne voulant pas se charger d'effectuer ces encaissements.

15 juillet 1859 — 12 novembre 1860.

N° 372

ÉTAT DU SERVICE DES CORRESPONDANCES (Modèle n° 491).

Toutes les fois qu'il y a un changement ou une modification quelconque dans le service des correspondances (voitures et bateaux à vapeur) ou dans la marche des trains, les gares et stations où sont établies ces correspondances doivent immédiatement remplir l'état (Modèle n° 491) et l'adresser à l'Inspecteur principal de leur Inspection pour être transmis sans retard au Chef de l'Exploitation.

Les *états du service des Correspondances* doivent être dressés avec le plus grand soin, suivant les indications de chaque colonne, et contenir très-exactement tous les renseignements de nature à intéresser les Voyageurs des *au delà* du Chemin de fer : *Itinéraire des voitures, Heures d'arrivée et de départ, Distances, Durée du trajet, Prix des places*, etc.

Outre les voitures en correspondance directe avec le Chemin de fer, qui desservent l'arrivée et le départ des trains, et qui, par conséquent, amènent et prennent les Voyageurs à la station même, ces états doivent comprendre, d'une manière distincte, en les désignant séparément, toutes les voitures ou autres moyens de transport qu'on trouve en ville, soit pour les environs, soit pour les points éloignés, avec le plus de renseignements possible sur ces services. *Les voitures en correspondance directe avec le Chemin de fer, pour lesquelles on délivre les places, à Paris, doivent être indiquées par une mention spéciale.*

Les corrections sur les publications officielles des Chemins de fer, Affiches, Indicateurs, Livrets ou Guides étant faites d'après ces états, il est essentiel qu'ils soient de la plus rigoureuse exactitude, les erreurs pouvant amener, de la part des Voyageurs, des réclamations préjudiciables à la Compagnie. En conséquence, les Chefs de gare et de station sont rendus responsables des fausses indications portées sur l'*état du service des Correspondances*.

Septembre 1353.

N° 373

MODIFICATION AU SYSTÈME DES BILLETS DE VOYAGEURS.

Adoption du système des séries suivies.

Le Conseil d'administration a décidé que le système actuel des billets à séries interrompues, reconnu d'un usage défectueux sous plusieurs rapports, serait abandonné et remplacé par un système de billets à séries suivies.

Pour les relations des gares et stations entre elles qui donnent lieu à la délivrance de cent cinquante billets par an, ou plus, on se servira de billets à provenance et destination fixes; et pour les relations moins actives on se servira de billets dits « passe-partout. »

Cette règle sera appliquée aux billets en service commun avec les Compagnies étrangères aussi bien qu'aux billets du service intérieur de la Compagnie : à cet effet, chaque gare recevra trois séries de billets passe-partout distinctes pour chacun des réseaux avec lesquels elle est autorisée à trafiquer.

Nous donnons ci-dessous un *fac-simile* des deux espèces de billets :

Billets à provenance et destination fixes.   **Billets passe-partout**

Billet simple.   Billet aller et retour.   Billet simple.

000434

BRIVES LIBOURNE
1RE CLASSE

Les Billets une fois pris on n'en rend pas la valeur, ils doivent être représentés sinon le Parcours entier est EXIGIBLE

105 261

000434

DE CHOISY
PARIS
— 1re Classe —
RETOUR

DE PARIS
CHOISY
— 1re Classe —
ALLER

067532

214230

PARIS H
à
1RE CLASSE

Les Billets une fois pris on n'en rend pas la valeur, ils doivent être représentés, sinon le Parcours entier est EXIGIBLE

DESTINATION DE LA LIGNE D'ORLÉANS 1-H

214230

Nota : Les billets simples doivent être compostés au dos.

Chaque gare ou station ne délivrera de billets, comme par le passé, que pour les gares et stations avec lesquelles elle est en relation d'après les Tarifs généraux et spéciaux qui la concernent.

Dispositions transitoires.

Provisoirement, tant pour donner à l'Économat le temps de fabriquer les nouveaux billets que pour utiliser l'approvisionnement des billets de l'ancien modèle, chaque gare sera pourvue de billets passe-partout dont elle commencera la délivrance le 1er avril 1861, mais elle continuera à émettre les billets de l'ancien modèle pour les destinations devant comporter plus tard des billets à provenance et destination fixes.

Les nouveaux billets entiers à séries suivies, ainsi que les billets à séries interrompues maintenus transitoirement dans les gares seront d'ailleurs coupés et frappé au dos des griffes de réduction, pour être transformés en billets de demi et de quart de place.

Toutefois, et contrairement à ce qui se fait actuellement, les coupures seront faites comme suit à partir de l'époque précitée :

1° Pour les billets de demi-place, la séparation aura lieu immédiatement au-dessous de la mention qui commence par ces mots : « les billets une fois pris, etc.

2° Pour les billets de quart de place, la séparation aura lieu par le milieu, c'est-à-dire immédiatement au-dessous de l'indication de la classe.

A la même époque (1er avril 1861), les gares et stations renverront à l'Économat les billets en destination des points desservis désormais au moyen de billets passe-partout : cet envoi sera accompagné d'un relevé détaillé, par numéros commençants et finissants et par nombres, des billets retournés : ce relevé sera fait sur l'état de Voyageurs (Modèle n° 1 ou 2).

On remarquera que les billets passe-partout portent imprimé le nom du bureau distributeur et un blanc destiné à l'inscription à la plume, par le Receveur, du nom de la station destinataire. Au moment de leur délivrance, le Receveur doit reproduire le nom de la station destinataire au dos des talons des billets de demi et de quart de place. Il est en outre indispensable pour le Receveur d'inscrire sur un carnet disposé à l'avance à cet effet les destinations des billets passe-partout au fur et à mesure de la délivrance.

En fin de journée le Receveur portera (chaque jour) sur son état récapitulatif de Voyageurs (Modèle 1), à la suite des billets à destination fixe, les numéros commençants des séries de billets passe-partout, et s'il y a lieu, au-dessous de ces numéros, la destination par numéro, le nombre et le produit des billets passe-partout vendus dans la journée.

Le Receveur portera les réductions afférentes aux billets passe-partout sur son état journalier des réductions consenties (Modèle 99), à la suite des réductions afférentes aux billets à destination fixe.

Les surcharges et grattages sont interdits sur les billets passe-partout. En conséquence, tout billet dont l'inscription serait erronée devra être conservé par le Receveur, qui en prendra charge le jour même et pour la destination inscrite, et s'en créditera *sur la même journée comptable* par versement en compte courant au moyen du bordereau spécial (Modèle n° 20) dont le montant sera déduit du total de l'état récapitulatif des Voyageurs de la journée sous la rubrique « *billets non utilisés et retournés au Contrôle (suivant état Modèle n° 20)*. » Il est entendu que les billets annulés devront être joints au bordereau Modèle n° 20 à l'appui du crédit pris ainsi d'office par le Receveur.

Les billets passe-partout recueillis par les gares et stations destinataires devront être retournés à l'Administration centrale avec les autres billets recueillis à la sortie, et ainsi que ces derniers ils devront être placés, groupés 'par Compagnie 'expéditrice, sous une bande spéciale sur laquelle, indépendamment de la date et de l'empreinte de sa griffe, la gare destinataire devra porter l'inscription suivante : « Passe-partout. »

Le Contrôle, soit au départ, soit à l'arrivée, soit au passage dans les gares de bifurcation, devra s'exercer d'une manière spéciale sur les inscriptions portées sur les billets passe-partout, et mention des infractions aux précédentes prescriptions devra être faite sur les rapports journaliers.

Le § 1er du chapitre 1er du Règlement pour la Comptabilité de l'Exploitation est modifié par la présente Instruction, laquelle sera portée à la connaissance des Contrôleurs, Facteurs, Surveillants et tous autres Agents de la gare qu'elle intéresse.

16 mars 1861.

N° 374

DÉFENSE AUX GARES ET STATIONS D'ÉCHANGER ENTRE ELLES LES BILLETS DE VOYAGEURS.

Il arrive assez fréquemment que les Receveurs, pour faire disparaître les traces des erreurs matérielles qu'ils ont commises dans la délivrance des billets, se font retourner, par les gares destinataires, les billets de place délivrés à tort, et les remplacent à leur tour entre les mains de celles-ci par les billets qui auraient dû être réellement délivrés aux Voyageurs.

Il importe de faire cesser cette manière d'opérer, qui non-seulement est contraire aux règlements de la Compagnie, mais encore peut favoriser les abus les plus graves. En conséquence, MM. les Chefs de gare et de station devront à l'avenir (lorsqu'ils s'apercevront en temps opportun qu'un billet a été délivré pour une destination autre que celle demandée par le Voyageur) signaler immédiatement le fait à la gare où le Voyageur porteur du billet a dû s'arrêter, et en même temps aviser le bureau des taxes de l'irrégularité commise et de la suite donnée; la gare destinataire enverra le billet en question, *sous pli spécial*, au bureau des taxes.

Dans le cas où l'erreur commise ne serait pas reconnue par le bureau distributeur, la gare destinataire devrait constater le fait et le porter à son rapport journalier en indiquant que le billet a été envoyé au bureau des taxes avec explications.

Afin de limiter autant que possible les chances d'erreurs de cette nature, les Facteurs-Enregistrants devront s'assurer que la destination du billet présenté est la même que celle indiquée pour l'enregistrement des bagages.

Les dispositions qui précèdent s'étendent à tous les billets, quelle que soit leur nature, délivrés en destination du réseau d'Orléans et des Compagnies étrangères en service commun avec la ligne d'Orléans, ainsi qu'aux billets provenant de ces mêmes Compagnies.

Les Agents qui, malgré ces prescriptions, me seraient signalés à l'avenir comme ayant persisté à faire eux-mêmes ces échanges de billets, seront punis sévèrement.

Les Inspecteurs principaux devront veiller à la stricte exécution du présent Ordre.

20 septembre 1856.

N° 375

DÉPOT DE BAGAGES EFFECTUÉ DANS LES GARES AVANT LE DÉPART OU APRÈS L'ARRIVÉE DES TRAINS.

Les gares et stations recevront avec le présent Avis un carnet à double souche (Modèle n° 42) destiné à l'enregistrement des bagages mis ou laissés en dépôt par les Voyageurs, avant le départ ou après l'arrivée des trains.

Elles se conformeront pour cet enregistrement aux dispositions suivantes :

§ I.

Bagages mis en dépôt avant le départ des trains.

Au moment de la réception de ces bagages, le Facteur chargé de ce service devra remplir sur ce carnet les indications relatives au nombre et à la désignation des colis, et, en outre, à la première souche ou talon, celles relatives à la date d'entrée. Il détachera : 1° la partie de droite qui sera remise au déposant pour lui servir de reçu; 2° la partie du milieu qui sera collée sur le colis. (Si le dépôt se compose de plusieurs colis, on les groupera de manière à éviter qu'ils puissent être mêlés à des bagages appartenant à un autre Voyageur, et on collera le bulletin sur le plus apparent des colis d'un même groupe.)

Les numéros d'enregistrement portés sur la souche devront être répétés avec soin sur les bulletins qui en seront détachés, afin de faciliter les recherches ultérieures.

Les bagages seront rendus aux Voyageurs en échange du récépissé de dépôt et contre paiement de la somme due pour les droits de dépôt, lesquels seront calculés d'après la base fixée par l'arrêté ministériel porté à la connaissance des gares par l'Avis N° 339; au moment de cette remise, le Facteur remplira sur le talon la date de sortie et y portera la perception faite.

Les gares prendront débit des sommes perçues à ce titre, à la suite de leur bordereau de magasinage (Modèle 116), et sous le titre de *Magasinages perçus pour dépôt de bagages.*

§ II.

Bagages laissés en dépôt après l'arrivée des trains.

Ici, il peut se présenter deux cas :

1° Quand le Voyageur remettra son bulletin et laissera ses bagages, on agira comme pour le dépôt des bagages avant le départ, c'est-à-dire qu'on procédera à l'enregistrement desdits bagages sur le carnet dans la forme indiquée plus haut.

2° Quand le Voyageur laissera ses bagages en conservant son bulletin, on les passera immédiatement à la consigne, à moins qu'ils soient arrivés par un train express, ou un train poste précédant un train omnibus formé, comme lui, de la décomposition d'un seul et même train, auquel cas on attendra jusqu'après la délivrance des bagages du train omnibus. Passé ce délai, si les bagages ne sont pas réclamés, on les enregistrera sur le carnet pour la perception du droit de dépôt être faite à la délivrance des colis, laquelle ne devra d'ailleurs avoir lieu, bien entendu, que contre remise du bulletin de bagages conservé par le Voyageur.

MM. les Inspecteurs principaux sont chargés d'assurer l'exécution des dispositions qui précèdent.

25 janvier 1861.

N° 376

FEUILLES DE ROUTE, BORDEREAUX DE CHARGEMENT ET AUTRES PIÈCES DEVANT ACCOMPAGNER LES MARCHANDISES EXPÉDIÉES PAR LA PETITE VITESSE.

Art. 1er. — Il doit être établi, pour toute expédition de marchandises à petite vitesse, une facture de transport, dressée sur papier timbré, s'il n'est pas remis de lettre de voiture par l'expéditeur. Toute expédition doit aussi être portée sur une feuille de route et sur un bordereau de chargement de wagon.

Les marchandises soumises aux droits de douane ou de régie ne doivent jamais être acceptées qu'accompagnées des pièces nécessaires à leur transport, *passavants, acquits-à-caution, congés, expéditions* ou autres, suivant les cas. On doit s'assurer au préalable de la régularité de ces pièces pour les dates, délais et désignations de colis.

Art. 2. — Les gares et stations expéditrices doivent dresser une feuille de route et un bordereau de chargement distinct pour chaque destination. En outre, si la marchandise d'une même destination forme le chargement de plus d'un wagon, il doit être fait autant de bordereaux de chargement qu'il y a de wagons expédiés. (ORDRE GÉNÉRAL N° 20, art. 6.)

Art. 3. — L'envoi des feuilles de route, bordereaux de chargement ou autres pièces destinées à régulariser les transports, doit, en principe, être fait *par le train qui emmène les marchandises.*

En conséquence, l'établissement de ces pièces doit toujours être complétement terminé avant le départ de ce train.

La remise doit en être faite au Chef de train en temps utile, pour qu'il les reconnaisse et en prenne charge.

Art. 4. — Lorsqu'une gare ou une station ne peut expédier ou laisser continuer, par un seul et même train, la totalité des wagons compris sur une même feuille de route, elle doit faire partir, avec son premier envoi, toutes les feuilles qui doivent accompagner la marchandise, et ne retenir que les bordereaux de chargement des wagons ajournés, en ayant soin d'inscrire, sur la feuille de route, en regard des numéros de chaque wagon ajourné : *Différé à.....*

Les wagons retenus dans ces conditions doivent être expédiés par le train suivant avec leurs bordereaux de chargement et une *feuille d'ordre* dressée sur l'imprimé des feuilles de route, comprenant la date et le numéro du train, le nom de la station expéditrice, celui de la station destinataire, les numéros d'expédition et les numéros des wagons. La feuille d'ordre doit indiquer, en outre, en *observations,* les trains dont les wagons ont été différés.

Art. 5. — Les gares de bifurcation et celles où s'opèrent des décompositions de train doivent procéder comme il est dit à l'art. 4 ci-dessus pour les wagons inscrits sur une même feuille de route, venant d'au delà, dont elles sont obligées de fractionner la réexpédition.

Art. 6. — Dans le but de faciliter aux gares de décomposition le triage des feuilles, et pour éviter que, dans cette opération, aucune pièce soit perdue ou égarée, les gares et stations expéditrices doivent prendre le soin de réunir en une seule liasse, par un cordon passé dans l'angle de manière à permettre de les vérifier, la feuille de route, les lettres de voiture, factures de transport, les pièces de douane ou de régie, etc., en ne laissant dégagés que les bordereaux de chargement qui peuvent, dans certains cas, être expédiés séparément, soit au point de départ, soit dans une gare intermédiaire, ainsi qu'il est dit aux articles ci-dessus.

Chaque gare expéditrice doit inscrire, au dos des feuilles de route ainsi disposées, le nom de la gare destinataire et le nombre de pièces liées à chaque feuille. La conformité de ces inscriptions, pour chaque paquet, doit être vérifiée par le Chef de train, qui en devient responsable.

Art. 7. — Les Chefs de train sont tenus de s'assurer, avant le départ soit de la gare qui expédie le train, soit des stations intermédiaires où ils prennent des chargements, que les wagons et les parties de marchandises qui leur sont remis, sont accompagnés d'une feuille de route ou d'une feuille d'ordre, et des bordereaux de chargement.

La prise en charge au départ par le Chef de train, et la remise par lui, aux gares et stations d'arrivée, des pièces accompagnant le train, sont constatées au moyen du bordereau des feuilles de route et bordereaux de chargement confiés au Conducteur (Modèle n° 85).

Il doit être dressé un bordereau n° 85 à tous les points où s'établissent les feuilles de marche et de mouvement de matériel.

La gare de départ et les stations intermédiaires inscrivent sur ce bordereau, dans les colonnes à ce destinées, le numéro des feuilles de route, le nombre des bordereaux de chargement qu'elles remettent au Conducteur et les numéros de wagons auxquels appartiennent les titres. Cette inscription établit la prise en charge du Conducteur.

Chaque station destinataire devra émarger en regard des feuilles qui lui sont remises par le Conducteur.

Le bordereau est remis par le Conducteur à la gare d'arrivée qui l'envoie à l'Inspecteur principal pour être conservé en cas de réclamation ultérieure.

Art. 8. — Par exception à l'art. 3 ci-dessus, les expéditions de marchandises qui sont faites par les gares principales entre elles sont accompagnées seulement des bordereaux de chargement et d'une feuille d'ordre (Modèle n° 158).

Les feuilles de route, lettres de voiture et autres pièces doivent être envoyées, sous bande, par le premier train de grande vitesse qui suit le départ de la marchandise.

L'enregistrement de ces plis est obligatoire, et la bande qui les enveloppe doit porter cette inscription : *Feuille des marchandises parties de* _____ *par le train n°* ___ , *le* _____ *en destination de* _____ .

21 décembre 1854.

47

N° 377

MODIFICATION APPORTÉE AUX SOUCHES DES FEUILLES DE ROUTE ACCOMPAGNANT LES EXPÉDITIONS EN DESTINATION DES COMPAGNIES DU MIDI, DE LYON ET DE L'OUEST.

Les gares et stations vont être approvisionnées de nouvelles feuilles de route (Modèles 851, 852, 853, 854, 855 et 857), dont elles devront se servir, à partir du 11 février courant, à l'exclusion complète des anciens Modèles n⁰ˢ 42, 821 et 20, pour toutes leurs expéditions adressées directement par Bordeaux, le Guétin, Moulins-sur-Allier, le Mans et Ivry, aux gares et stations des Compagnies du Midi, de Lyon, de l'Ouest et du Nord.

Dès l'arrivée de ces nouvelles feuilles de route, les gares et stations devront renvoyer à l'Économat les anciens Modèles n⁰ˢ 42, 821 et 20, qui seront utilisés à l'Administration centrale.

Les souches de ces nouvelles feuilles de routes diffèrent des anciennes en ce qu'il y est ménagé pour la provenance et la destination réelles, et pour l'indication de la nature de la marchandise, trois colonnes spéciales.

Les gares et stations sont invitées à mentionner, dans la cinquième colonne, les garanties données par les expéditeurs, et à ne faire figurer sur la souche, dans la colonne intitulée : *Montant de la lettre de voiture*, que le montant des lettres de voiture créées par le commerce.

5 février 1861.

N° 378

TRANSPORTS A GRANDE VITESSE, EN PROVENANCE OU EN DESTINATION DES AU DELA DE PARIS.

Les transports de la Compagnie, à grande vitesse, en provenance ou en destination des *au delà* de Paris, donnant lieu à une comptabilité spéciale à la gare de Paris, il a été décidé que ces transports feraient, à l'avenir, l'objet de feuilles de route spéciales.

Ces feuilles de route seront, toutefois, du même modèle que celui des feuilles de route ordinaires; seulement au lieu de porter **Paris** simplement, comme lieu de provenance ou de destination, elles porteront **Paris transit**, et la même distinction sera observée tant sur les livres intérieurs des gares, que sur les pièces comptables destinées à l'Administration centrale.

1ᵉʳ avril 1859.

Nº 379

ÉTIQUETTES PASSE-PARTOUT A APPOSER SUR LES COLIS EN DESTINATION DES STATIONS SECONDAIRES DES COMPAGNIES ÉTRANGÈRES.

Les gares et stations sont informées que de nouvelles étiquettes de bagages et de marchandises, à grande et à petite vitesse, seront mises à leur disposition à partir du 25 novembre courant, pour les points d'une importance secondaire des Compagnies du Midi, de l'Ouest et de Lyon avec lesquels elles sont autorisées à trafiquer directement.

Ces étiquettes diffèrent des autres en ce qu'elles ne portent pas de destination fixe, et qu'en conséquence ce renseignement doit y être ajouté à la main.

Les demandes faites à l'Économat devront désigner ces étiquettes sous le nom de **étiquettes passe-partout** (service commun avec la Compagnie du Midi, de l'Ouest ou de Lyon).

10 novembre 1860.

Nº 380

RÈGLEMENT POUR LA COMPTABILITÉ DES RECETTES DE L'EXPLOITATION.

Les dispositions du chapitre V du Règlement de Comptabilité des recettes de l'Exploitation, ayant pour objet la Comptabilité intérieure et spéciale aux gares principales, ne sont provisoirement applicables qu'aux gares ci-après désignées :

Paris (gare des Voyageurs),
Paris (bureau central de la rue Saint-Honoré),
Ivry,
Orléans,
Blois,
Tours,
Saumur (création du 22 février 1861),
Angers,
Nantes,
Poitiers,
Angoulême,
Bordeaux,
La Rochelle,
Périgueux,
Bourges,
Châteauroux,
Limoges,
Montluçon.

Les Inspecteurs principaux de l'Exploitation, les Inspecteurs Contrôleurs de l'Exploitation et les Inspecteurs de la Comptabilité sont chargés d'assurer, en ce qui les concerne, l'observation des prescriptions dudit Règlement.

24 novembre 1859.

N° 381

ABONNEMENT AUX JOURNAUX.

Le Règlement de Comptabilité (ch. II, § 4) prescrit aux gares et stations de dresser chaque jour, en double expédition, un bordereau détaillé (Modèle 189) des quittances d'abonnements aux journaux délivrées sur la demande des abonnés.

La première expédition de ce bordereau doit être envoyée sous bande à l'adresse du Chef du Bureau central, 130, rue Saint-Honoré, et la deuxième expédition doit être jointe au bordereau de liquidation de la journée comptable.

Mais il arrive souvent que cette dernière expédition n'est pas jointe au bordereau de liquidation et parvient par erreur au Bureau central, qui est exposé à la considérer comme une nouvelle demande et à faire desservir ainsi deux abonnements pour un au même abonné.

Pour prévenir les doubles emplois de ce chef, les gares devront se servir dorénavant, pour la deuxième expédition du bordereau précité à annexer à leur liquidation, d'imprimés sur papier *jaune*, tandis qu'elles continueront à se servir d'imprimés sur papier *blanc* pour les bordereaux destinés au Bureau central de la rue Saint-Honoré.

Les approvisionnements du Modèle n° 189 seront envoyés aux gares moitié sur papier jaune et moitié sur papier blanc.

29 mars 1860.

N° 382

PAIEMENT DES MANDATS DE LA COMPAGNIE A EFFECTUER PAR LES GARES SOIT DIREC-TEMENT, SOIT PAR L'INTERMÉDIAIRE DES AGENTS DE LA VOIE ET DE L'EXPLOI-TATION.

En vertu du chapitre V, § 6, article 6 du Règlement de Comptabilité, les Chefs de section de la Voie, les Inspecteurs et les Contrôleurs de l'Exploitation sont autorisés à puiser, contre récépissés, dans les caisses des gares principales désignées à l'INSTRUCTION N° 380 du 24 novembre 1859, les fonds nécessaires au paiement des feuilles de solde et autres pièces de dépense collectives ordonnancées par l'Administration centrale.

Les Agents accrédités à cet effet sont ceux ci-après :

Bureau central de la rue Saint-Honoré. { MM. DE LAULANHIER, Inspecteur de l'Exploitation. DOUCET, Contrôleur des bureaux de ville.

Gare de Paris. Voyageurs.

MM. MICKANIEWSCKI, Chef de section de la Voie.
DE LAULANHIER, Inspecteur de l'Exploitation.
DOUCET, Contrôleur des bureaux de ville.
HOMBERG, Inspecteur de l'Exploitation.
DURU, Contrôleur de l'Exploitation.
COLLIGNON-FAURE, Chef du bureau de la rue Notre-Dame-des-Victoires.

Gare de Paris. Marchandises.

MM. MICKANIEWSCKI, Chef de section de la Voie.
HOMBERG, Inspecteur de l'Exploitation.
DURU, Contrôleur de l'Exploitation.

Orléans.

MM. THUILARD, Chef de section de la Voie.
VIVIEN, Chef de section de la Voie.
HOMBERG, Inspecteur de l'Exploitation.
FAYOLLE, Inspecteur de l'Exploitation.
CLARKE, Contrôleur de l'Exploitation.
DE PARSEVAL, Contrôleur de l'Exploitation.

Blois.

MM. REVAUX (Joseph), Chef de section de la Voie.
PLOCQUE, Inspecteur de l'Exploitation.
DESPRÉS, Contrôleur de l'Exploitation.

Tours.

MM. GARREAU, Régisseur comptable des Travaux neufs.
SOURCIS, Chef de bureau de la Voie.
MARREL, Chef de section de la Voie.
CLOUET, Chef de section de la Voie.
BLUTÉ, Chef de section de la Voie.
PLOCQUE, Inspecteur de l'Exploitation.
LEBRUN, oncle, Inspecteur de l'Exploitation.
DESPRÉS, Contrôleur de l'Exploitation.
DIARD, Contrôleur de l'Exploitation.
OGIER DE BAULNY, Contrôleur de l'Exploitation.
DE CUSSY, Contrôleur de l'Exploitation.

Saumur.

MM. BERTUCCAT, Chef de section de la Voie.
MARREL, Chef de section de la Voie.
LEBRUN, oncle, Inspecteur de l'Exploitation.
DE CUSSY, Contrôleur de l'Exploitation.

Angers.

MM. BERTUCCAT, Chef de section de la Voie.
LEBRUN, oncle, Inspecteur de l'Exploitation.
DE CUSSY, Contrôleur de l'Exploitation.
MOLINOS, Contrôleur de l'Exploitation.

Nantes.
MM. Pingeot, Régisseur comptable des Travaux neufs.
de la Peyrade, Régisseur comptable des Travaux neufs.
Revaux (Auguste), Chef de section de la Voie.
Lebrun, oncle, Inspecteur de l'Exploitation.
Molinos, Contrôleur de l'Exploitation.

Saint-Nazaire.
MM. Lebrun, oncle, Inspecteur de l'Exploitation.
Molinos, Contrôleur de l'Exploitation.

Poitiers.
MM. Garreau, Régisseur comptable des Travaux neufs.
Perrin, Chef du bureau de la Voie.
Bessonnet, Chef de section de la Voie.
Moignard, Chef de section de la Voie.
Collignon, Inspecteur de l'Exploitation.
Vince, Inspecteur de l'Exploitation.
de Chièvres, Contrôleur de l'Exploitation.
Rada, Contrôleur de l'Exploitation.

Angoulême.
MM. Viron, Chef de section de la Voie.
Vince, Inspecteur de l'Exploitation.
Rada, Contrôleur de l'Exploitation.
de Clermont-Tonnerre, Contrôleur de l'Exploitation.

Bordeaux.
MM. Robillard, Chef de section de la Voie.
Vince, Inspecteur de l'Exploitation.
de Clermont-Tonnerre, Contrôleur de l'Exploitation.
Simon, Chef du bureau de ville.

La Rochelle.
MM. Garreau, Régisseur comptable des Travaux neufs.
Yehl, Chef de section de la Voie.
Collignon, Inspecteur de l'Exploitation.
de Chièvres, Contrôleur de l'Exploitation.

Périgueux.
MM. Rabuson, Chef de section de la Voie.
Aviat, Chef de section de la Voie.
Lebrun, neveu, Inspecteur de l'Exploitation.
Marchand, Contrôleur de l'Exploitation.

Bourges.
MM. Jucqueau, Chef de section de la Voie.
Fayolle, Inspecteur de l'Exploitation.
Rouquaud jeune, Contrôleur de l'Exploitation.

Châteauroux.	MM. Privé, Chef de section de la Voie. de Rocquemaurel, Chef de section de la Voie. de la Martinière, Inspecteur de l'Exploitation. de la Tour, Contrôleur de l'Exploitation. Frémont de la Merveillière, Contrôleur de l'Exploitation.
Limoges.	MM. Billotte, Chef de section de la Voie. de la Martinière, Inspecteur de l'Exploitation. Frémont de la Merveillière, Contrôleur de l'Exploitation.
Montluçon.	MM. Domageau, Chef de section de la Voie. Devivaise, Inspecteur de l'Exploitation.

Ces Agents ont seuls qualité pour signer les bons (Modèle n° 500) à délivrer aux Caissiers des gares.

Ces bons sont à souche et détachés d'un carnet dont les Caissiers ont seuls le dépôt.

Ils sont annexés, après paiement, par les Caissiers, à leur liquidation, pour être transmis à l'Administration centrale, conformément au Règlement.

Quant aux souches, elles sont transmises quotidiennement, sous pli, par les Caissiers également, soit aux Ingénieurs d'arrondissement, lorsque les signataires des bons dépendent du service de la Voie, soit aux Inspecteurs principaux, lorsqu'ils dépendent du service de l'Exploitation.

A l'aide de ces souches, les Ingénieurs d'arrondissement et les Inspecteurs principaux sont tenus au courant des pièces officielles qui ont donné lieu à des avances par les Caissiers des gares et en surveillent la prompte rentrée à la Comptabilité générale, à laquelle ils en doivent compte.

Les Agents sus-désignés doivent, d'ailleurs, conformément au Règlement, lorsqu'ils réclament des avances, représenter aux Caissiers des gares les pièces de dépense au paiement desquelles ces avances sont destinées.

Ceux-ci apposent sur ces pièces de dépense, au moment même de la remise des fonds, l'empreinte : **Payé le...**

Ils sont pourvus, à cet effet, d'une griffe spéciale portant le nom de leur gare et d'une boîte de caractères mobiles, pour énoncer la date du paiement, à la suite des mots : **Payé le...**

Cette griffe est apposée au dos de tous mandats, feuilles de solde et états collectifs émanant de l'Administration centrale et payés par les Caissiers, que leur paiement soit effectué entre les mains des titulaires, directement, ou entre les mains des susdits Agents intermédiaires.

Lorsqu'il s'agit de feuilles de solde et d'états collectifs, elle n'est apposée qu'une fois et ne rappelle que la date du **premier paiement** fait par le Caissier, à valoir sur chaque feuille ou état.

L'empreinte de la griffe est marquée à l'encre noire et doit être parfaitement lisible.

Elle est placée dans l'espace vide qui se trouve au-dessous de la signature du Chef de la Comptabilité générale et des Finances, en ayant soin de ne pas maculer cette signature.

A défaut de cette empreinte, convenablement placée et bien marquée, les pièces de dépense seraient rejetées par le Caissier principal de la Compagnie et renvoyées aux gares.

Toutes les gares et stations autres que les gares principales qui sont, comme celles-ci, susceptibles de payer des mandats de la Compagnie, seront également pourvues d'une griffe et d'une boîte de caractères mobiles et se conformeront aux dispositions qui précèdent en ce qui concerne l'apposition de l'empreinte. Elles se reporteront, quant aux autres formalités, au chapitre II, § 16 du Règlement, dont toutes les dispositions sont maintenues, à cette exception près que les mandats, au lieu d'être payables aux stations indiquées à la suite du nom des titulaires, ainsi que l'annonce le Règlement, ne seront payables qu'aux stations indiquées, *le cas échéant*, à la suite du **Nota** qui se trouve placé au dos de chaque mandat, à côté de l'acquit de la partie prenante.

13 janvier 1860.

N° 383

DÉFENSE A TOUT AGENT COMPTABLE DE FAIRE DES AVANCES DE FONDS AUX EMPLOYÉS DES GARES ET STATIONS.

Le Chef de l'Exploitation rappelle aux Caissiers, Receveurs, et en général à tous les Agents comptables, qu'il leur est interdit de faire, sous aucun prétexte, des avances de fonds aux Employés de la Compagnie, alors même que ces avances devraient leur être restituées sur les appointements du mois courant.

Les caisses des gares et stations ne peuvent donc jamais être à découvert que de la solde des Agents à la journée congédiés dans le courant du mois, et des dépenses faites pour les besoins du service lorsque la faible importance de ces dépenses ne permet pas d'attendre la fin du mois pour leur ordonnancement.

MM. les Inspecteurs de la Comptabilité sont invités à signaler toutes les infractions au présent Avis qu'ils constateraient dans leurs vérifications.

15 février 1861.

N° 384

TAXE DES TRANSPORTS DITS DE SERVICE.

Toutes les expéditions telles que : plis et groups déclarés valeur, envois des divers services de la Compagnie aux gares et stations et *vice versâ*, objets trouvés sur la voie, envois de denrées des gares aux magasins de denrées, etc., devront être taxés à l'avenir aux prix des tarifs généraux ou spéciaux de la Compagnie, soit en grande, soit en petite vitesse.

Ces divers transports devront être enregistrés sur les livres d'expéditions et portés sur feuille de route à souche, comme des expéditions ordinaires; les gares destinataires se couvriront de l'importance des frais de transport au moyen du versement en compte courant des récépissés des destinataires, ainsi qu'il est procédé actuellement pour les expéditions des services de la Voie et de la Traction.

Sont seuls exceptés de cette mesure :

Le transport des plis de service sans poids ni valeur ;

Le transport des boîtes à recettes et des sacs contenant les pièces comptables et les plis de service ;

Le transport des pièces de comptabilité des Chemins de fer pour les transports de la guerre ;

Le retour à vide des emballages et autres objets appartenant aux gares, tels que : bâches, prolonges, garrots, etc.: ;

Les envois des magasins de denrées aux Chefs de gare et de stations ;

Le retour des emballages vides par les gares auxdits magasins, lesquels continueront (comme par le passé) à être transportés franco, mais avec enregistrements pour ordre sur des feuilles de route à souche qui devront être retournées, après reproduction pour ordre sur les livres de débit, à l'Administration centrale, avec les pièces comptables de la journée.

Les transports différés continueront à être expédiés pour ordre et sans taxe.

Ces transports devront d'ailleurs être accompagnés de feuilles de route à souche rappelant notamment :

1° Le numéro et la date de chacune des expéditions primitives dans lesquelles se trouve confondue la taxe des colis différés ;

2° La nature de ces colis ainsi que leurs marques et numéros ;

3° Enfin toutes les indications propres à édifier l'Administration centrale sur la condition de l'expédition en franchise.

12 novembre 1859.

N° 385

EXÉCUTION D'UN TRAITÉ PASSÉ AVEC LE MINISTÈRE DE LA MARINE POUR LE TRANSPORT DE BOIS DE MARINE EN DESTINATION DES PORTS DE ROCHEFORT, CHERBOURG ET TOULON.

La Compagnie vient de passer un traité avec le Ministère de la Marine pour le transport, des diverses gares et stations du réseau aux ports de Rochefort, Cherbourg et Toulon, des bois appartenant à la Marine Impériale, et qui auront été remis pour son compte à l'une quelconque desdites gares.

Ce traité, exécutoire dès à présent, sera en vigueur jusqu'au 1er octobre 1861.

En voici les dispositions essentielles :

Les bois seront livrés aux gares par l'Entrepreneur chargé de l'équarrissage et du transport, s'il s'agit de bois extraits des forêts domaniales, et livrés directement à la Marine,

48

ou par le Fournisseur pour les bois achetés par marchés. Cette livraison sera effectuée à l'emplacement désigné par le Chef de gare. En même temps, il sera remis à celui-ci un extrait, dûment certifié par l'Ingénieur, du carnet de recettes, sur lequel seront mentionnés les espèces, signaux, dimensions et cubes de recette des pièces. Ces extraits devront être annexés aux factures de transport, pour servir, à l'arrivée, à la reconnaissance des bois transportés. Le Chef de gare donnera décharge des bois auxdits Entrepreneurs ou Fournisseurs sur l'expédition du procès-verbal de recette qui leur reste entre les mains.

Il est accordé un délai de vingt-cinq jours pour le transport à Rochefort et à Cherbourg, et de trente jours pour le transport à Toulon de chaque partie de bois d'une importance maximum de 50 stères, à compter du jour où la Compagnie en aura pris charge. Ces délais totaux se divisent entre les diverses Compagnies qui concourent au transport, au prorata des distances parcourues.

Les gares doivent veiller avec le plus grand soin à ce que ces délais ne soient pas dépassés, le traité stipulant pour chaque jour de retard une retenue de 2 0/0 sur le prix du transport.

Le prix de transport de chaque gare de départ à la gare d'arrivée dans chaque port de destination, est fixé à *soixante-six millimes* (0,066) par kilomètre et par stère de recette, y compris les frais de manutention.

Le transport des gares d'arrivée aux différents lieux de dépôt, y compris les opérations de manutention et de mise à terre, sera effectué aux prix ci-après, savoir :

De la gare de Rochefort à l'intérieur de l'Arsenal, à raison de 3 francs par stère de recette ;

De la gare de Cherbourg au parc des Flamands, à raison de 3 fr. 33 c. ;

De la gare de Toulon au Champ de recette de Lagoubran, au prix de 3 fr. 33 c.

Ce dernier prix sera réduit à 2 fr. 50 c. lorsque l'embranchement du Chemin de fer de Toulon qui doit relier la gare de la Seyne au Champ de recette de Lagoubran sera terminé et garni des engins propres au déchargement des bois, ce dont les gares seront informées en temps utile.

Le prix ci-dessus de 0,066 par stère de recette et par kilomètre sera appliqué de suite sur les lettres de voiture, qui donneront ainsi une taxe au volume et non une taxe au poids.

En ce qui touche la comptabilité desdits transports, les gares devront se conformer aux prescriptions du Règlement de Comptabilité, et notamment à celle de l'INSTRUCTION ANNEXE N° 14 (service commun avec Lyon) pour les transports en destination de Toulon, et de l'INSTRUCTION ANNEXE N° 16 (service commun avec l'Ouest) pour ceux en destination de Cherbourg.

25 juillet 1860.

N° 386

TRANSPORTS DE MONNAIE DE BILLON A EFFECTUER POUR LE COMPTE DU MINISTÈRE DES FINANCES.

Les diverses Compagnies de Chemins de fer se sont chargées de transporter des monnaies de billon, *en petite vitesse*, pour le compte du Ministère des Finances.

Les transports dont il s'agit auront pour origine : Paris, Bordeaux et Strasbourg, et pour destination les chefs-lieux de département et d'arrondissement.

Les transports au départ de Paris et de Bordeaux seront remis *franco aux gares* d'Ivry et de la Bastide avec un bordereau d'expédition qui accompagnera les espèces jusqu'à destination définitive.

Malgré la présence de cette pièce, la gare de départ dressera une facture de transport *non timbrée*, laquelle accompagnera aussi l'expédition, mais jusqu'à la gare d'arrivée seulement.

Les expéditions seront toujours faites en port dû et la taxe à appliquer sur le Chemin de fer calculée à raison de seize centimes (0 fr. 16 c.) par tonne et par kilomètre.

La gare d'arrivée, lorsqu'elle sera gare de destination définitive, se fera délivrer par le destinataire un accusé de réception en bonne forme, lequel devra être libellé sur le bordereau d'expédition susmentionné.

Lorsque la destination du transport sera un *au delà* du réseau, la gare d'arrivée remettra à son correspondant de petite vitesse, en même temps que le transport, le bordereau d'expédition qui l'accompagne, et elle en retirera un reçu au dos de la facture de transport émanée de la Compagnie.

Ce reçu devra être daté et servira à préciser la responsabilité du Chemin de fer et du correspondant, en cas de retard dans la livraison.

Le correspondant, aussitôt la livraison effectuée, restituera à la gare d'arrivée le bordereau d'expédition revêtu de l'accusé de réception en bonne forme du destinataire comme il est dit ci-dessus.

La livraison sera toujours effectuée *franco*, à destination, soit par les camionneurs, soit par les correspondants de la Compagnie, auxquels il sera alloué les prix fixés par leurs tarifs de camionnage ou de réexpédition, pour les transports à petite vitesse.

Les gares destinataires se créditeront du montant des frais dont elles seront à découvert, tant pour le transport sur la voie ferrée que pour le camionnage ou la réexpédition, par un bordereau de versement en compte courant, auquel devra être joint rigoureusement le bordereau d'expédition revêtu du récépissé du destinataire, ce bordereau étant le titre principal de la Compagnie pour obtenir le remboursement de ses frais et avances.

Si le transport doit parcourir plusieurs lignes ferrées, les lignes expéditrices se couvriront de leurs frais par le débit des lignes correspondantes, de telle sorte que la dernière ligne chargée d'assurer la livraison à destination sera seule à découvert de l'importance totale des frais de transport.

Le retour des sacs vides doit être effectué gratis ; on ne taxera donc pas ces transports sur les rails, et les gares feront suivre en débours, sur feuilles de route, les frais de camionnage au départ, ou de transport antérieur. Les gares destinataires se créditeront du montant des débits qui leur viendront de ce chef, par bordereau Modèle 29.

Le camionnage des sacs en retour sera fait à Bordeaux, par M. Vigo de Quès, et à Paris par le service de l'Agence générale :

Les délais de transport sont fixés ainsi qu'il suit :

Pour la voie de fer, à 100 kilomètres par jour.

    id.   de terre à 20   id.

5 février 1861.

N° 387

LIVRAISON FRANCO DES COLIS CONTENANT DES PIÈCES A CONVICTION, ADRESSÉES A MM. LES PROCUREURS IMPÉRIAUX.

Les colis contenant des pièces à conviction accompagnées d'un réquisitoire émanant de MM. les Procureurs impériaux devront être remis *franco* à l'adresse indiquée par le réquisitoire.

Les gares destinataires se couvriront des frais de transport et de factage par le versement en compte courant du réquisitoire revêtu du récépissé du destinataire.

19 juin 1860.

N° 388

RÈGLES A SUIVRE POUR LES MARCHANDISES EN DESTINATION DE LA GARE DE BORDEAUX.

Pour l'exécution du Tarif spécial D n° 37 (*Transport et manutention des marchandises sur les voies du quai de la rive droite de la Garonne à Bordeaux et sur leurs raccordements avec la gare*), les mesures suivantes sont prescrites :

1° TRANSPORT.

Pour les marchandises en provenance ou en destination de la voie maritime ou de la voie fluviale, la taxe sera celle résultant des Tarifs généraux actuels augmentés, pour le parcours de la gare de Bordeaux au quai de la rive droite de la Garonne et *vice versâ*, par chargement de 500 kilog. au moins, et par fraction indivisible de 100 kilog., de 0 fr. 05 c., soit 0 fr. 50 c. par tonne de 1,000 kilog.

Toutefois, cette taxe supplémentaire ne devra être appliquée par les gares expéditrices qu'autant que les expéditeurs auront demandé que leurs marchandises soient transportées sur lesdites voies de raccordement.

2° MANUTENTION.

Les marchandises transportées sur les voies dont il s'agit seront exonérées de tous frais de manutention sur le raccordement, lorsqu'elles seront expédiées ou reçues par partie de 4,500 kilog. ou plus.

Les expéditions inférieures à 4,500 kilog. seront assujetties, en sus des frais de transport dont il est parlé plus haut, à des frais de manutention qui seront fixés par parties de 500 kilog. au moins, et par fraction indivisible de 100 kilog., à 0 fr. 15 c., soit 1 fr. 50 c. par tonne de 1,000 kilog.

En conséquence de ce qui précède, et pour éviter toute confusion, on devra porter exactement sur les feuilles de route et lettres de voiture des expéditions en destination de Bordeaux, suivant qu'elles devront ou non être conduites jusqu'à la Garonne, la mention abrégée de Q. R., qui signifiera *Quai de la rivière,* ou de G. B., qui signifiera *Gare des marchandises de Bordeaux*

Ces indications sont nécessaires non-seulement pour rendre plus facile la vérification des taxes à l'arrivée, mais surtout pour faire connaître à la gare de Bordeaux le point où les marchandises doivent être livrées par elle.

Cette gare adoptera, de son côté, les mêmes signes pour les expéditions qui partiront de Bordeaux en destination des gares et stations du réseau.

29 mai 1855.

N° 389

TRANSPORTS EN DESTINATION DU CHEMIN DE CEINTURE.

Les marchandises expédiées par les gares et stations en destination du Chemin de Ceinture ou des lignes en correspondance ont été jusqu'ici traitées comme étant en destination d'Ivry ; elles sont chargées avec ces dernières sans distinction et inscrites sur les mêmes feuilles de route.

Il résulte de ce mode d'opérer une manutention onéreuse et des complications d'écritures qui sont la source d'erreurs et de retards dans la réexpédition.

Dans le but de remédier à ces inconvénients, les mesures suivantes sont formellement prescrites :

1° Les gares et stations qui expédient des marchandises en destination du Chemin de Ceinture ou des lignes en correspondance avec ce Chemin, doivent opérer comme si le bureau du Chemin de Ceinture, à Ivry, était une gare distincte et complétement indépendante de la gare d'Ivry elle-même.

2° En conséquence, toutes les marchandises en destination du Chemin de Ceinture ou des lignes en correspondance avec ce Chemin doivent être inscrites sur des feuilles de route spéciales portant la désignation : *Ivry-Ceinture.*

Les bordereaux de chargement, faits pour chaque wagon, doivent porter la même désignation, et il doit en être dressé autant qu'il y a de destinations différentes dans le chargement (ORDRE GÉNÉRAL Nº 12, art. 6), avec indication de chaque destination, savoir :

Ivry-Ceinture. — Bercy,
— — La Villette,
— — Batignolles,
— — Ateliers Gouin,
— — La Chapelle,
— — Bercy (Montereau à Troyes), etc.

3º Les gares et stations expéditrices et les gares de transbordement doivent s'efforcer de réunir dans les mêmes wagons, et par chargements complets, les marchandises en destination du Chemin de Ceinture. Les wagons chargés pour ces destinations doivent porter l'inscription à la craie : Ivry-Ceinture.

4º Lorsque les expéditions destinées au Chemin de Ceinture ne suffisent pas pour compléter un chargement de wagon, ce chargement doit être complété par des marchandises en destination de Paris. Dans ce cas, les marchandises de chaque destination doivent être séparées avec soin de manière à être facilement reconnues à l'arrivée, et il doit toujours être fait un bordereau de chargement distinct, pour chaque destination, comme il a été dit au § 2 ci-dessus, en exécution de l'art. 6 de l'ORDRE GÉNÉRAL Nº 12.

Octobre 1853.

Nº 390

TRANSPORT DIRECT DES PLATRES ET ENGRAIS EFFECTUÉ PAR LES GARES DU CHEMIN DE FER DE CEINTURE EN DESTINATION DU RÉSEAU D'ORLÉANS.

A partir du 25 de ce mois, les gares de Belleville-Villette et Charonne, du Chemin de fer de Ceinture, sont autorisées à adresser directement leurs expéditions de plâtres et d'engrais aux gares et stations de la Compagnie d'Orléans.

Les Tarifs de la Compagnie d'Orléans et ceux du Chemin de Ceinture (édition de décembre 1860) seront soudés ensemble, et la lettre de voiture ainsi que la feuille de route comprendront les taxes des deux Compagnies réunies en une seule somme.

Les gares destinataires devront se débiter de ces transports en la forme ordinaire et les faire figurer à leur bordereau d'arrivages immédiatement avant les provenances de la gare de Paris, en indiquant le bureau expéditeur du Chemin de fer de Ceinture.

18 mars 1861.

Nº 391

SERVICE COMMUN ENTRE LES COMPAGNIES D'ORLÉANS ET DE L'OUEST POUR LE TRANSPORT DES MARCHANDISES PETITE VITESSE TRANSITANT D'UN RÉSEAU SUR L'AUTRE PAR LE CHEMIN DE CEINTURE.

Les Compagnies d'Orléans et de l'Ouest ont décidé qu'elles établiraient, à partir du

21 mai courant, un service commun pour le transport des marchandises à petite vitesse transitant d'un réseau sur l'autre par le Chemin de Ceinture.

En conséquence, ces marchandises seront expédiées désormais dans les conditions suivantes :

§ Ier.

Dispositions générales.

Les transports à petite vitesse expédiés par les stations du réseau d'Orléans, sur la ligne de l'Ouest, continueront à être dirigés, soit par Ivry, soit par le Mans par les sections qui forment la plus courte distance entre leur point de départ et leur point de destination, et conformément aux indications des Tarifs communs généraux des deux Compagnies d'Orléans et de l'Ouest.

§ II.

Transports à petite vitesse transitant par le Chemin de Ceinture.

Toutes les gares et stations du réseau d'Orléans trafiqueront directement et avec réciprocité avec toutes les gares et stations du réseau de l'Ouest.

La gare de départ établira une seule feuille de route (Modèle 857 violet clair) par destination définitive pour les trois parcours de la ligne d'Orléans, du Chemin de Ceinture et de la ligne de l'Ouest.

Cette feuille comporte, à la suite de chacune des colonnes intitulées : Taxe et Enregistrement (port dû et port payé) deux colonnes de répartition, l'une comprenant la part afférente à la Compagnie expéditrice cumulée avec celle du Chemin de Ceinture, et l'autre la part afférente à la Compagnie destinataire ; ces deux colonnes seront remplies par la gare de départ.

La facture de transport établie dans la forme ordinaire portera au dos le décompte par Compagnie ; ce décompte sera fait par la gare expéditrice et vérifié par la gare destinataire, qui est chargée de l'arrêter définitivement.

Par exception aux dispositions du présent paragraphe, les gares et stations de la Compagnie d'Orléans ne sont pas autorisées à trafiquer directement avec les gares et stations de la Compagnie de l'Ouest pour les transports du Ministère des Finances dont il est fait mention aux INSTRUCTIONS ANNEXES du Règlement de Comptabilité n° 2, articles 1, 2 et 3 (pages 9 à 17). Ces expéditions devront toujours être faites en destination de la gare des Batignolles, qui est chargée de les réexpédier à destination. Cette exception ne doit en aucun cas être étendue aux transports généraux de la Guerre.

§ III.

Opérations de la gare d'Ivry.

La gare d'Ivry remettra au Chemin de Ceinture les feuilles de route destinées à la Compagnie de l'Ouest, accompagnées d'un bordereau Modèle n° 1. Ce bordereau indiquera les numéros des wagons, leur poids, les date, numéro, provenance et destination des feuilles. La taxe du Chemin de Ceinture s'établira sur le poids total du wagon, lorsque les marchandises contenues dans ce wagon seront soumises au même Tarif sur le Chemin de Ceinture. Dans le cas contraire, il sera fait un calcul distinct pour le poids soumis à un tarif particulier.

La gare d'Ivry tiendra un registre de transbordement sur lequel les avaries et les manquants reconnus au passage seront constatés. Mention de ces avaries et manquants sera faite sur le bordereau Modèle n° 1. Les bordereaux Modèle n° 1 seront copiés ou décalqués sur un registre spécial, et le double sera adressé au bureau des taxes de la Compagnie d'Orléans.

En cas de transbordement de la marchandise, la gare d'Ivry changera le numéro du wagon sur le bordereau de chargement ou elle créera un nouveau bordereau de chargement; si, au contraire, la marchandise n'est pas transbordée, le bordereau de chargement créé par la gare expéditrice suivra jusqu'à destination.

§ IV.

Tarifs à appliquer.

Pour la taxation des transports, on appliquera soit les Tarifs communs avec la Compagnie de l'Ouest, soit les Tarifs particuliers des trois Compagnies, soudés ensemble.

Les doubles transports résultant de fausses directions sont taxés à 0 fr. 03 c. par tonne et par kilomètre. Cette disposition ne s'applique pas aux transports refusés à destination dont le magasinage et le retour sont taxés par la gare destinataire primitive au taux ordinaire de ses tarifs.

§ V.

Dispositions diverses.

1° BORDEREAU DE CHARGEMENT.

Les gares établiront un bordereau de chargement pour la gare destinataire toutes les fois que le wagon sera uniquement chargé pour cette destination.

Si, au contraire, le wagon contient des marchandises pour plusieurs gares de la Compagnie de l'Ouest, tout en faisant des feuilles de route distinctes par destination, il sera créé un bordereau de chargement collectif adressé à la gare des Batignolles.

Si le wagon contient en même temps des marchandises pour la Compagnie de l'Ouest et pour d'autres Compagnies, le bordereau de chargement sera établi en destination d'Ivry-Ceinture.

2° SOUCHE DES FEUILLES DE ROUTE.

Les souches des feuilles de route (Modèle 857, violet clair) devront être remplies complétement par les gares expéditrices, c'est-à-dire que la répartition des taxes, sur les souches comme sur les feuilles de route, devra être faite au départ dans les colonnes à ce destinées.

Cette disposition concernant les souches et les feuilles de route sera applicable, à partir de la même époque, aux expéditions en petite vitesse transitant par le Mans, contrairement aux prescriptions de l'annexe n° 16 du Règlement général de la Comptabilité, qui, sauf cette modification, est maintenu dans toutes ses dispositions.

La souche (Modèle 857, violet clair) diffère de l'ancienne souche en ce que la colonne Observations est supprimée, et que les colonnes intitulées Provenance, Destination réelle et Désignation des colis, devront y suppléer.

3° ENVOI DES FEUILLES DE ROUTE ET AUTRES PIÈCES ACCOMPAGNANT LA MARCHANDISE.

L'envoi des feuilles de routes, bordereaux de chargement et autres pièces quelconques sera fait en principe par le train qui emmène la marchandise.

Par exception, les expéditions faites par les gares principales du réseau d'Orléans, en destination des gares et stations de la ligne de l'Ouest, seront accompagnées seulement du bordereau de chargement et d'une feuille d'ordre (Modèle n° 158). Quant aux feuilles de route, lettres de voiture et autres pièces, elles continueront à être envoyées sous bande, par le premier train à grande vitesse, à la gare d'Ivry.

Nota. — Provisoirement, et jusqu'à ce que les gares aient reçu de l'Économat les nouvelles feuilles de route (Modèle 857, violet clair), elles se serviront, pour le trafic commun avec les gares de l'Ouest, par le Chemin de Ceinture, du Modèle 854 bleu, qui sert au transit par le Mans. Toutefois, elles auront soin de mettre en évidence en tête de chaque souche et feuille de route la mention suivante : transit par le Chemin de Ceinture.

Les Inspecteurs principaux de l'Exploitation sont chargés de surveiller l'exécution de ces dispositions.

17 mai 1861.

N° 392

RELATIONS DIRECTES, EN GRANDE VITESSE, ENTRE LES GARES DU RÉSEAU D'ORLÉANS ET CELLES DU RÉSEAU DE L'OUEST.

Les gares des réseaux d'Orléans et de l'Ouest dont les noms suivent trafiqueront directement entre elles, en passant par le Mans, pour le service des Voyageurs, des bagages et chiens, de la messagerie, des denrées et des finances :

1° Les gares de Tours, Saumur, Port-Boulet, Angers, Ancenis, Nantes, Savenay, Saint-Nazaire, Châtellerault, Poitiers, Civray, Ruffec, Angoulême, Libourne, Bordeaux, Coutras, Périgueux, Niort, la Rochelle et Rochefort, trafiqueront avec celles de : Chartres, la Loupe, Nogent-le-Rotrou, la Ferté-Bernard, Laval, Vitré, Rennes, Alençon, Sées, Argentan, Falaise, Mézidon, Caen, Bayeux, Lison, Saint-Lô, Carentan, Valognes, Cherbourg, Lisieux, Pont-Lévêque, Bernay et Conches.

2° La gare d'Amboise trafiquera avec celles de : Chartres, la Loupe, Nogent-le-Rotrou, la Ferté-Bernard, Laval, Vitré, Rennes, Alençon, Sées, Argentan, Falaise, Mézidon, Caen, Bayeux, Lison, Saint-Lô, Carentan, Valognes, Cherbourg, Lisieux, Pont-Lévêque et Bernay.

3° La gare de Blois trafiquera avec celles de : Chartres, la Loupe, Nogent-le-Rotrou, la Ferté-Bernard, Laval, Vitré, Rennes, Alençon, Sées, Argentan, Falaise, Mézidon, Caen, Bayeux, Saint-Lô, Lison, Carentan, Valognes, Cherbourg, Lisieux et Pont-Lévêque.

4° La gare de Beaugency trafiquera avec celles de : la Loupe, Nogent-le-Rotrou, la Ferté-Bernard, Laval, Vitré, Rennes, Alençon, Sées, Argentan, Falaise, Mézidon, Caen, Bayeux, Lison, Carentan, Valognes, Cherbourg et Saint-Lô.

5° Les gares d'Orléans, Vierzon, Issoudun, Châteauroux, la Souterraine, Limoges, Bourges et le Guétin trafiqueront avec celles de : Nogent-le-Rotrou, la Ferté-Bernard, Laval, Vitré, Rennes, Alençon, Sées, Argentan et Falaise.

6° La gare d'Etampes trafiquera avec celles de : Laval, Vitré, Rennes, Alençon, Sées et Argentan.

7° Les gares et stations situées entre Tours et le Mans d'une part et entre le Mans, Chartres, Alençon et Laval d'autre part, trafiqueront toutes directement entre elles.

8° Les transports de toute nature, expédiés par les stations du réseau d'Orléans sur la ligne de l'Ouest, seront dirigés à destination, soit par Paris, soit par le Mans, par les sections qui forment la plus courte distance entre leur point de départ et leur point de destination. La gare du Mans est chargée de la réexpédition de ceux de ces transports qui emprunteront la section de Tours au Mans.

Le Règlement de Comptabilité annexe n° 16 est maintenu en ce qui concerne le mode de comptabilité et les Tarifs à appliquer à toutes les natures de transports en service commun avec la Compagnie de l'Ouest.

1ᵉʳ Juillet 1859.

N° 393

EXPÉDITION EN DESTINATION DES LIGNES DE L'OUEST PAR LA GARE DU MANS, OU DE LA LIGNE DE LYON PAR LA GARE DU GUÉTIN.

Il importe de faciliter le travail des gares du Mans et du Guétin pour la réexpédition des colis provenant du réseau d'Orléans et en destination des lignes de l'Ouest et de Lyon. Les difficultés actuelles tiennent principalement à l'absence de renseignements suffisants sur les bordereaux de chargement et à l'absence d'étiquettes sur les colis.

A l'avenir, les gares du réseau d'Orléans qui feront des expéditions en destination de la ligne de l'Ouest par le Mans, ou de la ligne de Lyon par le Guétin, devront placer sur les colis une étiquette portant le nom de la station destinataire de l'Ouest ou de Lyon, si elles trafiquent directement avec cette station ; dans le cas contraire, les gares expéditrices du réseau d'Orléans appliqueront aux colis l'étiquette du Mans ou du Guétin sur laquelle elles ajouteront à la main *pour*......... et le nom de la station destinataire. Les bordereaux de chargement accompagnant ces expéditions et adressés aux gares du Mans ou du Guétin devront également faire la mention : *pour faire suivre à*......... et le nom de la station destinataire.

Les Inspecteurs principaux sont chargés d'assurer l'exécution de ces dispositions.

8 octobre 1858.

N° 394

ENVOI A LA GARE DU MANS DES PIÈCES D'EXPÉDITION DES MARCHANDISES A PETITE VITESSE EN DESTINATION DE LA LIGNE DE L'OUEST.

Afin d'éviter les retards qui se produisent fréquemment dans l'arrivée des feuilles de route, lettres de voiture et autres pièces relatives aux expéditions faites à petite vitesse du réseau d'Orléans sur celui de l'Ouest et réciproquement, et pour fixer au besoin la responsabilité de ces retards, les deux Compagnies ont décidé qu'on ferait au Mans la reconnaissance contradictoire des feuilles, comme on y fait déjà la reconnaissance contradictoire des marchandises.

En conséquence, pour toutes les marchandises à petite vitesse en destination de la ligne de l'Ouest, les gares et stations devront adresser, par les trains à grande vitesse, les feuilles de route, lettres de voiture et autres pièces au Chef de la gare du Mans qui, après vérification, les fera suivre à destination.

Pour l'envoi de ces pièces d'expédition, les gares et stations se conformeront strictement aux formalités prescrites par l'INSTRUCTION N° 376 dont les dispositions sont étendues à toutes les gares et stations du réseau, en ce qui concerne les articles expédiés sur la Compagnie de l'Ouest.

Les feuilles de route devront, comme par le passé, porter en tête, à la suite des mots : *à la station de*........, le nom de la gare ou station de la Compagnie de l'Ouest à laquelle les marchandises sont expédiées.

Par réciprocité, le Chef de la gare du Mans recevra les feuilles et pièces des marchandises expédiées par les gares et stations de la Compagnie de l'Ouest aux gares et stations de la Compagnie d'Orléans, auxquelles il les expédiera par les trains de grande vitesse, après vérification contradictoire de ces feuilles et des marchandises qu'elles concernent.

8 avril 1859.

N° 395

SERVICE COMMUN ENTRE LES COMPAGNIES D'ORLÉANS ET DU NORD POUR LE TRANSPORT DES MARCHANDISES TRANSITANT D'UN RÉSEAU SUR L'AUTRE PAR LE CHEMIN DE CEINTURE.

Les Compagnies d'Orléans et du Nord ont décidé qu'elles établiraient, à partir du 11 février courant, un service commun pour le transport des marchandises transitant d'un réseau sur l'autre par le Chemin de Ceinture.

En conséquence, ces marchandises seront expédiées désormais dans les conditions suivantes :

§ 1er.

Dispositions générales.

Les gares d'Ivry, Choisy, Corbeil, Étampes, Orléans, Beaugency, Blois, Amboise, Tours, Châtellerault, Poitiers, Civray, Ruffec, Angoulême, Libourne, Bordeaux, Niort, Surgères, la Rochelle, Rochefort, Saumur, Angers, Ancenis, Nantes, Savenay, Saint-Nazaire, Vierzon, Bourges, le Guétin, Issoudun, Châteauroux, Argenton, la Souterraine, Limoges, Mussidan, Périgueux et Brives trafiqueront directement, pour toutes les marchandises transitant par le Chemin de fer de Ceinture, avec les gares de la Chapelle, Saint-Denis, Pontoise, Creil, Beauvais, Compiègne, Chauny, Laon, Saint-Quentin, Cambrai, Maubeuges, Clermont, Amiens, Abbeville, Boulogne, Arras, Douai, Somain, Valenciennes, Fives, Lille, Roubaix, Tourcoing, Armentières, Dunkerque, Saint-Omer et Calais, et *vice versâ*.

Les gares et stations de la ligne d'Orléans non dénommées ci-dessus devront adresser la marchandise à la gare de la Chapelle qui en fera la réexpédition à la destination définitive.

De plus, les expéditions de houille et de coke seront faites directement de tous les points de la ligne du Nord sur tous les points de la ligne d'Orléans ; les expéditions d'ardoises seront faites directement d'Angers, de la Paperie et de Trélazé vers tous les points de la ligne du Nord.

§ II.

Gares autorisées à trafiquer directement.

La gare de départ établira une seule feuille de route Modèle n° 855, par destination définitive pour les trois parcours de la ligne d'Orléans, du Chemin de Ceinture et de la ligne du Nord.

Cette feuille comporte, à la suite de chacune des colonnes intitulées : Taxe et Enregistrement (port dû et port payé), deux colonnes de répartition, l'une comprenant la part afférente à la Compagnie expéditrice cumulée avec celle du Chemin de Ceinture, et l'autre la part afférente à la Compagnie destinataire ; ces deux colonnes seront remplies par la gare de départ.

La facture de transport établie dans la forme ordinaire portera au dos le décompte par Compagnie ; ce décompte sera fait par la gare expéditrice et vérifié par la gare destinataire, qui est chargée de l'arrêter définitivement.

Par exception aux dispositions du présent paragraphe, les gares et stations de la Compagnie d'Orléans ne sont pas autorisées à trafiquer directement avec les gares et stations de la Compagnie du Nord, savoir :

1° Pour les transports du Ministère des Finances dont il est fait mention à l'Annexe n °2, articles 1, 2 et 3 du Règlement général de la Comptabilité, ces expéditions devront toujours être faites en destination de la gare de la Chapelle (Nord), qui est chargée de les réexpédier à destination ;

2° Pour les expéditions en destination de la Belgique et de l'Allemagne, qui devront être adressées en gare de la Chapelle comme si elles étaient destinées à une gare non autorisée à trafiquer directement.

§ III.

Gares et stations autorisées à trafiquer seulement avec la gare de la Chapelle.

Une seule feuille de route, également établie sur le Modèle 855, sera faite en destination de la gare de la Chapelle, la taxe comprendra celle de la Compagnie d'Orléans cumulée avec celle de la Ceinture en un seul chiffre.

§ IV.

Opérations de la gare d'Ivry.

La gare d'Ivry remettra au Chemin de Ceinture les feuilles de route destinées à la Compagnie du Nord, accompagnées d'un bordereau Modèle n° 1. Ce bordereau a été modifié et indiquera désormais les numéros de wagons et leur poids, les dates, numéros, provenance et destination des feuilles. La taxe du Chemin de Ceinture s'établira sur le poids total du wagon lorsque les marchandises contenues dans ce wagon seront soumises au même Tarif sur le Chemin de Ceinture. Dans le cas contraire il sera fait un calcul distinct pour le poids soumis à un Tarif particulier.

La gare d'Ivry tiendra un registre de transbordement sur lequel les avaries et les manquants reconnus au passage seront constatés. Mention de ces avaries et manquants sera faite sur le bordereau Modèle n° 1. Les bordereaux Modèle n° 1 seront copiés ou décalqués sur un registre spécial, et le double sera adressé au bureau des taxes de la Compagnie d'Orléans.

En cas de transbordement de la marchandise, la gare d'Ivry changera le numéro du wagon sur le bordereau de chargement, ou elle créera un nouveau bordereau. Si au contraire la marchandise n'est pas transbordée, le bordereau de chargement créé par la gare expéditrice suivra jusqu'à destination.

§ V.

Tarifs à appliquer.

Pour la taxation des transports, on soudera ensemble les Tarifs généraux et spéciaux de chaque Compagnie avec les Tarifs du Chemin de Ceinture.

Les doubles transports résultant de fausses directions seront taxés à 0.03 c. par tonne

et par kilomètre. Cette disposition ne s'applique pas aux expéditions refusées dont le magasinage et le retour sont taxés par la Compagnie destinataire primitive au taux ordinaire de
ses Tarifs.

§ VI.

Dispositions diverses.

1° BORDEREAU DE CHARGEMENT.

Les gares autorisées à trafiquer directement établiront un bordereau de chargement
pour la gare destinataire, toutes les fois que le wagon sera uniquement chargé pour cette
destination.

Si au contraire le wagon contient des marchandises pour plusieurs gares de la Compagnie du Nord, tout en faisant des feuilles de route distinctes par destination, il sera créé
un bordereau de chargement collectif adressé à la gare de la Chapelle.

Si le même wagon contient en même temps des marchandises pour la Compagnie du
Nord et pour d'autres Compagnies, le bordereau de chargement sera établi en destination
d'Ivry, Ceinture.

2° SOUCHES DES FEUILLES DE ROUTE.

Les souches des feuilles de route Modèle 835 devront être remplies complétement par
les gares expéditrices, c'est-à-dire que la répartition des taxes, sur les souches comme sur
les feuilles de route, devra être faite au départ dans les colonnes à ce destinées.

La souche Modèle 835 diffère de l'ancienne souche en ce que la colonne Observations
est supprimée, et que les colonnes intitulées Provenance, Destination réelle et Désignation
des colis, devront y suppléer.

3° ENVOI DES FEUILLES DE ROUTE ET AUTRES PIÈCES ACCOMPAGNANT LA MARCHANDISE.

L'envoi des feuilles de route, bordereaux de chargement et autres pièces quelconques sera
fait en principe comme par le passé par le train qui emmène la marchandise.

Par exception, les expéditions faites par les gares principales du réseau d'Orléans en destination des gares et stations de la ligne du Nord, seront accompagnées seulement du bordereau de chargement et d'une feuille d'ordre Modèle n° 158; quant aux feuilles de route,
lettres de voiture et autres pièces elles continueront à être envoyées sous bande par le premier train de grande vitesse à la gare d'Ivry.

Les Inspecteurs principaux de l'Exploitation sont chargés de surveiller l'exécution de ces
dispositions.

5 février 1861.

N° 396

SERVICE COMMUN ENTRE LES GARES ET STATIONS DU RÉSEAU D'ORLÉANS ET CELLES DU RÉSEAU DU MIDI, A PARTIR DU 5 NOVEMBRE 1860.

Par suite de l'achèvement du Chemin de jonction qui relie la gare de Bordeaux (la Bastide) avec celle de Bordeaux (Saint-Jean), tête de ligne du réseau du Midi, les deux Compagnies d'Orléans et du Midi ont décidé qu'un service commun serait établi entre elles.

Le Chef de l'Exploitation a arrêté les dispositions suivantes 'dans le but de régler les rapports de comptabilité des gares et stations de la ligne d'Orléans avec celles de la ligne du Midi et avec le Contrôle.

§ I^r.

Voyageurs.

Les gares de Tours, le Mans, Port-Boulet, Saumur, Angers, Nantes, Savenay, Saint-Nazaire, Châtellerault, Poitiers, Niort, la Rochelle, Rochefort, Civray, Ruffec, Angoulême, Chalais, Coutras, Mussidan, Périgueux, Brives, Libourne et Bordeaux (la Bastide), trafiqueront directement pour le transport des Voyageurs avec les gares de Bordeaux (Saint-Jean), Arcachon, Mont-de-Marsan, Aire, Tarbes, Dax, Bayonne, Langon, la Réole, Marmande, Tonneins, Agen, Valence-d'Agen, Moissac, Castel-Sarrasin, Montauban, Toulouse, Villefranche, Castelnaudary, Carcassonne, Narbonne, Perpignan, Béziers, Agde et Cette, et *vice versâ*.

Les gares de Paris, Corbeil, Étampes, Orléans et Blois trafiqueront directement sur le réseau du Midi avec les gares ci-dessus désignées, depuis Bordeaux (Saint-Jean) jusqu'à Carcassonne inclusivement, et *vice versâ*.

Les gares de Vierzon, Bourges, le Guétin, Issoudun, Châteauroux, Argenton, la Souterraine et Limoges trafiqueront directement sur le réseau du Midi avec les gares ci-dessus désignées depuis Bordeaux (Saint-Jean) jusqu'à Toulouse inclusivement, et *vice versâ*.

Les gares et stations de la ligne d'Orléans non dénommées ci-dessus doivent considérer Bordeaux (la Bastide) comme gare destinataire chargée de faire la réexpédition.

Les Receveurs seront approvisionnés, par l'Administration centrale, de billets directs donnant droit au parcours complet jusqu'à destination ; cette mesure s'applique aux militaires et marins voyageant isolément et aux enfants de trois à sept ans. Les autres Voyageurs jouissant d'une réduction sur le prix de leur place en provenance du réseau d'Orléans devront prendre un second billet à la gare de Bordeaux (la Bastide).

En fin de journée, les Receveurs doivent faire la répartition des produits des billets vendus. Dans ce but ils doivent : 1° établir un bordereau spécial de Voyageurs (couleur rose, Modèle n° 1), comprenant, par distinction, les sommes afférentes à la Compagnie du Midi et au Chemin de jonction ; 2° reporter sur l'état général des voyageurs (Modèle nᵉ 2), en regard de la mention « billets délivrés en destination de la Compagnie du Midi : part afférente à la Compagnie d'Orléans, » la somme en bloc, et par classe, afférente à la Compagnie d'Orléans, ainsi que le nombre de billets également en bloc et par classe.

Le montant du bordereau, comprenant les produits revenant à la Compagnie du Midi et au Chemin de jonction, est ensuite reporté sur l'État général (Modèle nᵒ 2), de manière à ne former qu'un seul article de versement sur le bordereau de liquidation.

§ II.

Bagages et Chiens.

Toutes les gares et stations du réseau d'Orléans devront trafiquer en service commun pour le transport des bagages avec toutes les gares et stations de la ligne du Midi.

Si la station expéditrice délivre des billets pour la destination indiquée par le Voyageur, le bagage n'est accepté que sur la présentation du billet de place et pour la destination indiquée sur ce billet.

Si au contraire la station expéditrice ne délivre pas de billets pour la destination indiquée, l'enregistrement des bagages n'en est pas moins effectué pour cette destination sur la présentation d'un billet pour Bordeaux (la Bastide).

Les gares seront munies de cahiers spéciaux à doubles feuilles de route (Modèle 485 pour les bagages et Modèle 21, rose, pour les chiens). Chacune de ces feuilles doit comprendre la taxe complète jusqu'à destination extrême.

Le Voyageur reçoit un seul bulletin de bagages ou de chiens comprenant le prix total par lui payé au départ jusqu'à destination extrême, et ne remet ce bulletin qu'à cette destination, et en prenant livraison des colis ou des chiens.

En fin de journée, les Facteurs enregistrants aux bagages doivent faire la répartition des sommes encaissées. Dans ce but, ils doivent : 1ᵒ établir un état spécial des bagages et chiens (couleur rose, Modèle nᵒ 19), comprenant, sans distinction, les sommes afférentes à la Compagnie du Midi et au Chemin de jonction, et 2ᵒ reporter sur l'état général des bagages et chiens (Modèle nᵒ 4), en regard de la mention « Part de la Compagnie d'Orléans sur les bagages en destination de la Compagnie du Midi, » la somme en bloc afférente à la Compagnie d'Orléans.

Le montant de l'état spécial comprenant les produits revenant à la Compagnie du Midi et au Chemin de jonction, est ensuite reporté sur l'état général (Modèle nᵒ 4), de manière à ne former qu'un seul article de versement sur le bordereau de liquidation.

En ce qui concerne l'étiquetage des colis, on emploiera pour les destinations indiquées au § Iᵉʳ les étiquettes spéciales à destinations fixes, et pour les destinations non dénommées audit paragraphe, on se servira des étiquettes passe-partout (couleur rose).

§ III.

Transports à grande et à petite vitesse.

Toutes les gares et stations des deux réseaux sont autorisées à trafiquer directement entre elles pour le transport des animaux, des voitures, des finances, des denrées et de la messagerie (grande vitesse), ainsi que pour le transport des animaux, voitures et marchandises (petite vitesse).

Toutefois, les transports par voie de fer entre les stations des deux Compagnies pouvant avoir lieu en transitant par le Guétin ou par Bordeaux, la gare expéditrice devra choisir la direction la plus avantageuse au public, à moins d'une demande contraire de l'expéditeur.

Il sera établi une seule feuille de route (couleur rose, Modèle 42) pour les trois parcours sur la ligne d'Orléans, le Chemin de jonction et la ligne du Midi.

Le montant total des taxes afférentes aux trois parcours sus-nommés sera compris dans la colonne intitulée « Taxe et Enregistrement. — Port dû ou port payé, » la répartition entre les Compagnies étant réservée aux bureaux de l'Administration centrale. Les colonnes de répartition qui figurent sur les bordereaux récapitulatifs d'expédition (Modèle 90) seront également remplies à l'Administration centrale.

Sauf les dispositions qui précèdent, il n'est rien changé aux règles de la Comptabilité ; ainsi les expéditions d'animaux, voitures, chevaux, finances, denrées, messagerie et marchandises faites en destination des gares et stations du réseau du Midi doivent être enregistrées sur les livres d'expédition et récapitulées sur le bordereau récapitulatif des expéditions (Modèle 90) ; les sommes perçues au départ pour transports en port payé et les sommes payées pour débours doivent figurer à la liquidation avec les autres ports payés ou débours de la journée.

De même, les arrivages d'animaux, voitures, chevaux, finances, denrées, messagerie et marchandises, provenant des gares et stations de la Compagnies du Midi, doivent être pris en charge en la forme ordinaire au livre de débit, au bordereau de réception et à la liquidation.

§ IV.

Tarifs à appliquer.

Pour la taxation des transports, on soudera ensemble les Tarifs généraux et spéciaux de chaque Compagnie avec les Tarifs du Chemin de fer de jonction.

Les frais d'enregistrement, de chargement, de déchargement, de gares, de magasinage et autres seront perçus conformément à l'arrêté ministériel du 24 juillet 1860, au profit de la Compagnie propriétaire de la gare à laquelle revient la perception.

Les doubles transports résultant de fausses directions seront taxés à un prix uniforme de 0 fr. 03 c. par tonne et par kilomètre, plus les frais accessoires ordinaires.

Les transports en grande ou en petite vitesse refusés à destination seront taxés (comme magasinage et retour) au plein des Tarifs généraux et spéciaux des Compagnies respectives.

L'INSTRUCTION ANNEXE Nº 13 du Règlement pour la Comptabilité de l'Exploitation est annulée par la présente.

Les Inspecteurs principaux de l'Exploitation sont chargés de surveiller l'exécution de ce qui précède.

25 octobre 1860.

N° 397

MODIFICATION DANS L'USAGE DES DUPLICATA DE FEUILLES DE ROUTE DES BAGAGES ET DES CHIENS TRANSPORTÉS EN SERVICES COMMUNS AVEC LES COMPAGNIES DE L'OUEST, DE LYON ET DU MIDI.

A partir du 1er avril prochain, les duplicata de feuilles de route des bagages et des chiens transportés en services communs, lesquels sont actuellement adressés chaque jour au bureau des taxes par les gares expéditrices de la Compagnie d'Orléans, devront suivre les feuilles et accompagner les colis et les chiens jusqu'aux gares de jonction avec les Compagnies destinataires.

Les gares du Mans, du Guétin et de Bordeaux (gares de jonction avec les lignes de l'Ouest, de Lyon et du Midi) sont chargées de retirer ces duplicata, de les faire émarger pour prise en charge par l'Agent de la Compagnie chargée de la réexpédition, et enfin de les transmettre sous pli spécial à l'Administration centrale, après les avoir classés par date d'expédition et par destination.

Le modèle actuel des feuilles de route des bagages et des chiens expédiés en service commun avec les Compagnies sus-nommées continuera à être utilisé, bien que son libellé ne soit pas d'accord avec les précédentes prescriptions; il sera d'ailleurs modifié ultérieurement.

Les Annexes 14, 15 et 16, article 3, du Règlement de la Comptabilité de l'Exploitation, se trouvent modifiées par le présent qui complète le § 2 de l'Avis 396.

Les Inspecteurs principaux de l'Exploitation sont chargés de veiller à l'exécution de ce qui précède.

21 mars 1861.

N° 398

SERVICE COMMUN ENTRE LES GARES ET STATIONS DU RÉSEAU D'ORLÉANS ET CELLES DU RÉSEAU DU MIDI, A PARTIR DU 5 NOVEMBRE 1860.

§ 1er.

L'Instruction 396, en date du 25 octobre 1860, spécifiant la direction à donner aux divers transports transitant d'une ligne sur l'autre, les tarifs à leur appliquer et le mode d'expédition à suivre est maintenue dans toutes ses parties. Les gares et stations ne perdront pas de vue qu'elles ne doivent délivrer des billets directs que pour les trains qui ont sur la ligne du Midi une correspondance directe; elles consulteront à cet effet le tableau de la marche des trains sur le chemin de jonction, à Bordeaux, lequel indique les trains en correspondance sur les deux lignes.

§ II.

Lorsqu'un train de Voyageurs du Midi, désigné comme étant en correspondance directe sur la ligne d'Orléans, ne sera pas arrivé dans les trente minutes qui suivront son heure d'arrivée réglementaire, la gare de la Bastide fera partir le train correspondant sans attendre le train en retard ; dans ce cas, conformément à la circulaire ministérielle du 15 avril 1859, les Voyageurs du train en retard, munis de billets directs, seront acheminés vers leur destination définitive par le train le plus prochain partant de Bordeaux et desservant la station de destination, quelles que soient d'ailleurs la composition du train et la classe ou les classes de voitures.

§ III.

Les litiges que peut soulever la livraison des transports en provenance de la ligne du Midi sont réglés par les soins des Chefs de gares et stations destinataires, comme si ces transports provenaient du réseau d'Orléans, et conformément au § 3 de l'Ordre général n° 19.

§ IV.

Les rectifications relatives aux expéditions faites en grande vitesse (port payé et port dû) et celles relatives aux expéditions de petite vitesse en port payé seront imputables aux stations expéditrices. Les rectifications relatives aux expéditions de petite vitesse en port dû seront imputables aux stations destinataires, toutes les fois que la lettre de voiture ne donnera pas une somme fixe à recevoir à destination.

10 novembre 1860.

N° 399

DROITS DE GARE ET TAXES A PERCEVOIR SUR LE CHEMIN DE JONCTION A BORDEAUX AUX MARCHANDISES TRANSITANT DU CHEMIN D'ORLÉANS SUR LE CHEMIN DU MIDI, *et vice versâ*.

Les droits de gare de 0 fr. 40 c. par Compagnie, perçus depuis le 5 novembre 1860 pour les marchandises (petite vitesse), empruntant les Chemins d'Orléans et du Midi et la ligne de jonction à Bordeaux seront réduits à 0 fr. 20 c. par Compagnie (soit au total 0 fr. 40 c. au lieu de 0 fr. 80 c.) quels que soient les Tarifs appliqués sur ces deux lignes.

Lorsque les marchandises n'emprunteront que l'une des deux lignes avec le Chemin de jonction, le droit de gare à percevoir au point intermédiaire de transit se trouvera réduit à 0 fr. 20 c. au profit de la Compagnie propriétaire de la gare de transit.

Il n'est pas apporté d'autre modification à l'application des Tarifs, par conséquent, le minimum de perception par expédition sur le Chemin de jonction reste fixé à 0 fr. 40 c., soit 0 fr. 20 c. pour chaque Compagnie, étant entendu que ce minimum n'est pas applicable aux expéditions d'un poids inférieur à 40 kilog., lesquelles continueront à être taxées à raison de 0 fr. 25 c. par tonne et par kilomètre sur le Chemin de jonction, comme sur les Chemins d'Orléans et du Midi, conformément à l'arrêté ministériel du 25 octobre 1858.

Il n'est fait aucune modification aux taxes des Tarifs communs des houilles, fers, matières résineuses, et des marbres, etc. (E n° 6, E n° 7); la part réservée dans ces Tarifs, pour le camionnage à Bordeaux, sera, comme par le passé, attribuée au Chemin de jonction, et divisée par moitié entre les deux Compagnies, sans se préoccuper des insuffisances qui en résulteront.

21 juin 1861.

N° 400

TAXES A APPLIQUER SUR LE CHEMIN DE JONCTION A BORDEAUX AUX TRANSPORTS GÉNÉRAUX DE LA GUERRE ET DES FINANCES EFFECTUÉS EN PETITE VITESSE.

Les gares et stations sont prévenues que, par suite de l'ouverture du Chemin de jonction de Bordeaux, reliant les lignes d'Orléans et du Midi, il y a lieu, pour les expéditions en provenance ou en destination de la Compagnie du Midi, d'opérer désormais, en ce qui concerne les transports en petite vitesse de la Guerre et des Finances, ainsi qu'il est expliqué ci-après :

Ces transports, au lieu de rompre charge à Bordeaux comme par le passé, doivent continuer par toute voie de fer jusqu'à leur destination, soit sur le réseau d'Orléans, soit sur le Chemin du Midi, et les taxes qui leur sont applicables doivent être établies ainsi qu'il suit :

En ce qui touche les transports généraux de la Guerre, les expéditions qui en font l'objet s'effectuant en port dû, les gares expéditrices établiront leurs taxes d'après les prix de base figurant à l'INSTRUCTION ANNEXE N°1 du Règlement de Comptabilité, en ajoutant à la distance kilométrique portée au Tarif général, pour le point de Bordeaux, la moitié de la distance du Chemin de jonction, soit 5 kilomètres.

Quant aux transports concernant le Ministère des Finances, qui se font en port payé, suivant les règles prescrites par l'INSTRUCTION ANNEXE N° 2, et qui doivent être livrés franco aux Compagnies correspondantes, il convient d'augmenter le prix de traction pour Bordeaux de l'intégralité de la taxe afférente aux 10 kilomètres du Chemin de jonction, c'est-à-dire :

De 1 fr. 00 par tonne pour les tabacs fabriqués ;
De 0 fr. 825 — pour les tabacs en feuilles ;
De 1 fr. 35 — pour les papiers timbrés et impressions ;
De 1 fr. 60 — pour les poudres ;

Et enfin de 1 fr. 50 par tonne pour les barillages vides ayant contenu de la poudre.

Mais, comme les augmentations ci-dessus doivent profiter par parties égales à chacune des Compagnies d'Orléans et du Midi, moitié de la taxe afférente au Chemin de jonction sera ajoutée au produit de la traction jusqu'à Bordeaux, et confondue avec ce produit dans la colonne *Taxes* de la feuille de route, et l'autre moitié, revenant à la Compagnie du Midi, sera portée dans la colonne *Ports au delà*.

2 octobre 1860.

N 401

AUTORISATION A TOUTES LES STATIONS DU RÉSEAU D'ORLÉANS DE TRAFIQUER DIRECTEMENT EN GRANDE VITESSE AVEC LA GARE DE NEVERS.

La gare de Nevers étant une gare commune aux Compagnies d'Orléans et de Lyon, doit rester, comme par le passé, en communication directe avec toutes les stations du réseau d'Orléans, pour tous les transports régis par les Tarifs généraux ou spéciaux.

Il n'est fait exception à cette règle que pour ce qui concerne les expéditions en petite vitesse, lesquelles seront consignées à la gare du Guétin, qui est chargée de la réexpédition.

18 novembre 1857.

N° 402

OUVERTURE DE LA GARE DE VICHY (COMPAGNIE DE LYON) ET MISE EN SERVICE COMMUN DE CETTE GARE AVEC LES PRINCIPALES GARES DU RÉSEAU D'ORLÉANS.

Bien que Vichy ne soit desservi que par des omnibus, comme par le passé la Compagnie de Lyon a décidé que cette localité serait considérée comme une gare qui trafiquera directement, à compter de ce jour, avec les gares du réseau d'Orléans désignées à l'Annexe n° 14 du Règlement général de la Comptabilité de l'Exploitation.

En conséquence, ces gares seront munies de billets directs pour les Voyageurs ; elles expédieront également directement les bagages, messagerie et finances à la gare de Vichy, en se conformant aux prescriptions du Règlement précité.

Les marchandises (petite vitesse) seront expédiées comme par le passé à la gare du Guétin-transit.

Les prix à percevoir pour les bagages, messagerie et finances sont ceux de Saint-Germain-des-Fossés augmentés des suivants :

MARCHANDISES A GRANDE VITESSE ARTICLES DE MESSAGERIE ET EXCÉDANTS DE BAGAGES.										FINANCES ET VALEURS.
jusqu'à 2 kilog. inclusivement.	au-dessus de 2 kilog. jusqu'à 5 kilog.	au-dessus de 5 kilog. jusqu'à 10 kilog.	au-dessus de 10 kilog. jusqu'à 15 kilog.	au-dessus de 15 kilog. jusqu'à 20 kilog.	au-dessus de 20 kilog. jusqu'à 25 kilog.	au-dessus de 25 kilog. jusqu'à 30 kilog.	au-dessus de 30 kilog. jusqu'à 35 kilog.	au-dessus de 35 kilog. jusqu'à 40 kilog.	au-dessus de 40 kilog. prix par 100 kilog. par fraction indivis. de 10 kilog.	PRIX par fraction indivisible DE 1,000 FRANCS.
fr. c.	fr. c.	fr. c.	fr. c.	fr. c.	fr. c.	fr. c.	fr. c.	fr. c.	fr. c.	fr. c.
» 30	» 30	» 35	» 40	» 45	» 50	» 50	» 55	» 65	1 60	» 40

Les excédants de bagages des militaires et marins ne sont assujettis qu'à la moitié des prix ci-dessus.
Le minimum de la perception ne peut être inférieur à 25 centimes.

NOTA. — Les excédants de bagages d'un poids inférieur à 5 kilog. sont taxés comme 5 kilog.

12 novembre 1859.

N° 403

TRANSPORT SUR LE CHEMIN DE FER DE PARIS A LYON ET A LA MÉDITERRANÉE DES MEUBLES NON EMBALLÉS.

Le Chef de l'Exploitation porte à la connaissance des gares et stations, pour leur gouverne, les dispositions suivantes prises par la Compagnie des Chemins de fer de Paris à Lyon et à la Méditerranée pour le transport, sur son réseau, des meubles non emballés.

« La Compagnie de Paris à Lyon et à la Méditerranée accepte le transport à petite
» vitesse des meubles non emballés, c'est-à-dire non protégés par des caisses à panneaux
» pleins ou à claire-voie, en mettant, selon l'importance de chaque expédition, un ou plu-
» sieurs wagons à la disposition des expéditeurs, afin qu'ils opèrent eux-mêmes le charge-
» ment de leurs meubles.

» Les meubles non emballés expédiés de cette manière sont taxés à 10 centimes par
» tonne et par kilomètre, avec un minimum de perception de 40 centimes par wagon
» complet ou non complet et par kilomètre.

» Le chargement de ces meubles et leur déchargement sont opérés par les soins et aux
» frais et risques des expéditeurs et des destinataires.

» Ce tarif spécial ne met d'ailleurs point obstacle à l'application des prix et conditions
» du Tarif général aux expéditeurs de meubles isolés ou en petite quantité. Ces expéditeurs
» sont toutefois tenus de signer un bulletin déchargeant la Compagnie de Lyon de toute
» responsabilité au sujet d'avaries pouvant survenir pendant le séjour des meubles en gare,
» leur chargement, leur transport et leur déchargement.

» Lorsque le poids d'une expédition de cette nature n'atteint pas 200 kilogrammes par
» mètre cube, elle doit être taxée moitié en sus du prix de la première série. »

21 décembre 1859.

N° 404

TRANSPORT DES PRISONNIERS ET DE LEURS GARDIENS SUR LA LIGNE DE PARIS A LYON ET A LA MÉDITERRANÉE.

Le Tarif de la Compagnie de Lyon daté du 20 avril 1859, envoyé aux gares le 18 mai
1859, n'indiquant pas d'une manière précise la base kilométrique des taxes à percevoir
pour le transport des prisonniers et des agents préposés à leur garde, cette Compagnie a
décidé que les prix à leur appliquer à l'avenir seraient calculés d'après les distances réelles
et non pas d'après les distances à compter.

Les gares et stations devront se conformer, dès à présent, à cette décision.

3 février 1861.

N° 405

BILLETS A PRIX RÉDUITS DÉLIVRÉS AUX VOYAGEURS EN DESTINATION DES LIGNES DES COMPAGNIES ÉTRANGÈRES.

Les réductions consenties par les Compagnies de Chemin de fer en faveur des membres
des communautés religieuses, des indigents, etc., étant soumises à des conditions différentes sur chaque ligne, les Voyageurs qui profitent de ces réductions ne peuvent pas recevoir des billets directs donnant droit aux parcours sur deux lignes appartenant à deux
Compagnies différentes.

Les gares et stations sont donc invitées à ne délivrer aux Voyageurs de cette catégorie
des billets à prix réduits que pour la gare terminus du réseau d'Orléans, c'est-à-dire pour
e Guétin quand le Voyageur va sur la ligne de Lyon ; Bordeaux-la-Bastide, quand le
Voyageur va sur la ligne du Midi, et le Mans, quand le Voyageur va sur la ligne de
l'Ouest; ces Voyageurs prendront un nouveau billet à la gare terminus du réseau d'Orléans
pour leur destination définitive.

Cette règle s'applique à tous les Voyageurs jouissant d'une réduction quelconque de
tarif; il n'y est fait d'exception qu'en faveur des enfants et des militaires et marins qui,
étant traités de la même manière sur tous les Chemins de fer, continueront à recevoir des
billets directs donnant droit au parcours sur deux lignes différentes.

13 décembre 1860.

N° 406

LIVRE DU MOUVEMENT COMMERCIAL ET DU PRODUIT DES GARES.

Les Chefs de gares et de stations doivent se rendre un compte exact et journalier de toutes les opérations qui constituent le mouvement commercial de la gare qu'ils dirigent. Dans ce but, il est établi un registre intitulé : *Livre du mouvement commercial et du produit des gares*, qu'ils doivent tenir constamment à jour et suivant les prescriptions ci-dessous, afin de pouvoir fournir au Conseil, dans ses tournées sur la ligne, au Directeur ou aux Fonctionnaires de la Compagnie, tous les renseignements utiles au développement commercial du Chemin de fer.

Le livre du mouvement commercial et du produit des gares a pour objet d'indiquer par jour, par mois et par année :

1° Le produit des taxes de toutes les expéditions faites en grande et en petite vitesse;

2° Le tonnage et le nombre de toutes les expéditions ;

3° Le tonnage et le nombre de toutes les réceptions.

Il est divisé en deux parties :

Mouvement commercial par expéditions et réceptions comparées ;

Récapitulation du produit de la taxe des expéditions en port dû et en port payé.

Mouvement commercial par expéditions et réceptions comparées.

La première partie du livre a pour objet la comparaison des expéditions avec les arrivages. Établir le tonnage exact des marchandises expédiées, le poids réel des marchandises reçues, c'est connaître le mouvement commercial d'une gare. Il en est de même pour les autres unités de trafic.

Il est indispensable d'opérer avec une grande exactitude. La marche à suivre est très-simple et n'offre, par conséquent, aucune difficulté.

Le tableau formant la première partie est subdivisé en deux catégories :

1° **Expéditions** } Service de la grande et de la petite vitesse.
2° **Réceptions** }

On doit indiquer par jour, en nombres seulement, dans les colonnes n°° 1, 2, 3, 4, 5, 6, 7, 8 et 9, les Voyageurs qui sont partis de la gare, après les avoir totalisés par classe. La colonne n° 10 est destinée à reproduire le nombre total des Voyageurs expédiés.

Les enregistrements du poids des bagages, du nombre des chiens expédiés dans la même journée, fournissent les chiffres à porter dans les colonnes n°° 11, 12 et 13.

Les livres d'expéditions (grande vitesse) donnent également les poids totaux, par jour, de la marchandise à grande vitesse ou messagerie, le montant des envois de finances, le nombre des chevaux et des calèches ou voitures de maître. On peut donc totaliser par espèce, et inscrire les totaux dans les colonnes n°° 14, 15, 16, 17 et 18.

Ce qui vient d'être indiqué pour le service à grande vitesse est complétement applicable au service de la petite vitesse.

Le poids ou les nombres totalisés par jour sur les livres d'expéditions fournissent les chiffres à porter dans les colonnes nᵒˢ 19, 20, 21, 22, 23, 24 et 25.

Le seul moyen qui existe de constater le nombre de Voyageurs arrivés à une station consiste dans le retrait des billets de Voyageurs à la sortie. Ce travail s'exécute à tous les trains. Or, on devra réunir, par jour et par classe, les billets retirés à la sortie et porter les totaux, par espèce, dans les colonnes nᵒˢ 29, 30, 31, 32, 33, 34, 35, 36 et 37. La colonne nᵒ 38 réunit les neuf précédentes.

Les feuilles de route de bagages remises à la gare, ou les bulletins retirés aux Voyageurs arrivants, donnent, au moyen d'une addition journalière, le poids total à indiquer dans les colonnes nᵒˢ 39 et 40.

Les bulletins spéciaux relatifs au transport des chiens sont également retirés à l'arrivée. Il existe même un bulletin de transport ou feuille de route pour l'ensemble des chiens expédiés par un train. Dans l'un ou l'autre cas, il est facile de former, à la fin du jour, le total à inscrire dans la colonne nᵒ 41.

Le livre d'arrivages sur lequel on constate la réception de la marchandise à grande vitesse ou messagerie, le montant des finances, les chevaux, les voitures de poste, permet de former à la fin de chaque journée les totaux à porter dans les colonnes nᵒˢ 42, 43, 44, 45, et 46.

Les poids et les nombres totaux journaliers des réceptions à petite vitesse sont formés au moyen d'une addition sur le livre spécial d'arrivages.

Il est donc extrêmement simple d'indiquer ces totaux dans les colonnes nᵒˢ 47, 48, 49, 50, 51, 52 et 53.

En résumé, à la fin de chaque mois, on doit additionner toutes les colonnes des deux parties du livre.

Récapitulation du produit de la taxe des expéditions en port dû et en port payé.

Dans la deuxième partie, on doit inscrire chaque jour le *montant en francs* des taxes réunies des expéditions en *port payé* et en *port dû*.

Cette deuxième partie est aussi subdivisée en deux catégories :

Le service de la grande vitesse, qui comprend dix-huit colonnes de produits, plus le total;
Le service de la petite vitesse, comprenant sept colonnes de produits, plus le total.

Les produits des deux services sont résumés dans une colonne ayant pour titre : *Total général des produits.*

Chaque jour, à l'aide des pièces destinées à être adressées à l'Administration centrale et des livres de comptabilité, on inscrit, par spécialité de produits, et dans les colonnes indiquant cette spécialité, le montant des expéditions de la veille.

A la fin de chaque mois, la vérification du travail est fort simple : la réunion des totaux des colonnes nᵒˢ 57, 58, 59, 60, 61, 62, 63, 64, 65 et 66 doit présenter une somme égale au total de la colonne nᵒ 67.

Il en est de même pour les colonnes nᵒˢ 68, 69, 70, 71, 72, 73 et 74, dont les totaux réunis à celui de la colonne nᵒ 67 doivent nécessairement donner une somme égale au total de la colonne nᵒ 75.

Les Feuilles constatant chaque jour les perceptions faites pour expéditions de Voyageurs, de bagages et de chiens, fournissent exactement les chiffres à porter dans les colonnes nᵒˢ 57, 58, 59, 60, 61, 62, 63, 64, 65, 66, 67, 68 et 69.

Les registres d'expéditions de la messagerie et des finances, des chevaux et des calèches, donnent également les sommes à porter dans les colonnes nᵒˢ 70, 71, 72, 73 et 74; que l'expédition soit en port payé ou en port dû, le montant de la taxe doit être porté dans la colonne spéciale indiquant la nature du transport.

Les registres d'expéditions indiquent aussi, par jour, les taxes afférentes aux transports des marchandises à petite vitesse, des calèches, chevaux, bestiaux, par nature. On doit opérer absolument comme si chaque expédition était faite au comptant, et porter le montant total du prix de transport dans les colonnes nᵒˢ 76, 77, 78, 79, 80, 81 et 82 de cette partie du livre.

Les colonnes nᵒˢ 85 et 86 sont affectées à la constatation de la nature et des poids de toutes les denrées expédiées à destination de Paris. Ce relevé doit être fait très-exactement.

MOUVEMENT DES MARCHANDISES A PETITE VITESSE (colonnes nᵒˢ 26, 27, 28, et 54, 55, 56).

Les gares et stations qui ne sont pas désignées dans l'Annexe nᵒ 6, doivent établir la statistique des marchandises sur les feuilles Modèles nᵒ 11 *bis*, et faire le résumé du total des poids (avec indication de la nature de marchandises et de la gare destinataire) dans les colonnes nᵒˢ 26, 27 et 28, lorsqu'il s'agit des expéditions.

En ce qui concerne les réceptions, le même relevé est établi et le résumé en est dressé dans les colonnes nᵒˢ 54, 55 et 56.

RELEVÉ DU LIVRE DU MOUVEMENT COMMERCIAL (nᵒ 345 *bis*).

Les Chefs de gares et de stations doivent adresser le relevé journalier du livre du mouvement commercial sur l'état Modèle nᵒ 345 *bis*, au Sous-Chef de la Comptabilité générale et des Finances, *dans les dix premiers jours du mois, pour le mois précédent.*

Avril 1855.

Nᵒ 407

STATISTIQUE COMMERCIALE PAR NATURE DE MARCHANDISES.

Afin d'assurer la constatation régulière du mouvement des marchandises, les gares et les stations dressent des états de transports, par nature et par destination, des marchandises à petite vitesse qu'elles expédient.

Elles se conforment aux prescriptions suivantes :

Pour établir le travail, il est fourni à chaque gare :

1ᵒ Le nombre de feuilles de l'état Modèle nᵒ 11 nécessaire à l'ouverture d'un compte mensuel à chaque gare destinataire indiquée dans le tableau ci-après.

2ᵒ Une annexe ci-jointe relative à la statistique commerciale, contenant :

Dans la première partie, la nomenclature détaillée des marchandises figurant déjà dans les Tarifs généraux des transports ;

Dans la deuxième partie, la nomenclature sommaire dans laquelle doivent rentrer les marchandises indiquées à la nomenclature détaillée ;

Dans la troisième partie, l'état nominatif des gares expéditrices ;

Dans la quatrième partie, un tableau indiquant, en regard de chacun des titres généraux de la nomenclature sommaire, les diverses natures de marchandises à classer, soit directement, soit par assimilation.

L'état Modèle n° 11 sert à l'ouverture d'un compte à chaque gare destinataire ; il relate : le lieu de départ, le point d'arrivée, le mois, la date de la journée, et enfin la nomenclature sommaire des marchandises, divisée, jusqu'à nouvel ordre, en quarante-trois colonnes. Les numéros indiqués en tête des colonnes correspondent exactement aux numéros de la nomenclature sommaire et facilitent les assimilations par nature de marchandises. La colonne n° 44 est affectée spécialement aux marchandises non dénommées, ainsi que le titre l'indique.

La première et la deuxième partie tracent aux gares une marche uniforme pour classer le poids des marchandises, par nature, dans les diverses colonnes de l'état Modèle n° 11.

L'état des marchandises expédiées est dressé par la gare au moyen d'un dépouillement très-exact du livre d'expéditions des marchandises à petite vitesse. Ce livre fournit tous les éléments nécessaires :

La date de l'expédition, l'indication de la gare destinataire, le poids et la nature de la marchandise expédiée.

Le travail de dépouillement s'opère à l'aide: 1° du livre des expéditions des marchandises à petite vitesse ; 2° de l'état Modèle n° 11 ; 3° des tableaux annexés à la présente Instruction, en procédant de la manière suivante :

Pour une journée, on réunit les divers poids des marchandises expédiées à une gare pour en porter le total au compte spécial ouvert à cette gare dans la colonne intitulée : *Poids total en kilogrammes.*

On répartit ensuite ce poids total par nature de marchandises, suivant les indications du livre d'expéditions et du tableau, dans les diverses colonnes de l'état Modèle n° 11. Ces deux opérations terminées, on doit toujours s'assurer, par une vérification complète, que l'ensemble des poids répartis est égal au total général.

On procède exactement de la même manière, pour chaque gare destinataire, jusqu'à l'épuisement de toutes les expéditions de marchandises pendant une même journée.

En opérant le dépouillement du livre d'expéditions des marchandises, il peut se présenter deux cas :

1° Expédition d'une nature de marchandises à une gare qui n'est pas nominativement désignée dans la troisième partie du tableau ;

2° Expédition à une gare désignée dans la troisième partie du tableau d'une marchandise qui n'est pas indiquée dans la nomenclature détaillée.

Dans le premier cas, la gare ouvre un compte général aux stations non dénommées, et porte à ce compte le poids des marchandises réparties par nature, en les plaçant dans les colonnes spéciales à chaque nature.

Dans le second cas, la gare, si elle n'a pu assimiler la marchandise à une des catégories indiquées en tête de l'état Modèle n° 11, porte le poids de cette marchandise dans la colonne n° 44 ayant pour titre : *Marchandises non dénommées.*

. Les assimilations de marchandises non prévues par le tableau sont laissées à l'appréciation des Chefs de gare ; elles sont généralement assez faciles à faire, et ce n'est que très-exceptionnellement qu'on doit porter des poids dans la colonne n° 44 *(Marchandises non dénommées).*

Toutes les expéditions du mois portées aux divers comptes ouverts aux gares de destination doivent être additionnées pour la clôture de ce même mois. La gare s'assure qu'à chaque compte les totaux partiels figurant horizontalement au bas de l'état Modèle n° 11 forment, en les réunissant ensemble, un chiffre égal au poids total en kilogrammes de la dernière colonne verticale de l'état ; en un mot, on ne doit abandonner un compte qu'après avoir obtenu un carré parfait.

Dans les dix premiers jours du mois, pour le mois qui précède *(délai de rigueur)*, la gare adresse, dans le sac portefeuille, son cahier mensuel contenant le travail complet, au Sous-Chef de la Comptabilité générale et des Finances, chargé d'en faire la vérification et d'en rendre compte au Chef de l'Exploitation.

Le cahier de statistique commerciale, après avoir été contrôlé à l'aide des feuilles de route, est retourné à la gare qui l'a dressé, afin de former, sur les lieux mêmes d'expédition, une collection de renseignements utiles à consulter, pour suivre le progrès ou la décroissance des expéditions de marchandises, par nature, à chacun des points importants de la ligne.

27 avril 1855.

PREMIÈRE PARTIE.

NOMENCLATURE DÉTAILLÉE ET SPÉCIALE AU TRAVAIL DE LA STATISTIQUE DES TRANSPORTS DE MARCHANDISES, PAR NATURE.

DÉSIGNATION des MARCHANDISES.	Nᵒˢ d'assimi-lation.	DÉSIGNATION des MARCHANDISES.	Nᵒˢ d'assimi-lation.	DÉSIGNATION des MARCHANDISES.	Nᵒˢ d'assimi-lation.
A		Blanc de céruse et blanc de zinc . .	14	Carton en feuilles.	30
		Blanc de Meudon	14	Cendres d'orfévre.	44
Absinthe en balles.	14	Blé	24	Cendres gravelées.	14
Acides chlorhydrique, nitrique.		Bleu de Prusse.	14	Cendres ordin. et cendres lessivées	16
oléique, sulfurique, etc. . . .	1	Bois à brûler.	3	Cerceaux.	4
Acier à terre, brut, acier vieux. .	20	Bois d'ébénisterie brut, ouvré. . .	4	Cercles en bois pour cuves. . . .	4
Acier ouvré.	40	Bois de charpente brut, ouvré. . .	4	Cercles en fer pour cuves. . . .	40
Agrès de marine (cordages). . . .	7	Bois de charronnage brut, ouvré. .	4	Chaînes en fer.	40
Aiguilles à coudre.	6	Bois de menuiserie brut, ouvré. .	4	Chandelles.	26
Ail sec.	23	Bois de teinture en bûches, moulu.	5	Chanvre brut et chanvre filé . . .	7
Albâtre brut	27	Bois en feuilles pour placage . . .	5	Charbon de bois	8
Albumine.	14	Bois exotiques	5	Charcuterie.	35
Alizari.	14	Boissellerie.	44	Chardons.	44
Alquifoux	14	Boissons spiritueuses	18	Châtaignes	21
Alun.	14	Boîtes de roues.	20	Chaudronnerie	9
Amandes.	21	Bonneterie	6	Chaussures.	13
Amidon	19	Borax brut et borax raffiné. . . .	14	Chaux.	31
Ancres.	40	Bougies	26	Cheveux	44
Anis.	17	Boulons	40	Chevillettes.	40
Antimoine cru, antimoine régule.	14	Bourre de laine et bourre de soie. .	28	Chevrons.	4
Arbres ou arbustes vivants. . . .	44	Bouteilles vides.	34	Chicorée.	17
Ardoises.	2	Boyaux.	44	Chiffons	10
Argile	31	Brai.	1	Chiques	44
Armes de chasse et armes de guerre	40	Braise.	8	Chlorure de sodium et chlorure de	
Arrow-root.	17	Briques	31	zinc.	14
Arsenic	14	Bronze d'art	29	Chocolat.	17
Articles d'industrie parisienne. .	29	Brosserie.	44	Cidre	43
Artifices	44	**C**		Cigares.	44
Asphalte.	31	Câbles en chanvre.	7	Ciment.	31
Avoine.	24	Câbles en fer.	40	Cirage.	17
B		Cacao	17	Cire brute	26
Bâches en toile.	41	Cachou.	14	Citrons.	21
Bâches en cuir	13	Cadres emballés.	29	Cloches	40
Baies de genièvre.	14	Café.	17	Clous	40
Balais de bouleau et balais de genêt	44	Cailloux	31	Cochenille	14
Bandages de roues.	20	Caisses vides	22	Cocos bruts et cocos ouvrés. . . .	44
Bascules.	9	Camphre.	14	Coffres-forts.	40
Baume.	14	Cannelle	17	Coke.	25
Betteraves	23	Cardes.	44	Colle de peau et colle de poisson. .	17
Beurre frais, beurre salé.	35	Carottes	23	Colle forte	17
Bière.	43	Carreaux de faïence et carreaux de		Colophane	1
Bimbeloterie	29	terre.	34	Confiserie non spécifiée.	17
Biscuits de mer.	35			Confitures	17
Bitume.	31			Conserves de fruits, de légumes, de	
Blanc de baleine	26			viande, de poisson.	35

DÉSIGNATION des MARCHANDISES.	Nos d'assimi- lation.	DÉSIGNATION des MARCHANDISES.	Nos d'assimi- lation.	DÉSIGNATION des MARCHANDISES.	Nos d'assimi- lation.
Conserves non spécifiées. . . .	35	Émail	27	Ganterie.	6
Copahu	14	Émeri.	14	Garance	14
Copal	14	Enchappes	22	Garancine	14
Coquilles.	44	Enclumes	20	Gaude	14
Cordes et cordages.	7	Encres.	44	Genièvre.	18
Coriandre	14	Engrais	16	Gibier	44
Corne brute.	44	Épicerie non spécifiée	17	Girofle.	17
Corne ouvrée.	29	Épingles	6	Glaces.	29
Coton brut	11	Éponges	17	Glands.	44
Coton filé pour tissus	12	Ergots.	44	Glu	14
Couleurs.	14	Essence de térébenthine	1	Glucose	38
Couperose	14	Essences non spécifiées.	1	Gomme	14
Coussinets	20	Essieux	20	Goudron.	1
Coutellerie.	40	Estampes encadrées et estampes en		Graine de moutarde.	23
Couvertures de laine, de coton, etc.	41	feuilles.	29	Graines oléagineuses, fourragères,	
Craie	31	Étain brut, ouvré	33	tinctoriales, etc., etc.	23
Crayons	44	Étaux	40	Grains.	24
Crème de tartre.	14	Étoffes diverses.	41	Graisse.	26
Crémones	40	Étoupes	7	Granit.	31
Crics	9	Extraits tinctoriaux	14	Graphite.	14
Cristaux	34	**F**		Gruau.	19
Cuirs verts, tannés, secs, ouvrés. .	13			Guano.	16
Cuivre en feuilles et cuivre en lin-		Faïence	34	Gutta-percha brute, ouvrée. . . .	44
gots.	33	Fanons de baleine.	44	**H**	
Cuivre pour doublage	33	Farine.	19	Harengs saurs et harengs salés . .	35
Cuivrerie.	9	Faux.	40	Herboristerie.	14
Curaçao.	18	Fécule.	19	Horlogerie	29
Curcuma.	14	Fer-blanc.	20	Houblon	14
D		Ferblanterie non spécifiée. . . .	20	Houille.	25
		Fer en barres ou pièces lourdes en		Huiles de graines, d'olives, de noix,	
Dames-jeannes	34	fer pour construction	20	de poisson	26
Déchets de coton, de laine, de		Ferraille.	20	Huiles essentielles.	1
peaux, de papier, de carton, etc.	10	Ferronnerie non spécifiée. . . .	40	Huitres	44
Dégras.	26	Feuillard.	20	**I**	
Denrées coloniales non spécifiées.	17	Féveroles	23		
Dents d'animaux	44	Ficelle ou filasse.	7	Indigo.	14
Dividivi	14	Fil de coton, de lin, de laine, de		Instruments aratoires	29
Draperie	41	soie, pour aiguille.	6	Instruments de musique, d'optique	
Drogues et drogueries non dénom-		Fil de fer et fil de laiton	40	de physique, de précision, etc. .	29
mées.	14	Foin.	44	Issues de grains.	24
Duvet	44	Fonte moulée et fonte vieille . .	20	Ivoire brut.	44
E		Formes à sucre	31	Ivoire façonné.	29
		Fourrages secs et fourrages verts .	44	**J**	
Eau de fleurs d'oranger	17	Fourrures	13		
Eau-de-vie	18	Friperie	41	Jambons.	35
Eau régale.	1	Fromages secs.	17	Joncs	5
Eaux minérales.	14	Fruits verts et fruits secs. . . .	21	Jouets	29
Écaille brute et écaille ouvrée. . .	44	Fumier	16	Jus de citron	14
Échalas	4	Futailles vides	22	Jutte.	7
Écorces	15	**G**		**K**	
Écorces de quinquina	14			Kaolin (pâte à porcelaine)	27
Effets à usage.	41	Galipot.	1	Kirsch.	18

DÉSIGNATION des MARCHANDISES.	Nos d'assimilation.	DÉSIGNATION des MARCHANDISES.	Nos d'assimilation.	DÉSIGNATION des MARCHANDISES.	Nos d'assimilation.
L		**N**		Pierres à faux, à feu	31
				Pierre de taille	31
Lac-dye	14	Nacre	44	Pierre lithographique	31
Laine brute, peignée, filée	28	Navets	23	Pierre ponce	31
Laiton en feuilles, en lingots	33	Nitrate de soude et nitrate de po-		Pipes en terre	34
Latanier en feuilles	7	tasse	14	Planches	4
Légumes secs	21	Noir animal pour couleurs	14	Plantes vivantes	44
Levûre fraîche et levûre sèche	44	Noir animal pour engrais	16	Plâtre en pierre et plâtre en poudre	32
Librairie	44	Noir animal pour raffinerie	14	Plomb de chasse	33
Lichen	14	Noisettes	21	Plomb en saumon, laminé, ouvré	33
Liège brut et liège ouvré	17	Noix de galle	14	Plombagine	14
Limes	40	Noix indigènes	21	Plumes	44
Lin brut et lin filé	7			Poids à peser	40
Lingerie non spécifiée	41	**O**		Poils de chèvre	28
Liqueurs non spécifiées	18	Objets d'art et de collection	29	Pointes en fer	40
Lisières	41	Ocre	14	Poiré	43
Literie	29	Œufs	44	Poires et pommes fraîches, sèches	21
Litharge	14	Oignons frais et oignons secs	23	Poissons salés et poissons secs	35
Lits en fer	29	Olives	21	Poivre	17
		Onglons de tortue	44	Poix	1
M		Oranges	21	Pommes de pin	3
Macaroni	17	Orge brut et orge perlé	24	Pommes de terre	23
Machines	9	Orseille	14	Pommes et poires fraîches, sèches	21
Madriers	4	Os à brûler	14	Porcelaine	34
Maïs	23	Os à ouvrer	44	Potasse	14
Manganèse	14	Os ouvrés	29	Poterie et briqueterie fine	34
Marbres divers	31	Osier	44	Poudrette	16
Marchandises non dénommées	44			Pouzzolane	31
Marne	16	**P**		Préparations pharmaceutiques	14
Marrons	21	Paillassons	44	Presses lithographiques	9
Mastic	31	Paille fine et paille tressée	44	Produits chimiques non spécifiés	14
Matériaux de construction	31	Pain d'épices	44	Pruneaux	21
Mécaniques	9	Paniers vides	22	Pyrite	14
Mélasse	38	Papeterie	30	Pyrolignite de fer	14
Mercerie non spécifiée	6	Papiers à écrire, à imprimer, etc.	30		
Merrains bruts et merrains ou-		Papier d'emballage	30	**Q**	
vrés	4	Papier peint	30	Quercitron	14
Métal blanc pour cloches	33	Parchemin	30	Quincaillerie non spécifiée	40
Métaux ouvrés non spécifiés	40	Parfumerie	44	Quinquina	14
Meubles	29	Passementerie	6		
Meules	31	Pâtes alimentaires non spécifiées	10	**R**	
Meulières	31	Pavés	31	Racines	44
Miel	38	Peaux brutes et peaux ouvrées	13	Racines de réglisse	14
Millet	23	Pelleteries	13	Rails	20
Mine de plomb	14	Pendules	29	Raisiné	17
Minerai	31	Perches	4	Raisins secs	21
Minium	14	Perlasse	14	Résine	1
Mitraille	20	Phormium	7	Ressorts de voitures	40
Moellons	31	Pianos	29	Rhum	18
Morue sèche	35	Pièces de machines et pièces de		Rivets	40
Moutarde	17	mécaniques	9	Riz	23
Moyeux bruts et moyeux ouvrés	4	Pierre à chaux, à plâtre	32	Rocou	14

DEUXIÈME PARTIE.

NOMENCLATURE SOMMAIRE DANS LAQUELLE DOIVENT ENTRER LES MARCHANDISES INDIQUÉES DANS LA NOMENCLATURE DÉTAILLÉE (Iʳᵉ PARTIE).

NUMÉROS D'ORDRE.	DÉSIGNATION DES MARCHANDISES.	NUMÉROS D'ORDRE.	DÉSIGNATION DES MARCHANDISES.
1	Acides, Essences, Brai, Goudron, Matières résineuses.	25	Houilles, Coke, Tourbe.
2	Ardoises.	26	Huiles, Suifs, Bougies, Cire, Graisses.
3	Bois à brûler, Pommes de pin.	27	Kaolin (pâte à porcelaine), Albâtre brut, Émail.
4	Bois de construction façonnés ou non façonnés.	28	Laines en balles et filées, Crins, Soie brute.
5	Bois exotiques et de teinture.	29	Meubles, Objets d'art, Instruments de musique et de précision.
6	Bonneterie, Mercerie, Rubans.		
7	Chanvre, Lin, Étoupes, Filasse, Cordages.	30	Papiers en rames et Cartons.
8	Charbon de bois.	31	Pierres, Minerais, Chaux, Sables, Marbres, Argiles, Briques, Tuiles.
9	Chaudronnerie et Pièces mécaniques.		
10	Chiffons, Déchets de coton, etc., etc.	32	Plâtres en pierre et en poudre.
11	Cotons en balles.	33	Plomb, Étain, Cuivre en lingots et en feuilles, Zinc.
12	Cotons filés.	34	Porcelaines, Faïence, Cristaux, Verrerie.
13	Cuirs verts, tannés ou ouvrés, Pelleterie diverse.	35	Salaisons diverses, Conserves, Viandes fumées, Beurres salés.
14	Droguerie, Pharmacie, Produits chimiques.		
15	Écorces et Tan.	36	Savons.
16	Engrais de toute nature.	37	Sels.
17	Épiceries et Denrées coloniales.	38	Sucres bruts, Glucose, Caramel, Sirops en fûts.
18	Esprits, Trois-six, Eaux-de-vie, Spiritueux.	39	Sucres raffinés.
19	Farine, Fécules, Gruaux.	40	Taillanderie, Clouterie, Quincaillerie, Fers et Aciers ouvrés, Laiton.
20	Fers, Fontes, Fers-blancs, Tôle, Acier brut.		
21	Fruits verts et fruits secs de toute nature.	41	Tissus, Étoffes diverses, Vêtements confectionnés.
22	Fûts, Emballages, Paniers vides.	42	Vinaigres.
23	Graines et Légumes secs.	43	Vins, Bières, Cidres.
24	Grains.	44	**Marchandises non dénommées.**

52

TROISIÈME PARTIE.

ÉTAT NOMINATIF DES STATIONS DEVANT AVOIR UN COMPTE OUVERT SUR LE CAHIER MODÈLE II (*STATISTIQUE COMMERCIALE*).

NUMÉROS D'ORDRE.	NOMS DES STATIONS.	NUMÉROS D'ORDRE.	NOMS DES STATIONS.
1	**Paris-Ivry**.	26	Surgères.
2	Corbeil.	27	**La Rochelle**.
3	**Étampes**	28	**Rochefort**.
4	Toury.	29	Port-Boulet.
5	**Orléans**.	30	Saumur.
6	Meung.	31	**Angers**.
7	Beaugency.	32	**Nantes**.
8	Mer.	33	**Saint-Nazaire**.
9	**Blois**.	34	**Le Mans**.
10	Amboise.	34 *bis*	Le Mans (*transit*).
11	**Tours**.	35	Lamotte-Beuvron.
12	Sainte-Maure.	36	Salbris.
13	Port-de-Piles.	37	**Vierzon-Ville**.
14	Châtellerault.	38	**Vierzon-Forges**.
15	**Poitiers**.	39	**Bourges**.
16	Civray.	40	Nérondes.
17	Ruffec.	41	La-Guerche.
18	**Angoulême**.	42	Le Guétin.
19	Montmoreau.	43	Issoudun.
20	La Roche-Chalais.	44	Châteauroux.
21	Coutras.	45	Argenton.
22	Libourne.	46	La Souterraine.
23	**Bordeaux**.	47	**Limoges**.
23 *bis*	Bordeaux (*transit*).	48	Mussidan.
24	La Ville-Dieu.	49	**Périgueux**.
25	**Niort**.		

NOTA. — Les numéros d'ordre indiquent le rang de chacun des comptes ouverts aux gares, sur le Cahier-modèle n° 11.
(*Relevé, par nature, des marchandises expédiées par la Station de....*)

QUATRIÈME PARTIE.

ÉTAT INDIQUANT LES DIVERSES NATURES DE MARCHANDISES COMPRISES SOUS CHACUN DES TITRES GÉNÉRAUX DE LA NOMENCLATURE SOMMAIRE.

NUMÉROS D'ORDRE	NOMENCLATURE SOMMAIRE.	NOMENCLATURE DÉTAILLÉE.
1	**Acides. — Essences. — Brai. — Goudron.—Matières résineuses.**	Acide chlorhydrique.— Acide nitrique.— Acide oléique.— Acide sulfurique —Brai.—Colophane.— Eau régale.— Essence de térébenthine. — Essences non spécifiées. — Galipot. — Goudron. — Huiles essentielles. — Poix. — Résine. — Vernis.
2	**Ardoises**	Ardoises.
3	**Bois à brûler**	Bois à brûler. — Cotrets. — Pommes de pin. — Fagots. — Bourrées.
4	**Bois de construction façonnés ou non façonnés.**	Bois d'ébénisterie brut, ouvré. — Bois de charpente brut, ouvré. — Bois de charronnage brut, ouvré. —Bois de menuiserie brut, ouvré. — Cerceaux. — Cercles de cuves en bois. — Chevrons. — Échalas. — Jantes. — Madriers. — Merrains bruts.— Merrains ouvrés. — Moyeux bruts.— Moyeux ouvrés. — Perches. — Planches. — Traverses. — Tuyaux en bois.
5	**Bois exotiques et de teinture** . .	Bois de teinture en bûches ou moulu. — Bois en feuilles pour placage. — Bois exotiques. — Joncs. — Rotins.
6	**Bonneterie. — Mercerie. — Rubans.**	Aiguilles à coudre. — Bonneterie. — Épingles. — Fil de coton, de lin, de laine, de soie, pour aiguille. — Ganterie. — Mercerie non spécifiée. — Passementerie. — Rubans.
7	**Chanvre. — Lin. — Étoupes. — Filasse. — Cordages**	Agrès de marine (cordages).— Câbles en chanvre.— Chanvre brut,— Chanvre filé. — Cordages. — Cordes. — Étoupes en balles. — Ficelle. — Filasse. — Jute. — Latanier en feuilles. — Lin filé. — Lin brut. — Phormium.

NUMÉROS D'ORDRE	NOMENCLATURE SOMMAIRE.	NOMENCLATURE DÉTAILLÉE.
8	**Charbons de bois**	Braise. — Charbon de bois.
9	**Chaudronnerie et pièces mécaniques**	Bascules. — Chaudronnerie. — Crics. — Cuivrerie. — Machines. — Mécaniques. — Pièces de machines démontées. — Presses lithographiques.
10	**Chiffons. — Déchets de coton, etc.**	Chiffons. — Déchets de coton, de laine, de peaux, de papier, de carton.
11	**Cotons en balles**	Coton brut.
12	**Cotons filés**	Coton filé pour tissus.
13	**Cuirs tannés ou ouvrés. — Pelleteries diverses**	Bâches en cuir. — Chaussures. — Cuirs ouvrés. — Cuirs secs ou tannés. — Cuirs verts ou salés. — Fourrure. — Peaux brutes. — Peaux ouvrées. — Pelleterie. — Sellerie. —
14	**Droguerie. — Pharmacie. — Produits chimiques**	Absinthe en balles. — Albumine. — Alizari. — Alquifoux — Alun. — Antimoine cru. — Antimoine régule. — Arsenic. — Baies de genièvre. — Baume. — Blanc de céruse et de zinc. — Blanc de Meudon. — Bleu de Prusse. — Borax brut. — Borax raffiné. — Cachou. — Camphre. — Cendres gravelées. — Chlorure de sodium ou de zinc. — Cochenille. — Copahu. — Copal. — Coriandre. — Couleurs. — Couperose. — Crème de tartre. — Curcuma. — Dividivi. — Drogues ou drogueries non dénommées. — Eaux minérales. — Écorce de quinquina. — Émeri. — Extraits tinctoriaux. — Garance. — Garancine. — Gaude. — Glu. — Gomme. — Graphite. — Herboristerie. — Houblon. — Indigo. — Jus de citron. — Lacdye. — Lichen. — Litharge. — Manganèse. — Mine de plomb. — Minium. — Nitrate de soude ou de potasse. — Noir animal pour couleur. — Noir animal pour raffinerie. — Noix de galle. — Ocre. — Orseille. — Os à brûler. — Perlasse. — Plombagine. — Potasse. — Préparations pharmaceutiques. — Produits chimiques non spécifiés. Pyrite. — Pyrolignite de fer. — Quercitron. — Quinquina. — Racines de réglisse. — Rocou. — Safran. — Safranum. — Salpêtre. — Sang désséché. — Sel de soude et de potasse. — Sel d'oseille. — Sirop de chicorée. — Sirops en caisses ou en paniers. — Soude. — Soufre brut. — Soufre raffiné. — Suc de réglisse. — Sulfates. — Sumac. — Tartre brut. — Tartre épuré. — Terre d'ombre et de Sienne. — Tripoli. — Verdet.
15	**Écorces et tan**	Écorces. — Tan.
16	**Engrais de toute nature**	Cendres ordinaires ou lessivées. — Engrais. — Fumier. — Guano. — Marne. — Noir animal pour engrais. — Poudrette. — Suie.

NUMÉROS D'ORDRE	NOMENCLATURE SOMMAIRE.	NOMENCLATURE DÉTAILLÉE.
17	Épiceries et denrées coloniales.	Anis. — Arrow-root. — Cacao. — Café. — Cannelle. — Chicorée. — Chocolats. — Cirage. — Colle de peau. — Colle de poisson. — Colle forte. — Confiserie non spécifiée. — Confitures. — Denrées coloniales non spécifiées. — Eau de fleurs d'oranger. — Épicerie non spécifiée. — Éponges. — Fromages secs. — Girofle. — Liége brut. — Liége ouvré non spécifié. — Macaroni. — Moutarde. — Poivre. — Raisiné. — Thé. — Vanille. — Vermicelle.
18	Esprits. — Trois-six. — Eaux-de-vie. — Spiritueux.	Boissons spiritueuses. — Curaçao. — Eau-de-vie. — Genièvre. — Kirsch. — Liqueurs non spécifiées. — Rhum. — Spiritueux. — Tafia. — Trois-six.
19	Farines. — Fécules. — Gruaux.	Amidon. — Farines. — Fécule. — Gruau. — Pâtes alimentaires non spécifiées. — Son.
20	Fers. — Fontes. — Fer-blanc. — Tôles. — Acier brut.	Acier à terre. — Acier brut. — Acier vieux. — Bandages de roues. — Boîtes de roues. — Coussinets. — Enclumes. — Essieux. — Fer-blanc. — Ferblanterie non spécifiée. — Fer en barres et pièces lourdes pour construction. — Ferraille. — Feuillard. — Fonte brute ou vieille. — Fonte moulée. — Mitraille. — Rails. — Roues de wagons. — Tôle non ouvrée. — Tuyaux et tôle bituminés.
21	Fruits verts et fruits secs de toute nature.	Amandes. — Châtaignes. — Citrons. — Fruits secs. — Fruits verts. — Marrons. — Noisettes. — Noix indigènes. — Olives. — Oranges. — Poires et pommes fraiches. — Poires et pommes sèches. — Pruneaux.
22	Fûts. — Emballages. — Paniers vides.	Caisses vides. — Enchappes. — Futailles vides. — Paniers vides. — Sacs vides. — Tonneaux vides.
23	Graines et légumes secs.	Ail sec. — Betteraves. — Carottes. — Féveroles. — Graine de moutarde. — Graines oléagineuses, fourragères et tinctoriales. — Légumes secs. — Millet. — Oignons frais. — Oignons secs. — Pommes de terre. — Riz. — Vesces.
24	Grains.	Avoine. — Blé. — Grains. — Issues de grains. — Orge brut ou perlé. — Seigle.
25	Houille. — Coke. — Tourbe.	Coke. — Houille. — Tourbe.

NUMÉROS D'ORDRE	NOMENCLATURE SOMMAIRE.	NOMENCLATURE DÉTAILLÉE.
26	**Huiles. — Suif. — Bougies. — Cire. — Graisses**	Blanc de baleine. — Bougies. — Chandelles. — Cire brute. — Dégras. — Graisse. — Huile à brûler. — Huile de graines. — Huile d'olive. — Stéarine. — Suif brut, fondu, épuré. — Tourteaux d'huilerie.
27	**Kaolin. — Albâtre. — Émail** . . .	Albâtre brut. — Émail. — Kaolin (*pâte à porcelaine*).
28	**Laines en balles et filées. — Crin. — Soie brute**	Bourre de laine. — Bourre de soie. — Crin. — Laine en suint. — Laine filée. — Laine lavée. — Poils de chèvre. — Soie brute ou préparée.
29	**Meubles. — Objets d'art. — Instruments de musique et de précision**	Articles d'industrie parisienne. — Bimbeloterie. — Bronzes d'art. — Cadres emballés. — Corne ouvrée. — Estampes encadrées. — Estampes en feuilles. — Glaces. — Horlogerie. — Instruments aratoires. — Instruments de musique. — Instruments d'optique. — Instruments de physique. — Instruments de précision. — Ivoire façonné. — Jouets. — Lits en fer. — Meubles. — Objets d'art et de collection. — Os ouvrés. — Pendules. — Pianos. — Statues. — Tableaux. — Tabletterie.
30	**Papiers en rames. — Cartons.** .	Carton en feuilles. — Papeterie. — Papier à écrire ou à imprimer. — Papier d'emballage. — Papier peint.
31	**Pierres. — Minerai. — Chaux. — Sable. — Marbres. — Argile. — Briques. — Tuiles**	Argile. — Asphalte. — Bitume. — Briques. — Cailloux. — Chaux. — Ciment. — Craie. — Formes à sucre. — Granit. — Marbres divers. — Mastic. — Matériaux de construction non spécifiés. — Meules. — Meulières. — Minerai. — Moellons. — Pavés. — Pierre à faux et à feu. — Pierre de taille. — Pierre lithographique. — Pierre ponce. — Pouzzolane. — Sable. — Terre végétale et à poterie. — Tuiles. — Tuyaux en terre.
32	**Plâtres en pierre et en poudre.**	Pierre à chaux et à plâtre. — Plâtre en pierre ou en poudre.
33	**Plomb. — Étain. — Cuivre en lingots et en feuilles. — Zinc.**	Cuivre en feuilles. — Cuivre en lingots, en barres ou en planches. — Cuivre pour doublage. — Étain brut. — Étain ouvré. — Laiton en barres ou en lingots. — Laiton en feuilles. — Métal blanc pour cloches. — Plomb de chasse. — Plomb en saumons. — Plomb laminé ou ouvré. — Zinc brut. — Zinc ouvré.
34	**Porcelaines. — Faïence. — Cristaux. — Verrerie.**	Bouteilles vides. — Carreaux de faïence. — Carreaux de terre. — Cristaux. — Dames-jeannes. — Faïence. — Pipes en terre. — Porcelaine. — Poterie et briqueterie fines. — Verrerie. — Verres à vitres.

NUMÉROS D'ORDRE	NOMENCLATURE SOMMAIRE.	NOMENCLATURE DÉTAILLÉE.
35	**Salaisons. — Conserves. — Viandes fumées. — Beurre**	Beurre frais. — Beurre salé. — Biscuits de mer. — Charcuterie. — Conserves de fruits, de légumes, de viande, de poisson. — Conserves non spécifiées. — Harengs saurs. — Harengs salés. — Jambons. — Morue sèche. — Poissons salés. — Poissons secs. — Salaisons. — Viande fumée ou salée.
36	**Savons**	Savons.
37	**Sels.**	Sel gemme. — Sel marin.
38	**Sucres bruts. — Glucose. — Caramel. — Sirops en fûts.**	Caramel. — Glucose. — Mélasse. — Miel. — Sirops en fûts. — Sucre brut terré ou vergeoise.
39	**Sucres raffinés.**	Sucres raffinés.
40	**Taillanderie. — Clouterie. — Quincaillerie. — Fers et aciers ouvrés. — Laiton.**	Acier ouvré. — Ancres. — Armes de chasse. — Armes de guerre. — Boulons. — Câbles en fer. — Cercles en fer. — Chaines en fer. — Chevillettes. — Cloches. — Clous. — Coffres-forts. — Coutellerie. — Crémones. — Étaux. — Faux. — Fer ouvré non spécifié. — Ferronnerie non spécifiée. — Fil de fer. — Fil de laiton. — Limes. — Métaux ouvrés non spécifiés. — Poids à peser. — Pointes en fer. — Quincaillerie non spécifiée. — Ressorts de voitures. — Rivets. — Taillanderie non spécifiée. — Tôle ouvrée.
41	**Tissus. — Étoffes diverses. — Vêtements confectionnés.**	Bâches en toile. — Couvertures de laine, de coton, etc. — Draperie. — Effets à usage. — Etoffes diverses. — Friperie. — Lingerie non spécifiée. — Lisières. — Tapis. — Tissus non spécifiés. — Toiles. — Toiles d'emballage. — Vêtements confectionnés.
42	**Vinaigres.**	Vinaigres.
43	**Vins. — Bières. — Cidres**	Bière. — Cidre. — Poiré. — Vins.
44	**Marchandises non dénommées.**	Arbres et arbustes vivants. — Artifices. — Balais de bouleau et de genêt. — Boissellerie. — Boyaux. — Brosserie. — Caoutchouc brut. — Caoutchouc ouvré. — Cardes. — Cendres d'orfévre. — Chardons. — Cheveux. — Chiques. — Cigares. — Cocos bruts. — Cocos ouvrés. — Coquilles. —

NUMÉROS D'ORDRE	NOMENCLATURE SOMMAIRE.	NOMENCLATURE DÉTAILLÉE.
44 *(suite).*	**Marchandises non dénommées.** *(suite).*	Corne brute. — Crayons. — Dents d'animaux. — Duvet. — Écaille brute. — Écaille ouvrée. — Encres. — Ergots. — Fanons de baleine. — Foin. — Fourrages secs. — Fourrages verts. — Gibier. — Glands. — Gutta-percha brute. — Gutta-percha ouvrée. — Huîtres. — Ivoire brut. — Levûre fraîche. — Levûre sèche. — Librairie. — Marchandises non dénommées. — Nacre. — Œufs. — Onglons de tortue. — Os à ouvrer. — Osier. — Paillassons. — Paille fine et tressée. — Pain d'épice. — Parfumerie. — Plantes vivantes. — Plants au mille. — Plumes. — Racines. — Roseaux. — Sabots de bétail. — Sabots pour chaussures. — Soies de porc. — Tabac. — Vannerie. — Varech. — Viande fraîche.

N° 408

CONSTATATION DES TRANSPORTS DE HOUILLE ET DE COKE, DES FERS ET FONTES, DES BOIS DE CONSTRUCTION.

Le Chef de l'Exploitation appelle d'une manière toute spéciale l'attention des Chefs de gare sur la constatation du transport de la **Houille et du Coke, des Fers et Fontes, des Bois de Construction.**

Jusqu'à présent, dans les relevés des expéditions de marchandises, par nature et par gare, aucune distinction n'a été suffisamment établie entre les transports destinés au commerce proprement dit et ceux opérés pour les besoins des divers services de la Compagnie; il en est résulté une confusion regrettable dans les comptes rendus des transports des marchandises désignées ci-dessus.

En conséquence, le Chef de l'Exploitation prescrit la mesure suivante :

Deux comptes parfaitement distincts seront ouverts à chacun des groupes suivants : **Houille et Coke, Fers et Fontes, Bois de Construction.**

L'un aura pour titre : **Transports pour le Commerce.**

L'autre sera intitulé : **Transports pour le service de la Compagnie.**

Pour éviter aux Chefs de gare toute incertitude dans l'application de cette règle, il y a lieu de désigner très-sommairement la nature des marchandises à comprendre dans le compte : **Transports pour le service de la Compagnie :**

1° *Transports pour le service de la Compagnie*, compris dans le compte général : *Houille et Coke.*

> Les expéditions de houille et de coke par un dépôt à un autre dépôt et par l'Économat aux gares.
>
> Les expéditions faites par les fournisseurs à la Traction ou à l'Économat seront, au contraire, rangées parmi les transports du commerce.

2° *Transports pour le service de la Compagnie*, compris dans le compte général : *Fers, Fontes, Tôles*, etc.

> Les envois de rails, de coussinets, de chevillettes en fer, de matériel en fer, en fonte, etc., etc., adressés par un Agent de la Compagnie à un autre Agent de la Compagnie.

3° *Transports pour le service de la Compagnie*, compris dans le compte général : *Bois de construction.*

> Les expéditions de traverses, de plateaux, de chevillettes en bois, de poteaux télégraphiques et autres adressées par un Agent de la Compagnie à un autre Agent de la Compagnie.

Les Inspecteurs principaux et le Sous-Chef de la Comptabilité générale et des Finances sont chargés d'assurer l'exécution des dispositions qui précèdent.

29 mars 1860.

N° 409

RENSEIGNEMENTS STATISTIQUES SUR LES TRANSPORTS DES VOITURES, CHEVAUX ET BESTIAUX.

Les recettes provenant du transport des voitures, des chevaux et des bestiaux (service de la grande et de la petite vitesse) doivent être relevées avec soin sur les livres d'expédition, résumées par gares destinataires et reportées sur le bordereau récapitulatif Modèle n° 90.

Plusieurs Chefs de gares et de stations ont soin de spécifier, dans la colonne d'observations, la nature du transport effectué lorsqu'il s'agit de voitures, de chevaux et de bestiaux; mais le plus grand nombre d'entre eux adresse à l'Administration centrale des bordereaux sur lesquels cette indication manque totalement, d'où il suit que l'application des recettes par tarif devient très-difficile à faire exactement.

Le Chef de l'Exploitation invite les Chefs de gares et de stations à ne jamais omettre, à l'avenir, de désigner, en regard de la recette, dans la colonne d'observations du Modèle n° 90 précité, par les mots : **Voitures, Chevaux, Bestiaux**, la nature du transport effectué.

12 décembre 1860.

PARIS - CORBEIL.

DISTANCES en kilomètres de PARIS.	DISTANCES des STATIONS entre elles.	NOMS des Stations.	VITESSES UNIFORMES A L'HEURE. — DURÉE DU PARCOURS.										
			20 kilomèt. 3^m	25 kilomèt. 2^m4	30 kilomèt. 2^m	35 kilomèt. 1^m71	40 kilomèt. 1^m5	45 kilomèt. 1^m33	50 kilomèt. 1^m2	55 kilomèt. 1^m09	60 kilomèt. 1^m	65 kilomèt. 0^m92	70 kilomèt. 0^m86
		PARIS											
	1.260		4	3	3	2	2	2	2	2	1	1	1
1.260	»	IVRY											
	740		2	2	1	1	1	1	1	1	1	1	1
2.000	»	Aiguilles des Fortifications. (Croix-Jarry).											
	6.286		19	15	13	11	9	8	7	7	6	5	5
8.286	»	Choisy (Bestiaux)..											
	1.134		3	3	2	2	2	1	1	1	1	1	1
9.420	»	Choisy (Voyageurs).											
	4.814		14	12	9	8	7	6	6	5	5	4	4
14.234	»	Ablon											
	1.839		6	4	4	3	3	3	2	2	2	2	2
16.073	»	Athis-Mons											
	2.965		9	7	6	5	4	4	4	3	3	3	3
19.038	»	JUVISY											
	19.038		57^m	46^m	38^m	32^m	28^m	25^m	23^m	21^m	19^m	17^m	17^m
	4.391		13	11	9	8	7	6	5	5	4	4	4
23.429	»	Ris-Orangis. ...											
	3.940		12	9	8	7	6	5	5	4	4	4	3
27.369	»	Évry											
	2.894		9	7	6	5	4	4	4	3	3	3	3
30.263	»	CORBEIL											
	11.225		34^m	27^m	23^m	20^m	17^m	15^m	14^m	12^m	11^m	11^m	10^m
TOTAL.	30.263	Total de la durée du parcours....	1^h31^m	1^h13^m	1^h1^m	0^h52^m	0^h45^m	0^h40^m	0^h37^m	0^h33^m	0^h30^m	0^h28^m	0^h27^m

CORBEIL-PARIS.

DISTANCES en kilomètres de CORBEIL.	DISTANCES des STATIONS entre elles	NOMS des Stations.	VITESSES UNIFORMES A L'HEURE. — DURÉE DU PARCOURS.										
			20 kilomèt.	25 kilomèt.	30 kilomèt.	35 kilomèt.	40 kilomèt.	45 kilomèt.	50 kilomèt.	55 kilomèt.	60 kilomèt.	65 kilomèt.	70 kilomèt.
			3^m	2^m4	2^m	1^m71	1^m5	1^m33	1^m2	1^m09	1^m	0^m92	0^m86
		CORBEIL											
	2.894		9	7	6	5	4	4	4	3	3	3	3
2.894	»	Évry.											
	3.940		12	9	8	7	6	5	5	4	4	4	3
6.834	»	Ris-Orangis. . . .											
	4.391		13	11	9	8	7	6	5	5	4	4	4
11.225	JUVISY.												
	11.225		34^m	27^m	23^m	20^m	17^m	15^m	14^m	12^m	11^m	11^m	10^m
	2.965		9	7	6	5	4	4	4	3	3	3	3
14.190	»	Athis-Mons. . . .											
	1.839		6	4	4	3	3	3	2	2	2	2	2
16.029	»	Ablon.											
	4.814		14	12	9	8	7	6	6	5	5	4	4
20.843	»	Choisy (Voyageurs).											
	1.134		3	3	2	2	2	1	1	1	1	1	1
21.977	»	Choisy (Bestiaux).											
	6.286		19	15	13	11	9	8	7	7	6	5	5
28.263	»	Aiguilles des Fortifications. (Croix-Jarry).											
	740		2	2	1	1	1	1	1	1	1	1	1
29.003	»	IVRY.											
	1.260		4	3	3	2	2	2	2	2	1	1	1
30.263	PARIS.												
	19.038		57^m	46^m	38^m	32^m	28^m	25^m	23^m	21^m	19^m	17^m	17^m
TOTAL.	30.263	Total de la durée du parcours . . .	$1^h 31^m$	$1^h 13^m$	$1^h 1^m$	$0^h 52^m$	$0^h 45^m$	$0^h 40^m$	$0^h 37^m$	$0^h 33^m$	$0^h 30^m$	$0^h 28^m$	$0^h 27^m$

N° 3.

DISTANCES en kilomètres de PARIS.	DISTANCES des STATIONS entre elles.	NOMS des Stations.	VITESSES UNIFORMES A L'HEURE. — DURÉE DU PARCOURS.										
			20 kilomèt.	25 kilom̂et.	30 kilomèt.	35 kilomèt.	40 kilomèt.	45 kilomèt.	50 kilomèt.	55 kilomèt.	60 kilomèt.	65 kilomèt.	70 kilomèt.
			3m	2m4	2m	1m71	1m5	1m33	1m2	1m09	1m	0m92	0m86
		PARIS.....											
1.260	1.260	IVRY......	4	3	3	2	2	2	2	2	1	1	1
2.000	740	Aiguilles des Fortifications. (Croix-Jarry).	2	2	1	1	1	1	1	1	1	1	1
8.286	6.286	Choisy (Bestiaux).	19	15	13	11	9	8	7	7	6	5	5
9.420	1.134	Choisy (Voyageurs).	3	3	2	2	2	1	1	1	1	1	1
14.234	4.814	Ablon.....	14	12	9	8	7	6	6	5	5	4	4
16.073	1.839	Athis-Mons...	6	4	4	3	3	3	2	2	2	2	2
19.038	2.965	JUVISY.....	9	7	6	5	4	4	4	3	3	3	3
	19.038		**57m**	**46m**	**38m**	**32m**	**28m**	**25m**	**23m**	**21m**	**19m**	**17m**	**17m**
21.842	2.804	Savigny-sur-Orge.	8	7	6	5	4	4	3	3	3	3	2
23.544	1.702	Épinay.....	5	4	3	3	3	2	2	2	2	2	1
28.047	4.503	SAINT-MICHEL..	14	11	9	8	7	6	5	5	4	4	4
	9.009		**27m**	**22m**	**18m**	**16m**	**14m**	**12m**	**10m**	**10m**	**9m**	**9m**	**7m**
30.658	2.611	Brétigny....	8	6	5	5	4	4	3	3	3	2	2
36.107	5.449	Marolles....	16	13	11	9	8	7	6	6	5	5	5
39.705	3.598	Bouray.....	11	9	7	6	5	5	4	4	4	3	3
42.782	3.077	Lardy.....	9	7	6	5	5	4	4	3	3	3	3
48.690	5.908	Étréchy....	48	14	12	10	9	8	7	6	6	5	5
55.863	7.173	ÉTAMPES....	22	17	14	12	11	10	9	8	7	7	6
	27.816		**1h24m**	**1h6m**	**55m**	**47m**	**42m**	**38m**	**33m**	**30m**	**28m**	**25m**	**24m**
65.834	9.971	Aiguilles de Guillerval	40	34	30	22	20	18	17	16	15	14	14
69.793	3.959	Monnerville...	12	9	8	7	6	5	5	4	4	4	3
74.416	4.623	Angerville ...	14	11	9	8	7	6	6	5	5	4	4
88.228	13.812	TOURY.....	41	33	28	24	21	18	17	15	14	13	12
	32.365		**1h47m**	**1h27m**	**1h15m**	**1h1m**	**54m**	**47m**	**45m**	**40m**	**38m**	**35m**	**33m**
94.477	6.249	Château-Gaillard	19	15	13	11	9	8	7	7	6	5	5
101.531	7.054	Artenay..	21	17	14	12	11	10	9	7	7	7	6
107.595	6.064	Chevilly....	18	15	12	10	9	8	7	7	6	6	5
112.084	4.489	Cercottes....	13	11	9	8	7	6	5	5	4	4	4
119.356	7.272	Les Aubrais ...	22	18	15	12	11	10	9	8	7	6	6
120.996	1.640	ORLÉANS ...	5	4	3	3	2	2	2	2	2	2	2
	32.768		**1h38m**	**1h26m**	**1h6m**	**56m**	**49m**	**44m**	**39m**	**36m**	**32m**	**30m**	**28m**
TOTAL.	120.996	Total de la durée du parcours...	6h13m	5h1m	4h12m	3h32m	3h7m	2h46m	2h30m	2h17m	2h6m	1h56m	1h49m

ORLÉANS-PARIS.

DISTANCES en kilomètres D'ORLÉANS.	DISTANCES des STATIONS entre elles.	NOMS des Stations.	VITESSES UNIFORMES A L'HEURE. — DURÉE DU PARCOURS.										
			20 kilomèt.	25 kilomèt.	30 kilomèt.	35 kilomèt.	40 kilomèt.	45 kilomèt.	50 kilomèt.	55 kilomèt.	60 kilomèt.	65 kilomèt.	70 kilomèt.
			3m	2m4	2m	1m71	1m5	1m33	1m2	1m09	1m	0m92	0m86
	1.640	ORLÉANS											
1.640	»	Les Aubrais	5	4	3	3	2	2	2	2	2	2	2
9.912	7.272 »	Cercottes	22	18	15	12	11	10	9	8	7	6	6
13.401	4.489 »	Chevilly	13	11	9	8	7	6	5	5	4	4	4
19.465	6.064 »	Artenay	18	15	12	10	9	8	7	7	6	6	5
26.519	7.054 »	Château-Gaillard	21	17	14	12	11	10	9	7	7	7	6
32.768	6.249 »	TOURY	19	15	13	11	9	8	7	7	6	5	5
	32.768		1h38m	1h20m	1h6m	56m	49m	44m	39m	36m	32m	30m	28m
46.580	13.812 »	Angerville	41	33	28	24	21	18	17	15	14	13	12
51.203	4.623 »	Monnerville	14	11	9	8	7	6	6	5	5	4	4
55.162	3.959 »	Aiguilles de Guilleval	12	9	8	7	6	5	5	4	4	4	3
65.133	9.971 »	ÉTAMPES	30	24	20	17	15	13	12	11	10	9	9
	32.365		1h37m	1h17m	1h5m	56m	49m	42m	40m	35m	33m	30m	28m
72.306	7.173 »	Étréchy	22	17	14	12	11	10	9	8	7	7	6
78.214	5.908 »	Lardy	18	14	12	10	9	8	7	6	6	5	5
81.291	3.077 »	Bouray	9	7	6	5	5	4	4	3	3	3	3
84.889	3.598 »	Marolles	11	9	7	6	5	5	4	4	4	3	3
90.338	5.449 »	Brétigny	16	13	11	9	8	7	6	6	5	5	5
92.949	2.611 »	SAINT-MICHEL	8	6	5	5	4	4	3	3	3	2	2
	27.816		1h24m	1h6m	55m	47m	42m	38m	33m	30m	28m	25m	24m
97.152	4.503 »	Épinay	14	11	9	8	7	6	5	5	4	4	4
99.154	1.702 »	Savigny-sur-Orge	5	4	3	3	3	2	2	2	2	2	1
101.958	2.804 »	JUVISY	8	7	6	5	4	4	3	3	3	3	2
	9.009		27m	22m	18m	16m	14m	12m	10m	10m	9m	9m	7m
104.923	2.965 »	Athis-Mons	9	7	6	5	4	4	4	3	3	3	3
106.762	1.839 »	Ablon	6	4	4	3	3	3	2	2	2	2	2
111.576	4.814 »	Choisy (Voyageurs)	14	12	9	8	7	6	6	5	5	4	4
112.710	1.134 »	Choisy (Bestiaux)	3	3	2	2	2	1	1	1	1	1	1
118.996	6.286 »	Aiguilles des Fortifications. (Croix-Jarry)	19	15	13	11	9	8	7	7	6	5	5
119.736	740	IVRY	2	2	1	1	1	1	1	1	1	1	1
120.996	1.260 »	PARIS	4	3	3	2	2	2	2	2	1	1	1
	19.038		57m	46m	38m	32m	28m	25m	23m	21m	19m	17m	17m
TOTAL.	120.996	Total de la durée du parcours	6h3m	4h51m	4h2m	3h27m	3h2m	2h41m	2h25m	2h12m	2h1m	1h51m	1h44m

ORLÉANS - TOURS.

N° 4.

DISTANCES en kilomètros de PARIS.	DISTANCES des STATIONS entre elles.	NOMS des Stations.	VITESSES UNIFORMES A L'HEURE. — DURÉE DU PARCOURS.										
			20 kilomèt.	25 kilomèt.	30 kilomèt.	35 kilomèt.	40 kilomèt.	45 kilomèt.	50 kilomèt.	55 kilomèt.	60 kilomèt.	65 kilomèt.	70 kilomèt.
			3^m	2^m4	2^m	1^m71	1^m5	1^m33	1^m2	1^m09	1^m	0^m92	0^m86
120.996	1.309	ORLÉANS	4	3	3	2	2	2	2	1	1	1	1
122.305	»	Bifurcation, Ouest.	»	»	»	»	»	»	»	»	»	»	»
119.356	981	Les Aubrais (Bif.).	»	»	»	»	»	»	»	»	»	»	»
120.337	6.015	Aiguilles R¹ Ouest. .	3	2	2	2	1	1	1	1	1	1	1
128.320	6.636	La Chapelle-Saint-Mesmin.	18	14	12	10	9	8	7	7	6	6	5
134.956	5.682	Saint-Ay	20	16	13	12	10	9	8	7	7	6	6
140.638	7.575	Meung-sur-Loire. .	17	14	11	10	9	8	7	6	6	5	5
148.213		BEAUGENCY . . .	23	18	15	13	11	10	9	8	8	7	6
	27.217		1^h22^m	1^h5^m	54^m	47^m	41^m	37^m	33^m	29^m	28^m	25^m	23^m
160.281	12.068	Mer	36	29	24	21	18	16	15	13	12	11	10
170.437	10.156	Ménars	30	24	20	17	15	13	12	11	10	9	9
179.645	9.208	BLOIS.	28	22	18	16	14	12	11	10	9	9	8
	31.432		1^h34^m	1^h15^m	1^h2^m	54^m	47^m	41^m	38^m	34^m	31^m	29^m	27^m
189.049	9.404	Chouzy.	28	22	19	16	14	12	11	10	9	9	8
194.798	5.749	Onzain	17	14	11	10	9	8	7	6	6	5	5
206.078	11.280	Limeray	34	27	23	19	17	15	14	13	11	10	10
212.153	6.075	AMBOISE. . . .	18	14	12	10	9	8	7	7	6	6	5
	32.508		1^h37^m	1^h17^m	1^h5^m	55^m	49^m	43^m	39^m	36^m	32^m	30^m	28^m
218.753	6.600	Noisay.	20	16	13	11	10	9	7	7	7	6	6
221.803	3.050	Vernou.	9	7	6	5	5	4	4	4	3	3	3
224.648	2.845	Vouvray	9	7	6	5	4	4	4	3	3	3	2
225.411	763	Montlouis. . . .	2	2	2	1	1	1	1	1	1	1	1
232.832	7.421	Saint-Pierre-des-Corps . .	22	18	15	13	11	10	9	8	7	6	6
233.932	1.100	Bifurcation Orléans.	3	3	2	2	2	2	1	1	1	1	1
235.000	1.068	Bifurcation Tours. .	3	2	2	2	2	1	1	1	1	1	1
235.678	678	TOURS.	3	2	1	1	1	1	1	1	1	1	1
	23.525		1^h11^m	57^m	47^m	40^m	36^m	32^m	28^m	26^m	24^m	22^m	21^m
TOTAL..	114.682	**Total** de la durée du parcours. .	5^h44^m	4^h34^m	3^h48^m	3^h16^m	2^h53^m	2^h33^m	2^h18^m	2^h5^m	1^h55^m	1^h46^m	1^h39^m

TOURS - ORLÉANS.

DISTANCES en kilomètres de TOURS.	DISTANCES des STATIONS entre elles.	NOMS des Stations.	VITESSES UNIFORMES A L'HEURE. — DURÉE DU PARCOURS.										
			20 kilomèt.	25 kilomèt.	30 kilomèt.	35 kilomèt.	40 kilomèt.	45 kilomèt.	50 kilomèt.	55 kilomèt.	60 kilomèt.	65 kilomèt.	70 kilomèt.
			3^m	2^m4	2^m	1^m71	1^m5	1^m33	1^m2	1^m09	1^m	0^m92	0^m86
»	»	TOURS	3	2	1	1	1	1	1	1	1	1	1
678	678	*Bifurcation Tours* .	3	2	2	2	2	1	1	1	1	1	1
1.746	1.068	*Bifurcation Orléans*	3	3	2	2	2	2	1	1	1	1	1
2.846	1.100	Saint-Pierre-des-Corps . .	22	18	15	13	11	10	9	8	7	6	6
10.267	7.421	Montlouis	2	2	2	1	1	1	1	1	1	1	1
11.030	763	Vouvray	9	7	6	5	4	4	4	3	3	3	2
13.875	2.845	Vernou	9	7	6	5	5	4	4	4	3	3	3
16.925	3.050	Noizay	20	16	13	11	10	9	7	7	7	6	6
23.525	6.600	AMBOISE											
	23.525		$1^h 11^m$	57^m	47^m	40^m	36^m	32^m	28^m	26^m	24^m	22^m	21^m
29.600	6.075	Limeray	18	14	12	10	9	8	7	7	6	6	5
40.880	11.280	Onzain	34	27	23	19	17	15	14	13	11	10	10
46.629	5.749	Chouzy	17	14	11	10	9	8	7	6	6	5	5
56.033	9.404	BLOIS	28	22	19	16	14	12	11	10	9	9	8
	32.508		$1^h 37^m$	$1^h 17^m$	$1^h 5^m$	55^m	49^m	43^m	39^m	36^m	32^m	30^m	28^m
65.241	9.208	Ménars	28	22	18	16	14	12	11	10	9	9	8
75.397	10.156	Mer	30	24	20	17	15	13	12	11	10	9	9
87.465	12.068	BEAUGENCY . .	36	29	24	21	18	16	15	13	12	11	10
	31.432		$1^h 34^m$	$1^h 15^m$	$1^h 2^m$	54^m	47^m	41^m	38^m	34^m	31^m	29^m	27^m
95.040	7.575	Meung-sur-Loire . .	23	18	15	13	11	10	9	8	8	7	6
100.722	5.682	Saint-Ay	17	14	11	10	9	8	7	6	6	5	5
107.358	6.636	La Chapelle-Saint-Mesmin .	20	16	13	12	10	9	8	7	7	6	6
113.373	6.015	*Aiguilles R¹ Ouest* .	18	14	12	10	9	8	7	7	6	6	5
»	981	Les Aubrais (*Bif.*).	3	2	2	2	1	1	1	1	1	1	1
»	»	*Bifurcation, Ouest.*	»	»	»	»	»	»	»	»	»	»	»
114.682	1.309	ORLÉANS	4	3	3	2	2	2	2	1	1	1	1
	27.217		$1^h 22^m$	$1^h 5^m$	54^m	47^m	41^m	37^m	33^m	29^m	28^m	25^m	23^m
TOTAL..	114.682	**Total** de la durée du parcours. .	$5^h 44^m$	$4^h 34^m$	$3^h 48^m$	$3^h 16^m$	$2^h 53^m$	$2^h 33^m$	$2^h 18^m$	$2^h 5^m$	$1^h 55^m$	$1^h 46^m$	$1^h 39^m$

TOURS - POITIERS.

No 5.

DISTANCES en kilomètres de PARIS.	DISTANCES des STATIONS entre elles.	NOMS des Stations.	20 kilomèt.	25 kilomèt.	30 kilomèt.	35 kilomèt.	40 kilomèt.	45 kilomèt.	50 kilomèt.	55 kilomèt.	60 kilomèt.	65 kilomèt.	70 kilomèt.
		VITESSES UNIFORMES A L'HEURE. — DURÉE DU PARCOURS.	3^m	2^m4	2^m	1^m71	1^m5	1^m33	1^m2	1^m09	1^m	0^m92	0^m86
235.678	»	TOURS											
235.000	678	Bifurcation (Tours) . .	2	2	1	1	1	1	1	1	1	1	1
234.890	1.148	Bifurcation (Bordeaux) .	3	3	2	2	2	2	1	1	1	1	1
232.832	»	St-Pierre-des-Corps.	»	»	»	»	»	»	»	»	»	»	»
233.932	1.100	Bifurcation (Orléans) .	3	3	2	2	2	2	1	1	1	1	1
234.890	958	Bifurcation (Bordeaux) .	3	2	2	2	1	1	1	1	1	1	1
249.104	11.600	Monts	35	28	23	20	17	15	14	13	11	10	9
258.124	9.020	Villeperdue. . . .	27	22	18	15	14	12	11	10	9	8	8
269.594	11.470	Sainte-Maure . . .	35	27	23	20	17	15	14	12	11	11	10
281.214	11.620	Port-de-Piles. . .	35	28	23	20	17	15	14	13	12	11	10
285.434	4.220	LES ORMES . . .	13	10	8	7	6	6	5	5	4	4	4
	49.756		2^h30^m	2^h	1^h38^m	1^h25^m	1^h14^m	1^h6^m	1^h	55^m	49^m	46^m	43^m
289.174	3.740	Dangé	11	9	8	6	6	5	4	4	4	3	3
296.894	7.720	Ingrandes-s-Vienne	23	19	16	13	12	10	9	8	8	7	7
303.454	6.560	CHATELLERAULT.	20	16	13	11	10	9	8	7	6	6	6
	18.020		54^m	44^m	37^m	30^m	28^m	24^m	21^m	19^m	18^m	16^m	16^m
311.678	8.224	Les Barres	25	20	16	14	12	11	10	9	8	8	7
317.327	5.649	La Tricherie . . .	17	13	11	10	8	8	7	6	6	5	5
320.624	3.297	Dissais.	10	8	7	6	5	4	4	4	3	3	3
324.639	4.015	Clan.	12	10	8	7	6	5	5	4	4	4	3
328.107	3.468	Chasseneuil. . .	10	8	7	6	5	5	4	4	4	3	3
336.508	8.401	POITIERS . . .	25	20	17	14	13	11	10	9	8	8	7
	33.054		1^h39^m	1^h19^m	1^h6^m	57^m	49^m	44^m	40^m	36^m	33^m	31^m	28^m
TOTAL .	100.830	Total de la durée du parcours . . .	5^h3^m	4^h3^m	3^h21^m	2^h52^m	2^h31^m	2^h14^m	2^h1^m	1^h50^m	1^h40^m	1^h33^m	1^h27^m

POITIERS · TOURS.

DISTANCES en kilomètres de POITIERS.	DISTANCES des STATIONS entre elles.	NOMS des Stations.	VITESSES UNIFORMES A L'HEURE. — DURÉE DU PARCOURS.										
			20 kilomèt.	25 kilomèt.	30 kilomèt.	35 kilomèt.	40 kilomèt.	45 kilomèt.	50 kilomèt.	55 kilomèt.	60 kilomèt.	65 kilomèt.	70 kilomèt.
			3^m	2^m4	2^m	1^m71	1^m5	1^m33	1^m2	1^m09	1^m	0^m92	0^m86
»	»	POITIERS . . .											
8.401	8.401	Chasseneuil. . . .	25	20	17	14	13	11	10	9	8	8	7
11.869	3.468	Clan.	10	8	7	6	5	5	4	4	4	3	3
15.884	4.015	Dissais.	12	10	8	7	6	5	5	4	4	4	3
19.181	3.297	La Tricherie . . .	10	8	7	6	5	4	4	4	3	3	3
24.830	5.649	Les Barres	17	13	11	10	8	8	7	6	6	5	5
33.054	8.224	CHATELLERAULT	25	20	16	14	12	11	10	9	8	8	7
	33.054		$1^h 39^m$	$1^h 19^m$	$1^h 6^m$	57^m	49^m	44^m	40^m	36^m	33^m	31^m	28^m
39.614	6.560	Ingrandes-s-Vienne	20	16	13	11	10	9	8	7	6	6	6
47.334	7.720	Dangé	23	19	16	13	12	10	9	8	8	7	7
51.074	3.740	LES ORMES . . .	11	9	8	6	6	5	1	4	4	3	3
	18.020		54^m	44^m	37^m	30^m	28^m	24^m	21^m	19^m	18^m	16^m	16^m
55.294	4.220	Port-de-Piles. . .	13	10	8	7	6	6	5	5	4	4	4
66.914	11.620	Sainte-Maure. . .	35	28	23	20	17	15	14	13	12	11	10
78.384	11.470	Villeperdue. . . .	35	27	23	20	17	15	14	12	11	11	10
87.404	9.020	Monts	27	22	18	15	14	12	11	10	9	8	8
99.004	11.600	*Bifurcation* (Bordeaux)	35	28	23	20	17	15	14	13	11	10	9
	958	*Bifurcation* (Orléans) .	3	2	2	2	1	1	1	1	1	1	1
	1.100	St-Pierre-des-Corps	3	3	2	2	2	2	2	1	1	1	1
	»	*Bifurcation* (Bordeaux)	»	»	»	»	»	»	»	»	»	»	»
100.152	1.148	*Bifurcation* (Tours) .	3	3	2	2	2	2	1	1	1	1	1
100.830	678	TOURS.	2	2	1	1	1	1	1	1	1	1	1
	49.756		$2^h 30^m$	2^h	$1^h 38^m$	$1^h 25^m$	$1^h 14^m$	$1^h 6^m$	1^h	55^m	49^m	46^m	43^m
TOTAL.	100.830	**Total** *de la durée du parcours.* . .	$5^h 3^m$	$4^h 3^m$	$3^h 21^m$	$2^h 52^m$	$2^h 31^m$	$2^h 14^m$	$2^h 1^m$	$1^h 50^m$	$1^h 40^m$	$1^h 33^m$	$1^h 27^m$

N° 6.

DISTANCES en kilomètres de PARIS.	DISTANCES des STATIONS entre elles.	NOMS des Stations.	VITESSES UNIFORMES A L'HEURE. — DURÉE DU PARCOURS.										
			20 kilomèt.	25 kilomèt.	30 kilomèt.	35 kilomèt.	40 kilomèt.	45 kilomèt.	50 kilomèt.	55 kilomèt.	60 kilomèt.	65 kilomèt.	70 kilomèt.
			3m	2m4	2m	1m71	1m5	1m33	1m2	1m09	1m	0m92	0m86
336.508	»	**POITIERS**											
	4.340		13	10	9	7	7	6	5	5	4	4	4
340.848	»	Saint-Benoît (*Bif.*)											
	14.365		51	42	36	28	25	22	20	18	17	16	15
355.213	»	Coulombiers											
	7.360		23	19	16	13	11	11	10	9	8	8	7
362.573	»	**LUSIGNAN**											
	26.065		1h 27m	1h 11m	1h 1m	48m	43m	39m	35m	32m	29m	28m	26m
	6.103		18	15	12	11	9	8	7	7	6	6	5
368.676	»	Rouillé											
	7.611		23	18	15	13	11	10	9	8	8	7	6
376.287	»	Pamproux											
	6.914		24	20	17	14	12	11	10	10	9	8	8
383.201	»	La Ville-Dieu											
	7.633		23	18	15	13	11	10	9	8	8	7	6
390.834	»	Saint-Maixent											
	9.595		32	26	22	17	15	13	13	11	10	10	9
400.429	»	La Crèche											
	13.847		44	36	31	25	23	20	18	17	16	14	14
414.276	»	**NIORT**											
	51.703		2h 44m	2h 13m	1h 52m	1h 33m	1h 21m	1h 12m	1h 6m	1h 1m	57m	52m	48m
	9.382		28	23	19	16	14	12	11	10	9	9	8
423.658	»	Frontenay											
	3.939		12	9	8	7	6	6	5	4	4	4	3
427.597	»	Épanes											
	8.590		26	21	17	14	13	11	10	9	9	7	7
436.187	»	Mauzé											
	12.150		36	29	24	21	18	16	14	13	12	11	10
448.337	»	Surgères											
	6.206		18	15	12	11	9	8	8	7	6	6	6
454.543	»	Chambon											
	8.925		27	21	18	15	14	12	11	10	9	8	8
463.408	»	**AIGREFEUILLE**											
	49.192		2h 27m	1h 58m	1h 38m	1h 24m	1h 14m	1h 5m	59m	53m	49m	45m	42m
TOTAL. 126.960		**Total** *de la durée du parcours*	6h 38m	5h 22m	4h 31m	3h 45m	3h 18m	2h 56m	2h 40m	2h 26m	2h 15m	2h 5m	1h 56m

AIGREFEUILLE-POITIERS.

DISTANCES en kilomètres D'AIGREFEUILLE.	DISTANCES des STATIONS entre elles.	NOMS des Stations.	VITESSES UNIFORMES A L'HEURE. — DURÉE DU PARCOURS.										
			20 kilomèt.	25 kilomèt.	30 kilomèt.	35 kilomèt.	40 kilomèt.	45 kilomèt.	50 kilomèt.	55 kilomèt.	60 kilomèt.	65 kilomèt.	70 kilomèt.
			3^m	2^m4	2^m	1^m71	1^m5	1^m33	1^m2	1^m09	1^m	0^m92	0^m86
»	»	AIGREFEUILLE..	27	21	18	15	14	12	11	10	9	8	8
8.925	8.925	Chambon.	18	15	12	11	9	8	8	7	6	6	6
15.131	6.206	Surgères.	36	29	24	21	18	16	14	13	12	11	10
27.281	12.150	Mauzé	26	21	17	14	13	11	10	9	9	7	7
35.871	8.590	Épanes.	12	9	8	7	6	6	5	4	4	4	3
39.810	3.939	Fontenay.	28	23	19	16	14	12	11	10	9	9	8
49.192	9.382	NIORT.											
	49.192		$2^h 27^m$	$1^h 58^m$	$1^h 38^m$	$1^h 24^m$	$1^h 14^m$	$1^h 5^m$	59^m	53^m	49^m	45^m	42^m
63.039	13.847	La Crèche	44	36	31	25	23	20	18	17	16	14	14
72.634	9.595	Saint-Maixent. . .	32	26	22	17	15	13	13	11	10	10	9
80.267	7.633	La Ville-Dieu. . .	23	18	15	13	11	10	9	8	8	7	6
87.181	6.914	Pamproux	24	20	17	14	12	11	10	10	9	8	8
94.792	7.611	Rouillé.	23	18	15	13	11	10	9	8	8	7	6
100.895	6.103	LUSIGNAN. . . .	18	15	12	11	9	8	7	7	6	6	5
	51.703		$2^h 44^m$	$2^h 13^m$	$1^h 52^m$	$1^h 33^m$	$1^h 21^m$	$1^h 12^m$	$1^h 6^m$	$1^h 1^m$	57^m	52^m	48^m
108.255	7.360	Coulombiers . . .	23	19	16	13	11	11	10	9	8	8	7
122.620	14.365	Saint-Benoît ($Bif.$).	43	34	28	24	21	18	16	14	13	12	11
126.960	4.340	POITIERS	13	10	9	7	7	6	5	5	4	4	4
	26.065		$1^h 19^m$	$1^h 3^m$	53^m	44^m	39^m	35^m	31^m	28^m	25^m	24^m	22^m
TOTAL.. 126.960		**Total** de la durée du parcours. . .	$6^h 30^m$	$5^h 14^m$	$4^h 23^m$	$3^h 41^m$	$3^h 14^m$	$2^h 52^m$	$2^h 36^m$	$2^h 22^m$	$2^h 11^m$	$2^h 1^m$	$1^h 52^m$

LA ROCHELLE · ROCHEFORT.

DISTANCES en kilomètres de PARIS.	DISTANCES des STATIONS entre elles.	NOMS des Stations.	VITESSES UNIFORMES A L'HEURE. — DURÉE DU PARCOURS.										
			20 kilomèt.	25 kilomèt.	30 kilomèt.	35 kilomèt.	40 kilomèt.	45 kilomèt.	50 kilomèt.	55 kilomèt.	60 kilomèt.	65 kilomèt.	70 kilomèt.
			3^m	2^m4	2^m	1^m71	1^m5	1^m33	1^m2	1^m9	1^m	0^m92	0^m86
480.977	»	LA ROCHELLE...	34	27	22	19	17	15	13	12	11	10	10
469.804	11.173	La Jarrie....	19	15	13	11	9	8	8	7	7	6	5
463.468	6.336	AIGREFEUILLE..	53^m	42^m	35^m	30^m	26^m	23^m	21^m	19^m	18^m	16^m	15^m
	17.509		15	12	10	9	8	7	7	6	5	5	5
468.377	4.909	Ciré.......	36	29	24	20	18	16	14	13	12	11	10
480.653	12.276	ROCHEFORT....	51^m	41^m	34^m	29^m	26^m	23^m	21^m	19^m	17^m	16^m	15^m
	17.185												
TOTAL..	34.694	Total de la durée du parcours....	1^h44^m	1^h23^m	1^h9^m	59^m	52^m	46^m	42^m	38^m	35^m	32^m	30^m

ROCHEFORT · LA ROCHELLE.

DISTANCES en kilomètres de ROCHEFORT.	DISTANCES des STATIONS entre elles.	NOMS des Stations.	VITESSES UNIFORMES A L'HEURE. — DURÉE DU PARCOURS.										
			20 kilomèt.	25 kilomèt.	30 kilomèt.	35 kilomèt.	40 kilomèt.	45 kilomèt.	50 kilomèt.	55 kilomèt.	60 kilomèt.	65 kilomèt.	70 kilomèt.
»	»	ROCHEFORT...	3^m	2^m4	2^m	1^m71	1^m5	1^m33	1^m2	1^m9	1^m	0^m92	0^m86
12.276	12.276	Ciré......	36	29	24	20	18	16	14	13	12	11	10
17.185	4.909	AIGREFEUILLE..	15	12	10	9	8	7	7	6	5	5	5
	17.185		51^m	41^m	34^m	29^m	26^m	23^m	21^m	19^m	17^m	16^m	15^m
23.521	6.336	La Jarrie....	19	15	13	11	9	8	8	7	7	6	5
34.694	11.173	LA ROCHELLE..	34	27	22	19	17	15	13	12	11	10	10
	17.509		53^m	42^m	35^m	30^m	26^m	23^m	21^m	19^m	18^m	16^m	13^m
TOTAL..	34.694	**Total** de la durée du parcours..	1^h44^m	1^h23^m	1^h9^m	59^m	52^m	46^m	42^m	38^m	35^m	32^m	30^m

DISTANCES en kilomètres de PARIS.	DISTANCES des STATIONS entre elles.	NOMS des Stations.	VITESSES UNIFORMES A L'HEURE. — DURÉE DU PARCOURS.										
			20 kilomèt.	25 kilomèt.	30 kilomèt.	35 kilomèt.	40 kilomèt.	45 kilomèt.	50 kilomèt.	55 kilomèt.	60 kilomèt.	65 kilomèt.	70 kilomèt.
			3ᵐ	2ᵐ4	2ᵐ7	1ᵐ71	1ᵐ5	1ᵐ33	1ᵐ2	1ᵐ09	1ᵐ	0ᵐ92	0ᵐ86
336.508	»	POITIERS											
	4.340		13	10	8	7	6	6	5	5	4	4	4
340.848	»	Saint-Benoît. (Bif.)											
	2.953		9	7	7	5	5	4	4	3	3	3	2
343.801	»	Ligugé											
	12.137		36	29	24	21	18	16	14	13	12	11	10
355.938		VIVONNE. . . .											
	19.430		58ᵐ	46ᵐ	39ᵐ	33ᵐ	29ᵐ	26ᵐ	23ᵐ	21ᵐ	19ᵐ	18ᵐ	16ᵐ
	14.074		42	34	28	24	21	19	17	15	14	13	12
370.012	»	Couhé-Vérac . . .											
	8.916		27	21	18	15	13	12	10	9	9	8	7
378.928	»	Épanvillers. . . .											
	9.052		27	22	18	16	14	12	11	10	9	8	8
387.980	»	Civray											
	14.076		42	34	28	24	21	19	17	15	14	13	12
402.056		RUFFEC.											
	46.118		2ʰ 18ᵐ	1ʰ 51ᵐ	1ʰ 32ᵐ	1ʰ 19ᵐ	1ʰ 9ᵐ	1ʰ 2ᵐ	55ᵐ	49ᵐ	46ᵐ	42ᵐ	39ᵐ
	9.826		30	24	20	17	15	13	12	11	10	9	9
411.882	»	Moussac											
	8.366		25	20	17	14	13	11	10	9	8	8	7
420.248	»	Luxé.											
	10.340		31	25	21	18	15	13	13	11	10	9	9
430.588	»	St-Amand-de-Boixe.											
	5.186		16	12	10	9	8	7	6	6	6	5	4
435.774	»	Vars.											
	13.551		41	33	27	23	20	18	16	15	14	12	12
449.325		ANGOULÊME. . .											
	47.269		2ʰ 23ᵐ	1ʰ 54ᵐ	1ʰ 35ᵐ	1ʰ 21ᵐ	1ʰ 11ᵐ	1ʰ 2ᵐ	57ᵐ	52ᵐ	48ᵐ	43ᵐ	41ᵐ
TOTAL.	112,817	Total de la durée du parcours . . .	5ʰ 39ᵐ	4ʰ 31ᵐ	3ʰ 46ᵐ	3ʰ 13ᵐ	2ʰ 49ᵐ	2ʰ 30ᵐ	2ʰ 15ᵐ	2ʰ 2ᵐ	1ʰ 53ᵐ	1ʰ 43ᵐ	1ʰ 36ᵐ

ANGOULÊME - POITIERS.

DISTANCES en kilomètres D'ANGOULÊME	DISTANCES des STATIONS entre elles	NOMS des Stations.	VITESSES UNIFORMES A L'HEURE. — DURÉE DU PARCOURS.										
			20 kilomèt.	25 kilomèt.	30 kilomèt.	35 kilomèt.	40 kilomèt.	45 kilomèt.	50 kilomèt.	55 kilomèt.	60 kilomèt.	65 kilomèt.	70 kilomèt.
			3^m	2^m4	2^m	1^m71	1^m5	1^m33	1^m2	1^m09	1^m	0^m92	0^m86
»	»	ANGOULÊME...											
			41	33	27	23	20	18	16	15	14	12	12
13.551	»	Vars......											
	5.186		16	12	10	9	8	7	6	6	6	5	4
18.737	»	St-Amand-de-Boixe											
	10.340		31	25	21	18	15	13	13	11	10	9	9
29.077	»	Luxé.....											
	8.366		25	20	17	14	13	11	10	9	8	8	7
37.443	»	Moussac....											
	9.826		30	24	20	17	15	13	12	11	10	9	9
47.269	»	RUFFEC.....											
	47.269		2^h23^m	1^h54^m	1^h35^m	1^h21^m	1^h11^m	1^h2^m	57^m	52^m	48^m	43^m	41^m
61.345	14.076	Civray......	42	34	28	24	21	19	17	15	14	13	12
70.397	9.052	Épanvillers...	27	22	18	16	14	12	11	10	9	8	8
79.313	8.916	Couhé-Vérac...	27	21	18	15	13	12	10	9	9	8	7
93.387	14.074	VIVONNE....	42	34	28	24	21	19	17	15	14	13	12
	46.118		2^h18^m	1^h51^m	1^h32^m	1^h19^m	1^h9^m	1^h2^m	55^m	49^m	46^m	42^m	39^m
105.524	12.137	Ligugé......	36	29	24	21	18	16	14	13	12	11	10
108.477	2.953	Saint-Benoît.(Bif.)	9	7	7	5	5	4	4	3	3	3	2
112.817	4.340	POITIERS...	13	10	8	7	6	6	5	5	4	4	4
	19.430		58^m	46^m	39^m	33^m	29^m	26^m	23^m	21^m	19^m	18^m	16^m
TOTAL.	112.817	Total de la durée du parcours....	5^h39^m	4^h31^m	3^h46^m	3^h13^m	2^h49^m	2^h30^m	2^h15^m	2^h2^m	1^h53^m	1^h43^m	1^h36^m

ANGOULÊME - BORDEAUX.

DISTANCES en kilomètres de PARIS.	DISTANCES des STATIONS entre elles.	NOMS des Stations.	VITESSES UNIFORMES A L'HEURE. — DURÉE DU PARCOURS.										
			20 kilomèt.	25 kilomèt.	30 kilomèt.	35 kilomèt.	40 kilomèt.	45 kilomèt.	50 kilomèt.	55 kilomèt.	60 kilomèt.	65 kilomèt.	70 kilomèt.
449.325	»	**ANGOULÊME...**	3^m	2^{m}4	2^m	1^{m}71	1^{m}5	1^{m}33	1^{m}2	1^{m}09	1^m	0^{m}92	0^{m}86
	7.611		23	18	15	13	12	10	9	8	8	7	6
456.936	»	La Couronne . . .	20	16	13	11	10	9	8	7	6	6	6
	6.542												
463.478	»	Mouthiers.	21	17	14	12	11	9	8	8	6	7	6
	7.114												
470.592	»	Charmant.	39	31	26	22	19	17	15	14	13	12	11
	12.901												
483.493	»	Montmoreau . . .	49	39	33	28	25	21	20	18	16	15	14
	16.421												
499.914	**CHALAIS. . . . .**	**50.589**	**2^{h}32^m**	**2^{h}1^m**	**1^{h}41^m**	**1^{h}26^m**	**1^{h}17^m**	**1^{h}6^m**	**1^h**	**55^m**	**50^m**	**47^m**	**43^m**
	13.955		42	33	28	24	21	19	17	15	14	13	12
513.869	»	La Roche-Chalais .	23	18	15	13	12	10	9	9	7	7	7
	7.718												
521.587	»	Les Églisottes. . .	28	23	19	16	14	13	11	10	9	9	8
	9.405												
530.992	**COUTRAS. . . . .**	**31.078**	**1^{h}33^m**	**1^{h}14^m**	**1^{h}2^m**	**53^m**	**47^m**	**42^m**	**37^m**	**34^m**	**30^m**	**29^m**	**27^m**
	8.339		25	20	17	14	12	11	10	9	8	8	7
539.331	»	Saint-Denis. . . .	23	19	16	14	12	10	9	9	8	7	7
	7.799												
547.130	**LIBOURNE. . . .**	**16.138**	**48^m**	**39^m**	**33^m**	**28^m**	**24^m**	**21^m**	**19^m**	**18^m**	**16^m**	**15^m**	**14^m**
	5.000		15	12	10	8	8	7	7	6	5	5	5
552.130	»	Arveyres.	12	10	8	7	5	5	4	4	4	3	3
	3.990												
556.120	»	Vayres.	17	13	11	10	8	7	7	6	6	5	5
	5.507												
561.627	»	Saint-Sulpice. . .	10	8	7	6	5	5	4	4	3	3	3
	3.464												
565.091	»	Saint-Loubès . . .	11	9	7	6	5	5	4	4	4	3	3
	3.600												
568.691	»	LaGrave-d'Ambarès	27	21	18	15	13	12	11	9	9	8	7
	8.840												
577.531	»	Lormont.	14	11	9	8	7	6	6	5	5	4	4
	4.785												
582.316	**BORDEAUX. . . .**	**35.186**	**1^{h}46^m**	**1^{h}24^m**	**1^{h}10^m**	**1^h**	**51^m**	**47^m**	**43^m**	**38^m**	**36^m**	**31^m**	**30^m**
TOTAL.	132,991	**Total** de la durée du parcours . . .	6^{h}39^m	5^{h}18^m	4^{h}26^m	3^{h}47^m	3^{h}19^m	2^{h}56^m	2^{h}39^m	2^{h}25^m	2^{h}12^m	2^{h}2^m	1^{h}54^m

BORDEAUX-ANGOULÊME.

DISTANCES en kilomètres de BORDEAUX.	DISTANCES des STATIONS entre elles.	NOMS des Stations.	VITESSES UNIFORMES A L'HEURE. — DURÉE DU PARCOURS.										
			20 kilomèt.	25 kilomèt.	30 kilomèt.	35 kilomèt.	40 kilomèt.	45 kilomèt.	50 kilomèt.	55 kilomèt.	60 kilomèt.	65 kilomèt.	70 kilomèt.
			3^m	2^m4	2^m	1^m71	1^m5	1^m33	1^m2	1^m09	1^m	0^m92	0^m86
»	»	BORDEAUX ...											
	4.785		14	11	9	8	7	6	6	5	5	4	4
4.785	»	Lormont											
	8.840		27	21	18	15	13	12	11	9	9	8	7
13.625	»	La Grave-d'Ambarès											
	3.600		11	9	7	6	5	5	4	4	4	3	3
17.225	»	Saint-Loubès ...											
	3.464		10	8	7	6	5	5	4	4	3	3	3
20.689	»	Saint-Sulpice ...											
	5.507		17	13	11	10	8	7	7	6	6	5	5
26.196	»	Vayres											
	3.990		12	10	8	7	5	5	4	4	4	3	3
30.186	»	Arveyres											
	5.000		15	12	10	8	8	7	7	6	5	5	5
35.186		LIBOURNE											
	35.186		1^h46^m	1^h24^m	1^h10^m	1^h	51^m	47^m	43^m	33^m	36^m	31^m	30^m
42.985	»	Saint-Denis											
	7.799		23	19	16	14	12	10	9	9	8	7	7
51.324		COUTRAS											
	8.339		25	20	17	14	12	11	10	9	8	8	7
	16.138		48^m	39^m	33^m	28^m	24^m	21^m	19^m	18^m	16^m	15^m	14^m
60.729	»	Les Églisottes ...											
	9.405		28	23	19	16	14	13	11	10	9	9	8
68.447	»	La Roche-Chalais .											
	7.718		23	18	15	13	12	10	9	9	7	7	7
82.402		CHALAIS											
	13.955		42	33	28	24	21	19	17	15	14	13	12
	31.078		1^h33^m	1^h14^m	1^h2^m	53^m	47^m	42^m	37^m	34^m	30^m	29^m	27^m
98.823	»	Montmoreau ...											
	16.421		49	39	33	28	25	21	20	18	16	15	14
111.724	»	Charmant											
	12.901		39	31	26	22	19	17	15	14	13	12	11
118.838	»	Monthiers											
	7.114		21	17	14	12	11	9	8	8	7	7	6
125.380	»	La Couronne ...											
	6.542		20	16	13	11	10	9	8	7	6	6	6
132.991		ANGOULÊME ..											
	7.611		23	18	15	13	12	10	9	8	8	7	6
	50.589		2^h32^m	2^h1^m	1^h41^m	1^h26^m	1^h17^m	1^h6^m	1^h	55^m	50^m	47^m	43^m
TOTAL.	132.991	Total de la durée du parcours ...	6^h39^m	5^h18^m	4^h26^m	3^h47^m	3^h19^m	2^h56^m	2^h39^m	2^h25^m	2^h12^m	2^h2^m	1^h54^m

COUTRAS - BRIVES.

DISTANCES en kilomètres de PARIS.	DISTANCES des STATIONS entre elles.	NOMS des [Stations.	VITESSES UNIFORMES A L'HEURE. — DURÉE DU PARCOURS.										
			20 kilomèt.	25 kilomèt.	30 kilomèt.	35 kilomèt.	40 kilomèt.	45 kilomèt.	50 kilomèt.	55 kilomèt.	60 kilomèt.	65 kilomèt.	70 kilomèt.
			3^m	2^m4	2^m	1^m71	1^m5	1^m33	1^m2	1^m09	1^m	0^m92	0^m86
530.992	»	COUTRAS....											
	7.515	Saint-Médard...	22	18	15	13	11	11	9	8	7	7	6
538.507	»												
	9.132	Soubie....	27	22	18	15	14	12	11	10	9	8	8
547.639	»												
	7.285	Montpont....	22	18	15	12	11	10	9	8	7	7	6
554.924	»												
	7.860	Beaupouyet....	23	19	16	13	12	10	9	8	8	7	7
562.784	»												
	7.927	MUSSIDAN...	24	19	16	14	12	11	10	9	8	8	7
570.711	»												
	10.927	Neuvic.....	33	26	21	19	16	14	13	12	11	10	9
581.638	»												
	7.537	Saint-Astier....	23	18	15	13	11	11	9	8	8	7	6
589.175	»												
	7.032	Razac......	21	17	14	12	11	10	8	7	7	7	6
596.207	»												
	10.225	PÉRIGUEUX...	31	24	20	17	15	13	12	11	10	9	9
606.432													
	75.440		3^h46^m	3^h1^m	2^h30^m	2^h8^m	1^h53^m	1^h42^m	1^h30^m	1^h21^m	1^h15^m	1^h10^m	1^h4^m
	10.902	Niversac.....	35	29	24	20	17	15	14	13	12	11	10
617.334	»												
	4.265	Saint-Pierre-de-Chignac...	13	10	8	7	6	5	5	4	4	4	4
621.599	»												
	4.922	Milhac.....	18	15	13	10	9	8	7	7	7	6	6
626.521	»												
	13.328	Thénon.....	45	36	32	25	22	20	18	17	16	15	14
639.849	»												
	7.602	LA BACHELLERIE	23	18	15	13	11	10	9	8	8	7	6
647.451	»												
	6.040	Condat.....	18	14	12	10	9	8	7	7	6	6	5
653.491	»												
	5.925	Terrasson.....	18	14	12	10	9	8	7	6	6	5	5
659.416	»												
	5.569	La Rivière-de-Mansac.	17	13	11	10	8	7	7	6	5	5	5
664.985	»												
	4.093	Larche.....	12	10	8	7	6	6	5	5	4	4	3
669.078	»												
	9.427	BRIVES.....	33	28	24	19	17	16	14	13	12	11	10
678.505													
	72.073		3^h52^m	3^h7^m	2^h39^m	2^h11^m	1^h54^m	1^h43^m	1^h33^m	1^h26^m	1^h20^m	1^h14^m	1^h8^m
TOTAL .	147.513	Total de la durée du parcours...	7^h38^m	6^h8^m	5^h9^m	4^h19^m	3^h47^m	3^h25^m	3^h3^m	2^h47^m	2^h35^m	2^h24^m	2^h12^m

BRIVES·COUTRAS.

DISTANCES en kilomètres de BRIVES.	DISTANCES des STATIONS entre elles.	NOMS des Stations.	VITESSES UNIFORMES A L'HEURE. — DURÉE DU PARCOURS.										
			20 kilomèt.	25 kilomèt.	30 kilomèt.	35 kilomèt.	40 kilomèt.	45 kilomèt.	50 kilomèt.	55 kilomèt.	60 kilomèt.	65 kilomèt.	70 kilomèt.
			3ᵐ	2ᵐ4	2ᵐ	1ᵐ71	1ᵐ5	1ᵐ33	1ᵐ2	1ᵐ09	1ᵐ	0ᵐ92	0ᵐ86
		BRIVES.....											
9.427	9.427	Larche.....	28	23	19	17	15	14	12	11	10	9	8
13.520	4.093 »	La Rivière-de-Mansas.	12	10	8	7	6	6	5	5	4	4	3
19.089	5.569 »	Terrasson.....	17	13	11	10	8	7	7	6	5	5	5
25.014	5.925 »	Condat.....	18	14	12	10	9	8	7	6	6	5	5
31.054	6.040 »	LA BACHELLERIE	20	16	14	10	10	9	8	7	7	6	6
38.656	7.602 »	Thénon.....	30	25	22	17	15	13	12	12	11	11	10
51.984	13.328 »	Milhac.....	43	35	30	23	21	19	18	16	15	14	13
56.906	4.922 »	Saint-Pierre-de-Chignac.	15	12	10	8	7	6	5	5	5	4	4
61.171	4.265 »	Niversac.....	13	10	8	7	6	5	5	4	4	4	4
72.073	10.902	PÉRIGUEUX...	34	28	24	20	17	15	13	13	12	11	10
	72.073		3ʰ50ᵐ	3ʰ6ᵐ	2ʰ38ᵐ	2ʰ9ᵐ	1ʰ54ᵐ	1ʰ42ᵐ	1ʰ32ᵐ	1ʰ25ᵐ	1ʰ19ᵐ	1ʰ13ᵐ	1ʰ8ᵐ
82.298	10.225 »	Razac.......	31	24	20	17	15	13	12	11	10	9	9
89.330	7.032 »	Saint-Astier....	21	17	14	12	11	10	8	7	7	7	6
96.867	7.537 »	Neuvic.....	23	18	15	13	11	11	9	8	8	7	6
107.794	10.927 »	MUSSIDAN....	33	26	21	19	16	14	13	12	11	10	9
115.721	7.927 »	Beaupouyet....	24	19	16	14	12	11	10	9	8	8	7
123.581	7.860 »	Montpont.....	23	19	16	13	12	10	9	8	8	7	7
130.866	7.285 »	Soubie.....	22	18	15	12	11	10	9	8	7	7	6
139.998	9.132 »	Saint-Médard...	27	22	18	15	14	12	11	10	9	8	8
147.513	7.515 »	COUTRAS.....	22	18	15	13	11	11	9	8	7	7	6
	75.440		3ʰ46ᵐ	3ʰ1ᵐ	2ʰ30ᵐ	2ʰ8ᵐ	1ʰ53ᵐ	1ʰ42ᵐ	1ʰ30ᵐ	1ʰ21ᵐ	1ʰ15ᵐ	1ʰ10ᵐ	1ʰ4ᵐ
TOTAL.	147.513	Total de la durée du parcours.	7ʰ36ᵐ	6ʰ7ᵐ	5ʰ8ᵐ	4ʰ17ᵐ	3ʰ47ᵐ	3ʰ24ᵐ	3ʰ2ᵐ	2ʰ46ᵐ	2ʰ34ᵐ	2ʰ23ᵐ	2ʰ12ᵐ

TOURS - ANGERS.

No. 11.

DISTANCES en kilomètres de PARIS.	DISTANCES des STATIONS entre elles.	NOMS des Stations.	VITESSES UNIFORMES A L'HEURE. — DURÉE DU PARCOURS.										
			20 kilomèt.	**25** kilomèt.	**30** kilomèt.	**35** kilomèt.	**40** kilomèt.	**45** kilomèt.	**50** kilomèt.	**55** kilomèt.	**60** kilomèt.	**65** kilomèt.	**70** kilomèt.
			3m	2m4	2m	1m71	1m5	1m33	1m2	1m09	1m	0m92	0m86
235.678	»	TOURS	2	2	1	1	1	1	1	1	1	1	1
235.000	678	*Bifurcation* (Tours) .	4	3	3	3	2	2	2	1	1	1	1
235.545	1.422	*Bifurcation* (Nantes) . .											
232.832	»	St-Pierre-des-Corps .	»	»	»	»	»	»	»	»	»	»	»
233.932	1.100	*Bifurcation* (Orléans) .	3	3	2	2	2	2	1	1	1	1	1
235.545	1.613	*Bifurcation* (Nantes) .	5	4	3	3	2	2	2	2	2	1	1
237.447	1.902	*Bifurcation* (Le Mans) .	6	5	4	4	3	2	2	2	2	2	2
248.860	9.180	Savonnières. . . .	27	22	18	15	14	13	11	10	9	8	7
255.811	6.951	Cinq-Mars.	21	17	14	12	10	9	8	8	7	6	6
260.235	4.424	LANGEAIS	13	11	9	8	7	6	5	5	4	4	4
	24.557		1h13m	1h	49m	43m	37m	33m	29m	27m	24m	22m	21m
269.345	9.110	Saint-Patrice . . .	27	22	18	15	14	12	11	10	9	8	8
276.848	7.503	La Chapelle-s.-Loire .	23	18	15	13	11	10	9	8	8	7	7
281.222	4.374	PORT-BOULET . .	13	10	9	7	7	6	5	5	4	4	4
	20.987		1h3m	50m	42m	35m	32m	28m	25m	23m	21m	19m	19m
289.702	8.480	Varennes-s.-Loire .	25	20	17	15	13	11	10	9	9	8	7
299.019	9.317	SAUMUR.	28	22	19	16	14	12	11	10	9	9	8
	17.797		53m	42m	36m	31m	27m	23m	21m	19m	18m	17m	15m
306.907	7.888	Saint-Martin. . .	24	19	16	13	12	10	10	9	8	7	7
314.417	7.510	Les Rosiers. . . .	23	18	15	13	11	10	9	8	7	7	6
320.145	5.728	LA MÉNITRÉ . . .	17	14	12	10	9	8	7	6	6	5	5
	21.126		1h4m	51m	43m	36m	32m	28m	26m	23m	21m	19m	18m
323.835	3.690	Saint-Mathurin . .	11	9	6	6	5	5	5	4	4	3	3
330.549	6.714	La Bohalle	20	16	14	11	10	9	8	7	7	6	6
336.204	5.655	Trélazé.	17	14	11	10	8	8	7	6	6	6	5
339.452	3.248	La Paperie	10	8	6	6	5	4	4	4	3	3	3.
342.950	3.498	ANGERS	10	8	7	6	5	5	4	4	4	4	3
	22.805		1h8m	55m	44m	39m	33m	31m	28m	25m	24m	22m	20m
TOTAL..	107.272	**Total** *de la durée du parcours* . . .	5h21m	4h18m	3h34m	3h4m	2h41m	2h23m	2h9m	1h57m	1h48m	1h39m	1h33m

ANGERS-TOURS.

DISTANCES en kilomètres d'ANGERS.	DISTANCES des STATIONS entre elles.	NOMS des Stations.	VITESSES UNIFORMES A L'HEURE. — DURÉE DU PARCOURS.										
			20 kilomèt.	25 kilomèt.	30 kilomèt.	35 kilomèt.	40 kilomèt.	45 kilomèt.	50 kilomèt.	55 kilomèt.	60 kilomèt.	65 kilomèt.	70 kilomèt.
			3^m	2^m4	2^m	1^m71	1^m5	1^m33	1^m2	1^m09	1^m	0^m92	0^m86
	»	ANGERS.....											
3.498	3.498	La Paperie....	10	8	7	6	5	5	4	4	4	4	3
6.745	3.248	Trélazé.....	10	8	6	6	5	4	4	4	3	3	3
12.401	5.655	La Bohalle....	17	14	11	10	8	8	7	6	6	6	5
19.115	6.714	Saint-Mathurin..	20	16	14	11	10	9	8	7	7	6	6
22.805	3.690	LA MÉNITRÉ...	11	9	6	6	5	5	5	4	4	3	3
	22.805		$1^h 8^m$	55^m	44^m	39^m	33^m	31^m	28^m	25^m	24^m	22^m	20^m
28.533	5.728	Les Rosiers....	17	14	12	10	9	8	7	6	6	5	5
36.043	7.510	Saint-Martin...	23	18	15	13	11	10	9	8	7	7	6
43.931	7.888	SAUMUR....	24	19	16	13	12	10	10	9	8	7	7
	21.126		$1^h 4^m$	51^m	43^m	36^m	32^m	28^m	26^m	23^m	21^m	19^m	18^m
53.248	9.317	Varennes-s.-Loire .	28	22	19	15	14	12	11	10	9	9	8
61.728	8.480	PORT-BOULET..	25	20	17	16	13	11	10	9	9	8	7
	17.797		53^m	42^m	36^m	31^m	27^m	23^m	21^m	19^m	18^m	17^m	15^m
66.102	4.374	La Chapelle-s.-Loire .	13	10	9	7	7	6	5	5	4	4	4
73.605	7.503	Saint-Patrice...	23	18	15	13	11	10	9	8	8	7	7
82.715	9.110	LANGEAIS....	27	22	18	15	14	12	11	10	9	8	8
	20.987		$1^h 3^m$	50^m	42^m	35^m	32^m	28^m	25^m	23^m	21^m	19^m	19^m
87.139	4.424	Cinq-Mars.....	13	11	9	8	7	6	5	5	4	4	4
94.090	6.951	Savonnières....	21	17	14	12	10	9	8	8	7	6	6
103.270	9.180	Bifurcation (Le Mans).	27	22	18	15	14	13	11	10	9	8	7
105.172	1.902	Bifurcation (Nantes).	6	5	4	4	3	2	2	2	2	2	2
106.785	1.613	Bifurcation (Orléans).	5	4	3	3	2	2	2	2	2	1	1
107.885	1.100	St-Pierre-des-Corps	3	3	2	2	2	2	1	1	1	1	1
105.172	»	Bifurcation (Nantes).	»	»	»	»	»	»	»	»	»	»	»
106.594	1.422	Bifurcation (Tours).	4	3	3	3	2	2	2	1	1	1	1
107.272	678	TOURS.....	2	2	1	1	1	1	1	1	1	1	1
	24.557		$1^h 13^m$	1^m	49^m	43^m	37^m	33^m	29^m	27^m	24^m	22^m	21^m
TOTAL..	107.272	**Total** *de la durée du parcours...*	$5^h 21^m$	$4^h 18^m$	$3^h 34^m$	$3^h 4^m$	$2^h 41^m$	$2^h 23^m$	$2^h 9^m$	$1^h 57^m$	$1^h 48^m$	$1^h 39^m$	$1^h 33^m$

ANGERS - NANTES.

No 12.

DISTANCES en kilomètres de PARIS.	DISTANCES des STATIONS entre elles.	NOMS des Stations.	VITESSES UNIFORMES A L'HEURE. — DURÉE DU PARCOURS.										
			20 kilomèt.	25 kilomèt.	30 kilomèt.	35 kilomèt.	40 kilomèt.	45 kilomèt.	50 kilomèt.	55 kilomèt.	60 kilomèt.	65 kilomèt.	70 kilomèt.
			3ᵐ	2ᵐ4	2ᵐ	1ᵐ71	1ᵐ5	1ᵐ33	1ᵐ2	1ᵐ09	1ᵐ	0ᵐ92	0ᵐ86
342.950	»	ANGERS											
	7.351		22	18	15	12	11	10	9	8	7	7	6
350.301	»	La Pointe	13	10	8	8	6	6	5	5	4	4	4
	4.190												
354.491	»	Les Forges	9	7	6	5	4	4	3	3	3	3	2
	2.841												
357.332	»	La Poissonnière . .	18	15	12	11	9	8	8	7	6	6	5
	6.173												
363.505		CHALONNES . . .											
	20.555		1ʰ2ᵐ	50ᵐ	41ᵐ	36ᵐ	30ᵐ	28ᵐ	25ᵐ	23ᵐ	20ᵐ	20ᵐ	17ᵐ
	7.852		24	19	16	13	12	10	9	9	8	7	7
371.357	»	Champtocé	17	13	11	9	8	7	7	6	6	5	5
	5.508												
376.865	»	Ingrandes-s.-Loire.	25	20	17	14	13	11	10	9	8	8	7
	8.299												
385.164	»	Varades	18	14	12	10	9	8	7	6	6	5	5
	5.932												
391.096	»	Anetz	18	15	12	11	9	8	8	7	6	6	6
	6.144												
397.240		ANCENIS.											
	33.735		1ʰ42ᵐ	1ʰ21ᵐ	1ʰ8ᵐ	57ᵐ	51ᵐ	44ᵐ	41ᵐ	37ᵐ	34ᵐ	31ᵐ	30ᵐ
	9.211		28	22	18	16	14	12	11	10	9	8	8
406.451	»	Oudon	11	9	7	6	5	5	4	4	4	3	3
	3.588												
410.039	»	Clermont-s.-Loire.	17	14	12	10	9	8	7	6	6	5	5
	5.822												
415.861	»	Mauves.	15	12	10	8	8	7	6	5	5	5	4
	5.024												
420.885	»	Thouaré	8	7	6	5	4	4	3	3	3	3	2
	2.752												
423.637	»	Sainte-Luce. . . .	21	16	14	12	10	9	8	7	7	6	6
	6.789												
430.426		NANTES											
	33.186		1ʰ40ᵐ	1ʰ20ᵐ	1ʰ7ᵐ	57ᵐ	50ᵐ	45ᵐ	39ᵐ	35ᵐ	34ᵐ	30ᵐ	28ᵐ
TOTAL.	87.476	Total de la durée du parcours. . . .	4ʰ24ᵐ	3ʰ31ᵐ	2ʰ56ᵐ	2ʰ30ᵐ	2ʰ11ᵐ	1ʰ57ᵐ	1ʰ45ᵐ	1ʰ35ᵐ	1ʰ28ᵐ	1ʰ21ᵐ	1ʰ15ᵐ

DISTANCES en kilomètres de NANTES.	DISTANCES des STATIONS entre elles.	NOMS des Stations.	VITESSES UNIFORMES A L'HEURE. — DURÉE DU PARCOURS.										
			20 kiloméi.	25 kilomèt.	30 kilomèt.	35 kilomèt.	40 kilomèt.	45 kilomèt.	50 kilomèt.	55 kilomèt.	60 kilomèt.	65 kilomèt.	70 kilomèt.
			3^m	2^m4	2^m	1^m71	1^m5	1^m33	1^m2	1^m09	1^m	0^m92	0^m86
	»	NANTES											
	6.780		21	16	14	12	10	9	8	7	7	6	6
6.789	»	Sainte-Luce. . . .											
	2.752		8	7	6	5	4	4	3	3	3	3	2
9.541	»	Thouaré											
	5.024		15	12	10	8	8	7	6	5	5	5	4
14.565	»	Mauves.											
	5.822		17	14	12	10	9	8	7	6	6	5	5
20.387	»	Clermont-s.-Loire.											
	3.588		11	9	7	6	5	5	4	4	4	3	3
23.975	»	Oudon.											
	9.211		28	22	18	16	14	12	11	10	9	8	8
33.186		ANCENIS. . . .											
	33.186		1^h40^m	1^h20^m	1^h7^m	57^m	50^m	45^m	39^m	35^m	34^m	30^m	28^m
	6.144		18	15	12	11	9	8	8	7	6	6	6
39.330	»	Anetz											
	5.932		18	14	12	10	9	8	7	6	6	5	5
45.262	»	Varades											
	8.299		25	20	17	14	13	11	10	9	8	8	7
53.561	»	Ingrandes-s.-Loire.											
	5.508		17	13	11	9	8	7	7	6	6	5	5
59.009	»	Champtocé											
	7.852		24	19	16	13	12	10	9	9	8	7	7
66.921		CHALONNES . . .											
	33.735		1^h42^m	1^h21^m	1^h8^m	57^m	51^m	44^m	41^m	37^m	34^m	31^m	30^m
	6.173		18	15	12	11	9	8	8	7	6	6	5
73.094	»	La Poissonnière. .											
	2.841		0	7	6	5	4	4	3	3	0	3	0
75.935	»	Les Forges. . . .											
	4.190		13	10	8	8	6	6	5	5	4	4	4
80.125	»	La Pointe											
	7.351		22	18	15	12	11	10	9	8	7	7	6
87.476		ANGERS											
	20.555		1^h2^m	50^m	41^m	36^m	30^m	28^m	25^m	23^m	20^m	20^m	17^m
TOTAL..	87.476	Total de la durée du parcours . . .	4^h24^m	3^h31^m	2^h56^m	2^h30^m	2^h11^m	1^h57^m	1^h46^m	1^h35^m	1^h28^m	1^h21^m	1^h15^m

N° 13.

DISTANCES en kilomètres de PARIS.	DISTANCES des STATIONS entre elles.	NOMS des Stations.	VITESSES UNIFORMES A L'HEURE. — DURÉE DU PARCOURS.											
			16 kilomèt.	20 kilomèt.	25 kilomèt.	30 kilomèt.	35 kilomèt.	40 kilomèt.	45 kilomèt.	50 kilomèt.	55 kilomèt.	60 kilomèt.	65 kilomèt.	70 kilomèt.
430.476	»	NANTES . . .	3^m7	3^m	2^m4	2^m	1^m71	1^m5	1^m33	1^m2	1^m09	1^m	0^m92	0^m86
»	1.484		5	4	4	3	3	2	2	2	2	1	1	1
431.960	»	La Bourse. . .												
»	1.166		5	4	3	2	2	2	1	1	1	1	1	1
433.126	»	Les Salorges. .												
»	2.048		8	6	5	4	4	3	3	3	3	2	2	2
435.174		Chantenay. . .												
	4.698		18^m	14^m	12^m	9^m	9^m	7^m	6^m	6^m	6^m	4^m	4^m	4^m
»	5.168		»	16	12	10	9	8	7	6	6	5	5	4
440.342	»	Basse-Indre . .												
»	5.368		»	16	13	11	9	8	7	6	6	5	5	5
445.710	»	Couëron . . .												
»	7.832		»	23	18	16	13	12	10	9	9	8	7	7
453.542	»	St-Étienne-de-Montluc.												
»	5.619		»	17	13	11	10	8	8	7	6	6	5	5
459.161	»	Cordemais. . .												
»	10.367		»	31	25	21	18	16	14	12	11	10	10	9
469.528		SAVENAY. . . .												
	34.354		»	1^h43^m	1^h21^m	1^h9^m	59^m	52^m	46^m	40^m	38^m	34^m	32^m	30^m
»	11.521		»	35	28	23	20	17	15	14	13	12	11	10
481.049	»	Donges												
»	7.418		»	22	18	15	13	11	10	9	8	8	7	6
488.467	»	Montoir. . . .												
»	6.140		»	18	15	12	11	9	8	8	7	6	6	6
494.607		ST-NAZAIRE . .												
	25.079		»	1^h15^m	1^h1^m	50^m	44^m	37^m	33^m	31^m	28^m	26^m	24^m	22^m
TOTAL.	64.131	Total de la durée du parcours...	»	3^h12^m	2^h34^m	2^h8^m	1^h52^m	1^h36^m	1^h25^m	1^h17^m	1^h12^m	1^h4^m	1^h	56^m

SAINT-NAZAIRE - NANTES.

DISTANCES en kilomètres de St-Nazaire	DISTANCES des stations entre elles	NOMS des Stations.	VITESSES UNIFORMES A L'HEURE. — DURÉE DU PARCOURS.											
			16 kilomèt. 3m7	20 kilomèt. 3m	25 kilomèt. 2m4	30 kilomèt. 2m	35 kilomèt. 1m71	40 kilomèt. 1m5	45 kilomèt. 1m33	50 kilomèt. 1m2	55 kilomèt. 1m09	60 kilomèt. 1m	65 kilomèt. 0m92	70 kilomèt. 0m86
»		ST-NAZAIRE .												
»	6.140		»	18	15	12	11	9	8	8	7	6	6	6
6.140	»	Montoir. . . .												
»	7.418		»	22	18	15	13	11	10	9	8	8	7	6
13.558	»	Donges												
»	11.521		»	35	28	23	20	17	15	14	13	12	11	10
25.079		SAVENAY. . .												
	25.079		»	1h15m	1h1m	50m	44m	37m	33m	31m	28m	26m	24m	22m
»	10.367		»	31	25	21	18	16	14	12	11	10	10	9
35.446	»	Cordemais. . .												
»	5.619		»	17	13	11	10	8	8	7	6	6	5	5
41.065	»	St-Étienne-de-Montluc.												
»	7.832		»	23	18	16	13	12	10	9	9	8	7	7
48.897	»	Couëron. . . .												
»	5.368		»	16	13	11	9	8	7	6	6	5	5	5
54.265	»	Basse-Indre . .												
»	5.168		»	16	12	10	9	8	7	6	6	5	5	4
59.433		Chantenay. . .												
	34.354		»	1h43m	1h21m	1h9m	59m	52m	46m	40m	38m	34m	32m	30m
»	2.048		8	6	5	4	4	3	3	3	3	2	2	2
61.481	»	Les Salorges. .												
»	1.166		5	4	3	2	2	2	1	1	1	1	1	1
62.647	»	La Bourse. . .												
»	1.484		5	4	4	3	3	2	2	2	2	1	1	1
64.131		NANTES . . .												
	4.698		18m	14m	12m	9m	9m	7m	6m	6m	6m	4m	4m	4m
TOTAL..	64.131	Total de la durée du parcours . .	»	3h12m	2h34m	2h8m	1h52m	1h36m	1h25m	1h17m	1h12m	1h4m	1h	56m

DISTANCES en kilomètres de PARIS.	DISTANCES des STATIONS entre elles.	NOMS des Stations.	VITESSES UNIFORMES A L'HEURE. — DURÉE DU PARCOURS.										
			20 kilomèt.	25 kilomèt.	30 kilomèt.	35 kilomèt.	40 kilomèt.	45 kilomèt.	50 kilomèt.	55 kilomèt.	60 kilomèt.	65 kilomèt.	70 kilomèt.
			3m	2m4	2m	1m71	1m5	1m33	1m2	1m09	1m	0m92	0m86
120.996	1.272	ORLÉANS ...	4	3	2	2	2	2	2	1	1	1	1
122.268	»	Aiguilles de raccord.											
119.356	907	Les Aubrais. Bifurc.	»	»	»	»	»	»	»	»	»	»	»
120.263	»	Aiguilles de raccord.	3	2	2	2	1	1	1	1	1	1	1
144.111	21.843	La Ferté-St-Aubin.	65	52	44	38	33	29	26	24	22	20	19
159.930	15.819	LAMOTTE-BEUV..	48	38	32	27	24	21	19	17	16	15	13
	38.934		1h57m	1h33m	1h18m	1h7	59m	52m	47m	42m	39m	36m	33m
166.587	6.657	Nouan	20	16	13	11	10	9	8	7	7	6	6
178.665	12.078	Salbris	36	29	24	21	18	16	15	13	12	11	10
191.008	12.343	Theillay	37	30	25	21	18	16	15	14	12	11	11
201.148	10.140	VIERZON	30	24	20	17	15	13	12	11	10	9	9
	41.218		2h3m	1h39m	1h22m	1h10m	1h1m	54m	50m	45m	41m	37m	36m
TOTAL.	80.152	Total de la durée du parcours...	4h	3h12m	2h40m	2h17m	2h	1h46m	1h37m	1h27m	1h20m	1h13m	1h9m

DISTANCES en kilomètres de PARIS.	DISTANCES des STATIONS entre elles.	NOMS des Stations.	VITESSES UNIFORMES A L'HEURE. — DURÉE DU PARCOURS.										
			20 kilomèt.	25 kilomèt.	30 kilomèt.	35 kilomèt.	40 kilomèt.	45 kilomèt.	50 kilomèt.	55 kilomèt.	60 kilomèt.	65 kilomèt.	70 kilomèt.
			3m	2m4	2m	1m71	1m5	1m33	1m2	1m09	1m	0m92	0m86
201.148	3.593	VIERZON....	11	9	7	6	5	5	4	4	4	3	3
204.741	6.296	Vierzon-Forges.... Bifurcation.	19	15	13	11	9	8	8	7	6	6	5
211.037	5.306	Foëcy.......	16	13	11	9	8	7	6	6	5	5	5
216.343	7.603	Mehun.	23	18	15	13	11	10	9	8	8	7	6
223.946	1.954	Marmagne.....	6	5	4	3	3	3	2	2	2	2	2
225.900	6.884	Embr. de Montluçon..	21	16	14	12	10	9	9	8	7	6	6
232.784	31.636	BOURGES....	1h36m	1h16m	1h4m	54m	46m	42m	38m	35m	32m	29m	27m
242.752	9.968	Moulins-sur-Yèvre.	30	24	20	17	15	13	12	11	10	9	9
249.006	6.254	Savigny-en-Septaine..	19	15	12	11	9	8	7	7	6	6	5
254.646	5.640	Avor.	17	13	11	10	9	8	7	6	6	5	5
263.074	8.428	Bengy......	25	20	17	14	13	11	10	9	8	8	7
268.891	5.817	NÉRONDES...	17	14	12	10	9	8	7	6	6	5	5
	36.107		1h48m	1h26m	1h12m	1h2m	55m	48m	43m	39m	36m	33m	31m
281.370	12.479	La Guerche....	37	30	25	21	19	17	15	13	12	12	11
290.344	8.974	Le Guétin	27	22	18	15	14	12	11	10	9	8	8
291.852	1.508	SAINCAIZE...	4	4	3	3	2	2	2	2	2	1	1
	22.961		1h8m	56m	46m	39m	35m	31m	28m	25m	23m	21m	20m
TOTAL.	90.704	Total de la durée du parcours...	4h32m	3h38m	3h2m	2h35m	2h16m	2h1m	1h49m	1h39m	1h31m	1h23m	1h18m

VIERZON - ORLÉANS.

DISTANCES en kilomètres de VIERZON	DISTANCES des STATIONS entre elles	NOMS des Stations.	VITESSES UNIFORMES A L'HEURE. — DURÉE DU PARCOURS.										
			20 kilomèt.	25 kilomèt.	30 kilomèt.	35 kilomèt.	40 kilomèt.	45 kilomèt.	50 kilomèt.	55 kilomèt.	60 kilomèt.	65 kilomèt.	70 kilomèt.
			3^m	2^m4	2^m	1^m71	1^m5	1^m33	1^m2	1^m09	1^m	0^m92	0^m86
»	10.140	VIERZON											
10.140	»	Theillay	30	24	20	17	15	13	12	11	10	9	9
22.483	12.343	Salbris	37	30	25	21	18	16	15	14	12	11	11
34.561	12.078	Nouan	36	29	24	21	18	16	15	13	12	11	10
41.218	6.657	LAMOTTE-BEUVR.	20	16	13	11	10	9	8	7	7	6	6
	41.218		2^h3^m	1^h39^m	1^m22^m	1^h10^m	1^h1^m	54^m	50^m	45^m	41^m	37^m	36^m
57.037	15.819	La Ferté-St-Aubin .	48	38	32	27	24	21	19	17	16	15	13
78.980	21.843	Aiguilles de raccord .	65	52	44	38	33	29	26	24	22	20	19
79.787	907	Les Aubrais. Bifurc.	3	2	2	2	1	1	1	1	1	1	1
78.880	»	Aiguilles de raccord .	»	»	»	»	»	»	»	»	»	»	»
80.152	1.272	ORLÉANS	4	3	2	2	2	2	2	1	1	1	1
	38.934		1^h57^m	1^h33^m	1^h18^m	1^h7^m	59^m	52^m	47^m	42^m	39^m	36^m	33^m
TOTAL.	80.150	Total de la durée du parcours . . .	4^h	3^h12^m	2^h40^m	2^h17^m	2^h	1^h46^m	1^h37^m	1^h27^m	1^h20^m	1^h13^m	1^h9^m

SAINCAIZE - VIERZON.

DISTANCES en kilomètres de SAINCAIZE.	DISTANCES des STATIONS entre elles.	NOMS des Stations.	VITESSES UNIFORMES A L'HEURE. — DURÉE DU PARCOURS.										
			20 kilomèt.	25 kilomèt.	30 kilomèt.	36 kilomèt.	40 kilomèt.	45 kilomèt.	50 kilomèt.	55 kilomèt.	60 kilomèt.	65 kilomèt.	70 kilomèt.
			3^m	2^m4	2^m	1^m17	1^m5	1^m33	1^m2	1^m09	1^m	0^m92	0^m86
»	»	SAINCAIZE											
1.508	1.508	Le Guétin	4	4	3	3	2	2	2	2	2	1	1
10.482	8.974	La Guerche	27	22	18	15	14	12	11	10	9	8	8
22.961	12.479	NÉRONDES	37	30	25	21	19	17	15	13	12	12	11
	22.961		1^h8^m	56^m	46^m	39^m	35^m	31^m	28^m	25^m	23^m	21^m	20^m
28.778	5.817	Bengy	17	14	12	10	9	8	7	6	6	5	5
37.206	8.428	Avor	25	20	17	14	13	11	10	9	8	8	7
42.846	5.640	Savigny-en-Septaine .	17	13	11	10	9	8	7	6	6	5	5
49.100	6.254	Moulins-sur-Yèvre . .	19	15	12	11	9	8	7	7	6	6	5
59.068	9.968	BOURGES	30	24	20	17	15	13	12	11	10	9	9
	36.107		1^h48^m	1^h26^m	1^h12^m	1^h2^m	55^m	48^m	43^m	39^m	36^m	33^m	31^m
65.952	6.884	Embr. de Montluçon.	21	16	14	12	10	9	9	8	7	6	6
67.906	1.954	Marmagne	6	5	4	3	3	3	2	2	2	2	2
75.509	7.603	Mehun	23	18	15	13	11	10	9	8	8	7	6
80.815	5.306	Foëcy	16	13	11	9	8	7	6	6	5	5	5
87.111	6.296	Vierzon-Forges . . .	19	15	13	11	9	8	8	7	6	6	5
90.704	3.503	Bifurcation. VIERZON	11	9	7	6	5	5	4	4	4	3	3
	31.636		1^h36^m	1^h16^m	1^h4^m	54^m	46^m	42^m	38^m	35^m	32^m	29^m	27^m
TOTAL.	90.704	Total de la durée du parcours . . .	4^h32^m	3^h38^m	3^h2^m	2^h35^m	2^h16^m	2^h1^m	1^h49^m	1^h39^m	1^h31^m	1^h23^m	1^h18^m

VIERZON - LIMOGES.

DISTANCES en kilomètres de PARIS.	DISTANCES des STATIONS entre elles	NOMS des Stations.	VITESSES UNIFORMES A L'HEURE. — DURÉE DU PARCOURS.										
			20 kilomèt.	25 kilomèt.	30 kilomèt.	35 kilomèt.	40 kilomèt.	45 kilomèt.	50 kilomèt.	55 kilomèt.	60 kilomèt.	65 kilomèt.	70 kilomèt.
			3^m	2^m4	2^m	1^m71	1^m5	1^m33	1^m2	1^m09	1^m	0^m92	0^m86
201.148	»	**VIERZON**.	11	9	7	6	5	5	4	4	4	3	3
204.741	3.593	Vierzon-Forges . . *Bifurcation.*	34	27	23	19	17	15	14	12	11	11	10
216.128	11.387	Chéry	13	10	8	7	6	5	5	5	4	4	4
220.306	4.178	Reuilly.	29	23	20	17	15	13	12	11	10	9	9
230.095	9.789	Sainte-Lizaigne . .	21	17	14	12	10	9	8	8	7	6	6
237.034	6.939	**ISSOUDUN**											
	35.886		$1^h 48^m$	$1^h 26^m$	$1^h 12^m$	$1^h 1^m$	53^m	47^m	43^m	40^m	36^m	33^m	32^m
249.200	12.166	Neuvy-Pailloux . .	36	29	24	21	18	16	14	13	12	11	11
264.054	14.854	**CHATEAUROUX**. .	45	36	30	25	22	20	18	16	15	14	13
	27.020		$1^h 21^m$	$1^h 5^m$	54^m	46^m	40^m	36^m	32^m	29^m	27^m	25^m	24^m
276.281	12.227	Luant	37	29	24	21	18	16	15	14	12	11	11
281.221	4.940	Lothier.	15	12	10	8	7	7	6	5	5	5	4
290.160	8.939	Chabenet. . . .	27	21	18	16	14	12	11	10	9	8	8
295.055	4.895	**ARGENTON**. . . .	15	12	10	8	7	6	6	5	5	4	4
	31.001		$1^h 34^m$	$1^h 14^m$	$1^h 2^m$	53^m	46^m	41^m	38^m	34^m	31^m	28^m	27^m
305.399	10.344	Célon	41	36	31	23	20	19	17	16	15	15	14
316.400	11.001	Éguzon.	38	31	27	21	18	17	15	14	13	12	11
322.967	6.567	Saint-Sébastien . .	20	16	13	11	10	9	8	7	6	6	6
330.294	7.327	Forgevieille. . . .	22	18	15	12	11	10	9	8	7	7	6
342.067	11.773	**LA SOUTERRAINE**	35	28	23	20	18	16	14	13	12	11	10
	47.012		$2^h 36^m$	$2^h 9^m$	$1^h 49^m$	$1^h 27^m$	$1^h 17^m$	$1^h 11^m$	$1^h 3^m$	58^m	53^m	51^m	47^m
351.562	9.495	Fromental	28	23	19	16	14	12	11	10	9	9	8
362.231	10.669	Bersac.	32	25	21	18	16	14	13	12	11	10	9
370.876	8.645	Laurière	26	21	17	15	13	11	10	9	9	8	7
375.537	4.661	La Jonchère . . .	14	11	9	8	7	6	6	5	5	4	4
383.245	7.708	Ambazac. . . .	23	19	16	13	12	10	9	8	8	7	7
401.275	18.030	**LIMOGES**. . . .	54	43	36	31	27	24	22	20	18	16	16
	59.208		$2^h 57^m$	$2^h 22^m$	$1^h 58^m$	$1^h 41^m$	$1^h 29^m$	$1^h 17^m$	$1^h 11^m$	$1^h 4^m$	1^h	54^m	51^m
TOTAL.	200.127	**Total** de la durée du parcours. . .	$10^h 16^m$	$8^h 16^m$	$6^h 55^m$	$5^h 48^m$	$5^h 5^m$	$4^h 32^m$	$4^h 7^m$	$3^h 45^m$	$3^h 27^m$	$3^h 11^m$	$3^h 1^m$

LIMOGES - VIERZON.

DISTANCES en kilomètres de LIMOGES.	DISTANCES des STATIONS entre elles.	NOMS des Stations.	VITESSES UNIFORMES A L'HEURE. — DURÉE DU PARCOURS.										
			20 kilomèt.	25 kilomèt.	30 kilomèt.	35 kilom èt.	40 kilomèt.	45 kilomèt.	50 kilomèt.	55 kilomèt.	60 kilomèt.	65 kilomèt.	70 kilomèt.
			3^m	2^m4	2^m	1^m71	1^m5	1^m33	1^m2	1^m09	1^m	0^m92	0^m86
		LIMOGES.....											
18.030	18.030	Ambazac.....	64	53	46	36	32.	29	27	25	23	21	21
25.738	» 7.708	La Jonchère...	23	19	16	13	12	10	9	8	8	7	7
30.399	4.661	Laurière.....	14	11	9	8	7	6	6	5	5	4	4
39.044	» 8.645	Bersac......	26	21	17	15	13	11	10	9	9	8	7
49.713	10.669	Fromental....	32	25	21	18	16	14	13	12	11	10	9
59.208	» 9.495	LA SOUTERRAINE.	28	23	19	16	14	12	11	10	9	9	8
	59.208		$3^h 7^m$	$2^h 32^m$	$2^h 8^m$	$1^h 46^m$	$1^h 34^m$	$1^h 22^m$	$1^h 16^m$	$1^h 9^m$	$1^h 5^m$	59^m	56^m
70.981	11.773	Forgevieille...	35	28	23	20	18	16	14	13	12	11	10
78.308	» 7.327	Saint-Sébastien..	22	18	15	12	11	10	9	8	7	7	6
84.875	6.567	Éguzon......	20	16	13	11	10	9	8	7	6	6	6
95.876	11.001	Célon......	33	26	22	19	16	15	13	12	11	10	9
106.220	10.344	ARGENTON....	31	26	21	18	15	14	12	11	10	10	9
	47.012		$2^h 21^m$	$1^h 54^m$	$1^h 34^m$	$1^h 20^m$	$1^h 10^m$	$1^h 4^m$	56^m	51^m	46^m	44^m	40^m
111.115	4.895	Chabenet.....	15	12	10	8	7	6	6	5	5	4	4
120.054	» 8.939	Lothier.....	27	21	18	16	14	12	11	10	9	8	8
124.994	4.940	Luant......	15	12	10	8	7	7	6	5	5	5	4
137.221	12.227	CHATEAUROUX	37	29	24	21	18	16	15	14	12	11	11
	31.001		$1^h 34^m$	$1^h 14^m$	$1^h 2^m$	53^m	46^m	41^m	38^m	34^m	31^m	28^m	27^m
152.075	14.854	Neuvy-Pailloux.	45	36	30	25	22	20	18	16	15	14	13
164.241	12.166	ISSOUDUN....	36	29	24	21	18	16	14	13	12	11	11
	27.020		$1^h 21^m$	$1^h 5^m$	54^m	46^m	40^m	36^m	32^m	29^m	27^m	25^m	24^m
171.180	6.939	Sainte-Lizaigne.	21	17	14	12	10	9	8	8	7	6	6
180.969	9.789	Reuilly......	29	23	20	17	15	13	12	11	10	9	9
185.147	4.178	Chéry......	13	10	8	7	6	5	5	5	4	4	4
196.534	11.387	Vierzon-Forges.	34	27	23	19	17	15	14	12	11	11	10
200.127	3.593	Bifurcation. VIERZON....	11	9	7	6	5	5	4	4	4	3	3
	35.886		$1^h 48^m$	$1^h 26^m$	$1^h 12^m$	$1^h 1^m$	53^m	47^m	43^m	40^m	36^m	33^m	32^m
TOTAL.. 200.127		Total de la durée du parcours...	$10^h 11^m$	$8^h 11^m$	$6^h 50^m$	$5^h 46^m$	$5^h 3^m$	$4^h 30^m$	$4^h 5^m$	$3^h 43^m$	$3^h 25^m$	$3^h 9^m$	$2^h 59^m$

DISTANCES en kilomètres de PARIS.	DISTANCES des STATIONS entre elles.	NOMS des Stations.	VITÉSSES UNIFORMES A L'HEURE. — DURÉE DU PARCOURS.										
			20 kilomèt.	25 kilomèt.	30 kilomèt.	35 kilomèt.	40 kilomèt.	45 kilomèt.	50 kilomèt.	55 kilomèt.	60 kilomèt.	65 kilomèt.	70 kilomèt.
			3m	2m4	2m	1m71	1m5	1m33	1m2	1m09	1m	0m92	0m86
235.678	678	TOURS	2	2	1	1	1	1	1	1	1	1	1
235.000	1.422	Bifurcation. Tours.	4	3	3	3	2	2	2	1	1	1	1
235.545	»	Bifurcation. Nantes	»	»	»	»	»	»	»	»	»	»	»
232.832	1.100	St-Pierre-des-Corps	3	3	2	2	2	2	1	1	1	1	1
233.932	1.613	Bifurcat. Orléans.	5	4	3	3	2	2	2	2	2	2	1
235.545	1.962	Bifurcation. Nantes.	6	5	4	4	3	2	2	2	2	2	2
237.447	8.826	Bifurcat. Le Mans.	26	21	18	15	13	12	11	10	9	8	8
248.566	7.190	Mettray	22	17	14	12	11	10	9	8	7	6	6
255.756	7.637	Saint-Antoine. . .	23	18	15	13	11	10	9	8	8	7	6
263.393	8.598	Neuillé.	26	21	17	15	12	11	10	9	8	8	7
271.991	6.769	Saint-Paterne. . .	20	16	14	12	10	9	8	7	7	6	6
278.760	5.117	Dissay-s.-Courcill.	15	12	10	8	8	7	6	5	5	5	4
283.877	48.199	CHATEAU-DU-LOIR	2h 24m	1h 55m	1h 36m	1h 23m	1h 11m	1h 4m	58m	51m	48m	44m	41m
291.691	7.814	Vaas.	24	19	16	13	12	10	9	9	8	7	7
295.887	4.196	Aubigné	13	10	8	7	6	6	5	5	4	4	4
304.882	8.995	Mayet	27	22	18	15	14	12	11	10	9	8	8
312.242	7.360	Écommoy. . . .	22	18	15	12	11	10	9	8	7	7	6
319.317	7.075	Laigné et St-Gervais	21	17	14	12	11	9	8	8	7	7	6
325.774	6.457	Arnage.	19	15	13	11	9	9	8	7	7	6	6
333.276	7.502	Bifurcation. (Ligne de l'Ouest.)	23	18	15	13	11	10	9	8	8	7	7
333.690	414	LE MANS	1	1	1	1	1	»	»	»	»	»	»
	49.813		2h 30m	2h »	1h 40m	1h 24m	1h 15m	1h 6m	59m	55m	50m	46m	44m
TOTAL.	98.012	Total de la durée du parcours. . .	4h 54m	3h 55m	3h 16m	2h 47m	2h 26m	2h 10m	1h 57m	1h 46m	1h 38m	1h 30m	1h 25m

LE MANS - TOURS.

DISTANCES en kilomètres du MANS	DISTANCES des STATIONS entre elles	NOMS des Stations.	VITESSES UNIFORMES A L'HEURE. — DURÉE DU PARCOURS.										
			20 kilomèt. 3^m	25 kilomèt. 2^m4	30 kilomèt. 2^m	35 kilomèt. 1^m71	40 kilomèt. 1^m5	45 kilomèt. 1^m33	50 kilomèt. 1^m2	55 kilomèt. 1^m09	60 kilomèt. 1^m	65 kilomèt. 0^m92	70 kilomèt. 0^m86
	»	LE MANS											
414	414	Bifurcation (Ligne de l'Ouest.)	1	1	1	1	1	»	»	»	»	»	»
	» 7.502	Arnage.	23	18	15	13	11	10	9	8	8	7	7
7.916	» 6.457	Laigné et St-Gervais	19	15	13	11	9	9	8	7	7	6	6
14.373	» 7.075	Écommoy.	21	17	14	12	11	9	8	8	7	7	6
21.448	» 7.360	Mayet	22	18	15	12	11	10	9	8	7	7	6
28.808	» 8.995	Aubigné	27	22	18	15	14	12	11	10	9	8	8
37.803	» 4.196	Waas	13	10	8	7	6	6	5	5	4	4	4
41.999	» 7.814	CHATEAU-DU-LOIR	24	19	16	13	12	10	9	9	8	7	7
49.813	49.813		2^h30^m	2^h	1^h40^m	1^h24^m	1^h15^m	1^h6^m	59^m	55^m	50^m	46^m	44^m
	5.117	Dissay-s.-Courcil .	15	12	10	8	8	7	6	5	5	5	4
54.930	» 6.769	Saint-Paterne. . .	20	16	14	12	10	9	8	7	7	6	6
61.699	» 8.598	Neuillé.	26	21	17	15	12	11	10	9	8	8	7
70.297	» 7.637	Saint-Antoine. . .	23	18	15	13	11	10	9	8	8	7	6
77.934	» 7.190	Mettray	22	17	14	12	11	10	9	8	7	6	6
85.124	» 8.826	Bifurcat. Le Mans.	26	21	18	15	13	12	11	10	9	8	8
93.950	» 1.962	Bifurcation Nantes.	6	5	4	4	3	2	2	2	2	2	2
95.912	» 1.613	Bifurcat. Orléaus. .	5	4	3	3	2	2	2	2	2	2	1
»	» 1.100	St-Pierre-des-Corps	3	3	2	2	2	2	1	1	1	1	1
»	» «	Bifurcation Nantes .	»	»	»	»	»	»	»	»	»	»	»
»	» 1.422	Bifurcation Tours .	4	3	3	3	2	2	2	1	1	1	1
97.334	» 678	TOURS.	2	2	1	1	1	1	1	1	1	1	1
98.012	48.199		2^h24^m	1^h55^m	1^h36^m	1^h23^m	1^h11^m	1^h4^m	58^m	51^m	48^m	44^m	41^m
TOTAL .	98.012	Total de la durée du parcours. . .	4^h54^m	3^h55^m	3^h16^m	2^h47^m	2^h26^m	2^h10^m	1^h57^m	1^h46^m	1^h38^m	1^h30^m	1^h25^m

MONTAUBAN - RODEZ.

DISTANCES en kilomètres de MONTAUBAN	DISTANCES des STATIONS entre elles	NOMS des Stations	VITESSES UNIFORMES A L'HEURE. — DURÉE DU PARCOURS.										
			20 kilomèt.	25 kilomèt.	30 kilomèt.	35 kilomèt.	40 kilomèt.	45 kilomèt.	50 kilomèt.	55 kilomèt.	60 kilomèt.	65 kilomèt.	70 kilomèt.
			3ᵐ	2ᵐ4	2ᵐ	1ᵐ71	1ᵐ5	1ᵐ33	1ᵐ2	1ᵐ09	1ᵐ	0ᵐ92	0ᵐ86
»	»	**MONTAUBAN**											
14.340	14.340	Saint-Étienne	43	35	28	24	21	19	17	16	14	13	12
19.852	5.512	Négrepelisse	17	13	11	9	8	7	7	6	6	5	5
27.190	7.338	Montricoux	22	18	15	13	11	10	9	8	7	7	6
33.018	5.828	Bruniquel	18	14	12	11	9	8	7	6	6	5	5
40.089	7.071	Penne	21	17	14	12	11	9	8	8	7	7	6
53.202	13.113	SAINT-ANTONIN	39	31	26	22	20	18	16	14	13	12	11
53.202	**53.202**	**SAINT-ANTONIN**	2ʰ40ᵐ	2ʰ8ᵐ	1ʰ46ᵐ	1ʰ31ᵐ	1ʰ20ᵐ	1ʰ11ᵐ	1ʰ4ᵐ	58ᵐ	53ᵐ	49ᵐ	45ᵐ
66.209	13.007	Lexos	39	31	26	21	19	17	16	14	13	11	11
74.792	8.583	Laguépie	25	20	17	14	13	11	10	9	8	8	7
85.089	10.297	Najac	33	27	22	19	16	15	13	12	11	10	10
91.590	6.501	Monteils	21	16	14	11	10	9	8	7	7	6	6
101.539	9.949	VILLEFRANCHE	32	25	22	18	16	14	13	12	11	10	10
101.539	**48.337**	**VILLEFRANCHE**	2ʰ30ᵐ	1ʰ59ᵐ	1ʰ41ᵐ	1ʰ23ᵐ	1ʰ14ᵐ	1ʰ6ᵐ	1ʰ	54ᵐ	50ᵐ	45ᵐ	44ᵐ
111.962	10.423	Villeneuve	37	31	27	21	19	17	16	14	13	12	12
117.558	5.596	Salle-Courbatiers	16	13	11	9	8	7	7	6	6	5	5
122.911	5.353	Naussac	16	13	10	9	8	7	6	6	5	5	5
131.304	8.393	Capdenac	25	20	17	14	13	11	10	9	8	8	7
138.711	7.407	St-Martin-de-Bouillac	22	18	15	13	11	10	9	8	8	7	6
142.887	4.176	Panchot	13	10	8	7	6	5	5	5	4	4	4
146.266	3.379	VIVIERS	11	9	7	6	6	5	4	4	4	3	3
146.266	**44.727**	**VIVIERS**	2ʰ20ᵐ	1ʰ54ᵐ	1ʰ35ᵐ	1ʰ19ᵐ	1ʰ11ᵐ	1ʰ2ᵐ	57ᵐ	52ᵐ	48ᵐ	44ᵐ	42ᵐ
149.985	3.719	Aubin	14	12	10	8	7	6	6	5	5	5	5
152.734	2.749	Cransac	10	8	8	6	5	5	4	4	4	3	3
166.739	14.005	St-Christophe	48	40	34	27	24	21	20	18	17	16	15
173.674	6.935	Marcillac	25	21	18	14	12	11	10	9	9	8	8
187.249	13.575	Salles-la-Source	50	42	37	28	25	23	21	20	19	17	17
196.020	8.771	RODEZ	30	25	21	17	15	14	13	12	11	10	10
196.020	**49.754**	**RODEZ**	2ʰ57ᵐ	2ʰ28ᵐ	2ʰ8ᵐ	1ʰ40ᵐ	1ʰ28ᵐ	1ʰ20ᵐ	1ʰ14ᵐ	1ʰ3ᵐ	1ʰ5ᵐ	59ᵐ	58ᵐ
TOTAL..	196.020	**Total** de la durée du parcours	10ʰ27ᵐ	8ʰ29ᵐ	7ʰ10ᵐ	5ʰ53ᵐ	5ʰ13ᵐ	4ʰ39ᵐ	4ʰ15ᵐ	3ʰ52ᵐ	3ʰ36ᵐ	3ʰ17ᵐ	3ʰ9ᵐ

VIVIERS - DECAZEVILLE.

DISTANCES en kilomètres de MONTAUBAN	DISTANCES des STATIONS entre elles	NOMS des Stations	VITESSES UNIFORMES A L'HEURE. — DURÉE DU PARCOURS.										
			20 kilomèt.	25 kilomèt.	30 kilomèt.	35 kilomèt.	40 kilomèt.	45 kilomèt.	50 kilomèt.	55 kilomèt.	60 kilomèt.	65 kilomèt.	70 kilomèt.
			3ᵐ	2ᵐ4	2ᵐ	1ᵐ71	1ᵐ5	1ᵐ33	1ᵐ2	1ᵐ09	1ᵐ	0ᵐ92	0ᵐ86
146.266	»	**VIVIERS**											
150.885	4.619	**DECAZEVILLE**	14	11	9	8	7	6	6	5	5	4	4
TOTAL..	4.619	TOTAL de la durée du parcours depuis Montauban	7ʰ44ᵐ	6ʰ12ᵐ	5ʰ11ᵐ	4ʰ21	3ʰ52ᵐ	3ʰ25ᵐ	3ʰ7ᵐ	2ʰ49ᵐ	2ʰ36ᵐ	2ʰ22ᵐ	2ʰ15ᵐ

RODEZ·MONTAUBAN.

DISTANCES en kilomètres de RODEZ	DISTANCES des STATIONS entre elles.	NOMS des Stations.	VITESSES UNIFORMES A L'HEURE. — DURÉE DU PARCOURS.										
			20 kilomèt.	25 kilomèt.	30 kilomèt.	35 kilomèt.	40 kilomèt.	45 kilomèt.	50 kilomèt.	55 kilomèt.	60 kilomèt.	65 kilomèt.	70 kilomèt.
			3^m	2^m4	2^m	1^m71	1^m5	1^m33	1^m2	1^m09	1^m	0^m92	0^m86
»	»	RODEZ											
8.771	8.771	Salles-la-Source	31	26	22	17	15	14	13	12	11	10	10
22.346	13.575	Marcillac	41	33	27	23	20	18	16	15	14	12	12
29.281	6.935	St-Christophe	21	17	14	12	10	9	8	7	7	6	6
43.286	14.005	Crausac	42	34	28	24	21	18	17	15	14	12	12
46.035	2.749	Aubin	8	6	6	5	4	4	3	3	3	2	2
49.754	3.719	VIVIERS	11	9	7	6	6	5	4	4	4	3	3
	49.754		2^h34^m	2^h5^m	1^h44^m	1^h27^m	1^h16^m	1^h8^m	1^h1^m	56^m	53^m	45^m	45^m
53.133	3.379	Panchot	10	8	7	6	6	5	4	4	4	3	3
57.309	4.176	St-Martin-de-Bouillac	13	10	8	7	6	5	5	5	4	4	4
64.716	7.407	Capdenac	22	18	15	13	11	10	9	8	8	7	7
73.109	8.393	Naussac	31	26	23	17	16	14	13	12	11	11	10
78.462	5.353	Salles-Courbatiers	21	18	15	11	10	9	8	8	7	7	7
84.058	5.596	Villeneuve	21	17	15	11	10	9	9	8	8	7	7
94.481	10.423	VILLEFRANCHE	31	25	21	18	16	14	13	11	10	9	9
	44.727		2^h29^m	2^h2^m	1^h44^m	1^h23^m	1^h15^m	1^h6^m	1^h1^m	56^m	52^m	48^m	47^m
104.430	9.949	Monteils	30	23	20	17	15	13	12	11	10	9	9
110.931	6.501	Najac	20	15	13	11	10	9	8	7	7	6	6
121.228	10.297	Laguépie	31	25	20	18	15	14	12	11	10	9	9
129.811	8.583	Lexos	25	20	17	14	13	11	10	9	8	8	7
142.818	13.007	SAINT-ANTONIN	30	31	26	21	19	17	16	14	13	11	11
	48.337		2^h25^m	1^h54^m	1^h36^m	1^h21^m	1^h12^m	1^h4^m	58^m	52^m	48^m	43^m	42^m
155.931	13.113	Penne	39	31	26	22	20	18	16	14	13	12	11
163.002	7.071	Bruniquel	21	17	14	12	11	9	8	8	7	7	6
168.830	5.828	Montricoux	18	14	12	11	9	8	7	6	6	5	5
176.168	7.338	Négrepelisse	22	18	15	13	11	10	9	8	7	7	6
181.680	5.512	Saint-Étienne	17	14	11	9	8	7	7	6	6	5	5
196.020	14.340	MONTAUBAN	43	35	28	24	21	19	17	16	14	13	12
	53.202		2^h40^m	2^h8^m	1^h46^m	1^h31^m	1^h20^m	1^h11^m	1^h4^m	58^m	53^m	49^m	45^m
TOTAL . 196.020		Total de la durée du parcours....	10^h8^m	8^h9^m	6^h50^m	5^h42^m	5^h3^m	4^h29^m	4^h4^m	3^h42^m	3^h26^m	3^h5^m	2^h59^m

DECAZEVILLE - VIVIERS.

DISTANCES en kilomètres de RODEZ	DISTANCES des STATIONS entre elles.	NOMS des Stations.	VITESSES UNIFORMES A L'HEURE. — DURÉE DU PARCOURS.										
			20 kilomèt.	25 kilomèt.	30 kilomèt.	35 kilomèt.	40 kilomèt.	45 kilomèt.	50 kilomèt.	55 kilomèt.	60 kilomèt.	65 kilomèt.	70 kilomèt.
			3^m	2^m4	2^m	1^m71	1^m5	1^m33	1^m2	1^m09	1^m	0^m92	8^m86
53.373	»	DECAZEVILLE											
49.754	4.619	VIVIERS	14	11	9	8	7	6	6	5	5	4	4
TOTAL . 4.619		TOTAL de la durée du parcours depuis Rodez	2^h48^m	2^h16^m	1^h53^m	1^h35^m	1^h23^m	1^h14^m	1^h7^m	1^h1^m	58^m	49^m	49^m

MOULINS · MONTLUÇON.

DISTANCES en kilomètres de MOULINS.	DISTANCES des STATIONS entre elles.	NOMS des Stations.	VITESSES UNIFORMES A L'HEURE. — DURÉE DU PARCOURS.										
			20 kilomèt.	25 kilomèt.	30 kilomèt.	35 kilomèt.	40 kilomèt.	45 kilomèt.	50 kilomèt.	55 kilomèt.	60 kilomèt.	65 kilomèt.	70 kilomèt.
			3^m	2^m4	2^m	1^m71	1^m5	1^m33	1^m2	1^m09	1^m	0^m92	0^m86
	»	MOULINS											
7.466	7.466		24	20	17	14	12	11	10	9	8	7	7
	»	Coulandon. *Embr.*											
14.021	6.555		20	16	14	11	10	9	8	7	7	7	7
	»	Souvigny											
22.252	8.231		32	28	24	18	16	15	14	13	12	12	11
	»	Noyant											
30.310	8.058		31	26	23	17	16	14	13	12	11	11	10
	»	Tronget											
43.033	12.723		39	31	26	22	19	17	15	14	13	12	11
	»	Chavenon											
51.090	8.057		24	19	16	14	12	10	9	8	8	7	7
	»	Villefranche . . .											
58.290	7.200		24	20	17	15	12	11	10	9	9		7
	58.290	LA PRESLE	3^h14^m	2^h40^m	2^h17^m	1^h51^m	1^h37^m	1^h27^m	1^h19^m	1^h12^m	1^h8^m	1^h4^m	1^h
67.648	9.358		35	30	26	19	17	16	15	14	13	12	11
	»	Commentry . . .											
80.966	13.318		40	32	27	23	20	18	16	15	13	12	12
	»	MONTLUÇON . . .											
	22.676		1^h15^m	1^h2^m	53^m	42^m	37^m	34^m	31^m	29^m	26^m	24^m	23^m
TOTAL .	80.966	Total de la durée du parcours . .	4^h29^m	3^h42^m	3^h10^m	2^h33^m	2^h14^m	2^h1^m	1^h50^m	1^h41^m	1^h34^m	1^h28^m	1^h23^m

LA PRESLE · BEZENET.

DISTANCES en kilomètres de MOULINS.	DISTANCES des STATIONS entre elles.	NOMS des Stations.	VITESSES UNIFORMES A L'HEURE. — DURÉE DU PARCOURS.										
			20 kilomèt.	25 kilomèt.	30 kilomèt.	35 kilomèt.	40 kilomèt.	45 kilomèt.	50 kilomèt.	55 kilomèt.	60 kilomèt.	65 kilomèt.	70 kilomèt.
			3^m	2^m4	2^m	1^m71	1^m5	1^m33	1^m2	1^m09	1^m	0^m92	0^m86
58.290	»	LA PRESLE											
63.445	5.155	BEZENET	19	15	13	11	9	8	7	7	7	6	5
TOTAL .	5.155	Total de la durée du parcours depuis Moulins	3^h33^m	2^h55^m	2^h30^m	2^h2^m	1^h46^m	1^h35^m	1^h26^m	1^h19^m	1^h15^m	1^h10^m	1^h5^m

MONTLUÇON · MOULINS.

DISTANCES en kilomètres de MONTLUÇON	DISTANCES des STATIONS entre elles	NOMS des Stations	VITESSES UNIFORMES A L'HEURE. — DURÉE DU PARCOURS.										
			20 kilomèt.	25 kilomèt.	30 kilomèt.	35 kilomèt.	40 kilomèt.	45 kilomèt.	50 kilomèt.	55 kilomèt.	60 kilomèt.	65 kilomèt.	70 kilomèt.
			3^m	2^m4	2^p	1^m71	1^m5	1^m33	1^m2	1^m09	1^m	0^m92	0^m86
	»	MONTLUÇON...	53	45	39	30	28	25	24	22	21	20	19
13.318	13.318	Commentry.....	28	23	19	16	14	13	11	10	10	9	8
22.676	9.358	LA PRESLE...											
	22.676		1^h21^m	1^h8^m	58^m	46^m	42^m	38^m	35^m	32^m	31^m	29^m	27^m
29.876	7.200	Villefranche.....	22	18	15	12	11	10	9	8	7	7	6
37.933	8.057	Chavenon......	30	25	22	17	15	13	12	11	11	10	10
50.656	12.723	Tronget......	49	41	36	26	24	22	20	19	18	17	16
58.714	8.058	Noyant......	24	19	16	15	12	11	10	9	8	7	7
66.945	8.231	Souvigny.....	24	20	16	14	12	11	10	9	8	8	7
73.500	6.555	Coulandon. *Embranc.*	19	16	13	11	10	8	8	7	7	6	6
80.966	7.466	MOULINS.....	23	18	16	13	11	10	9	8	7	7	6
	58.290		3^h11^m	2^h37^m	2^h14^m	1^h48^m	1^h35^m	1^h25^m	1^h18^m	1^h11	1^h6	1^h2^m	58^m
TOTAL.	80.966	Total *de la durée du parcours*...	4^h32^m	3^h45^m	3^h12^m	2^h34^m	2^h17^m	2^h3^m	1^h53^m	1^h43^m	1^h37^m	1^h31^m	1^h25^m

BÉZENET - LA PRESLE.

DISTANCES en kilomètres de MONTLUÇON	DISTANCES des STATIONS entre elles	NOMS des Stations.	VITESSES UNIFORMES A L'HEURE. — DURÉE DU PARCOURS.										
			20 kilomèt.	25 kilomèt.	30 kilomèt.	35 kilomèt.	40 kilomèt.	45 kilomèt.	50 kilomèt.	55 kilomèt.	60 kilomèt.	65 kilomèt.	70 kilomèt.
			3^m	2^m4	2^m	1^m71	1^m5	1^m33	1^m2	1^m09	1^m	0^m92	0^m86
27.831	»	BÉZENET....											
»	5.155		16	13	11	9	8	7	7	6	5	5	4
22.676	»	LA PRESLE...											
TOTAL.	5.155	TOTAL de la durée du parcours depuis Montluçon....	1^h37^m	1^h21^m	1^h9^m	55^m	50^m	45^m	42^m	38^m	36^m	34^m	31^m

LIMOGES : PÉRIGUEUX.

DISTANCES en kilomètres de PARIS.	DISTANCES des STATIONS entre elles.	NOMS des Stations.	VITESSES UNIFORMES A L'HEURE. — DURÉE DU PARCOURS.										
			20 kilomèt.	25 kilomèt.	30 kilomèt.	35 kilomèt.	40 kilomèt.	45 kilomèt.	50 kilomèt.	55 kilomèt.	60 kilomèt.	65 kilomèt.	70 kilomèt.
			3^m	2^m4	2^m	1^m71	1^m5	1^m33	1^m2	1^m09	1^m	0^m92	0^m86
401.275	»	LIMOGES											
	10.459		34	28	24	19	17	16	14	13	12	11	11
411.734	»	Beynac.											
	9.497		35	30	26	20	18	16	15	14	13	12	11
421.231	»	Nexon.											
	8.241		32	27	24	18	16	15	14	13	12	11	11
429.472	»	Lafarge.											
	9.218		28	22	18	16	14	12	11	10	9	8	8
433.690	»	Bussière-Galand. .											
	10.023		30	24	20	17	15	13	12	11	10	9	8
448.713	»	La Coquille. . . .											
	14.811		46	37	31	25	22	19	17	16	15	14	13
463.524		THIVIERS. . . .											
	62.249		$3^h 25^m$	$2^h 48^m$	$2^h 23^m$	$1^h 55^m$	$1^h 42^m$	$1^h 31^m$	$1^h 23^m$	$1^h 17^m$	$1^h 11^m$	$1^h 5^m$	$1^h 2^m$
	9.749		29	23	19	16	14	13	12	11	10	9	9
473.273	»	Négrondes. . . .											
	11.273		34	28	23	21	18	15	14	12	10	10	9
484.546	»	Agonac.											
	6.739		20	16	13	11	10	9	8	7	7	6	5
491.285	»	Château-l'Évêque. .											
	8.098		25	20	17	15	13	11	10	9	9	8	7
499.383	»	Bifurcat. Périgueux.											
	817		3	2	2	1	1	1	1	1	1	1	1
500.200		PÉRIGUEUX. . .											
	36.676		$1^h 51^m$	$1^h 29^m$	$1^h 14^m$	$1^h 4^m$	56^m	49^m	45^m	40^m	37^m	34^m	31^m
TOTAL.	98.925	Total de la durée du parcours. . .	$5^h 16^m$	$4^h 17^m$	$3^h 37^m$	$2^h 59^m$	$2^h 38^m$	$2^h 20^m$	$2^h 8^m$	$1^h 57^m$	$1^h 48^m$	$1^h 39^m$	$1^h 33^m$

PÉRIGUEUX - LIMOGES.

DISTANCES en kilomètres de PÉRIGUEUX.	DISTANCES des STATIONS entre elles.	NOMS des Stations.	VITESSES UNIFORMES A L'HEURE. — DURÉE DU PARCOURS.										
			20 kilomèt.	25 kilomèt.	30 kilomèt.	35 kilomèt.	40 kilomèt.	45 kilomèt.	50 kilomèt.	55 kilomèt.	60 kilomèt.	65 kilomèt.	70 kilomèt.
			3^m	2^m4	2^m	1^m71	1^m5	1^m33	1^m2	1^m09	1^m	0^m92	0^m86
»	»	PÉRIGUEUX...	3	2	2	1	1	1	1	1	1	1	1
817	817 »	*Bifurcat.* Périgueux.											
8.915	8.098	Château-l'Évêque..	26	21	18	15	12	11	10	9	9	8	7
15.654	6.739 »	Agonac.....	21	17	14	12	11	10	9	8	7	7	6
26.927	11.273 »	Négrondes....	38	32	27	23	20	18	16	15	14	13	13
36.676	9.749	THIVIERS....	36	30	26	20	18	15	15	13	12	11	11
	36.676		$2^h 4^m$	$1^h 42^m$	$1^h 27^m$	$1^h 11^m$	$1^h 2^m$	55^m	51^m	46^m	43^m	40^m	38^m
51.487	14.811 »	La Coquille....	51	41	36	29	25	23	20	19	19	18	16
61.510	10.023 »	Bussière-Galand..	38	32	28	21	19	17	16	15	14	13	12
70.728	9.218 »	Lafarge.....	28	22	18	16	14	12	11	10	9	8	8
78.969	8.241 »	Nexon......	24	20	16	14	12	11	10	9	8	7	7
88.466	9.497 »	Beynac.....	28	23	19	16	14	12	11	10	9	9	8
98.925	10.459	LIMOGES....	33	27	23	18	17	15	14	12	11	10	10
	62.249		$3^h 22^m$	$2^h 45^m$	$2^h 20^m$	$1^h 54^m$	$1^h 41^m$	$1^h 30^m$	$1^h 22^m$	$1^h 15^m$	$1^h 9^m$	$1^h 5^m$	$1^h 1^m$
TOTAL	98.925	Total de la durée du parcours...	$5^h 26^m$	$4^h 27^m$	$3^h 47^m$	$3^h 5^m$	$2^h 43^m$	$2^h 25^m$	$2^h 13^m$	$2^h 1^m$	$1^h 52^m$	$1^h 45^m$	$1^h 39^m$

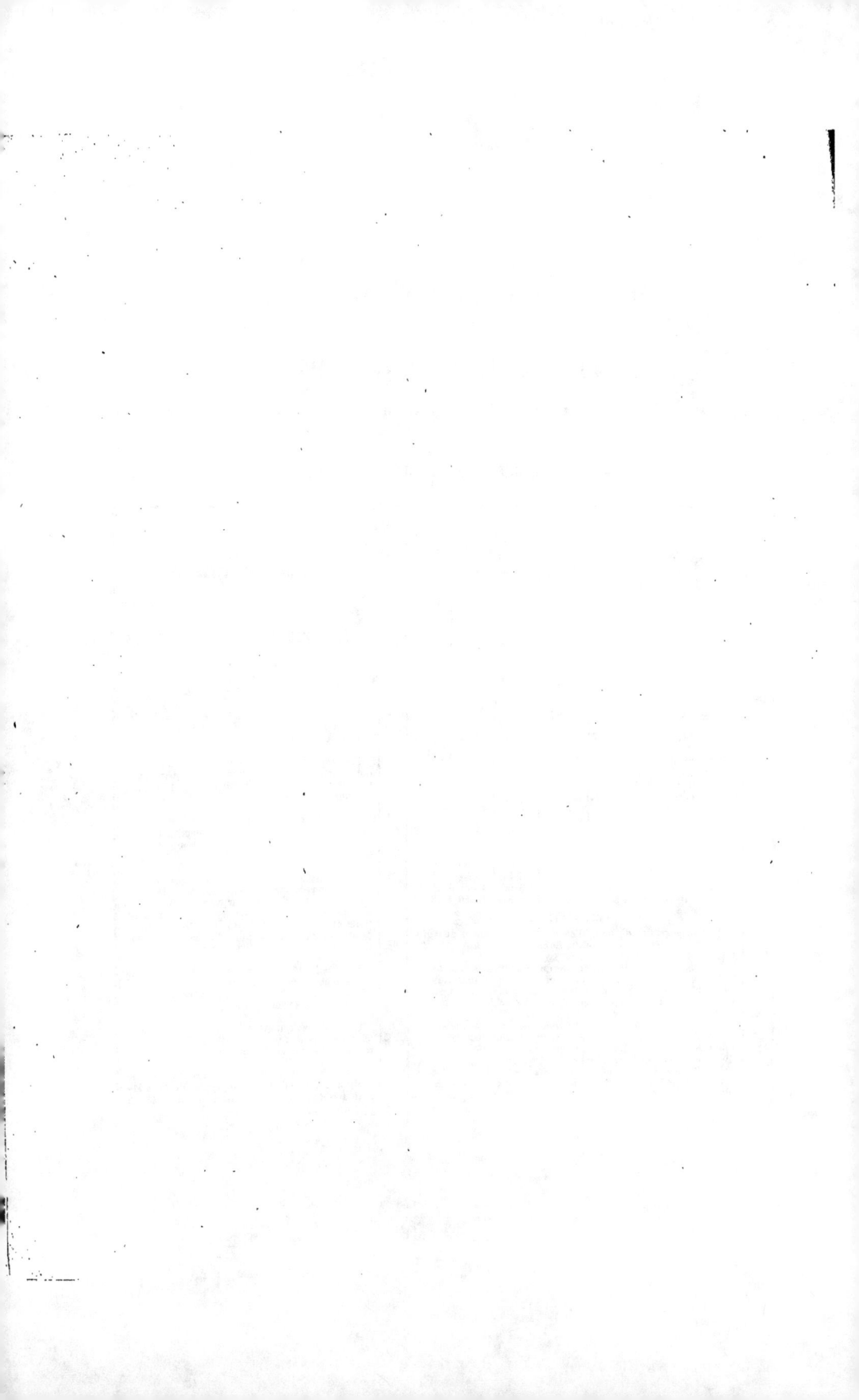

ANNEXE N° 2.

TARIF DES DROITS D'OCTROI DE PARIS

APPROUVÉ PAR DÉCRET IMPÉRIAL DU 3 NOVEMBRE 1855 ET MODIFIÉ DANS SES ARTICLES 34, 35 ET 36, PAR LE DÉCRET DU 29 JUILLET 1858

ET DES

DROITS D'ENTRÉE PERÇUS AU PROFIT DU TRÉSOR PUBLIC.

Numéros des Articles.	DÉSIGNATION DES OBJETS ASSUJETTIS AUX DROITS.	UNITÉ sur laquelle portent les DROITS.	DROITS D'OCTROI décimes non compris.	DROITS d'entrée perçus au profit du Trésor, décimes non compris (Lois des 12 déc. 1830 et 14 juil 1854).	TOTAL des deux DROITS, décimes non compris		DISPOSITIONS RÉGLEMENTAIRES.
			fr. c.	fr. c.	fr. c.		

BOISSONS ET ALCOOLS DÉNATURÉS.

1	Vins en cercles	Hectol.	10 »	8 »	18 »	1	La vendange paiera le même droit que le vin, dans la proportion de trois hectolitres de vendange pour deux de vin.
2	Vins en bouteilles	Id.	17 »	8 »	25 »		
3	Alcool pur contenu dans les eaux-de-vie et esprits en cercles, eaux-de-vie et esprits en bouteilles, liqueurs, fruits à l'eau-de-vie	Id.	23 50	91 »	114 50	2	Les vins introduits à la main dans des vases d'une contenance supérieure à cinq litres, paieront le droit dans la proportion de celui fixé pour les vins en cercles.
4	Cidres, poirés et hydromels.	Id.	3 80	4 »	7 80	3	La bouteille inférieure au litre et la demi-bouteille sont assimilées aux litre et demi-litre pour la perception des droits sur les boissons et autres liquides mentionnés au présent tarif.
5	Alcools dénaturés { de 2 à 3 —	Id.	7 »	22 08	29 08	4	Les boissons, eaux de senteur, vernis et tout liquide ou préparation quelconque mélangés d'alcool ou qui ont l'alcool pour base, autres que les alcools dénaturés conformément aux prescriptions de l'ordonnance du 14 juin 1844, paient le droit à raison de la quantité d'alcool qu'ils contiennent.
	de 3 à 4 —	d.	6 10	19 32	25 42		
	de 4 à 5 —	Id.	5 20	16 56	21 76		
	au-dessus de 5 —	Id.	4 30	13 80	18 10	5	Lorsque la nature de ces liquides ou mélanges ne permet pas de déterminer la quantité d'alcool nécessaire pour les préparer, ils acquittent à raison de 50 0/0 de leur volume.

OBSERVATIONS.

Pour la perception du droit d'entrée, 25 kilogrammes de fruits secs comptent comme un hectolitre de cidre ou de poiré. (Art. 23 de la loi du 28 avril 1816.)

Lorsque les vins contiendront plus de 18 centièmes d'alcool et pas au d là de 21 centièmes, ils seront imposés comme vins, et payeront, en outre, les doubles droits de consommation, d'entrée et d'octroi pour la quantité d'alcool comprise entre 18 et 21 centièmes. (Art. 21 du décret du 17 mars 1852.)

Les vins contenant plus de 21 centièmes d'alcool ne seront pas imposés comme vins, et seront soumis, pour leur quantité totale, aux mêmes droits de consommation, d'entrée et d'octroi que l'alcool pur. (Art. 21 du décret du 17 mars 1852.)

Les droits perçus au profit du Trésor sur les boissons et les alcools dénaturés sont passibles d'un second décime pour franc jusqu'au 1er janvier 1861, conformément à la loi du 11 juin 1859. (Art. 6.)

6 Les fruits et conserves à l'eau-de-vie, à l'huile ou au vinaigre, avec ou sans liquide, sont imposés sur leur volume total.

7 Les fruits secs à cidre et à poiré payeront le droit à l'entrée dans la proportion de 50 kilogrammes de fruits pour un hectolitre de cidre ou de poiré.

58

Numéros des Articles.	DÉSIGNATION DES OBJETS ASSUJETTIS AUX DROITS.	UNITÉ sur laquelle portent les DROITS.	DROITS D'OCTROI décimes non compris.	DROITS d'entrée perçus au profit du Trésor décimes non compris. (Lois des 12 déc. 1830 et 14 juil. 1855.)	TOTAL des deux DROITS, décimes non compris.	DISPOSITIONS RÉGLEMENTAIRES.
			fr. c.	fr. c.	fr. c.	

AUTRES LIQUIDES.

Numéros des Articles.	DÉSIGNATION DES OBJETS ASSUJETTIS AUX DROITS.	UNITÉ	DROITS D'OCTROI	DROITS d'entrée	TOTAL	DISPOSITIONS RÉGLEMENTAIRES.
	Vinaigres de toute espèce, fruits et conserves au vinaigre, verjus, sureau, hièble en fruits ou en jus, vins gâtés et lies liquides ou épaisses, et toute autre substance ou liquide servant à la fabrication des vinaigres ou pouvant en tenir lieu	Hectol.	10 »	»	»	9. Toute lie qui n'est pas dans un état de siccité complète est passible du droit. L'acide acétique, les vinaigres concentrés et tous autres liquides qui, étendus, peuvent être employés comme vinaigre ordinaire, seront imposés en proportion de la quantité qu'ils en peuvent produire.
7	Bière à l'entrée	Id.	3 80	»	»	10. Le droit est dû à l'entrée sur les huiles de toute espèce, quel que soit leur emploi.
8	Bière à la fabrication.......	Id.	2 85	»	»	11. Les huiles de toute espèce provenant de substances animales, végétales ou minérales, l'acide oléique et tous autres corps gras, pouvant être employés comme huile, cuits, altérés ou mélangés ensemble ou avec d'autres substances, sont soumis aux droits pour leur volume entier et sont classés d'après la nature de l'huile imposée au droit le plus élevé qu'ils contiennent. Il n'est fait aucune déduction pour fèces, sédiment ou pied d'huile.
9	Chasselas, muscat et autres raisins non foulés de toute espèce	100 kilo.	4 80	»	»	12. Les graines oléagineuses, les farines en provenant, sont soumises aux droits d'après la quantité d'huile qu'elles sont présumées contenir, et qui sera déterminée par l'administration de l'octroi sous l'approbation de M. le préfet de la Seine.
10	Huile d'olive, fruits et conserves à l'huile, huiles parfumées de toute espèce ...	Hectol.	38 »	»	»	13. Les tourteaux de ces mêmes graines qui ne seraient pas dans un état complet de dessication, seront assujettis au droit dans la proportion de l'huile qu'ils contiendront.
11	Huile de colza, d'œillette, de faîne ou de toute autre espèce provenant de substances animales, végétales ou minérales; acide oléique et toute substance pouvant être employée comme huile.	Id.	21 »	»	»	14. Les pieds de bœuf ou de vache provenant de l'extérieur ou sortant des abattoirs de Paris, sont assujettis au droit des huiles autres que celle d'olive, à raison d'un litre d'huile pour dix pieds ou dans la proportion.
12	Vernis de toute espèce autres que ceux à l'alcool ; blanc de céruse, de zinc et autres couleurs en pâte, broyées ou préparées à l'huile, à l'acide oléique ou avec tous autres corps gras; dégras de toute espèce, graisse dite mucitine, fèces, pied d'huile et autres résidus..........	Id.	9 50	»	»	15. Les vernis, les dégras et autres produits désignés en l'article ci-contre, qui contiennent plus de moitié de leur volume en huile, acide oléique ou autres corps gras, sont imposés en entier au droit des huiles autres que celle d'olive. 16. Les mastics acquittent pour la quantité d'huile qu'ils contiennent. 17. Les essences de térébenthine, et autres, et toute substance pouvant être employée comme essence, cuite, altérée ou mélangée, sont taxées comme essence pure.
13	Essences de toute nature autres que celles parfumées ; goudrons liquides, résidus de gaz et autres liquides pouvant être employés comme essence.............	Id.	8 50	»	»	18. Les feutres, cuirs, laines et objets quelconques, traités ou préparés à l'alcool ou à l'huile, qui laisseraient échapper de ces liquides ou dont il serait possible de les extraire, seront imposés à raison de la quantité totale qu'ils en contiendront.

Numéros des Articles.	DÉSIGNATION DES OBJETS ASSUJETTIS AUX DROITS.	UNITÉ sur laquelle portent les DROITS.	DROITS D'OCTROI décimes non compris.		DISPOSITIONS RÉGLEMENTAIRES.
			fr. c.		

COMESTIBLES.

Numéros des Articles.	DÉSIGNATION DES OBJETS ASSUJETTIS AUX DROITS.	UNITÉ	DROITS fr. c.		DISPOSITIONS RÉGLEMENTAIRES.
14	Viande de bœuf, vache, veau, mouton, bouc et chèvre sortant des abattoirs de la ville de Paris..............	100 kil.	8 85	19	Aucune déduction n'est faite sur le poids des animaux abattus de toute espèce, pour la peau qui y serait encore adhérente, ni pour les abats et issues qui n'en auraient point été séparés.
15	Les mêmes viandes venant de l'extérieur, fraîches ou salées, dites *viande à la main*...............	Id.	10 55	20	Les langues de bœuf ou de vache paient comme viande ; on en évalue le poids lorsqu'elles tiennent encore à la tête. Les cervelles et rognons des mêmes animaux, les foies, ris et cervelles de veau et les rognons de mouton détachés des issues, paient également comme viande.
16	Abats et issues de veau sortant des abattoirs ou venant de l'extérieur.	Id.	7 55		
17	Porcs abattus, viande dépecée fraîche provenant de ces animaux, cochons de lait, graisses, gras de porc et ratis fondus ou non, sortant des abattoirs de la ville de Paris........................	Id.	8 85	21	Le droit de la viande de boucherie à la main et celui des porcs abattus sont dus, conformément à l'article 36 de l'ordonnance du 9 décembre 1814, sur les animaux nés dans l'intérieur, ainsi que sur ceux entrés vivants sous consignation et abattus exceptionnellement hors des abattoirs publics.
18	Les mêmes viandes et graisses comestibles de toute nature venant de l'extérieur, lards salés et petit-salé de porc........................	Id.	10 55		
19	Saucissons, jambons, viandes fumées de toute espèce, et toute charcuterie............................	Id.	20 70		
20	Abats et issues de porc sortant des abattoirs ou venant de l'extérieur.	Id.	3 80		
21	Truffes, pâtés et terrines truffés, volaille et gibier truffés, faisans, gelinottes, ortolans et becfigues.....	Id.	120 »		
22	Volailles de toute espèce autres que dindes et oies domestiques, gibier à plumes autre que celui désigné ci-dessus ; sangliers, marcassins, chevreuils, daims, cerfs, lièvres et lapins de garenne, pâtés et terrines non truffés, viandes confites, anchois et autres poissons marinés ou à l'huile.............	Id.	30 »		
23	Dindes, oies et lapins domestiques, agneaux et chevreaux	Id.	15 »	22	Les agneaux et les chevreaux vivants, non conduits aux abattoirs, acquittent à raison de 60 0/0 de leur poids brut.
24	Saumons, turbots, esturgeons, thon frais, barbues, truites, aloses, bars, éperlans, mulets, rougets-barbets, soles, homards, langoustes, crevettes et écrevisses...............	Id.	60 »		
25	Tous autres poissons de mer ou d'eau douce	Id.	15 »		

Numéros des Articles	DÉSIGNATION DES OBJETS ASSUJETTIS AUX DROITS.	UNITÉ sur laquelle por.ent les DROITS.	DROITS D'OCTROI décimes non compris.	DISPOSITIONS RÉGLEMENTAIRES.
			fr. c.	

COMESTIBLES (Suite).

26	Huîtres ordinaires................	100 kilo.	5 »	
27	Huîtres marinées	Id.	10 »	23
28	Huîtres d'Ostende ou toutes autres que celles ci-dessus............	Id.	15 »	
29	Beurres de toute espèce, frais ou fondus, salés ou non............	Id.	10 »	
30	Œufs..........................	Id.	2 50	

COMBUSTIBLES.

31	Bois à brûler autres d'essence dure. que ceux désignés ci-après .... d'essence tendre.	Stère. Id.	2 50 1 85	24 — En cas de mélange de bois dur, de bois blanc, de menuise, la distinction cessera d'être observée et le droit le plus élevé sera appliqué sur la totalité du chargement.
				25 — Tout cotret de bois dur ayant plus de 66 centimètres de longueur et de 50 centimètres de circonférence et contenant moins de quatre morceaux, est imposé au droit du bois dur.
32	Cotrets de bois durs autres que ceux de menuise....................	Id.	1 50	26 — La menuise est le bois rond coupé à la longueur de 1 mètre 13 centimètres ayant moins de 16 centimètres de circonférence.
33	Menuise de bois dur ou de bois blanc, cotrets de menuise et fagots de toute espèce................	Id.	0 90	27 — Les cotrets de menuise qui contiendraient des morceaux de 16 centimètres et au-dessus seront imposés comme cotrets de bois dur.
34	Charbon de bois, charbon artificiel et toute composition pouvant remplacer le charbon de bois..........	Hectol.	0 50	28 — Les perches ayant moins de 16 centimètres de circonférence moyenne acquittent comme menuise; de 16 à 38 centimètres elles paient comme bois à brûler; au-dessus de 38 centimètres elles acquittent comme bois à ouvrer.
				29 — Les fagots de toute espèce paient le droit entier. Tout parement ayant 16 centimètres de circonférence et au-dessus sera distrait du fagot et rangé pour la taxe dans la classe du bois dur ou du bois blanc; le surplus restera imposable comme fagot.
35	Poussier de charbon de bois, tan carbonisé et toute composition pouvant remplacer le poussier de charbon de bois et ne dépassant pas sa dimension....................	Id.	0 25	30 — Le cubage servira de base pour établir la perception sur les chargements de charbon de bois, de bois à brûler et généralement de tous les bateaux, trains et voitures susceptibles d'être cubés.
				31 — Le poussier de charbon de bois se compose de fragments ayant 3 centimètres au plus de longueur.
36	Charbon de terre, coke et tourbe carbonisée ou épurée, goudrons et résidus provenant de la houille et du gaz non imposables comme essences....................	100 kil.	0 60	32 — La quantité de charbon de terre, coke et tourbe carbonisée contenue dans chaque bateau sera reconnue d'après le volume d'eau déplacé par le bateau.
				33 — L'escarbille, les briquettes et tous les combustibles dans lesquels il entre des charbons de terre, acquittent le droit entier.

Numéros des Articles.	DÉSIGNATION DES OBJETS ASSUJETTIS AUX DROITS.	UNITÉ sur laquelle portent les DROITS.	DROITS D'OCTROI décimes non compris.	DISPOSITIONS RÉGLEMENTAIRES.
			fr. c.	

MATÉRIAUX.

Numéros des Articles.	DÉSIGNATION DES OBJETS ASSUJETTIS AUX DROITS.	UNITÉ sur laquelle portent les DROITS.	DROITS D'OCTROI décimes non compris.	DISPOSITIONS RÉGLEMENTAIRES.
37	Chaux grasse et chaux hydraulique.	Hectol.	1 15	34 — La chaux grasse éteinte, la chaux hydraulique pulvérisée, le mortier dans lequel il entre de la chaux, la pierre à chaux et le poussier de cette pierre ne paient que demi-droit.
38	Ciment de toute espèce contenant de la chaux......................	100 kilo.	» 90	35 — La pierre à plâtre et le poussier de pierre à plâtre paient à raison des sept dixièmes de leur volume.
39	Plâtre........................	Hectol.	» 35	36 — La pierre dite *granit de Cherbourg* est, pour la perception, assimilée à la pierre de taille.
40	Moellons de toute espèce et meulière de toute dimension.............	Mèt. cube	» 50	37 — Les déclarations devront indiquer le nombre de pièces de chaque espèce, leurs dimensions et le poids total du fer et de la fonte composant chaque chargement.
41	Pierres de taille, dalles et carreaux de pierre de toute espèce........	Id.	2 »	38 — En cas de mélange de fer et de fonte qui ne permettrait pas de faire des vérifications par nature de métal, le tout sera imposé comme fer.
42	Marbre et granit.................	Id.	15 »	
43	Poitrails, solives, pièces pour combles, marches en fer... d'escalier et autres pièces en fer ou en fonte façonnées pouvant en-(en fonte.. trer dans les construc-tions................	100 kilo. / Id.	3 » / 2 »	39 — Les quantités arrivant par eau pourront être reconnues par le volume d'eau déplacé par le bateau.
44	Ardoises de grande dimension......	Millier	4 »	40 — La dimension des grandes ardoises est de 451 à 700 centimètres carrés de superficie. Celle des petites est de 450 centimètres carrés et au-dessous. Les ardoises ayant une surface supérieure à 700 centimètres sont soumises au droit proportionnel.
45	Ardoises de petite dimension.......	Id.	2 50	
46	Briques de dimension ordinaire.....	Id.	5 75	41 — Les dimensions de la brique ordinaire sont, au maximum, de 1,500 centimètres cubes. Celle de la tuile de 750 centimètres carrés, et du carreau, de 300 centimètres carrés.
47	Tuiles de dimension ordinaire......	Id.	7 »	
48	Carreaux de dimension ordinaire...	Id.	4 75	42 — Les briques, tuiles, carreaux, pots creux, mitres, tuyaux et poterie de toute espèce non cuits acquittent le droit entier.
49	Briques, tuiles, carreaux de toute autre dimension, pots creux, mitres, tuyaux et poterie de toute espèce employés dans les constructions ou dans le jardinage.......	100 kilo.	» 25	43 — Les briques, tuiles et carreaux cassés ne paient que le demi-droit.
50	Argile, terre glaise et sable gras....	Mèt. cube	0 60	44 — Les briques et autres terres cuites pulvérisées, ainsi que les pouzzolanes ne contenant pas de chaux, sont exemptes des droits.

BOIS A OUVRER, BATEAUX ET BOIS DE DÉCHARGE.

Numéros des Articles.	DÉSIGNATION DES OBJETS ASSUJETTIS AUX DROITS.	UNITÉ sur laquelle portent les DROITS.	DROITS D'OCTROI décimes non compris.	DISPOSITIONS RÉGLEMENTAIRES.
51	Bois de chêne, châtaignier, orme, frêne, charme, noyer, merisier, acacia, érable, prunier, pommier et autres d'essence dure, en grumes ou équarris, débités en sciage ou en fente, façonnés ou non....	Stère.	9 40	45 — Dans l'application du droit, il est fait déduction de l'écorce.
52	Bois de sapin, platane, peuplier, bouleau, aune, tilleul, saule, marronnier et autres d'essence tendre en grumes ou équarris, débités en sciage ou en fente, façonnés ou non....................	Id.	7 50	46 — Il est accordé sur les longueurs, et suivant l'étendue du mal, pour malandres visibles et palpables, nœuds pourris et vermoulus, une déduction qui ne pourra excéder un mètre. 47 — Tous les bois neufs ouvrés, plaqués ou non, ferrés ou non, sont soumis aux mêmes droits que les bois non travaillés. Ceux qui, par leur forme ou leur volume, offriraient des difficultés de mesurage, seront imposés dans la proportion de 900 kilogrammes pour un stère de bois dur, et de 600 kilogrammes pour un stère de bois blanc. 48 — Les bois de démolition ou autres ayant servi acquittent les mêmes droits que les bois neufs, sous déduction des défectuosités qu'ils présentent. Lorsque ces bois seront reconnus ne pouvoir être employés comme bois de travail, ils seront imposés comme bois de chauffage, suivant leur nature.
53	Lattes et treillages...............	100 bottes.	9 40	
54	Bateaux en chêne.................	Par bateau.	24 »	
55	Bateaux en sapin.................	Id.	12 »	49 — La botte de lattes se compose de 50 lattes de 1 mètre 30 centimètres de longueur et de 5 centimètres de largeur; la botte de treillage contient 70 mètres de longueur de treillage. Au-dessus de ces nombres et dimensions, le droit est proportionnel.
56	Bois de déchirage en chêne........	Mèt. car.	» 18	50 — Tout bateau faisant exception par la dimension à la toue ordinaire paiera le droit par mètre carré.
57	Bois de déchirage en sapin........	Id.	» 10	

Numéros des Articles	DÉSIGNATION DES OBJETS ASSUJETTIS AUX DROITS.	UNITÉ sur laquelle portent les DROITS.	DROITS D'OCTROI décimes non compris		DISPOSITIONS RÉGLEMENTAIRES
			fr. c.		

FOURRAGES.

Numéros des Articles	DÉSIGNATION DES OBJETS	UNITÉ	DROITS	N°	DISPOSITIONS RÉGLEMENTAIRES
58	Foin, sainfoin, luzerne et autres four-rages secs......................	100 bottes de 5 kil.	5 »	51	Le droit se perçoit sur le nombre total des bottes, sans aucune déduction ni tolérance.
59	Paille............................	Id.	2 »	52	Les fourrages non bottelés paient le droit au poids dans la proportion réglée ci-contre.
60	Avoine..........................	100 kil.	1 25	53	Lorsque le poids des bottes excédera 5 kilogrammes, le droit sera perçu dans la proportion de l'excédant.
				54	Les foins et fourrages verts sont exempts du droit.
61	Orge............................	Id.	1 60	55	L'avoine et l'orge en gerbes acquittent séparément pour la quantité de grain et de paille.
				56	Les avoines et orges moulues acquittent comme en grain. L'orge mondé est exempt du droit.

OBJETS DIVERS.

Numéros des Articles	DÉSIGNATION DES OBJETS	UNITÉ	DROITS	N°	DISPOSITIONS RÉGLEMENTAIRES
62	Fromages secs....................	100 kil.	9 50	57	Les eaux salées paient le droit dans la proportion du sel qu'elles contiennent.
63	Sel gris ou blanc	Id.	5 »	58	Les filés de cire jaune ne sont soumis qu'au demi-droit.
64	Cire blanche, spermacéti raffiné ou pressé.......................	Id.	28 »		
65	Cire jaune et spermacéti brut.......	Id.	19 »		
66	Bougie stéarique, acides stéariques et margariques, et autres substances pouvant remplacer la cire.....	Id.	16 »	59	Les suifs et graisses mélangés de toute autre substance, les chandelles, torches et lampions composés de mêmes mélanges acquittent comme suif.
67	Suifs de toute espèce, bruts ou fondus sous toute forme ; vieux-oings et graisses de toute espèce, non comestibles sortant des abattoirs ou venant de l'extérieur.....	Id.	6 »		
68	Glace à rafraîchir................	Id.	5 »		

DISPOSITIONS GÉNÉRALES.

Sont passibles des droits d'octroi tous les objets compris au présent tarif, récoltés, préparés ou fabriqués dans l'intérieur de Paris, conformément à l'article 11 de la loi du 27 frimaire an VIII et à l'article 36 de l'ordonnance royale du 9 décembre 1814.

Les droits d'octroi qui auraient été acquittés sur les matières employées dans les préparations ou fabrications, et dont le paiement serait régulièrement justifié, seront précomptés sur les droits dus par les nouveaux produits confectionnés, mais sans que ce

DISPOSITIONS GÉNÉRALES (*Suite*).

décompte puisse jamais donner lieu à remboursement d'aucune portion des droits payés à l'entrée, dans le cas où ils se trouveraient excéder ceux des nouveaux produits.

Tout mélange d'objets imposés avec des objets non compris au tarif ou d'objets assujettis à des droits différents donne lieu, dans le premier cas, au paiement du droit sur le tout ; dans le second cas, à l'application, également sur le tout, du droit le plus élevé, sans préjudice de la saisie pour non-déclaration de ces mélanges.

Pour tous les objets tarifés au poids, il est fait déduction de la tare des tonneaux, caisses, paniers ou vases qui les contiennent.

DÉCIMES POUR FRANC.

Les taxes qui précèdent seront passibles :

1° Du décime pour franc applicable à tous les droits d'octroi établis par l'ordonnance du 10 août 1815 et maintenus indéfiniment par l'ordonnance du 17 août 1832 et par l'arrêté du Gouvernement du 17 juin 1848 ;

2° Du second décime pour franc établi par l'arrêté précité et maintenu jusqu'au 1er janvier 1871 par décret en date du 2 octobre 1851.

Paris, le 15 juin 1859.

Pour extrait conforme :

Les Membres du Conseil d'administration de l'Octroi,

Tassin, Directeur-Président ; Descures, Clémenceau de Saint-Julien et Brun, Régisseurs.

IMPRIMERIE CENTRALE DES CHEMINS DE FER DE NAPOLÉON CHAIX ET Cᵉ, RUE BERGÈRE, 20. — 1375.